新编21世纪新闻传播学系列教材

—— 广告学与媒介经营管理系列 ——

中外广告史

第3版

何玉杰 著

Advertising History

中国人民大学出版社

·北京·

新编21世纪新闻传播学系列教材

编委会

主　编　方汉奇

副主编（以姓氏笔画为序）

丁淦林　何梓华　周瑞金

郑兴东　赵玉明　郭庆光

童　兵

内容简介

这是一部追溯与探讨中外广告发生、发展与演变的教材。作者站在当今广告发展全球化与数字化的高度，以全新的视角，全面、客观地审视中外广告发展的历程，通过对不同历史时期、不同国家和地区的不同历史场景、丰富多彩的广告表现形态以及不同广告表现形态之间的演进关系的阐述，突出广告嬗变的历时性与继承性、丰富性与多样性，力求清晰地揭示广告发展的动因及规律。

全书分“中国广告史”和“外国广告史”两编，内容丰富，资料翔实，图文并茂，史论结合，尤其是书中一些史料为国内同类著作中首次出现，具有较高的研究价值。

第3版的修订着力于以下四个方面：一是改写了部分内容，叙述层次更清晰、内容更精当；二是调整了全书的图片资料，并补充了部分珍贵的广告图片，历史场景更为生动、真实；三是精选了引用的历史文献，史料来源权威可信；四是更新了附录中的图表数据，研究参考价值更大。

作者简介

何玉杰　原名何玉洁，先后就读于安徽师范大学、上海交通大学和武汉大学，所学专业从历史学而经济学，再到广告学（博士班），长期在高校教学第一线从事广告教育工作。合肥工业大学广告学系创系主任、硕士生导师，全国大学生广告艺术大赛安徽赛区创办人及秘书长，中国高等教育学会广告教育专业委员会理事。曾分别于2007年和2011年两度获得教育部全国优秀工作者奖。现任安徽新华学院广告学专业学科带头人、安徽省广告协会副秘书长、安徽现代传媒研究中心学术委员会主任。

主持和参加多项省部级研究课题，翻译、主编或参编的专著、教材九部，发表论文多篇。研究成果荣获安徽省社会科学优秀成果奖、中国高等教育学会广告教育专业委员会优秀论文奖、安徽省社会科学奖等。学术代表作有人民出版社出版的《广告隐喻研究》等。

主要研究方向：广告与品牌传播。

总序

中国人民大学出版社策划出版的“新编21世纪新闻传播学系列教材”，是一套在新闻传播学领域内密切联系新闻传播工作的实际，广泛吸收新闻传播学的最新研究成果，高挹遐揽，取精用宏，供21世纪的高等院校新闻传播院系教学使用的系列教材。

20世纪初以来的120年，是世界新闻传播事业飞速发展的120年。这一百多年来，随着科学技术的不断发展，继报纸、期刊、通讯社之后，广播、电视、网络、自媒体等多种新媒体相继问世，新闻传播的媒介日趋多元化，新闻传播的手段日趋现代化，“地球村”变得越来越小，新闻传播事业对世界政治、经济和文化的影响则变得越来越大。

这120年，也是中国新闻事业飞速发展的120年。尤其是中国改革开放以来的45年，发展进入快车道。

21世纪以后，中国新闻事业发展的势头更为迅猛。报纸、期刊、通讯社、广播电台、电视台的数量在宏观调控下，虽无大变化，但软硬件的实力都有了很大的提高。进入新时代，媒体融合发展有序进行。据2022年5月中国记协发布的《中国新闻事业发展报告》和2023年2月国家新闻出版署发布的《2021年新闻出版产业分析报告》的最新统计数字，2021年全国共出版报纸1 752种，总印数283亿份。共出版期刊10 185种，总印数20.1亿册。全国共有广播电视播出机构2 542家，地市级以上广播电视播出机构开办的广播电视频率频道2 366套，其中广播频率1 166套、电视频道1 200套，另有各级教育电视台开办的38套教育教学类频道，中央广播电视总台和全国25家省级电视频道基本实现高清化，全国地市级台电视频道已有73%实现高清化。

另外2023年3月中国互联网络信息中心（CNNIC）发布的《第51次中国互联网络发展状况统计报告》显示，截至2022年12月，中国网民规模已达到10.67

亿，互联网普及率达到75.6%。其中，手机网民数量为10.65亿，网民中使用手机上网的比例为99.8%。网络新闻用户规模达7.83亿，占网民整体的73.4%，短视频、生活平台、“两微一端”成为网民获取新闻信息的重要渠道，抖音、快手、小红书等应用逐渐从娱乐、生活、社交平台转变为具有新闻属性的信息平台，成为网民获取新闻信息的重要渠道。2022年上半年，新华社、中央广播电视总台、《人民日报》等八家主要央媒机构累计生产1.5万篇爆款短视频内容，“央视新闻”微博开设党的二十大相关话题，总阅读量突破147亿。网民个人、自媒体等也纷纷利用短视频、生活平台等跟进舆论热点，传播新闻信息，为人民群众及时获取热点资讯创造了条件。

这样大的发展规模，这样快的发展速度，在世界和中国新闻事业史上都是空前的。回顾既往，盱衡未来，新闻传播事业在新时期还将保持旺盛的发展势头。新闻传播，作为上层建筑中意识形态的一个重要组成部分，在全面准确地宣传党的基本理论、基本路线和基本方针以及各项决策，反映人民群众的伟大业绩和精神风貌，以及推动改革开放和社会主义现代化建设等方面，必将继续发挥重要的作用。

与新闻传播事业的发展相配合，这120年来，为中国的新闻战线培养和输送人才的中国新闻教育，也有了相应的发展。中国的新闻教育起始于20世纪初，迄今有110年的历史。中华人民共和国成立前的30年，虽然先后在个别院校中设立了新闻系或新闻专科，但规模都不大，设备也不够完善，在校学生人数，最多的时候不超过400人，30年间累计培养出来的毕业生还不到3 000人。中华人民共和国成立后，为了给新闻事业培养人才，新闻教育有了新的发展，但到20世纪60年代中期为止，全国的新闻教育机构也还只有14家。当时全国只有343家报社、78座广播电台和13家电视台，革命老区来的新闻工作骨干正当盛年，足以支撑大局，新闻系和新闻专业的学生统招统分，基本上能够满足中央和省市以上新闻单位梯队建设方面的需要。“文化大革命”爆发后，新闻事业进入低谷，新闻人才的培养也被迫中辍。拨乱反正之后，新闻事业有了飞速的发展，但新闻工作的人才却出现了断层，明显供不应求，因而极大地推动了新闻教育的发展。中国的新闻教育得以重整旗鼓并得到空前迅猛的发展，主要是改革开放以来的这40多年的事情。40多年来，中国新闻教育和中国新闻事业同步发展。根据教育部数据，截至2021年，全国设有新闻传播学类院、系、专业的高校已由改革开放之初的两三所增加到727所，本科专业布点在全国共计1 439个，覆盖以下10个专业：新闻学、广播电视学、广告学、传播学、编辑出版学、网络与新媒体、数字出版、时尚传播、国际新闻与传播、会展（交叉专业）。新闻专业的教学已从单一的大学本科教育，发展到博士生、硕士生、本科生、大专生、成人教育、函授教育等多层次的格局，不少院系还设置了新闻传播学方向的博士后流动站。改革开放之初，全国在校新闻系科学生总共只有500来人，现在仅在校本科生就有14万人左右，硕士和博士研究生4万人左右，办学层次、办学规模、办学水平都有了很大的提升。进入21世纪以后，随着新闻传播事业的加速发展和新闻战线人才需求的不断增加，中国的新闻教育将由规模扩张迈向高质量发展。

一般说来，新闻教育质量的高低，起决定作用的主要是两个因素：一个是师资，一个是教材。两者之间，教材的作用更大。这是因为，师资的多少和良窳，往往受办学主客观条件的限制，而教材一旦完成，就可以直接嘉惠于学子，风行四海，无远弗届。进一步说，一部好的教材，不仅可以满足教学的需要，培养出一大批人才，而且还可以同时拥有一定的学术含量，推动新闻传播学研究的发展。1919 年出版的徐宝璜的《新闻学》，1927 年出版的戈公振的《中国报学史》，就是这方面的很好的例子。这两本书都是作者在高等学校从事新闻学理论和新闻史教学时作为教材编写出来的，出版之后，立即引起世人的关注和推崇，一再重版，历久不衰，至今仍然是公认的新闻学理论和新闻史方面的传世之作和经典之作。正因为这样，新闻教育的前辈们，历来十分重视教材的建设。中华人民共和国成立初期的十来年，坊间出版的新闻学方面的书籍，绝大部分是教材。改革开放以后，新闻传播学研究空前繁荣，新闻学方面的书籍大量问世，但教材仍然在其中占了很大的比重。这些教材，覆盖了新闻传播学的方方面面，经过出版家和众多作者的长期努力，门类和品种基本配套齐全，曾经为同时期的新闻教学做出过重要的贡献。但是，随着时间的推移和新闻工作实际的飞速发展，这些教材的体例日显陈旧，观点和内容也亟待调整和更新。一些属于学科前沿和科技含量较高的新开课程的教材尚付阙如，使现有的教材出现了不少缺口。在 21 世纪已经到来之际，集聚力量，重新编写出一套体系完整，门类齐全，能够为 21 世纪的新闻教育和新闻人才培养服务的新闻传播学的系列教材，已经成为人们的共识和新闻业界与新闻教育界的迫切需求。

呈现在读者面前的，就是应这样的需求产生的一套系列教材，它将涵盖新闻学、传播学两个二级学科的方方面面内容，满足新闻、广播、电视、广告、媒体经济、新媒体等多个专业的教学需要。负责这些教材编写工作的，是中国人民大学、复旦大学、北京大学、清华大学、中国传媒大学等多所著名院校长期从事新闻传播学方面教学与研究工作的专家学者，其中有相当大的一部分编写者是相关学科的国家级的学术带头人，堪称一时之选。收入本系列的教材中，既有国家级重点教材，也有部级重点教材，其他的也是经过严格筛选的精品，所以，本套系列教材的质量是有保证的，其权威性也将得到社会的认同。

21 世纪是一个高度信息化的时代，是信息经济和知识经济占主导地位的时代。信息经济和知识经济有两大支柱，一是以高科技为代表的传播技术产业，二是从事新闻和信息产品生产的媒体产业。新闻传播学作为将这两大领域有机联结的桥梁，在今后的国家建设和社会发展中必将发挥越来越重要的作用。中国人民大学出版社经过精心策划，隆重推出这套系列教材，是具有高度的前瞻性和战略眼光的。在这里，我谨代表编委会和全体作者向中国人民大学出版社表示由衷的感谢。

这套系列教材开始策划于 20 世纪的最后一年，21 世纪初起陆续问世，迄今已编写出版了 180 余种。在体例和内容的创新和开拓等方面，远远超过同时期出版的同类教材。其中有些教材，还根据整个新闻传播理论与实践的发展和新闻传播学教学与研究的发展，陆续做了必要的补充和修订，重新出版，实现了内容的与时俱进。

这批教材的问世，将会为新闻传播事业和新闻教育事业的发展和繁荣、为21世纪新闻传播人才的培养做出它应有的贡献。这是出版者和全体作者共同的一点希望。是为序。

方汉奇

2023年7月

于中国人民大学宜园

序言

广告是社会发展的一面镜子，透过这面镜子，我们能够看到政治、经济、文化、市场、商品变迁的景象，由原始时期到近代，再到现当代的革新进程。而剖析这面“镜子”，捋清其发展脉络，洞察其“前世今生”，就显得非常重要和必要。应该说，这是广告史研究的任务。

一个学科的建立，一般来说，总是自史而始的。人们对于一个学科的探索、建构，首先要探究其源头。了解历史、研究历史，可以说就是为学科打基础、铺基石的工作。广告学学科在美国的建立，首先就是从研究广告史开始的。而“以史为镜”更显现出其应用价值。广告史是指在人类社会发展，特别是社会经济和媒体技术发展的总体背景下，人类广告活动的产生、发展和演变的过程。广告史学不仅是记录、保存广告发展的过程，还应当“古为今用”，站在当今广告发展全球化与网络化的视野下，在厘清广告历史发展脉络，描述不同时期、不同阶段的广告面貌的基础上，把握广告与社会的互动关系，总结不同历史发展阶段的广告发展对人类社会产生影响的历史经验，探寻广告业的发展规律，推动广告业在新的环境下更好地为社会进步服务。

自改革开放以来，广告传播学科随着我国现代广告业的恢复和发展而繁荣进步，广告史的教学和研究已经成为广告学学科体系中重要的组成部分，越来越为我国广告学者所重视。这些年，有关中外广告史类的教材、专著已出版了数种，成果日渐丰硕。

就在我国广告史学研究“千峰竞秀、万壑争流”的欣欣向荣景象中，何玉杰撰写的《中外广告史》交付中国人民大学出版社出版，百花园里又多了一株夺目之花。

历史是靠建构与书写存在的，没有建构与书写，历史事实不会留存于世，更谈不上超时空地流传。这本《中外广告史》可谓是作者的倾心之作，愚以为至少有四个方面的特点是比较突出的。

一是体系较为科学。教材编纂本质上是一种知识体系的建构。时代的变化、教学理念的变化，要求教材设计理念与体系与时俱进，做出调整。在广告史的分期上，过去学者们有诸多不同的观点，本书在对各种分期法进行认真的优劣比较后，主要比照有代表性的专业历史教科书的分期法对广告史进行叙述，辅之以对某些重点国家或区域专章式的介绍与分析。这样安排既能展现广告发展的统一性与多样性，又能使全书整体脉络清晰、重点突出，避免了叙述上的支离破碎，便于读者学习和理解。

二是因果关系把握恰当。任何事情的发展都离不开历史背景，就广告发展而言，固然原因复杂多样，但主要与当时的经济发展、技术进步、城市与人口变化、市场贸易、交通环境改善等关联度最高。本书删繁就简，重点着墨于此，从而使得广告发展的背景交代更加集中、明确，避免了背景叙述过于宏大、内容庞杂、针对性不够强的缺点。

三是内容较为充实。事实证明，无论是我国还是外国，广告的发展都是漫长而曲折、丰富而生动的，忽视任何一个方面都会失之偏颇。与当下流行的只以本国广告史为主而将外国广告史作为点缀的做法不同，本书充分注意了中外广告史内容的均衡性：既有中国广告发展历程的壮丽画卷，也有其他主要国家广告发展的多彩场景；既有浓墨重彩的商业广告，也兼顾公益广告的发展状况。特别是对欧洲中世纪及近代部分广告发展的内容给予了较多的关注，弥补了当前广告史撰写中相关内容普遍不足的罅漏。

四是资料较为新颖。本教材注重广告发展的连续性，更注重对广告发展最新资料的搜集与分析，尤其是对进入21世纪以来的网络广告发展进行了较为翔实的阐述，对我们认识当代广告的新动态与发展趋势，有较大的裨益。

总之，无论是从广告学专业教材建设的角度看，还是从广告发展史研究的角度来看，此书的出版都有一定的意义，值得庆贺！

是为序。

倪　宁*

---

* 倪宁，教授、博士生导师，曾任中国人民大学校长助理、图书馆馆长、新闻学院执行院长，曾兼任教育部高等学校新闻传播学类专业教学指导委员会副主任、中国高等教育学会广告教育专业委员会副理事长。

目录

下编

外国广告史

绪　论

在现代社会，广告作为一种重要的营销传播手段，无处不在，无时不有，深深影响着人们的消费观念和生活方式。作为一道独特的文化景观，广告记录了历史、反映了时代，成为商业发展的体温和表情。

在经济全球化的今天，广告传播经历了“硬性推销时代”“软性推销时代”“科学推销时代”“创意革命时代”和“整合营销时代”。与此同时，广告的内涵也与时俱进，得到不断的丰富和发展，“推广和提升”的意味更强；广告的价值也不再局限于商业上的短期促销、刺激消费等，它还是国家或地区经济发展的晴雨表、社会精神文明的风向标。所以，英国作家诺曼·道格拉斯（Norman Douglas）说：“从广告可以看出一个国家的理想。”

一、阐释与界定：广告史学的科学性

广告是人类历史进程中最早出现的商业文化形态之一，也是人类踏入文明门槛的重要标志之一。人类社会自从有了商品交易活动之后，就产生了为促进交易而展开的信息传播活动。这一点，无论是在两河流域的古巴比伦还是在尼罗河流域的古埃及的考古发掘中都得到了证明。人类是传播的动物，漫长的广告传播活动过程形成了广告发展的历史。

那么，什么是历史？它是如何出现的？这是一组既简单又复杂的问题。我们知道，事物的存在分为两种，一是客观的存在，一是主观的存在。由此，“历史”一词在使用中就有两种完全不同的含义：“第一，指构成人类往事的事件和行动；第二，指对此种往事的记述及其研究模式。前者是指实际发生的事情，后者是对发生的事情进行的研究和描述。”[①] 我们不应当割裂式地理解“历史”一词的含义，而应当全面地、综合地理解。历史不仅是指过去的事实本身，更是指人们对过去事实的有意识、有选择的记录、诠释和研究。人作为理性的动物，他的本质就在于，他是靠积累过去各代人的经验和智慧来发展他的潜在能力的，这种积累就是历史知识。20 世纪 20 年代梁启超在讲到史学的起源时，对历史的最初形式作了想象的描述：“当人类之渐进而形成一族属或一部落也，其族部之长老，每当游猎斗战之隙暇，或值佳辰令节，辄聚其子姓，三三五五，围炉藉草，纵谈己身或其先代所经之恐怖、所演之武勇等等。听者则娓娓忘倦”[②]。也就是说，最初

---

① 樊树志．国史概要．4 版．上海：复旦大学出版社，2010：导言 1.

② 梁启超．中国历史研究法 中国历史研究法补编．北京：中华书局，2015：15.

的历史形式是传说故事。人们通过这些传说故事，就能够从历史中汲取智慧。

对广告发展的历史进行专门性的研究就是广告历史学，简称为广告史学。它是历史学的一个分支，不仅包括对人类广告活动的产生、发展和演变的事实和过程的研究，还包括在历史事实的基础上研究和总结广告发展的规律，以及总结研究广告历史的方法和理论。

广告史学是一门科学，它的一般科学性根据有三：一是广告史的研究对象的客观实在性和真实性。广告史研究的对象——世界各个国家或地区的广告公司、广告媒体、广告现象、广告事件和广告人物等等，以及由它们构成的历史运动事实和过程——作为历史存在，它是客观实在的东西，不以广告研究者的主观意志而改变，具有客观实在性和真实性。二是广告史学所承担的任务。广告史学所承担的任务虽然会因时、因地而不同，形形色色，千差万别，但其根本的任务都在于揭示世界各个国家或地区的广告发展的特殊规律和特点。三是广告史研究的指导思想和基本方法是遵循历史研究的一般指导思想和方法论的。这就是，广告史的研究要坚持辩证唯物主义和历史唯物主义的基本立场和观点，在充分占有历时性和共时性的资料和事实的基础上，根据研究对象的需要，适时运用分析和综合、归纳和演绎、具体和抽象以及历史和逻辑的方法展开研究。仅凭这三条，广告史学就具有了一般科学所具有的科学性。

广告史是广告学理论体系的重要组成部分，也是深入反思广告行业发展的认识基础。在我国，广告史研究被纳入广告研究的正轨，并作为广告学科体系研究中的重要组成部分进入学术研究视域，是当代广告学发展的必然结果。

二、探索与前进：我国广告史研究的回顾

19世纪下半叶，伴随着西方商品在中国的大量倾销，西方的销售理论、广告理论传入中国。同时，在商业不断繁荣、报纸广泛兴起的背景下，上海等地出现了一大批专门从事广告经营活动的广告公司和广告人，这在一定程度上促进了中国广告学研究的萌芽和发展。

由于现实的需要，广告人和学者开始关注广告，一批国外有影响的广告学著作或文章被陆续翻译、介绍到国内，如1903年出版的日本学者松本君平著的《新闻学》，以及1913年出版的美国记者休曼的《实用新闻学》等。但此时的广告媒体较少，影响有限，人们还没有充分认识广告的作用和地位，只是将广告研究视为报刊理论研究的一部分、新闻学研究的衍生品，以至于广告研究不得不依附于报学研究，难以取得研究上的实质性进步。这种现象持续到民国时期。

民国时期是中国广告从传统向现代转型的重要时期，它不仅是我国现代广告的肇始期，同时也是我国现代广告业发展的第一个高峰期。这一时期，出现了中国现代意义上的广告公司、广告媒体、第一个广告行业组织和第一个广告自律文件，而且还有大量成熟运作的广告实践活动。同时，中国广告学研究和广告教育也逐渐受到重视，一些报人和学者开始以广告为内容独立地展开研究，出现了诸如蒋裕泉的《实用广告学》（1926年）、戈公振的《中国报学史》（1927年）、陈冷等的《近十年中国之广告事业》（1936

年）和如来生的《中国广告事业史》（1948年）等著作，初步建立了本土广告学的架构。从史料来看，1946年出版的清末学者裘可桴的《可桴文存》中收录的《广告文考》是现今可考的最早的广告论文。尽管作者在文中把夏商周三代官府宣布的公文也视为中国早期的广告文案，存在着广告概念过于宽泛的缺点，但在那个人们的广告意识普遍缺乏、对广告评价贬大于褒的环境下，关注并率先研究广告，实在难能可贵，是我国广告研究史上的一个标志性的事件。据统计，目前国内可以查到的民国时期广告研究的译著、专著和论文共45本/篇。其中广告学概论23本，广告心理学2本，广告图集4本，专项广告研究1本，广告史2本。涉及广告学研究的新闻学著作有2本，论文7篇，广告宣传品1本，丛刊3份。[①] 如果说这些研究还有什么不足的话，那就是这些著述的内容主要集中在以原理和通识为主的概论性方面，而对广告其他分支领域着墨相对较少。

改革开放以来，我国的广告业发展蒸蒸日上，高等院校的广告专业教育发展迅速，广告研究成果日渐增多，尤其是广告史的研究成绩斐然。这主要表现在三个方面：

一是广告史研究成果的快速增加。20世纪70年代末中国广告业的恢复和发展为广告研究打开了大门。从1998年开始，几乎每隔一年都有相关广告史的研究著作或论文面世。2002年之后，广告史研究的论文数量明显增多，研究的广度与深度进一步拓展，成为广告研究中的热点。主要著作有樊志育的《中外广告史》（1989年）、余虹和邓正强的《中国当代广告史》（2000年）、黄勇的《中外广告简史》（2003年）、杨海军的《中国古代商业广告史》（2005年）、赵琛的《中国广告史》（2005年）、陈刚主编的《当代中国广告史》（2010年）等等。这些著作以中国广告史研究为重点，史料丰富，为后来的研究奠定了基础。

二是广告史教材建设达到了新的高度。在2000年之前，真正能够充当中国高等院校广告史专业教材的微乎其微，仅有一本中国物价出版社出版的陈培爱的《中外广告史》（1997年），它是我国改革开放以来第一本广告史专业教材。作为奠基之作，它对中国广告史学科的建设功不可没。自2000年起，随着全国广告教育的迅速发展，各有特色的中外广告史教材纷纷问世，呈现出百花齐放的局面。代表性的教材有刘家林的《新编中外广告通史》（2000年）、孙顺华主编的《中国广告史》（2007年）、杨海军的《中外广告史新编》（2009年）等数种。这些著作注重从社会发展演变与广告的关系出发，探究广告生成与变革的基本规律，为中国广告史的体系建设做出了积极的贡献。

三是广告史研究的范围得到了拓展。过去，我国的学者通常只是以本国的广告发展历史为研究对象，而极少涉及外国广告发展的研究。这种状况在2002年之后有了根本性的改观，有关外国广告史的研究著作或论文纷纷问世，如张金海的《20世纪广告传播理论研究》（2002年），文春英的《外国广告发展史》（2006年），张健的《自由的逻辑：进步时代美国新闻业的转型》（2011年），于华、陈谦的《论吉田秀雄对日本广告界的贡献》（2008年），杜楠、刘贺的《美国新闻史上的早期广告》（2010年），汪前军的《〈大公报〉（1902—1916）与中国广告近代化》（2014年），郅阳的《“百年麦肯”美国早期广告设计研究》（2016年），谢薇的《清末上海中文报纸中的日本广告研究》（2016年）等。

---

① 郭瑾．民国时期的广告研究及其当代意义．广告研究（理论版），2006（6）：100-106.

不仅如此，我们还十分惊喜地看到，广告史研究的触角已经深入本土的一些地方，乃至行业之中，从而涌现了一批极有分量的研究成果，如邢丕震的《中国烟草广告研究》（2003年），白云的《中国老广告：招贴广告的源与流》（2003年），彭曙曦、吴予敏的《深圳广告26年（1979—2005）》（2006年），北京广告协会的《当代北京广告史》（2007年），王儒年的《欲望的想像——1920—1930年代〈申报〉广告的文化史研究》（2007年），蒋建国的《消费意象与都市空间——广州报刊广告研究（1827—1919）》（2008年），黄玉涛的《民国时期商业广告研究》（2009年），杨朕宇的《〈新闻报〉广告与近代上海休闲生活（1927—1937）》（2011年），韩红星的《一报一天堂——〈北洋画报〉广告研究》（2012年），杜艳艳的《中国近代广告史研究》（2013年），王玉蓉的《清末民国时期〈东方杂志〉商业广告研究（1904—1937）》（2015年），许正林的《上海广告史》（2018年），杨海军的《上海近代广告史研究》（2019年），等等，难以尽举。

这些研究成果拓展了我们的视野，强化了我们对广告发展特点和规律性的认识，有利于进一步总结广告的历史经验，加速推动广告研究的发展。

三、工具与价值：学习广告史的目的与意义

历史是过去的，历史学是当下的。所以，无论古今中外，历史学一直受到人们的高度重视。在我国古代，各个王朝都设有史官，记载军国大事，史学著述与儒家经典几乎处于同等地位，并称“经史”。从帝王到一般读书人，诵经与读史可以说是两门必修的课程。

广告史虽然只是历史学科中的一个小分支，但对于专业的广告人来说，仅仅懂得一些广告的专业概念和技能是远远不够的，还应当谙熟广告发展的历史。一个专业的广告人若对广告发展的历史茫然无知或是知之甚少，将不堪设想。

学习和研究广告史，就是要通过对广告产生、发展的背景及过程的认识，考察广告与社会的互动关系，发现不同社会历史时期广告发展演变的类型、特点和规律，总结不同国家、不同历史发展阶段的广告经验和教训，以便广告能够更好地满足广大受众日益增长的文化和信息传播的需求，实现广告与社会政治、经济、文化生活的良性互动。

学习广告史的意义，具体说来当然有很多，如可以垂范以示教，褒贬以劝惩，溯古以察今，藏往以知来，积例以资鉴等，但就其基本面而言，我们可以从以下两个方面来认识：

第一，认识作用。历史是人类前进的记录，是现实的渊源。历史往往具有二重性：一方面，它是过去的事情，一去不复返了；另一方面，过去的事情虽然在形式上过去了，但它的精神、它的影响有很多遗留下来，对现在和未来会产生这样或那样的作用。是否能够正确认识历史，在很多情况下，关系到如何处理现实与开辟未来的问题。从这个意义上说，了解历史是人们认识现在和预见未来的前提条件。

世界上的万事万物，其发展，有因就有果，有现象就有本质，有表现就有道理和规律。但是，事物发展错综复杂，社会现象瞬息万变，要获得对事物的真知灼见，仅从它的现状入手是远远不够的，因为现状只是事物的表象。知道现状，顶多只能知道它现在

是这样，而不能回答它为什么会这样。只有透彻地了解事物的过去，才能由表及里，抓住事物的本质和规律，解开它的现在之谜。“看一件事，把来源去脉都要考察清楚。来源由时势及环境造成，影响到局部的活动；去脉由一个人或一群人造成，影响到全局的活动。历史好象一条长练，环环相接，继续不断，坏了一环，便不能活动了。所以，对于事实与事实的关系，要用细密锐敏的眼光去观察它。”① 如果仅凭表象判断和行动，就容易导致肤浅化的结论和简单化的处理，其后果往往是严重的。所以，清人龚自珍说：“出乎史，入乎道，欲知大道，必先为史”②，而“灭人之国，必先去其史；隳人之枋，败人之纲纪，必先去其史；绝人之材，湮塞人之教，必先去其史；夷人之祖宗，必先去其史”③。

邓小平的政治智慧与其深邃的历史意识是紧密联系在一起的。他把历史经验比作“宝贵财富”。在论述撰写《关于建国以来党的若干历史问题的决议》的重要性和紧迫性时，他指出，历史认识对统一思想、团结一致向前看具有重大意义。其后，在与戈尔巴乔夫的会谈中，他谈到近百年来的中国史，谈到了近几十年来中国人感到的对中国的威胁从何而来。为什么要讲这个历史？他说，“讲清这个问题可能对解决遗留下来的问题，对弄清‘开辟未来’的某些概念有好处，所以值得讲一讲”④。可见，历史有助于培养人们的远见卓识，从而知兴替，辨是非，明方向。《周易·系辞下》中说的“彰往而察来”，就是这个道理。

广告的发展与人类商品经济的发展息息相关。学习和研究广告史，不仅能够使我们懂得大众传媒和广告的“前世今生”、广告人的经验智慧，从中汲取丰富的营养，提升我们认识问题的水平，而且能够使我们在纷繁复杂的广告现象中，寻找到某些相似性特征，得出规律性认识，更好地评价与吸收人类所创造的优秀广告成果。从这个意义上来说，历史又是鲜活的、延续的。

广告史告诉我们，世界近代广告的历史是由资产阶级开辟的，是资产阶级的生产方式向全世界扩张的过程和结果，也是各个民族国家通过国际市场的普遍交往而使得生产和消费连成一体的过程。新航路开辟以来，从遥远而分散的区域市场到当今的市场全球化的“地球村”，世界广告的发展经历了由分散到整体、由区域到全球的演变过程。在这一过程中，为什么近代以来很长时间内西方广告一直占据着世界的强势地位？通过分析，我们认识到：广告发展的状态主要是由制度、商业、媒体、文化四大因素之间的相互作用、此消彼长而造成的，其最根本的原因则是西方国家资本主义生产力的高度发展。

认识事物的现状需要历史知识，预测事物的未来同样需要历史知识。马克思曾经指出：“人们自己创造自己的历史，但是他们并不是随心所欲地创造，并不是在他们自己选定的条件下创造，而是在直接碰到的、既定的、从过去承继下来的条件下创造。”⑤ 在人类历史发展的巨大时空中，过去、现在和未来是不可分割的，事物的过去不仅基本上决

① 梁启超．中国历史研究法 中国历史研究法补编．北京：中华书局，2015：245.
② 龚自珍．龚自珍全集．上海：上海人民出版社，1975：81.
③ 同②21.
④ 邓小平．邓小平文选：第3卷．北京：人民出版社，1993：294.
⑤ 马克思，恩格斯．马克思恩格斯选集：第1卷．3版．北京：人民出版社，2012：669.

定它的现状，也在很大程度上影响它的未来。

例如，进入21世纪以来，网络媒体广告为何能超越传统媒体广告一路高歌猛进？这会不会是一个暂时的幻象？我们如果认真梳理和分析网络媒体的发展历程，就能够原始察终。

第二，借鉴作用。历史是丰厚的文化遗产，是取之不尽的宝藏。学习历史、从中借鉴，是人类社会永恒的课题。自形成人类社会以来，人类就知道向历史学习了。当神灵不再作为人们行为的动力，不再给人们指示方向的时候，人类的目光就自然转向了对现实的关注，从而历史的意义得以显现与丰盈。在社会巨变、人生跌宕的时代，人们更需要从历史中寻找行为依据与经验教训。

早在罗马帝国时期，提图斯·李维在他的《罗马史》（《建城以来史》）中就写道："研究过去的事可以得到非常有用的教益。在历史真相的光芒下，你可以清清楚楚地看到各种各样的事例。你应当把这些事例作为借鉴：如果是好的，那么你就模仿着去做；如果那是罪恶昭彰而最后身败名裂的，那么你就要引以为大戒，竭力避免。"① 我国近代学者、政治活动家梁启超也说："史者何？记述人类社会赓续活动之体相，校其总成绩，求得其因果关系，以为现代一般人活动之资鉴者也。"② 也就是说，研究历史，是为了了解过去，指导人类现在的活动，使之更加理性化。后来，他在《中国历史研究法补编》中又进一步指出，研究历史的目的在将过去的真事实予以新意义或新价值，以供现代人活动之资鉴。

历史的经验告诉我们：尽管时代不同，但历史往往有惊人的相似之处。用英国诗人雪莱的话说，"历史，是刻在时间记忆上的一首回旋诗"。正是因为存在这种"代代人不同，事事总相似"的情况，人们需要"前车之鉴"。对于后来者来说，前人的经验教训都是宝贵的人生财富。拒绝历史经验，是愚昧的；生搬硬套历史经验，是僵化的。以史为鉴，我们可以避免犯类似的错误，避免走弯路；借鉴历史经验，我们可以多一些思路应对现实问题。当一个民族成为善于从历史中不断汲取力量、不断反省、不断创新的民族时，那这个民族将是非常伟大的。

在广告策划工作中，创意占据着核心的地位。优秀的广告创意和表现是广告成功的一半。那么，如何使我们的策划更有创新性？怎样才能知道一个创意或表现是不是优秀，如何区别作品的独创、模仿或抄袭呢？广告史为我们提供了大量古今中外的广告案例，既可以让我们进行作品比对，从中吸取教训，也可以让我们从中获得启发，体悟广告成功之道。

再如，19世纪中后期美国出现了大量的虚假广告，尤其是医疗卫生类的广告最为严重，遭到消费者大量投诉。此时，作为"市民社会"力量的美国医学会首先行动起来，在进行自我约束的同时，广告代理商组织、报纸媒体等自觉响应，对虚假广告进行抵制。多方配合在打击虚假药品广告过程中发挥了重要的作用。这些历史经验，对于指导我国整治虚假广告活动有一定的借鉴意义。

---

① 李维．建城以来史：前言·卷1．穆启乐，等译．上海：上海人民出版社，2005：21.
② 梁启超．中国历史研究法 中国历史研究法补编．北京：中华书局，2015：6.

广告是反映社会的一面镜子，也是创造社会的一股生机勃勃的力量。印刷业的发展、工业革命、城市化、社会组织的成长、大众媒体的兴盛、互联网与计算机技术的进步等因素都促进了广告业的发展。广告让人们了解各种扑面而来的新发明、新产品、新时尚，也给人们带来更多的乐趣和生活方式的改变。早在20世纪60年代，麦克卢汉就认定，广告也是新闻，但不同的是，通常新闻传播坏消息，广告传播好消息。广告的积极信息可以平衡新闻媒体报道里的灰暗故事，消解坏消息的穿透力。当然，商业广告的某些图像和观念会操纵受众的认知和期待，对部分儿童和青少年带来负面影响，这是需要认真研究和解决的。

美国学者苏特·杰哈利在其《广告符码：消费社会中的政治经济学和拜物现象》一书中认为，“广告是最有影响力的社会化体制，是商品营销过程中的一个环节，作为一种关于客体且通过客体来表达的话语，在现代社会中占有重要地位。这种话语涉及一种很普遍也很特殊的关系，即人和物的关系”，“我们应该将人与物的关系视为界定人类存在的重要因素”①。这一观点是对马克思关于物与精神交往重要作用的观点的延续，同时更加强调了物对于人类的重要性。事实证明，人们关于广告的种种评价多是与人和物的关系相联系的。有人认为，广告不断构造一种不良的消费文化，营造虚假的社会需求，其推销出去的产品并不是人们真正需要的，结果只是造成人们不必要的资金浪费。这种看法过于片面。现代心理学已经证明，没有任何办法引导消费者接受他们不喜欢的东西。商品经济的发展是不能没有广告的。当然，随着社会的变迁，广告存在的形态可能会有变化。但是，广告的本质与使命是不会改变的。广告既是商品意义的“传播者”，也是推动社会物质进步与精神文明发展的重要力量。正如著名经济史学家戴维·波特（David Potter）所说的那样，“论社会影响，广告可以同由来已久的机构（如学校、教堂）相比，它统治了媒介，对大众标准的形式有巨大影响，它是很有限的几个起社会控制作用的机构中货真价实的一个”②。广告在我们的社会中，既不是教育，也不是新闻，也不是娱乐，但却同时发挥了教育、新闻和娱乐等多种作用。当今，广告已成为人类生活的基本形态，它以一切内在的组织方式，把物质、观念、制度、文化、习惯，以及包括网络、信息技术在内的一切现代文明成果作为自己摄取和利用的资源，进行广泛的、卓有成效的传播。恩格斯曾经说过，学哲学的最佳方式是读哲学史。③ 同理，学广告学的最佳方式又何尝不是读广告史？因此，认真学习和研究广告史是每一个从事广告工作或即将成为广告人的人的必修功课。

四、交换与信息：人类广告传播活动的起源

正如恩格斯所说，人类远在不知道辩证法以前，就已经辩证地思考了。事实上，人类也是在不认识广告之前就开始广告活动了。

---

① 杰哈利．广告符码：消费社会中的政治经济学和拜物现象．马姗姗，译．北京：中国人民大学出版社，2004：4.

② 德弗勒，丹尼斯．大众传播通论．颜建年，王怡红，张跃宏，等译．北京：华夏出版社，1989：471.

③ 萌萌．1999独白：声音的闪电．上海：上海远东出版社，1998：324.

广告的出现不是偶然的，而应具备三个要素：其一，人们有交换剩余商品的需要；其二，具有产生广告信息的手段和形式的物质条件；其三，具有共同意义认同的语言符号体系。这三个条件在原始社会的末期应运而生。

生产的大发展必然导致社会大分工的发展。在人类社会的初期，即使在生产力最低下的、以采集为生计主业的原始部落中，也存在着与其他部落之间进行某一类剩余产品的交易活动。在距今约 6 000 年的河南、陕西、甘肃等地早期仰韶文化的村落遗址中，人们发现了被制作成装饰品的原产于沿海地区的海贝，这也就是从外地交换而来的直接物证。到了金石并用时代，人类生产上一个重大变化就是畜牧部落从其他部落中分离出来，即第一次社会大分工出现。这次社会大分工产生的结果是：由于畜牧部落的分离，人们不仅获得了足够的食品如肉、乳及乳制品等，而且获得了日益增多的大批原料，如兽皮、羊毛等。这样，经常的产品交换成为可能。当然，最初的交换是在氏族间、部落间进行的，后来则不断地在个人之间进行。在一个社会中，当产品生产之外又出现了产品交换时，生产和交换便成为这个社会经济发展的决定性因素了。

第一次社会大分工后，生产力有了进一步的发展。在多数地区，人们继发明青铜器后，又发明了铁器，农业上开始使用犁耕代替锄耕。由于犁耕使用新的动力——畜力，农业发展迈出了重要的一步，农产品越来越多，为人类提供了经常的、可靠的食物。农业的发展为手工业的兴盛奠定了基础。制陶、冶金、铸造等手工业这时都发达起来，手工业种类日渐增多，生产技术日益复杂。如此多样的活动已经不能由同一个人来进行了，于是发生了第二次社会大分工：手工业和农业分离。随着生产分为农业和手工业这两大主要部门，出现了直接以交换为目的的生产，即商品生产。于是，在传自远古的、单一的经济形式——自给自足的自然经济之外，又出现一种新的经济形式——商品经济。在古代，它们此进彼退，此消彼长，时有起伏，但总的趋势是商品经济日益排斥自然经济，取得主导地位。

商品交易是催生广告的火种。在一定的场所，交易者向交易对象展示自己所携带的物品，同时主动通过某种媒介传递物品交换的信息（有时可能是某种敲击声或叫喊声），希望通过这些方式来刺激交易对象的视觉和听觉，以达到传递信息、促成交易的目的。这样，最初的广告活动就产生了。当然，对于某些古老的民族而言，早期的物物交易也可能是无声进行的，交换双方甚至连面也不见。如非洲俾格米人和我国云南苦聪人的“无声交易”就属于这种情况。他们在交易时，把用来交换的物品放在路边，自己则躲到一边。想要交换物品的人则在看完物品后，挑走自己喜欢的物品并丢下自己带来的物品。这样，一次交易就完成了。随着商品交换日益频繁，交换地区不断扩大，需要有一些人专门经营商品交换业务，于是出现了一个不从事生产而只从事交换的社会阶层——早期的商人。

早期的商人几乎都是半农半商的，即农忙时种地，农闲时经商，而且数量很少，为了改善生活，他们大多背井离乡，四处游走，甚至跋山涉水，备尝艰辛。在遥远的古代，他们是传播商业信息和知识信息的重要载体。当他们来到一个闭塞的村庄，他们所带来的不仅仅是各种新奇的物品，而且有各种有趣的见闻，激起尚在蒙昧状态中的人们对外面世界的向往。在那个生产力低下，环境闭塞，人们又渴望交易的时代，他们用高亢的声音谱写了世界广告史的序曲，用不倦的奔忙激活了人类改善生活和处境的梦想。尽管他们的身影早已消逝在历史的风烟之中，但他们不愧是广告人的先驱和广告业的播种者。

广告和商品交换自然离不开语言。人类最早使用的广告语言就是口头语言和肢体语言。历史学家指出，这些早期人类的语言，或许只限于对少数名称的罗列，还不得不用指手画脚来补充，以弥补语言的不足。①

口头语言的符号化就是文字。一般认为，文字的产生经过了结绳记事、描摹图画、象征表意等阶段。象征表意阶段可以说是文字传播的真正开始。徐德江在其《普通语言文字学简论》中指出，人类文字的发展主要经历了两个阶段：第一个阶段是文字与口说语言结合之前，文字只有字形直接表意一个通路，是为“非字音文字”。第二个阶段是文字与口说语言结合之后，文字不仅具有字形直接表意的通路，同时又具有字形表音从而再表意的通路，即间接表意的通路，是为“字音文字”。作为一种文化符号，文字可以附着于许多物质载体如墙壁、石碑、树干、旗帜、布匹和纸张等，并传递各种信息。因而，文字的出现不仅丰富了广告的表现形式，而且突破了原有广告形式在传播时间和空间上的限制，极大地提高了广告传播的功效，带来了广告传播史上的一场伟大的革命。

当然，受到社会生产力发展水平的制约，人类早期的广告形式十分简单。由这种初级的广告形式到现代化的广告运作是一个十分漫长的历史过程。

---

① 威尔斯．写给大家的世界简史．徐建萍，译．天津：天津人民出版社，2018：44.

上　编

中国广告史

第一章

中国古代广告的发展

本章学习要点

1. 先秦时期的商品经济与广告发展的关系。
2. 秦汉时期广告的发展。
3. 唐代广告繁荣的原因与表现。
4. 宋代广告的发展与特征。
5. 元明清时期传统广告的高度成熟。

第一节　先秦时期的广告活动

先秦时期是指中国从进入文明时代直到秦王朝建立这段时期，包含了夏、商、西周、春秋、战国这几个历史阶段。这一历史时期，“工商食官”制度逐渐走向瓦解，商人成为一种社会职业，广告传播形式有了很大进步，出现了招牌、幌子等。

一、 先秦时期社会经济的发展

翻开人类文明的史册，在华夏这片土地上，从三皇治世、五帝定伦、尧禅舜让到禹封启继，从构木为巢、种粟植稻、琢玉烧陶到甲骨刻字，筚路蓝缕的先民们终于迎来了中华远古文明的曙光。

以殷墟甲骨文为标志，中国进入了有文字可考的信史时代。殷墟甲骨文所反映的是商中期盘庚迁殷（今河南安阳）后的情况。盘庚迁殷之后，商人进入定居的生活，社会逐渐稳定，经济获得了很大发展。

一提起商代，人们自然会联想到中国青铜器发展史上最为辉煌的时期。联想到那些雄浑厚重、造型奇巧、纹饰繁缛的青铜器，它们几乎成了商代文明的象征。确实，青铜冶铸业是商代手工业中最重要也是最先进的部门，从各种文献记载及考古发掘来看，商代青铜器的品种之多、数量之大、工艺水平之高都是十分惊人的。仅从殷墟妇好墓一座墓中就出土青铜器达 468 件。商代青铜器的分布区域相当广，以殷墟出土的青铜器特征和风格作为判断其他地区发现的青铜器的标准，则黄河流域中下游、长江流域中下游，包括汉水、湘江、淮河、赣江乃至华南边缘地区，都有商代晚期青铜器的发现；在非江河流经的个别地区，也有极少量的商代晚期青铜器发现。这些青铜器品种繁多，工艺精湛。

从甲骨文记载来看，商代已经有了发达的丝麻纺织手工业，制玉、养蚕、酿酒活动也很普遍。在商代遗址中，还发现有大片的窑址，充分反映了当时陶器制造的发达和烧窑技术的高超，尤其是彩陶，制作细腻、花纹精美。

手工业的发展以及定居的农耕生活为当时社会创造了大量的财富，许多剩余产品被用来进行交换，从而促进了商业的发展。

商朝的商业形式较为成熟。第一，盘庚之后，商朝统治者不再迁都，城市固定发展起来。现在发掘出来的殷墟，不但城市面积大，而且有诸多手工作坊，还有交易场所“市”。根据史料记载，当时商人已有固定的交易场所，“殷君善治宫室，大者百里，中有九市”。就是说，在商朝都城出现了固定的九个“市”，商品可以分门别类地进行交易，交易的规模也较大。其次，贝作为货币已广泛使用。盘庚称贝玉是“好货”“宝货”，并且常用来赏赐臣下。第三，殷墟卜辞中，有许多关于商贾的记载，如“多贾”（泛称，指许多商贾）、“某贾”（某为地名）、“贾某”（某为人名）等等。《白虎通义·商贾》中对商贾之分有这样的描述：“商之为言商也。商其远近，度其有亡，通四方之物，故谓之为商也。贾之为言固也。固其有用之物，以待民来，以求其利者也。行曰商，止曰贾。”

大约在商朝后期，商人阶层开始分化，分为行商和坐贾。行商是走村串巷进行沿途叫卖的商人；坐贾是有专门场地、位置较为固定的商人，他们常在肆中经营，以交易盈利为生。

“商人”一词的出现并非偶然。吴晗在《从商品生产想到中国商人起源》一文中认为：“商人”一词就与商朝有关。契封于“商”，“商”是地名，后转化为部落名，再转化为朝代名。商族始祖契佐禹治水有功而封于商。商人因其早期游牧部落的性质，在频繁迁徙中，为本族生活的需要，与其他部落开始了粮食、牲畜、工具等的交换，交换区域、范围不断扩大，逐渐形成了商业的萌芽。

根据甲骨文、金文、出土实物及古籍记载，商朝已经有“车马”“步辇”和“舟船”等交通工具，其中以牛车、马车最为常见，水行的主要工具是木制的舟。《周易·大有》中有这样的记载：“大车以载，有攸往，无咎。”可见，当时的经商者驾车行船，来往于各地区之间从事贩运贸易。史载，商汤的祖先王亥“服牛乘马”，远距离经商，揭开了以畜力为交通运输动力的历史。到了成汤时期，商族的手工业发展起来，他们用自己生产的“文绣纂组”去交换夏人的粮食，“一纯得粟百钟”（《管子·轻重甲》）。卜辞记载说，有时商人出行时间长达三四十日。可见，在远古时期的交易活动中，商人们负货载物，长途跋涉，不仅辛苦，而且充满各种风险。《竹书纪年》记载：帝泄“十二年，殷侯子亥宾于有易，有易杀而放之”。郭璞注引《竹书纪年》：“殷王子亥，宾于有易而淫焉。有易之君绵臣杀而放之。故殷上甲微假师于河伯，以伐有易。灭之，遂杀其君绵臣。”

到了周朝，商遗民仍然保持着善于经商的传统。武王伐纣取得胜利，殷之遗民被强迫迁到洛阳，他们既无政治特权，又失去了土地，只好东奔西跑以做买卖为生。久而久之，商业就成了殷之遗民的主要行业了，商族也因此成为中国商业的鼻祖。《尚书·酒诰》中说："肇牵车牛，远服贾，用孝养厥父母。"孔颖达解释为西周王室鼓励殷之遗民"农功既毕，始牵车牛，载其所有，求易所无，远行贾卖，用其所得珍异孝养其父母"。也就是说，忙时在家力求耕作，闲时在道力求经商，用交易所得来奉养他们的父母。因而，"商人（做生意的）出于商人（殷遗民）"[①] 的结论是有道理的。因为"商人"善于经商，能通四方之货，所以后世将从事商业交易的人也泛称为"商人"。商人阶层的出现为商业活动中一些有特定表现形式的广告的出现奠定了基础。

关于商代贸易的具体情况，由于时代久远，所存文献极少，但是可以由文献记载和考古发掘得到部分了解。殷墟出土文物中，有大量渤海的鲸鱼骨、咸水贝、绿松石，长江地区的陶器，南方的象牙、龟壳，新疆的玉石等。这些或神秘，或精美，或实用的物品，在这些地区的出现不是个别的，更不是偶然的，而是当时频繁商品交换的结果。

公元前1046年，周朝建立，这是中国历史上延续时间最长久的王朝，它奠定了中国政治制度的基础，它所创立的礼乐制度成为中国传统文化的核心。

周代的统治者耗费了大量的物力、人力改善水陆交通状况。《诗经·小雅·大东》云："周道如砥，其直如矢。"统治者不仅疏通了一些河流，开凿了黄沟、鸿沟等著名的运河，而且还注意发展造船业和修建桥梁。由于交通状况的改善，各地商贾往来，不绝于途，出现了历史上前所未有的繁荣局面。

据《周礼·考工记》记载，西周都城丰镐的布局是："匠人营国，方九里，旁三门。国中九经九纬，经涂九轨。左祖，右社，面朝，后市，市、朝一夫。"这里的"市"指的就是市场或商业区。《风俗通》说："俗言市井者，言至市鬻卖当须于井上洗濯，令物鲜洁，然后市，案二十亩为一井，今因井为市。"按照礼制，市场一般在宫殿、衙署的后面，并且同宫殿、衙署、住宅区严格区分开来。这种格局的出现标志着中国坊市制开始形成，一直延续到北宋初年。

除了"宗周"镐京和"成周"洛邑（洛阳）成为东西相对的两大都市之外，西周的多次大分封形成了众多的诸侯国。诸侯国国都，如齐之营丘、鲁之曲阜、晋之曲沃、燕之蓟、宋之商丘等都有相当大的规模。

在"工商食官"制度下，西周的商业由贵族国家垄断，在较大的都邑中都出现了市场。商业交易频繁，出现了"一日三市"的盛况。据《周礼·地官司徒》载："大市日昃而市，百族为主；朝市朝时而市，商贾为主；夕市夕时而市，贩夫贩妇为主。"交易的商品，除了牛马、丝帛、珠宝、兵器、铁器、日用品等各种物资外，还有"人民"（奴隶），种类十分繁杂。奴隶的价格，据铭文所记，五名奴隶才值"匹马束丝"。

为了维持交易的正常进行，西周加强了对市场贸易的管理，根据《周礼》记载，西周王朝及各诸侯国国都的市场管理已相当完备，有各种官员负责执行市场管理条令，管理货物价格、货物陈列、货物检查、市场治安等。如开市的时候，管理的小吏（质人）会在市亭旗上标注商品价格以供顾客参考，防止价格欺诈。

民间的贸易活动也在城邑内外展开，但一般数量较少，采取以物易物的形式。

---

① 吴晗．灯下集．北京：生活·读书·新知三联书店，1960：1-2.

公元前770年周平王迁都洛邑，历史进入东周。其中，公元前770年至公元前476年，史称春秋时期；公元前475年至公元前221年，史称战国时期。

春秋战国时期社会发生剧烈动荡，随着官府对士农工商控制的减弱，整个社会的经济文化交流空前活跃，百家争鸣的局面开始出现，金属货币的使用愈来愈多，商业获得广阔的发展空间，“商贾作为一个阶层，在春秋时代已初具规模”①。据《国语》记载，这一时期的中小商人非常活跃，他们“负、任、担、荷，服牛、轺马，以周四方。以其所有，易其所无，市贱鬻贵，旦暮从事于此”。

这一时期，作为商品交换中心的城市如雨后春笋般兴起。到战国时期，都市更多，并且发生了重大变化。城市的构成由以建立在宗法制度基础上的王城、相对独立的诸侯国国都及卿大夫采邑为主，变为以封建国家的都城以及作为其股肱的地方行政管理机构郡县的治所为主。从三代以宫庙为核心的政治性都邑到由主要作为政治中心的“城”和主要作为经济中心的“郭”两大部分共同组成的城市，成为春秋战国城市性质转变的根本标志之一。

随着社会经济的发展，“工商食官”制度逐渐解体，私营工商业力量成长壮大。作为政治、军事中心的城市，一般也是工商业发达的都市。《盐铁论·通有》对战国时大城市的追述是：“燕之涿、蓟，赵之邯郸，魏之温、轵，韩之荥阳，齐之临淄，楚之宛、陈，郑之阳翟……富冠海内，皆为天下名都。”扩大了的城市中产生了新的功能分区，位于郭内的闾里及工商业区扩展迅速，“市”已发展为城市各阶层人们公开交换物品的场所。无论是官营的商业活动还是民间的商业活动都十分兴旺。许多大的都市，“百工居肆”，店铺林立，生意兴隆，有“鬻金者”“酤酒者”“卖履者”“卖骏马者”，也有卖兔的、卖卜的、卖浆的、屠狗的，甚至还有“贩茅者”，等等，不一而足。《诗经·陈风》中描写了陈国子仲氏的女儿在集市之日停下手工劳作去售卖自己产品的故事，“不绩其麻，市也婆娑”，这里的市是指规模较小的集市活动。战国时期的齐、燕、秦等国的都城都设有若干市。至此，中国古代城市脱离了初始状态，城市经济和城市生活达到相当繁荣和集中的程度。

更大的商品集散地也在形成。齐国的临淄、赵国的邯郸、楚国的郢，都是当时全国著名的商品集散地。东方的鱼盐、南方的象牙、北方的皮革、西方的马匹在当时中原地区市场上都可以买得到。仅就齐国的都城临淄而言，自姜太公至齐之后，实行“通商工之业，便鱼盐之利”的政策，鼓励女性缝衣服、织腰带、做鞋子、制帽子，销往各国，支持民众捕鱼晒盐，长途贩运，供应天下。通商久之，使得临淄日渐繁华。《史记·苏秦列传》记载：齐国临淄城宏大而坚固，有十三门。市内的“庄岳”和“岳市”，人烟稠密，市易喧闹。苏秦称赞道：“临淄之中七万户……临淄甚富而实，其民无不吹竽鼓瑟，击筑弹琴，斗鸡走狗，六博蹋鞠者。临淄之涂，车毂击，人肩摩，连衽成帷，举袂成幕，挥汗成雨。家殷人足，志高气扬”，一片繁华的景象。

王城、都邑之外的地区，也有大量私市，或称之为“会市”。它们通常位于城门或城郊附近以及人流比较集中的陆路或水路交通要道。在远离通都大邑的广大乡村，也有民

---

① 刘玲娣．子贡形象的现代阐释．保定师范专科学校学报，2002（3）：19－21．

间自发形成的“市”。它们大多范围较小，场地简陋，没有定期的交易时间，随聚随散，是“草市”的前身。

二、先秦时期的广告活动

据史书记载，上古时期的统治者为了加强官民之间的联系与沟通，设立了“进善之旌”“诽谤之木”“敢谏之鼓”。此外，还有“悬诸象魏”及“振木铎徇于路”等。① 严格来说，这种在人流较多的交通要道用一些设施来搜集信息、广采舆情，并适时发布或宣讲政令的做法，只是当时的统治者治理国家的一些手段而已，既不属于商业广告，也不属于公益广告。

在商业广告方面，先秦时期已经出现了市声广告、实物广告、招幌广告、铭文广告等形式，它们是中国古代商业广告的主要形式，也是现代商业广告的基本形式。

（一）市声广告

先秦时期的市声广告类型已经相当多样，包括叫卖（或吆喝）广告、唱卖广告、响器广告等，它们奠定了我国后世市声广告的基础。

口头叫卖是人类历史上最早出现的“萌芽广告”形式。在集市上，商贩要尽快将货物销售出去，却又面临着众多的竞争者，为了吸引别人的注意力，往往采取高声吆喝的方式。而那些走街串巷的小商人，更是要靠吆喝才能让别人知道他所售卖的产品是什么。由于古代交通不便，商品交易现象较少，因此，当村童近闻卖者之声，往往跃然而近之，大人随后跟至。当有人围拢过来时，商贩又会进一步口头介绍产品的花色品种、使用价值等，这就是早期的叫卖广告。

为了使叫卖声更加动听，吸引顾客，单纯的叫卖渐渐演变成吟唱的形式即唱卖广告。屈原《天问》曰：“师望在肆，昌何识？鼓刀扬声，后何喜？”《离骚》亦曰：“吕望之鼓刀兮，遭周文而得举。”说的是吕望即姜尚未遇到周文王以前，本是个操刀卖肉的。卖肉时，一边以刀拍打肉案，一边扬声而歌，以广招徕，堪称古代出色的推销家。姜亮夫在注释《离骚》时解释“鼓刀”说：“今屠人尚存此习，鼓其刀而声自扬，则买者纷集矣。”可见，这种方式一直延续至今。

《韩非子·难一》和《韩非子·难势》都记载了这样一个故事：楚国有一个人卖矛又卖盾，他举起矛向人夸口说，我的矛锋利得很，世界上无论什么东西都能戳穿；接着他又举起盾向人夸口说，我的盾坚硬得很，世界上任何东西都无法戳穿它。旁边有个人问他说，用你的矛来戳你的盾那会怎么样呢？那人回答不出来了。这则故事反映了春秋战国时期商业贸易中最普遍、最原始的广告形式之一市声广告的情形。商人通过叫卖宣传

---

① 所谓“进善之旌”，即设立旌旗，作为进言的标识；“诽谤之木”指在特定的地方竖立标识，让人们在其下将意见写在木牍上，可以说是今天意见簿之类的前身；“敢谏之鼓”是指有人提意见时，就到特别设置的鼓前，击鼓警众，引起相关人的注意。“悬诸象魏”就是统治者将政令、法律的图像或条文悬挂在叫“象魏”的特定建筑物上，广泛告知百姓。“振木铎徇于路”是指中央机构派使者到各地宣布政令或了解社情民意时，摇着木铎之类的响器以唤起众人注意，从而完成上令下达、下情上传的任务。

来推销商品，竭力向顾客介绍自己产品的优点和特点，甚至不惜大加夸张，言过其实。

市声广告自出现以来，一直成为商贩们最简便的商品推销方法，长盛不衰。

随着实践的发展，口头叫卖与响器逐渐结合，形成响器广告。因为音响工具声音较大而特别，更容易引起人们的注意。《诗经》中有“箫管备举”的诗句。汉代学者郑玄在研究《诗经》时，对其《有瞽》篇中“箫管备举”一句笺注说：箫是一种乐器，“小竹管，如今卖饧者所吹也”。孔颖达的注解也说：“其时卖饧之人，吹箫以自表也。”由此我们知道，早在西周时期，卖饴糖的小贩就已经知道通过吹箫这种方式招徕生意，虽然形式简单，但效果很好。这种吹箫卖货的现象在古代并非偶然。《史记·范雎蔡泽列传》中载：“伍子胥橐载而出昭关，夜行昼伏，至于陵水，无以糊其口，膝行蒲伏，稽首肉袒，鼓腹吹篪（箫），乞食于吴市。”伍子胥逃到当时的吴都梅里（即今无锡梅村），举目无亲，衣食无着，被迫在市中吹箫乞食。这就是后人所说的“吴市吹箫”的故事。相比人声而言，高低长短、抑扬顿挫的响器发出的声音更能吸引顾客。

（二）实物广告

实物广告也是最早出现的商业广告形式之一。它是指卖家从真实的产品中拿出一些作为样品，陈列在店前或其他特定的场地以供顾客端详、评判、选择。其特点是简便、快捷、真实。西周时，这种广告形式相当普遍。《周礼·地官司徒·司市》有“以陈肆辨物而平市”的记载，意思是说将档次不同、美丑精粗各异的商品分别摆放在不同的摊肆，以免互相混杂、优劣不分，方便人们在购买时辨别与比较。《诗经·卫风·氓》是春秋时期卫国（今河南淇县一带）的民歌，歌中描写一位热情善良的女性在婚后受尽虐待而最终被遗弃的故事。“氓之蚩蚩，抱布贸丝”，男主人公抱着布来换丝，其中的“布”和“丝”就是当时的实物广告。

后来，实物广告又演变成悬物广告。实物陈列一般是将实物摆放在地上或者室内，顾客只有走得很近或进入室内才能发现，而将实物高高挂起，则更容易被顾客发现。然而，如果实物体积很大，重量很重，如整头的牛，则被悬挂起来是很费劲的。如果将能表现实物主要特征的部分挂起，譬如牛头等，人们远远一望便知，就不需要商家费劲去大声喊叫了。可见，悬物广告比起实物广告有更大的优越性。吕不韦是战国末期的大商人，他胸怀大志，见识过人，后来选择秦国作为其弃商从政的突破口。据《史记·吕不韦列传》记载，吕不韦出身阳翟富商，经常往来于各地做买卖。他非常有政治远见，后来做了秦国的宰相。为了提高自己的名声，他组织自己的门客，综合百家九流之说，畅论古今天地万物之事，从而编成《吕氏春秋》一书，共26卷，160篇文章，20余万字。书既成，旋令专人全文抄出，“布咸阳市门，悬千金其上，延诸侯游士宾客有能增损一字者予千金”。这一行动引起了众人的围观，使吕不韦的威望从此确立。此外，在《晏子春秋·内篇》中有“犹悬牛首于门，而卖马肉于内”的话，可见悬物广告已是当时的一种普遍现象。这在当时的经商环境下，是一种非常有效的广告传播方式，对于后来招幌广告的产生起到了促进作用。

（三）招幌广告

悬物广告虽然有很多优点，但是所悬实物往往过于笨重、不够雅观，更何况，有些实物不宜长期悬挂或不易悬挂。到了春秋战国时期，随着商业贸易日渐频繁，固定场所的市肆交易越来越普遍，为了在特定的空间内招徕更多的顾客，也为了弥补叫卖广告或响器广告需不断使人力操作的辛苦，许多经营者开始悬挂画有图形或写明经营项目的布帛等软质材料。于是，原始的招幌广告出现。招幌，习称幌子，也称望子，多为缝布制成，常悬于店前，遇风而动，人们目力所及都能看到。

《韩非子·外储说右上》记载：宋国有一个卖酒的人，所酿之酒非常醇美，卖酒从不缺斤少两，对顾客的态度也非常恭敬礼貌，为了吸引顾客的注意，他“悬帜甚高”。这说明，这位宋国的卖酒商人在经营中，不仅保证酒好量足、殷勤周到，而且有很强的广告意识。同样，《晏子春秋·内篇·问上》也有类似的记载，如“人有酤酒者，为器甚洁清，置表甚长”。所谓“置表甚长”就是设置起高高的招徕顾客的木杆，木杆上悬挂一块长条状的东西作为标记，买酒者一看，就知道此处是卖酒的地方。

由此可知，招幌广告最初由酒肆使用，后来随着商业经济的日益繁荣，许多店家都在自己的铺面前悬挂一种体现自己商店经营特征的标识，招幌逐渐泛化为社会公认的商业标识。

（四）铭文广告

标记广告是指刻绘在商品上的简单文字或符号标记，以作为区别工匠、制造者、监造者的符号。

西周时期，在生产的器物上刻字勒符已成为手工业生产者的普遍做法和行业规范。当然，最初可能是为了表示私有权、纪念或装饰，但随着生产分工和商品交换的扩大，铭文开始成为所有者或生产者的标记。从考古发掘情况看，在西周墓葬出土文物中，发现了有封建领主产品的标识和各种官工的印记。例如，在山东寿光县（今寿光市）出土的西周“己侯钟”刻有“己侯作宝钟”铭文，陕西扶风县出土的“良季鼎”刻有“良季作宝鼎”的铭文。①

春秋战国时期，由于生产关系的变化，出现了大量自由独立的手工业者。他们一边生产一边销售，自产自销。为了向买家提供质量可靠的产品，一些生产者在自己的产品上用文字或符号标明其制造者及厂址。例如，在齐国都城临淄出土的陶器上一般都刻有“某里某”，或“某鄙某邑某里某”等陶文。在秦都咸阳出土的战国时期的陶器上也能见到“咸阳如硕”“咸阳成申”或“咸阳某里某”等制作人的地址和名字。除了私营手工业外，当时的官营手工业作坊生产的产品，都要“物勒工官”，即在产品上刻或铸上“造者”的姓名，同时再注明“工师”或“监造者”，以便官府对商品质量、价格、流通进行监督。正如《礼记·月令》中所说的，“物勒工名，以考其诚”。

这些文物上的印记虽然不像口头广告、实物广告和响器广告那样直接为商品交易服务，但它们保存时间长久，能起到无声的广告作用，也表明中国古代手工业的一部分管理者和生产者已经有朦胧的商标意识。

---

① 北京图书馆金石组．北京图书馆藏青铜器铭文拓本选编．北京：文物出版社，1985：4.

（五）名人广告

伯乐，春秋时人，以善于相马而闻名。据《战国策·燕策二》记载："人有卖骏马者，比三旦立市，人莫之知。往见伯乐曰：'臣有骏马，欲卖之，比三旦立于市，人莫与言。愿子还而视之，去而顾之，臣请献一朝之贾。'伯乐乃还而视之，去而顾之，一旦而马价十倍。"伯乐是当时的相马专家，请他来进行一番现场表演，就是利用名人效应，以产生以少博多的广告效果。这说明，即便是真正的千里马，但由于普通人并不具备鉴别的能力，因而在市场上可能默默无闻，难有人问津。所以，好产品也要做广告，尤其是专家和权威的推荐或暗示所起的作用很大，对于缺乏专业知识的买家来说，极易形成最简单的路径依赖。正如宋人王观国在《学林·铜斗》中所说："凡物不以美恶，稍为名士所称，遂亦可贵……所谓伯乐一顾，其价十倍也。"这是中国广告史上最早的名人广告。

第二节　秦汉时期的广告

秦朝统一后所采取的一些重大措施为汉代的商业和广告的发展创造了极为有利的条件。到了汉代，社会逐渐稳定，经济发展，国际贸易发达，国内随之形成了一批工商业集中的都会，广告形式更加繁多。

一、秦汉时期的社会经济发展

秦统一六国后，"元元黎民，得免于战国"，社会逐渐安定下来，人民避免了战争的侵害。稳定的社会局面为经济发展创造了良好的条件，尤其是秦朝在全国范围内统一度量衡器的措施，使长度、容量、重量单位都有了统一的标准，便利商品的交换。秦朝还实行"车同轨，书同文"。对全国车辙的宽度做出统一规定，并开"驰道"，修直道；整饬水运，开挖渠道，大力发展道路交通，便利了物资与商品的流通。而小篆作为统一的标准文字在全国使用，有利于商业文书、契约的签订。此外，秦国还实行统一的货币制度，规定货币分为两种：以黄金为上币，以镒为单位；以半两铜钱为普通货币，通行全国。

这些举措打破了过去不同诸侯国之间的交通限制、运输困难的局面，改变了过去由币制不一、换算困难形成的以物易物的低级商品交换形式，为商品在更大范围内、更高程度上的交换提供了有利条件。

秦都咸阳不仅是政治中心，同时也是经济和商业中心，市肆林立，商贸活动繁盛。就目前所知，当时咸阳的市有直市、平市、奴市、军市等。① 各地郡县治所不仅是所在区域的政治中心，也是所辖各地的经济贸易中心。古城临淄、阳翟、临邛等物阜民丰，直至西汉初年仍然繁华不衰。

1975年，考古工作者在湖北省云梦县睡虎地的秦墓中发掘出了一批秦始皇时期的竹

① 刘家林．新编中外广告通史．2版．广州：暨南大学出版社，2004：27.

简，上刻内容主要是关于法律的文件。其中《金布律》中有这样的记载：“有买及卖也，各婴其价。小物不能各一钱者，勿婴。”① “婴”就是“系”“悬挂”的意思。就是说，秦朝法律规定，商家出卖商品，价值一钱以上的，必须悬挂价格牌，明码标价，不足一钱的商品不需要挂价格牌。这为市场交易的规范化奠定了基础。

公元前202年，汉朝建立。汉代政治家们继续鼓吹重农抑商。汉高祖时曾规定“贾人不得衣丝乘车，重租税以困辱之”。政府可以根据需要，加倍征收商贾的“算赋”（即人头税）等等。虽然这些措施限制了商人的社会地位，但并不能从根本上压制商业的发展。所以，汉初的商业仍然蓬蓬勃勃地发展起来了。到了孝惠、高后之时，“复弛商贾之律”，商品贸易空前发达，商人数量剧增，经济实力雄厚。例如：齐国大盐商刀闲，贾之利“富数千万”；鲁国大铁商曹邴氏“富至巨万”；洛阳运输商师史，毂数百，富“致七千万”；宣曲粮商任氏，“富者数世”。史书记载：

> 汉兴，海内为一，开关梁，弛山泽之禁，是以富商大贾周流天下，交易之物莫不通，得其所欲，而徙豪杰诸侯强族于京师。（《史记·货殖列传》）
>
> 商贾求利，东西南北各用智巧，好衣美食，岁有十二之利，而不出租税。（《汉书·贡禹传》）

汉朝继承了秦朝的道路建设制度。根据《汉书·百官公卿表》记载，西汉时全国共有亭29 635个，按照十里一亭，一里约415.8米计算，西汉时的干道超过12.3万公里。更重要的是，西汉时出现了沟通欧亚大陆的“陆上丝绸之路”。②

文帝、景帝之时，经济发展速度加快，出现“文景之治”的安定繁荣局面。晁错趁机提出，高祖的重农抑商政策已不适应社会的发展，必须改弦更张。他说：“今法律贱商人，商人已富贵矣；尊农夫，农夫已贫贱矣。”要改变这一情况，就需要制定新的政策。为此，他提出了“贵粟”主张。商人可以用粮食买爵位，也可以用粮食赎罪，国家的粮食多了，就可以减轻农民的租赋；商人要向农民买粮，粮价也会提高。这样，国家有了粮食，富人有了爵位，农民有了钱。国家可以长治久安，商人的政治地位得到了提高，从而改变过去那种所谓“虽富无所芬华”的状况，农民提高了收入，也有了生产积极性。昭帝、宣帝则在大臣霍光等人的辅佐下，励精图治，以至“百姓安土，岁数丰穰”（《汉书·食货志》），同时，放弃了“酒榷”等压抑商人和商业的政策，改归民营。由此，至元帝时，国民经济空前繁荣，形成汉代经济的第一次发展高峰。

城市及城市经济的崛起是西汉时期社会经济发展的主要特征之一。首都长安既是全国的政治中心，又是最繁华的商业城市、丝绸之路的东端起点，最为富饶。据《汉书·地理志》记载，汉平帝元始二年（2年）时，长安城中有19.6万户，68.2万人，是中国历史上第一座规模庞大、居民众多的城市。从考古发掘看，古长安城周围约五十里，有十二个城门，一百六十闾里，街道纵横，设有“九市”，包括东市（称京）、西市（称

---

① 中华书局编辑部．云梦秦简研究．北京：中华书局，1981：307.

② 这条路以西汉时期的长安为起点（东汉时为洛阳），经河西走廊到敦煌。从敦煌起分为南北两路：南路从敦煌经楼兰、于阗、莎车，穿越葱岭到大月氏、安息，往西到达条支、大秦；北路从敦煌到交河、龟兹、疏勒，穿越葱岭到大宛，往西经安息到达大秦。到公元3世纪时，又有取道天山北面的较短路线，沿伊犁河向西到达黑海附近。丝绸之路不仅在经济方面，而且在文化方面，为中国与中亚、中东和欧洲各国的沟通交流做出了巨大贡献。

畿）、南市、北市、柳市、直市、交门市、孝里市、交道亭市等。每一市各方 260 余步，大体呈正方形，大多在城内，少数在城外，是商业和手工业贸易的集中区。每个市周围筑有围墙、市楼[①]、市门、列肆。商肆按商品种类，分列成行，井然有序。[②] 市中商贾，要有市籍（即商籍）才可经营。市中交易，按则纳税。除本地和附近的各种物产包括官府手工业的产品出售外，还有从全国各地运来的货物出售。市门按时启闭。一旦“九市开场，货别隧分。人不得顾，车不得旋。阗城溢郭，旁流百廛。红尘四合，烟云相连”（《后汉书・班彪列传》）。史书上说：“清旦而行，日中交易所有，夕时便罢。”除此之外，还有一些特别的市，如槐市（会市）、军市等。

汉长安城的东西南北都有数条大道通向周边各地，尤为重要的有三条：第一条是向北的横桥大道，它连接着都城与渭北，是皇帝祭祖和避暑的必经之路。横门以内有东市和西市，横桥以北又有著名的直市。因此，横桥大道上商业往来相当频繁，大道旁也有很多商业集市，十分热闹。第二条是出长安西门，经过渭河之上的西渭桥，沿渭河北岸向北，就进入了著名的“丝绸之路”。第三条是从长安城向东过灞桥，是京师迎来送往的标志性地方，史有“灞桥折柳”的送别佳话。

其他一些以都城为标志的政治中心城市因得天独厚的交通便利条件而形成了区域性的商业中心。据司马迁《史记・货殖列传》记载，当时全国著名的商业城市众多。除长安之外，洛阳、邯郸、宛城、成都、临淄、番禺（今广州）等城市，都是全国主要的商业都会。《汉书・高五王传》载：“齐临淄十万户，市租千金，人众殷富，巨于长安，非天子亲弟爱子，不得王此。”此外，蓟、阳翟、寿春、江陵、吴等，也都是一方的都会。市场上，商品繁多，有牲畜、毛皮、谷物、果菜、酱醋、水产、帛絮、染料、木材、木器、铁器、铜器等等。[③] 全国各地区、各都会之间，有大道相连。在这些大道上，驿传罗布，车马杂沓，货物转输，络绎相属。在经济发达的交通要道之地还出现了区域性的市场，其交换范围不受一郡、一县的限制，带有明显的地区性色彩。如“曹市”“代市”“河市”等，就是汉代泛指的大范围的地区市场。地区市场之下，便是普通的汉代郡县城市市场了。“天下百郡千县，市邑万数。”当然，也有奴隶交易。秦简中的《封诊式》有“告臣”爰书一则，其中所谓“以市正价贾丙丞某前”，即是要按市场上的价格购买奴婢丙。[④] 这种买卖奴隶的现象一直延续到后代。

西汉中期以后，不仅内地贸易兴隆，而且与西域贸易、国外贸易也逐渐发达，建立了自河西走廊通往中亚、西亚以及欧洲的“丝绸之路”。借助“丝绸之路”，主要出口丝织品，进口貂皮等皮毛制品以及香料、珠宝等。同时，南方的番禺成为最重要的对外贸易港口，海上“丝绸之路”开始形成。

公元 25 年，刘秀重建刘汉皇朝，定都洛阳，史称东汉。虽然朝廷初期也推行“算

---

① 市楼是管理市场官员之治所，位置很高，插旗于其上，故又称作“旗亭”。张衡《西京赋》云“旗亭五重，俯察百隧”，即是说市楼高耸，市官可以俯察市内各条道路情况。在出土的汉代画像砖上，绘有重檐市楼，它位居市区中央，楼下正中开门，楼上悬鼓。市楼所悬之鼓、所立之旗，当作令市信号之用。

② 刘志远．汉代市井考：说东汉市井画像砖．文物，1973（3）：52－58.

③ 冯克诚，田晓娜．中国通史全编．西宁：青海人民出版社，1998：393－394.

④ 中华书局编辑部．云梦秦简研究．北京：中华书局，1981：141.《汉书・王莽传》中也写道：“秦为无道……置奴婢之市，与牛马同兰。”

缗”和“告缗”政策，用超经济的办法剥夺商人的钱财，但主要目的是防止农业劳动力大量流入商业领域。况且，商业自有其内在勃发的生机。光武帝之后，进入明帝、章帝时代，这是东汉最富足的时期。“天下安平，人无徭役，岁比登稔，百姓殷富，粟斛三十，牛羊被野。”（《后汉书·显宗孝明帝纪》）一些地方甚至出现了“趋商贾，牛马车舆，填塞道路”（《后汉书·王充王符仲长统列传》）的景象。这里虽不无封建史家夸饰之辞，但局势的显著好转是毋庸置疑的。造纸技术已经得到改进，纸张产量大大增加，市场上出现了笔、墨、纸等文具的销售，推动了中国最早的书画市场即书肆的形成。

长安繁华依然，不仅是北方的商业重镇，也是西北贸易的东方出发点。洛阳成为新的首都之后，其城市规模不断扩大，人口迅速上升到百万之众。《太平御览·居处部十九》引陆机的《洛阳记》说：洛阳有“三市”——金市、南市、马市。“金市在大城西，南市在大城南，马市在大城东。”市井中车水马龙，络绎不绝；行人熙熙攘攘，众声喧哗。商业繁荣超过了长安，人们丰衣足食、生活富庶，大众化和享乐化成为社会流行风潮。

东汉商品经济的繁荣还体现在多层次市场的形成。汉代的市场大致可以分为京畿市场、区域市场、郡县治所市场和乡里市场四种类型，这种多级市场结构的基本形成，对于促进商品经济的发展，有着积极的意义。在这种背景下，全国各地百郡千县，市邑万数，都进入了商品流通范围。因此，交通干线上车马转输，往来不绝于途。同时，造船技术十分先进，已经建造出许多能够装载数十辆车的大船和设有多层的楼船。在南方，也是船载车运，连绵不断。如著名文学家蔡邕曾写下关于武汉地区市场最早的作品《汉津赋》，其中描述了汉阳商船“导财运货，懋迁有无”的景况，并将以汉阳为中心的水上商业辐射圈勾画了出来，即“南援三州，北集京都，上控陇坻，下接江湖”①。

学者杨宽指出：“战国时代各国已普遍设置郡县，小郡有十多县，大郡有三十多县。县筑有城，城中有市。”② 汉承旧制，均立城市。《管子·小匡》中说：“立市必四方，若造井之制，故曰‘市井’。”汉代规定，市肆必须设在城内的固定区域，定时出入。各地的“市”都由政府派出官吏管理，这些官吏名为“市长”“市令”或“市丞”，其官府为“市楼”。每日开市。开市时，市楼上升旗；闭市时，市楼上降旗。除了在县以上的城市中设有管理性的市场之外，汉代还有其他形式的交易市场存在。汉代县级以下的乡村、里聚设有乡市和里市。根据黄今言的统计研究，两汉的乡市有 6 622 个，里市（聚市）有 66 220 个，共计 72 842 个。其中东汉的乡市 3 682 个，里市 36 820 个，共计 40 502 个，比西汉时期要多。③

在商业繁荣的基础上，一些地方还出现了历史上最早的夜市。东汉桓谭《新论》记载：

扶风漆县之邠亭部，言本太王所处，其民有会日，以相与夜市，如不为期，则

---

① “三州”指当时的徐州、扬州、荆州，这个范围比较广阔，相当于今天的两湖、豫、苏、皖、浙、赣等地。

② 杨宽．战国史．2 版．上海：上海人民出版社，1980：97.

③ 黄今言．论秦汉商品市场发育水平的几个问题．中国经济史研究，2003（3）：93－102.

有重灾咎。

所谓“‘会日’，或为市期，宗教集会日即为定期集市日”①。桓谭生活于两汉之际，说明夜市至迟在东汉时便已出现。除了夜市之外，还出现了“关市”。这里所说关市，是指在边境关塞要地设置的集市，是汉族与少数民族之间进行定期或不定期交易的场所，东汉时又称“互市”“合市”“交市”或“胡市”。例如，汉人用丝织品等与匈奴各部进行交换，而匈奴的良马则“衔尾入塞”，各种毛皮也大量输入内地。内地与新疆地区的贸易交往也同样频繁，内地商人常以黄金、珍宝、纺织品等与当地人进行交换。

此外，一些专门化的市场，如“书市”“马市”“奴婢市”“盐铁市”等也很兴旺。关市处于边界，由政府严格控制。正常情况下，会定期、定时开放，但遇到双边关系紧张时也会即刻关闭。在汉代，居延、张掖、酒泉都有政府所设之市。

二、秦汉时期的广告

秦汉时期农业、手工业的发展，交通的发达，推动了商业的发展，由此商人的广告形式多样、精彩纷呈。

（一）市声广告

秦汉时期的广告史料，由于年代久远，甚为罕见，只能根据现有的考古发掘物品来说明。

画像砖起源于战国时期，盛行于两汉，多在墓室中构成壁画，有的也用在宫室建筑上。画面内容丰富繁杂，有表现劳动生产的如播种、收割、舂米、酿造、盐井、桑园放牧等，有描绘社会风俗的如宴乐、出行、百戏、乐舞等，还有神话故事。其中，有些画像真实地反映了当时的商业活动状况，具有很高的史料价值。

在发掘的汉代墓葬中，出土了很多画像砖。例如，新都博物馆馆藏“市集”画像砖再现了汉代新都（今属四川成都市）市集的繁荣景象。该画像砖上排两端分别有铭文“北市门”“南市门”，表明此为封闭式市场。在这个繁荣的市集中，左上为一酒肆，二人正在沽酒。还有开门迎客的店铺，就地撑伞的地摊，高台叫卖的贩夫，徒步交易的走卒。整个画面自上而下可分为三组交易者，交易的方式主要是以物易物（见图1-1）。有的画像砖描绘了市列分明、商肆整齐的市场。市场中央建有市楼，市楼上有隶书“市楼”二字，楼顶悬有市鼓，楼内二人相对而坐，其中一人着冠服，踞席而坐，当是管理市场的官吏。有的画像砖展现了集市中形形色色的人物，如坐地摆摊行贩者、置案售物者、设帐为店者，还有手提货物奔跑叫卖者（见图1-2）。

随着商品生产和商品交换的发展，声响广告的形态更加丰富多彩，许多日常生活中的器物如碗、盏、盆等，与娱乐相关的琴、瑟、鼓等，也形成了广告信息传递的工具。声像媒体的丰富，极大地拓展了广告的传播空间。

---

① 张金花，王茂华．汉代夜市缘起探微．河北学刊，2016（1）：192-197.

图 1－1 “市集”图
（画像砖拓本，东汉，四川成都）

图 1－2 “商贩叫卖”图
（画像砖拓本，汉代）

（二）实物广告

秦汉时期，由于生产力水平仍然较为低下，产品的保管、运输条件都受到极大的限制，因而人们交易的范围较小，交易的产品大多是基本的生产和生活资料，卖者用公开展示其实物的方式传递售卖信息。如打铁的人将炉子、风箱、砧子置于门外，再摆放打制的锄头、镰刀、抓钩等用具，卖木材、毛竹、芦席的人将这些材料堆放在室外展示，卖染布的人在染坊门前高悬蓝色的染布，以及一些农副产品如大米、小麦、蔬菜、水果、鱼虾等，家禽如鸡、鸭、鹅等，家畜如猪、牛、羊、马、骆驼等，通常都采用这种广告方式。

我们从彭县（今属四川彭州市）义和汉墓出土的“酒肆”画像砖可以具体看出汉代实物广告的情形以及时人对酒的痴迷程度：有家酒肆卖瓮装烧酒，门框上悬挂着两个酒瓮，下方有一平台，上置一物，下面还有两个酒瓮。店内，一人着冠，宽衣博袖，伸手作售卖状。酒肆外，另一人亦着冠，为沽酒者，似与店家作别。其左侧有一椎髻、短衣裤的童子，车上置一方瓮，正推辇欲待离去，正回望着身边的长者，两人似为父子关系。左上方有一椎髻、短衣之人，肩荷一罐，与旁边一小儿正跳跃着奔向酒肆（见图 1－3）。

图 1－3 “酒肆”图（画像砖拓本，东汉，四川彭州）

（三）招幌广告

秦代以后，招幌广告日渐增多，而且逐渐向牌匾、匾额形式过渡，成为店铺的专属标识。秦汉时期招幌主要有三种形式：一是软质招幌，如酒家门外悬挂写有汉字或绘有符形的长条形布幔。二是硬质招幌，如店铺门外的墙上书写文字，或悬挂有文字或图形的木牌。三是象征物招幌，即店外悬挂具有特征性的产品简单造型，如弹棉花的门前挂一圆圈，周围带着棉絮，剃头铺门前挂一张弓，弓弦上系几绺头发，等等。

“医家悬壶”也是一种标识招幌。东汉时期，广告的应用扩展到了行医行业。据《后汉书·方术列传下》记载：“费长房者，汝南人也。曾为市掾。市中有老翁卖药，悬一壶于肆头，及市罢，辄跳入壶中。市人莫之见，唯长房于楼上睹之，异焉，因往再拜，奉酒脯。”卖药老翁知其来意，遂领他一同钻入葫芦中。只见雕梁画栋，富丽堂皇，宛若仙山琼阁，美酒佳肴充盈其间。费长房跟随老翁十多天，学得方术归故里。从此，费长房能医百病，驱瘟疫。虽然这则记载语涉传奇，为行医者罩上一层神秘外衣，但流传甚广，以至于后世历代医家行医开业，几乎都在自家药铺门口挂一个药葫芦作为行医的标识，隐含“悬壶济世”之意。一些走江湖的郎中也身背葫芦，作为行医的标识。但也存在地区差异，有些地方的药铺则悬挂“鱼符”（用石片或木头雕刻的鱼形幌子）等作为标识，意味着这家药铺不分昼夜为病人服务。

（四）铭文广告

铜镜（又称青铜镜）在商代是用作祭祀的礼器，到了汉代，成为人们生活中不可缺少的用具，遂加速了商品化，其铸造和销售出现了新的高潮。比起秦代，西汉的铜镜制作工艺更加复杂，文字不时被措置于装饰纹样之间，别开生面。

“尚方”是汉代为皇室制作御用物品的官署，属少府，它所制作的铜镜上都有“尚方”名标记，如“尚方作竟（通‘镜’）真大好，明如日月世间少”“尚方作竟真大巧，上有仙人不知老”“尚方作竟，富贵益昌，其师长命，买者侯王”“见日之光，天下大明”，颇具匠心。而私人铸镜则常带有大量的姓氏铭、作坊铭，如“王氏”“朱氏”“杜氏”“李氏”“张氏”“三羊”“青羊”等，大都带有自夸性铭文，如“王氏作竟真大好”“朱氏明竟快人意”“田氏作竟真大好”之类。有的铜镜上还铸刻有较长的吉祥语铭文，如“吕氏作镜自有纪，长保二亲（及?）子孙，辟去不羊宜古市，为吏高升居人右，寿如金石”。意思是，吕家制作铜镜已有长年记录，能长久保佑父母双亲和子孙幸福，为做买卖驱除不祥，使小官官运亨通居高位，长命百岁。还有一个铜镜的铭文是：“侯氏作镜大无伤，巧工刻之成文章，左龙右虎辟不祥，七子九孙居中央。夫妻相保日安兮。”意为此铜镜能带来吉祥，儿孙绕膝，夫妻平安。这说明，光亮、坚硬的铜镜非但可以“视玉容”，而且能够“辟不祥”。在众多铜镜中，以西汉的“中国大宁”鎏金青铜镜最为知名，其既反映了汉代阴阳五行学说的盛行，同时也表达了对国家、子孙的祈愿和祝福（见图1-4）。

漆器也是汉代人的骄傲。正是在这一时期，中国古代的漆器工艺水平达到了鼎盛。学者高炜在《汉代漆器的发现与研究》一文中称赞道：“我国具有悠久历史的髹漆工艺，进入汉代，在造型和髹饰方面，都多有创新。华美而轻巧适用的漆器，已经代替了过去青铜器的地位。从出土漆器的品类、数量、分布地域和漆工的精进等各个角度，都可以说明我国古代漆器在汉代达到了鼎盛时期，直到后来它被瓷器取代为止。”如同“物勒工名”的陶制品一样，汉代漆器非常注重标识性铭文的应用。漆器铭文采用戳迹、书写或用锥、针、刀刻刺的方法，形式以“某年某工”或“某市某（造）”为主。官营作坊出品的漆器标识更为详细，年号、司造官姓名、制造者姓名及该器物的名称、尺寸、容量等信息均在其中。私营作坊往往在漆器上注明姓氏如“桥氏”“中氏”等作为作坊标识，起到识别作用。

这些铜镜、漆器的铭文虽然出现在约两千年前的汉代，但已具备了广告的基本特质。它们不仅读起来朗朗上口，而且带有制造者的名号，有明显的商标传播意识，体现了古人对产品信誉和产品标识区隔的重视。

图 1－4 “中国大宁”青铜镜（西汉，中国国家博物馆藏。右为该铜镜的部分铭文）

（五）名人广告

汉代的餐饮业已经十分繁荣，街头酒家受到普遍的欢迎。酒家的经营者也常在店门前垒起高台，即所谓的“垆”，然后将大酒坛子置于其上，以吸引食客的注意。

《史记·司马相如列传》记载：卓文君与司马相如私奔到成都后，无以为生。不得已，“尽卖其车骑，买一酒舍酤酒，而令文君当垆”。就是开了一家小酒馆，卓文君“当垆”卖酒，司马相如则穿上伙计的“犊鼻裈”打杂。当垆卖酒就是指在酒馆前垒土为垆，安放酒瓮，坐在垆边卖酒。“垆”是酒的户外广告，过路人看到了垆，就知道有酒卖。一位当下文豪与一位“土豪”的千金小姐的浪漫爱情故事本已有很大的吸引力，再加上“当垆”的卓文君“眉色如望远山，脸际常若芙蓉，肌肤柔滑如脂”，一位绝色美女亲自为顾客服务，自然是门庭若市。

东汉人辛延年在《羽林郎》一诗中写道：

> 昔有霍家奴，姓冯名子都。
> 依倚将军势，调笑酒家胡。
> 胡姬年十五，春日独当垆。
> 长裾连理带，广袖合欢襦。
> 头上蓝田玉，耳后大秦珠。

可见，这种以美女来做广告的在汉代并不是孤立的现象。只不过有的美女可能曾是大家闺秀，非常出名，有的出身普通，但凭着年轻貌美，同样也能产生良好的广告效应，引得食客纷至沓来。

东汉末，随着造纸术的提高，出现了名纸、名笔和名墨。汉末赵岐所著的《三辅决录》引韦诞奏言："夫工欲善其事，必先利其器。用张芝笔、左伯纸及臣墨，皆古法。兼此三具，又得臣手，然后可以尽径丈之势，方寸千言。"① 可见，在公元2—3世纪时，左伯纸、张芝笔和韦诞墨已经享有很高的声誉，为当时的人们尤其是书法家所钟爱。直到公元5世纪时，南朝文学家萧子良在答王僧虔的信中还提到这三种著名产品："子邑（左伯）之纸，妍妙辉光；仲将（韦诞）之墨，一点如漆；伯英（张芝）之笔，穷神尽思。"（胡韫玉《朴学斋丛刊》）

第三节　魏晋南北朝时期的广告

魏晋南北朝时期既是秦汉旧秩序的瓦解期，也是隋唐新生机的孕育期。在长达360余年的时间里，兵戈扰攘，社会动荡；政权迭变，族群侵并；南北分裂，人口频迁。直到公元280年西晋灭吴，才初步恢复了国家的统一，但统治阶级内部的争斗与冲突依然十分激烈。受此政治生态影响，社会经济发展不景气，广告发展极不稳定，也很不平衡。

一、魏晋南北朝时期的社会经济发展

整个魏晋南北朝时期，各地的社会经济发展极不平衡，有些地区破坏严重，有些地区得以恢复发展，甚至繁荣。

在北方，官渡之战后，曹操于邺地建北城，东西七里，南北五里，北部为宫殿区，南部为居民区。居民区有三个市场及手工作坊。邺南城始建于东魏，"盖有四百余坊"，四民辐辏，闾里填溢，城东西两廓各设东西二市，便利人们交易。这样，传统的"宫市"（或"后市"）格局被打破，"市"与"里闾""坊巷"结合在一起。正是这种做法，使市场与民间结合，客观上促使商业活动由纯粹为统治阶级服务转向民间，这在春秋战国和秦汉时代是没有的。从此，一场变革逐渐兴起，市场开始向平民开放。

当中原地区饱受战火之苦时，东吴也不能幸免，但是程度上远轻于曹魏。由于南方有相对安宁的和平环境，北方人口大量南迁，将中原地区先进的农业生产技术和大量的财富带到了南方，促进了江南的经济发展。吴县、京口、建康、武昌逐渐成为东吴的四个重要城市。这些都市中聚集了众多的富商大贾，贩卖着各地的货物。建康城内的人口有28万之众，其繁盛之时，都城内外店肆林立，商贾云集。最初有两市，后增至百余市。正如《吴都赋》所记载："开市朝而并纳，横阛阓而流溢。混品物而同廛，并都鄙而为一。士女伫眙，商贾骈坒。纻衣絺服，杂沓从萃。轻舆按辔以经隧，楼船举帆而过肆。……富中之甿，货殖之选。乘时射利，财丰巨万。"到南朝时已有牛马市、纱市、蚬

① 启功说宣纸．[2024－04－01]．http：//blog.sina.com.cn/s/blog_487c6d1f0100065z.html.

市、草市等，以及宫中的苑市。孙权用江南方物及南海贸易之物与魏蜀两国交易马匹，用以补吴之所乏。[①] 公元223年，蜀遣邓芝使吴，“致马二百匹，锦千端及方物”，吴“亦致方土所出，以答其厚意”。吴与魏之间也有大宗交易。史载，公元235年，“魏使以马求易珠玑、翡翠、玳瑁”。

为了开拓海上商业活动，吴国派遣成百艘的航海大船运载大量货物，到辽东、高句丽进行贸易。孙权还派康泰、朱应出使南海诸国。外国的商人，甚至大秦（罗马）的商人也从南海来到建康城进行贸易。

蜀汉政权统治下的成都也是当时重要的商业都会。据左思《蜀都赋》说：“亚以少城，接乎其西。市廛所会，万商之渊。列隧百重，罗肆巨千。贿货山积，纤丽星繁。都人士女，袨服靓妆。贾贸墆鬻，舛错纵横。异物崛诡，奇于八方。”虽然词句有“靡丽多夸”之嫌，但也说明这里织锦业相当发达，买卖兴旺，人们安居乐业。

到了西晋时期，商业比曹魏时期有所发展，不仅民间经商成为常态，而且贵族官僚经商获利成为普遍的社会风气。西晋太子司马遹“于宫中为市，使人屠酤……又令西园卖葵菜、蓝子、鸡、面之属，而收其利”（《晋书·愍怀太子传》）。在平定吴国之后不到三年时间之内，全国人口增加了130多万户，总户数达到377万，出现了历史上“太康之治”的短暂繁荣景象。《晋书·食货志》称：“是时，天下无事，赋税平均，人咸安其业而乐其事。”但由于西晋统治者的政治短视，未能解决东汉末期即已存在于国家治理中的深层结构矛盾，最终酿成长达16年的“八王之乱”。宗室诸王相互杀伐，人民流离失所，经济社会遭到严重破坏，西晋国力被严重透支，处于瓦解边缘。

东晋、南朝时期，由于江南地区相对稳定，不仅有流灌境内的长江，而且许多地方川泽沃衍，河汉纵横，水上交通极为便利，使得农业开发的区域明显扩大，农耕区域从江南扩展到整个长江流域，商业活动也随之恢复。粮食贸易规模比两汉时期进一步扩大，并成为最主要的大宗商品之一。《抱朴子·吴失篇》说东吴有些“田池布千里”的大地主有“商贩千艘，腐谷万庾”，粮食贩运量动辄千艘船。《宋书·周朗传》也认为：“凡自淮以北，万匹为市；从江以南，千斛为货，亦不患其难也。”这表明当时货物运输能力普遍提高，大宗商业贸易的现象普遍。建康是闻名全国的大都市，在宋、齐、梁、陈各代一直都是南方的第一大都会，水陆交通发达，贸易繁忙，“贡使商旅，方舟万计”（《宋书·五行志》）。城内设有四个大市，其中，“建康大市，孙权所立；建康东市，同时立；建康北市，永安中立；秣陵斗场市，隆安中发乐营人交易，因成市也”（《太平御览·资产部七》）。此外还有小市十多处。秦淮河两岸成为繁华的商业区，城郊及其他各地的草市也纷纷兴起。史载当时建康“人物本盛，小人率多商贩，君子资于官禄，市廛列肆，埒于二京”（《隋书·地理志》），繁荣可比汉之长安、洛阳两京。寿春“南引荆汝之利，东连三吴之富”，也是贸易中心之一；江陵是长江上下南北的交通枢纽；番禺是南方经济中心和国际贸易口岸。东晋时期，南渡士族竞相贩运图利，广收四方之利。史载，刘胤任江州刺史，曾派下属“大殖财货，商贩百万”，其商船往来穿梭占据了江上水道。

与东晋和南朝相反，北方处于十六国和北朝的纷乱时期。起初，由于战争不断，祸

---

① 梁隆炜．中国通史．北京：中国档案出版社，1999：447－448.

乱相循，造成了巨大的破坏，经济严重衰退。到北魏建立，特别是于公元439年统一北方后，经过各族人民的共同努力和开发，北方经济有所回升和发展。公元494年，北魏孝文帝将都城自平城（今山西大同）迁至洛阳，并对洛阳城进行大规模修复。

公元500—503年，洛阳城实行里坊制度。据北朝杨衒之《洛阳伽蓝记》载，洛阳城经过修复后，“东西二十里，南北五十里，户十万九千余”。城内外有三市：城东有“小市”，“小市”附近有殖货里、孝敬里等商业区。城西有“大市”，方圆八里。“市场周围以职业为别，居住着许多手工业者和商人，持续活跃的经济流动支撑着这座巨大的消费都市。”[①] 居住在这里的，既有手工业者、中小商人，又有富豪巨贾，他们所居住的货栈街道屋宇相连，鳞次栉比。而位于洛阳城南的四通市则是当时的国际贸易市场，有国外商人来到中原甚或洛阳长住，“商胡贩客，日奔塞下”，连西域胡商也远道来此经商。北魏孝文帝改革后，开始铸造、发行“太和五铢钱”等货币，极大地刺激了交换经济的发展，使洛阳呈现出一片繁荣的景象。由此，洛阳重获北方政治经济中心的地位。后来发生了侯景之乱，洛阳街市宫室悉被破坏，再度成为废墟，从此一蹶不振。

必须指出，魏晋南北朝是中国历史上的经济贫困期，那种商铺林立、市廛兴旺的情况为数极少。尽管南方的建康、北方的洛阳一度较为繁荣，但就如过眼烟云，很快消失。那种读书、会客、饮酒、摆阔的生活往往只属于门阀士族，而连年的战乱和灾荒导致街巷冷落、民不聊生。普遍的贫困必然导致贸易的萎缩，使得两汉已经相当发达的货币贸易退化成了以物易物的原始交易，谷米麦粟等农产品以及绢布绫绵等布帛成了当时的主要货币。这种以实物交换为主体的自然经济兴起，并成了魏晋南北朝时期经济形态的主流。

二、魏晋南北朝时期的广告

总之，由于持续的社会动荡，整个魏晋南北朝时期，除部分地区有过短暂的商业繁荣外，整体商品经济发展的水平较低，从而导致了广告的发展时起时伏，兴衰不定。相对而言，南方政权要稳定得多，所以，南方的广告发展总体上要好于北方。

（一）草标广告

晋代以前，我国农村就产生了不定期的农贸集市——草市。草市大都位于城郊、交通要道、渡口或驿站所在地附近的田野路边，通常场地较为开阔，遍地杂草，没有围墙，亦无房舍，或是只有极为简陋的草房。参加交易者多不识字，所以贩卖者往往拔几根草插在货物上作为出卖该物的标识，以供买者询价，简单醒目。久而久之，相沿成习。在草市上，凡所卖之物大都以插草为标识，欲购者可与插草之物的主人进行讨价还价。如不插草标，所卖之物则会被误认为是自购物品或送人的礼物，不宜过问。一般认为，东晋时建康城外已有草市，南朝时地方政府开始设置“草市尉”进行管理。草标广告出现后，历代延续，成为中国古代农村集市中的常态，也往往成为古代下层劳动人民生活悲

① 川胜义雄．魏晋南北朝．林晓光．译．北京：九州出版社，2022：324.

辛的写照。

与此同时，集市上还大量流行纸标广告。它源于东汉，至魏晋更甚，是一种用简单文字招揽顾客的纸头标识。

（二）名人广告

“旧时王谢堂前燕，飞入寻常百姓家。”唐人刘禹锡《乌衣巷》中的“王谢”是指东晋王导、谢安两大家族。他们家族中，名士辈出，王导、谢安等就是杰出的代表。他们清俊通脱，举止不凡，表现出一派“烟云水气”而又“风流自赏”的气度，为当时人所景仰。

史载，晋元帝时，国用不足，库中却有几千端练（白色丝绢）卖不出去。王导着急，于是亲自出马，和朝中大臣一起用练做成单衣穿在身上，引得士族子弟竞相效仿，以至一时城中练贵。这种名人示范产生了巨大效应，很快，数千端练销售一空。

王导的侄子王羲之，以书法名世，当时书坛无出其右者，世称“书圣”。据《晋书·王羲之传》记载：王羲之曾经在蕺山（位于今浙江绍兴）看见一个老妇人在卖六角扇，生意不好。于是，王羲之拿起她的扇子，在每把扇子上草书五个字，老妇人不识羲之，甚为生气。王羲之就对老妇人说：“您只要说是王右军写的，每把扇子就可以卖到一百钱。”老妇人按照他的话做了，扇子很快畅销。

东晋宰相谢安是《世说新语》中出场次数最多的人物。据《晋书·谢安传》记载：“安少有盛名，时多爱慕。乡人有罢中宿县者，还诣安。安问其归资，答曰：‘有蒲葵扇五万。’安乃取其中者捉之，京师士庶竞市，价增数倍。”意思是说：谢安年轻时就已经很有名气，有不少人非常崇拜他。有一次，谢安的一个同乡被罢官回老家，去和谢安告别，谢安问他是否有回家的盘缠，那人说没有，但他有五万把蒲葵扇，如果能卖掉就不愁路费了。于是，谢安向他要了一把蒲葵扇，天天拿在手里，到处游走。边谈笑，边摇扇，风雅无比。人们见此情形，竞相效仿，扇价也因此涨了好几倍。同乡不但有了回家的路费，还美美地赚了一大笔钱。谢安为了帮助同乡，利用他的身份和影响，为其蒲葵扇做了一次成功的广告，那些京师士庶之所以心甘情愿地花钱买扇子，完全是名人广告所带来的时尚建构效应。

（三）口碑广告

在古代，由于生产技术不同，产品之间的质量差异很大。尽管商贩们通过各种形式的广告活动进行促销，但并不能向人们保证质量。于是，一些质量好的产品生产者逐渐为人们口耳相传，自成品牌。

北魏时期的刘白堕便是如此。据《洛阳伽蓝记·法云寺》记载，当时洛阳大市的市西有延酤、治觞二里，里内之人多酝酒为业。河东人刘白堕①擅长酿酒。夏季六月，暑气正盛。他用长瓮贮酒，暴于日中，经过了十天，瓮中的酒味不变。饮之香美，喝醉了过一个月也醒不过来。那时，京城的许多达官贵人到外地做官或去封地时携带这种酒相赠

---

① 也有文献称为刘堕，后用以代指美酒。皮日休曾作《初冬偶作》曰：“豹皮茵下百余钱，刘堕闲沽尽醉眠。”

远方，行程有超过千里的。因此之故，人们称其为“鹤觞”，也叫“骑驴酒”。“永熙年中，南青州刺史毛鸿宾赍酒之藩，路逢贼盗，饮之即醉，皆被擒获，因此复名‘擒奸酒’。游侠语曰：不畏张弓拔刀，唯畏白堕春醪。”

河东地区在今山西省西南部，洛阳在河南省西北部，无论在历史上还是在当今，这两个区域形同一地，风俗习惯相近。刘白堕本是河东人，后来迁居洛阳，把河东的酿酒技术带到当时北魏的都城洛阳，无非是想扩大经营，获得更多的效益。因以擅长酿造美酒而著名，以至被载于史籍，传于后世。

同样，《洛阳伽蓝记》中还记载了另一则类似的故事，一个叫“崔涵”的僧人在挖掘旧坟墓的时候，挖出一个已死12年的人。一日，他来到奉终里，对卖棺材的店老板说：“作柏木棺，勿以桑木为欙。”问其缘由，回答说：“我在地下遇见征集鬼兵，一个鬼说他用的是柏木棺，按理可以免于征兵。可是鬼卒认为他虽然用的是柏木棺，但欙子是用桑木做成的，所以不能免征。”店老板把这个荒诞不经的故事说了出去。结果，一传十，十传百，一时间，洛阳各地出现了“柏木踊贵”的现象。从这个故事我们可以看出，这位棺材商人是在利用人们害怕死后受地狱之苦的迷信心理大做文章。这是我们见到的中国古代最典型的虚假广告的记载。此种现象在古代十分普遍。

第四节　隋唐五代时期的广告

公元589年，隋朝灭了南朝的陈国，统一全国，结束了中国历史上自西晋末年以来长达270多年的南北分裂状态。在隋唐经济大繁荣的背景下，广告得到长足的发展。可以说，除了现代媒体广告外，大多数的广告形式在当时基本上已被运用到商业活动中。

一、隋唐五代时期的社会经济发展

隋朝统一后，社会较快地得到了安定，社会经济迅速发展，社会财富急剧增多。隋文帝采取休养生息的政策，奖励农业生产。早在隋文帝末年，府库就非常殷实，“计天下储积，得供五六十年”（《贞观政要·辩兴亡》）。隋炀帝在其统治期间，大力拓垦田地，曾连续四年大赦天下，多次普免钱粮，以至人口持续高速增长，全国民户达890万户。官府的粮食和绢布堆积如山，以至于“府藏皆满，无所容，积于廊庑”。所以，隋朝从洛阳到长安，沿黄河和渭水两岸“置仓积谷”，建立起许多大型的粮仓。其中著名的兴洛仓（在今河南巩义市）、常平仓（在今河南三门峡市陕州区）、黎阳仓（在今河南浚县）、广通仓（在今陕西渭南市华州区）等，存储粮食皆在百万石以上。

农业发展促进了手工业、商业的发展，社会财富迅速增加。隋朝的都市分布于全国各经济区域中心，其中以长安、洛阳最为著名。隋开国之初，都城仍在长安旧城，但长安久经战乱，残破不堪。因此，隋文帝决定放弃旧城，于龙首原以南汉长安城东南选择新址，建造新城大兴城（长安城的雏形），城中置有都会、利人两市，国内外商人云集，大小贸易任由选择。其后不久，又大规模兴建东都洛阳。新城建成后，更加宏伟壮丽，“周回七十三里一百五十步，西拒王城，东越瀍涧，南跨洛川，北逾谷水”（《大业杂记》）。城内有隋唐时代面积最大的宫殿群——洛阳宫，以及中国历史上最高大的宫殿建筑——万象神宫。

在商业上，洛阳比长安更为繁荣。天街横贯南北，洛水穿越东西。城中置有三市，东市名丰都，南市名大同，北市名通远。其中，丰都市是最大的市，在洛河南偏东，故称东市。据《大业杂记》，丰都市周围八里，市内有一百二十行，三千余家商店。重楼延阁，交相辉映；榆柳交阴，通渠相注。诸蕃酋长入朝者，常请于东市交易，炀帝准许，“先命整饰店肆，檐宇如一，盛设帷帐，珍货充积，人物华盛，卖菜者亦藉以龙须席”（《资治通鉴·隋纪五》）。如果西域或其他外国商人进入东市，到饭店酒馆吃喝，一律不收酒饭钱。

此外，开封、成都、广州和江南的吴郡、会稽、余杭等是各地著名的贸易中心。特别是隋炀帝时开通的以洛阳为中心，沟通南北的大运河，南起余杭，北达涿郡，连接黄河、海河、淮河、长江、钱塘江五大水系，全长 2 700 公里，将很多都市连贯起来，商船来往，络绎不绝，成为南北交通的大动脉。

隋朝是短命王朝，其兴也勃，其亡也速。虽然短暂，但其商业贸易的恢复和发展，为唐代商业贸易兴盛奠定了坚实的基础。

唐王朝重视道路交通的建设，初步形成了以城市为中心的四通八达的路网，无论陆路、海路都比汉朝发达。以长安为例，陆路交通线可分为四路：东路自长安经洛阳到汴（今河南开封）、宋（今河南商丘）；西路自长安经岐州（今陕西凤翔）至成都；南路自长安到襄（今湖北襄阳）、荆（今湖北江陵），再经长沙、广西至交州；北路自长安渡黄河至太原，出娘子关至范阳（今北京城西南）。道路两旁设有许多驿站与店肆，以供行人休息与补充物资。水路：东西则依黄河、长江，南北则靠东海、运河。西北虽罕有舟楫，但东南城镇则“无不通水”（《唐国史补·叙舟楫之利》）。同时，持续了千百年的茶马古道如陕甘茶马古道、陕康藏茶马古道和滇藏茶马古道等也在这一时期广泛兴起。交通的便捷、市场的繁荣，吸引着全国各地乃至世界多国的商人前来贸易。有的外国商人还在长安开设店铺，也有定居下来久留不归的。长安成了名副其实的国际大都市。

南北交通条件的改善、国内市场的繁荣和对外贸易的扩大，推动了以城市为中心的经济发展，出现了大型的商业城市。这些城市无论在规模还是布局上，都大大超过了以前任何朝代，具备了近现代城市的一些功能，如组织商品的生产和交换、交通运输、信息传递、生活必需品的供给等等。商业组织和经营技术有显著的变化，商业经营规模扩大，地区间联系加强，商品运输和储存的手段也得到相应发展。粮食成为普通的大宗货运商品，通过运河和海路，源源不断地北上，打破了先前的“千里不贩籴”的旧俗。杜甫在《忆昔》诗中说：“忆昔开元全盛日，小邑犹藏万家室。稻米流脂粟米白，公私仓廪俱丰实。”这首诗生动地描绘了唐朝的繁荣景象，人民丰衣足食。

唐代长安重回首都地位，周长 70 余里，人口百万以上，它不仅是亚洲最大的政治、经济、文化中心，而且和陪都洛阳一起成为东西方著名的国际大都会。诗人白居易曾生动地描述了坊市制下长安城整齐划一的概貌：“百千家似围棋局，十二街如种菜畦。”诗人刘禹锡也在诗中写道：“礼闱新榜动长安，九陌人人走马看。”由此可见，城市规模十分宏大。据记载，长安城由宫城、皇城和外郭城构成。外郭城是居民区和工商业区，开十二座城门，建一百零八坊和东西两市。设有市署，监管市场，调节物价。东西两市对称性地分置于皇城外的东南和西南方向，每市各占地两坊，大小基本相同，呈方形。市的每面各开十二门，市内呈“井”字形街道，分全市为九区。市内售货之所称“肆”，民间称之为店铺[①]，经营同类货物的肆集中在同一区域，称“行”。长安东市有二百二十行，数千肆，四周还有许多为商人存放和批发货物的邸店，商业贸易相当兴盛。

西市也是二百二十行，但比东市更加繁华，被誉为“金市”，是当时世界上最大的商贸中心。西市接近西门，波斯、大食等国许多“胡商”聚集在这里进行商业交易或在周边居住，以至于这一地区“胡风”“胡俗”盛行。据有关考证，李白《少年行》中的“落花踏尽游何处，笑入胡姬酒肆中”，杜甫《饮中八仙歌》中的“李白斗酒诗百篇，长安市上酒家眠”等诗句，都提到或涉及西市。唐朝后期，北方经济有所衰退，但长安的商业贸易仍保持着相当的规模，直至唐朝末期，长安的大商人还较为活跃。

陪都洛阳是唐代第二大城市。武则天执政时期，从关中迁数十万户充实洛阳，使得洛阳的人口有近百万，一度成为全国的政治中心。城内共有一百零七坊，设有南市、北市、西市三大市，傍河渠码头而建，运输便利。例如：通远市（临德坊，北市），南沿洛河、北傍漕渠，周围六里；丰都市（南市）通运渠；大同市（固本坊，西市）通通济、通津两渠，道路两旁植有樱桃、石榴等植物，每至春景，万花烂漫。三市中，以南市最大，北市最为繁华。北市设有彩帛行、香行、丝行、骡马行等，骡马行中的牲畜交易还出现了“牙人”，也称为“马牙”。北市附近的漕渠桥之东，“皆天下之舟船所集，常万余艘，填满河路，商旅贸易，车马填塞”（徐松《唐两京城坊考》）。此外，三市中还有卖药者、卖柴者、武器行等五行八作。[②]

与此同时，其他各地的商业城市也纷纷兴起，如内陆的洪州（今南昌）、扬州、汴州（今开封）、益州（今成都），西北的沙州（今敦煌）、凉州（今武威），以及幽州（今北京）、太原等都是当时著名的大都市。其中，由于江南战乱较少，全国经济重心逐渐南移，使得长江流域的城市发展起来。扬州位于水陆商路的交汇处，对内、对外贸易都集合在这里，有六十坊，商业兴盛。安史之乱以后，它又是盐铁转运使的驻地，总会东南财富，各道节度使和京中百官也多派人置邸店进行贸易。而地处西南的成都则被赞誉“江山之秀，罗锦之丽，管弦歌舞之多，伎巧百工之富……扬不足以侔其半”（卢求《〈成都记〉序》）。时称“扬一益二”。商业服务水平也在不断提高，出现了为商人储存钱物的“柜坊”和新的支付形式“飞钱”。

苏杭地近海边，不少来自高丽、大食、波斯等地的商船云集，买卖兴旺。诗人白居易曾经先后在苏州、杭州两地做过刺史，他的诗歌生动记录了这些地方的繁华。苏州是“人稠过扬府，坊闹半长安”，杭州是“灯火家家市，笙歌处处楼”。在唐末五代时，虽然北方战乱纷起，但苏杭地区相对安定，经济繁荣，民间流传着“上有天堂，下有苏杭”的民谚。

---

① 封演所著的《封氏闻见记》载，“渐至京邑，城市多开店铺”。

② 吴涛．盛唐时期的东都洛阳．郑州大学学报（哲学社会科学版），1992（6）：54－61.

唐朝政府对“市”有一套严格的管理制度。比如，根据城市的行政级别不同而设定市的级别，从而安排相应级别的官员负责管理。如对长安、洛阳两“市”，由市令管理。[①]同时，强行规定物品的价格和交易时间。“凡市以日午，击鼓三百声而众以会。日入前七刻，击钲三百声而众以散。”（《唐六典·太府寺卷第二十》）散市后即关闭街门。市廛门禁也很严格，“越官府廨垣及坊市垣篱者，杖七十，侵坏者亦如之”（《唐律疏议》卷第八）。这种被置于封建政府严格管束之下的市场，是继周代之后的第二种形态。

唐朝仍然实行市坊分离制度。坊为封闭的空间，诸坊之间筑有坊墙为隔，彼此封闭。城中实行“宵禁”，只有正月十五日元宵节，皇帝才特许开禁三天，谓之“放夜”。但是，随着城乡商品交换的日趋频繁及市场的日益兴盛，到了唐后期，坊和市的界限逐渐被打破，商业活动逐渐扩展到市以外的区域，扬州、汴州等大城市出现了夜市，那种坊市分开、日落闭市等制度不再被严格执行。一直到五代时期，时有民众突破坊墙，盖房开店，官府起初严格禁止，但收效不大。

除了都市的商业外，农村集市贸易业也发展迅速。中唐以后，各地“墟”“圩”“集”“场”等草市的规模进一步扩大，参加交易的产品更多。有的集市上还开展音乐舞蹈活动，以招徕更多的顾客。王建在《汴路即事》中描写了一个汴水渡口草市的情况：“千里河烟直，青槐夹岸长。天涯同此路，人语各殊方。草市迎江货，津桥税海商。回看故宫柳，憔悴不成行。”

在南方，“凡江淮草市，尽近水际，富室大户，多居其间”（杜牧《上李太尉论江贼书》），有时也会出现治安问题。至五代时，北方地区草市逐渐增多，成为政府税收来源之一。同时，我们也应当看到，中唐之后，随着胡风日渐，经济不断繁荣和发展，城市夜生活出现，唐王朝靠坊墙限制商品交换、用宵禁控制城市生活时间的做法，已经与社会现实的客观要求相悖。特别是“安史之乱”（755—763年）后，唐王朝对地方的控制力明显削弱，封闭的坊市制也日趋衰落。

商人经济实力的增强，使得他们的社会地位有所提高。唐朝前期，虽然工商列入士农工商四民之中，取得了良人的身份，但直到开元末年，仍然坚持“工商之家，不得预于士”的规定。这一情况到唐代后期有所改变。当时已有工商子弟应举及第了，例如开成、会昌年间进士及第的陈会。《北梦琐言》卷三记载：“（陈会）家以当垆为业，为不扫街，官吏殴之。其母甚贤，勉以修进，不许归乡，以成名为期。”及第后，剑南节度使李固言“览报状，处分厢界，收下酒旆，阖其户。家人犹拒之，逡巡贺登第”。此外，盐商子弟也有应举入仕的，如大和六年（832年）进士及第的毕諴、咸通六年（865年）进士及第的江陵盐商之子常修、咸通十五年（874年）进士及第的顾云等。可见经济的发展和社会分工的扩大，使许多农民从农业中分离或半分离出来，从事工商业活动，再加上还有不少的官僚经商，士农和工商已很难严格区分。工商子弟正是在这种背景下进入仕途的。南方商品经济发达，在这方面的进步尤其明显。

唐末五代十国时期，南方遭到了战火的蹂躏，黄河流域中下游地区则长期受到藩镇

① 《旧唐书·职官三》载：两京诸市各有市令一人，丞二人，录事一人，府三人，史七人，典事三人，掌固一人。唐朝官府对市场的管理主要有三方面：管理交易、平准物价和定时贸易。

割据和各政权长期混战的严重破坏，中原地区人烟稀少，经济凋敝。昔日的辉煌不再，繁华盛世早已化成历史灰烬。但相对而言，华北政局较为稳定，社会经济有一定程度的恢复和发展。

二、隋唐五代时期广告的繁荣

隋代统一局面的形成，促进了经济的发展尤其是商贸的繁荣。唐朝统治时间长久，社会稳定，为社会经济的进一步发展提供了物质保障，也造就了广告发展的新局面。

（一）市声广告

尽管唐朝的坊市制将市场交易局限在市中，然而实际上，“满园春色关不住”，无论是市内市外，都仍有一些走街串巷、在坊内流动的小商贩，如见诸史书记载的“邹骆驼，长安人，先贫，尝以小车推蒸饼卖之”。同样，在唐朝人的笔记作品中，也有“其时卖饧之人，吹箫以自表也”的记载。诗人元稹在《估客乐》中写道：“经游天下遍，却到长安城。城中东西市，闻客次第迎。迎客兼说客，多财为势倾。”诗句生动地反映了当时市声广告的繁荣状况。

京城也是官府乐人集中之地，随着城市商品经济的发展和市民文化需求的增加，乐人们的服务对象逐渐由官家豪门转向普通大众。因而坊市中的散乐百戏显然少不了他们的身影，那些著名的乐人更是身价百倍。长安的东市和西市之间一直存在着竞争，为了能够吸引更多的消费者，提升客流量，双方各显神通，经常举办活动，出重金聘请乐人助阵，以造声势。唐德宗时，有一次，琵琶手康昆仑于长安东西市互较声乐中，受雇于东市。“及至天门，街市人广，较胜负，斗声乐，即街东有康昆仑，琵琶最上，必谓街西无以敌也。”（《乐府杂录》）东市在声乐竞赛中大获全胜，名声大振。

在边远地区的城镇，商贩活动则更加活跃。元和二年（807 年），刘禹锡写有《观市》一文，生动地描绘了沅州西南一个新兴集市的各种广告活动：

> 肇下令之日，布市籍者咸至，夹轨道而分次焉。其左右前后，班间错跱，如在阛之制。其列题区榜，揭价名物，参外夷之货。马牛有牵，私属有闲。在巾笥者织文及素焉；在几阁者雕彤及质焉；在筐筥者白黑巨细焉。……业于酒者，举酒旗、涤杯盂而泽然；鼓刀之人，设高俎、解豕羊而赫然。华实之毛，畋渔之生，交蜚走，错水陆，群状伙名，入隧而分。

在这个边城集市上，货物品种繁多，各种促销手段多样，各竞其巧。有用大牌子标明货物价格的广告“榜”；有各种货物分门别类摆放，任顾客挑选的实物陈列广告；有在高高的砧板上操刀卖肉的表演广告。自然各种叫卖广告也掺杂其间，呈现一派买卖两旺的景象。

2015 年 8 月，我国研究者在一件敦煌遗书复制品上发现了五代十国时期的口头广告。其内容为：“西川织成锦、红川锦、软锦、紫锦、踏山立豹绫、天马绫、竖角犀牛绫、袴段绫、彭山绫、河北道大袄子、段绫、掖庭大白绫、皂绫、皂絁、皂绢、白生绢卌尺、红罗、白花罗、白练、绣线绫、皂线绣汗袴、金线绣袄子、红绮袄子、碧绮袄子。乞铺上新铺货，要者相问不须过。”这是当时在敦煌经商的商人口头吆喝的书面记载。大意是，本店新到了一批川蜀等地的丝绸制品，不要错过机会，赶快来买。其中列出的“红川锦”即“红蜀锦”，是红色调的川蜀织锦。红色是蜀锦常用的主色调，这种锦最为著名，史称“红蜀锦”，自古“蜀中绯色天下重”。

（二）招幌广告

招幌广告发展到隋唐时期，有了新变化。相传安史之乱中，杨贵妃吊死于马嵬坡一株梨树之下，有一老妇人在贵妃殉难处觅得锦袜，原是贵妃遗物。叛乱平息后，前来马嵬的凭吊者络绎不绝。老妇人见有利可图，便在店中悬挂贵妃遗袜，供客人观赏把玩，每次索价甚高。因为顾客盈门，“传看千万眼，缕绝香不歇”，老妇人大获其利。①

除了实物招幌外，还出现了图形招幌和模型招幌。据《唐语林》记载：“江淮贾人，有积米以待踊贵。画图为人，持米一斗，货钱一千，以悬于市。”其中用图画表示斗米一千钱，就是典型的带有图形的招幌广告。《太平广记》中记载，成都有一个李姓者，常常披着蓑衣、戴着斗笠，拎着布袋子，走街串巷卖鼠药。此人持有一个木制老鼠做招引，非常引人注目。这就是一种模型广告。

此外，隋唐时期出现了规模庞大、服务齐全、菜品丰富的酒楼。在首都长安，甚至有高达百尺的酒楼。其招幌广告以酒旗②、灯笼最为兴盛。

人们丰衣足食，酒家星罗棋布，尤其是在水边、桥畔、码头和闹市，酒家更为集中，酒旗广告也就随处可见。它们大多是用青白布制成的三角或长条的旗帜，有的边缘作锯齿状，用以吸引顾客。这种酒家繁盛的景象在唐诗中有诸多反映。如：

长干午日沽春酒，高高酒旗悬江口。（张籍《江南行》）
唤客潜挥远红袖，卖垆高挂小青旗。（元稹《和乐天重题别东楼》）
红袖织绫夸柿蒂，青旗沽酒趁梨花。（白居易《杭州春望》）
酒旗相望大堤头，堤下连樯堤上楼。（刘禹锡《堤上行》）
斜雪北风何处宿，江南一路酒旗多。（李群玉《江南》）

江南酒家众多，江北也不例外：

只向江南并塞北，酒旗相伴惹行人。（段成式《折杨柳》）
津阳门北临通逵，雪风猎猎飘酒旗。（郑嵎《津阳门诗》）

唐代的酒旗大致可分为三种：一是青布幌；二是灯形幌；三是文字幌，即以单字、双字或多字为特征。皮日休有一首专门咏酒旗的诗《酒旗》，对唐代酒旗的形制、颜色等做了更具体生动的描绘，其诗云：“青帜阔数尺，悬于往来道。多为风所扬，时见酒名号。拂拂野桥幽，翻翻江市好。双眸复何事，终竟望君老。”这充分证明，在唐代，酒旗已经十分普遍，它们不仅是酒家的标识，而且是令人向往的一种生活方式的表征。

---

① 孟家子．故史新语．上海：上海书店出版社，2010：84.

② 酒旗又称“望子”“酒帘”“青旗”“青帘”“酒旌”“青帜”“酒标”“酒幔”等。

常言道："门前一盏灯，远迎四方人。"除了酒旗之外，灯笼广告也是唐代酒楼、饭馆等标识性的特色之一。灯笼的兴起与夜市的出现有关。中晚唐时，位于东市西北的崇仁坊已是"一街辐辏，遂倾两市，昼夜喧呼，灯火不绝"（宋敏求《长安志》卷八），而西市东北的延寿坊内则是"如是充于辇毂之下，而延寿里推为繁华之最"（苏鹗《杜阳杂编》卷下）。在江南繁华的夜市里，无数灯笼在茫茫的夜色中闪烁，伴随不绝于耳的叫卖之声，发出温暖的光亮，招徕顾客，成为一道迷人的风景。这种情景在唐代诗人的作品中有很多反映，如诗人王建《夜看扬州市》中就描写道："夜市千灯照碧云，高楼红袖客纷纷。如今不似升平日，犹自笙歌彻夜闻。"而在"倡楼之上，常有绛纱灯万数，辉罗耀列空中，九里三十步街中，珠翠填咽，邈若仙境"（《太平广记·妇人四》）。这样的夜市，灯会、歌舞、游人、买卖往往相互交织，形成一幅幅灯影繁华、叠翠流红的都市生活图。

同样，杭州、苏州的繁华也是令人难以忘怀的。"灯火家家市，笙歌处处楼"，这是白居易流连于杭州时的美好情景；"君到姑苏见，人家尽枕河……夜市卖菱藕，春船载绮罗"，这是杜荀鹤送别友人时对苏州的美好想象。字里行间都充满着江南水乡的生活气息，令人向往不已。

为了显示自身的经营项目，便于顾客识别，许多商家不仅在灯笼上写有文字以表明商号区别，而且在灯笼造型的设计上也颇具匠心，有方形、圆形、六角形、八角形等不同款式，各用其巧。至后世，则更富于造型创新，如酒楼悬挂的灯笼形如酒瓮，药店悬挂的灯笼状如葫芦等（见图1-5）。

图1-5 灯笼商店（1843年，北京，Thomas Allom 绘）

（三）招贴广告

招贴广告又称海报，是指张贴于城门口、街头、店前或其他公共场所的文字、图画，多为书写或绘画形式，有广而告之的功能。在隋唐时得到广泛的运用，除了商铺、酒家，还有戏团表演前也会使用招贴广告。

20世纪初，考古工作者在新疆吐峪沟（今属吐鲁番市）遗址发现了一张隋初高昌国（当时西域一个小国）延昌三十四年（594年）的“告白”残纸，其中有云：“……自官私……延昌卅四年甲寅，……家有恶狗，行人慎之。”有人认为这是我国现存最古老的招贴广告实物。

在说唱广告基础上形成的各种娱乐性表演在唐代非常流行。唐代许多固定的演出场所，如“勾栏”“庙台”等，经常出现与今天的演出海报类似的招贴。明朝人张宁咏《唐人勾栏图》诗，透露了唐天宝年间戏剧演出时要张贴招贴广告的信息：“君不闻：天宝年中乐声技，歌舞排场逞新戏。教坊门外揭牌名，锦绣勾栏如鼎沸。初看散末起家门，衣袖郎当骨格存。咬文嚼字澜翻舌，勾引春风入座温……”所谓“教坊门外揭牌名”，就是说戏剧演出的地方张贴了宣传广告，广告的内容就是即将表演的剧目等。

招贴广告因使用的行业不同而有不同称谓，酒家的招贴被称为“酒牌”，商铺的招贴被称作“商肆榜”，招工的招贴叫“纸榜子”。唐人李公佐的传奇小说《谢小娥传》写道：谢小娥为报仇，女扮男装，混迹于江湖。一天她来到了浔阳，看见一户人家的竹门上“有纸榜子云‘召佣者’”，于是应召到这户人家当佣工。这里的所谓“纸榜子”就是张贴的招工广告。

（四）印刷广告

正如上文提到的，考古工作者在新疆吐峪沟遗址发现了一张隋初高昌国延昌三十四年的“告白”残纸，其中有云：“……自官私……延昌卅四年甲寅，……家有恶狗，行人慎之。”有人认为这也是我国现存最古老的印刷广告实物。

1944年在成都望江楼五代古墓中出土的一张《陀罗尼经》上，不仅印有图画和汉字，而且印有外文。纸端还题有“成都府都县龙池坊卞纸马铺发售”字样，把生产单位、售货地址、售货办法都印了出来。这比西方印刷广告早了600多年。

第五节　两宋时期的广告

宋朝是中国封建社会中经济最为繁荣的年代。历史学家漆侠曾指出：“在两宋统治的三百年中，我国经济、文化的发展，居于世界的最前列，是当时最为先进、最为文明的国家。”德国著名学者贡德·弗兰克（Andre Gunder Frank）也认为，“11世纪和12世纪的宋代，中国无疑是世界上经济最先进的地区”，特别是工业化、商业化、货币化和城市化方面远远超过世界其他地方。[①] 法国汉学家谢和耐（Jacques Gernet）在研究中国宋代历史之后也十分感慨地指出：“直至11、12世纪以前，中国人并未显示商业上的才干。但打那（宋代）以后，经商能力便成为中国人最卓越品质之一。”[②] 两宋时期，城镇的发

---

① 弗兰克．白银资本：重视经济全球化中的东方．刘北成，译．2版．北京：中央编译出版社，2008：298.

② 谢和耐．中国社会史．耿昇，译．南京：江苏人民出版社，1995：257.

展带动了政治、经济、文化格局的变化。从总的趋势看，城市商业呈现出东进和南移的趋势。宋代的广告在市民社会成长的基础上，比隋唐时期有了更大的发展与突破。

一、宋代社会经济的发展

宋太祖开国伊始，为巩固政权、拓展疆土，对外发动的一系列战争“所向皆捷，二十年中，边塞肃清”（蔡戡《论守边札子》）。至开宝末年特别是景德初年以后，从全国范围来说，战争状态基本结束，从而进入一个长达百年之久的和平时期。对内则采取一系列安定社会秩序、奖励生产的措施，尤其是一反传统的重农抑商的政策，确立了国家与商贾共利分利的经济运行模式，使经济得到空前发展。所以，北宋名儒邵雍在他的《伊川击壤集》中，一再声称“一百年来号太平”，不厌其烦地强调“身经两世太平日，眼见四朝全盛时”，“生来只惯见丰稔，老去未尝经乱离”。

（一）坊市制度的瓦解

伴随着唐末以来战争等对坊墙的毁灭性破坏，在中国历史上存在达千年之久的坊市制也走向了瓦解。北宋统一之初，百废待兴：许多高墙市门、鼓钲锁钥变成瓦砾废铁，传统的坊市制失去了赖以存在的物质基础；一排排临街而立的民居、店肆冲破传统的坊市界限而重新建立起来。在商业活动中，百姓的“侵街”现象不断产生，朝廷一度试图阻止，下令拆毁“侵街”民居，但收效甚微。

面对民意反弹的现实，统治者不得不调整相关政策。乾德三年（965年）宋太祖诏令开封府，三鼓之后，夜市不禁。到了宋仁宗景佑年间（1034—1038年），官府公开允许临街开设邸店。熙宁年间（1068—1077年），开封府的鼓楼已不再击鼓，京师的警卫也不再夜巡，阻碍商品交换和限制生活自由的部分坊墙被纷纷推倒或拆除，坊市制度彻底崩溃。这样，北宋的商业活动不仅突破了时间的限制，而且也突破了坊、市的空间界限，形成了开放型的城市新格局：居民住宅可以临街开门，商店不再受市的制约，城市成为扩大化的市，作坊、商店和住宅区混合的新型街道出现，市民生活的丰富度、自由度与市井的喧嚣度同步增长，商业的开放度、竞争度与经济的繁华度齐头并进，使得开封成为一代盛世的标志。由此带来了相当宽松的商业环境，主要表现为以下方面：

一是社会对商人和商业的评价发生了明显的转变。“夫行商坐贾，通货殖财，四民之一心也。”宋神宗熙宁年间，宰相韩琦指出，“夫农者，国之根本也；商者，能为国致财者也”（《续资治通鉴长编·熙宁八年》）。这与视商业为“末业”的观念已经有了很大不同。叶梦得认为，士农工商只不过是不同的治生策略，没有孰优孰劣的问题。而比较激进的叶适更认为“抑末厚本，非正论也”（叶适《学习记言序目》卷十九），指出重农抑商是不正确的。陈耆卿则在《嘉定赤城志》中明确指出，士农工商业，“皆百姓之本业”。

二是统治者的商业政策放宽，由过去的抑商变成了“恤商”。宋太祖即位，即下诏明令“所在不得苛留行旅赍装，非有货币当算者，无得发箧搜索”。太宗时又下诏：“除商旅货币外，其贩夫贩妇细碎交易，并不得收其算。常税名物，令有司件析揭榜，颁行天下”，“两浙诸州，纸扇、芒鞋及细碎物，皆勿税”（《文献通考·征榷考一》）。严禁官吏勒索、刁难商贾。此后，真宗、仁宗又屡下诏令，减免了许多杂税。商人地位得到提高，乃至于南宋临安城中流行这么一句俗语：“若要富，守定行在卖酒醋；若要官，杀人放火受招安。”（张知甫《可书·绍兴谚》）

（二）商品交换的发达

宋代的商业繁荣有三个突出的表现：一是夜市的普遍，二是商业一条街的出现，三是品牌意识的萌芽。

史学家陈寅恪曾说：“华夏民族之文化，历数千载之演进，造极于赵宋之世。”[①] 到宋真宗时，尽管开国仅数十年，但政治清明，人文鼎盛，经济发达，商贾活跃。尽管宋朝的面积、资源不及唐朝，但1009年的岁入却是唐朝的7倍之多，即使是遇灾之年，也在唐太宗时期的3倍左右。这是中国历史上少有的工商业高度发达的时期，也是有史以来人民生活水准最高、市民阶层最强大最富裕的时期之一，在工业化、商业化、货币化和城市化方面远远领先世界其他地方，被称为“咸平之治”。到了宋仁宗时期，政策一如既往，社会安定，经济繁荣，百姓乐业，商业兴盛，史称“仁宗盛治”。时称汴京的开封，人口约150万，既是全国政治、经济和文化中心，也是全国最大的商业城市（见图1－6）。到了宋徽宗政和、宣和年间，富庶安逸的生活，极为丰富的商品展示，激发了市民消费意识的增强。城中店铺鳞次栉比，物品丰饶，商贩、旅人云集，大街小巷、桥头路口均成为交易之地。入夜，则灯火通明，人声鼎沸。瓦舍勾栏[②]，酒楼茶坊，笙歌达旦。更不用说元宵之夜五彩斑斓、锦绣交辉的上元灯节了。宋人孟元老在《东京梦华录序》中有如下的描写：

> 举目则青楼画阁，绣户珠帘，雕车竞驻于天街，宝马争驰于御路，金翠耀目，罗绮飘香。新声巧笑于柳陌花衢，按管调弦于茶坊酒肆。八荒争凑，万国咸通。集四海之珍奇，皆归市易；会寰区之异味，悉在庖厨。花光满路，何限春游；箫鼓喧空，几家夜宴。

东京城内外都有繁华的商业区，商业的种类主要有商店、酒家、食店、茶坊、货摊、瓦子、妓院以及医药铺、当铺、书肆、邸店等。它们分布在大街两侧、桥头、十字路口、城门口等重要的交通枢纽处，与城市各种实际功能相适应。例如：在街道上分布着店铺、茶楼、酒家；在交通干道上形成繁华的商业街；临街的店铺装饰着各种招幌、楼牌、彩画；城内一些瓦子周围集中着饭馆、旅店、杂耍、游艺、妓院等；通航的河道码头有商业街、早市等。此外，一些寺院还有定期的庙会集市等，都是游人如织。

据记载，从东京的皇城正门宣德门向南至内城的正门朱雀门之间的南北大街，是汴京最繁华的街市。宣德楼南的御道外两边有御廊，允许市民在里面做买卖。御道之西，

---

① 陈寅恪．邓广铭宋史职官志考证序//金明馆丛稿二编．北京：生活·读书·新知三联书店，2011：277.

② 瓦舍，或叫“瓦子”“瓦肆”，里面有勾栏（歌舞场所）、酒肆、茶楼和说书、唱戏的，一个瓦子可容纳数千人，演出的节目有小唱、嘌喝、杂剧、傀儡戏、讲史、小说、散乐、影戏、诸宫调、商谜等。瓦舍勾栏的出现，为繁荣一时的元代杂剧表演提供了主要舞台。

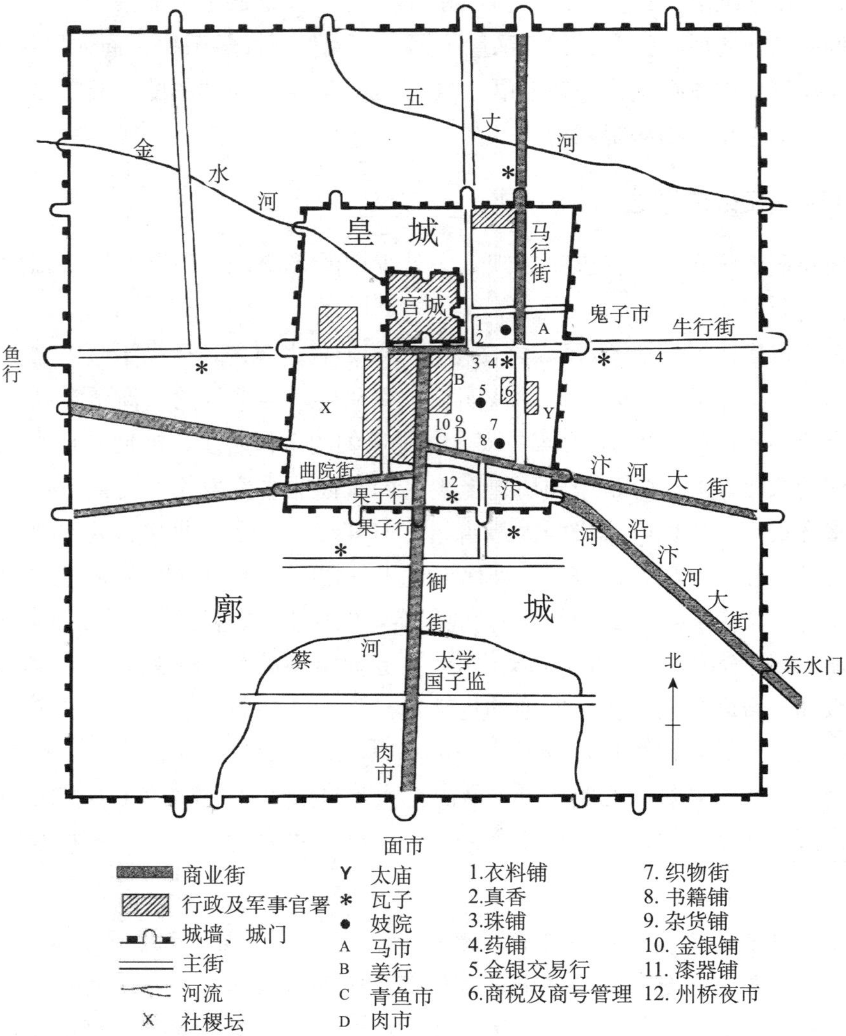

图1-6　北宋汴京城商业分布示意图（据薛凤旋《中国城市及其文明的演变》，乔羽制）

除了尚书省、御史台、开封府等官署之外，其间的街巷，店铺错杂，百货罗列。从柴草市、青鱼市、酒饭铺、金银铺、漆器铺、丸药铺、花果铺、纸画铺到客栈、歌楼、妓馆等，应有尽有。京城著名小吃有曹家从食、史家瓠羹店、万家馒头店、丁家素茶店、李四家北食店、金家南食店、郑家油饼店、海州张家胡饼店、马铛家羹店等等。生意大的，都连锁经营。御街之东是行业性的街市，也是店铺联翩，市声喧闹。其中，潘楼东街是服饰、图画、领袜一条街。每五更点灯开市，红烛通明。仕女夜游，破晓即散，被称之为“鬼子市”。潘楼南街（鹰鹘一条街，专门贩卖稀有飞禽走兽的）、茶汤巷（茶坊一条街）、马行北街（医药一条街）、和乐楼（马市）等等，皆是人烟浩穰。

御街东南的州桥和相国寺桥一带，称“蔡河湾”。这里不仅商铺林立，瓦舍勾栏遍布，花阵酒池，香山药海，而且“别有幽坊小巷、燕馆歌楼，举之万数，不欲繁碎”（《东京梦华录·民俗》），是东京乃至全国最繁华热闹的地方。每当夜色降临，皓月东升，还有州桥夜市，“九陌游人起暗尘，一天灯雾锁彤云”（《东京梦华录·元宵》）。州桥之南有贡院、太学、国子监等。青衫愁苦，红粉怜才，每邂逅于风尘，必多相怜相惜之意。因而，依红偎翠、浅斟低唱于花衢幽巷中，往往不胜沉浮。

州桥之东的相国寺则是另一番景象：前门是汴河的一个码头，商贾、货物上下频繁，寺内场地空阔，寺内两庑可以容纳万人，是商品交易的极佳场所。相国寺每月五次开市，商旅市民，皆聚其中，百货杂陈，万姓交易。其市易盛况，《东京梦华录·相国寺内万姓交易》有载：

> 相国寺每月五次开放，万姓交易。大三门上皆是飞禽猫犬之类，珍禽奇兽，无所不有。第二、三门皆动用什物，庭中设彩幙、露屋、义铺，卖蒲合、簟席、屏帏、洗漱、鞍辔、弓剑、时果、腊脯之类。近佛殿孟家道院王道人蜜煎、赵文秀笔及潘谷墨，占定两廊皆诸寺师姑卖绣作、领抹、花朵、珠翠、头面、生色销金花样幞头、帽子、特髻冠子、绦线之类。殿后资圣门前，皆书籍、玩好、图画及诸路散任官员土物、香药之类。后廊皆日者、货术、传神之类。

可见，到相国寺庙会来做买卖的不但有大小商贾、普通市民，而且还有小手工业者、寺观的人等。庙会期间，相国寺人山人海，交易繁忙。

东京内城的城南街市如此繁华，城东街市也热闹非凡。从宫城东华门外开始，经大、小货行街，至封丘门以南、潘楼以北的地带，长达十多里。最为喧嚣的马行街自北向南纵贯其间。这里街巷铺市，沿街列席，茶坊酒家，难以计数。南有鬼子市，北有丰乐楼和白矾楼，中小店家更是遍地开花，段家的爊肉，周家的南食，以及胡饼、灌肠、水晶脍、煎肝脏、红螃蟹、盐豉汤等名吃，夜以继日，通宵不绝。《东京梦华录》中说，这里的夜市车马拥挤，行人不能驻足。“夜市直至三更尽，才五更又复开张”，“比州桥又盛百倍”。蔡绦在《铁围山丛谈》卷四中说：

> 天下苦蚊蚋，都城独马行街无蚊蚋。马行街者，都城之夜市、酒楼极繁盛处也。蚊蚋恶油，而马行人物嘈杂。灯火照天，每至四鼓罢，故永绝蚊蚋。上元五夜，马行南北几十里，夹道药肆，盖多国医，咸巨富。声伎非常，烧灯尤壮观，故诗人亦多道马行街灯火。

城西的街市也有名，药铺、金银铺、酒楼、馒头铺、客店等，比比皆是。每到课试之日，车马骈阗，难以驻足。

酒楼与瓦舍，大多相骈阗。据《东京梦华录·酒楼》中记载：东京城内共有72家大酒楼，称为“在京正店七十二户”。酒楼朝着大街，门前多扎缚彩楼欢门，外形高大、瑰丽，招迎客人。每至夜晚，纱灯照耀，玉烛辉煌，待客呼唤之声不绝于耳。宋代的酒楼，普遍以美色进行促销——让妓女在酒楼陪客侑酒。《东京梦华录》记汴京酒楼的盛况是：“凡京师酒店门首，皆缚彩楼欢门。……南北天井两廊皆小阁子，向晚，灯烛荧煌，上下相照。浓妆妓女数百，聚于主廊槏面上，以待酒客呼唤，望之宛若神仙。”娱乐场所称为瓦舍，为大型文艺演出场所，多位于人流量大，繁华热闹的地方。瓦舍又分为许多勾栏（用栏杆围成圈，以幕布围起来），一个大型瓦舍里多达五十余座勾栏，可容纳数千人之众。每个勾栏里上演的节目也有不同，诸如说唱（话本）、曲艺、杂技（踏索、吞铁剑）、傀儡戏、口技、相扑、要猴等等。娱乐业遍地开花，从官方到民间，从坊间到军营，无处不在。

外城的街市，从内城南门朱雀门至外城南门南薰门，居民房舍栉比，商业繁荣，至夜尤盛。外城的东南街市，汴河斜穿，运道舟船，往来如梭，日夜不息。沿河两岸的作坊、粮仓、炭库、店铺，比比皆是。运输之车，阗塞道路，首尾相衔，往返不绝。

张择端的《清明上河图》更是以直观的方式对那一时期汴京的繁荣情形进行了全景式的描摹，成为珍贵的历史画卷。

《清明上河图》的中心是由一座虹形大桥和桥头大街的街面组成。大桥中间的人行道上，是一条熙熙攘攘的人流：有坐轿的，有骑马的，有步行的，有挑担的，有赶毛驴运货的，有推独轮车的……大桥两侧有一些摊贩和许多看热闹的游客。货摊上摆有刀、剪、杂货。有卖茶水的，有看相算命的。许多游客凭着桥侧的栏杆，或指指点点，或在观看河中往来的船只。大桥南面和大街相连。高大的城楼两边，屋宇鳞次栉比，有茶坊、酒肆、脚店、肉铺、庙宇、公廨等等。商店中有绫罗绸缎、珠宝香料、香火纸马等的专门经营，此外尚有医药门诊、大车修理、看相算命、修面整容，各行各业，生机勃勃。大的商店门首还扎“彩楼欢门”，悬挂招幌。街市行人，川流不息，有做生意的商贾，有看街景的士绅，有骑马的官吏，有叫卖的小贩，有乘坐轿子的大家眷属，有身负背篓的行脚僧人，有问路的外乡游客，有听说书的街巷小儿，有酒楼中畅饮的各色人等，还有城边行乞的残障老人……，男女老幼，士农工商，形形色色，尽入眼帘。

除了经济高度繁荣之外，北宋的交通极为发达，城市化发展十分迅速。各地官道星罗棋布，邮亭、驿站相连，四通八达。水路也是“舳舻岁岁衔清汴”“联翩漕舸入神州”，一派繁荣景象。

但是，靖康之变后，北宋灭亡，南宋政权则偏安一隅。由于独特的地理位置和复杂的水系，临安发展成为一座美丽的城市。春有鸟语花香，夏有荷钱榴火，秋有晴空流云，冬有西湖飘雪，四时之美，齐集斯城。如果说东京汴梁是高端大气的，那么，临安则是玲珑妩媚的。“钱塘自古繁华”，经过数年经营之后，临安人口剧增。绍兴末年，临安人口近55万，到嘉定十一年（1218年），又猛增到在册人数124万。虽然整个南宋的国土面积只有北宋的7/10，但人口至少有6 450万之众（1162年）。这里人烟稠密，是当时全国最大的商业城市，号称“东南第一州”。据周密《武林旧事》记载：“乾道、淳熙间，三朝授受，两宫奉亲，古昔所无。一时声名文物之盛，号‘小元祐’。丰亨豫大，至宝祐、景定，则几于政、宣矣。”更有人认为，临安“民物康阜，视京师（指汴京）其过十倍矣”。这说明集山水秀美与都市繁华于一身的临安已经在经济与文化上超越了东京汴梁。随着古代经济重心的南移，整个江南的湖山之间，堤桥成市，走马游船，达旦不息。

临安城里最大的综合性中心商业区当数御街。从皇宫北门和宁门外（今万松岭南侧的凤凰山脚路口）出来，沿着御街，到众安桥一带，两侧商肆相望，酒楼高耸，诸行百市，万货汇聚，真是“市列珠玑，户盈罗绮，竞豪奢”。这些鳞次栉比的店铺为了在竞争中保住自己的一席之地，都要运用广告为它们推销商品、树立形象。因此，各种招牌、招幌，各色叫卖、响器为城市注入了一股活力。

如同昔日的汴京一样，临安的商业铺面，分行列市，形成专门性的集市和商行。如观桥一带的丝绸市，彩帛名铺有106家。竹竿巷卖篱、插花的细竹，马市街卖马，皮市巷卖毛皮，菜市桥是蔬菜集散中心……。据《西湖老人繁胜录》所载诸行市28个，有丝锦市、生帛市、枕冠市、估衣市、衣绢市、珠宝市等，遍布于城内外。市场交易分早市、日市和夜市。早市如御街店铺，闻钟而起，卖早点及饮品。早市刚闭，日市便开。临安大街及诸坊巷，客贩往来，曾无虚日。百市交易，万物流转。日市的店铺，则接栋连檐，不可胜举。日市结束，夜市继开。夜市以中瓦前一带最为热闹，百色物件，夜昼无异。

除御街之外，诸坊巷中散布着各式酒楼、茶坊、食店、瓦舍、妓院等，质库、作坊、垛场、会子务、簿记，以及寄存货物的塌房随处可见。酒楼有官营，也有私营。前者如太和楼、和乐楼、春风楼、和丰楼等，后者如花园酒店、花月楼、聚景楼、双凤楼等，皆雕梁画栋，檐飞走兽。和北宋时期一样，酒楼也多用美色进行促销。每当夜色来临，则火光荧荧，觥筹纵横，浅斟低唱，妙舞娇歌。风雨暑雪，不少减也。周密《武林旧事》卷六记南宋临安城的太和楼、西楼、和乐楼、春风楼等11座官营酒楼用官妓陪客："每库（那时酒楼常被称为'库'）设官妓数十人……饮客登楼，则以名牌点唤侑樽，谓之'点花牌'。"而三元楼、花月楼、熙春楼等18家"市楼之表表者"（私营酒家之有名者）则用私妓侑酒："每处各有私名妓数十辈，皆时妆袨服，巧笑争妍。夏月茉莉盈头，春满绮陌，凭槛招邀，谓之'卖客'。"南宋临安城有瓦市20多处，积善坊巷、后市街、乌龙巷等都是当时著名的娱乐场所，其中位于众安桥南的北瓦规模最大。据《西湖老人繁胜录》记载，"惟北瓦大，有勾栏一十三座"，分别演出杂剧、杂技、相扑、傀儡戏、说书、讲史等，昼夜不辍。

这些都在《都城纪胜》中得到印证。该书作者耐得翁记载了当时南宋临安城的盛况：

> 自大内和宁门外，新路南北，早间珠玉珍异及花果时新海鲜野味奇器天下所无者，悉集于此；以至朝天门、清河坊、中瓦前、灞头、官巷口、棚心、众安桥，食物店铺，人烟浩穰。其夜市除大内前外，诸处亦然，惟中瓦前最胜，扑卖奇巧器皿百色物件，与日间无异。其余坊巷市井，买卖关扑，酒楼歌馆，直至四鼓后方静；而五鼓朝马将动，其有趁卖早市者，复起开张。无论四时皆然。

显然，这是一个打破时空概念的开放性的市廛，它不仅遍布街巷、深入坊区，而且给人一种"不夜城"的感觉。

商业的浪潮席卷城乡，投资或经商之风盛行。人们的商业意识空前高涨，几乎各个社会阶层中都有经商者。"人家有钱本，多是停塌、解质，舟船往来兴贩，岂肯闲著钱买金在家顿放？"（郑望之《靖康城下奉使录》）[①] 就连苏舜钦被罢官后也说："今得脱去仕籍，非不幸也。自以所学教后生、作商贾于世，必未至饿死。"（苏舜钦《与欧阳公书》）城乡居民中经商者，更是不可胜数。流风所及，许多道士僧人也投入商业的大潮中。在东京，无论是大相国寺还是建隆观，都不乏僧人或道士从商，许多人率皆致富。

（三）新兴城镇的蓬勃发展

宋代经济繁荣发达的一个集中表现是城市和市镇的兴旺。据统计，宋朝时期10万户

---

① "舟船往来兴贩"，是指长途贩运业，"解质"是放贷，"停塌"是仓储业。

以上的城市增加到了40多个（而在唐代只有10多个），其中开封、洛阳、扬州、杭州、苏州、应天（今商丘）、荆州、广州、成都、福州、潭州（今长沙）、泉州等都已经成为著名的繁华都市。而其时欧洲的最大城市也不过十几万人口。

在南宋时期，南方的城镇也得到极大发展，除了临安之外，其他大大小小的城市也迅速崛起，如平江、镇江、衢州、江陵、潭州、襄阳、成都乃至兵燹之后的扬州，都是工商辐辏，极尽其盛。商户、富户金珠罗绮，已经成为一个不容忽视的阶层。

草市经过长时期的发展，到宋代，更为普遍。其中一部分发展成为居民点，个别的上升为县、镇；而紧邻州县城郭的草市，则发展成为新的商业市区。这类市区居民稠密，商铺店肆林立，交易繁忙，与城郭以内的原有市区并无区别。有的地方甚至远远超过了城郭内的旧市区。如临安的市郊出现了15座市镇，史称其“南西东北，各数十里，人烟生聚，民物阜蕃，市井坊陌，铺席骈盛，数日经行不尽，各可比外路一州郡，足见杭城繁盛矣”（《梦粱录·塌房》）。

除了汴京、临安外，建康府也是重要的商业城市，鄂州（今湖北武汉）更是川、广、荆、襄、淮、浙地区的贸易中心。据记载，南宋年间鄂州的南草市，“沿江数万家，廛闬甚盛，列肆如栉”，“虽钱塘、建康不能过”，“盖川广荆襄淮浙贸迁之会，货物之至者无不售”。

在对外贸易方面，濒海的福州、泉州、广州又能通舟洋外，商货输入，不计其数。宋朝首次开辟了“海上陶瓷之路”，宋代的“五大名瓷”誉满全球。而其商船的吨位之大，数量之多，皆为世界之首。当时，大海船达300吨，而几百年后的哥伦布航船才120吨。采用指南针导航的300吨海船，穿过印度洋远达阿拉伯与非洲东岸。进出口商品达300多种。南宋作为当时最发达的海洋国家，不仅推动世界贸易，也把中国的印刷术、火药、指南针这三大发明传入欧洲。

二、辉煌的宋代广告

坊市制度的打破，货币关系的空前发展，促进了宋代经济的高度繁荣，也促进了商人的广告自觉。

（一）市声广告

北宋开放夜禁后，走街串巷的商贩们更多。他们肩挑货担，一边行走一边叫卖，并伴以各种响声，希望获得更大的传播范围，带来更多销量。他们（货郎）的一副货担就是一个小小的百货店，不仅为人们带来所需的货物，而且还带来了节日般的欢乐气氛。《东京梦华录》说，六月时节，汴梁的“巷陌路口、桥门市井”都有人叫卖“冰雪凉水、荔枝膏”，“皆用青布伞，当街列床凳堆垛”。由于经济繁荣，闲暇生活丰富，购花便成为宋代人生活的一种时尚。《东京梦华录》记载当时的汴京是：

> 季春，万花烂漫。牡丹、芍药、棣棠、木香，种种上市。卖花者以马头竹篮铺排，歌叫之声，清奇可听。

每至七夕前三五日，车马盈市，罗绮满街，妇女儿童折未开荷花制作双头莲，取玩一时，提携而归，路人往往嗟爱不已。到了立秋的日子，满街卖楸叶，妇女儿童将楸叶剪成花样，戴在头上，以作美妆。

在南宋临安城，又是另一番季春景象：此时春光将暮，百花尽开。“卖花者以马头竹篮盛之，歌叫于市，买者纷然。”（《梦粱录·暮春》）花的品种繁多，有牡丹、芍药、棣棠、月季、水仙、酴醾（又作荼蘼）等。而卖杂货的货郎们的货架上则挂满了各种家用杂货、笔墨文具、小儿戏耍玩具以及零食、糖果、鲜果等商品，“沿街吟叫扑卖”。如果市民需修补锅碗、箍桶、磨剪刀、磨镜子、修鞋等日常小修小补，也“时时有盘街者，便可唤之”（《梦粱录·诸色杂货》），十分方便。李嵩的《货郎图》（见图1－7）真实地再现了南宋市井生活的一个侧面，成为广告史上不可多得的珍贵史料。城中的店铺，也于清晨开张售卖，放眼望去，各种各样的店铺，“填塞街市，吟叫百端，如汴京气象，殊可人意”（《梦粱录·天晓诸人出市》）。

每至夜幕降临，临安的小贩们便活跃在夜市中。《梦粱录·夜市》记载：“五间楼前大街坐铺中瓦前，有带三朵花点茶婆婆，敲响盏，掇头儿拍板。大街游玩人看了，无不哂笑”，“更有瑜石车子卖糖糜乳糕浇，亦俱曾经喧唤，皆效京师叫声”，“又有沿街头盘叫卖姜豉、膘皮、牒子……”，“又有担架子卖香辣罐肺、香辣素粉羹、腊肉……，各有叫声”。也有卖卦者，有高声呼叫“时运来时，买庄田、取（娶）老婆”者，极力迎合人们发财的梦想。

图1－7　古代的货郎（《货郎图》局部，约1211年，李嵩绘）

南宋时期，无论宫廷还是民间，都盛行赏花习俗。春日里，集市上花团锦簇，簪花或戴花的女性随处可见。陆游《临安春雨初霁》中写道：“小楼一夜听春雨，深巷明朝卖杏花。”到了夏季，瓜桃梨枣盛有，鸡头也有数品，“市中叫卖之声不绝”。《梦粱录》中也有这样的记载：“今街市与宅院，往往效京师叫声，以市井诸色歌叫卖物之声，采合宫商以成其词也。”可见，小商贩们走街串巷时的叫卖已经成为宋代城镇居民日常生活中非常熟悉的场景。

在商品流通尚不发达的小镇和乡村，小贩们大都在交通要道摆摊设点或走村串户进行叫卖。元丰元年（1078年），时任徐州太守的苏轼在一次旅行途中，亲眼见到了“村南村北响缫车，牛衣古柳卖黄瓜”的景象。

（二）招幌广告

到了宋代，招幌广告不仅非常普遍，而且形态更加多样化，体现了宋代商家的创新，奠定了后代招幌广告的基本形态。总的来说，此时的招幌广告由单而多，形制多样，规格相异，更加考究。

1. 布类招幌，大行其道

布类招幌广告具有无风则静、有风则动的特点，且造价低廉，易受注目，因而蓬勃发展，成为宋代城乡流行的商业广告形式。

在宋人作品和描写宋人的作品中，涉及招幌广告的文字材料非常丰富。例如，宋人陈允平的《春游曲》这样描写长安：“都人欢呼去踏青，马如游龙车如水。两两三三争买花，青楼酒旗三百家。”宋人洪迈的《容斋随笔》记载：“今都城与郡县酒务，及凡鬻酒之肆，皆揭大帘于外，以青白布数幅为之。微者，随其高卑大小。村店或挂瓶瓢，标帚杆。”《水浒传》里描写了宋代60多家酒家，各有不同的幌子，名目繁多，有酒旗、酒望、酒帘、酒旆子、招旗、草帚等等。

现存山西繁峙县岩山寺中的壁画不仅展示了宋金时期内容丰富的宗教文化，也生动地表现了当时社会生活的多姿多彩。其中一幅图上画有一座酒楼，勾栏内宾朋满座，人们品茶饮酒，观景赏色，或挨近而坐，专注说唱人的表演。值得注意的是，酒楼的边檐上斜挑出一面招幌，上书“野花攒地出，村酒透瓶香”的广告语。

2. 模型招幌，夸张醒目

商家用产品模型做广告，生动形象，不仅能让顾客对商家所售之物一目了然，而且有成本低廉、方便保存和使用的特点。例如，卖鲜鱼的店常挂一个木制的大鱼模型，金银首饰铺常挂一个较大的金簪模型，烟袋铺门口悬挂一个巨型的烟袋模型，梳子店则用一个巨型梳子模型作为幌子，卖靴子的店挂一个靴子模型，等等。通常，商家都会把产品模型进行夸张性放大或变形处理，以吸引顾客的注意力。药铺经常悬挂一串膏药模型，并且在上下两端缀上双鱼，与“愈”谐音。

3. 象形招幌，巧妙传神

有些店铺在无法进行产品悬挂展示或者没有特定悬挂产品的情况下（例如一些液体和服务行业），会采用能部分代表产品的实物或与商品相关的象征物招徕顾客。例如用容器，油店门口可以悬挂大油瓶，酒肆门前可以悬挂大酒壶。

随着市场的发展，象形招幌越来越多样化。据《梦粱录》记载，酒肆除了酒旗之外，也有挂草葫芦、银马杓、银大碗的，村店则多挂瓶、瓢、标、帚、杆等。当然，也有挂罗圈的，有挂酒葫芦的。幌子还可以显示商店是专营还是兼营，如挂几缕麻表示此店是专门经营麻类的，而挂一缕麻则表示此店是兼营麻类的。诸如此类，寓意明白，极易识记，逐步演变为一种商业习俗。

4. 图文招幌，直陈产品

庄绰的《鸡肋篇》说："京师凡卖熟食者，必为诡异标表语言，然后所售益广。"单字的招幌，如当铺以一个大大的"当"字作为招幌，酒铺店前悬挂带有"酒"字的酒旗，茶行用方形木牌悬挂店铺门前，上书"茶"字，让人从远处一望便知。还有一些招幌的文字较多，以四字或更多的字为广告语。如酒铺常用"陈年老酒、太白遗风"，茶铺常见"清肺润心、香气宜人"，鞋店偏爱"平步青云"，药铺则喜"神农遗术"。长的诸如"百年老店、货真价实、童叟无欺"等。

有的招幌广告还使用了图案，更加引人注意。例如，宋代词人罗愿写道："君不见菊潭之水饮可仙，酒旗五星空在天。""五星"是酒旗上的图案。

5. 灯具招幌，流光溢彩

宋代的夜生活十分丰富，通宵达旦的营业场所比比皆是，沿街店铺普遍以灯笼为招幌。灯笼的类型繁多，按材料分有纸灯、纱灯、麦秸灯等，灯上绘有奇花异草、鸟兽鱼虫、山水人物，颜色鲜美、形象逼真。按造型分有天地灯、百花灯、走马灯、鸟兽灯等，五花八门，令人目不暇接。白天游人如织，熙熙攘攘；夜晚花灯齐放，五彩斑斓。例如，东京马行街一带"诸坊巷、马行诸香药铺席、茶坊、酒肆灯烛，各出新奇"（《东京梦华录·十六日》）。著名的樊楼，"珠帘绣额，灯烛晃耀"（《东京梦华录·酒楼》），在夜色中显得格外靓丽，成为汴京的一大盛景。清河坊的蒋检阅家，每至正月十五前后，总是"奇茶异汤，随索随应，点月色大泡灯，光辉满屋，过者莫不驻足而观"（《梦粱录·元宵》）。当时的高级酒楼普遍在门前设置彩楼欢门，普通的酒肆则在门前设有杈子，并悬挂栀子灯作为装饰①。这种"酒肆门首排设杈子及栀子灯等，盖因五代时郭高祖游幸汴京，茶楼酒肆俱如此装饰，故至今店家仿效成俗也"（《梦粱录·酒肆》）。

在南宋时期，各个行业在庙会或元宵节期间，置办灯笼增添欢乐气氛已较普遍。其中，杭州、苏州、温州三地的彩灯十分精巧华丽，闻名遐迩。杭州清河"蒋御药家，闲设雅戏烟火，花边水际，灯烛灿然，游人士女纵观，则迎门酌酒而去"（《武林旧事·元夕》），规格确实很高。苏州卖药的朱家，其灯烛之盛，号称"天下第一"。

（三）招牌广告

招幌广告发展到北宋，逐渐演变出了一种新的形式——招牌广告。招牌广告常用木料或金属等制成，可固定，也可悬挂，本身形态较为稳定，与招幌广告有所不同。欧阳修在《归田录》中记载，京师食店"皆大出牌榜于通衢"。这里所说的牌榜即是招牌广告。宋代招牌广告的制式多样，有横额、竖牌和挂板等样式。竖牌多悬挂在店铺两侧的墙壁上，分为单侧悬挂或两侧对称悬挂，也有的悬挂在店铺门内的包柱上或是立在店铺门前的空地上，上面常有文字或图案。文字写明店铺的名称、性质；图案则展现行业特色，使顾客容易识别。

据《东京梦华录》记载，北宋汴京"在京正店七十二户，此外不能遍数"。所谓"正

---

① 杈子，一种木制障碍物，类似临时库存房。栀子灯，高竿上挂灯做标识。此制起源于五代时期。其形状在张择端的《清明上河图》中，"孙羊店"门口所挂即是。

店”，就是有名称招牌的店铺。参考张择端的《清明上河图》所绘，我们不仅能看到门面宽阔的“正店”形象和繁华的市井景象，也能看到汴京城内十字街口的店铺有各式各样的招牌、灯箱、招幌等。仅招牌就达数十块，有挂“刘家上色沉檀拣香”竖标的香药铺（见图1－8），有挂“久住王员外家”招牌的客店，有挂“孙羊店”招牌的羊肉店，有挂“赵太丞家”“杨家应症”“神农遗术”的药材店，还有凉棚檐上挂着写有“神课”“看命”“决疑”字样招牌的店铺。据统计，“除景物的遮挡外，画面上有广告旗帜10面，实物广告16处，各家商店设置的广告招牌23处，灯箱广告4块，大型广告装饰彩楼、欢门5座”①。

牌额或称匾额的出现是宋代招牌广告中一个重要标志。店家为了显示豪华和气派，建造起门面宽阔的大店铺，选用上等木材制成和门面齐宽的匾额，悬挂在店铺的正上方，匾额往往被漆成庄严的朱红色，用金字题写店铺的名号和名称。这类匾额大多由能工巧匠制作、名家题字。这样的情况，我们可以在古典小说《水浒传》中看到。例如，书中第三十八回写道：宋江信步出城，来到江边，一派江景并不能使他驻足，“正行到一座酒楼前过，仰面看时，旁边竖着一根望竿，悬挂着一个青布酒旆子，上写道：‘浔阳江正库’。雕檐外一面牌额，上有苏东坡大书‘浔阳楼’三字。宋江看了，便道：‘我在郓城县时，只听得说江州好座浔阳楼，原来却在这里……’”。显然，正是受到苏轼题写的牌额名气的吸引，宋江才上得楼来，先是倚阑畅饮，继而感恨伤怀，奋笔疾书。招牌广告中的名人效应由此可见一斑。

图1－8 《清明上河图》局部（北宋，张择端绘）

在农村或偏远的集市，依然盛行草标和纸标广告。这在《水浒传》中得到了生动的反映。《水浒传》第六回说：“那一日，两个同行到阅武坊巷口，见一条大汉，头戴一顶抓角儿头巾，穿一领旧战袍，手里拿着一口宝刀，插着个草标儿，立在街上，口里自言自语说道：‘不遇识者，屈沉了我这口宝刀！’”第十一回说：“当日将了宝刀，插了草标

① 赵琛．唐宋时期广告．中国广告，2003（4）：62－70．

儿，上市去卖。走到马行街内，立了两个时辰，并无一个人问。”是写杨志卖刀的故事：杨志受到太尉高俅陷害，盘缠用尽，被困京城。他无奈只得取了祖传宝刀，插上草标儿上街去卖，不想碰上了京城有名的破落户泼皮牛二。于是，宝刀剁铜钱、断毛发、斩牛二。《水浒传》第六十回还写道：“（李逵）挑着个纸招儿，上写着‘讲命谈天，卦金一两’。”

（四）彩楼欢门

随着商业的发展，竞争日趋激烈，店铺的门面修饰也成为商家重要的竞争手段之一。如彩楼欢门就是当时盛行的一种形式。

所谓彩楼，是竹木搭建、彩帛装饰的门楼。它可以根据店铺经营的特色或商家的爱好进行装潢，是店铺的附属部分或延伸部分，也是长久性的广告建筑设施。欢门是店家在节日或重要活动时临时搭建的建筑，作为标志，多依附门面搭建。店家扎起门洞或棚户等设施，上面用彩色的纸、帛等加以装饰，以营造喜庆气氛，意图吸引顾客，促销商品。

据《东京梦华录》载：汴京的酒店门首“皆缚彩楼欢门”，“九桥门街市酒店，彩楼相对，绣旆相招，掩翳天日”。在《清明上河图》中，可以看到，“孙羊店”的门楼有两三层高，缀满了绣球、花枝，十分华丽。底下有栅栏，两边的地灯（灯箱）上写着“香醪”“正店”字样，人来人往，顾客盈门。每遇节日，城中各家的彩楼欢门更是花样翻新，争奇斗艳。据孟元老说，汴京“中秋节前，诸店皆卖新酒，重新结络门面彩楼，花头画竿，醉仙锦旆，市人争饮”。而重阳前后，以菊花装点门楼，则成为东京酒楼一道特别的风景线。

南宋的酒楼也沿袭了北宋的风格。《梦粱录·酒肆》载：临安酒肆中有一家是“店门首彩画欢门，设红绿杈子，绯绿帘幕，贴金红纱栀子灯，装饰厅院廊庑，花木森茂，酒座潇洒”，一时传为佳话。

除了彩楼欢门之外，酒肆、茶楼和店铺的内部装饰也非常精巧、细致，装饰的范围从门面、厅堂到庭院，处处精心修饰，装饰的类型则涉及彩旆花头、名人字画、四时鲜花、朱绿门窗等，凸显文化品位。《梦粱录·茶肆》载：“汴京熟食店，张挂名画，所以勾引观者，留连食客。今杭城茶肆亦如之，插四时花，挂名人画，装点店面。”

（五）印刷广告

到了宋代，雕版技术的出现使得印刷广告大为流行。都城开封和浙江杭州、福建建阳、四川眉山是当时的印刷业中心。

印刷品广告的特点是可以大量复制、广为散发或张贴。我们现已知道，宋代已经开始应用一种叫作“仿单”的广告，济南刘家功夫针铺雕刻铜版实物就是其中的杰出代表。该铜版宽 12.5 厘米，高 13 厘米，上面雕刻着“济南刘家功夫针铺”的店铺名称，中间是“白兔捣药”的图案，图案两侧标注有“认门前白兔儿为记”，下方则刻有说明商品质地和销售办法的广告文字：“收买上等钢条，造功夫细针，不误宅院使用，若被兴贩，别有加饶。请记白。”（见图 1－9）寥寥数语，就将产品的名称、原材料、质量交代得一清二楚。这种铜版印刷的广告，在当时叫“仿单”，又有叫“裹贴”的。这个“仿单”广告，图文并茂，既可以做针铺的包装，也可以做广告招贴。有人认为，这是目前世界上最早的印刷广告实物，比西方公认最早的印刷广告——15 世纪 70 年代英国第一个出版商威廉·卡克斯顿为宣传宗教内容的书籍而印制的广告还要早 300 多年。[①]

图 1－9　济南刘家功夫针铺（北宋，山东，左为印模的实物图，右为印制的仿单图）

这种仿单也被应用到药铺中。在出土的南宋文物中，有一件是四川“万柳堂药铺”用来印制仿单的铜版，镂刻自咸淳年间。仿单画作正方形，约有六七寸见方，四周有花边，上边花纹间刻“万柳堂药铺”五字，又在左端刻“广都曹仁”小字，右一角缺。有两图，两样内容，图的上边是说明文字，已模糊不清，仅在一图之上尚能见“气喘”“愈功”等字样。刻有“气喘”字样之下一图画有二人，一人作气喘状，另一人则精神健旺，可以看出这是表现患者服药前后的状态，用以说明药物的疗效。[②] 这说明，宋代商家利用印刷技术制作广告，进行广泛传播，已经不是零星现象。

此外，洪迈《夷坚志》中记有当时临安专门推销“治暑泻药”的广告：“暑毒在脾，湿气连脚。不泄则痢，不痢则疟。独炼雄黄，蒸面和药。甘草作汤，服之安乐。别作治疗，医家大错。”广告词语言简洁，便于张贴或散发。

（六）名人广告

随着商品交易的活跃，人们的商标意识有了进一步的提高。《都城纪胜》说：“大抵都下买物，多趋有名之家。”商家在经营活动中也常常自觉运用有差异的商号名或某种荣誉来进行广告宣传，以此招徕顾客。

翻开《东京梦华录》《梦粱录》或者打开《清明上河图》，人们就能看到诸如“孙羊店”“钱家干果铺”“戈家蜜枣儿”“俞家冠子铺”“凌家刷子铺”“徐茂之家扇子铺”“张古老胭脂铺”“刘家上色沉檀拣香”“郭医产药铺”“赵太丞家”“仁爱堂熟药铺”“双葫芦

---

① 1957 年，中国广告先驱徐百益在参观博物馆时看见这块铜版。经过仔细研究后，他认为“济南刘家功夫针铺”铜版比欧洲历史上最早的印刷广告还要早几百年。

② 王伯敏．中国版画通史．石家庄：河北美术出版社，2002：33.

眼药铺”“修义坊三不欺药铺”“黄尖嘴蹴球茶坊”“一窟鬼茶坊”等商铺。

《武林旧事》和《梦粱录》都记载，在南宋临安城中，每至新酒出炉时，酒库（即官营大酒店）必大张旗鼓：用长竿挂出广告长幅，上书“某库选到有名高手酒匠，酝造一色上等酴辣无比高酒，呈中第一”之类的广告语，进行宣传。同时，进行促销活动：“酒库颁发告示，邀请官私妓女、鼓乐随行，诸行社队，迤逦半街，街市往来，无不围观。”

一些个体从业者更是极力运用一些标识进行视觉化和差异化的宣传，以提高自己的声誉。南宋临安的严某，坐堂行医兼开药铺，专治痢疾，求医者却不多。一次正好遇上宋孝宗患痢疾，太医束手无策。情急之下，严某应召入宫医治，疗效奇好。皇上大喜，授其官为防御，又赐以金杵臼。严某名声大振。于是，他在自家药店前挂出了“金杵臼严防御”的招牌，引得达官贵人纷纷登门求医问药，络绎不绝。此外，有一个姓李的医生治愈了皇子的疑难病症，他婉拒了皇帝赐官，只接受了所赐的金钟，并高悬于自家门上，为人治病。从此，“金钟李氏”名噪数百年。①当涂县有位“外科医徐楼台，累世能治痈疖，其门首画楼台标记，以故得名”（《夷坚志》），“徐楼台”便是徐家医馆独有的商标。在手工业方面，湖州出产的一些铜镜常铭刻上制镜的铺号广告语，如“湖州镇石家念二叔照子”“湖州真正石家念二叔照子”。这说明“石家念二叔”已经成为当时湖州的制镜名牌。

第六节　元明清时期的广告

元、明、清三代是中国古代商业广告环境发生重大变化和转折的时期，也是广告发展的承前启后阶段。大规模的战争破坏了田园和商业，国家的统一和民族的融合使得商业广告传播区域重心北移，王朝统治的相对稳定又使得传统广告的形态日益成熟，终于达到传统广告的最高峰。

一、元明清时期的社会经济发展

元朝的建立，不仅奠定了元、明、清 600 多年国家的长期统一，而且为商业经济的发展提供了一个新的环境，因而元代的商业发展呈现出了新的特点。

（一）商业政策的调整

元朝统治初期，由于长期战乱，大批农业人口被杀和逃亡，大片土地被占为牧场，中原地区的农业生产遭到极端的破坏。两河、山东数千里人口大幅减少，青壮年农业人口严重缺乏。为此，元朝统治者强调“以农桑为急务”，鼓励开荒、招募屯田、兴修水利，并减免租税，同时实行重农但不抑商的国策。在鼓励通商、减轻商税等政策的影响下，众多的农牧业和手工业产品开始商品化，很多土地所有者利用土地进行商业性的土地经营，

---

① 华英．古代医药广告趣话．广告大观，1997（3）：33.

使得大量的粮食、棉、麻、丝、茶、糖等农产品重新涌入市场，商品经济逐渐复苏。

明朝同历代王朝初期一样，也采取了一系列与民休息、增殖人口的措施，并调整对手工业、商业和商人的政策等，以恢复和发展经济，缓解社会矛盾：一方面采取体恤商人，便利商品流通，以发展商业的各种措施。如朱元璋即位后不久，曾下令将苏浙等地45 000余家富户迁到南京，填实京师①，发展首都经济。另一方面又颁布法令对商贾进行管理，整顿市场秩序，把商业纳入正轨，防止奸商的不法活动。明初的一系列恢复和发展的措施极大地促进了商品的流通和交换，使得商贸活动重新活跃起来。元末明初诗人徐贲的《贾客行》写道："贾客船中货如积，朝在江南暮江北……相期尽说莫种田，种田岁岁多徭役。"

尽管明代中期以后在对外贸易上实行闭关锁国的政策，阻碍了国内经济与国外经济的交流与融合，但在国内，区域经济仍然不断发展，商品交流日益活跃。

1644年清兵入关，陆续消灭了各地的反抗势力，建立了统一的清王朝。清朝的统治以鸦片战争为界分为前后两个时期。鸦片战争后，中国开始进入近代时期。

起初，清朝实行满、汉"分城而居"的政策，规定"凡汉官及商民人等，尽徙南城居住"，将原居住在北京内城的汉族官民商贾一律强行迁至南城，原有的文化庙市被迫南迁到报国寺（乾隆年间重修后更名为大报国慈仁寺）。这一举措破坏了原有的内城商业格局，致使自元、明以来一度繁华异常的鼓楼、西四、东四等著名的城市商业中心长期衰落。

清代初期，由于大量人口迁到正阳门（前门）外，京城的商业中心开始由明代的棋盘街朝前市开始向南转移至前门大街一带。崇文门、正阳门、宣武门三门处于北京南部内外城的交接地带，沟通着内外城居民的各种往来。② 由于前三门各自不同的社会功能和围绕前三门而居住的不同人群，民间产生了"士子出入宣武门、商人出入崇文门、上下朝官员进出正阳门"的说法。加之这一区域居民特别稠密，店铺林立，自然形成了以正阳门大街为中心，包括廊坊头条、二条、三条和大栅栏、东河沿、西河沿、琉璃厂等区域性的商贸繁盛之地，这就是所谓的京师前三门商业区。

1644—1840年，在近200年的时间里，清朝统治者采取了很多发展生产、"恤商""扶商"的政策和措施。如顺治朝"凡市籴皆因商民所便"，康熙朝强调"恤商"，雍正朝"藉贸易之赢余，佐耕耘之不足"。具体措施有遏制官吏对商人的强迫多买和敲诈勒索，整饬吏治。一方面减免关税，另一方面则大力整顿税收，革除私税，改进度量衡。为使令行禁止，乾隆皇帝还惩治了一些严重侵害商人利益的官吏。这些措施有力地刺激了商业的发展，加上社会稳定、人口增长，商品经济较以往各朝代有所发展，出现了"康乾盛世"。

（二）帝都商业的繁盛

自古以来，历朝历代的首都都是全国性的商贸中心城市。元朝建立之后，被称为

① 明孝陵博物馆．明初南京五十三年．南京：东南大学出版社，2018：59.

② 崇文门设有税关，是内城去往南城的必经之路，会馆、客栈、商号云集；宣武门外历史上是"士乡"，也是清朝汉族官吏、学者、外省商人、艺人比较集中的地方，这里也有许多商业会馆和文化会馆，百工麇集，"宣南文化"气息浓厚。

“汗八里”（蒙古语意为汗城）的大都当时既是全国的政治、文化和商业中心，也是最壮观的城市和繁华的东方商业大都会。及至元八年（1271 年），城内居民已超出 10 万户，街道整齐，呈棋盘形状，南北和东西各有几条大街。宫城位于城内南部，商市集中在宫城以北。大都城的主要商业区集中在四处：大内北面的朝后市、西四牌楼西的羊角市、东四牌楼西的枢密院角市和十市口。

一是朝后市，即钟鼓楼及积水潭北岸的斜街（今鼓楼西大街一带）。这里市场众多，位于钟鼓楼西南的海子即积水潭一带是繁华的运河码头，从江南运来的粮食和货物大多经杭州直抵这里。所以，海子中常舳舻蔽水，沿岸则酒楼、店铺、旅舍遍布，是各类食物、衣物、珠宝的主要商贸区，市场则有米市、面市、帽子市、珠子市、舒噜（珊瑚）市、柴炭市等。二是皇城西南顺承门里的羊角市（今西四牌楼一带），设有羊市、马市、牛市、骆驼市、驴骡市等，也是人流熙攘，舆马充塞。三是枢密院角市（今东四牌楼南灯市口大街一带）。四是十市口（今东四牌楼一带），有杂货市、柴草市、车市等，货物丰沛。除此之外，还有些城门左近也多为商业热点区域，如文明门（崇文门）外的猪市、鱼市，顺承门（宣武门）外的柴炭市、穷汉市，和义门外的果市、菜市，翰林院东的靴市，等等。至于草市，则遍布各个城门外。

元朝时，往来大都贸易的东西方商人络绎不绝。从东欧、中亚，从非洲海岸，从日本、朝鲜，从南洋各地都有商队、使团来到大都，带来八方奇珍异宝。意大利旅行家马可·波罗称大都为“商业繁盛之城”，在其游记里盛赞其富裕与繁华：“外国巨价异物及百物之输入此城者，世界诸城无能与比。”（《马可·波罗行记》第二卷）在国内，西藏的喇嘛们每次往返都要运输许多货物，是宗教团体而兼有商队的性质；从东南沿海直航天津的海船也带来闽、广、江、浙的丝绸、瓷器和南洋的香料。据说每天仅运入城中的丝即达到千车。商业行会的组织中，有“行老”负责业务上的内外事务。由此可见，大都商业的阜盛远远超越了辽、金，成为国内各族及周边各国商贸修好的闻名都市。

明代首都初定于南京。经过多年的恢复和发展，到正德年间，南京已经是“五方辐辏，万国灌输”（张瀚《松窗梦语·商贾纪》）。城内则人烟浩穰，集市遍布。桑悦在《南都赋》中说：“斗门、淮清之桥，三山、大中之街……日中贸易，哄哄咤咤。云间之布、雅安之茶、吴会王栅之灯、勾漏石床之砂、翠聚琼台之管、鞧连淮阴之车，万货各离其乡土，何聚会之纷拏，反兮如潮之汗漫，覆兮类汐之荣查……龙江之关，薪如山错。”就是说，从大中桥往西，经由淮清桥，最后到达三山街、斗门桥（今陡门桥）的西边，再至三山门（今水西门）一带，北面从仓巷到冶城（今朝天宫一带），转向东面一直到内桥、中正街一带（其大体位置相当于今之夫子庙地区以及三山街地区）为止，凡水陆相通之处，商贾物资云集。苏杭的丝绸、松江的棉布、川蜀的茶叶、苏州的工艺灯、淮安的酒曲，以及珠宝、玉器种种，皆可在市场上找到。正所谓“京兆赤县之所弹压也，百货聚焉。其物力客多而主少，市魁驵侩，千百嘈哢其中”（顾起元《客座赘语》卷一）。商业贸易的阜盛和生活的富足导致社会逸乐之风盛行。据《五杂俎》记载，当时的秦淮河一带尤为繁华：“夹岸楼阁，中流箫鼓，日夜不绝，盖其繁华佳丽，自六朝以来已然矣。”为此，朱元璋还下令在南京城内建造了 10 多座酒楼，以供各地客商食宿之用。

吴敬梓在《儒林外史》第 24 回《牛浦郎牵连多讼事 鲍文卿整理旧生涯》中对南京

这样描写道：

> 这南京乃是太祖皇帝建都的所在……。城里几十条大街，几百条小巷，都是人烟凑集，金粉楼台。城里一道河，东水关到西水关，足有十里，便是秦淮河。水满的时候，画船箫鼓，昼夜不绝。城里城外，琳宫梵宇，碧瓦朱甍，在六朝时，是四百八十寺；到如今，何止四千八百寺！大街小巷，合共起来，大小酒楼有六七百座，茶社有一千余处。不论你走到一个僻巷里面，总有一个地方悬着灯笼卖茶，插着时鲜花朵，烹着上好的雨水。茶社里坐满了吃茶的人。到晚来，两边酒楼上明角灯，每条街上足有数千盏，照耀如同白日，走路人并不带灯笼。那秦淮到了有月色的时候，越是夜色已深，更有那细吹细唱的船来，凄清委婉，动人心魄。两边河房里住家的女郎，穿了轻纱衣服，头上簪了茉莉花，一齐卷起湘帘，凭栏静听。所以灯船鼓声一响，两边帘卷窗开，河房里焚的龙涎、沉、速，香雾一齐喷出来，和河里的月色烟光合成一片，望着如阆苑仙人，瑶宫仙女。还有那十六楼官妓，新装袨服，招接四方游客。真乃“朝朝寒食，夜夜元宵”！

明成祖迁都北京之后，北京旋即成为全国政治、经济、文化的中心。南京失去了京师地位，但作为留都，仍居住着许多高官豪族、富商大户，依然是“衣履天下，南北商贾争赴”之地。

同时，北京的商业面貌则在迅速改变。其新中心逐渐从元代的钟鼓楼和积水潭一带转移至大明门外棋盘街至正阳门一带，称为“朝前市”。棋盘街是当时连接东西两城的主要通道，各府衙均集中在街道两旁，并形成一个商业中心。明人记载说：“京师大明门御道两旁，商贩云集，百货罗列。”（叶权《贤博编》）在作于明嘉靖到万历年间的《皇都积胜图》上可以看到，前门外大街店铺鳞次栉比，经五牌楼、正阳门直至大明门前棋盘街，布棚高张，纵横夹道，从珠宝古董、绸缎皮货、字画笔砚到衣裳布匹、刀剪陶瓷、纸花玩物，应有尽有，货色如云，充分展现了明代北京“朝前市”的街市繁盛之美。[①] 以朝前市为中心，东有灯市，西有西市（西四），加上地安门外、东西单、菜市口、崇文门外、东四、新街口、北新桥、东安门、交道口等，形成一个庞大的商业街市。[②] 除了街市同一外，北京的专业集市、庙市等也在元朝的基础上得到发展和固化。

正阳门外是明清两代京师最繁华、最热闹的地区。从南京迁到北京的各种工匠在这里设立了店铺。由南方运来的货物在这里出售，特别是通惠河中的一段被圈入皇城后，原来运到积水潭码头的货物，其中大部分从通州转运到正阳门外集散。永乐元年（1403年），明朝政府将浙江等九省、苏州等十府的一些富豪迁到北京落户，其中有很多是富商巨贾。从各地来京的商客也大多在正阳门前东西街一带搭盖棚房为摊店，落脚南城。到了嘉靖年间，北京城外的居民数量已经超过城内，以至正阳门内外店肆丛聚，招牌林立，发展为京城最有名的商业街市。

《松窗梦语》指出：

---

① 田培栋．明代社会经济史研究．2版．北京：北京燕山出版社，2008：293.

② 侯仁之．北京城市历史地理．北京：北京燕山出版社，2000：228-229.

今天下财货聚于京师，而半产于东南。……盖四方之货，不产于燕，而毕聚于燕。其物值既贵，故东南之人不远数千里乐于趋赴者，为重糈也。

的确，作为帝都，这里既有苏杭的绸缎、景德镇的瓷器、安徽的茶叶，也有各种前店后厂、自产自销的工业作坊，还有无数的酒楼、旅店，并且形成了鲜鱼巷、珠（猪）市口、粮食店街等专业性集市。不仅丝绸罗缎、米粮棉布、珠宝器皿充斥市肆，就连原本只在江南水乡沿海地带才丰硕，又难于保鲜、不易贩运的“蛙、蟹、鳗、虾、螺、蚌之属”，也在京城大量出现，时人称“腥风满市廛矣”。

北京皇城以北的地安门与报时台鼓楼之间成了“后市”——城市中心商业街，老字号的聚集之所。与中心商业街有着相同悠久历史的是两条位于皇城东西两侧的崇文门至东四牌楼和宣武门至西四牌楼的商业街。官员、百姓入崇文门、宣武门，仰目即见标志性建筑东单牌楼与西单牌楼，而东四牌楼与西四牌楼的南北向牌楼，坊额即书“大市街”，也十分繁华。两条商业街上分别坐落有隆福寺与护国寺，两座寺庙遥遥相望，一个俗称“东庙”，一个俗称“西庙”，规模宏大，名冠京城，素有“东有隆福，西有护国”之说。由于隆福寺是皇家的香火院，香火极盛，再加之这里离南方客商运粮常走的朝阳门不远，因此，商人们经常把随身货物拿到这里出售。久而久之，隆福寺发展成北京内城首屈一指的大庙市。盛大的庙市或庙会为京城增添了更加旺盛的商业活力。清中期以后，北京内城的寺庙香火重新走向旺盛，并且商业和娱乐的倾向愈加显著，形成了京城最为知名的五大庙会，即隆福寺庙会、护国寺庙会、白塔寺庙会、土地庙庙会和花市火神庙庙会。几大庙会在时间上此起彼落，连绵不断。其中，隆福寺庙会的规模最大，为“庙市之冠”（吴长元《宸垣识略》卷八），护国寺庙会居第二。开庙之日，百货云集，凡珠玉、绫罗、古玩、字画、衣服、饮食、花鸟、虫鱼以及寻常日用之物，星卜、杂技之流，无所不有，叫卖声此起彼伏。京城下至普通百姓上及达官贵人，无论男女老少都爱朝庙，原本是宗教祭祀活动逐渐变成了城市中影响力巨大的集市贸易活动。道光、咸丰以后，随着内城商铺的增加，最终，“京师百货所聚，惟正阳门街、地安门街、东西安门外、东西四牌楼、东西单牌楼暨外城之菜市、花市”（震钧《天咫偶闻》）的市场分布，连同众多的庙市、专业集市等，共同构成了京城的商业贸易格局。

清代京城的前三门商业区是重要的商贸中心。前门外南北向的大街俗称前门大街（正阳门大街，见图1－10），宽阔平坦，商家麇集，终日喧闹。大街两侧，西有大栅栏（位于廊坊四条）、东有鲜鱼口，再向东西方向延伸，崇文门外有花市、宣武门外有菜市口，都是百货云集的繁华市街，“而其中最富丽喧哗者，非大栅栏莫属”①。

大栅栏街道纵横，商贾聚集，酒楼茶肆，鳞次栉比，人流不断，弦歌不绝，有“中城珠玉锦绣”之称。六必居、都一处、内联升、同升和、瑞蚨祥、同仁堂等一些老字号，牌匾相映，招幌相望。所售产品不仅有日用百货、茶叶瓷器、绫罗绸缎、珠宝玉器，而且有各种洋货，如洋布、哔叽、洋绉、洋药和三针表等。乾隆以后，棋盘街到大栅栏一带，摊商小贩蜂攒蚁聚，更加繁盛。清代一首《竹枝词》这样描述昔日大栅栏的繁荣景象：“画楼林立望重重，金碧辉煌瑞气浓。箫管歇于人静后，满街齐响自鸣钟。”大栅栏

① 王南．古都北京．北京：清华大学出版社，2012：258.

周边的各种专业街市，店铺栉比，货品琳琅，游客如织，日暮不休。

图 1-10 繁忙的帝都街市（1871 年，北京前门大街）

（三）城镇经济的普遍繁荣

随着经济的不断发展，元朝一些城市的商业逐步恢复并趋向繁荣，内陆沿江、沿河城镇的商业经济也得到了进一步发展。著名的城市有杭州、扬州、平江、镇江、集庆（今南京）、泉州、福州、温州、宁波、广州等地。其中，杭州曾是南宋都城，有较好的商业基础。《马可·波罗行纪》叙述杭州的商业情况是“城中有大市十所，沿街小市无数……每星期有三日为市集之日，有四五万人挈其消费之百货来此贸易”，以至“贸易之巨，无人能言其数”。一些中等城市如湖州，由于丝织业发展，商业资本也十分活跃，大商人开设了许多绢庄、牙行，经常深入乡镇“收积机产”（胡琢《濮镇纪闻》）。此外，近海沿海城市有广州、泉州、福州、温州、橄浦、上海等，这些城市除福州外都是设有市舶司和提举司的对外开放的贸易港口。如当时泉州为对外贸易第一大港，出口瓷器、丝绸等，进口丁香、胡椒、钻石、珠宝等，经常有百艘以上的海船在此停泊。

降及明代，南方的城市经济进一步繁荣，苏州、杭州等地出现了新兴的市民阶层，原先的一些中等城镇随之更加壮大。例如，万历时期的杭州已经成为全国最繁华的都市之一。据史料记载：杭州“内外衢巷，绵亘数十里，四通五达，冠盖相属。即诸下邑，亦襟联袂接，络绎不绝。民萌繁庶，物产浩穰，征于斯矣”［《（万历）杭州府志》］，“阛阓之盛，自金陵而下，无其比”（高攀龙《武林游记》）。同时，松江、福州、广州、汉口、南昌、成都、重庆、开封、济南、临清、大同等 30 多个城镇或得到进一步发展或快速崛起。如汉口，“地当孔道，云、贵、川、陕、粤西、湖南处处相通，本省湖河，帆樯相属；粮食之行，不舍昼夜”（《皇朝经世文编》卷四十）。明中后期，城乡经济的壮大还表现为农村集市迅猛增长，农业、手工业都在不同程度上卷入了商品经济浪潮。棉花、蚕桑等经济作物的种植面积不断扩大，棉纺织业、丝织业等手工业日益发达，涌现出新的工商业市镇及区域中心，如广东的番禺和佛山镇、江西的景德镇等，尤其是位于江南的苏州、松江、杭州、嘉兴、湖州五府，在短时间内一下子涌现出 210 多个市镇，其中规模大、功能齐全的市镇约有 160 个。这些市镇中，无不是贾户千百，店铺密布。如松江是江南棉纺织业的中心，苏州、杭州则是太湖流域的丝织业中心。大量史料证明，在这些棉纺织业和丝织业中间出现了资本主义生产关系的萌芽。

清代初期，由于持续多年的战乱，南北经济遭到了严重的破坏，人烟稀少，民生凋敝，城市破败，土地荒芜。康熙帝认为，只有农业和商业同时发展，才能达到至隆的局面。在清廷各种重农、恤商政策的刺激下，经济得到喘息，人口迅速增长。到康熙中期，城镇化再度兴起，南方的江宁（今南京）、苏州、杭州、扬州、镇江等城市日渐繁荣，到乾隆中期进入鼎盛，领先全国。在苏州，康熙初年“机工星散，机户凋零”（《织造经制记》），商铺歇业。康熙中叶的时候，已经是“阊门内外，居货山积，行人水流”（孙嘉淦《南游记》卷一）。到乾隆年间更是“洋货、皮货、绸缎、衣饰、金玉、珠宝、参药诸铺，戏园、游船、酒肆、茶店，如山如林，不知几千万人”（顾公燮《消夏闲记摘抄》卷上），“贸易之盛甲于天下”（顾禄《清嘉录》卷五）。在江宁，旧都的繁华迅速恢复，商业繁荣。秦淮的灯火之盛，天下闻名。据《板桥杂记》记载，每至“薄暮须臾，灯船毕集，火龙蜿蜒，……自聚宝门水关至通济门水关，喧阗达旦”。除了游览之盛，听书也是江宁大众生活中的重要内容，王月生和柳敬亭是当时两位著名的说书艺人。同一时期的杭州也是百货所聚，丝茶最盛；远商云集，舟楫塞港。

当然，天津、济南、开封、太原、福州、成都、重庆、广州等城市也都已经发展成为全国闻名的工商业城市。尤其是广州，虽然远离帝都，但却是明清时期中国唯一的对外贸易大港，更是中国海上丝绸之路最重要的港口。在 1757 年至 1842 年期间，广州已经成为全中国最繁华的贸易集结地。著名的十三行商馆区就位于西关①一带。1828 年，王老吉在十三行开设第一间“王老吉凉茶铺”，影响较大，被誉为“凉茶王”。位于十三行附近的双门底街（今北京路）两旁，酒楼、茶肆、杂货铺绵延，书店、花档、瓷器市相邻，招幌蔽日，其中以卖书坊、古董市、花市最为闻名，是广州最时尚、繁华的街区，有“岭南第一街”之称。

城市的繁华有力地带动了周边工商业城镇的兴起与壮大。“据学者统计，明清时期，中国约有七千一百个小型城市，其中绝大部分是市镇，而江南地区的市镇，在规模和密度上都是具有代表性的。”② 在明清时期编纂的供商人出行参考的手册上，江南市镇被列为商人的必经之地，如浙江的乌青镇、濮院镇、枫泾镇，江苏的平望镇、震泽镇、南翔镇，安徽的芜湖镇，江西的景德镇等。有的市镇甚至超过了府治，与省会城市齐名，以至坊间出现了“四大聚”和“四大镇”③ 的说法。这些所谓的大镇，人口都有数十万之多。处于城乡接合地区，庙市、墟市极为活跃，成为次级商业贸易中心。

（四）全国统一市场的初步形成

中国社会发展到宋元以后，尤其是在明清滋生了市场经济的因素，商品经济发展达

---

① 所谓“西关”一名最早见于清初，泛指广州城西的一个地域，后来延伸至今天广州的荔湾区。

② 中国社会科学院历史研究所．中国通史：明清．北京：华夏出版社，2016：150.

③ 所谓“四大聚”，据清代刘献廷《广阳杂记》的说法，“北则京师，南则佛山，东则苏州，西则汉口”。“四大镇”则是指河南朱仙镇（今属开封市）、江西景德镇、湖北汉口镇、广东佛山镇。

到了封建社会前所未有的新高度。主要表现为以下方面：

第一，交通运输能力空前改善。元代建立后，为了缩短从北京到杭州绕道洛阳的航线，重新疏浚了京杭大运河，还开辟了海上运输线。疏浚后的大运河从杭州可以直达大都，比隋代京杭运河缩短了900多公里。海运则是从长江口的刘家港出发，经黄海、渤海抵达直沽（今天津），再转往大都。同时，横跨欧亚的陆上丝绸之路也重新繁荣起来。到了明代，交通运输继续发展。运河成为沟通南北航运的唯一水道，长江则是横贯东西的水上通路。两者纵横交错，成为南北、东西贸易的干线。在维持河运、海运的同时，陆路交通继续发展。清代的陆路网系统有三级，包括由北京通往各省城的“官马大路”，从省城通往地方重要城市的“大路”，以及从大路或各地重要城市通往各市镇的支线“小路”。其中“官马大路”又有北路、西路、南路和东路四大干线，全长共计2 000余公里，能与边远地区相连，形成四通八达的全国性商业运输网络。此外，清廷还利用原有的驿道修建了长约15万公里的“邮差路线”。

第二，市场交易体系基本形成。这一时期，商业网络遍布全国，出现了市场经济的萌芽；市场发展更为完善，出现了商品收购市场、商品中转市场和商品零售市场的有机结合，促进了完整的集市交易体系的基本形成，为国内市场从封闭的地区性走向统一的全国性奠定了基础。商人积极投身商业活动，他们或“挟资江湖，锐意贸迁”，或“宝肆宏开，托身行铺”，使得各种店铺纷纷兴起，生意兴隆。到了明朝后期，随着商人社会地位提高，商人队伍不断壮大，商路更加广阔，商业资本加速拓殖，农村集市的数量继续增加，规模继续扩大，北集、南墟、庙市星罗棋布，一些地方还出现了永久性的建筑设施，成为固定的商店和街市。商人奔走于都市、城镇、乡村之间，往来贩运，无分南北，络绎于途。是故，“燕、赵、秦、晋、齐、梁、江、淮之货，日夜商贩而南；蛮海、闽广、豫章、楚、瓯越、新安之货，日夜商贩而北”（《李长卿集》卷十九），极大地丰富了市场上的产品类别。对商人的行为，史料的记述往往多以“逾……”“穷……”“历……”“涉……”“沿……”“下……”“践……”“迈……”“又转而入……”“足迹且半天下”等类词汇来描述，这反映了商人们江湖不定、来去无常、艰辛饱尝的从商生涯。

第三，全国性商品大流转局面出现。交通运输业的快速发展使得全国的大小城镇蓬勃发展，加速了各地农村集市与区域性中小城镇的连接，形成大量全国范围内的不同等级和特色的区域经济中心。在个体商贩难以完成大宗商品运转的情况下，出现了商人集体——商帮。在商帮的组织下，商人以地域为纽带，互相帮助，相互提携，以群体形象活跃在历史舞台，进行全国各经济区域之间的商品大流转，为明清时期的市场繁荣做出了卓越的贡献，从而谱写了中国商业史上令人难忘的“商帮时代”。其中，安徽商帮（徽州商帮和宁国商帮）、山西商帮（山右商）、龙游商帮（以浙江衢州府龙游县为中心的衢商集团）、江右商帮（赣商）、洞庭商帮（由太湖中洞庭东山和洞庭西山商人组成的商帮，属苏州）、宁绍商帮、陕西商帮、山东商帮（临清、济宁、聊城、烟台一带）、广东商帮（以广州、佛山一带为中心）、福建商帮（福建沿海），被称为明代“十大商帮”（也有略为不同的说法）。正是凭借商帮集体的力量，“苏、杭之币，淮阴之粮，维扬之盐，临清、济宁之货，徐州之车骡，京师城隍、灯市之骨董，无锡之米，建阳之书，浮梁之瓷，宁、台之鲞，香山之番舶，广陵之姬，温州之漆器”（王士性《广志绎》卷一），凡此种种皆源源不断地从原产地被贩运到全国各地，进入大小城镇中的千店万铺，供人们消费。特别是清代江南的丝织品，因为商品运输能力增强，比明代有着更大的国内外市场。

在这样的商业大背景下，广告也进入了异常活跃的时期，达到了传统广告发展的历史高峰。

二、元明清时期广告的鼎盛

元明清时期，广告传播活动已经从商业中心城市向周边农村地区渗透，从沿海商业中心向内地广大区域扩张，深深地影响着人们的日常生活和商业发展的进程。

（一）市声广告

市井的繁荣必然伴随着商贩的沿街叫卖。这种情况到了元、明、清三代更加普遍。

由于宋元南戏及元杂剧流行，一些生活中常见的市声广告也深受这些戏曲形式的影响，如受南戏中歌谣小曲风格的影响，叫卖词中往往运用大量的联绵词，朗朗上口，听起来极具韵味。北方的市声广告更多地受到杂剧的影响，这种情况在元曲的唱词中得到反映。在杂剧《逞风流王焕百花亭》第三折中，主人公王焕皂巾裹额，手挎竹篮，仿效洛阳一带卖果品小贩的叫卖，十分生动形象：

查梨条卖也！查梨条卖也！……这果是家园制造，道地收来也。有福州府甜津津、香喷喷、红馥馥、带浆儿新剥的圆眼荔枝，也有平江路酸溜溜、凉荫荫、美甘甘、连叶儿整下的黄橙绿橘，也有松阳县软柔柔、白璞璞、蜜煎煎、带粉儿压扁的凝霜柿饼，也有婺州府脆松松、鲜润润、明晃晃、拌糖儿捏就的龙缠枣头，也有蜜和成、糖制就、细切的新建姜丝，也有日晒皱、风吹干、去壳的高邮菱米，也有黑的黑、红的红、魏郡收来的指顶大瓜子，也有酸不酸、甜不甜、宣城贩到的得法软梨条。俺也说不尽果品多般，略铺陈眼前数种。

…………

查梨条卖也！查梨条卖也！……假若是怨女旷夫，买吃了成双作对。纵然他毒郎狠妓，但尝着助喜添欢。春兰秋菊益生津，金橘木瓜偏爽口。枝头干分利阴阳。嘉庆子调和脏腑。这枣头补虚平胃，止嗽清脾，吃两枚诸灾不犯；这柿饼滋喉润肺，解郁除焦，嚼一个百病都安；这荔枝红蠲烦养血，去秽生香，长安岁岁逢天使；这查梨条消痰化气，醒酒和中，帝城日日会王孙。查梨条卖也！查梨条卖也！

这是商贩叫卖果品的广告歌，将各味果子的名称、产地、制作、特色、功用等连珠炮似的一一唱出，旋律明快，婉转动听。前一段形容所卖的品种繁多，后一段描述查梨条等果品的功用。这表明，元代的市声广告已经十分活跃。

对于走街串巷的商贩，声响工具必不可少。元代人熊梦祥所撰的《析津志・风俗》对元大都商贩做生意时的声响广告活动有记述，其中有一段云：

街市蒸做面糕、诸蒸饼者，五更早起，以铜锣敲击，时而为之。……小经纪者，以蒲盒就其家市之，上顶于头上，敲木鱼而货之。

到了明代，市声广告更加普遍。明代人史玄所撰的《旧京遗事》对明朝北京商贩的唱卖活动有较为详细的记载，如：

京城五月，辐凑佳蔬名果，随声唱卖，听唱一声而辨其何物品者、何人担市也。唱卖麸，旧有四句，比叫成诗，巡城者加之以杖。于今惟卖麸者一声，而他物重叠，其词不止一句。盖此以曼声为招，彼以感耳而引。岂市之变端亦随俗为迁徙耶？

又云：

京城三月时桃花初出，满街唱卖，其声艳羡。数日花谢将阑，则曼声长哀，致情于不堪经久，燕、赵悲歌之习也。

据清代佚名的《燕京杂记》记载："京师细民有以打鼓收买敝物为业者，持小鼓如盏击之，负箱笼巡行街巷中。"又说："京师荷担卖物者，每曼声婉转，动人听闻……呼卖物者，高唱入云，旁观唤买，殊不听闻，惟以掌虚覆其耳无不闻者。"富察敦崇在《燕京岁时记》中还记录了在不同的月份经营不同门类的小生意人叫卖不同的东西：正月卖烟火①、二月卖鸡鸭、五月卖蝈蝈、六月卖冷食冷饮、七月卖枣子、葡萄，十月卖书等，丰富多彩。街巷之间，常见负箱唱卖者。不同的物品有不同的叫卖方式，通常是卖什么就叫什么夸什么，而且尽可能地使这种叫卖艺术化。抑扬顿挫的声调、具有韵味的顺口溜，再加上花腔、滑腔、甩腔的运用，以及连音、连字的技巧，使广告语一气呵成。无论是悠扬婉转的叫卖还是高亢嘹亮的唱卖，都显得字正腔圆、诙谐幽默、易懂耐听（见图1-11）。

图1-11 市声广告（1871年，北京，John Thomson摄）

① 例如："滴滴金、梨花香，买到家中哄姑娘。"

南方的民间叫卖同样生动有趣。明末清初的《花幔楼批评写图小说生绡剪》第十一回讲了这样一个故事：徽州府秀才曹复古，怀才不遇，为糊口计，借钱入山买漆，又被强人将本劫去，流落苏州，靠卖假鼠药度日，后终于考中进士，授翰林。书中有这样一段描写：苏州阊门外吊桥河下一个卖老鼠药的人，在摊上摆着 30 多只老鼠作“招头”，口中大声吆喝：“赛狸猫，老鼠药。大的吃了跳三跳，小的闻闻儿就跌倒。”而在另一集市，一个卖老鼠药者则将草鼠吊挂着，口中大声叫道：“老鼠药，老鼠药，买了家家睡得着。锦诗书，绣衣裳，美珍馐，不用藏!”显然，卖家巧妙地使用了韵语来强调其所卖产品的利益点。苏州是商品经济高度发达的都市，商业繁荣。康熙时人章法《苏州竹枝词》咏道：“酒担豚肩匝地过，香甜柔脆到门多。五篚一点挑来贺，不买些吞待若何。”诗人自注：“其物可欲，其香触鼻，其涎直挂。”在杭州，冰鲜行用大锣传达渔船到码头的信息。在广州，夏天卖凉菜、凉粉等的小贩，走在大街小巷，高声叫卖：“凉——粉”，“凉——茶”，“买野吔——买烂吔”，等等。

除口头吆喝之外，响器也是商贩的一种重要工具（见图 1－12）。北京有许多深宅大院或者处在里坊中的院子，普通的叫卖声难以抵达，只有借助响器才行。商贩懂得如何根据不同的产品运用不同的响器，那些声音或利落，或清脆，或悠远，或绵长，可远达院落深处。久而久之，庭院深处的人们只要听见响器声，就知道卖什么的来了。这些响器主要分为吹、打、弹、拉四大类，各行业都有自己独特的声响工具。嘉庆末佚名的《韵鹤轩杂著》中说：

> 百工杂技，荷担上街，每持器作声，各为记号。修脚者所摇折叠凳，曰对君坐；剃头担所持响铁，曰唤头；医家所摇铜铁圈，曰虎撑；星家所敲小铜锣，曰报君知；磨镜者所持铁片，曰惊闺；锡匠所持铁器，曰闹街；卖油者所鸣小锣，曰厨房晓；卖食者所敲小木梆，曰击馋；卖闺房杂货者所摇，曰唤娇娘；卖耍货者所持，曰引孩儿。

图 1－12　响器广告

（惊闺，民国初年，北京）

以上可见，到了清代，市场上的声响器具得到了进一步分工和细化，并且常伴着大量的韵语叫卖。

（二）招幌广告

元代的招幌广告颇具特色。一是尺寸普遍较大，二是行业特征更加明显。元代郑光祖的杂剧《王粲登楼》中有：“酒店门前三尺布，人来人往图主顾。”这不但点明了酒旗的尺寸，还说明了酒旗的广告功能。

《析津志》对大都商家的招幌描述如下：

> 市中医小儿者，门首以木刻板作小儿，儿在锦绷中若方相模样为标榜。又有稳婆收生之家，门首以大红纸糊篾筐大鞋一双为记，专治妇人胎前产后以应病证，并

有通血之药。而生产之家，门悬草圈，上系以红帛，则诸人不相往来。

如果是医兽之家，则“门首地位上以大木刻作壶瓶状，长可一丈，以代赭石红之……灌药之所，门之前画大马为记”。这是医家所进行的广告活动。“官大街上作朝南半披屋，或斜或正。于下卖四时生果、蔬菜，剃头、卜算、碓房磨，俱在此下。剃头者以彩色画牙齿为记。”如果是酒槽坊，则“门首多画四公子：春申君、孟尝君、平原君、信陵君。以红漆阑干护之，上仍盖巧细升斗，若宫室之状。两旁大壁，并画车马，驺从、伞仗俱全。又间画汉钟离、唐吕洞宾为门额。正门前起立金字牌，如山子样，三层，云黄公垆。夏月多载大块冰，入于大长石枧中，用此消冰之水酝酒，槽中水泥尺深”（《析津志》）。

明清时期的招幌广告带有更为鲜明的区域文化特色。《南都繁会景物图》生动地描绘了明永乐年间南京秦淮河两岸的盛况。长卷绘有109家商店及招幌牌匾，如“布庄”“钱庄”“浴堂”以及“天之美禄”“兑换金珠”“京式靴鞋店”等。有的招幌广告字数较多，尺幅数丈，例如“万源号通商银钱出入公平”。有1 000多个职业身份不同的人物“行走”在长卷上，包括侍卫、戏子、纤夫、邮差、渔夫、商人等，神态丰富。图中所绘“南市街”“北市街”，均属南北走向街区，即如今的雨花路、东西干长巷。秦淮河两岸水陆交通方便，丝绵纺织发达，商业经济繁荣。史载，明代长干里有两个专业大集市，即以经营粮食和其他农副产品为主的“米行大市”与以经营竹木薪炭为主的“来宾集市”，这种情况在画中也得到了验证。在繁华商业区，家家锦窗绣户，大红灯笼高悬①，药铺、茶庄、酒家、帽庄、米局所悬挂的幌子争奇斗艳。明清时期的招幌广告遍及城镇，所用材料大多为色织棉布、绸缎，也有用纸张、木牌等其他材料的。如吴敬梓在《儒林外史》中写杭州“卖酒的青帘高扬，卖茶的红炭满炉”；道光年间进士董恂写南浔镇“初过小满梅正黄，市头丝肆咸开张。临衢高揭纸一幅，大书京广丝经行”。钱庄则将一大堆铜钱模型串在一起当幌子，这些铜钱做得和真的一模一样，只是放大了若干倍。当铺门前设有旗杆或牌坊，上面挂着幌子、铁钩铜头和木制大钱两串，下面悬挂着红布飘带。而有的酒家则或置酒坛于门前，或悬木罂，或悬锡盏于屋檐，缀以流苏，以凸显行业特征。

《乾隆南巡图》展现了乾隆十六年（1751年）乾隆皇帝第一次南巡的盛况。皇帝南巡所经之地山川风物、城池衙署、衢街闾阎、商行典当应有尽有，从侧面反映了当时的经济状况、风土人情及社会生活，为我们提供了清乾隆年间丰富而生动的历史信息，尤其是对京城正阳门外大街商业的繁荣情景描绘细致、真实，十分珍贵。

这一时期北京的外城尤其是前三门一带店铺林立。正阳门大街一带，“五色迷离眼欲盲，万方货物列纵横。举头天不分晴晦，路窄人皆接踵行”（《都门杂咏》）。大栅栏更是聚集了当时北京的商业精华，有几十家最具北京商业文化底蕴的特色名店云集于此，招幌繁多，争奇斗艳。许多店铺挂檐板的高度多为龙头形挑头探出，为挂招幌所用。由于挑头探出店面，行走在街市上远远即可看见店铺招幌而知其经营性质。顾客及至店前，

① 明成祖迁都北京后，从东华门到东四牌楼一带聚集了许多灯笼作坊，大量制造适合宫廷和民间需要的灯笼。到了晚清，这些作坊转移到了前门大街廊坊头条，生意兴隆。在鼎盛时期，形成了以华美斋、文盛斋和秀珍斋为代表的二十来家灯笼作坊，而有“灯笼大街”之称。

才有可能上望牌匾。可见招幌与牌匾相辅相成，为店铺广告的重要道具。这一极具创意的招幌广告形式后来流行到全国各地。老式店铺分类极细，以服饰为例，如成衣、靴鞋、毡帽、布袜皆有专店，各类店铺均有为大众所熟知的标准招幌。绝大部分招幌制作精细，形象醒目（见图 1-13）。

图 1-13 清代的招幌广告（1870 年，北京，黎芳摄）

以草标为广告的状况依旧存在于城郊和广大乡村。据史料记载，明代山东济南一带常有灾荒。每逢灾荒年月，很多贫苦人家都会插草标卖儿鬻女。临清一带的人贩子认草标来“收购”人口。明朝王象春的竹枝词《济南百咏》中，《鬻女》词就满含悲痛的心情唱道：

委巷低门立小鬟，青衫竖草惨愁颜。惯收瘦马临清客，鬟发成云又卖还。

作者附加小注说：“济城民贫，素有鬻女之俗。……排门竖草，靦面求售，甚为不雅。临清客子每至，则鲜衣盛从，一人而收罗数百，畜以射利……”原来，明朝时济南一带百姓普遍贫困，经常会将自己的女儿出卖。多的时候，在城门口排起长队，人人头上插着草标作为标识，苦苦乞求过往的人们买下她们。而临清的商人（也就是人口贩子），穿着鲜艳的服装，带着众多的随从，一人会买上数百，带回去先收养起来，择机而售，从中渔利。

清代草标广告的情况，我们可以在《儒林外史》中略窥一二。每当大饥荒蔓延，极度贫苦的人家在卖儿、卖女或卖老婆时，往往都会在被卖者头上插一草标表示出售。这一现象一直延续到 1949 年新中国成立后才消失。

（三）招牌广告

明清时期，招牌广告比元代有了进一步发展。元代的招牌主要是作为店铺的标识，大多是店铺名称以及简单的商品介绍，没有什么特别的含义。到了明清时期，许多士大夫，甚至皇帝涉足商业广告活动，使得招牌广告有了更多的文化内涵与高尚品味，并形成了中国独特的具有民族风格的商业广告形式与内容。

首先是商店命名的变化。随着商业竞争的加剧，商人们开始注重更高层次的竞争，如名字吉祥度、商家信誉度等。于是，许多商家一改过去那种只以单调的姓氏或街坊的名字作为店铺店名的做法，赋予店名更多的文化或道德内涵，可分为以下三种情形：

其一，注重表现儒家的仁义思想，以强调商家在商业活动中讲究商业道德和商店信誉。许多商家将儒家传统思想中的“义利双行”“以义取利”的观念作为自己的经营指导思想，并努力贯彻到商业经营活动中。据清人刘献廷《广阳杂记》记载：“予在武昌，见盐店招牌，书曰‘重砠白盐’。余不知‘砠’为何物，思之久而不得也。问之宗夏，宗夏曰：砠，秤锤也，音租。盐每包重八斤四两，制权两之而衡其轻重曰砠，如其数者为重砠也。”“重砠白盐”即“斤两十足之白盐”，反映商家在经营活动中坚守诚信，不缺斤少两。

北京同仁堂的招牌中用一个“仁”字表达了药店“童叟无欺”的商业信条。同仁堂药店创建于康熙八年（1669年），创办人姓乐。乐氏者，原籍浙江宁波府，初以摇串铃走街串巷行医、卖小药维持生活。清初，乐尊育进了清宫的太医院，其子乐梧岗在前门外大栅栏内开办了同仁堂药店。雍正年间，钦定同仁堂为清宫御药房，独办官药，历经八帝188年。历代同仁堂人始终恪守“炮制虽繁必不敢省人工，品味虽贵必不敢减物力”的古训，树立“修合无人见，存心有天知”的自律意识，造就了制药过程中小心谨慎、精益求精的严谨精神，制成的药品因具有“配方独特、选料上乘、工艺精湛、疗效显著”的特色而享誉海内外。除了同仁堂外，位于京师城北的德爱堂也曾名闻遐迩。德爱堂药房门外竖有一巨型落地招牌广告，上书“德爱堂沈家祖传七代小儿七珍丹，只此一家，别无二处”。据史学家考证，“要得小儿安，就吃七珍丹”的民谣曾广为流传，其声望由此可见一斑。①

其二，注重表达吉祥如意的美好愿望。早期的商号命名以店主人的姓氏为主，只有差异，没有创意。后来竞争日益激烈，店主为求别致、吉利，费尽心机在商号命名上大做文章。例如开业于咸丰三年（1853年）的“内联升鞋店”。从字面来理解，“内”字指的是“大内”，即宫廷的意思。“联升”是指“联升官阶”，寓意为吉星高照、官运亨通，同时也暗指“内联升”的消费人群为达官显贵，背后的靠山是清宫大内、朝廷命官。当时的京城商号普遍重视店名的文化分量，就连经营酱瓜、咸疙瘩、腌萝卜的店铺也起了一个十分雅致的名号——“六必居”，可谓匠心独运。不仅如此，商号还在匾联上做文章，写上“三义四美”“招财进宝”“堆金积玉”等吉利话，以表达经营信念或祝愿吉祥。

其三，重视品牌形象的传播效应。许多商家除了邀请达官显贵、社会名流为其题写牌匾外，还千方百计使其具有“皇家”色彩，以增加其知名度和影响力。这种做法自明代以来，盛行不衰，成为商家提高市场竞争力的一大法宝。例如，南京的毡货店“伍少西家”是明永乐年间朱棣御笔亲题，大药房“同仁堂”是康熙年间状元孙岳颁题写，“都

① 周果．当代北京广告史话．北京：当代中国出版社，2011：4.

一处”则是乾隆皇帝所题，天津的“狗不理”据说也和皇家有关联。其他的，如茹古斋、尊汉阁、赏奇斋、秀文斋、荣宝斋、富文堂等牌匾皆为名家所书。这些重要的关联性品牌故事为商家的产品做了最好的“背书”，成为商号美誉度的重要来源。由于诚信经营，追求产品质量，一些商号在京城被人们口口相传，享有很高的知名度。例如，甘露斋祖传狗皮膏、香雪堂神效乌须药、四世马公道膏药、三代王麻子金针等，都是闻名京城的商号产品。①

其次是招牌形制上的新变化。明清时期，商家招牌不断翻新，花样繁多，形成了金字招牌、冲天招牌、御定名牌等样式。

其一，金字招牌。明清时南京、北京的一些商店，大都在柜台后面的墙上立有一面招牌。这种招牌名曰“青龙牌”，又称“站牌”。它通常是黑漆底面，四周镶以花边纹饰，正中是泥金大字，既表示行业性质，也象征财源广进。商家十分重视招牌的文字内容和形式，如药店一般是“杏林春色”，酒家往往是“太白遗风”之类。如果是社会名流书写，则可视为传家之宝。

其二，冲天招牌。这种大招牌多是一些大铺子使用，通常竖立在店铺门前或店铺门面相对的街面中央，宽有三尺，高不等，甚或高于房，黑底金字，写着自己的经营内容和特色。它又高又大，显得十分阔气，故而很容易引人注意。17 世纪中叶，荷兰东印度公司使团从巴达维亚出发来到广州，沿江西赣江北上，转入长江边的南京，再由运河进入北京，他们沿途绘制了许多中国的风物景致画，其中包括一些城市街景（见图 1－14）。《燕京杂记》记载：“京师市店，素讲局面，雕红刻翠，锦窗绣户，招牌至有高三丈者。夜则燃灯数十，纱笼角灯，照耀如同白昼。其在东西四牌楼及正阳门大栅栏者，尤为卓越。中有茶叶店，高甍巨桷，细槅宏窗，刻以人物，铺以黄金，绚云映日，洵是伟观……”清代学者朱彝尊在《日下旧闻》卷三十八中也提到，北京“正阳门东西街招牌，有高三丈余者，泥金杀粉，或以斑竹镶之，又或镂刻金牛、白羊、黑驴诸形象，以为标识”。

图 1－14　冲天招牌（1668 年，南京，约翰・尼霍夫绘）

① 老北京店铺超精美招幌，全在这儿了．[2024－03－26]．http：//www. sohu. com/a/141766743 _ 611196.

其三，御定名牌——龙贴。清代许多行业中的商户领有龙贴，享有龙贴不仅可以垄断一个行业，而且可以传给后代，子孙共享。因此，龙贴可算是一块重要的招牌。

（四）招贴广告

到了元代，瓦子、勾栏更为普遍，成为人们经常光顾的娱乐场所。为了招揽更多的观众，每场杂剧演出之前，组织者都要在瓦子、勾栏附近悬挂“纸榜”，也称为“招子”。又因为一般招子都是彩色的，所以又叫“花招”，实际上就是招贴广告。上面写有戏名、演员名、演出时间及剧情简介，多为毛笔书写，类似于现代的演出海报，只是较为简陋。这种现象在元代戏曲作品中有所反映，如元人杜仁杰《庄家不识构阑》曲中就涉及了当年广告的信息。其中有一段云：

> [耍孩儿]风调雨顺民安乐，都不似俺庄家快活。……来到城中买些纸火。正打街头过，见吊个花碌碌纸榜，不似那答儿闹穰穰人多。

庄家即乡下，农闲时农人上城里去购物，看到演戏的“勾栏”，“吊个花碌碌纸榜”，这就是演出张贴的文字广告。它经过一定的艺术处理，用了很多色彩，所以说是“花碌碌纸榜”，又叫作“花招”，目的是吸引更多的观众。

（五）印刷广告

在元代，用纸来包装商品已成为普遍的现象。商家为了扩大影响，通常都要在包裹商品的纸上印上文字图案，介绍商品有关情况和商家地址等，这无疑具有广告性质。

1980年，吐鲁番地区文物管理所在柏孜克里克佛窟进行清理发掘时，发现了木刻印版文字纸片两件，其中一张纸形完整，有双线边框的文字五行：“□家打造南无佛金诸般金箔，见住杭州泰和楼大街南，坐西面东开铺，□□辨认，不误主顾使用。”这是推销打造金箔的广告。

1985年10月，湖南省沅陵县发掘了一座元代的夫妇合葬墓，在女棺的随葬品中出土了两张产品包装纸。包装纸是质地较好的黄毛边纸，纸内有版刻文字和朱色印记，说明了店铺的详细地址，以及所售商品的品种、质量和特性，大小有一尺见方，纸形较为完整。其正文内容是：

> 潭州升平坊内白塔街大尼寺相对住危家，自烧洗无比鲜红紫艳上等银朱、水花、二朱、雌黄、坚实匙筯。买者请将油漆试验，便见颜色与众不同。四远主顾，请认门首红字高碑为记。

这张图文结合的包装纸是为一家油漆颜料店印制的。元代的潭州算不上大都市，但从危家作坊生产银朱的广告来看，当时的手工业和商业是十分发达的。有专家认为这是中国目前发现的最早的纸质包装广告，也可能是世界上最早的纸质包装广告。①

随着印刷技术的提高，元代的书籍制作与发行成了一个重要行业。元代继宋之业，刻书演变不多，而牌记相应无异。同时，书商为了促销或获取好的书稿，往往会利用各种

---

① 中国发现世界上最早的纸质包装广告．深圳商报，2001-07-12.

方式做广告。顺帝至元二年（1336 年）李氏建安书堂刻印孙存吾编类、虞集校选的《元诗》，刊登征稿广告如下：

本堂今求名公诗篇，随得即刊，难以人品齿爵为序。四方吟坛多友，幸勿责其错综之编。倘有佳章，毋惜附示，庶无沧海遗珠之叹云。李氏建安书堂谨咨。

有专家认为，这是目前能见到的最早的古代征稿广告。[①] 到了明代，因白话小说市场需求旺盛，书坊主或通过印刷品刊登广告，或通过人际传播，或口头向特定文人邀约，以诸如此类的征稿形式向社会征集稿源。

同时，为了扩大销售，一些书商开始在图书的前后或后记甚至封面上大做广告。当时主要有两种形式：一是在印刷品如书籍上附带做上广告，当时称为“牌子”；一是在包装商品的纸上印上图文以做宣传广告，称为“仿单”。例如，明弘治年间的刊本《奇妙全相注释西厢记》的底页上就刊印了出版商金台岳家书铺的广告：

本坊谨依经书，重写绘图，参订编次，大字魁本，唱与图合。使寓于客邸，行于舟中，闲游坐客，得此一览始终，歌唱了然，爽人心意。

在清代，不仅书籍成了新型广告媒体，而且木版年画很快成了商业广告的新载体，广告随着年画的广泛张贴而在城乡广为传播。我国最早的木版年画《四美图》系金代山西平阳姬家雕刻印本。图绘汉代赵飞燕、王昭君、班姬和晋代绿珠四大美人，题名为《隋朝窈窕呈倾国之芳容》。苏州桃花坞出土的“四时名点”年画，也具有鲜明的广告特征。

（六）对联广告

为了扩大自己的名气，元明清时期的商家还充分利用对联的形式加强广告的效果。如明代一家新开张的商铺据说就是因为“江南第一才子”唐伯虎亲笔书写的“生意如春草，财源似水泉”对联，以至于许多人慕名而来，生意红火。弘治年间，杭州西湖边上有一家父女开的酒家，生意萧条，后偶遇著名书法家祝枝山游湖归来后即兴挥毫，写下“东不管西不管我管酒管，兴也罢衰也罢请罢喝罢”一副对联，引起轰动，观者不绝，酒家生意便兴隆起来。

清代是楹联文学的全盛时期。南怀瑾早已将“清对联”与唐诗宋词元曲相提并论。道光年间，诗人杨静亭曾作《都门杂咏》一百首，其中《水晶糕》一首为绍兴的“水晶糕”做了如下的广告：

绍兴品味制来高，江米桃仁软若膏。
甘淡养脾疗胃弱，进场宜买水晶糕。

同样，清代的民间也流传着许多有关商业对联的佳话。例如，鞋店对联“大楦头小楦头打出穷鬼去，粗麻绳细皮线引进财神来”，传说就源于乾隆皇帝的微服私访。广告注重商业对联的情况一直延续到近代，其间产生了大量脍炙人口的商业对联，如：

---

① 张秀民．中国印刷史．上海：上海人民出版社，1989：325.

虽为毫末技艺，却是顶上功夫。（理发店）

金鸡未唱汤先热，红日东升客满堂。（浴室）

神州到处有亲人，不论生地熟地；春风来时尽著花，但闻藿香木香。（药店）

为名忙，为利忙，忙里偷闲，且饮一杯茶去；劳心苦，劳力苦，苦中作乐，再倒二两酒来。（酒家）

如此等等，不一而足，都具有浓郁的中国文化的特色。

总之，明清时期的广告虽有较大发展，但是，由于大多数国人的商品意识、商业价值观还未脱“封建”窠臼，“重农抑商”的观念还占主导地位，广告形式大多属于原始形态的声响、实物、旗帜、招牌、文字等，尚未真正进入大众化传播时代。

本章小结

中国古代商品广告起源于旧石器时代晚期，于夏商西周至春秋战国奠定了招幌、市声等基本形式，在秦汉至隋唐经历曲折发展后，到宋代得到了整体提升，元明清时期趋于完备，到了清朝，传统广告发展达到鼎盛。其发展特点是：广告活动从商家自发行为发展到自觉行为；广告主与广告发布者从同一主体发展到各有明确分工；广告形式相对简单，在时间和空间上的延展力有限；市声、对联、草标与灯笼等广告传播方式在中国古代十分普遍，其中一些独具中国文化特色。

思考与练习

1. 为什么说中国古代的“工商食官”制瓦解后，广告更加兴盛了？
2. 中国古代广告的主要特征与表现形态有哪些？
3. 唐代经济的大发展引起了广告传播方式的哪些变化？
4. 为什么说宋代广告的繁荣程度远超唐代？
5. 以北宋为例，说明中国古代商业政策与广告兴衰的内在关系。
6. 为什么说明清时期的招牌广告比元代有了进一步的发展？
7. 结合中国古代商业店铺的发展，谈谈你对《论语·子张》中“百工居肆以成其事”这句话的理解。

第二章

中国近代广告的发展

本章学习要点

1. 晚清时期报纸广告对传统广告的突破及意义。
2. 民国时期媒体广告的新发展。
3. 抗日战争与解放战争时期广告发展的基本情况。

第一节　鸦片战争到清末时期的广告

在1840—1911年的这段时期，世界和中国都经历了深刻变化：就世界范围而言，是资本主义向帝国主义的转变；就国内范围而言，是统一的封建王朝走向最终覆灭的阶段。这一时期，中国半殖民地半封建社会的重要特征基本形成，各种矛盾，如民族与阶级、专制与立宪、维新与革命、官商与民商、洋货与国货、新媒与旧媒、洋教与本土信仰等，相互交织，异常复杂。

一、社会巨变与民族意识觉醒

19世纪上半叶，正当清廷腐败、国势渐微之时，远在欧洲的英国却迅速崛起，成为当时最强大的资本主义国家。自15世纪地理大发现以来，经济全球化与市场一体化倾向呈现不可逆转之势。为了开辟海外市场，销售工业品，获取廉价的原材料，英国殖民者把侵略的矛头指向了中国。鸦片战争之后，中国被迫纳入资本主义市场。清政府除了割地和赔款之外，还被迫开放一些沿海沿江城市。西方商船鱼贯而入，大量外国商品，如鸦片、洋布、火柴、棉纱等向中国市场倾销，而对于中国传统出口的商品丝茶，外商或是通过买办到产地廉价收购，或是在通商口岸向华商压价收买，使得本来就很脆弱的中国民族工商业受到了严重的排挤和冲击。后来，清政府又被迫签订了一系列不平等条约，致使更多的西方列强来华开商埠、设银行、办工厂、开航运、采矿产、修铁路等。西方殖民者的入侵与掠夺，使中国社会发生了剧烈的震荡，中国自给自足的封建经济加速走向解体，社会发展进入代价沉重而又艰难漫长的转型。

面对“三千年来未有之变局”的民族危机，“摆脱屈辱与苦难”成了时代所赋予中国人的元命题。为此，中国社会各个阶级、各个阶层都提出了自己的救国主张或方案。一些开明有识的地主阶级改革派人士，开始注意时风变化，提出学习西方科学技术、强国御侮的主张，如魏源提出“师夷长技以制夷”的口号，得到地主阶级中开明人士的响应。但如何“师夷”呢？张之洞提出了“中体西用”论。尽管洋务运动有其很大的局限性，但它是在中国文化与完全异质的西方文化发生冲突之时，由内省走向开放之始，更是中国人为挽救民族危机和文化危机、寻求民族复兴的最早尝试。一些民族工商业者则在“劝工重商论”“工基商纲论”“商战论”和“振兴商务论”等一系列抗争和自强的口号和理论下，大力兴办工矿企业、交通运输业、金融、保险和海外贸易，走实业救国之路，加速了中国民族资本主义的近代化步伐。代表民族资产阶级利益的维新派则主张变法，大力发展工商业，建立自己的工业，走西化的富国强兵之路，与洋人“分利”，乃至夺回“利源”“利权”。因而他们大声疾呼：“能变则全，不变则亡，全变则强，小变仍亡。”戊戌变法失败之后，“排满”“倒满”成为人心所向。以孙中山为首的资产阶级革命派重新思考救国之道，以三民主义为号召，提出推翻专制腐朽的清政府、建立资产阶级共和国的主张。

新思想一旦出现——它们尽管还可能不够强大，还带有传统的烙印，但是一定会“参与创造历史并成为历史的一部分，所以它们并不仅仅是消极地、被动地单纯反映现实而已，而是积极参与创造现实”①。1904年，清廷选派以皇室成员溥伦贝子为监督的中国代表团到美国参加圣路易斯世博会。这是中国政府第一次以官方形式率商民正式参加世博会，具有特殊的意义。世博会上展出了许多新型产品，如电子管收音机、自动交换电话机、福特T型汽车、电动公共汽车、载人飞机，以及第一次公共出售的冰激凌和汉堡包等。相比之下，中国所推出的展品仍以传统的农业、手工业和工艺制品为主，包括古董、玉器、丝绸、茶叶、瓷器、苏杭扇笔、宁波木器等。有的如广东、上海、湖北、浙江、北京的参会商品还获得了金奖。世博会让中国人看到了自己与西方国家之间的巨大差距。溥伦在美期间曾向各地华侨和《纽约维新报》记者表示了着意图强、振兴国脉以改变积弱局面的决心，进一步激发了中国工商业者大力振兴工商业，尽快缩小与西方工业国之间差距的热情。

二、城市近代化与社会消费转型

19世纪60年代开始的洋务运动推进了中国近代城市化的历程。随着一批军工和民用企业的出现，一批为其提供原料的新型企业如煤矿、铁矿等诞生了，从而带动了新兴城市的出现，如秦皇岛至天津一线城市带就与开平矿务局的兴办直接相关，东北地区、华北地区以及长江下游地区也先后出现了新的城市或城市带，一改过去城市孤悬于乡村之中的人文生态。城市的变迁使得那些传统的政治性城市的中心地位开始走向衰落，而新兴的经济中心城市尤其是一批沿海开放城市一跃成为城市网络的纽结点。如上海、天

① 何兆武，陈启能．西方近代社会思潮史．济南：山东教育出版社，2001：20.

津、汉口、重庆等城市在19世纪中叶以前，均是规模不大的中小城市，但在开放后，凭借其自然地理优势和社会经济优势，得到快速发展。清末的天津，已经上升为华北城市群的中心；上海既是长江三角洲城市群的中心，也是连接南起广州、香港、澳门、福州，北到青岛、天津等沿海城市和上至宜昌、沙市、汉口，下迄九江、芜湖、镇江等沿江城市的最大的经济中心城市。其他如福州、广州在东南、华南城市群，大连、烟台、青岛在东北、华东城市群中也同样具有举足轻重的地位。据统计，1893年全国5万以上人口的城市已经有89个。广大的市民阶层逐渐形成，新型的市民文化开始兴起。

工厂、铁路和轮船的勃兴有力地推动了这种城市化和城市近代化。1894年前，中国铁路总计才有447千米。甲午战争后，铁路得到快速的发展。1901年清末新政启动后，社会现代化进程猛然加速，交通救国论得到了朝野的认同，交通事业进步显著。至辛亥革命前夕，全国修筑铁路9 292千米。唐青铁路、京汉铁路、津沽铁路、基隆到台北铁路、大冶到长江边铁路以及轮船招商局的航运线路几乎连接所有沿海、沿江及内陆大部分城市。运输能力与效率的提高，不仅使得人们的出行更加方便、快捷，而且极大地促进了城市的繁荣。

随着大量洋货的输入、售价的降低①以及各种促销手段的影响，通商口岸城市最早出现了专门售卖洋货的洋货行和洋杂货店，一些原来的土货店也增加了洋杂货产品，导致洋货日渐流行。当时的文献记载说：

> 自通商以来，洋货之灌入中国者，几不可以数计，大约外自各城巨镇，内至穷乡僻壤，上自豪商巨贾，下自穷户小民，惟一日三餐或犹守其旧俗，不尽喜食西人之物，自余则身之所衣，手之所用，殆无一不于洋货是赖。……窃谓近人喜用洋货之习业已滔滔皆是，不可复挽，而洋货亦实有可以畅销之理，更非人力所能禁遏。②

19世纪50年代后，上海还出现了专营洋货的洋广货店，到70年代，竟有不下百十家之多。③ 即便在云南昭通这样的边陲之地，商店里的洋货也非常多且售价“并非贵得惊人”④。

洋货的使用在日用品消费如洋火、洋针、洋皂、洋布、钟表、提箱方面表现得尤为显著。

洋货的流行导致中国人传统的以生活必需为限的节俭性消费观念日渐衰退。19世纪中叶以后，西式饮食，如啤酒、香槟酒、奶茶、汽水、冰棒、冰激凌、面包、蛋糕等开始在一些沿海通商城市流行，乃至“昔日抽烟用木杆白铜锅，抽关东大叶，今则换用纸烟，且非三炮台、政府牌不御矣；昔日喝酒，公推柳泉居之黄酒，今则非三星白兰地、啤酒不用矣”⑤。

甲午战争后，清政府又进一步扩大通商口岸，全国总通商口岸达到了百余个。洋货通过这些口岸源源不断地输入中国：一方面假道长江，从下游向中、上游延伸，以镇江、九江、汉口等口岸为通道，向辽阔的西南腹地扩散；另一方面又由东南沿海向北发展，

① 19世纪50年代，在英国，一英尺布的制造费用是33便士，到了70年代，便降为5.01便士。
② 论上海速成女工师范传习所//（清末）时事采新汇选．北京：北京图书馆出版社，2003：6020.
③ 葛元煦．沪游杂记．上海：上海古籍出版社，1989：28.
④ 朱英．中国近代史十五讲．北京：北京大学出版社，2011：213.
⑤ 胡朴安．中华全国风俗志：下编．石家庄：河北人民出版社，1986：2.

取天津、营口为据点，向东北的广大地区渗透。所以，在广州，“大街上可以看到许多商店出售外国食品，全是为供给中国人消费的。洋酒，特别是香槟酒，同糖食、饼干、沙拉油和罐头牛乳，一起陈列在货架上”①；在镇江，“只要我们在一个中国城市的街道走走，就可看到普通中国人近来如何习惯于外国的奢侈品了。进口商品店的数目正在一年年地增加……几乎没有一个中国人的家庭不用一些进口商品……假若不是棉织品，至少要用煤油做室内照明之用，或者欧洲制造的，迎合中国人奢好的不胜枚举的小东西”②；在北京，商业发展的速度明显低于广州、上海，但“自庚子年后，外货风行，土布渐归淘汰，布商之兼营洋货者，遂十有八九”③，而且很多洋货在这里集中，然后分销到东北、西北等地。

上海首开风潮，成为资本主义种子在中国大陆最早开花结果的地方。早在开埠前，上海的航运业就较为发达，是南北洋海上贸易的最大中转站。1843年11月上海正式开埠后的一个半月内，就有11家洋行涌入上海滩。英国传教士、医生、领事馆人员等也接踵而至。同时，还有国内各地蜂拥而来的冒险家、暴发户、买办、金融家、商人甚至帮会流氓等，各色人等麇聚其间。电灯的使用和普及为商业的繁荣奠定了重要基础。据记载，上海“初设仅有路灯，继即行栈铺面，茶酒戏馆，以及住屋，无不用之”④。其后，西式建筑的引进使得钢铁、水泥、机制砖瓦、建筑五金、自来水和电灯等近代工业品被大量应用，民宅、洋房、别墅纷纷出现。这些新式住宅整齐美观、造型新颖，大多装有自来水、电灯等，极大地改变了城市的景观。经济上，在投资总量、工厂数量、工人人数、资金利润率等各方面，上海都超过了近代中国其他任何一个大城市。

开埠之初，南京路商业活动集中在界路（今河南中路）以东，以流动摊贩为主。1850年以后，租界出现华洋杂居局面，大街上西装革履与长袍马褂摩肩接踵，各地土话与欧美语言混杂交错。英商开设了专营进出口业务的太古洋行，还有大英医院、老德记药房等。同时，华人也创办了增泰、恒兴等规模较大的洋布店以及恒昌京货店、五芳斋点心店等等，南京路的商业开始兴起。19世纪70年代，洋货大量涌进上海，洋杂货店如雨后春笋般不断出现，南京路商业进一步兴旺。19世纪末，据《上海华商行号簿册》统计，当时南京路上仅华商网点就有184户，分布100个行业。《沪江商业市景词》描绘南京路上繁华的景象是：“满街装饰让银楼，其次绸庄与匹头，更有东西洋广货，奇珍异产宝光流。”

社会上，流行的消费方式成为新潮时髦、洋气洋味的时尚标志，雪茄、香水、钟表、墨镜、纸烟和高跟鞋等受到普遍欢迎。蕞尔一弹丸之地的上海“有酒食以相征逐，有烟花以快冶游，有马车以代步行，有戏园茗肆以资遣兴，下而烟馆也，书场也，弹子房也，照相店也，无一不引人入胜”⑤。所谓“时新衣服剪纱罗，倾瓶香水浑身洒”“一段洋烟插口斜，墨晶眼镜避尘沙”⑥，成为一种高级和时髦生活的象征。上海因此成了当时中国

---

① 姚贤．中国近代对外贸易史料．北京：中华书局，1962：1093.
② 同①.
③ 北平市工商业概况．北平：北平市社会局，1932：193-194.
④ 葛元煦．沪游杂记．上海：上海书店出版社，2009：2-3.
⑤ 严昌洪．中国近代社会风俗史．杭州：浙江人民出版社，1992：82.
⑥ 黄式权．淞南梦影录//葛元煦，等．沪游杂记 淞南梦影录 沪游梦影．上海：上海古籍出版社，1989：131-132.

“最富有、奢华的最大商业城市之一”[①]，也是当时最繁忙的、国际化的不夜之城。

三、印刷技术的进步与新的商业模式

中国的印刷技术从宋代毕昇发明活字印刷术直到鸦片战争爆发的近 800 年的漫长岁月里，发展缓慢。到了明清之际，虽有较大发展，但总的来说，仍以雕版印刷的木版印刷术为主。19 世纪初，西洋的铅活字印刷术已经传到我国沿海地区，但长期的封建统治所带来的大国优越感和制度缺陷直接阻碍了西方印刷技术的引入。

鸦片战争后，随着对外开放的发展和西方势力的渗入，西方的现代科学技术和文化通过开埠城市传进中国。最初在中国传播现代科学技术和文化知识的是一批外国传教士，他们在开埠城市中传教、办学校、出版书籍和报刊，直接传播西方的科学技术和文化知识。为此，西方传教士不遗余力地在中国创办采用西方近代印刷工艺和设备的印刷机构。仅在 19 世纪，基督教会在中国创办的印刷机构就不下 60 家，天主教会创办的出版机构也有 20 多家。相对于传统的木版印刷术，西方铅活字印刷术的排字能适应时效性要求很高的报刊类媒体，并节约了大部分的时间成本。外国传教士十分活跃的出版活动引起了中国社会极大的反响。1865 年，清政府在上海创办了江南制造局印书处，部分印刷方式已采用近代印刷设备。从此，中国主导的印刷方式也逐渐从传统的木版印刷转变为西式活字印刷。19 世纪七八十年代，中国大批有识之士创办了新式出版社和报馆，尤其是以康有为、梁启超为代表的近代知识分子开启了用报纸宣传政治主张、启迪民智的方式。1900 年的庚子事变之后，中国各地的报刊如雨后春笋般涌现，形成新的媒体传播形态和社会传播关系，改变着传统的商业传播模式。随后不久，一些专业排版公司又引进了先进的“电版”技术，利用机器进行排版。无论是印刷质量还是印刷速度，都得到了极大的提高。

1900 年，俄国人在哈尔滨开设了秋林商行，这是我国境内最早的百货商店。西方的商业模式进入中国，同样也带来了新的商业经营理念和模式，促使中国传统的“前店后厂”式小作坊经商模式走向衰微。与此同时，社会风气逐渐开放。其后，英国人在上海创办了大型百货商店。它们与北京大栅栏西街的青云阁、西河沿的劝业场、王府井的东安市场，以及菜市口的首善第一楼等等都形成了许多新的商业形态。最典型的是经营生活用品的百货业（或称为京广杂货业），不仅分离出了棉布业、西药业和颜料业，后来还分离出了钟表、眼镜、热水瓶、无线电和毛线等行业。这些行业都十分重视市场营销，利用各种手段进行推销，无论报纸、杂志，还是路牌、墙体等媒介，都成了广告大展拳脚的舞台。许多妇女走出家门，进入外部社会，参加各种社会活动，成为新的消费成员。她们不仅逛庙会，还逛市场、劝业场、百货商店，游览公园、古迹。有的城市妇女从事教育、护理、职员等职业，有的则进入纺织厂、化工厂等工厂做工，争取经济上的独立。

可以说，鸦片战争一声炮响打断了中国古代广告发展的原有进程，从此开始了中国人向西方学习的近代广告时期。在内外贸易繁荣与商品生产不断扩大的背景下，具有现

① 胡夏米．“阿美士德号”//上海研究论丛：第 2 辑．上海：上海社会科学院出版社，1989：269.

代形式及风格的商业广告在上海萌芽并茁壮成长，由此引领着中国广告业前行的步伐。尽管这一过程是痛苦的、曲折的，间或有反抗的，但最终是自觉的、积极的，也是相当成功的。所以说，中国近代广告不仅是商业传播方式变革的具体反映，也是近代商业进步的显著标志。

四、传统广告的发展

近代中国广告的发展与商业日趋繁荣紧密相关。越是商业发达的地区，广告的发展也就越是迅速。

（一）广东地区的广告

广州是中国近代重要的对外商埠，也是洋货的主要销货地和中转港口。当时的许多洋货，包括鸦片在内，都是通过广州销往内地的。广州开埠之后，位于老广州城中轴线上的双门底街（今北京路，见图2-1）商贾云集，是老广州城最繁华的地方，旧时被称为“岭南第一街”。后来商业逐步向上、下九路转移，并带动周边的发展，衍生出多个与之相关的专业集市。如东有纸类、布料、缝纫机市场，南有十三行路故衣街服装市场、十八甫路布匹市场、黄沙农副产品市场、中药材市场，西有第十甫路（现为上、下九步行街路段）著名的陶陶居、莲香楼以及众多大小食肆，北有理发用品专业市场、打金行业、金银珠宝业、古玩街等，构织了纵横近2.5平方千米的庞大商业网络。这里人群拥挤、摊贩候聚，国货、洋货俱全，生意兴隆，是广州与全国其他区域及海外贸易的窗口与集散地。

图2-1 晚清的广州街市（1870年，双门底街，John Thomson摄）

另一个商业繁荣的地方是桨栏街（在今十八甫路与和平东路之间），因在广州开埠通商时期为往来商船销售船桨而得名，随着船只机械化的进程，这一地区逐渐转变成综合商业街区，商贾云集，人声喧哗，市声广告此起彼伏。清代张维屏诗云“珠江江畔夕阳斜，一路香风唤卖花”，说的便是广州古代花市的胜景。

据广东省咨议局在1909年的调查，广州城内的商业店铺有27 524家，其时广州人口约为60万，从事商业活动的人口占据了此城总人口的近1/3。在20世纪初城市近代化进程中，广州大量吸收融合了西方文化因素，西式的商品、生活方式逐步影响广州一带的民众，但其城市文化仍然保留了独特的岭南传统特色。[①] 西关文化就是广州最具代表性的一个组成部分，西关小姐更是那一时代集传统与时尚于一身的代表性标志。

（二）沪杭地区的广告

1. 市声广告

作为中国最早开放的都市之一，晚清时代的上海不仅是东南沿海的经济中心，也是贸易中心。海舶辐辏，商品满目；人口密集，商贩众多。据统计，1865年上海总人口达69万，而租界人口近15万。1910年上海总人口达129万，租界人口近62万。[②]

商贩们有的在固定场所出售商品，有的则肩挑商品走街串巷，到处吆喝叫卖。上海的南京路、福州路和城隍庙一带游客云集，摩肩接踵，自然也是商贩集中之地。卖梨膏糖的小贩随处可见，他们边唱边卖，声调悠扬。沿户叫卖更是家常便饭，叫卖的有各种食品，如热白果、馄饨、白糖莲心粥，以及磨刀磨剪子的服务等，有些商贩还使用打击的器具如梆子等以引起路人的注意。1909年刊行于上海的《图画画报》，曾连载《营业写真》，配文字和图画，不仅真实地反映了清末的商业情况，而且为研究我国近代广告的演变提供了可靠的依据。其中有《卖发财票[③]妇女》：“先生买张发财票，娇声呖呖耳边叫。头彩尚在莫错过，包卖票子包对号。”[④]

1890年，老晋隆洋行从外国转运“品海”纸烟登陆上海，并在上海的闹市街头用彩车游行进行大规模宣传。拉着整车香烟，抬着广告牌子，敲着洋鼓，吹着洋号，彩车上的美女不停地做着吸烟的示范动作，推销商则向看热闹的群众抛撒香烟，好奇者争相领取。有的人还不要，随手扔在路边。从此，纸烟渐入中国社会。

上海的繁荣也影响到了苏州的虎丘山塘一带。这里手工业者云集，店铺、作坊鳞次栉比，商业繁华。这里所卖的手工艺品精美绝伦，如葵扇、琉璃灯、绢人、字画、紫竹器、“塑真”（泥人）、“耍货”（儿童玩具）等等。[⑤] 小商小贩则络绎于街头巷尾。其中，卖丝线、丝带者，用筐篚携至渡僧桥、月城内一带，摊地叫卖。城郊农家多以莳花为业，万紫千红，弥望成畦。卖花者多为年轻女性，每至清晨，则成群入市，沿户吟卖，紫韵红腔，婉转动听。

2. 户外广告

上海的招贴广告十分发达，大街小巷都可见到，成为都市商业色彩浓厚的见证。《图画日报》所载的《贴招纸》云：“沿街沿巷贴招纸，招徕生意好法子。第一浆麪[⑥]必须牢，

① 刘建华，等．辛亥城市地图：广州：辛亥赋予的城市基因．小康，2011（10）：30－35.
② 邹依仁．旧上海人口变迁的研究．上海：上海人民出版社，1980：90.
③ 发财票，即彩票。
④ 刘善龄．晚清上海彩票轶事．寻根，2005（1）：57－61.
⑤ 顾禄．桐桥倚棹录．上海：上海古籍出版社，1980.
⑥ 麪，同“面”。

莫被雨打风吹无一字。近来各处报馆开，多登告白好发财。”

旧上海戏院的招贴，除印有演员角色、剧情介绍之外，还有本戏院的广告，有时也张贴商家的广告，其中以药行广告为多。关于招贴的盛行，晚清上海竹枝词中曾有形象的描绘：

东西招贴满墙头，首尾黏连少隙留。何业何方新创设，引人往买预绸缪。①

有的招贴则图文并茂。例如，爱兰百利代乳粉的招贴为两幅图画，一为婴儿喝奶状，一为强壮男子，其寓意不言自明。云裳大衣的广告词是“大衣最新式、最时髦，要算云裳”，并配有摩登女子身穿大衣呼朋引伴、款款而去的图像，地址在“静安寺路斜桥总会对过”。

后来，有的商家将印好的招贴拼贴在大型路牌上，形成早期的路牌广告，内容多为香烟、药品及日用百货等。

由于上海出现了电影，去电影院观看电影成为当时人们时髦的休闲娱乐方式之一。早在1896年6月29日《申报》第六版就刊登了《徐园告白》，告知读者在上海苏州河河南路桥北，广东商人徐润的私家花园里“又一村”在变戏法、放焰火，还在猜灯谜的游艺节目中插映了“西洋影戏”。此后，西班牙商人在上海福州路青莲阁茶楼租下场地，放映电影。青莲阁外不仅张贴出引人入胜的招贴（电影海报），而且雇用了穿红戴绿的印度人吹吹打打，招揽顾客。

这一时期，南京路的商业门店日渐增多，出现了众多的商店招牌和招幌广告（见图2-2）。

图2-2　晚清的上海街市（1880年，南京路，William T. Saunders 摄）

与上海相比，杭州地区的广告传统色彩较为浓厚。

---

① 顾炳权．上海洋场竹枝词．上海：上海书店出版社，1996：181.

据清人范祖述《杭俗遗风》记载："杭州之江鱼船，来自宁波等海口，路远天热，鱼皆藏于冰内，无论何时到地，江干设有冰鲜行，雇人肩挑大锣一面，其一头挂大灯笼一盏，书各冰鲜行字号，遍行城厢内外上下段各路。如到船一只，则敲锣两下，两只三下，以此递增。通知各行贩前往贩卖。去者先于行中买筹一根，每根五百文，然后持筹往船上取鱼。"大锣是响器广告，大灯笼是户外广告，而持往船上取鱼的筹，则是代币券或货单之类。

著名的胡庆余堂坐落在城隍山脚下，古朴典雅，富有江南庭院特色。正门门楼上镶嵌着金光闪闪的"庆余堂"三字。进门处有一块"进内交易"的牌子。过门庭，右边长廊做成船篷顶状，壁上挂着 38 块胡庆余堂用银杏木制成的广告牌，其中 34 块写着著名的传统中成药名称及主治功能。大厅堂上悬挂一块匾额，上书"戒欺"二字。沿着河坊街的高墙上写着 7 个各 20 平方米见方的特大汉字——"胡庆余堂国药店"，是为墙体广告，十分醒目。

（三）京津地区的广告

1. 市声广告

晚清时期，北京地区的市声广告已经十分成熟。就其声调来说，抑扬顿挫，且带有一种明显的京味与艺术性；就其内容来说，多与京城百姓的日常生活息息相关，成为一种四季不绝、生动有趣的京城流动风景线。这些市声广告外昭产品、内蕴风土、暗合节令，具有独特的艺术价值和商业价值。

在产品上，京城的"贩夫走卒""五行八作"叫卖的只有适合消费者需求的产品才有可能吸引人们的注意。所以，小贩们就必须将自己所售卖的产品类型、利益点等信息清楚而有力地传达出去。例如卖粽子的吆喝："江米的，小枣儿的，凉凉的——大粽子嘞哎！"简单的几句短语将粽子的用料、口味、个头儿都说了出来。还有"冰激儿的凌，雪花儿的酪，盛得多来尝口道！桂花糖，搁得多，又甜又凉又解渴……"产品特点、优势清清楚楚。

在风俗上，京城有许多传统的风俗习惯，"市之变端亦随俗为迁徙耶"[①]。例如每年的正月初一、初二，北京人要用活鲤鱼和鲜羊肉祭财神。此外，用鲤鱼做的菜也是春节家宴上必不可少的，取"连年有余"的意思。所以，正月初一、初二两天就有小贩挑着木盆走街串巷，四处吆喝："活鲤鱼哎！"二月初一家家祭祀太阳神，供太阳糕，糕上捏一个小红公鸡，象征"日中有金鸡"。所以当日拂晓，必有小贩吆唤："太阳糕来，小鸡的太阳糕啊。"更有特色的是小贩走街串巷叫卖"蛤蟆骨朵儿哎"，这是因为京城儿童有活吞蛤蟆骨朵儿的习俗，据说能去心火。

在节令上，不同的时节，商贩们的叫卖内容和用语也都是不同的。清人蔡省吾编辑的《金台杂俎》一书中，有"一岁货声"一卷，收集了当时北京街市上小贩的种种吆喝。正月里的"嗳！活鲤鱼呀！""津透了，化透了，桂花的元宵！"的叫卖声充满了浓浓的年味儿。仲春到来吆喝"鲜花椒来！嫩了芽的香椿来！"，暮春时节高喊"花儿呀，玫瑰花呀！抓玫瑰瓣，芍药来，杨妃来，赛牡丹来，芍药花……"；当听到"管打破的西瓜呀

① 史玄．旧京遗事．北京：北京古籍出版社，1986：23.

哎!”，那就是炎夏了；当听到“高装儿的柿子来哎，六个大钱一簇来”“南瓜大的柿子来，涩来还又换来”等，说明秋意渐浓；当听到“栗子味的白薯”的叫卖就意味着已踏入冬季。

老北京的叫卖不仅内容丰富，其说唱的形式还给人以丰富的艺术享受。例如卖糖杂面（一种用麦芽糖和黄豆面做成的小食品）的小贩，常常吆喝道：“姑娘吃了我的糖杂面，又会扎花儿，又会纺线儿；小秃儿吃了我的糖杂面，明儿长头发，后儿梳小辫……”再如，卖布的形容自己的布结实，“经洗又经晒，经铺又经盖，经蹬又经踹，经拉又经拽……”；形容自己所卖的布颜色白，“赛过头场雪，不让二场霜”；形容自己的布颜色黑则是“东山卖过炭，西山挖过煤，还在煤铺当过两天二掌柜”。如此有趣的吆喝，买与不买，听着都是一种乐趣。其他的，如卖杏仁茶、茶汤、水饺、硬面饽饽的小商贩也都以叫卖为主。有的叫卖声清澈嘹亮，如一首竹枝词中所说的那样，“叫卖出奇声彻霄，街头客店任逍遥，胡梳坠什捎家走，十个铜元捡样挑”；有的叫卖声则长篇大论，“比叫成诗”，可以一口气把上百种货物的名称吆喝出来，并且有板有眼，有快有慢，婉转悠扬，甚至有白有唱，与戏曲无异。

同时，流动商贩们对响器的使用已经高度精细化。收旧货者常用的是一个直径不到二寸的小鼓，但收破烂的鼓节奏快，而收古玩字画的节奏慢；卖油的用的是大梆子，紧三下，慢三下，卖完油后再敲三下表示感谢；卖烧饼油条的用小梆子，快两下，慢两下，然后再连击三下；卖针线脂粉的敲小锣，小锣带柄，两边有小锤；卖冷饮的摊主，则大指小指卡住下碗，二指三指挑动上碗，频频相敲，“冰盏丁东响满街，玫瑰香露浸酸梅”；小饭馆、小酒店的伙计则以铁勺敲得连声响来招揽顾客。

商贩们对响器的使用是很有讲究的。在京城，有几种行当的流动商贩是不便于开口吆喝的，怕坏了礼数，触了人家“霉头”。所以，老北京商市有著名的“八不语”，即行医的、剃头的、锔碗的、绱鞋的、卖掸子的、劁猪的、修脚的和粘扇子的，他们与一般货郎不同，不宜高声喊叫，而要靠响器发出的响声招揽生意，称为“八不语”。

2. 招幌广告

晚清的招幌广告往往是牌幌结合，讲究造型，具有十分醒目的效果。在京城等一些城市的繁华地段，商家不仅在店面建有高耸的牌楼圆柱，而且悬挂有十分考究的招幌。据梁思成的《中国建筑艺术》介绍，京城的商业店面形式主要有牌楼式、拍子式等。无论是哪一种，大多数都有挑头，或是自挂檐板伸出，或是自牌楼柱伸出，上面悬挂有各种招幌（见图2-3），以吸引顾客的注意力。招幌的样式、色彩丰富多样，其质地有纸、布、皮革、竹、木、铜、锡等，其形态及纹饰则随店铺性质、经营商品不同而有所差别。中国文物研究所藏有清末招幌店专用的样本一册，其中记录了当时流行的招幌样式96种，可见其丰富的程度。

大抵说来，晚清的招幌广告主要有三种形式。

第一种是横挂在门口上方或店堂正上方的牌匾，多为店铺的字号即名称（见图2-3）。据大刀王五[①]的后人介绍，源顺镖局地处北京前门外半壁街，镖局的正门右侧悬挂一面杏

① 大刀王五，清末京师武林名侠，本名王正谊，字子斌，祖籍河北沧州，回族人。因他拜李凤岗为师，排行第五，人称“小五子”；又因他刀法纯熟，德义高尚，故尊称他为“大刀王五”。

图 2－3　北方的户外广告（挑头式，1909 年，沈阳，Thomas C. Chamberlin 摄）

黄旗，上书“源顺镖局”四字，门道东墙上高挂“德容感化”金字横匾，西墙上高挂“义重解骖”金字横匾。大门里还有“尚武”“济贫”两小块匾额。

崇文门外西花市的天合成绒线铺，门上挂着“天合成”的横匾，匾旁还挂了个“梳篦”的幌子，同时又挂了一个长约三尺、有茶碗口粗细、黑漆木制的大烟袋锅，下垂红布一条。目的是方便那些不识字的顾客了解店铺所售之商品。卖烟袋杆的挂乌木条幌子，卖烟袋零件的挂大烟袋幌子，长一至三尺，有的竖立门口，有的悬于屋檐。再如，兴发号切面铺挂有黑底金字的招牌和形似刷子的“面条”幌子。

第二种是放在柜台上，或挂在柱子两侧的竖式招牌，多以商业经营与传统的道义相结合为诉求。如清朝状元孙家鼐为王致和的酱园撰写的两副长联：“致君美味传千里，和我天机养寸心。”“酱配龙蟠调芍药，园开鸡跖钟芙蓉。”将这两副对联的四句冠首字连起来即为“致和酱园”四字，意境优美，构思精巧。

第三种是在店门外设立 3～5 米高的冲天招牌（又称“落地招”），或装饰华丽，或色彩缤纷，或造型奇特，让顾客或行人从很远的地方就可以看见。当时的北京，这样的招幌很多，有的挑头还挂有广告牌匾，如“货真价实、童叟无欺”“公平交易”“不误主顾”“保管来回”“闻香下马、知味停车”等。

灯笼广告作为招幌广告的一种，发展到晚清，造型各异，花样繁多，具有浓郁的民族特色，民间称之为“花灯”。每逢正月十五，大栅栏地区都会举办灯市。各家店铺门前各种花灯竞相点亮，大放异彩。悬灯胜处，则有正阳门的东月城下、打磨厂、西河沿、廊房巷，以大栅栏为最。《北京的商业街和老字号》中对北京大栅栏的“花灯节”有这样的描述：

正月十五上元节，大栅栏里闹花灯，全城男女老少都来到。长盏魁的冰灯明又亮，玉兔像卧又似跑，聚庆斋饽饽铺灯画得好，祥义绸缎店铁门上全是灯，瑞蚨祥要与祥义比高低，云香阁的大红蜡有三尺，广盛祥门前挂的是旋转不停的走马灯，同仁堂本是下洼子门，药王采药灯济众生。店店铺铺都挂灯，纱灯宫灯冰灯个个明又亮。从东口直逛到街西头，逛灯逛得丢鞋又扯袄。

可见，当时北京花灯广告众多，而且造型各异，既可以作为商家的广告，又可以照明。

3. 品牌广告

这一时期，不仅传统意义上的“标识”更加普通，而且现代意义上的商标也出现了。1862年，流落京城的王木匠在大市路南开办了一个小作坊，取名为“龙顺”，后来又改成“龙顺成”。他的榆木擦漆桌做工考究，工艺超群，在京城享有极高的赞誉。木器初步制成后，店主便将“龙顺成”的字样刻在家具腿部明显之处，并将制作者的姓名或代号记在暗处，敷上漆皮，永不脱落。这一切表明，龙顺成的主人已经有一定的商标意识，只不过那时朝廷还没有实行商标登记制度而已。

同治四年（1865年），谢崧岱在琉璃厂西街开了一间叫“一得阁”的店铺，前店后厂，专营墨汁。光绪十四年（1888年），谢崧岱亲自题写牌匾“一得阁”，并将之高悬店堂之上，标志一得阁墨汁正式走入市场。其生产的墨汁宜书宜画宜拓裱，能显出“焦墨不死、浓墨有神、淡墨不灰”的书画效果，因而受到消费者的极大欢迎，许多人慕名而来，生意异常兴隆。清末民初的著名政治人物许宝蘅在其《巢云簃日记》第一卷中，清光绪三十三年（1907年）十月十四记有：

四时，至琉璃厂买一得阁墨汁，此店最有名，墨汁亦最精。

人们的品牌意识增强也反映在当时的民谚中。从清朝末年开始，京城就流传着“头顶马聚源，脚踩内联升，身穿瑞蚨祥，腰缠四大恒”的民谚。意为头戴马聚源的帽子最尊贵，脚蹬内联升鞋店的靴鞋最荣耀，身穿瑞蚨祥的绸缎衣服最体面，腰中缠着“四大恒”钱庄①的银票最富有。

4. 招贴广告

清代京津地区的招贴广告十分普遍，并逐渐演变成海报。据佚名《都门竹枝词》记载：“某日某园演某班，红黄条子贴通寰；太平锣鼓滩黄调，更有三堂‘什不闲’。”这是戏班子的演出招贴。学秋氏的《续都门竹枝词》也证明了这一点：“茶坊酒肆列通寰，飞舞龙蛇贴壁间。”当然，那些夸大其词的商家招贴也不少见，尤其是行医卖药的招贴。有的医家“满墙贴报博声名，‘世代专门’写得清。怂恿亲朋送匾额，封条也挂御医生”。有的药铺声称：“鹿角招牌系世传，乌须妙药果通仙。老鳏老宦寻‘仁寿’，暂把黄金买少年。”

中国第一部电影出现在1905年，由北京琉璃厂土地祠中“丰泰照相馆”的任庆泰拍摄。他在土地祠的庭院中挂起一块白布为背景，利用日光，露天拍摄了京剧表演艺术家

---

① “四大恒”是恒利、恒和、恒兴、恒源四大钱庄，由祖籍浙江慈溪董姓人家于清乾隆年间在东四牌楼摆设钱摊，兑换银两铜钱，逐步发展而来。由于资本积累渐丰，遂在东四牌楼附近开设了上述四家钱庄。到光绪初年，“四大恒”发展到了顶峰。光绪二十六年（1900年）八国联军入侵北京，“四大恒”遭受了灭顶之灾。

谭鑫培的《定军山》片段。摄制完成后，任庆泰马上拿到他自己开设在大栅栏的大观楼影戏园放映。为了吸引各方人士，还制作了一张电影海报贴在影戏院门口，进行宣传。

5. 名人广告

当时北京的一些官员和工商大户都流行吃"庄子"，即遇喜庆大事到大饭庄上欢聚。福寿堂饭庄设有戏楼，可以供人吃完饭看戏，是当时著名的大饭庄。同仁堂乐家、瑞蚨祥孟家、五老胡同盐商查家等大商家在福寿堂办事，都请戏班中的名角演戏助兴。如谭鑫培、杨小楼、王瑶卿、余叔岩、侯喜瑞、梅兰芳、马连良等都曾应邀在福寿堂演戏。这些名商巨贾在福寿堂办事，本来就是给福寿堂做广告，再加上谭鑫培、杨小楼等梨园名伶在此演出，更使福寿堂名声远扬大江南北。

此外，前门外的天蕙斋鼻烟铺是老北京城最有名的鼻烟铺。谭鑫培、杨月楼、杨小楼、侯喜瑞、余叔岩、马良连等都是天蕙斋的客户。有一次谭鑫培亲临该铺购鼻烟，引起众多行人围观。次日，到大栅栏来等候谭鑫培的人更多，场面热闹非凡。几乎一夜之间，天蕙斋鼻烟铺红遍京城。

1894 年，为了给慈禧贺六十大寿，清政府鼓励旗人献艺。蒙古族正蓝旗中的一名叫韩其哈日布的工匠献上了一架水灵灵的玻璃葡萄，异常精美。慈禧太后看后特别喜欢，亲自将题写的"天义常"黑底金字匾赐给他。韩其哈日布为表感恩，将自己改名为常在。随后，在崇文门外花市开设料器葡萄店。随后，"葡萄常"的雅号便被传颂开来。在 1915 年巴拿马万国博览会上，"葡萄常"作品获得一等奖①，名震全国。于是，常家的生意达到鼎盛时期，产品销往世界 20 多个国家和地区。②

6. 公益广告

利用行善事、做公益活动来提高知名度和美誉度的做法，是当时国药行和饮食行惯用的手法，以示"义中取利"和"兼济天下"的儒家风范。

例如，同仁堂善于利用天时、地利、人和大做广告宣传，从而名扬四海。一是利用每年挖城沟的机会，在晚上于城沟旁置有"同仁堂"三个大红字的灯笼供照明。二是某年北京城一度出现瘟疫，同仁堂除了施舍药品外，还捐助棺材。三是在各地举子来京应试之际，赠送一些防伤风感冒、帮助消化、祛水土不服的药品给他们。另外，每年冬天，同仁堂都到一些地方设粥厂，并施舍穷人棉衣。逢年过节时，还邀请名角进行公共演出广为宣传，百姓可免费观看。这些慈善活动，为同仁堂带来了更大的美誉度。

五、近代报刊广告的勃兴

1840 年鸦片战争前后，国外大批商人、政客、传教士、冒险家纷纷来到中国，他们不仅带来了各种各样的商品，也带来了西式的报馆。现代形式的报刊在中国的出现，客观上促进了中国广告向现代形态的演进，"广告"一词也正是在这期间传入我国的。

---

① 首部区县非遗家谱面世 慈禧赐匾"葡萄常".(2013-02-28)[2024-03-25]. http://news.xinhuanet.com/book/2013-02/28/c_124398002.htm.

② 燕无.100 年葡萄常在.中华手工，2007 (6)：88-92.

（一）外国人创办的广告新媒体——报刊

早在鸦片战争之前，外国人就在我国主要通商口岸出售在马来西亚、中国香港等地发行的中文刊物，而后又在中国内地创办报刊，这些报刊都曾为推销外货做过广告。

1833年8月1日，普鲁士传教士郭士立（Karl Friedrich August Gützlaff，亦译郭实腊）在广州创办了《东西洋考每月统记传》（*Eastern Western Monthly Magazine*），这是在我国境内出版的第一份中文报刊，其内容主要是宣传基督教教义、传播自然科学和社会科学知识，同时也刊登"行情物价表"之类的商业信息及商业广告，从而成为我国境内中文报刊刊登广告的滥觞。但是，真正开启中文报刊广告先河的则是《遐迩贯珍》（参见第五章）。

中国最早的一份中文商业报纸是1861年英商字林洋行在上海创办的《上海新报》，主要是为满足在华西方商人营销活动的需要而创办的。该报在所刊登的《本馆谨启》中对广告的价值和作用进行了明确阐述：

> 类如上海地方，五方杂处，为商贾者，或以言语莫辨，或以音信无闻，以致买卖常有阻滞。观此新报，即可知某行现有某货，定于某日出售，届期亲赴看货面议，可免经手辗转宕延，以及架买空盘之误。又开店铺者，每以货物不销，费用多金。刷印招贴，一经风雨吹残，或被闲人扯坏，即属无用。且如觅物寻人，延师访友，亦常见有招贴者。似不若叙明大略，印入此报，所费固属无多，传闻更觉周密。

因此，《上海新报》非常重视广告经营，四版中有三版是船期、行情、广告等商业性资料。在广告中对洋货进行"描述性"传播，不但介绍洋货（如风琴、铁柜、火轮车、种麦器等）的种类、价格、功用，还重点推出一些洋货行的拍卖和商品到货信息，集中展示上海洋货市场的动态，后来更以配图的方式对商品加以说明。另外，该报还刊登娱乐、游戏、招工、寻物、寻人等方面的广告，为民众的日常生活提供了丰富的信息。

此外，1868年9月，美国传教士林乐知（Young John Allen）在上海创办了《中国教会新报》，宣布该刊"既记录外国教会中事，也讲论各科学问以及生意买卖诸色正经事情"。这是中国近代影响最大、出版时间最长的宗教性刊物。该刊第二期就刊登了一家洋行的广告。从1874年9月始改名为《万国公报》，内容由"教"而"政"，但对商业信息及广告的重视却有增无减。许多公司，如汇丰银行、贾立费洋行、华英大药房、大英火轮船公司等英商企业都先后在《万国公报》上刊登过广告。

商品广告利用报纸这一当时最流行的大众传媒，不仅刺激了城市民众的购买欲望，而且对处于社会转型期的都市消费文化产生了深远的影响。

（二）中国人创办或经营的报刊广告

在外国人办报的影响下，自1873年起，中国人自办的报刊相继问世，从而打破了外报垄断的局面。一批具有爱国思想和民族意识的资产阶级知识分子把办报作为他们改良思想、与洋货抗衡的重要手段。郑观应、王韬等在19世纪70年代就开始吸收和介绍西方资产阶级近代报刊观念，并提出了报纸可以“通民隐、达民情”“足不逾户庭而周知天下之事”的见解。戊戌变法时期，康有为、梁启超等人提出了报纸有“去塞求通”之用、“有助耳目、喉舌”之用和“开民智”“育人才”之用。一时间，各地办报蔚然成风。

1873—1894年这21年间，一批由中国人办的报纸陆续出现，主要有汉口的《昭文新报》、上海的《汇报》、广州的《述报》、香港的《循环日报》等。

随着商业贸易的逐步繁荣、商家对广告信息传播需求的不断增长，出现了专门的广告刊物。1891年4月9日，在上海法租界东新桥宁兴街，养正堂文报馆编辑并出版发行了中国第一张专业广告报纸《告白日报》。在全国，这样的报纸还有《东方广告报》《福州广告报》《中国广告报》《广告世界》《竞商广告周刊》《广告之日刊》等。1895—1898年的三四年间，全国又创办了30多种报纸。这些中国人自办的报纸多刊登广告，如“航船日期”“银行市面”“各行告白”等，就连资产阶级改良派或革命派创办的政治性很强的《苏报》《湘报》等也刊登各类广告，以求获利。可见，报纸在政党报刊时代，尽管被用作政党政治斗争的工具，但是由于报纸本质上是一种信息传播的媒体，因而传播广告信息是它的生存要务，也是它的天然使命。

在辛亥革命以后的短短两三年内，全国报刊增加到1 000多家。一些原先由外国人主办的报刊陆续转为由中国人自己主办，并开始增加广告篇幅和彩色配图，讲究广告形式与效果。在众多的报刊中，《申报》《新闻报》《大公报》《北洋官报》《东方杂志》等是重要的代表。

1.《申报》和广告

1872年4月30日，英国商人美查（Ernest Major）兄弟在上海创刊《申报》，这是近代中国发行时间最久、具有广泛社会影响的中文报纸。该报创立伊始，就确立了重视广告的办报方针。《申报》创刊号共计八版，其中第六版的内容是转载京报的报道及广告，第七版全部刊登广告，第八版登载市场行情及船期，实际上也是广告（见图2-4）。

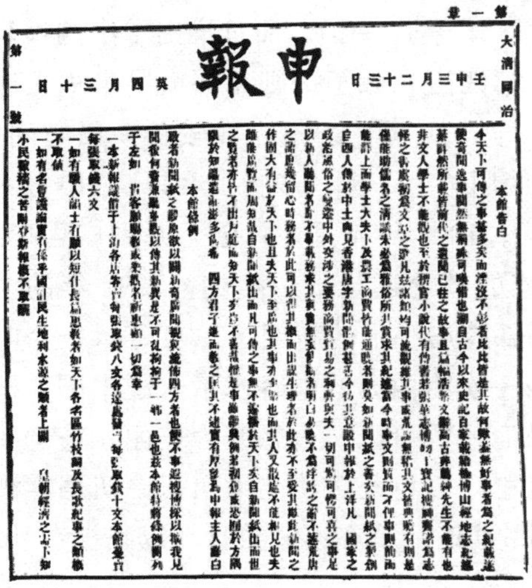
申報
大清同治壬申三月二十三日
英四月三十日
第一號
本館告白
本館條例

图2-4 《申报》及其刊登的广告

（左为《申报》的“本馆告白”与“本馆条例”，右为该报的成衣机广告，1872年，上海）

当时，在《申报》上刊登广告叫作“买告白”，费用相对低廉。《申报》在创刊号上的《本馆条例》中，专门说明报刊发行、广告之事：

> 如有招贴、告白、货物、船只、经纪行情等款，愿刊入本馆新报中者，以五十字为式，买一天者取刊资二百五十文，倘字数多者每加十字照加钱五十文。买两天者取钱一百五十文，字数多者每加十字照加钱三十文起算。如有愿买三四天者，该价与第二天同。

此处“刊资”，便是广告刊例费用。《本馆条例》还特意申明，外地广告由卖报人代理：“苏杭等处地方有欲刻告白者，即向该卖报店司事人说明某街坊某生理，并须作速寄来该价，另加一半为卖报人饭资。”这里的“告白”，即广告，也称报贴，“卖报店司事人”即为报馆广告代理人，“饭资”即为广告代理费。卖报店司事人代表大众媒体从事报纸推销工作，也为报纸推销广告，从中获得酬金，而广告文字、设计工作仍由报社承担。在《申报》创刊号刊登广告的商家有全泰盛信局、周虎臣笔店、缦云阁、衡隆洋货号等。

从当时的广告表现形式来看，《申报》是中国报纸刊登插图广告的先行者。自创刊伊始直到当年的12月中旬，《申报》的广告都是用文字进行“告白”的，尽管语言简洁、通俗，但容易与新闻、言论相混淆，广告效果不太好。该年的12月15日，《申报》上终于出现了晋隆洋行售卖成衣机（缝纫机）的插图广告（见图2-4）。广告推销的是美国胜家公司生产的缝纫机。广告上方是一架缝纫机的简图，下方是该机器的说明。这种今天看起来非常简陋的广告在当日全版文字的广告中却显得非常亮眼。紧接着，晋隆洋行又刊登了售卖西药和花露水的插图广告，这种配有插图的广告在当时并不多见。《申报》不仅是报纸刊登插图广告的先行者之一，也是中国报刊史上最早的戏剧广告刊登者。

从广告的数量来看，《申报》由少到多不断增长。《申报》创刊后的前两年，每天的广告数量并不多，在20条左右。1874年到1876年期间大概有40条。随着影响的扩大，在《申报》上登广告的广告主越来越多。到了19世纪80年代初期，“《申报》每天的广告数量达到了100多条。但华人广告所占比例很低，一直大约是十分之二三”①。

从广告的创新来看，《申报》不仅率先使用了“广告”一词，而且推出了中国报刊史上最早的整容广告。1901年8月7日，《申报》第四版刊载了一则“鄂垣厚生福土庄广告”的信息，是为中国本土报纸最早出现的“广告”一词。不过，在较长一段时间内，中国本土的报纸上，“广告”与“告白”仍混同使用。为了进一步吸引客户，《申报》还推出了整版广告、跨版广告、中缝广告等新样式。1918年4月，首创了系列广告形式，受到商家的欢迎。对于当时的中国人来说，整容的概念还是很陌生的。1897年的《申报》曾经转载过一则外报关于法国巴黎一妇女面部拉皮手术的新闻。1909年，一个叫作吉凌汉的美国女医生来华，在上海开办诊所，第一次将西方的整容术带入了中国。她于次年在《申报》上刊登广告，宣称：通过她的整容术，可以“丑恶变为美丽，苍老变为少年，须发低而黄使之高且乌，皮肤粗糙使之细腻，面色苍黄使之嫩白，一切烟容酒滞不美之部均一扫而空，况医治时并无痛苦，轻则数小时，重亦不过数日。以我神奇妙术，

---

① 李敏玲.《申报》广告初探（1872—1905年前后）. 中山大学研究生学刊（社会科学版），2004（1）：40-50.

还君本来面目，诚巧夺天工、古今未有之奇遇也……”广告产生了极大的反响，前往就医者不仅有洋人，也有不少中国人。在上海的两年间，吉凌汉为数千名中国人进行了整容手术。一时间，找她整容的人络绎不绝，门庭若市，手术费也因此从两三百两直升到千余两。

从广告的内容来看，《申报》由服务广告到商品广告不断拓展，服务项目丰富多彩。1872 年《申报》的华商广告只有信局、书坊、笔店、戏园、行医、算命等商业广告，而且数量极少。1873 年以后，华商客户又多了酒店、书塾、状师、和尚治病及包讨欠款等广告。同时，《申报》开始刊登外商经营的日化用品、五金机械、西药等产品广告。1875 年以后，寻人广告大幅增加。1880 年前后，药品广告、彩票广告和书籍广告又遽然增多，占据着报纸广告的主要版面。与此同时，“启示”“声明”“告示”等社会服务性广告也不断出现，广告服务范围进一步扩大，广告与民生关联度不断增强。

从广告营销的策略来看，《申报》敢于打破常规，屡创新招。首先，为了提高市场竞争力，降低售价。《申报》选用了中国土造的毛太纸印刷，每份售价仅为铜钱八文，几乎为《上海新报》的四分之一。其次，实施了新颖灵活的发行策略。创刊头三天，每号印 600 份，沿上海主要商业街挨户赠阅，雇用大量报贩走街串巷，挨户劝订，采取先看报后收钱的办法扩大销量。在销量稳步上升后，在上海广泛寻求代销店，实行早上取报去卖，晚上结账交钱，卖不完的报纸由报馆回收的优惠政策。这样很快就形成了从城市到乡镇，从本地到外埠的强大发行网络，在销量上赶超已有十年之久的《上海新报》。

从广告的客户来看，《申报》的华商广告意识渐渐地增强。为了尽可能多地吸引华商广告主，《申报》创办初期就制定了“洋贵华廉”的策略，规定洋商刊登广告的费用比华商贵四倍，而且要先付款后见报，只刊登一天。如果要多买几天广告，则另外加收费用，甚至有所限制。正是这种广告政策，使得大量华商广告涌向《申报》。1875 年，华商广告每天十条左右，只有外商的四分之一。“1885 年，华商广告占到《申报》日广告量的 51.63%，一举超过外商广告的数量；到 1890 年则又上升到 57.76%。”[①]《申报》的广告版面所占比例也随之逐年上升，常保持在 50%以上。

后来，随着报纸的广告业务不断壮大，报馆纷纷设立广告部，广告代理人有的成为报馆广告部的雇员，有的则独立经营广告社和广告公司。这些广告中介的诞生，反映了当时社会对广告的需求在不断增加，广告业务逐步成为一个新兴的行业。

2.《新闻报》和广告

上海地区另一家大报是 1893 年 2 月创刊的《新闻报》。该报的创办人是英国商人丹福士（A. W. Danforth）等，1899 年由美商福开森（J. C. Ferguson）接手，特聘华人汪汉溪为总经理全权处理报务，从而开创了《新闻报》的全盛时期。汪汉溪特别注重报社的经营管理，尤其是发行和广告问题。根据江浙沪地区工商业普遍发达的实际情况，《新闻报》制定了“竞近不竞远”的方针，并专门设立了负责推销报纸的“推广科”和负责报纸广告开发、设计、编辑和刊登的“准备科”。同时，延聘专职推销人员到各地“视察”，先后设立分馆、分销处达 500 多处。在汪氏父子的不懈耕耘下，报纸销量不断攀

① 冯跃民. 从 1875—1925 年《申报》广告看中外“商战”. 档案与史学，2004（2）：25-30.

升，创办时只有300份，到次年就达到3 000份。进入民国后不久，其发行量就超越了《申报》，1919年达46 000份，1928年超过15万份，成为当时发行量最大、影响深远的上海“第一之大报”①。由于该报社会影响力大，不论是它的头版巨幅广告，还是报尾分类广告栏，都很受人欢迎。

3.《大公报》和广告

1902年6月17日英敛之在天津创办发行了《大公报》。此后的120多个年头里，这份以“忘己”“无私”为志的报纸如百科全书般记录了世纪风云、民族苦难与国家振兴，成为中国出版时间最长的中文日报，在中国报业史上有着深远的影响，是民国时期仅次于《申报》的重要传媒。

在提高办报质量的同时，《大公报》把广告视为其经济收入的重要来源和报纸内容的重要组成部分。该报曾在报头下方显著位置刊发告白：“本馆专印一切华洋书籍、告白、仿单，意在招揽，价值从廉，外埠由邮局订印，各件定期不误。”民国初年，《大公报》一边提倡剪发，一边刊登剪发器和洋装的广告。

《大公报》在我国广告传媒发展史上创造了许多现象级的广告，有着重要的地位和影响。该报所刊登的广告，除了大学眼药、金刚石牙粉、“旭”牌啤酒等洋商广告和公益广告、教育招生、图书出版之类经常刊发的广告外，还有我国最早的征婚广告。

1902年6月26日，《大公报》刊登出了“南清志士某君”的征婚广告：“今有南清志士某君，北来游学。此君尚未娶妇，意欲访求天下有志女子，聘定为室。……如有能合以上诸格及自愿出嫁，又有完全自主权者，毋论满汉新旧，贫富贵贱、长幼妍媸，均可。”这是中国近代史上第一则征婚广告。广告刊登后，被《中外日报》《妇女杂志》等报刊转载，引起社会舆论的极大关注，冲击了当时国人传统的婚姻观念，证明了《大公报》敢于践行“开风气，牖民智，挹彼欧西学术，启我同胞聪明”的办报宗旨。据统计，从刊发第一则征婚广告到1936年，《大公报》共刊有72则这类广告。

20世纪30年代，老一辈的天津人里有把南开（大学）、永利（碱厂）、《大公报》列为天津市“人文三宗宝”之说。

4. 政府官报和广告

1906年，农工商部奏请设立官报局，同年4月，《商务官报》创刊。在第二期上，刊登了《调查报告》专栏，所载《美国商用输出入通法》中说：“一曰储养巡游外国卖货之人……二曰多设广告之法，使店与货物之名得闻于外国也。”

1907年，清廷创办《政治官报》。受商业思潮的影响，该报一改历来官方报纸不登广告的惯例。10月26日在《政治官报章程》中有这样一段话：“如官办银行、钱局、工艺陈列各所，铁路、矿务各公司及农工商部注册各实业，均准进馆代登广告，酌照东西各国官报广告办法办理。”1911年，《政治官报》更名为《内阁官报》，刊登广告的详细章程亦见于报端。

《北洋官报》是中国近代史上另一份产生重要影响的政府官报，1902年12月底创办于天津。该报不仅刊登医药、纺织、交通等各类商铺广告，同时还刊登北洋官报局出版

---

① 张季鸾．新闻报三十年纪念祝词//新闻报馆三十年纪念册．新闻报馆，1923.

的新式教科书书目，为自己的出版机构进行宣传。除了商业类广告，1907年以后的《北洋官报》开始大量刊登各种教育类广告，如北洋师范学堂招考初级师范补习班广告、北洋师范学堂招考音乐体操讲习班广告等，成为袁世凯在北洋执政时期重视新式教育的写照。

5.《东方杂志》和广告

1904年3月，《东方杂志》在上海创刊，至1948年12月停刊，历时近45年。梁启超、蔡元培、严复、鲁迅、陈独秀等著名思想家、作家都在该刊发表过文章。《东方杂志》享有"民国十大善本之一""百年老刊""澎湃学门，大匠如云"等一系列盛誉，是中国近代重要的大型综合期刊。从《东方杂志》创刊起，广告就成为杂志内容构成的一个部分。在1904—1910年这一时期的广告有四个特点：种类不如当时的日报丰富，且相隔周期较长（每月一次）；广告范围扩大，不仅有国货广告，还出现了外商广告，如威廉士医生药局的红色补丸、司各脱鱼肝油和三井洋行；在广告数量上，商务印书馆自身的文化类广告占绝大多数；广告文本基本以文字为主，对商品的介绍较为详细，且多为文言文，后来逐渐转为图文并茂的广告。近45年中，共出刊44卷，刊发广告14 000多则，宣传的产品类型十分丰富，包括图书、食品、药品、化妆品、保健品以及其他生活用品，涉及广告主750家。

六、新型广告形式的涌现

近代印刷技术的进步和报刊的繁荣，催生了新的广告形式。

（一）路牌广告

路牌广告由招贴发展而来。起初，广告经营者将彩色印制的招贴贴于墙面，其后又改用木架支撑，铅皮装置，油漆绘制。

路牌刚开始出现的时候，主要集中在城区的繁华路段，内容常有更换，但以香烟、药品和影剧信息为多。当时的许多产品，如著名的仁丹、狮子牙粉、大学眼药、美孚石油、白礼氏洋烛、五洲固本皂、冠生园糖果饼干、三和酱菜、先施化妆品等都利用路牌广告进行信息传播，收效显著。特别是美国洛克菲勒财团下属的美孚公司在上海制作的铁皮座玻璃罩的油灯（俗称"美孚灯"）上写"请用美孚石油"的广告字样，并以买油两斤送灯一盏进行促销，令时人印象深刻。

使用路牌广告最多的是烟草产品。1902年，英美正式组成了英美烟草公司（BAT），同时在香港成立了驻华英美烟草公司，后又在天津、青岛、沈阳、营口、哈尔滨、武汉设立了制烟厂，生产的纸烟品牌有翠鸟、大英、哈德门、大炮台、老刀、金砖等。为了尽快拓展市场，英美烟草公司以上海为中心，通过各种各样的户外广告来构建和强化纸烟的正面社会形象，将其塑造成一种时髦、洋气、诱人的商品。除了报纸广告、海报外，路牌广告是其中最重要的选择之一。这些广告通常运用视觉材料来描绘各种引人注目的社会场景，其中有漂亮的女人或体面的绅士吸纸烟的动作。其目的就是不遗余力地向消费者说明：吸纸烟不仅是社会交际的需要，还是身份地位的象征。这种精心构建起来的社会形象遮蔽了纸烟作为令人上瘾的精神刺激物的本质。后来，这些路牌广告还延伸到了铁路沿线的车站站台旁。在英美烟草公司的各种促销及广告的狂轰滥炸下，其纸烟产品几乎垄断了中国的卷烟市场。

1905年，为了打破西方社会对香烟的垄断，简照南、简玉阶两兄弟以10万港币的资本在香港筹建了“南洋烟草公司”，并于1909年改名为“南洋兄弟烟草公司”，推出了“大喜”“飞马”“飞艇”牌香烟，以爱国主义相号召与英美卷烟展开激烈的竞争。

由于路牌广告有着特殊的效应，也吸引了许多外商企业。据记载，1911年前后，上海的明泰、又新两家广告社经常雇用油漆匠替日本三井洋行绘制仁丹的路牌广告。

（二）月份牌广告的兴起

鸦片战争后，商人们除了在不同种类的报刊上登载各种式样的广告之外，还采取措施多渠道地发布商业广告信息。月份牌广告就是其中的一种。

月份牌的用处相当于后来的挂历，只是多了一层广告的意味，故称之为月份牌广告，它是西洋广告画中国化的结果。清末，卷烟传入中国后，英美烟草公司曾散发了从国外运来的一些绘有西方名人、骑士、贵妇、图案及风景的画片，但收效甚微。不久，洋商认识到入乡随俗的道理，开始学习中国商号将古典神话传说、历史故事、寿星、胖娃等带有中国民俗风味的图例印上年历，在画面适当的位置标有商品、商号与商标，并配以中西对照的年历或西式月历，供人们观赏、查阅，从而一举成功。它既是一种将绘画、年历与商品广告结合在一起，能高度普及的商业文化产品，也是中外商人为了获取利润，竞相满足民众喜闻乐见的创新广告形式。

最早的月份牌诞生在上海。1876年1月3日，上海棋盘街海利号就已经在销售华英月份牌了。该号的广告说：“启者，本店新印光绪二年华英月份牌发售，内有英美法轮船公司带书信来往日期，该期系照英字译出并无错误……如蒙光顾，其价格外公道，此布。”① 该广告在《申报》连续刊登了多期。但真正成熟的月份牌形式是1896年上海鸿福来吕宋大票行随彩票赠送的《沪景开彩图·中西月份牌》，这张月份牌有主体画面，并印有商家名称，制作精良，色彩鲜艳，成为月份牌画的重要代表。

月份牌题材丰富，有精美的传统戏曲、神话传说、人物故事、古今仕女和名胜古迹等，通常两边是日历表，上方或下方印有商号、洋行的名称或商品介绍（商品介绍有时也印在画的两旁）。其上下边缘一般镶有铜边条，或者仿照国画的装裱形式，上下各有一轴，方便悬挂之用。人们获得这种配有月历节气的商品广告画后，常年张挂在家里，既可作为装饰欣赏，又可查阅日期节气，人们习惯地把它称作“月份牌”。

早期月份牌有香烟广告、化妆品广告、药品广告、银行广告、保险公司广告等，都是随商品赠送给顾客的。月份牌画的获取是廉价乃至免费的。为了满足中国人“过新年，贴新画”的习俗，一般在年终岁末作为贺岁礼品赠送给经销商或顾客，或随出售商品赠送给顾客。那时的大商场都实行“购物一元，获赠香艳广告一张，多购多赠”的办法。每年春节（新年）前，更是出现一个发行和赠送的高潮。因为那时彩色印刷技术刚起步，

---

① 郑立君．论20世纪二三十年代摄影对“月份牌”的影响．装饰，2005（12）：50－51.

印刷画稀少，再加上月份牌画观赏性与实用性俱佳，所以深受人们的喜爱。逢年过节，张挂起来，既可以增加喜庆气氛，也能为商家宣传产品，可谓一箭双雕。从此，月份牌便以广告代名词的身份在上海地区出现，继而流行到南京、天津、汉口、广州、香港、哈尔滨、澳门等城市，乃至穷乡僻壤，并长达半个世纪在中国的广告形式中一枝独秀。查阅和观赏月份牌成为大众家庭生活的一种普遍场景。

月份牌广告的流行，吸引了大批画家从事月份牌的创作。最早绘制月份牌的画家是周慕桥、周柏生、赵藕生、李少章等人，他们用传统的中国画技法进行传统题材的创作，受到大众的喜爱。一些画报社为了自身宣传，也赠送不附日历的年画做广告，如 1884 年创刊的《点石斋画报》在新年之际向读者赠送任伯年《岁朝清供图》之类的单页单色大年画。

（三）交通工具广告

近代交通工具的发达使其成为广告的载体之一。黄包车、汽车、电车、行驶内地之舟，以及轮船、火车等都成为广告宣传的载体。

1902 年下半年的某一天，几乎所有的上海人力车夫在一夜之间穿上了绣有“烤”字的背心，让人莫名其妙，议论纷纷。后来人们才知道，这是英美烟草公司为“翠鸟”牌香烟打入中国市场而做的广告促销活动。

1908 年 3 月 5 日，上海第一条有轨电车线路正式通车营业，该线西起静安寺，东至外滩，贯穿上海最繁华的闹市中心。为扩大影响，通车当日请了不少中外名人一起乘坐，还在车厢外面挂着“大众可坐，稳快价廉”的广告语，引起轰动。1914 年 11 月 15 日，上海第一条无轨电车线路在福州路正式通车，横贯上海最热闹的南京路与北京路。很多药品、饮料、化妆品、香烟的品牌广告随着车辆在川流不息的人群中“流动”，给人们留下了深刻的印象。

七、“人丹”与“仁丹”的广告战

20 世纪初，国外商品汹涌进入中国市场，强烈冲击着孕育中的中国民族工业。在上海、天津、广州、青岛等繁华城市，洋货广告随处可见。在“爱国”“富强”“商战”等观念的影响下，民众对洋货的心态也发生了极大的转变，一种以提倡、生产、消费国货的社会思潮逐渐形成，并以社会运动的方式贯穿了整个中国社会变迁的历程。

1890 年（光绪十六年）黄楚九在上海开设了中法药房，制造并销售“艾罗补脑汁”产品，极为畅销，获得了巨额利润。随后，他又创办了中国第一家民族资本制药企业龙虎公司。1907 年，上海总商会通电全国，号召开展抵制日货的反日爱国运动，全国各地商界纷纷响应。然而，只有日本产的仁丹仍然盘踞在中国城乡，翘着小胡子的仁丹招贴画到处可见。黄楚九义愤填膺，极力思考取而代之的途径。1909 年，经过反复研制，终于做成一种功能匹敌日本仁丹的小粒药丸，取名为“人丹”。

龙虎人丹上市后，与日本仁丹进行着激烈的市场竞争。日商东亚公司的仁丹除了在报纸上做广告外，还在沪杭等地的街头、铁路沿线、轮船码头遍做墙体和路牌广告。黄楚九也不甘示弱，不仅在上海各主要大报上大做广告，还在铁路沿线、轮船码头、各繁华城镇遍设广告路牌：凡翘胡子的“仁丹”广告所到之处都能看到“龙虎”牌“人丹”的广告。同时还在一些城市招雇儿童，让他们身穿引人注目的制服，手敲铜鼓，边走边唱：“龙虎人丹怀中宝，除百病有奇效，中国人请服中国人丹。”结果，龙虎人丹畅销不衰。日本东亚公司眼看龙虎人丹对他们的产品构成了威胁，便控告人丹是冒牌、侵权，要求中国政府勒令停产。黄楚九聘请上海著名大律师与日商大打官司，直至上诉到北京最高法院机关。多年后，法院做出终审裁决，判定“人丹”与“仁丹”两药各不相干，可以同时在市场上销售。

10 年之久的诉讼虽令黄楚九损失 10 万余元，但“人丹”的名声逐渐扩大，城乡皆知，销路大增，足以匹敌仁丹（见图 2－5）。

图 2－5　品牌竞争广告（人丹与仁丹，20 世纪 30 年代，上海）

八、早期的广告服务业

报刊广告蓬勃发展以后，广告主与广告经营者逐渐分离，促使广告代理商在中国出现。最早的广告代理商是以报馆广告代理人和版面买卖人的形式出现的，如《申报》《新闻报》都有一批代售版面的掮客，如郑端甫、林之华、严锡圭等人。后来这种代理服务演变为各种广告社。它们为客户提供广告设计、制作、发布、代理等项服务以收取佣金。

广告专营服务最早诞生于上海。1909 年，吴兴人和王梓濂在上海三马路设立了“维罗广告社”。一般认为，这是近代中国最早的有具体年代记录的广告代理社之一，标志着华人广告职业和职业广告人的诞生。此外，早期的广告社还有好华、中西、耀南、伟华、大达、伯谦、明泰、又新等，规模皆较小，实际上是广告掮客。但是，随着实践的发展，上海地区部分规模较大的企业因为在报纸等媒体刊登广告较多，往往在其旗下自设广告部，负责广告设计与业务。例如，英美烟草公司和南洋兄弟烟草公司旗下均设有广告部。

纵观这一时期的中国广告发展，可以归结三个基本特点：

一是许多广告促销活动多由企业自身发起，而不是通过广告社代理完成的。广告社所代理的多为工程型的户外广告。因为私营企业多为民用企业，竞争激烈，很多广告活动主要是靠企业老板的聪明才智去推动的。

二是受政治、经济等因素的影响，广告发展相当不平衡。在戊戌变法之前，在上海以外的其他城市，基本上不存在较具规模的专业广告服务机构。

三是缺乏监管，存在大量的浮夸甚至虚假广告的现象。一些厂商为了迎合消费者心理，糅合当时流行的词汇和概念，常用种族与国家的宏大政治话题盲目拔高产品的意义。流行的“政治话语”大量出现在当时各式各样的食品、药品等广告中，进行不当关联，仿佛人们购买了这些商品就承担了民族和国家的大义。正如陈独秀当时撰文所批评的那样：“什么觉悟、爱国、群利、共和、解放、强国、卫生、改造、自由、新思潮、新文化等一切新流行的名词，一到上海便仅仅做了香烟公司、药房、书贾、彩票行的利器。”[①]例如，曾经风靡上海数十年之久的艾罗补脑汁产品在报纸广告中，大肆渲染“补脑”是民族图强、立足于20世纪的头等大事：“呜呼！沉沉大陆，莽莽乾坤，二十世纪之时代，为科学发达之时代，人种竞争之时代，科学兴则国亦兴，竞争力则国亦存。天演家优胜劣败之理，即二者之结果，是则吾目今世为脑力竞争之时代亦可也。……由此观之，我四万万同胞将来所耗之脑力，不知几千万倍于现今。独立二十世纪者矣，但有所虑者，我同胞久立于腐败之境，于幼稚时代既失体育于先，成丁时代又失维持于后，脑力虚弱，处此竞争剧烈之场，若不急图补救，前途何堪设想?”除了夸大其词外，广告还声称：“艾罗者，美国浡尔基尼亚之产也，亦即四十年前之医学博士也。幼操悬壶术于美京，长游欧亚各国，精新旧医理，……生平制有得意灵药四十余种，其中以补脑汁最著。”在当时的条件下，由于人们缺乏科学知识，加上缺少有效的市场监督，以致一些像艾罗补脑汁这样的虚假广告大行其道，产品风靡市场，商家日进斗金。

第二节 中华民国成立后至30年代中期的广告

1911年的辛亥革命推翻了清王朝的统治，结束了中国两千多年的封建君主专制统治，诞生了中国历史上第一个资产阶级共和国，颁布了中国历史上第一个具有资产阶级宪法性质的文件——《中华民国临时约法》。

一、经济发展的新气象

中华民国政府对实业的提倡与鼓励，使民族资产阶级受到很大鼓舞，竞相组织各种实业团体，筹办各种实业，为中国资本主义的发展开辟了新路。海外华侨也竞相投资国

① 孙骁骥．晚清假药广告：卖疗效，更卖情怀．（2014－11－10）［2024－03－25］. http：//www. thepaper. cn/newsDetail _ forward _ 1274065.

内工商业。另外，从清末开始，国际性的托拉斯集团先后在中国设立分公司，辛亥革命之后已经增加至3 000 余家。这些资金雄厚的洋商既是大企业家，也是重要的广告主，它们不惜重金聘请知名画师设计海报，以促进商品销售。

袁世凯执政后，也颁布了一些客观上有利于社会经济发展的政策和法令。随后，民族资产阶级发动了一系列大规模抵制日货、提倡国货的运动，更有力地推动了中国民族工商业的发展。第一次世界大战期间，因为列强的注意力转移到战争上，同时又由于战争增大了对物资的需求，中国的民族工商业得以迅猛发展，进入了所谓的"黄金时代"。比如火柴和香烟，在战前中国的市场几乎完全被外商控制。火柴市场被日本"猴子"牌和瑞典"凤凰"牌两大品牌占据，而香烟市场则被英美烟草公司垄断。战争期间，这两个行业的民族工业得到了很大发展：至 1920 年已有 129 家中国火柴制造厂商，香烟方面有南洋兄弟和华成两大烟草公司，它们已具备了向外国商品挑战的能力。

据统计，1912—1919 年，中国新建的企业多达 470 家，8 年间新增的资本超过辛亥革命前 50 年投资的总和。[①] 海关资料显示，1913 年中国进口总额为 5.7 亿余两，到 1915 年减至 4.5 亿余两，减少 1/5 左右，以后逐年递减。到 1918 年，法国货的进口额比战前减少了 1/3，英国货物进口减少了一半，德国货物则完全停止进口。不仅中国国内进口商品迅速减少，而且各类国货商品在与外国商品展开激烈竞争的过程中，扩大了国内市场的地盘，出口量也剧增。由于商品进口减少、出口增加，中国多年来入超逐年严重的情况也有所缓解，由 2 亿多海关两减至 3 000 多万海关两。

20 世纪 20 年代末，在资本主义世界发生经济大萧条时，西方列强为转嫁危机，纷纷全力竞争中国市场。为拯救危殆，国民政府适时地采取了一系列财经政策以挽利权而塞漏厄。这些政策主要有：(1) 裁撤厘金，改收统税。(2) 统一度量衡。(3) 改革币制。(4) 大力提倡国货。"废两改元"和币制改革，改变了货币混乱的局面，初步统一了货币，对于融通工商业资金、扩大商品交易起了推动作用。度量衡的统一，使混乱不堪的计量方法规范化，减少了税收壁垒，便利了商品运销，降低了商品成本。在取得海关自主权后，提高了进口商品关税税率，取消了外国商品在中国市场上任意倾销的特权，使中国商品加强了竞争力。虽然此时期商业发展过程中有些波动，但总体趋势是向前的。币制改革促使全国物价开始回升，生产出现增长。在 1912—1920 年间全国工业年平均增长率高达 13.4%，除了 1921—1922 年有短暂的萧条外，1923—1936 年的全国工业年平均增长率为 8.7%，初步建立起了国家的工业基础。[②]

民国时期的交通运输业发展得非常迅速。1927 年，国民政府的交通部和铁道部草拟了全国道路规划和公路工程标准，将铁路和公路建设纳入国家建设规划。在 1927—1937 年的十年间，南京国民政府兴建铁路总计 3 793 公里（不含东北三省修筑的 1 600 公里），运输能力极大增强。[③] 公路方面，在 1932 年至 1937 年 4 月，全国经济委员会筹备处先后奉命督造江苏、浙江、安徽、江西、湖北、湖南、河南、陕西、福建、甘肃、青海及四

① 孙顺华．中国广告史．济南：山东大学出版社，2007：35.

② 章长基．1912—1949 年中国的工业生产//张仲礼．中国近代经济史论著选译．上海：上海社会科学院出版社，1987：311.

③ 严中平，徐义生，姚贤镐，等．中国近代经济史统计资料选辑．北京：科学出版社，1955：180.

川、贵州、云南等省公路，完成各省联络公路 30 800 公里。截至 1937 年 7 月，全国公路总里程已经达到 109 500 公里，基本形成现代意义上的全国公路网。货品不仅实行公路联运，还开展公路与铁路、水路联运业务。水路方面，在 1927—1933 年七年间，全国新增民营航运公司 25 家、轮船 42 艘。[①] 轮船的增加、铁路和公路向内地延伸发展，以及邮政和电讯通信范围的扩大，方便了沿海口岸城市和内地各省以及农村间的商品流通和信息沟通，增加了商品流通渠道，促进了商业的发展。

与交通运输业发展的同时，中国的城市化速度也在加快。从人口数量来看，由于生活环境的改善，在 1911—1938 年间，全国城市人口连年快速增长。1938 年，中国 5 万以上人口的城市总人口已经达到 2 730 万，占全国 5 亿人口的 5%～6%。仅就上海和南京而言，上海在开埠之初的 1852 年只有 54 万人，但到 1935 年时已达 370 多万人。南京在成为中华民国的首都之后，人口也大幅度增长，到 1928 年达 49 万多人[②]，到 20 世纪 30 年代，人口已近百万，其中有三分之一的人口从事商业、服务业。人口的迅速增长促进了现代化城市建设的加快。高楼的崛起，路网的修建，以及自来水的引进，电话、电灯的安装，使得城市白天人流如织，夜晚则灯火璀璨。工商企业、金融企业及交通邮电企业也随之不断出现，城市的公共空间如公园、博物馆、图书馆、公共体育场、新式剧院等大量兴建，使得生活在城市的人们不仅被商业空间琳琅满目的商品所吸引，也处处为新的文化场域的空间所规训，新的市民意识和消费观念逐渐形成。

随着经济的发展，国内统一市场进一步扩大，中国的商业获得极大的发展空间。就民族商业资本投资总额来说，由 1919 年的 4.4 亿元到 1936 年的 20 亿元，增长 3.5 倍。[③] 民营商业的发展速度更是令人刮目相看：上海的商业资本集团得到继续发展，新型的大商业公司纷纷建立。1917 年 10 月 20 日，上海首家“环球”百货公司——先施公司在南京路正式开张。据《先施公司二十五周年纪念册》记载，开张之日，“中西士女临场观礼者逾万人，嘉宾济济，盛极一时”，门口拥挤不堪，南京路为之堵塞，商场里人山人海，购物者、参观者络绎不绝。商场不但改变了讨价还价的习惯，开了不二价的先例，而且破天荒地雇用了女售货员。第二年，永安公司在上海诞生。1926 年，新新公司又建成开业。1936 年，先施、永安、新新、丽华、大新等知名百货公司的营业额由开业初期的 1 375 万元增加到 2 674 万元，增长了 94%。1933 年，上海的工业产值已占全国半壁江山，工厂数占全国 12 个大城市工厂总数的 36%，资本总额占 12 个大城市总数的 60%，生产净值占全国总产值的 66%。[④] 上海成为公认的集商业化、工业化、现代化为一体的中国最具代表性的商业之都，是远东最大的国际性都市，是中国最繁华的经济商贸中心，也是与巴黎并称的世界广告文化中心之一，有着“东方巴黎”的美誉。就这样，上海“这个城市不靠皇帝，也不靠官吏，而是靠它的商业力量逐渐发展起来”[⑤]。直到抗日战争爆发前夕，上海都是中国广告业的重镇。

---

① 蔡增基．十年来的中国航运//中国文化建设协会．十年来的中国：上册．北京：商务印书馆，1937：306-307.

② 朱翔．南京中央商场创办始末．中国高新技术企业，2008（21）：196，199.

③ 刘佛丁．试论我国民族资本企业的资本积累问题．南开学报（哲学社会科学版），1982（2）：16-26.

④ 熊月之．上海通史：第 1 卷．上海：上海人民出版社，1999：30.

⑤ 霍塞．出卖的上海滩．纪明，译．北京：商务印书馆，1962：4.

随着城乡交流的加强，工业品也大量涌入农村，加速了中国农村自然经济的解体和商品经济的发展。由此推动着城市化浪潮和广告发展达到历史的高峰。

总之，20世纪30年代的中国，工业化、商业化、现代化的水平都达到了它的鼎盛时期。激烈的商业竞争使得无论是外商还是华商，都十分重视广告的运用。但时隔不久，国内战争爆发，社会发生动荡，国家先后经历了抗日战争和解放战争，作为社会经济晴雨表的广告业受到重大打击，发展起伏不定，商业色彩日益趋淡，逐渐转向以战争与政治信息传播为主。

二、传统媒体广告的发展

（一）市声广告

作为中华民国首都的南京，其城南的中华路一带仍是传统的商业中心，大量的老字号聚集于此。据统计，民国时期南京的商业网点大概有一万家，包括衣食住行各个行业，其中老字号的饭店和食品所占比重很大。夫子庙不仅集南京各种风味小吃之大成，而且也是文物荟萃之地，形成各种市场，大大小小的茶馆酒楼散落在以夫子庙为中心的这片地区。这里街市纵横，车马杂沓，商贩们游走在大街小巷中，各种各样的叫卖声此起彼伏。“正月间，群往夫子庙。男女老幼，人山人海，拥挤不堪。”① 与夫子庙相连的秦淮河上，会馆林立、河房列岸。白天游人如织，夜晚风月无边，灯船如梭，笙歌繁响。朱自清曾在脍炙人口的《桨声灯影里的秦淮河》一文中写道：“过了大中桥，便到了灯月交辉、笙歌彻夜的秦淮河。”

上海作为迅速发展的商业都市，新的建筑不断涌现，新修的道路四通八达，商业店铺更是连街接巷，游乐场、剧场、影院随处可见，报童叫卖之声此起彼伏。其中又以城隍庙和南京路一带最为热闹，商贩们流连忘返。一种被称为“小热昏”的广告说唱形式在这一带十分流行。

小热昏又名“小锣书”。1905年，在上海城隍庙以卖梨膏糖为生的杜宝林把说唱朝报的形式运用到卖梨膏糖生意上，将说唱的内容由新闻朝报和生活趣事变为有简单故事情节、有人物性格和矛盾冲突的娱乐节目，从而改变了过去卖糖艺人那种单纯唱支小曲或说点小笑话推销产品的谋生方式。杜宝林为自己取艺名“小热昏”，到处卖艺。小热昏形式简便灵活：一只架子上摆着盛梨膏糖的木箱，艺人站在一条长凳上，乐器只有一面小锣、三块毛竹板。一般先敲小锣，招徕观众，接着讲笑话、说新闻，边说边唱，兼顾推销产品：“一包冰屑吊梨膏，二用药味重香料，三（山）楂麦芽能消食……”这种新颖的说唱形式受到了人们的极大欢迎，20世纪二三十年代，已经盛行于沪杭一带。

在南方，广州的珠江一带形成了新的商业区。珠江两岸，酒店、洋行、商铺相望，珠帘卷雨，层楼映日。江中运输船只来往如梭。在这温热多雨的地带，叫卖水果是其市声广告的一大特色。“旧时广州的叫卖歌，尚能记忆的也不少。石围塘某卖果人唱的‘沙

① 胡朴安．中国风俗：下．南昌：江西教育出版社，1992：447.

田柚兼共糖莲藕，香蕉沙梨润得你咙喉。重有苹婆熟透依开口呢，荔枝甜橙得食又番头。石围塘阳桃、平洲龙眼嚁，重有波罗蜜味水流流，老广州们是听惯了的。”[①] 广州的市声广告以鸡公榄的叫卖最有特色。20 世纪三四十年代的西关流行一种传统小吃，叫鸡公榄，入口清甜爽脆，回味无穷。鸡公榄的名字源于卖榄人为了吸引顾客注意，把一只色彩缤纷的纸扎大公鸡模型套在自己身上，一边吹着唢呐，一边穿街过巷叫卖，而且卖榄人能用唢呐模拟公鸡的叫声，“嘀嘀嗒，嘀嘀嗒，嘀嘀嗒，嘀嘀嗒”，用广州话来说就是“鸡公榄，鸡公榄，鸡公榄，鸡公榄”。因此，广州市民称之为“鸡公榄”。卖榄人会先吹出“嘀嘀嗒，嘀嘀嗒，嘀嘀嗒……”的唢呐声，接着就会喊：“有辣有唔辣——蚊——包好滋味。”大公鸡模型的大小可以依身自定，腹背中空；然后将人套在里面，用一条过肩带把彩鸡提起来，人走“鸡”也走。所卖的榄都会放在鸡腔内，有各种口味，任客自选（见图 2-6）。

图 2-6　市声广告（鸡公榄，20 世纪 80 年代，广州）

1916 年，总部位于上海的中国精益眼镜公司在广州设立分店。这是中国第一家采用西方先进设备及技术配制眼镜的店，在广告上一直标榜为“中国首创第一家”。一些军政要员，如广东护法军政府外交部长伍廷芳、财政部长唐绍仪都慕名去配眼镜。之后孙中山也前来配眼镜，并应邀题写了“精益求精”四个字。店主唐墨林如获至宝，派专人将题词送回上海总店，经过精工装裱，配上镜框，高悬店堂之上，熠熠生辉。同时，将题词复制后分送各地 20 余家分支机构进行展示。孙中山的配镜行动及题词产生了巨大的广告效应，使中国精益眼镜公司的知名度迅速提升。

在北京胡同里、前门外、琉璃厂以及天桥等繁华的集市之处，一年四季都飘荡着各种货郎的吆喝声和各种响器汇成的叫卖声。日本汉学家青木正儿于 1922 年和 1924 年两次来到中国考察，他在中国行记中称 20 世纪 20 年代的北京为“音乐之都”：

> 睡懒觉的早晨，枕上便听见卖水的推车的轧轹声，比邻居浪荡公子的小提琴声还悦耳；剃头挑子与磨刀担子互相唱和，比对面时髦女郎的钢琴声还动听；裁缝摇着拨浪鼓，哗朗哗朗恍如雨打芭蕉之曲；卖炭的堂鼓，扑通扑通赛过击鼓骂曹；算命的横笛使人错当成按摩；收旧货的小鼓就像唱滑稽小调的。种种叫卖之声，有如老生，有如净；有快板，有慢板，收废纸的一声“换洋取灯儿”，有如老旦的哀切，深夜叫卖饽饽的长腔使馋鬼们几欲断肠。[②]

著名作家张恨水在《市声拾趣》中也有关于那个时代北京商贩叫卖的印象：

> 我也走过不少的南北码头，所听到的小贩吆唤声，没有任何一地能赛过北平的。

① 杨小凡．买卖人的买卖歌．羊城晚报．1980-09-13.

② 内藤湖南，青木正儿．两个日本汉学家的中国行记．王青，译．北京：光明日报出版社，1999：124.

> 北平小贩的吆唤声，复杂而谐和，无论其是昼是夜，是寒是暑，都能给予听者一种深刻的印象。虽然这里面有部分是极简单的，如“羊头肉”“肥卤鸡”之类，可是他们能在声调上，助字句之不足。至于字句多的，那一份优美，就举不胜举，有的简直是一首歌谣。例如夏天卖冰酪的，他在胡同的绿槐阴下，歇着红木漆的担子，手扶了扁担，吆唤着道：“冰淇淋，雪花酪，桂花糖，搁的多，又甜又凉又解渴。”这就让人听着感到趣味了。又像秋冬卖大花生的，他喊着：“落花生，香来个脆啦，芝麻酱的味儿啦。”这就含有一种幽默感了。①

张恨水还提到，如果在冬天的早晨，小贩则穿件老羊毛背心，腰上束条板带，两手插在背心里，喷着两条如云的白气，站在车把里叫道：“噢……热啦……烤白薯啦……又甜又粉，栗子味。”这种吆喝往往集唱、念、表演于一身，再配上不同的响器声，更能增加吆喝的韵味。有的吆喝还蕴含幽默，比如“有破烂儿的我买，有破鞋烂袜子的我买”，这是收废品的，而卖蟠桃的则吆喝“这不是大姑娘扎的，也不是二姑娘绣的，这是三姑娘逛花园一脚踩下一个扁盖儿桃——”，等等。

市声广告也是民国铁路线上的一道独特风景。作家柯灵曾经写道，每当火车停站时，“小贩紧抓住这短促的机会，托了木盘，扬起喉咙，反复高喊夸耀食品的警句，殷勤向旅客兜售，让他们在寂寞的旅途中间，尝一点异乡风味，同时听一点异乡的叫卖声——那常是有浓厚的乡土色彩的音乐”②。

（二）招幌广告

与市声广告同样兴盛的是招幌广告。

南京、上海和杭州等城市都处于主要铁路沿线，交通发达，人口流动规模浩大，商业最为繁荣。首都南京，除了民国初年的北门桥（城中）、下关（城北）、夫子庙（城南）等传统的商业区外，新街口一跃成为新的金融中心，新的中央商场位于中山南路，与贡院街永安商场、太平路太平商场并称为“国货三大店”，周围商店林立，招幌广告随处可见。在上海等城市里，招牌一改拙朴本色，与时俱进，花样翻新，“进化到了极致”，有“摇头摆尾、搔首弄姿”的活人招牌，有“红红绿绿的大旗子”，更有“闪闪烁烁的霓虹灯”③。

长江中下游地区的广告也随着经济的发展而一路前行，其普遍程度并不亚于东部沿海的一些城市。汉口在清末辟为通商口岸后，紧邻租界地区的商业开始勃兴。晚清至民国时期，各种茶肆、酒楼、杂货铺、金号银楼林立。当时街上多半是砖木结构的楼房，屋檐和梁柱上涂绘彩色花饰，门窗雕镂成古香古色的图案，因此称为“花楼街”。花楼街分前花楼街、中花楼街和后花楼街。后花楼街一直是汉口最繁荣的商业中心，诸如九如斋、金同仁中药号、老四季美等，都是当时的名店。街上各种招幌广告比比皆是（见图2-7）。同样，长沙自1904年开埠以来，商业渐趋繁荣。在红牌楼（今步行街北段，黄兴路的苏家巷至育英街之间）一带，各种商铺林立，李文玉金店、福昌广日用品店、中

---

① 张恨水．张恨水散文集．哈尔滨：北方文艺出版社，2019：34.

② 柯灵．柯灵文集：第1卷．上海：文汇出版社，2001：52.

③ 柯灵．柯灵文集：第4卷．上海：文汇出版社，2001：15.

西皮鞋店等，都是长沙闻名的商店，海报、招幌广告随处可见。

“上海有外滩，广州有长堤。”1914 年竣工的广州长堤约两公里长，是广州当时最长最阔的马路。由于靠近珠江码头和租界，加之附近便是过去的十三行、十八铺等传统商业区，往来客商不断。据《粤海关十年报告》记载，在 1912—1921 年间，长堤范围内新建或重建九座大型码头，汇聚了大批近代商业、服务业实体。① 茶楼戏院林立，商铺洋行密布，如南方大厦、嘉南堂、先施百货公司、东亚酒店、爱群大酒店、海珠大戏院、西濠电影院等，另有中央银行等众多官办、商办、外资银行在长堤设立机构。这里整日车水马龙，灯火辉煌；官绅名流，衣香鬓影；店铺联翩，招幌相望。此外，广东潮州有一家叫“韩江酒楼”的酒店远近闻名，是因为酒楼悬挂有一副脍炙人口的楹联：“韩愈送穷，刘伶醉酒；江淹作赋，王粲登楼。”楹联用中国传统文化中四个有名的典故对仗成句，在整嵌四个古代名人名字的同时，不露痕迹地在联首和联尾嵌入了“韩江酒楼”四字，洒脱工整，是一篇语言功底深厚的广告文案佳作。

在京津地区，不仅一些较新的商号迅速兴起，而且许多原有的老字号也扩大地盘，增加经营品种。据 1934 年 10 月《北京市商会会员录》记载，参加商会的中外商号共有 136 家，它们都非常重视招幌广告的运用。所以，北京一些繁华的商业区，店铺相邻，招幌蔽日，异彩纷呈，特色显著。幌子像球一样用线吊着大棉花团的是棉花店，挂着璎珞的是香药铺，画着一串牌子的是饽饽铺，挂着黄铜壶的是酒家。当然也有挂罗圈②的，罗圈数量的多少既可以表示商家的经营类型，也可以象征饭馆的等级——只挂一个罗圈的往往为饺子馆或包子馆；两个罗圈的为中型饭馆，可以卖炒菜；四个罗圈的则为大饭庄，可供应各式炒菜乃至承办酒席。③ 罗圈下缀有飘带，缀红布条意为汉民饭馆，缀蓝布条意为回民饭馆。“在热闹地方，如四牌楼、单牌楼等处，只要谛目一望，就可以看见斗方来大的‘楼上雅座，新增女子招待’等大招牌。说也奇怪，这寥寥十个字，真有不可思议的魔力，诱得纨绔子弟、好奇青年，皆趋之若鹜，冰淇淋的销路亦于是乎激增。”④当然，旅店也有挂罗圈幌子的，一般挂两个罗圈的是规模较小的旅店，挂一长串罗圈的则是大旅店。也有些地方的小饭馆，门口只挂些柳条或挂个笊篱，专为招徕挑担的小货郎以及贫穷的过路人，吃住都简单。

药铺的幌子通常是木制的膏药模型，四周为白色，中间是一个黑星，上下是三角形木块表示半贴膏药，中间是菱形木块表示一整贴膏药。当然，也有悬挂木制鱼的。鱼即“愈”的意思，表示除疾祛病、平安如意。绸缎庄门前挂的是大布幌子，由长五尺、宽一尺的绸缎布片做成。

此时的北京公共场所，如火车站、汽车站、飞机场、街道、办公楼、公园等都成了广告的阵地，连前门行驶的第一辆有轨电车的车身上也出现了香烟和香皂的广告。有的广告还配有电影女演员的倩影，如当时的明星胡蝶、王人美、阮玲玉、陈燕燕、黎明晖等。自然，电车广告中的人物也成了市民的日常话题。有意思的是，中国旧时称戏园子

① 李颖明．张之洞首筑长堤．羊城晚报，2012－11－03．

② 饭店是为行旅远游准备的临时用餐场所，而旅客都以箩筐为担载工具，所以过去的客栈以及由客栈演变而来的饭店都以倒扣的箩筐斜插在扁担上为幌。久而久之，箩筐演变为罗圈。

③ 事实上，这只是民间的一种标识，并不统一。也有用单个罗圈标示的是卖笼屉的作坊，而罗圈下系三根绳子的意味着卖笼蒸食品。

④ 鲁西．北平的女招待．生活，1929（40）．

里观众的座位为“池子”，称舞台为“海子”，把演员正式登台演戏叫作“下海”。于是，便把贴在戏园子门口的报戏名的招贴广告叫作“海报”。民国时期的海报有了进一步的发展，除了介绍名角、导演之外，还附加了其他产品的广告，比如仁丹、香皂、香烟等。

天津紧邻北京，交通便捷，人口流动频繁，商店众多，以旅馆、酒店、茶馆、鞋店最为普遍，呈现一片欣欣向荣的景象。鼓楼是老城中心的最高建筑，东西南北四面大街商铺林立，商家费尽心机利用广告在这里争夺商机。1913 年左右，英美烟草公司约请画家绘制了两块近两米高的香烟广告牌，安装在鼓楼拱北门一侧的墙壁上，鼓楼墩台外墙上还有狮子牙粉、仁丹、老鹰眼药等外商广告。诗云：“钞关桥上人如蚁，商船打鼓马头住。”随着港口贸易的发展，商业繁荣区逐渐从旧日的估衣街（见图 2－8）、锅店街南移到了日租界一带。到了 20 世纪 30 年代，北大关一带已经发展成为天津最繁华的商业中心区，商铺繁盛，游人云集，各种广告争奇炫异。

图 2－7　汉口街景（1922 年，花楼街）

图 2－8　天津街景（1931 年，估衣街）

东北地区的招幌广告则别有一番风味。由于气候寒冷，东北与御寒保暖商品有关的商铺很多。如出售毛毡帽的帽子屋，它的幌子是一个巨大的毡帽模型，下面悬挂着各种小帽子；煎饼铺门前挂着用半个煎饼模型制作的招幌，上书“煎饼铺”；售卖烟袋烟嘴的店铺门口挂着巨型的烟袋模型作为幌子。还有大量与骑射马具等有关的商铺，例如皮鞭铺等，悬挂的是把十几根皮鞭编在一起而制成的幌子。根据藤原钦尔所著的《满洲看板往来》（1940 年）记载，民国时期，奉天、大连、锦州、抚顺、辽阳、铁岭、吉林、哈尔滨、齐齐哈尔等东北各个城市的商家门前悬挂不同的看板（幌子），这些招幌指示商品所在地，且大多系有红色的布条，特别是实物招幌。如果不系布条，就意味着是商品，等待出售。该书作者所统计到的 183 个彩色幌子几乎包揽了当时所有的商业领域，展现出同时期东北地区丰富的商业文化，说明“招幌具有很强的社会性，对于过去的中国人来说，这些琳琅满目的幌子是再普通不过的大众文化，是老幼皆知的一般性常识，幌子在过去的中国是非常重要的大众文化”①。

① 于学斌．东北老招幌．上海：上海书店出版社，2002：2.

（三）月份牌广告

20 世纪二三十年代是中国月份牌广告的繁荣时期。在中国文化背景下成长和生活的从事月份牌创作的画家更熟悉中国本土消费者的文化心态，他们用传统的题材使单调的商业内容透出浓厚的文化氛围，用更加细腻唯美的叙述为疲惫的都市生活带来心灵的慰藉。月份牌所涉及的商品很多，涵盖了生活的方方面面：日用的有布料、香皂、火油洋烛、化妆品、药品、手电筒等，食品方面有炼乳、糖类、味精、啤酒、食品罐头等，此外还有制药、石油、燃料、汽车及配件、百货公司、保险等各个行业的商品。不过，出现最多的商品还是香烟。

到了 20 世纪 30 年代，伴随着妇女解放运动的展开，月份牌广告以其新的符号形象展现着图像与市民社会之间的一种独特关系。此时，月份牌广告中的女性已不再像 20 世纪 20 年代月份牌上的美女那样柔弱、瘦削，带有宋明时代典型美女的那种柔美娇羞，而是时髦艳丽、修长丰腴，略带着西洋女性的味道，却又蕴含着东方女子的神韵。

早期的月份牌名家有周慕桥、徐咏青、郑曼陀、周柏生、丁悚、丁讷、丁云先等；之后有胡伯翔、谢之光、倪耕野、梁鼎铭、杭稚英、张光宇、张正宇、何逸梅、金梅生、金雪尘、李慕白、戈湘岚等。他们有的服务于外资企业，有的服务于民族企业。在众多的月份牌画家中，周慕桥、郑曼陀和杭稚英是当时的画坛“三盟主”。周慕桥的古装仕女、郑曼陀的清纯女生、杭稚英的旗袍摩登女郎，各臻奇妙，广受欢迎，具有很高的商业广告价值。当然还有胡伯翔精心塑造的精致靓女、倪耕野全力刻画的优雅都市丽人、丁云先细心勾画的传统女性、周柏生着意塑造的湖畔美女，以及谢之光的俊俏海派女子、金梅生的高雅时装美女等。尤其是在月份牌广告画家中赢得“半壁江山”称誉的杭稚英，创作过大量旗袍美女。他笔下的广生行“双妹”旗袍姐妹亭亭玉立，娇艳欲滴，可谓是现代年轻女性的经典形象（见图 2－9）。此后，他还创作了大量以表现新时代女性新生活为内容的月份牌广告画，她们或是游泳，或是骑马，或是听爵士乐，或是跳交际舞，或是看好莱坞电影等，堪称新时代的“时尚女郎”。这些新的女性形象在回应市民个人愉悦性视觉经验的同时，也塑造了企业形象，促进了商品销售。

随着市场的繁荣，此时的月份牌广告已经开始广泛使用明星代言，如“上海滩电影皇后”胡蝶、“中国嘉宝”阮玲玉、“金嗓子”周旋、“歌舞明星”王人美等都是月份牌广告中的主要品牌代言人。著名影星陈云裳的倾城风姿就是随着月份牌广告进入了千家万户，同时也让“晴雨”牌阴丹士林蓝布声名远扬，成为家喻户晓的棉布流行品牌（见图 2－10）。① 广告画中，“快乐小姐”身上穿的就是这种布制成的衣服。文案写道：

> 她何以充满了愉快？因为她所穿的阴丹士林色布是：一、颜色最为鲜艳。二、炎日暴晒不退色。三、经久皂洗不退色。四、颜色永不消减，不致枉费金钱。

---

① 阴丹士林布是 20 世纪 30 年代上海滩流行的一种深蓝色布，用优质龙头细布做胚，染上来自德国的名牌颜料“阴丹士林”，生产厂家仁丰染织厂干脆就把这个音译颜料名称直接当作品牌名称，乃是洋泾浜式的一种品牌营销。其注册商标设计也很别致，一边丹日为晴，一边雨淋作阴，中间一个红柱子，合为“晴雨商标”，让消费者一目了然：无论烈日晒之，暴雨淋之，都会“永不退色”。林海音在《褂儿》中说：“阴丹士林布出世以后，女学生更是如狂地喜爱它……它的颜色比其他布的颜色更为鲜亮，穿一件阴丹士林大褂，令人觉得特别干净、平整。”

20 世纪二三十年代，月份牌在上海受欢迎的程度是令人赞叹的，不仅被贴满了街头、店铺的显著位置，还贴进了寻常百姓的家庭。

月份牌的广告效果十分显著。以“双妹”牌化妆品为例，清末民初，市面上流行的现代化妆品类大多是进口品牌。1910 年，以产业兴国为理想的民族企业香港广生行有限公司入驻上海的南京路，并聘请关蕙农、郑曼陀和杭穉英等名家为其“双妹”牌化妆品创作月份牌广告，夸赞“双妹”牌香水“一滴衣巾，旬日不散，芬芳袭人”。就连报纸上连载小说，也每每提及女士使用“双妹”牌花露水的情形。在激烈的市场竞争中，“双妹”牌逐渐占据了上海最高端的时尚地标，成为力压国际品牌的民族化妆品行业领军者，消费者普遍以使用“双妹”牌产品为荣。1918 年《农商公报》第 5 卷第 2 期引《工商日报》文章称：“自广生行创办以来，销数几架乎舶品之上。各广货店，皆有该行‘双妹’牌花露水出售，取价极其低廉，是以销路大有一日千里之势云。”

图 2-9 “双妹”牌月份牌广告

（1930 年，杭穉英绘）

图 2-10 “晴雨”牌阴丹士林蓝布广告

（局部，杭穉英绘）

三、报刊广告的繁荣

中华民国建立伊始，新闻事业就呈现出前所未有之勃勃生机，进入“报界黄金期”。当时，“全国报纸由 100 家猛增至 500 多家，总销量 4 200 万份，这两个数字都是历史纪录”[①]。北京为当时的政治文化中心，新创办的报纸最多，有 50 多家，以下依次是上海、天津、广州等地。报纸的急剧增加，反映了当时社会大变动期间人们对新闻的渴求。有的报纸为了抢时间，还出了午刊、晚刊。广告是现代大众传媒自我发展的主要动力，报纸所及之地就是广告势力所及之处。人们更加重视广告的作用：“广告者，乃攻城略地之工兵也……广告精良，犹战具之犀利也，执有利器，则战无不克。”“欲吸收外埠主顾，则必以我之营业，广为布告，以昭示于人。凡我之商品如何，商标如何，价值如何，务

① 黄玉涛．民国时期商业广告研究．厦门：厦门大学出版社，2009：92.

使外埠顾客，深深印入脑际，使莅临各地者，几有不购不快之感。此种方策，即所谓广告效力。”①因此，无论是工商企业还是各大报纸，都十分重视广告经营。

（一）南京地区的报刊广告

繁华的南京不仅户外广告很多，而且云集了当时中国的主要报社，如《中央日报》《中国日报》《新民报》等都陆续在南京出版或创刊。

1928 年 2 月 1 日，国民党中央机关报《中央日报》在上海创刊，一年后迁至首都南京出版。1932 年 3 月 1 日，中央日报社改总编辑制为社长制。第一任社长程沧波提出了“经理部要充分营业化，编辑部要充分学术化，整个事业当然要制度化、效率化”的办报方针，着手对《中央日报》进行整顿。首先，致力于对新闻和言论的改进，淡化“党报”传统的严肃色彩。其次，致力于广告业务和发行的改进，以谋求经济上的相对独立。为此，他派员直接到商店工厂接洽广告，做不同广告效果比较，以改进广告设计；在城区内外多处设立销售网点，名曰“销报公站”，将报纸直接送到订户手中，以打破报贩操纵发行的局面。20 世纪 30 年代《中央日报》的发行量长期保持在 3 万份左右，虽然仍不及民营的《申报》《新闻报》的 15 万份，但已经相当不错。②

1929 年 9 月 9 日，陈铭德、吴竹似等人在南京创办《新民报》。1936 年春，该报发行量达 1.6 万份左右，广告收入占总收入的 50%。后来张友鸾参与了报社业务管理，对财务会计、发行、广告、印刷等业务进行了整顿，建立了一套较为完善的制度，使报社走上了企业经营管理之路。1937 年 6 月 20 日，变更组织形式，成立了南京《新民报》股份有限公司。同年 7 月 1 日，正式刊出了推盘、受盘启事。

鹤鸣鞋帽店本是 20 世纪 30 年代由杨光月、杨抚生父子在上海创立，曾因提出“天下第一厚皮”的口号而享誉上海滩。当南京的鹤鸣鞋帽分店开业的时候，老板在报纸上利用“开天窗”的形式，连续三天刊登广告：第一天，只在广告版面上打了个大问号，下方写了“欲知详情，请见明日本报本栏”字样；第二天，如法炮制；第三天，谜底揭开——“三人行必有我师，三人行必穿我鞋——鹤鸣皮鞋”。这则悬念广告极具创意，引起了社会极大的反响，进一步扩大了鹤鸣鞋帽店在消费者心中的影响。

（二）沪杭地区的报刊广告

这一时期的上海已经是中国最大的商业城市，并且报刊业最为发达，广告业也呈现出多元化的景观，最为繁荣。其情形正如上海一首竹枝词所形容的那样：“纷纷登报为招徕，何业何方择日开。只要价廉兼物美，一经上市便增财。”③

史量才等接办《申报》后，以超前的眼光对《申报》逐步实行现代化、企业化管理，积极开拓广告业务，从而大大增加了报纸收入和提升了社会影响。1915 年，史量才在上海报界率先自建馆舍。1918 年搬迁到新馆舍，报纸发展速度更快。史量才在新馆落成那一年，从美国买回当时最新式的印报机，一小时可出报 3 万多份。到 1921 年，又先后添

---

① 徐启文．商业广告之研究．商业月报，1934（1）：1－5.
② 冷冰．南京《中央日报》的经营策略及启示．青年记者，2005（4）：51－52.
③ 顾权柄．上海洋场竹枝词．上海：上海书店出版社，1996：181.

购三台这样的机器。此时报纸真正可以当作企业来经营了。《新闻报》也更换了先进的印刷设备，1921 年时销量达到近 6 万份。

《申报》的日发行量 1912 年时为 7 000 份，到 1922 年创刊 50 周年时已增到 5 万份。为了适应市场发展的需要，《申报》还不断推出增刊。1921 年 11 月 27 日《申报汽车增刊》创刊，逢周六出版。1924 年 2 月 8 日，《申报》又创办《本埠增刊》，每日出版，只向上海订户发行或零售，完全是“为便利本埠商业各界之委登广告”。这些增刊实际上是正版（即《申报》）广告版面的延伸与补充（见图 2－11）。

这一时期《申报》的商业广告数量是最多的，主要有煤气广告，电灶广告，电烘面包器广告，电话广告，影剧、医药、服装表演广告，百货公司商品广告等，五花八门。从 1921 年到抗战前，《申报》经常出版三大张到六大张，“其中广告恒占了十分之七左右”。

图 2－11　报纸广告（民国，上海）

吸纸烟的风气逐渐盛行，香烟成了人们日常生活中不可或缺的交际之物。因此，在当时的上海市场上，香烟品牌众多，销售竞争异常激烈。为了稳住自身的地位，英美烟草公司的“大前门”香烟①在广告设计上紧扣“顶级”的主题。例如，《申报》1925 年 6 月刊出的系列“大前门”品牌形象广告——《登高图篇》配广告语“好到极点”，《斗牛图篇》配广告语“执香烟界之牛耳”，《扬帆破浪图篇》配广告语“曾经沧海难为水”，广告语与设计图相互呼应，突出了品牌的特征。

大富商黄楚九在开办银行的同时，还投资医药、烟草、娱乐等行业。1915 年，他创办“新世界”后，又创办了综合娱乐项目“大世界”，轰动上海滩。黄氏经商讲究广告效应，广告宣传攻势很强。1918 年的一天，上海的《申报》和《新闻报》第一版全被黄楚九包下。头一天整个版面上，只是光秃秃地印着一只大红蛋。任何文字说明也没有。读者看了感到莫名其妙，互相询问，等着看次日的报纸。第二天，报纸的同一版面出现了一条翘着的小孩发辫。第三天，出现了一个梳着一根小辫的惹人喜爱的胖娃娃。第四天，穿肚兜、梳小辫的胖娃娃头上多了一条套红标语：“祝大家早生贵子。”是谁“祝大家早生贵子”呀？第五天，谜底揭晓：是大昌烟公司开张，推出新生产的“小囡”牌香烟。公司特向大家报喜致贺，并敬告读者：凡购买一盒香烟者，随烟奉送红蛋一只。这样新奇的广告，实在引人注目。几天的猜测，最后真相大白，吸引了广大读者，他们怀着各

① 大前门原名为“CHIENMEN”（即指北京前门），是由英美烟草公司于 1916 年推出的产品，当时与“老刀”“大英”“哈德门”“三炮台”等品牌风靡上海。

种心理，涌到大昌烟公司，买一盒“小囡”牌香烟外加一只红蛋。这次的“红蛋”广告，是中国报纸第一次采用套色印刷。黄楚九用中国的“小囡”抵抗英美的“婴孩”。

黄楚九不仅在报上大登“红蛋”广告，还雇人在马路上到处张贴“红蛋”广告。还在大世界各游乐部门的游戏活动中，穿插“小囡”牌香烟广告：凡游客买一盒“小囡”牌香烟，免费奉送大世界游乐场入场券一张。

1926年10月，邹韬奋接任《生活》周刊主编。他提出了著名的广告“五不登”原则：“略有迹近妨碍道德的广告不登，略有迹近招摇的广告不登，花柳病药的广告不登，迹近滑头医生的广告不登，有国货代用品的外国广告不登。”尽管条件限制很严，但是由于该刊的发行量大，有精明能干的工作人员，它的广告客户特别多，甚至引起上海广告界的震惊。在邹韬奋主持该刊的7年里，《生活》周刊从一个不起眼的小刊物一跃发展成为“风行海内外，深入穷乡僻壤的有广大影响的刊物”；发行量从最初的几千份一跃升至几万份，最高时达到15.5万份，“创造了当时期刊发行的新纪录”。

为满足日益扩大的读者需求，1930年，邹韬奋又在原来经营规模的基础上，成立了“书报代办部”，专办读者服务业务，以后逐步发展成为在全国拥有分支店及办事处达五六十处之多的生活书店。在办《生活日报》时，他曾提出：“本报所登载的广告，也和言论新闻一样，是要向读者负责的。”

这一时期，中山装流行。为了表示欢迎北伐军的凯旋，1927年3月26日，位于上海南京路新世界对面的“荣昌祥”号在《民国日报》刊登广告：

> 民众必备中山装衣服。式样准确，取价特廉。孙中山先生生前在小号定制服装，颇蒙赞许。厂号即以此式样为标准。兹国民革命军抵沪，厂号为提倡服装起见，定价特别低廉。如荷惠定，谨当竭诚欢迎。

广告连登三天，民众反响热烈。

在明星代言的广告推动下，西式化妆和美容的产品、式样、方法等开始在中国流行。早在1870年，美国、法国、英国等国的各种化妆品牌就相继进入中国。如林文烟花露水、力士香皂、李施德林牙膏、西蒙香粉蜜、夏士莲雪花膏、司丹康美发霜、巴黎素兰霜、曲线安琪儿、培根洗发香脂水等。在当时的《玲珑》等流行杂志上，经常可以看到充满西方美的摩登女郎形象广告：她们刷睫毛膏，用灰色、棕色甚至绿色调的眼影，使得眼窝有凹陷感，粉底腮红，窈窕动人。据当时的媒体报道，1934年1—8月份，中国香水脂粉输入额约为115.512万元。由此可见那些时尚女性对它们的追捧。不过，此时国货日化用品逐渐兴起，在大众市场也占有一定的市场份额。

20世纪30年代也是上海出版事业最繁盛的时期，为了争取读者，各出版社都非常注重广告的宣传效果，甚至在报纸头版、杂志封面上刊登图书广告。

1932年，在《申报》60周年大庆时，史量才宣布进行改革，在版面编排方面要使新闻与广告互相配合，实行“广告第一，新闻第二，言论第三”的原则，明确把广告放在第一位，这足以显示史量才在发展报业上的不寻常眼光。1934年9月21日，《申报》开始印刷封面套色广告，极大地加强了广告效果。此时，《申报》每年的营业额约达200万银元，其中广告收入约150万银元，占营业收入的75%（发行收入约50万银元，只占25%）。[①] 事实也证明，在整个民国时期，《申报》广告对企业商品销售起到了非常重要的推动作用。据统计，在整个民国时期，《申报》共计发布广告127 000多条。其中，艾罗补脑汁4 418条广告，中法大药房14 071条广告，“双妹”牌12 763条广告。[②] 这些商品或企业在当时的知名度极高，产品全国畅销。

（三）京津地区的报刊广告

京津地区有80多家报纸。其中，北京的《京报》和上海的《申报》并列为民初的中国两大名报，《京报》副刊也名列中国四大副刊之一，中国文学史上的一些传世之作也大都是在《京报》副刊上首发的。邵飘萍是民国时期的著名报人、中国新闻界的先驱。1918年10月，他创办了《京报》。五四运动爆发后，《京报》被安福系政府查封。1920年，邵氏从日本回国重开《京报》。从现存的1919年5月4日《京报》报样上可以看出，《京报》刊登了大量的商业广告，如北京华孚商业银行广告、中国银行广告、《新中国》杂志广告、大喜香烟广告等。

天津地区的《大公报》和《北洋画报》也是全国闻名的报刊。1918年5月1日，天津《大公报》首次出现系列广告，内容是日商推销的博利安电灯泡。广告图文并茂：一共七幅画，画旁是文字说明，强调博利安电灯泡的高度可以自由调节，有利于保护视力。文案简洁、朴实、可信。1926年，随着全国经济形势的逐渐好转，《大公报》上的广告连篇不绝，如中原公司、敦庆隆绸缎庄、仁昌绸缎庄、同馨和帽庄等商号的广告随处可见，连北京、上海等地的商家也在此报上竞相刊登广告。

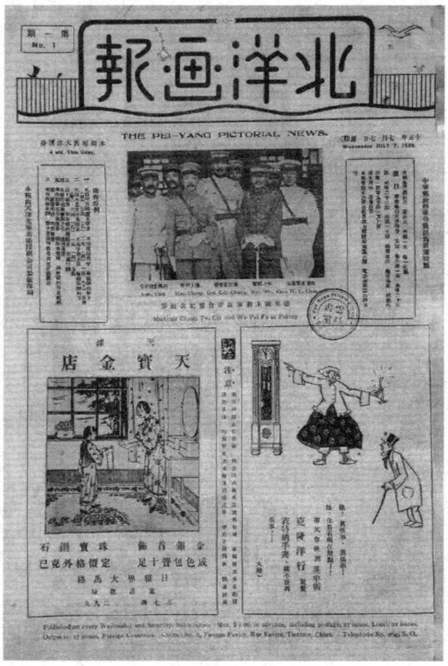

图2-12 《北洋画报》广告
（1926年，天津）

1926年7月7日，冯武越、谭北林在天津创办的《北洋画报》是一家独资经营的刊物，被传媒界称为“北方巨擘”。该刊以图片为主，兼有文字，版面一直沿用不易翻版的蓝黑色调，印刷精美（见图2-12）。其代表性的标志是，在报头之下，每期头版通常刊登一幅人物肖像，如全国各地的名媛闺秀，有影星、歌星、舞星、戏剧名伶、交际花，一段时期也登过奉系军阀的照片。肖像周围排满了各种广告。第二版为时事，第三版多为戏剧、电影消息，第四版专载小说、笔记、漫画等，兼有广告。20世纪20年代前，天津人多读上海的画报，《北洋画报》问世后，立即成为天津乃至整个华北地区的热销画报。1930年11月15日，影星王人美的照片登上了《北洋画报》的上部中心椭圆形画框内，形象妩媚动人，两侧饰有大朵线描菊花。中下版位的是各类广告，周围以卷草纹样装饰，由此形成了美人加商品的广告表现手法。

① 孙顺华．中国广告史．济南：山东大学出版社，2007：45.
② 马婧．民国商业美术传播效果研究．艺术百家，2016（3）：248-250.

1928年元旦，中原公司大楼隆重开业当天，鼓乐喧天，鞭炮齐鸣。为了扩大影响，还特地邀请前大总统黎元洪剪彩揭幕。2月，中原公司又在《北洋画报》上刊登以梅兰芳大幅剧照为主的半版广告，一时轰动津门。同年12月，高星桥等人投巨资在天津建成天津劝业场，楼高9层，主体楼6层，是当时天津最为壮观的商业建筑之一。当时进驻的店铺达300多家。它不仅是一个商场，同时还是一个大型娱乐场所，4～7楼设有"八大天"，即天华景戏院、天乐戏院、天宫影院、天会轩戏院、天露茶社、天纬台球社、天纬地球社、天外天屋顶夜花园。开业之先，天津的《大公报》《益世报》《北洋画报》，北京的《晨报》都刊登大幅广告进行造势。开业当日，无论官员、百姓，人山人海，塞街填巷。据《中国天津通鉴》一书记载，开业当天，游客达到了2万多人。显然，这一巨大效应的产生是与包括《大公报》在内的京津各大媒体的广告传播密不可分的。此后，天津的商贸中心逐渐由日租界旭街一带向劝业场一带转移，劝业场周围成为天津最繁华的地段。

中国共产党人早期创办的革命刊物也非常重视广告的作用。1918年底，李大钊、陈独秀在北京创办了《每周评论》。除了刊登大量短小精悍的时评及随感录，抨击军阀政府，揭露西方列强侵略、瓜分中国的罪恶面目外，还在报头下面刊登"广告价目表"，向社会各界招揽广告。

青年时代的毛泽东与广告有着不解之缘，不仅早年的学业选择受到广告的极大影响，而且亲自为夜校招生、报刊发行、书社开张撰写广告文案。1919年7月14日，毛泽东在长沙创办了《湘江评论》。在创刊号的报头下面刊登了广告价目，内容如下："封面首期每字大洋二分，二期至五期一分，六期至十期一分二。中缝首期每字一分半，二期至五期一分二，六期至十期一分，均以五号字计算，长登另议。"① 1920年7月，毛泽东与新民学会的会友一起在长沙创办了文化书社。为了将传播新思想、新文化的书刊送到读者手里，使有限的书刊产生最大的影响，长沙文化书社采取了两个方法：一是在它所售出的书刊中夹入《文化书社敬告买这本书的先生》；二是在《新青年》杂志上刊登广告，向读者宣传文化书社的宗旨、目的和所售书刊报纸的要目。

在天津，1919年7月，新成立的天津学生联合会创办《天津学生联合会报》，由周恩来担任主编。该报创刊伊始，周恩来就在天津各大报上刊登出预告广告。后来，周恩来又担任《觉悟》杂志主编。1920年1月，杂志问世。其创刊号上也刊登有多页广告，主要分为两类：一是新闻出版类，如《上海学生联合会日刊》广告、《新青年》杂志广告等。二是商业类，如天津国货售品所广告、元隆绸缎呢布国货庄广告等。

1922年9月13日，中国共产党的第一个政治机关报《向导》周报在上海创刊，该报从第4号起就刊登介绍进步书刊的广告。所以，它是中国共产党最早登载广告的刊物。

1937年之前，中国政治、经济、文化的中心虽南移，但作为北方重镇的北京和天津，人口稠密，再加上清朝的遗老遗少和北洋权贵多居此，所以京津地区虽报刊业发展缓慢，但广告业却依然活跃。1931年10月20日，北平《实报》刊出《实报特别启事》："为充实内容革新报面起见，自20日起，改用新5号字，比较原幅多排3 000字。每张仍

① 由国庆．民国广告与民国名人．济南：山东画报出版社，2014：9-10.

售（铜元）4枚，不另加价。”从而使《实报》销量大增，据说发行量最高达148万份，为华北报业发行量之首。

1933年9月2日，第10版的天津《大公报》刊载了北京杨本贤广告社的广告。这则广告的大意是该社能代理《世界日报》等30家报纸的广告业务。

这一时期的报纸广告中，无论南北方，香烟广告都扮演着重要的角色。大炮台、翡翠、大前门、大联珠、红锡包、天桥、哈德门、梅兰芳、老刀、美丽等香烟广告出没于报纸的头版、专版、中缝之中，出尽风头。

四、新型广告继续发展

（一）路牌广告

20世纪20年代，路牌广告已经流行全国。此时的路牌广告已从早期的利用油漆刷墙写字的原始形式逐步向新的乃至特大型的路牌广告形式转变。为了吸引消费者注目，各广告商家绞尽脑汁，进行媒体上的创新设计。荣昌祥广告社（后改名为荣昌祥广告公司）专营户外广告，除普通的路牌类平面媒体广告之外，还开发出很多具有特色的立体形式的户外广告，如电影《夜半歌声》的路牌广告被装成了舞台式，以契合其电影背景；“蝶霜”路牌，尺幅不大，但立体的“蝶霜”两字上被覆以金箔，蝴蝶须上配以弹簧，临风而动，栩栩如生。

最受人称道的户外广告是荣昌祥广告公司为五和织造厂的“鹅”牌棉毛衫做的路牌广告。五只立体白鹅用水泥浇筑而成，放在南京西路（原静安寺路）与成都路口的一块草坪上。五只白鹅寓意“五和”，造型优雅，姿态各异、栩栩如生。每一只鹅身体的正侧面印有一个字，这些字连起来就是“‘鹅’牌棉毛衫”。白鹅在前面，与后面的广告牌形成前后呼应的视觉效果，成为当时南京路上一大景观（见图2-13）。与此同时，在浙江绍兴兰亭，企业还借用王羲之书写的“鹅池”名碑风景点，认养了一群群美丽多姿的白鹅，大做“鹅”牌汗衫的活体广告。这些媒体创意广告，不仅有效地传递了商品信息，而且美化了城市环境。

1925年，正章洗染行开业。为了能创造好的营销业绩，老板吴锦章特地聘请了一名电台播音员和一位朋友做他的广告参谋。开业当天，商店别出心裁地将一套五米长的巨型西装悬挂到室外，从其店铺的三楼阳台一直垂挂到底层的大门横框上，非常引人注目，远在几百米外都能看到，以至于许多市民怀着好奇心从远处跑过来一睹究竟。此举使正章洗染行迅速闻名。另外，正章还利用电台、报纸以及霓虹灯等大做广告。吴锦章专程请到当时上海滩著名的滑稽大王程笑亭、何双呆每天在电台做广告，效果非常好。与当时众多商家一样，吴锦章还十分看重电话号码对于商家的独特作用。为了能使正章的电话号码家喻户晓，他在报纸上登广告以征集吉利的电话号码，对入选者给予重赏。结果，在众多的应征电话号码中，最终“83315”号码入选。这一号码巧妙地与上海方言中的“不洗洗要污”谐音，不仅突出了洗衣店的核心理念，而且非常容易记忆，受到广大市民的喜爱。

图 2-13　户外广告（局部，1947 年，上海，Jack 摄）

同样，上海梁新记牙刷厂的大型路牌广告《一毛不拔》也广受好评。画面中，一赤身儿童脚踩在牙刷柄上，手拿老虎钳，钳住牙刷的毛使劲往上拔，牙刷柄都被拽弯了，却拔不下一根牙刷上的毛，旁边有九个醒目的大字“梁新记牙刷，一毛不拔”。当然，最大的路牌广告要算当时设在外滩对面的日本仁丹广告。

据上海市公用局统计，1933 年上海 236 处公共场所的广告牌已接近 4 000 平方米，其中由政府各机构和部门设立的布告牌仅占 20 处，面积约为 123 平方米，而民用商业类的广告牌却占 216 处，面积多达 3 822 平方米。[①] 在上海、广州、天津、武汉等繁华的商业大都市中，高悬空中的巨幅广告牌时常可见。

（二）橱窗广告与霓虹灯广告

19 世纪末，橱窗广告设计传入中国，如早期上海著名的惠罗、汇司、福利、泰兴四大外资百货公司，运用多种艺术形式，创造出一个个富于想象力、质感与层次丰富、时尚前卫、新颖动人的橱窗广告。人们逐渐意识到，商业橱窗是展示产品形象的窗口，是了解消费潮流的风向标，也是传递新货上市信息以及促销的重要渠道。

中资百货公司的橱窗广告大约兴起于 1917 年。这一年的 10 月 20 日，先施百货公司在上海开业，制作了中国最早的橱柜广告。此后，永安公司、新新公司、大新公司等百货公司都在店面门前设置大型橱窗广告。里面陈设的各种产品，都经过精心的布置和灯

① 上海市市政报告（1932—1934）. 上海：上海汉文正楷书局，1936：85.

光设计，形象鲜明，引人注目，具有很好的广告效果，引得一些中小商店也纷纷效法。例如，冠生园食品公司为促销中秋月饼，在门市部橱窗设置了“莺莺拜月”的橱窗广告；上海新光标准内衣制造厂出品的“司麦脱”牌衬衫在各大百货公司均设有橱窗广告，样品陈列方式多样，层次分明、错落有致，其间点缀以与衬衫搭配的领带，并配合英文译名“SMART”的广告文字，既显得多姿多彩，又带有浓郁的西洋风格；华美烟草公司在南京西路的销售门市部曾举办一次橱窗广告设计比赛，由各厂家参加，每隔两周更换一批产品，邀请社会各界人士进行评选。这一别出心裁的广告比赛活动，不仅促进了上海地区橱窗广告设计水平的提高，而且极大地提升了华美烟草公司的知名度。

在北京，很多店铺的商品陈列也开始改装门面，使用玻璃橱窗做广告。1924年，北京瑞蚨祥将自己的货场前后打通，以方便消费者进店交流，并精心布置橱窗广告。传统的饽饽铺也开始“维新”，将各种饽饽装进玻璃罐子里陈列于橱窗进行广告宣传。

霓虹灯的出现是商业繁荣与科技进步相结合的产物，它既改变了城市的夜晚，也刷新了户外广告的形态。上海作为国际大都市，在中国最早引进了霓虹灯广告。1926年，位于上海南京东路的伊文思图书公司为了宣传“皇家”牌打字机，在橱窗内悬挂了“ROYAL”（“皇家”牌）打字机英文吊灯，第一次亮起了霓虹灯。第二年，上海湖北路上的中央大旅社门前又安装了霓虹灯广告。每至夜幕降临，“中央大旅社”和“CENTRAL HOTEL”中英文霓虹灯文字流光溢彩，绚丽无比。其后，地处上海最繁华的南京路上的先施、永安、新新、大新四家大型百货公司也先后安装了霓虹灯广告以招徕顾客。其中，先施公司屋顶的“先施”两字霓虹灯安装较早，以“始创不二价，统办环球货”为口号，率先实行商品标价制度；永安公司则以“Customers are always right”（顾客永远正确）置于商场的最显眼之处。

繁华热闹、夜生活丰富的大世界周围是霓虹灯广告的“竞技场”，更是商家的必争之地。1928年，位于西藏路的大世界游乐场屋顶上安装了百龄机、艾罗补脑汁和“白金龙”香烟霓虹灯广告，灯管组成了各种图案，光线跳跃变幻，令人目不暇接。大世界对面的清虚道观门前的“蜂房”牌绒线霓虹灯广告更为奇特，除有“蜂房”牌商标和“优等绒线”字样外，还有许多大小蜜蜂，上下来回飞舞，最后飞进蜂房，引得行人驻足赞叹。而安装在大世界斜对面的一个大铁架上的英商颐中烟草公司的“红锡包”香烟霓虹灯广告则是当时上海地区最大的霓虹灯广告。铁架中间是一口大钟，四周是霓虹灯管，广告上除了“红锡包”三个大字之外，还有一包香烟的图形，香烟从烟盒内一支支地跳出，最后一支还是点燃着的，烟头上青烟袅袅．环绕大钟，极其生动逼真（见图2－14）。

到20世纪30年代，上海的公共游乐场所、闹市区大小商店都装有造型各异的霓虹灯招牌及广告。每当夜幕降临，整个“十里洋场”灯火闪烁，五彩纷呈，人流如织，人声如潮，成为商业繁荣的象征。

在北方，北京的德寿堂药店1934年开设分号，在楼房墙面上用砖刻药店的鸡鹤商标，招牌广告冲天矗立，晚间霓虹灯光彩闪烁，夺人眼目，尤其是楼顶，别出心裁地安装一个跑动的小火车，一时全城轰动，观者如潮，竟至交通堵塞。①

① 北京市政协文史资料委员会．商海沉浮．北京：北京出版社，2000：416.

图 2-14　上海霓虹灯广告（1930 年，南京路）

（三）广播广告

1922 年冬天，美国新闻记者奥斯邦（G. E. Osborn）得到旅日曾姓华侨的资助，在上海广东路设立了中国境内的第一座无线广播电台。次年的 1 月 23 日晚 8 时，奥斯邦电台正式播音，此时距 1920 年 11 月世界上第一座无线广播电台在美国匹兹堡的建立只晚了 2 年多时间。奥斯邦电台首播的当晚，500 多名中外听众聚集在四川路（今四川中路）中华基督教青年会礼堂内惊喜地聆听来自空中的广播音乐会（当时称无线广播为“空中传声法”）。电台每晚播音一小时，节目内容有新闻、音乐、演说及商业消息。当时的上海有收音机 500 多台。此后，美、英、法、意等国相继在上海开办电台。其中有美商新孚洋行和开洛电话材料公司所办的电台，它们在节目中都插播广告，是为中国最早的广播广告。

国人自办的第一批广播电台都是官办电台。1926 年 10 月 1 日，在奉系军阀当局的支持下，哈尔滨无线广播电台开始播音，这是第一座由中国人创办、经营的广播电台（刘瀚主持创办，奉系军阀控制）。很快，民营广播电台出现。1927 年 3 月 18 日，上海新新公司为推销自制的矿石收音机，在公司六楼的屋顶花园开办了一座电台，这是中国第一座民营广播电台。该电台每天播音 6 个多小时，主要介绍公司的各种商品。为了吸引更多的听众，也常请上海闻人王晓籁、袁履登等致辞，不少名角、名票也经常到此演出。因为电台在六楼的新都大厅内，围以玻璃，又称“玻璃电台”。同年 5 月 15 日，天津无线广播电台开始播音，9 月 1 日北京无线广播电台开始播音（两台均由北洋政府交通部设办）。是年年底，北京出现民办燕声广播电台。

广播广告的出现，丰富了大众广告传播手段，使广告在更广阔的空间向消费者更迅速地传递商品信息，从而提高了广告的社会影响力。

随着北伐战争的胜利，全国形势逐渐稳定。1928 年 8 月 1 日，国民政府在南京创办了中央广播电台，每天播音三小时。不久，它就成为亚洲当时最大的广播电台。之后，国民政府又陆续在杭州、北平、广州、上海等地办起 20 多座电台。到此时，全国有收音机一万多台，仅上海一地就有收音机 3 000 多台。广播电台很快成为各业商人竞相发布商业广告的新平台，许多商业信息通过电波迅速传送到千家万户。当时能够收听广播的大都是资财不薄的中产以上之家，购买能力较强，因而这种广告形式可以产生比较明显的促销效果。

1930年国华广播电台创设了一个“空中剧场”，让听众足不出户就可每天在家收听评弹。评弹是苏、沪、浙一带非常有影响的曲种，文人雅士、普通百姓都喜欢听。电台还请来弹唱名家弹唱，往往说到紧要处时就突然插播一个广告，一般的书段要穿插几遍。弹词的听众多在30岁以上，这个年龄段的吸烟人数最多。当时，中外品牌的香烟广告都拿到国华播放。

1935年3月9日，上海第一家官办电台（上海市政府主办）上海广播电台正式播音。至20世纪30年代初，中国出现了一批民营广播电台。其中，半数以上集中在上海一地。据《上海广播电视志》载：“到民国二十一年底，上海已有广播电台40座，其中外国人设立6座……当时，上海除福音、佛音等宗教性电台外，均为商业性电台。”商业广播电台主要依靠广告收入来维持。当时上海城乡共有12万部收音机，电台已经产生较大的影响力。

截至1937年6月，全国共有民营广播电台55座，仅上海一地就有44座之多，而且多数是商业台。民营广播电台的广告也大致分为两种：一种是穿插在节目中间的广告，一日数次；一种是广告客户“买时间”来承办节目，每档30或40分钟，买期为一个月或几个月，专门为产品做广告。还有的客户买一天或半天的时间，请走红的演艺人员来做“特别节目”。

官办电台将广播广告分为“普通广告”和“特种广告”两种，在音乐及唱片节目中插播的广告是普通广告，由委托者自行出资、提供文艺节目赞助的广告是特种广告，事先要经有关部门核验广告登记号。广告价格分甲、乙、丙三等，晚间播出的广告价格最高。

（四）电影广告及明星代言广告

辛亥革命以后，西方电影大量传入中国，在沿海城市发展迅速。

1930年，上海华商广告公司开始代理电影广告业务。在电影放映前，用幻灯片来做广告。不仅外商上海拜耳药厂曾专门制作了关于“六〇六”针药生产过程的专场电影进行宣传，而且中法大药房出品的“艾罗补脑汁”“九一四药膏”“龙虎人丹”，五洲药房出品的“人造自来血”“海波药”，以及中西药房的“痰敌”和“胃钥”等药品都曾做过电影幻灯广告。

电影的流行造就了大批的广告明星，也使得电影明星和明星广告成为那个时代最为炫目的文化时尚。

1931年3月，胡蝶因主演《歌女红牡丹》一举成名。1933年，在一次观众投票选举最佳电影女演员的活动中，胡蝶高票当选中国历史上第一位“电影皇后”。从此，胡蝶不仅受到影迷们的热烈追捧，也成为广告商眼中的“红人”。因为胡蝶的形象非常符合中国民间传统的美女标准。她除了脸若银盘、明眸皓齿、肤如凝脂之外，双颊上的一对酒窝更是她的招牌。著名作家张恨水当年曾这样评价胡蝶：“如与红楼人物相比拟，则十之五六若宝钗，十之二三若袭人，十之一二若晴雯。”这个以“梨涡美人”扬名影坛的明星是那个时代中国男性的"梦中情人"。因而，胡蝶不但代言的广告最多，而且以她的名字命名的商品也为数不少，就连喜欢起用国际巨星做宣传的力士香皂，也力邀胡蝶代言广告。同年，力士举办电影明星选秀活动，并在报刊上大做配以胡蝶照片的广告：

> 力士香皂，色白质纯，芬芳滋润。日用洗濯，可保肌肤白嫩、容貌秀丽，因此中外明星都爱用。兹将今年力士香皂主办电影明星选举第一名胡蝶女士倩影及签名试刊登于上，以志纪念。

同时，阮玲玉、徐来、陈燕燕、袁美云、范雪朋等十余位明星也先后为力士香皂代言。阮玲玉说，力士香皂以上等的质料，售中等的价钱，是值得赞许和介绍的；徐来说，力士香皂洁白可爱，香气袭人，用后确有使皮肤光滑的功能；范雪朋则说，力士是香皂中的明星，故明星们尤乐用之。经过这些女明星全方位、多角度的推荐，力士品牌形象深深地嵌入消费者的脑海中，其销售额随之扶摇直上。到1939年，该公司年产香皂量达21.6万多吨，获得极大成功。

用名人、明星做广告影响层面广、效力大，能达到定向引导顾客的目的。胡蝶、阮玲玉、王人美、徐来、陈燕燕、叶秋心、袁美云、黎明晖等上海"八大明星"美女，迅速以娇美动人的形象占据了广告代言市场（见图2-15）。1934年，百代唱片公司为她们制作了《中国电影女明星照相集》，其赞助商都是当时的著名企业。更有甚者，"八大明星"还与白虹、谈瑛、黎莉莉、胡萍萍等诸影星联袂为上海家用工业社的"无敌"牌系列化妆品做广告，百媚竞相，一时传颂。此外，阮玲玉代言了可口可乐，陈燕燕代言了劳力士，王人美代言了欧米茄，徐来代言了4711香水等。

图2-15　上海滩八大广告明星（1934年，上海，陈嘉震摄）

除了胡蝶等明星外，当时国内戏剧舞台上叱咤风云，并居京剧四大名旦之首的梅兰芳也是人气极旺的广告明星。1926年11月9日，上海大舞台以"礼聘名震环球、誉满全国、色艺双全、歌舞特长，古装青衣、文武花衫、伶界大王"为梅兰芳做报纸广告，在上海滩引起现象级震动。

针对福昌烟草公司推出的"胡蝶"牌香烟，南洋兄弟烟草公司乘机推出了"梅兰芳"牌香烟，烟盒上印有梅兰芳嫦娥造型的剧照，广告语为："'梅兰芳'牌香烟，系由高等技师拣选顶上等烟叶加工制成，罐上印有梅郎倩影，置诸案头，不啻与梅郎晤言一室也。”同样，章林记宝号也用“寰球独一无二的青衣、花旦梅兰芳”的“信函”为自己的化妆品做广告。广告刊登了梅兰芳的书函和照片，以及产品的图像，以名人证言的形式进行广告宣传。①

无独有偶，韦廉士大药房也请梅兰芳为“红色补丸”和“婴孩自己药片”做广告，不仅在杂志上刊登了梅兰芳西装肖像，而且刊登了梅兰芳给韦廉士的亲笔函以广招揽。

奔驰公司则另辟蹊径，采取了不同的策略。② 奔驰公司以欣赏梅兰芳的表演艺术为由，将一辆最新的奔驰轿车相赠。这辆黑色的轿车不仅秉承了奔驰产品一贯的大气，而且在操作设计上也做了改动。为适应当时中国交通法规中实行的左行制，特意将方向盘右置。后来，这辆车被梅兰芳当成礼物送给了自己的夫人。赠车的举动不仅在当时造成了新闻效应，而且随着梅兰芳的出行，该车便频频出现在记者的照片中，刊登在各大报刊的版面上。据了解，几十年后，该车还曾亮相车展，吸引观众驻足观看。

五、国货的广告保卫战

中华民国成立后，市场上洋货充积并挤压国货的局面并没有减弱。相反，外国商品凭借其资本、技术、渠道等优势极力持续打压尚处于发展中的中国民族工商业，使其生存空间进一步缩小，举步维艰。这种状况进一步激起了中国民族意识的觉醒，从而掀起了一波又一波国货的广告保卫战。

中国的企业家和商人以爱国主义为号召，从国家利益和民族安危出发，用广告鼓舞和劝说中国消费者抵制洋货、购买国货，将爱国主义精神落实到消费行为中。这一保卫战从 20 世纪初一直延续到 40 年代，取得了巨大的成功。

1912 年后，中外商业竞争激烈起来，尤其在香烟市场上表现最为突出。在广告方面，自 1915 年前后郑曼陀发明擦笔水彩画法之后，月份牌广告画的表现更加细腻逼真，色彩明净鲜丽。再加上使用技术更为先进的铜版纸以胶版彩色精印，往往画面十分精美，越发风行。当时的中外厂商都不惜投巨资用月份牌做商品广告，抢占首位的是外资英美烟草公司。为了稳固市场，英美烟草公司聘请了著名的专职画家进行月份牌设计创作，并给予优厚的待遇。如胡伯翔、倪耕野、梁鼎铭、丁悚、丁讷、张光宇、张正宇、杨芹生、杨秀英等十余人皆为其效力。南洋兄弟烟草公司和华成烟草公司也不甘示弱，广泛招聘有名的画师进行月份牌广告创作，并给予高薪。例如，南洋兄弟烟草公司就聘用了唐琳、周柏生等画家为其服务。

五四运动爆发后，全国掀起了新一轮声势浩大的抵制洋货运动，北京学生率先喊出了“抵制洋货，提倡国货”的口号，其影响迅速扩展到上海、广东等 20 多个省份。全国商界和报界的爱国主义情绪空前高涨。1919 年 5 月 6 日，北京总商会决定一律停运日货，不刊登日本报纸广告等。5 月 16 日，上海《民国日报》发布通告：“在山东问题未圆满解决之前，对于日商广告，一律拒登。予以表示我同业爱国之热诚，事关国民公意，务

① 1949 老骥．梅兰芳为化妆品做广告．(2013-05-05)[2024-03-25]. http://blog.sina.com.cn/s/blog_67e8098c0101lnsf.html.

② 1936 年，奔驰汽车进入中国内地。对于当时的大部分中国人来说，这是一个陌生的品牌。

希坚决执行。”这一倡议得到了报界的热烈响应，全国报界联合会号召全国报纸禁登日商广告。

作为民族企业的南洋兄弟烟草公司率先在《申报》上为“双喜”牌香烟做了以爱国主义为主题的广告。画面上两个人扛着一支香烟，香烟上挂了“爱国主义”“民生问题”“利权问题”三块重牌，广告语注明：“烟枝虽小，负担甚重。爱国同胞，选择是用。民贫国弱，痛定思痛。不早回头，利权断送。双喜纸烟，气味香浓。吸之吸之，乐亦无穷。敬告中国主人翁。”① 广告以国货挽回利权为号召，鼓励国人抵制洋货，取得了很好的传播效果。“翻阅 1919 年 1—12 月各月《申报》的广告，很快就可以发现 5—7 月份里的广告与前后月份里的广告有着显著不同的特点：这三个月的广告中诉求爱国、救国、反抗外侮、抵制日货、提倡国货等这样一些涉及民族主义内容的广告比前后各个月份中的要多很多。”② 这显示人们政治认同的变化在报纸广告中也有着深刻的反映，尤其是在重大政治事件发生时更为明显。

华成烟草公司③与英美烟草公司的广告战难解难分且带有戏剧性。两者为了争夺市场，各自树立自己产品的“摩登”美女形象，以争取各自的消费群体，由此拉开了一场旷日持久的“摩登”大战。1925 年，上海华成烟草公司在“金鼠”牌香烟的基础上推出新产品——“美丽”牌香烟（见图 2-16），烟标所画的人物是当红的名伶吕美玉，引起轰动。④ 因为烟丝好、定价巧，又借着印有明星肖像的广告、海报、烟标和烟画的影响，新品上市三天，抢售一空。全厂加班，日夜生产，依然供不应求，销售之旺堪比原先的“金鼠”牌香烟。面对“美丽”牌香烟在市场上的凌厉攻势，英美烟草公司推出了新品“华芳”牌香烟，在设计理念、色彩、风格和包装上直逼“美丽”。烟标中间是年轻的京剧女伶潘雪艳的便装肖像，十分俏丽。烟包内装有一枚枚潘雪艳身穿各色时装的靓照，款款风生。产品上市后销路也是极好。此后，这两位女明星的广告一度铺天盖地，几乎到了凡有“美丽”处必有“华芳”影，凡有吕美玉必见潘雪艳的地步。所以，当年有人在《申报》副刊上调侃道：“潘吕吕潘两相宜，皆为香烟做司仪。老板赚得裤脚大，小姐赚来好名气。不知有汉知潘吕，更晓‘华芳’和‘美丽’。”

图 2-16 “美丽”牌香烟广告

（1925 年，上海，谢之光绘）

调味品行业也是硝烟弥漫。1920 年上海天厨味精厂“佛手”牌味精的问世迅速形成了与日本味之素面对面的竞争。在此之前，日本“美女”牌味之素调味品几乎垄断了中

① 高家龙．中国的大企业：烟草工业中的中外竞争（1890—1930）．樊书华，程麟荪，译．北京：商务印书馆，2001：44.

② 蔡朝晖．浅议广告的史料价值：以《申报》广告为例．新疆社会科学（汉文版），2006（2）：104-110.

③ 民国时代著名的华成烟厂（华成烟草公司），是 1917 年由沈士诚、沈延康、虞成龙等人在紫微里 4 号一间普通的石库门房子里建立起来的。烟厂以会稽路的原名“华成路”命名，所以叫“华成烟厂”。

④ 中国第一个用真人肖像做商标图案的烟标是华成烟草公司的“美丽”牌香烟，印的是上海名伶吕美玉的头像，使得当年“美丽”牌香烟一时热销。

国市场，其广告也很多。

五卅运动爆发后，全国人民抵制日货的风潮此起彼伏。天厨味精厂不失时机地大做广告：“敬请国人，爱用国货，天厨味精，国货精品”。一时间，“佛手”牌味精不仅声誉日增，而且声名远播至南洋一带，在爱国华侨中同样大受欢迎，其产量由 1923 年的 3 000 公斤逐年增加到 1928 年的 5 100 公斤。著名抗日将领、国民革命军第十九路军总指挥蔡廷锴将军欣然命笔，特地为天厨味精厂书写了“挽回利权，赖此精品”八个大字，以资褒奖。

国货的广告保卫战也得到了国民政府的支持。1928 年，国民政府工商部开始对广告进行分类，把国货广告和洋货广告分开，并特别允许国货促销广告免费出现在公共场所的围墙上。同时，将原来的北京商品陈列所改为“国货陈列馆”，地点选在了北京人流量最大的正阳门箭楼（见图 2－17）。全国各地具有特色的产品汇聚于此，展品最多时有 8 000 多件，涉及 12 个门类，如“双妹”牌茉莉霜、“梅花”牌头蜡、“三星”牌白玉牙膏、“越王”牌牙粉等都是当时知名的国货品牌。国货陈列馆吸引了大量的参观者，极大地鼓舞了人们爱国货和用国货的热情。国货陈列馆一直开办到 1937 年抗日战争全面爆发。

图 2－17 国货陈列馆（1936 年，北京正阳门箭楼）

1934 年，天厨味精厂为响应国民政府倡议的航空救国的号召，捐献两架飞机，一架驱逐机捐给“中国航空协会”，一架教练机捐给“航空协会上海飞行社”。同年 3 月 18 日上午，在虹桥机场举办了隆重的“天厨号”飞机命名典礼。主席台正中悬挂着“天厨号飞机命名典礼大会”的横幅，两旁分别悬挂“天厨飞机，是爱用味精同胞间接出资购得”“航空救国，愿民众一致努力，赶快大家起来”的标语。典礼后，举行了飞行表演。前往观看的民众不下三万人。次日，南京中央电台、上海电台、《申报》、《新闻报》、《中央日报》等纷纷作了报道，一时间轰动全国。天厨味精厂趁势推出了“品高味鲜，超越一切，价格公道，风行全球，普及天下人口福”的广告，声誉鹊起，而日本厂商的“味之素”从此一蹶不振，垄断中国调味品市场的企图彻底破灭。

在出租车行业，祥生出租车行同美商云飞汽车出租公司存在着激烈的业务竞争。1932 年，祥生以所得利润购置新“雪佛兰”牌轿车，规模得到扩大。但是，美商开办的云飞汽车出租公司资本雄厚，新配的福特轿车更为高档舒适，并以电话叫车吸引顾客，用重金购得“30189”这一电话号码。该号码与上海话“三人一杯酒”谐音，通过大做广告很快为广大市民所知晓。祥生也不甘落后，准备同样采取电话叫车的方式招揽顾客。最后费尽周折，如愿以偿地买到了“40000”这个号码。随即，祥生所有的出租车均印上这一电话号码。祥生的车一律青绿色，车头前饰一个锃亮的商标“J”字，车厢三侧漆上醒目的电话号码“40000”，招摇过市。对平日乘祥生车者，赠送印有汽车图画和“40000”号码的青绿色饭碗（和公司车辆一样的颜色）；年底则到处分送日历，日历底板上当然也印有“40000”和爱国广告语。同时，祥生还在上海的《新闻报》头版刊头及电话簿封面上大做广告，并设计制作了电话听筒的金属搁架，上印公司的名字和“40000”的电话号码，不仅派人到各商场、戏院、赌场、舞厅、酒楼等处免费安装，还到私人家里安装。此外，祥生还以“服务社会，便利交通”为号召，开辟了天气、交通等问讯服务，所有这些提供便民服务的电话总机，号码一律为“40000”，深得沪上人士的好感。在抵制日货、提倡国货的运动中，这个电话号码激发了上海人的爱国之情，“四万万同胞请打四万号电话”的广告语有力地护卫了本国出租车公司的业务。由此，祥生的“40000”号电话在上海几乎是家喻户晓，公司的营业额随之直线上升。到 20 世纪 30 年代时，祥生已经拥有 200 余辆出租车，压倒了美商云飞而成为近代上海最大的一家出租车公司。

日本帝国主义发动侵华战争后，国货与日货的广告战更加激烈。1931 年 9 月，日本关东军悍然武装占领中国东北地区。在这民族危亡的紧要关头，中国民族工商业者表现出空前的爱国热情，以各种形式来表达抵御外侮、不做亡国奴的斗争精神。10 月 4 日，《申报》在头版刊登了补品大王“金耳”的整版广告。一雄健男子跨步于地球之上，广告词是：“国产金耳用于酒席，名谓金耳席，超胜日本鱼翅。金耳酒席又名贵又恭敬，并可强身健种，更可换回利权。”第二版是《冠生园在抗日运动中》的广告，刊印“打倒日本帝国主义”“一致奋起鸣鼓而进”的战斗口号和“敬以国货饼干供国人需用”的广告语。12 月 1 日，福昌烟公司将“金字塔”牌香烟改名为“马占山将军”牌香烟，并在《申报》推出系列爱国广告，轰动一时。

在中国烟草史上，白金龙、黄金龙、红金龙不仅是南洋兄弟烟草公司实业救国的三条“龙”，也是当时中国民族工业的历史写照。1932 年，英美烟草公司针对南洋兄弟烟草公司在武汉中心销售的白金龙品牌，推出了白底金字与白金龙相仿的“使馆”牌香烟进行压制。而南洋兄弟烟草公司则将“白金龙”“爱国”等制作成大型户外广告，以民族爱国心来支持国货，抵制英美烟草公司的攻势。这种你来我往的斗争一直持续到抗战全面爆发。

国货的广告保卫战是近代中国人为了保护自己的民族工业而发起的自卫运动，并演变成为饱含爱国主义和民族主义激情的政治运动，它在特定的历史背景下向中国消费者普及了产品蕴含的民族意识。正如一位西方学者所指出的那样："当时广为人知的国货运动，使'国货'和'洋货'所具有的二重性的物质文明意义变得普及起来，并且使消费国货成为中国公民资格的一项基本内容。"① 此外，国货的广告保卫战深刻刷新了大众的广告价值观。在运动中，广告业为传播国货运动议程提供了一种途径和支持，同时通过界定新词语"国货"等，强化了中外商品的竞争而为民族企业带来效益，让大众重新认识了广告在国民经济发展中的重要性。

第三节　民国抗战和内战时期的广告

1937 年 7 月，中国抗日战争全面爆发。12 月 13 日，南京沦陷，国民政府西迁重庆，全国的大部分报纸杂志也相继内迁。一时间，人潮西趋，穿荆度棘，卷甲倍道，颠沛流离，场面悲壮。到 1939 年前夕，一年之内，重庆市区人口一下子膨胀到 150 万人，巨大的生存压力并没有动摇中国人民反抗日本侵略的决心。在西北解放区，共产党创办的报纸刊物也有政治方面和经济方面的广告，宣传抗日，引导消费。

一、国民党统治区的广告

"卢沟桥事变"爆发前后，全国到处都是抗日救亡的呼声，到处都是救国救种的宣传。其中，使用最多、效果最为明显的形式就是标语和漫画。有的漫画还有英文宣传内容。这些色彩强烈、形象生动、感染力极强的漫画对唤醒民众起到了极大的作用。演讲和标语则直接对民众的觉醒、奋起抗争起到催化作用。国统区的商业广告在唤起民族意识、宣传民族主张、丰富民众生活、促进物资交流等方面发挥着重要作用。

（一）京津地区的广告活动

1937 年 7 月 30 日，天津沦陷。相声大师马三立于 1939 年天津水灾稍退时，从山东济南回到天津。大约在 1939 年底或次年初，马三立的好友、北平相声名家戴少甫来天津演出，与马三立换班，马三立到北平与刘宝瑞合作在电台说相声。后来又换了回来。每段节目 18～30 分钟，中间插播商业广告，故这样的相声当年也叫作"广告相声"。在铺平垫稳的马派相声中，插播的广告十分巧妙，天衣无缝。

这一时期，许多曲艺名家都奔走于京津之地演出、做广告以养家糊口。自 1940 年 6 月起，侯宝林常来天津南市"燕乐"演出，前后延续五年之久。侯宝林也在商业电台说"广告相声"。在《改行》《粥挑子》等段子中插有"骆驼"牌染料、盛锡福、大有鞋帽庄的商品信息。开场白"学徒侯宝林，在下郭启儒上台鞠躬。我们应广告客户之特约，每天这个时间在这里伺候您一段对口相声……"诙谐而又幽默。常连安在北平办有启明茶社，演出的段子中也插说广告。

① 葛凯．制造中国：消费文化与民族国家的创建．黄振萍，译．北京：北京大学出版社，2007：4.

19世纪30年代派克公司正式登陆中国，由怡昌洋行负责销售。1937年，怡昌洋行在《东方杂志》上连续刊登多则广告促销。1939年，派克公司为纪念公司创立51周年，开始研制并于1941年推出派克笔51系列。这是派克公司有史以来最畅销的一款产品，该系列钢笔外形流畅、手感舒适。派克公司在中国选择了著名作家、北京大学教授林语堂作为该系列钢笔的形象代言人。广告中，林语堂鼻架眼镜，西装笔挺，手拿新款派克笔，广告词为："中国第一支健笔，他的思想，他的文笔，绝非出自偶然。现在有了51型派克笔，名著源源出。"

北平的紫房子新婚用品服务社始创于1934年，大掌柜（老板）郁炽昌坚持"以义取利、服务群众"的理念，重视宣传内容的客观性，也善于结合重大事件和名人活动做广告宣传，形式活泼新颖。如为创办5周年和纪念战争胜利举行大酬宾活动，为宋哲元将军的女儿策划婚礼，为李宗仁将军照相等。每次活动完毕，将产品放入印制精美的包装盒送给顾客，并印上"紫房子"的字样。同时，还将教育总长蒋梦麟、北京大学校长胡适、北平师范大学校长李蒸及社会各界人士的题词编印成册，进行展示；将李宗仁将军的相片着色放大在橱窗里展出。在为宋哲元千金举办婚礼时，曾在《世界月报》上刊登新闻报道性广告，广泛宣传。

（二）沪杭地区的广告

1937年7月15日，有媒体报道，日军正源源不断开抵天津，与第二十九军续有战事。第二天，"海王"牌牙膏、漱口水、牙粉就在《申报》上刊登广告，以万里长城的形象隐喻全民团结，抵挡外侮。其后，"无敌"牌牙粉广告使用"捍卫前门，匹夫有责；奋勇无敌，同心雪齿"的双关广告语，让人联想到战争的气息和产品的强效。三友实业社的蚊帐广告更像是一则抗战宣言：

> 透凉罗帐子：加紧戒备，这时节，倭小蚊虫，已届喙利力蛮之候，到黄昏，虫性发动，先则臭声恫吓，继乃大举进攻，殃我民族。

1937年8月13日，淞沪会战全面打响，战役持续了三个月，国军以60%的精锐部队损失殆尽的代价彻底粉碎了日军"三个月灭亡中国"的狂言。国军将士表现了朝命夕至、闻义赴难、英勇杀敌、有死无退的高度爱国主义精神。11月12日，中国军队撤退，淞沪会战拉下帷幕（见图2-18）。1941年12月8日，为了与太平洋战争相配合，日军再度进军上海租界，随后派员查封了《申报》《新闻报》，并禁止当天印好的报纸发行。

抗战胜利后，上海地区的广告业迅速恢复并繁荣起来。

随着各行各业的恢复发展，广告需求旺盛，一度清冷的户外再度欣欣向荣。广播广告也是如此。上海民营电台首创的评弹空中直播节目《大百万金空中书场》轰动一时。节目主持人万仰祖音色优美、语言诙谐、播音技巧高超，节目中不断插入广告，使得"大百万金"牌香烟获得极大的成功，在上海家喻户晓。当时上海地区规模较大的商店，如绸布庄、药房等，大都自己选择曲目让电台播放，并在广播节目中插入广告。

图 2-18　上海的户外广告（淞沪会战，1937 年）

中联广播电台是以“上海市文化运动促进会”为名义开办的中共地下电台。1946 年 3 月初，中联广播电台开始播音。开播当天聘请著名京剧演员梅兰芳主持揭幕，并播出特别节目，同时在报纸上大做广告，以引起社会的广泛注意。

（三）重庆地区的广告

抗战期间，上海、南京、天津、武汉等地的多家报业陆续迁至重庆，也带动了包括报社、通讯社、广播电台等在内的各行各业内迁。各地迁入的报纸加上重庆本地的报纸，使得全面抗战前后八年时间里，“重庆的报纸大约有 140 家”①，形成了以宣传抗日为主基调而又种类繁多的多元化报纸群及丰富多彩的广告表现形式。当时重庆的报纸成分较为复杂，除了本地原有的《新蜀报》《商务日报》《国民公报》《西南日报》等继续刊行外，还有国民党官办的《中央日报》《扫荡报》，共产党的报纸《新华日报》（1938 年 1 月 11 日在汉口创刊）、《群众》周刊（1937 年 12 月 11 日在汉口创刊）等，民营报纸《大公报》《新民报》《时事新报》，还有以中立面目出现的报纸，这些报刊都非常重视广告的经营。同样，国民党的中央广播电台、国际广播电台也都重视媒体的广告经营。

抗战进一步刺激了公益广告的发展。人民群众同仇敌忾，各界组织积极配合，抗战宣传画紧扣战时主题，表现生动，内容丰富。此类宣传画大致涉及揭露日军暴行、讽刺日军丑恶、反映军民英勇抗战、前线抗战将士、参战的妇女儿童、重庆大轰炸、反投降反汪逆、大后方建设、优待俘虏、反战、盟国、盟军等众多题材。这一幅幅画作犹如冲锋的号角，起到了团结教育民众、打击瓦解敌人的有力作用。

“八百壮士”烟标是重庆抗战老烟标“三剑客”之一（另两个是“国魂”“加城”）。1937 年 8 月 13 日，淞沪抗战爆发。战斗打响后，中国守军在闸北、宝山等地浴血奋战了

---

① 牛瑞芳，李馨．抗战时期重庆报业流派．红岩春秋：2013（6）：50-53.

两个多月，给敌人以沉重打击。10 月 26 日，国民革命军 88 师 524 团中校团副谢晋元奉命率一营 400 余人（对外号称“八百壮士”）进驻光复路四行仓库，牵制日军，掩护主力撤退。谢晋元率部在此与日军激战四昼夜，击退敌人 30 多次进攻，毙敌 200 多人、伤敌数千，国人为之精神振奋。大成烟草公司决定生产“八百壮士”牌香烟来歌颂抗日英雄，并在重庆的报纸上刊登广告，鼓舞国人的士气。烟标的主图以四行仓库为背景，仓库地面上有手拿机枪的中国军人，背后仓库屋顶是一面迎风飘扬的红旗。烟标见证了抗战的一段悲壮历史，表现了当时全国军民同仇敌忾、反抗侵略的心声。

在商业方面，重庆原来是西南地区经济繁荣的城市，户外广告较为发达，但在战争中，由于受到日军的多次轰炸，市区受损严重。广大军民同仇敌忾，一边顽强抵抗，一边保障军民的物品供应（见图 2-19）。国民党党报《中央日报》（1928 年 2 月创办于上海）专设有广告科负责广告事宜。第一版分上下两栏，上栏半版右侧为报名，左侧则为广告。广告内容涉及领域很广，从商业到文化、教育诸方面，应有尽有，大致可以分为商业金融广告、文化教育广告、政治通告等公益性广告及分类广告（如婚启、同居、报丧、悬赏、招领、寻人启事等），折射出抗战大后方人们的生活习俗、思想观念、抗战心态及政治、经济、商业形势的变化。民营的报刊更是重视广告，以广告收入作为其生存的主要来源，刊登的广告所占报纸版面的比例已接近或超过新闻的篇幅。1938 年 12 月 1 日，《大公报》迁重庆的第一天，就以半版的篇幅连续三天刊登了“白敬宇眼药”的广告。

图 2-19　西南城市的户外广告（1941 年，重庆，Carl Mydans 摄）

二、抗日根据地和解放区的广告

（一）报纸广告

抗战时期，延安是中共中央领导和推动抗战的一个政治中心和革命的新闻事业中心。

中国共产党领导全国人民积极救亡，奋勇抗战。由于根据地多处于数省交界的偏僻山区和农村，经济文化非常落后，又遭敌寇与国民党政权的严密封锁，人力、物资极其匮乏。这就使得八路军的宣传活动以政治宣传为主，并且在开始一段时间主要采用标语、传单、布告、壁报、简报等简单的形式。

1941年5月16日，中共中央机关报《解放日报》在延安创刊，这是抗日革命根据地出版的第一份铅印大型日报，也是从抗战时期到解放战争初期革命根据地内出版的最重要的报纸。创办伊始，便设立了广告科，专门负责广告业务事宜，发布《本报广告刊例》对广告明码标价。当时正值敌伪对边区进行经济封锁，陕甘宁根据地经济困难。为了配合边区军民开展的大生产运动，《解放日报》刊发的许多广告均有“发展经济、保障供给”等字样。

虽然延安时期的《解放日报》存续时间并不长，但也留下许多优秀的报纸广告案例。比如，1941年6月2日，《解放日报》报头右侧的广告版面留下空白，人们的好奇心一下子被调动起来。再定睛一看，原来空白中央有一行小字：“请注意!!! 明日此处广告。”第二天，在同样的位置登出了“光华商店工农业产品推销部在五月十六日正式开幕”的广告语，其中“正式开幕”四字重复三遍，字体依次增大、加粗。广告连登三日，给人们留下了较为深刻的印象。再如，一些广告标题也十分新颖别致。如1941年7月19日抗日根据地第二版有广告标题为《寻找“死魂灵”》的广告语，实为寻找《死魂灵》这本书。1942年5月3日的报头左侧广告标题为“旧瓶盛新水”，内容是收购旧墨水瓶。

陕甘宁边区银行是《解放日报》的主要客户之一，最初几年一直在报头左右侧刊登广告，以宣传边区银行发售的“有奖储蓄券”为主要内容。1941年11月16日，边区银行推出一则立意较为深远的标题为《爱国财》的广告：“向来只闻国难财，未闻爱国财，爱国与发财，似不能兼而有之。但买有奖储蓄券，既可帮助公家经济建设，是为爱国，一旦中了头奖，又有一万元到手，是为发财。此种爱国之报酬，故名之曰爱国财。开奖之时，如不中奖，一年后凭券还本，安稳无比。既可养成节约之美德，又可以准备个人急需，有识同胞，盍与乎来!? ……”文案将爱国精神与发财欲望结合起来诉求，既符合时局需要，又能迎合人们获利的心理。到了年底接近开奖日期，边区银行又加紧了广告攻势，反复使用“明年一月一日当众开奖!”“机会难得，幸勿错过”等鼓动性很强的广告语。

据统计，“到1947年3月27日停刊为止，《解放日报》共刊载大小广告5 559条”①。当然，由于当时独特的政治经济环境的限制，《解放日报》的广告在数量和版面比例方面都极低，日均约3条，平均每期占版面的5%左右，与同一时期国统区成功的商业报纸广告所占版面达六七成相比，还是过低，整体上还是处于边缘地位。

1948年6月15日，《人民日报》在河北平山创刊，它是中共中央华北局的机关报。《人民日报》从一创刊即刊登各类广告。一般头版广告位置在报头左右侧。1949年迁入

① 王玉蓉，白贵．略论延安《解放日报》的广告特色．河北大学学报（哲学社会科学版），2003（4）：116－118.

北京后，专设有广告部。

1949 年 3 月 25 日的《人民日报》报头左边便刊登了三则关于华北大学、华北人民革命大学的招生启事和通告。1949 年 8 月该报改为中共中央机关报后，广告业务始终不断。同年 10 月 1 日开国大典那天，该报还用了两个半版的篇幅登载了各种工商文化广告。

（二）国货广告与日货广告的激烈较量

在日伪沦陷区，日寇及其扶持的伪政权和汉奸组织也创办了大批报刊、通讯社和无线广播电台，控制了沦陷区的新闻事业，日货广告盛行。

天津的《庸报》、北平的《新民报》、上海的《新申报》、广州的《迅报》等就是抗战时期的日伪报刊，它们大肆刊登日货广告，为日本侵略者的商业掠夺和日货推销服务。诸如仁丹、花王香皂、大学眼药、味之素、狮子牙粉、保利他民、丽德雪花膏等，甚至治淋得意丹、利比儿、猛力打淋等治疗性病的日货广告也充斥于《庸报》《新民报》等报刊版面。

日伪政权对月份牌的广告效应也十分重视。日伪政权或通过收买威逼一些画家为其创作月份牌，或是假画商之名骗得一些有影响的月份牌画家的画稿，运往东北印刷。这些月份牌，有的用来推销日本商品，如以日本战旗为标志的“太阳”牌鞋；有的进行奴化宣传，如在上面印上伪满洲国的年号，大量发行；甚至印制一些封建迷信、色情享乐题材的内容，以麻醉中国人的意识，消磨人们的斗志，如极乐世界、天堂地狱等迷信题材在日伪政权的推波助澜下，弥漫于木刻年画中。

因此，一些爱国的民族企业家和广告画家奋起抗争，他们创作了以木兰从军、精忠报国等历史故事为题材的月份牌广告，以抵制日货，宣传抗日，如奉天太阳烟草公司推出的《岳母刺字》、中国华东烟草股份有限公司和启东烟草股份有限公司的《木兰从军》。尤其值得注意的是，1940 年左右由郑梅清发起并设计、杭穉英、谢之光等十位广告画家联袂创作了一幅《木兰还乡》图，既有号召抗日，又有提倡使用国货的双重意义。[①] 著名画家郑午昌在画上题跋：“此图系海上十大艺人精心妙手所合绘。制作精美，用意深长，洵为当代美术画片之杰构。”[②] 受中国人爱国精神的影响，一些英美洋商的广告也以抗战为题材，如伦敦惠斯民烟草公司的《岳飞图》描绘的就是“岳母刺字”和“岳飞抗金”的故事，意在鼓舞中国军民的斗志。这些月份牌广告起到了唤醒、引导、教育和激励中国消费者的作用，有助于培养中国民众的爱国情操。

此外，一些民族企业家还在《申报》《民立报》等报刊上刊载民族抗战题材的广告。“这些广告带有商业推销和爱国公益宣传的双重性质。”[③] 长达几十年的“仁丹”（见图 2－20）与“人丹”广告之战就是这场日货广告与国货广告激烈竞争的一个缩影。

---

① 此画由郑梅清发起并构思，周柏生起稿，杭穉英画花木兰，吴志广画双亲，谢之光、金肇光画木兰的姐姐和弟弟，金梅生画孩童，李慕白画副将元度，戈湘岚、田清泉勾勒双马及护兵，最后由杨俊生作背景。

② 赵琛．中国近代广告文化．长春：吉林科学技术出版社，2001：152.

③ 苏士梅．论抗日战争时期我国广告传播的区域特色．河南大学学报（社会科学版），2005（5）：143－147.

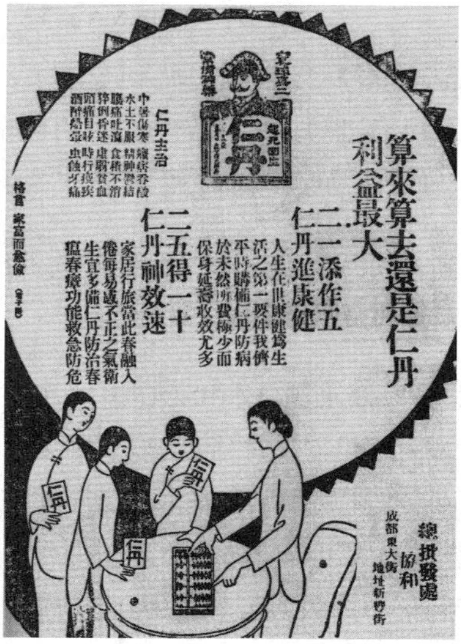

图 2-20　**报纸广告**（仁丹，20 世纪 30 年代，成都）

三、广告业的发展与管理

（一）广告公司的发展

商业的日渐繁荣刺激了广告需求的增长，不仅广告服务机构的数量不断增加、规模不断扩大，而且出现了外资广告公司。

1914 年，闵泰广告社在上海诞生，专为英美烟草公司做广告业务。第二年，意大利人贝美在上海设立贝美广告社，主要经营户外广告，这是中国最早的外资广告公司。1918 年，美商克劳广告公司（Carl Crow Inc.）成立，经营路牌和报纸广告，曾经邀请著名画家叶浅予为其设计广告。

1919 年 5 月上海成立了“中国广告公会”，这是我国广告业最早的行业组织。会员单位有《申报》、商务印书馆、美孚洋行、南洋公学等。该会成立后积极开展活动，促进成员间交流经验，探讨广告界存在的问题，并与“世界广告学会”有过接触。

1921 年，又新广告社的职工王万荣①辞职后，创办了荣昌祥广告社，专门为商家代漆路牌广告。王万荣办事认真、业务精通、服务周到，深受客户欢迎，很多广告公司或广告社都委托其代做油漆路牌广告。及至 20 世纪 20 年代末，上海的马路以及沪宁铁路、沪杭铁路沿线的所有路牌广告都由荣昌祥广告社包办。② 随着经营规模的扩大，王万荣将广告社改名为“荣昌祥广告公司”。此时的上海已经成为中国广告业的中心，外地的广告企业也纷纷迁入上海。1921 年英国商人美灵登（Francis C. Millington）在南京路创立了美灵登广告公司，主要经营路牌和报纸广告。1926 年，林振彬创建了华商广告社。

---

① 王万荣原名王兰生。

② 平襟亚，陈子谦．上海广告史话//上海市文史馆，上海市人民政府参事室文史资料工作委员会．上海地方史资料（三）．上海：上海社会科学院出版社，1984.

20世纪30年代，上海广告业进入鼎盛时期。1930年，上海广告业的“四巨头”郑耀南（耀南）、陆梅僧（商业）、陆守伦（一大）、姚君伟（大华，民国香港广告业商会理事长姚玉棣之父）在《申报》总经理张竹平的支持下，联合创办了上海联合广告公司，由张竹平担任董事长。陆守伦和郑耀南、陆梅僧、姚君伟，时称“广告界四巨头”。同时，原来的华商广告社易名为华商广告公司。这样，联合广告公司和华商广告公司就成了当时上海两家规模较大的公司。其负责人都有留学欧美的经历，如华商广告公司的林振彬、联合广告公司外商部经理陆梅僧等。

陆梅僧是中国广告业的先驱。他对广告业的主要贡献如下：一是推动了广告理论与实践的结合。陆梅僧广告理论深厚，同时注重对实践中出现的问题进行理论思考与总结。二是推动了广告研究与教育。他撰有职业学校教科书《广告》，此书贴近实务，具有很强的指导性，是当时知名的广告学著作与实操手册，而且在多所大学讲授广告学课程，将实践案例引入课堂，促进了广告教育与实践的结合。三是创新与探索广告代理机构的发展模式。他参与创办顶级广告代理机构——上海联合广告公司并担任经理，后又与华成烟草公司合资创办上海联华广告公司，积极探索广告业的股份合作与资本运营模式。四是推动了广告的专业化与职业化趋势。在广告实践中，他将自身经验与思考进行理论总结，形成著作，培养了一批高水平的职业广告人。

图2-21　林振彬

林振彬（见图2-21）是中国近代广告的开拓者与代表人物。他先后就读于纽约罗切斯特大学、哥伦比亚大学、纽约大学，专攻广告学与心理学。1922年归国后担任商务印书馆广告公司经理，并先后兼任上海商学院、沪江大学广告学教授。1926年创办华商广告公司并任总经理，经营规模一时居上海滩之冠。林振彬对广告的贡献主要是四方面：一是探索媒体整合传播的新道路。他追求广告创新，将美国广告经营方式引入上海，不仅利用传统的报纸、杂志、户外等广告形式，而且重视新兴媒体如电影等进行广告传播。二是注意结合理论对实践中的问题进行思考与总结。华商广告社为创立十周年庆典辑录的《近十年中国之广告事业》一书具有较强的理论性与指导性。三是推动广告教育。林振彬注重言传身教，在多所大学讲授广告学课程，学生反响热烈。四是树立了广告职业化的典范。林振彬终身从事广告工作，是英文“可口可乐”的中文翻译者，以其深厚的文化修养成就了一次翻译与广告领域的经典之作，成为广告人专业化与职业化的楷模。

1935年，联合广告公司和华成烟草公司又共同成立联华广告公司，陆守伦任总经理并兼联华图书股份有限公司总经理。在从事广告业的同时，陆守伦又开始相继创办文学刊物。

此外，还有克劳广告公司、美灵登广告公司、闵泰油漆广告社、捷登广告社等，共有20多家，其规模大小、服务质量高低不一。广告代理的业务以报纸广告为主，同时兼营路牌、橱窗、霓虹灯和电影幻灯广告，也有专营绘画、油漆等单项广告制作业务的。

在这些广告公司中，荣昌祥的发展速度明显快于其他公司。荣昌祥敢于探索，积极实践，能够熟练地借助西方的声像技术、光电设备，将具有民族特色的传统媒体与现代媒体相结合，从而创造出异彩纷呈的户外广告，在激烈的市场竞争中脱颖而出，业务不断扩大。1935年，荣昌祥又收购了上海的克劳、麦克、彼美等著名外商广告公司，力量得到增强，乃至“承办了全国约十分之八以上的广告牌，在全国同行业中独占鳌头”①。1946年，荣昌祥组建了股份有限公司，在南京、天津等地设有分公司，将业务扩展到了华北、东北地区，营业规模进一步扩大。到新中国成立前夕，荣昌祥已经发展成为上海最大的广告公司，闻名全国。

据统计，20世纪30年代，上海总共有广告社、广告公司约30家，其中，克劳、美灵登、华商、联合上升为30年代上海的四大广告公司。② 抗战胜利后，又增加到90多家。另据上海市广告商业同业公会的会员登记资料，截至1948年10月，上海共有91家广告公司。③

1934年，国民党中央广播电台在南京成立“中国电声广告社”，这是中国最早的专门承揽广播广告业务的专业广告社。同年9月21日，《申报》第四版刊登的《中国电声广告社启事》申明：中国电声广告社为提倡国货之喉舌，如各种正当企业及出品欲广宣传者，凡蒙委托，无任欢迎。

在中南地区的一些城市也出现了广告社或广告公司。如在武汉，1920年屠子青创办了武汉第一家广告公司——兄弟广告公司，为本地厂商的商品代理广告、设计店面橱窗等。此外，在武汉还有美达广告社、联合广告公司、美美广告公司、丽栋广告社等。西南的重庆有东亚、东方、重庆等广告社。

在北方，杨本贤广告社于1921年成立，是北京地区最早的广告社。该社以招揽、代理在京各报广告为主要业务，各报以广告费的一至二成作为酬金，其实际上是个代理公司。到了20世纪30年代，该社还兼营电台和影院广告。30年代北平的广告业发展较快。据1935年出版的《北平指南·广告社》记载，当时北平有10家广告社。除了特灵美术、三星、平津三家广告社外，均以个人姓名为社名，如杨本贤广告社、越松若广告社等，规模都不大。据说评书艺人连阔如也办有自己的广告社。

天津广告业的发展好于当时的北平。天津最早的广告经营单位是华阳广告社和五洲广告社，其业务主要为客户招揽、代理报纸广告。④ 比较出名的广告公司有北洋广告公司、大陆广告公司、新中国广告社等。总的来说，北方的广告社大部分规模较小，主要承揽厂家和商品广告，主要业务是除了为报社、电台代理印刷、张贴、散发广告标语传单，发布电汽车车载广告和路牌广告之外，还代理游行广告，也就是说除了组织人打彩旗、扛广告牌子、敲鼓吹奏以及散发传单外，还在夏季租用冬季运煤的骆驼，在骆驼身上挂上干电池彩灯和商家的招牌，专在夜里游行，吸引人们注意。到了20世纪30年代，

---

① 汪统，鲁懋德．路牌广告大王荣昌祥//吴汉民．20世纪上海文史资料文库：第4辑：商业贸易．上海：上海书店出版社，1999：324.

② 徐百益．实用广告手册．上海：上海翻译出版公司，1986：55.

③ 汪洋．中国广告通史．上海：上海交通大学出版社，2010：106.

④ 一声吆喝喊出天津老广告．［2024－03－20］．http：//www.tjwh.gov.cn/shwh/mjwh/minsu/mslt/mslt-027.htm.

广告企业的业务进一步分化，出现了主要经营外商汽车广告、路牌广告及橱窗广告业务的宝和广告社，主要经营报纸广告业务的新中国广告社，主要从事报纸广告设计并代理电台广告业务的春和广告社，专注于路牌广告业务的协和广告社等。其中，宝和、春和、协和、祥翔等广告社，合称“三和一祥”，被公认为当时天津广告业的“领头羊”。

在各地广告公司的努力下，中国的广告业呈现一片繁荣景象，户外广告不仅遍及城市，而且延伸到了边远城市（见图 2-22、图 2-23）。

图 2-22 户外广告（1942 年，昆明）

图 2-23 户外广告（1941 年，西北农村）

（二）广告管理的加强

随着广告活动日渐频繁、商品销售竞争加剧，一些广告代理商和广告主罔顾社会公德和消费者的切身利益，在广告中不是使用夸大不实之词，误导欺骗消费者，就是贩卖色情、故意制造耸人听闻的内容以吸引消费者的注意力。尤其是伴随医药广告市场的繁荣，宣扬错误医学知识、逾越专业规范、违背道德等行为愈来愈多，甚至连一些政界名流、文化界名人也都刊登荐医、荐药广告，混淆了视听。大量虚假违法的广告乘虚而入，搅乱了正常的广告市场，使许多消费者蒙受了不必要的损失，激起消费者的普遍不满。在社会舆论的广泛要求下，国民政府对广告活动加强了管理。

针对各种不良广告的不断出现以及由此造成的消极影响，报纸首先“揭竿而起”。1919 年 4 月 15 日，中华全国报界联合会于上海成立，旨在推动报业进步和督促政治改良。1920 年 5 月 5 日，中华全国报界联合会在广州召开第二届常务会，来自全国各地的 120 家报馆和通讯社代表到会，与会者共计 196 人。他们共同签署了《劝告禁载有恶影响于社会之广告案》，呼吁各报一律禁载各种不良广告。其内容如下：

> 广告固为报社营业收入之一种，然报纸之天职在改良社会，如广告有恶影响于社会者，则与创办报社之本旨已背道而驰。如奖券为变相之彩票，究其弊可以凋敝民力而促其生计，且引起社会投机之危险思想。又如春药及诲淫之书，皆足以伤风败俗，惑乱青年。此种广告，皆于社会生极大之恶影响，而报纸登载，恬不为怪？虽曰营业，毋乃玷污主持舆论之价值乎？且贪有限之广告而种社会无量之毒，抑亦可以休矣。报界联合会为全国报界之中枢，有纠正改良之责，宜令在会各报一律禁载上述之广告。其此类者，亦宜付诸公决，禁止登载。牺牲广告费之事小，而影响

于社会大也。[①]

该广告案是我国最早的广告自律文件，对于抑制不良倾向的广告出现具有一定的作用。但是，这种广告自律还主要局限在道德规范的层面上，与现代意义上以法律为主要手段的广告管理有着根本的区别。

1914年，上海公布《筹办巴拿马赛会出品协会事务所广告法》，详细地介绍了口头广告、传单广告、陈列广告、杂样广告等不同形式广告的制作方法和注意事项，应是中国广告立法之始。

1925年，北洋政府颁布《民律草案》，其中第二编第三章“广告”中，对广告的意义及效力、撤销、悬赏等做了八项规定，标志着中国的广告进入了国家管理层面。其后，国民政府虽然没有颁布独立的广告法，但散落在民法、出版法、交通法中与广告相关的法律条文，以及陆续出台的相关管理性文件，对广告内容、市场经营、广告收费等方面做出规定，为广告管理工作的开展提供了法律保障。

1936年，民国中央政府内务部公布《修正取缔树立广告办法》《户外广告物张贴法》等，规定广告管理权属各地社会局、科。但当时的管理主要还是局限于户外广告和广播广告，当时盛行的“游行广告”由警察局协助管理，而对其他广告的经营尚无统一规划，处于放任自流状态。这导致不少地方行政管理部门各行其是：有的制定了地方性管理规则，较为规范；有的则无章可循，乱象丛生。

在上海等广告业比较集中的城市，地方政府的广告管理早已取得了显著进步。1928年11月22日，上海市卫生局在《申报》上特地声明：“本局为维护人民健康，谋急则治标起见，拟订实行。凡送各报宣传医药能力之广告，须限送敝局审查盖章，方准登报宣传。本局不收任何费用，且审查务必迅速，而审查初以不背医药原理及无诲淫性质者为限。各报非经敝局核准盖章者，勿予接受。不照此办理，有停刊之烦。事关维护人民，端赖共同策进，如有卓见，为目前事实上即可推行者，愿闻明教。”该声明以大众利益为出发点，对医疗广告实施谨慎的审查制度。

1929年4月，上海市卫生局颁布的《上海市取缔淫猥药物宣传品暂行规则》规定：“为保护人民健康维持善良风化起见，凡有下列情形的广告刊物均在取缔之列：宣传药物有避孕打胎壮阳等之效验者；宣传医治生殖器病之功能者；其他医药器物之经卫生局指明禁止者。对违背者施以停止发布、罚款等不同的处罚措施。”对情节特别严重的，移送法院惩治。[②] 该暂行规则限定了医疗广告的范围，并明确了处罚方式。北京也与上海相呼应。1930年8月《北平市卫生局管理中西药商广告暂行章程》颁布，规定卫生局有权依照章程对于“措辞夸大者、伤害风化者、名实不副者”进行指正或撤销。[③]

与此同时，其他一些地方政府也先后颁布了一些具体的广告管理办法，如杭州、天津、广州、长沙、厦门、北平、重庆等。国民政府交通部电信局对广告电台及其广告播出进行直接管理。这些措施标志着现代意义上的广告管理的出现。

---

① 戈公振．中国报学史．北京：生活·读书·新知三联书店，1955：221.

② 彭善民，肖阿伍．民国上海医药广告管理评析．湖南农业大学学报（社会科学版），2003（4）：55－57.

③ 北平市政府参事室．北平市市政法规汇编：卫生．北京：北平市社会局救济院印刷组，1934：41.

在行业自律方面，1927 年，上海维罗广告公司、耀南广告公司等六家广告公司以“维持增进同业之公共利益及矫正弊害为宗旨”组织成立了中华广告公会，后改名为“上海市广告商业同业公会”，并颁布了《上海市广告商业同业公会章程》，对行业内部竞争过程中常见的问题做了详细的处理规定。这是我国最早的广告行业协会组织。

（三）广告研究的进步

20 世纪初以来，中国的广告界通过引进、介绍、翻译国外的广告学著作，渐渐掌握了广告运作的一些基本原理与方法。其后，广告业的兴盛又进一步引起学界的关注，更多的学者结合中国的广告实践进行深入的探讨，形成了可观的研究成果。

1913 年，美国记者休曼（Edwin L. Shuman）所著《实用新闻学》的中文译本由上海广学会出版，这是中国第二本新闻学译著。该书的第 12 章、第 13 章专门论述报纸广告（时称“告白”）。其中一章内容是介绍报纸广告的写作，另一章是介绍登载报纸广告的方法。

1918 年 6 月，商务印书馆出版了甘永龙编译的《广告须知》。该书是最早出版的广告学研究专著，译自美国的 *How To Advertise* 一书。全书共 22 章，105 页。该书至 1925 年 11 月已出至第 7 版。其中第 14 章“稿本为广告之魂魄”中认为广告是“将有关发卖品之事实，布告于公众，并宣传其价目也”。

1918 年 10 月 14 日，中国成立了最早的新闻和广告研究团体——北京大学新闻学研究会，该会把广告作为新闻学研究和教学的一部分。

1919 年 9 月，孙科在《建设》月刊第一卷第二号发表了《广告心理学概论》，该文是中国最早研究广告心理学的长篇论文之一。同年 12 月，徐宝璜的《新闻学》由北京大学出版部出版，这是中国第一部比较系统、全面的新闻学著作。1917 年，徐宝璜给北大文科各系开设新闻学的选修课，介绍欧美各国新闻概况和理论，培养新闻人才，此乃中国高等新闻教育的发端。徐宝璜把自己的教学讲稿整理成《新闻学大意》，先在《东方杂志》上连载。1918 年，他利用暑期整理成《新闻学》一书出版，由蔡元培校长题写书名并作序。全书共 14 章，将“新闻纸之广告”独列为第十章，进行专门论述。他认为“求一报广告之发达，应先求其销路之推广”，主张新闻纸广告“所说闻者为实事，而又无碍于风纪”，同时认为广告经验和广告员是影响广告发展的两个关键因素。

1926 年，蒋裕泉的《实用广告学》由商务印书馆出版，这是中国第一本广告学专著。

1927 年，戈公振的《中国报学史》由商务印书馆出版。该书利用丰富的广告史料，系统地论述了广告发展的历史，并提出了发展中国自己的广告事业的一些主张。他着重论述了广告的政治思想和文化价值，指出：“广告为商业发展之史乘，亦即文化进步之记录”，“不仅为工商界推销商品之一种手段，实负有宣传文化与教育群众之使命”。

1929 年 10 月，商务印书馆出版了苏上达所著的《广告学概论》，较为详细地论述了广告的结构问题，强调“标题”是“广告全幅上最重要之文字”。

1936 年广告人林振彬出版了《近十年中国之广告事业》，这是为在上海创办的华商广告公司成立十周年庆典而编辑出版的。书中强调了华商广告公司在中国市场上的重要作用，还特别提到了中国商人、消费者对于广告的认识与态度上的改变。书中收录了来自媒体、官员以及学者的文字，既有对广告历史的梳理，也有对广告与媒体关系、广告管理问题的探讨。

1948年如来生的《中国广告事业史》出版。该书的视野比较开阔，还保存了大量中国早期广告业的一手资料，如关于上海市广告商业同业公会的史料图片、公会章程、成员名单等。这些前期研究成果及其资料，对于近现代广告史的研究有重要的参考价值。

其他比较重要的广告学著作还有日本井关十二郎的《广告心理学》（唐开斌译，商务印书馆，1925年）、蒯世勋的《广告学ABC》（上海世界书局，1928年）、陆梅僧的《广告》（商务印书馆，1928年）、孙孝钧的《广告经济学》（南京书店，1931年）、刘葆儒的《广告学》（中华书局，1932年）、王贡三的《广告学》（上海世界书局，1933年）、罗宗善的《最新广告学》（上海世界书局，1933年）等，极大地丰富了中国广告学的理论。

本章小结

随着鸦片战争拉开中国近代史的序幕，中国广告业的发展步入一个全新的历史时期。西方殖民者的经济入侵、封建经济的瓦解，促使先进的经营理念和报纸广告、杂志广告、霓虹灯广告等新的广告形式开始在中国这片厚重而又古老的大地上生根发芽，引发了中国广告由传统向近代的转化，从而开创了广告传播的大众化时代。这一时期广告发展的主要特点是：新旧广告形式并存，一方面是传统的广告形态登峰造极，另一方面是报刊广告方兴未艾；广告不仅承担着传播商业信息的任务，而且是政治斗争的重要武器；大量的广告实践活动推动着中国广告专业化程度的提高，广告公司出现并获得较快的成长，在20世纪30—40年代达到了一个高峰。

思考与练习

1. 中国近代报刊广告产生的历史原因是什么？有何意义？
2. 中国近代广告的新形态有哪些？为什么会出现这些新形态？
3. 中华民国时期的广告管理及广告研究有哪些进步？
4. 为什么说民国时期的月份牌广告是对中国传统文化的传承，具有鲜明的民族性和时代性？
5. 抗日战争时期国货广告与日货广告竞争的激烈性表现在哪些方面？
6. 为什么说中华民国时期的上海是那个时期中国广告业的中心？
7. 近代国货与洋货的广告战发生的背景及影响是什么？
8. 抗日战争时期根据地广告与国统区广告有哪些不同？

第三章

新中国成立后至80年代的广告

本章学习要点

1. 新中国成立初期，政府对广告业的整顿及其意义。
2. 在史无前例的“文化大革命”中，广告功能的蜕变及教训。
3. 改革开放后，广告业的恢复与发展的曲折历程。

第一节 新中国成立后至“文化大革命”前的广告业

在1949年到1966年的17年间，由于受苏联社会主义模式影响，中国经济长期奉行单一的计划经济政策。采用计划手段进行资源配置，忽视了市场的作用，导致商品经济萎缩，使得现代广告的成长发展缺少了必要的土壤，商业广告的发展举步维艰。

一、国民经济恢复时期的广告业

从1949年10月至1952年底，为国民经济恢复时期。这一时期的广告业处于重建和整顿阶段。

新中国成立前夕，有些工商业者由于对中国共产党的政策不明了，卷款外逃，外加国民党政府在后期所采取的经济政策对工商业的损害，使得国内的工商业处于极为困难的状态。资金短缺，原料匮乏，严重地影响了新中国成立初期工商业的稳定和发展。为了稳定经济形势，促使工商企业恢复生产，人民政府采取了各种有效措施发展经济，支持对工商企业的原材料供应和资金供应，同时也加强了对企业的管理措施，在各级人民政府之下成立了工商行政管理部门。

对于广告行业，在政务院的指导下，在广告业比较集中的上海、北京、天津和重庆等地成立了相应的广告管理机构，强化对广告业的管理。主要措施是：

第一，各级政府将新中国成立前分散经营的私营广告社进行整顿、重组。为了适应新形势的需要，党和政府将各地一批经营作风不正、业务混乱、濒临破产的广告社解散，把剩下的广告公司重新组建合并为一些较大的公私合营广告公司。如天津市在1951年把全市的广告企业合并起来，组建成广告总店，其规模和业务能力得到了增强。

第二，各地区以人民政府的名义发布了一批地方性的广告管理政策和法规。一是明确广告管理的内容和范围。取缔了国民政府颁发的所有广告管理法规，出台了新的广告管理法规或条例。北京、天津、上海等大城市颁布了广告许可证制度，规定广告商必须向政府部门申请登记办照，取得许可证以后方能进行广告的代理和经营。北京市还出台了广告管理暂行办法，规定所有的公私广告，包括纸张广告、牌匾广告、招牌广告、音响广告、模型广告、活动广告、海报广告、电影广告、广播广告等在发布、张贴、出版、印刷、广播前，均需到所辖区的人民政府广告管理部门申请审查，审查通过并加盖相关图章后才可以公开发布、张贴、出版、印刷、广播。未经审查通过的广告一律为非法广告，一经发现将严肃处理。上海市更明确规定："凡在本市区经营广告业务，必须有固定资金、场所、经营范围。广告商必须向市工商局申请办理登记，方准营业。"二是颁布广告管理的新政策和新法规。为了把广告业纳入国家行政管理体制，全国各地除成立负责全市区广告业务的领导机构外，还制定了新法规。各地政府，如天津、上海、西安、重庆、广州、武汉、沈阳等先后出台《医药广告管理办法》《广告管理规则》《管理广告商规则》《关于印刷厂商管理暂行办法》《防止利用广告欺骗顾客的办法》等文件，要求广告的内容必须以"纯正为主"，不得做不实的夸大。1954 年，武汉市政府实行《广告管理暂行办法》。同年，广州市政府颁布了《广州市广告管理暂行办法》和实施细则。各地对广告业务的审批、登记、刊登发布、收费等一系列工作也进一步制度化、规范化。

第三，成立广告行业同业公会。上海、北京、天津、广州等城市先后成立了由政府部门领导的"同业公会"，利用这一机构加强对广告的行业管理。例如，1949 年 5 月上海解放之后成立的上海"广告商业同业公会"会员单位达 100 家以上。上海市工商局规定，刊播商业性广告内容均应由电台或报刊负责人签名盖章，送同业公会初审，再由工商部门审核后才可发布。其目的是限制客户之间的不正当竞争。

第四，对广告从业人员进行思想政治教育和业务培训。政府部门有计划有步骤地对广告业进行改造，消除旧社会商品广告的资本主义经营方式和旧的思想，加强其为"一化""三改造"总任务服务，树立"三为"思想，即"为社会主义政治服务、为农业生产服务、为工农兵服务"。

这些举措有利于正确引导消费，促进城乡贸易交流，有力地推动广告业的健康发展，也极大地配合和促进了社会主义工业化运动。

与此同时，党中央和政府大力整顿了广告媒体。政府军事接管了国民党遗留下来的广播电台和报社，对私营商业电台和报社采取组织管理制度，审批查核，限制刊播内容。同时在许多大城市又开办了一些专门的商业广播电台，这些电台大都开设了广告节目，促进了广告业务量的上升。1951 年，天津广播电台的经费已经能够全部自给，北京台的广告利润甚至每月还能上缴国家。

1952 年 9 月，北京、天津等大城市根据中央广播事业局的指示精神，在国内一些大城市召开了具有历史意义的广告经验交流大会。会上总结新中国成立以来广告业的成就，指出广告中存在的不问政治、追求盈利、庸俗低级的倾向，要求广告更好地为"一化""三改造"总任务战略服务。

1953年，中国开始执行第一个五年计划，从事大规模的经济建设。与此同时，开展了对资本主义工商业的社会主义改造。由于当时国家对私营工商业实行加工订货、统购包销的经济政策，广告公司的业务量骤减。同时，为了配合对私营工商业的社会主义改造运动，各地在工商行政管理部门的支持下，对广告公司进行了大规模的改组，在一些工业集中、经济发达的城市，建立了国营广告公司。如北京市的广告公司改组为在文化局领导下的北京市美术公司，天津的广告公司改组为文化局领导下的天津美术设计公司，上海的广告公司改组为由商业局领导的上海市广告装潢公司和文化局领导的上海美术公司等，都是在对原有广告公司或广告社进行合并改组的情况下形成起来的。

改造后的广告业在领导体制、组织机构上为迎来社会主义改造高潮、为推动社会主义工业化和农业集体化提供了舆论传播上的保证。

二、广告发展的新面貌

新中国成立初期，户外广告、招牌广告、月份牌广告、包装广告、电影广告等广告形式虽然都保存了下来，但内容已经有了很大的改观（见图3-1）。

图3-1 海报（1952年，罗兴绘）

经过政府管理部门审查的商业广告内容自然是健康纯正的，当时《人民日报》刊登了一条上海金笔厂的“人民”牌金笔广告。画面是一支金笔，广告词是：“人民金笔深得人民喜爱。”这条充满时代精神的广告刊登后迅速蹿红，许多消费者因为这条广告而对“人民”牌金笔情有独钟，“人民”牌金笔因此一路畅销。在当时，产品销售广告、工程招标广告、高等院校招生广告、电影戏曲广告、体育比赛消息、特许广告、公益广告、美术工艺广告、年画、政治性标语口号等随处可见。

广告业在新中国成立初期的这些发展，不仅为新中国广告事业的发展开了一个好头，也为建立和发展新型社会主义广告事业奠定了良好的基础。

但是，单纯的商品广告则日渐减少。例如，1949—1951年《人民日报》的广告以招生、出版物介绍、电影和电台节目预告为主，也有少量生产资料、商场折扣广告。广告设计极为简陋，多由各种方式排列的文字加简单花边构成，十分单调，而且广告业务一度还被中断。商业广告中的美女形象被彻底清除，代之以基层劳动者尤其是工农兵的形象，无论男女一律高大伟岸，目光炯炯，神情坚毅，斗志昂扬，充满视觉张力，在带给人们一种鼓舞的同时，也给人们一种刻板印象，缺少多样性。

朝鲜战争爆发后，中国国内掀起支援抗美援朝的大规模活动，为配合“抗美援朝、保家卫国”的斗争，广大城乡的政治宣传工作如火如荼，发布了许多政治宣传画。全国城乡的街道墙面满是革命标语，宣传画廊上多有关于新生政权、无产阶级领袖形象、工农业生产成就的宣传画。这些宣传画对新国家、新生活的演绎大多过于简单化与主题化。

全行业公司合营后，工业企业的很多产品由国营商业包销，从而导致广告业务的剧跌。在当时，已很少有再做广告的企业。报纸广告版面减少，一些城市的商业电台被取消，商品广告业务全面萎缩。[①]

针对社会上普遍存在的对广告的偏见，1956年5月28日，刘少奇在视察中央广播事业局时表示，“人民是喜欢广告的。生活琐事和人民有切身关系，许多人很注意和自己有关的广告。过去北京有一些电台播广告，你们取消了，是不是怕搞广告？报纸也是要登广告的。我看有些城市电台可以播广告”[②]。

在刘少奇的支持下，1956年《人民日报》改版，这是新中国成立后的第一次党报重大改革。改版之后，《人民日报》公开声明，自7月1日起刊登工业产品、商业、书刊、电影、戏剧等方面的广告，广告种类和数量增加非常明显。《人民日报》改版当天，第7版上刊登了中国科学院研究生招生广告，还刊登了《广播爱好者》《中国妇女》《毛泽东选集》等书刊广告和电影、演出广告；第8版上刊登了中国民用航空局、中国食品公司、中国交通电器公司（自行车、收音机）、上海交通电工器材公司等的广告，还刊登了《译文》《红岩》《新观察》等书刊广告。[③]

1958年，中国第二个五年计划开始实施，同时，整风运动和反右派斗争的不断升级，造成阶级斗争扩大化，广告的政治宣传色彩越来越浓，以至于商业广告日渐稀少。这种状况一直到布拉格国际广告大会召开后，才有所改变。同年底，社会主义国家在布拉格召开了国际广告工作会议。中国选派代表以观察员的身份出席了会议。会议期间，各国代表广泛地交流了广告工作经验，观赏了各种精美的展品，使得中国广告工作者大开眼界，获益良多。

随后，商业部发布通知，为了贯彻党的八大方针，实现国民经济计划和政治任务，全国商业系统要更好地发展社会主义广告事业，广告主题应选择富有教育意义和能激发人们高尚情操的，反对资本主义庸俗的气氛。广告的任务是：配合国家政策、政治运动进行政治宣传，并通过广告艺术形式来美化商品和市容，丰富人民的文化生活。1958年，商业部和铁道部联合发出通知，提出在大车站、候车室、车厢里、列车服务工具上广泛开展广告业务，更多地发挥配合党的政治、经济工作的宣传作用。

---

① 以上海为例，1954年上半年广告登记费预算收入94万元，实收105万元，超收11万元。下半年预算收入为887万元，实收705万元，少收182万元。1955年1月预算收入15万元，实收14万元，少收1万元。广告登记费用下降，表明了广告营业额的减少。1956年全市广告营业额仅为54万元。

② 中国共产党新闻工作文件汇编：下卷．北京：新华出版社，1980：374.

③ 刘冰．传媒印象：融媒时代新闻传播论题．北京：现代出版社，2014：113.

1959 年 5 月，商业部又发出《关于加强广告宣传和商品陈列工作的通知》，明确指出，广告业的宗旨就是为人民服务、为世界人民服务。该通知还指出：广告业务本身也是社会主义文化的重要组成部分，是教育人民、激励和鼓舞人民的不可或缺的艺术品。我国的广告是根据社会主义商业性质和广告的基本任务，为社会主义生产、消费、流通而服务于人民的。通知要求各地特别是对外开放城市做好商业广告宣传工作。同年 8 月，商业部在上海召开了 21 个对外开放城市的“商业广告会议”。这是新中国广告史上的一次具有重要意义的会议。

会议的主要议题是讨论商业部门如何进一步提高和改进商业广告、橱窗和商品的陈列工作。会议肯定了广告在社会主义经济中的积极作用：在社会主义制度下，商业广告是经常向人民群众如实地介绍商品、指导人民消费的基本方法之一，是社会主义文化领域中的一种美术形式；运用广告可以扩大城乡、内外交流，对搞好商品生产和改善企业经营，组织人民经济、文化生活是有益的。商业广告根据社会主义商业的性质和任务，应遵循“为生产、为消费、为商品流通、为美化市容”服务的“四为”方针；“必须把商品宣传和政治宣传结合起来，做到具有社会主义思想性、政策性、真实性、艺术性和民族风格”。此后，“四性一格”成为中国社会主义广告事业的基本特色。

因此，这一期间，媒体上的轻工业制成品广告开始增加。如“飞跃”牌胶鞋、“大虎”牌炼钢鞋、“齿轮”牌经济煤油炉、“双钱”牌打气炉、“幸福”牌摩托车、“长城”牌热水瓶、“玉叶”牌牙膏、“亚洲”牌合成洗衣粉等都刊登过广告。除了画面设计简单外，广告内容大都带有浓厚的政治色彩。例如，1959 年 4 月 13 日《光明日报》第四版刊登的永生金笔广告语是：“高举跃进红旗向高级精密产品进军!”同年 5 月 9 日第四版刊登的“千里靴”广告，更是充满政治意蕴。广告以漫画形式描绘了一个年轻、高大，穿着一双巨大的“千里靴”的中国工人正在跨越 1961 年。广告语为：“穿上千里靴，一步跨千里。全面赶西德，胜利在眼前。”广告下方是个形象丑陋、步履艰难的联邦德国资本家，与大步跨越的年轻工人形象形成鲜明的对比。

新中国成立十周年之际，由于商品奇缺，广告经营额急剧下降，只剩下少量的生产资料广告，以及书刊、电影、展览会之类的文化教育性广告。与此相对应，新中国成立初期全国广告费只占全国商品流转额的万分之三，商业系统的广告费仅占流转额的万分之一点五。即使在广告业发展比较好的几年里，广告业的营业额也是非常低的，1959 年广告业发展最好的上海市其营业额也只有 972 万元。

第二节　“文化大革命”时期的广告

从 1966 年到 1976 年，是中国的“文化大革命”时期。在这一特殊的历史时期中，商品经济、商品制度及中国传统的思想文化被彻底否定，广告被斥为“资本主义的产物”“骗人的生意经”，广告活动的正常发展受到了严重干扰，甚至一度被列为取缔对象，商业广告演变成政治宣传。

一、广告媒体的“红色风暴”

户外广告首先遭到严重破坏。在“文化大革命”开始后不久，红卫兵就开始了史无前例的扫“四旧”运动。传统的商店招牌和牌匾、楹联、门面的画饰以及广告、霓虹灯等都被看作“四旧”，统统被砸烂，一律改换为“工农兵”“革命”“文革”“红旗”“红卫”“井冈山”“东方红”等有政治含义字样的新招牌以及非常“革命化”的对联。

1966年8月23日的《人民日报》记载了当时的情景：

> 八月二十日以来，首都“红卫兵”纷纷走上街头，到处张贴革命传单和大字报，到处集会演说，向一切旧思想、旧文化、旧风俗、旧习惯发动猛烈攻击……他们在广大市民的热烈支持下，倡议把“长安街”改为“东方红大路”，把解放前禁止劳动人民通行的使馆区“东交民巷”改为“反帝路”，把“西交民巷”改为“反修路”……在“红卫兵”革命精神的鼓舞下，王府井百货大楼的革命职工，搬掉了门上“王府井”三个大字，改名为“北京市百货商店”，“东安市场”被改为“东风市场”。美帝国主义侵略者命名的“协和医院”被改为“反帝医院”，“同仁医院”被改为“工农兵医院”。“全聚德”烤鸭店的革命职工……砸掉了七十多年的“全聚德”三个字，正式换上了“北京烤鸭店”的新招牌……“亨得利钟表店”的革命职工们，在一九六四年以来曾经两次提出改掉老字号的要求，……一直没有实现。现在，职工们在“红卫兵”的鼓舞下，经过集体讨论，已改名为“首都钟表店”。
>
> 二十日晚上，当“红卫兵”把沿用资本家命名的“徐顺昌服装店”改名为“东风服装店”时，街道上顿时响起一片掌声，人们齐声高呼：“毛主席万岁！”“东风压倒西风！”①

路人走在路上，会被“红卫兵”“革命群众”抓住，强行剪掉小裤管，高跟鞋被削成平底鞋。剪“飞机头”的男人，或者是烫卷发的女人，会被“红卫兵”揪起来飞剪几下，变成“鸡窝”头，要是还敢抗议，干脆被剃成光头。有些服装店的门上，还贴上了充满革命激情的对联：“革命服装大做特做快做，奇装异服大灭特灭快灭。”

在上海，市第一商业局所属8个公司共有零售商店3 700多家，改换招牌的就达到3 000家以上。更换的新名称重复现象严重。例如，上海市鞋帽服装公司有零售商店417家，改换新招牌后有340家重复，仅“红卫”商店就有32家。北京市王府井一条街就有6个以“红旗”命名的商店。

在天津，商业中心滨江道一带，许多商店也换去了旧字号。天津市最大的商场“劝业场”沿用了36年的牌子被革命职工砸掉了，换上了“人民商场”的新名称；具有45年历史的“北洋”纱厂被职工们改名为“四新”纱厂，该厂原来的拳头产品“金三鼎”牌棉纱商标也被改为“工农”牌商标。

全国其他城市，如广州、南京、西安、重庆、郑州、济南、合肥、南昌、成都、武汉、长沙等也纷纷效仿。一时间，砸“四旧”、换名称的风潮弥漫全国城乡。

---

① “红卫兵”向旧思想旧文化旧风俗旧习惯发起猛烈攻击．人民日报，1966－08－23.

在“红色风暴”的席卷下，商店的橱窗广告也一律改为陈列“红太阳”画面、毛主席著作、毛主席语录和红色政治标语口号。部分仍存在的商店及粮店之类的陈列广告，所陈列的样品都是“非卖品”，是为了美化环境、体现市场繁荣而摆设的。

这场运动直接波及商品本身，以至于各大商场被迫停售所谓“有问题”的商品。这些“有问题”的商品主要指：一是商品本身“有问题”的，如中高档化妆品、工艺美术品、金银饰品、高跟鞋、绣花枕头、扑克牌以及高档烟酒等。二是所谓商品本身虽无问题，但名称、商标、图案、造型“有问题”的，如带有天女散花、鸳鸯戏水、长命富贵、八仙过海等图案的；带有外文或外文译音的，如卡其、华达呢、凡尔丁、维尼龙、巧克力、威士忌等；带有私人姓名的，如张小泉剪刀、白敬宇眼药等，以及毛线、毛衣、毛毯等带有“毛”字的商品。这些商品统统在停售之列。据调查，仅北京市百货大楼停售的“有问题”的商品就达 6 800 多种，占该公司经营品种总数的 20%，武汉市武汉商场停售的“有问题”的商品有 4 200 种，占该商场原经营品种的 24%。这导致了商场经营品种的单调，严重影响了商业的正常发展。①

其次，广电、出版媒体受到极大冲击。在“文化大革命”中，一家接一家的广播电台先后停止了广告经营，直到被彻底取消。报纸、杂志、图书的出版数量急剧下降。1965 年全国出版图书共 20 143 种，杂志共 700 种，报纸共 343 种；到 1970 年，图书下降到 4 889 种；杂志共 21 种，减少了 679 种；报纸共 42 种，减少了 301 种。②

在这种情形下，广告市场逐步萎缩，甚至消失，商品的广告活动基本停顿。霓虹灯广告被禁止，报刊只保留极为少量的版面用来刊登政治书刊宣传，以及“样板戏”演出之类的革命文艺消息。偶尔也会点缀一点生产资料类产品的简单广告，但也充满着“高大上”的语言。当时的《人民日报》就是政治、文化的风向标，在这份社会上有着巨大威信的报纸上，到 1970 年 1 月中旬之后，商业广告彻底消失了。

二、广告公司和广告管理的式微

这一时期，许多城市的广告管理机构被撤销，广告公司被解散，人员或改行或下放劳动，不少技术档案资料被销毁或被当作废纸出售。如上海市广告公司改名为上海市美术公司，靠接受画稿设计、承办政治宣传牌施工等业务勉强维持。上海市霓虹灯电器厂则主要靠生产变压器、晒图灯等产品为生。

广州市的广告管理工作也受到严重冲击。1970 年 12 月 24 日，广州市革命委员会财贸办公室决定撤销广州市广告管理所，广告行业趋于解体。不久，全国其他地方的广告管理机构也陆续被撤销，商业广告从人们的视野中消失，国家行政机关对商业广告的监督与管理的功能减弱。

三、广告走向极端的政治化

在“政治挂帅”的口号下，“文化大革命”时期的政治广告异常繁荣，达到空前绝后

① 商业部商业经济研究所．新中国商业史稿．北京：中国财政经济出版社，1984：318.

② 张宝文．广告与公关．青岛：青岛出版社，1994：39.

的鼎盛。

这一时期的各种户外广告，特别是路牌广告，被铺天盖地的、主要颜色为红黑色或红白色的政治宣传口号、政治人物形象所代替，宣传墙、宣传牌、包装盒和语录牌形成了所谓“红色海洋”的政治景观（见图3－2）。

1968年12月，《人民日报》引述了毛泽东的指示“知识青年到农村去，接受贫下中农的再教育，很有必要”，“上山下乡运动”大规模展开。当年在校的城镇户口的初中生和高中生，几乎全部前往农村（见图3－3）。上山下乡的知识青年总人数达到1 600多万人，1/10的城市人口来到了乡村。这是人类现代历史上罕见的从城市到乡村的人口大迁移。

报刊保留的广告多是宣传政治书刊及革命文艺的。无论是在全国性报刊如《人民日报》《光明日报》《文汇报》《南方日报》等，还是在地方性的报刊，政治宣传画和政治口号随处可见，现代意义上的广告基本上偃旗息鼓，传统意义上的市声广告只能偶尔在乡间野外听到。

图3－2 “文化大革命”时期的路牌广告

图3－3 “文化大革命”时期的海报（1970年）

第三节 改革开放初期的中国广告

一、广告业的缓慢复苏

1978年12月18日至22日，中共中央在北京召开了党的十一届三中全会，这是新中国成立以来中国共产党历史上具有深远意义的会议。全会作出了把党和国家的工作重心转移到经济建设上来，实行改革开放的重大决策，开始了以阶级斗争为纲到以经济建设为中心、从封闭到对外开放的历史性转变。从此，中国进入了一个经济复苏时期，中国的广告事业由此步入复苏阶段。这个转折是全局性的、根本性的，也是极其伟大的。

中国广告业的复苏始自1979年。而这场破冰之旅，则是由报纸媒体率先而行。

（一）报纸媒体广告

早在1978年，上海广告公司通过《工人日报》向时任中宣部部长的胡耀邦提出恢复国内商业广告的建议，得到了肯定的答复后报纸媒体率先恢复广告业务。

1979年1月4日的《天津日报》在第三版率先刊登了天津牙膏厂“蓝天”牌等五种牙膏产品的广告，从而吹响了广告复苏的号角，这则广告是有据可查的中国改革开放后第一则消费品报纸广告（见图3-4）。

图3-4　“蓝天”牌牙膏的报纸广告（1979年）

但在这个时期，“广告是资本主义的东西，不应在社会主义中国存在”的观念在人们的头脑中还是广泛而顽固地存在着，难以消除，甚至有人在北京西单的墙上贴出了“广告滚蛋”的传单。缺乏社会认同和舆论支持，广告业务困难重重。于是，1979年1月14日，《文汇报》发表了丁允朋的文章《为广告正名》，文章指出：

> 我们有必要把广告当作促进内外贸易、改善经营管理的一门学问对待，我们应该运用广告给人们以知识和方便，沟通和密切群众与生产部门之间的关系。

文章对广告存在的合法性和必要性进行了论证，指出“广告能指导商品流向，促进销售”。文章的发表引起社会的极大反响，人们议论纷纷，褒贬不一。很快，媒体开始表态，如《人民日报》对广告做了四篇专门的报道，分别是《上海恢复商品广告业务》《漫谈外国广告》《一条广告的启示》和《一张广告救了一个厂》。这四篇文章通过讲述与广告有关的实际案例故事或陈述广告业内正在发生变化的形式，向大众介绍广告的回归以及其发挥的积极作用。在国外，德国《明镜》周刊在2月21日发表的一篇报道《开阔眼界》对这些举动进行了评论：“1976年上海出版的《新闻学小辞典》中说：‘广告在资本主义社会中有一种明显欺骗的特征……打从去年起，复旦大学专家们的这种看法已经吃不开了……现在，他们又要给‘广告重新恢复名誉’了——上海的《文汇报》中有一篇文章就是这样说的。”日本及西方国家的报刊纷纷认为这是中国改革开放的一大标志。

1979年1月底2月初，时任国务院副总理的邓小平出访美国，全世界都在密切关注着中国的变化。1月28日的上海《解放日报》与往日不同，报头及报眼均套红印刷，并首次在第2版下部及第3版下部登载了两条通栏广告：上海市工艺美术工业公司和上海食品工业公司的商业广告。[①] 2月10日，《文汇报》第3版刊登了一条介绍上海市药材公司经销药品的通栏广告。

1979年3月20日《工人日报》整版刊登了日本东芝电气株式会社的广告，这是新中国成立以来首例外商来华宣传其产品的报纸广告。23日，《文汇报》和《解放日报》分

① 标题分别为《上海工艺美术工业公司所属部分工厂产品介绍》和《上海市食品工业公司所属工厂产品介绍》。

别刊登了日本精工表和美能达照相机广告。

地方报纸媒体的广告发展促进了全国性权威媒体的改变。1979年4月17日，《人民日报》刊登了地质仪器广告和其他商品广告。这对于全国报纸媒体商业广告业务的恢复有着决定性的意义。

在京、津、沪地区报纸媒体的率先垂范下，1979年4月5日《南方日报》刊登了瑞士雷达表广告，《浙江日报》《杭州日报》等媒体也分别刊登了大量的商务广告。据统计，当时在全国工商行政管理机关已登记的经营广告的报纸已经达到231种。

（二）广播电视媒体广告

与报纸广告的出现相比，电视、广播广告稍晚一步。

1979年1月28日17点05分，上海电视台打出“上海电视台即日起受理广告业务”的字幕，随即播出了中国内地首条电视商业广告：“参桂养荣酒”。该广告由四个片段构成：第一个片段是买“参桂养荣酒”的情景，第二个片段是往长辈家里去，第三个片段是在长辈家里，最后一个片段是老先生拿到酒很开心。该广告片是在上海市美术公司的委托、协助下，由上海电视新闻组摄影记者吴国泰摄制的，片长1分30秒，共播出8次。这条电视商业广告的播出，距离1941年美国播出全世界第一条电视广告，时间过去了整整38年。

在此情况下，外商手表企业捷足先登，率先在中国电视台上展开了广告攻势。1979年3月15日，上海电视台播出了中国内地第一条外商电视广告——瑞士雷达表广告。虽然当时上海的电视观众为数很少，广告片也是用英文解说的，但是中国电视播出外国广告的消息还是不胫而走，迅速引起了人们的极大关注。据统计，在广告播出后的两天内，有700余人去上海黄浦钟表店（现今的亨得利）询问这种与军事雷达重名的来自瑞士的雷达表。①

广播电台也闻风而起。1979年3月5日，上海人民广播电台在全国广播电台中率先宣布恢复广告业务。上海家用化学品厂敏锐地发现，尽管参桂养荣酒的电视广告大获成功，但当时电视机的普及程度还十分有限，与其在电视上做广告还不如在电台上做广告影响大。于是，3月15日，就有了改革开放后上海人民广播电台播出的全国首例广播广告——“春蕾”牌药性发乳广告。该广告通过四个频率连续一个多月的播出，产生了巨大影响，市场上的“春蕾”牌药性发乳全部脱销。

不久，中央广播事业局召开了全国电视节目会议，宣布将原来在经济上对中央电视台②的全额预算改为差额补助，允许电视台开展广告业务和接受企业赞助。

在新政策的促进下，1979年3月15日，中央电视台首次播出外商“西铁城——星辰表，誉满全球”的广告，接着又播出了外商威斯汀豪斯电器广告。为此，香港《大公报》发表评论称：“广告的出现犹如一声长笛，标志着中国经济巨轮启航。”

1979年5月，北京市属的北京电视台正式开播。自此，全国29个省、自治区和直辖市

---

① 中国电视广告浮沉记．（2007-11-14）［2024-03-25］．http：//sh.eastday.com/eastday/dsjj/d/20071114/u1a373978.html.

② 1958年9月，中央电视台前身北京电视台正式开播。1978年5月，北京电视台更名为中央电视台。

都建立起电视台。上海电视台率先拟订了《广告业务实行办法》和《国内外广告收费标准》，为电视广告市场提供了参考规范。随后，可口可乐、雀巢咖啡、丰田汽车、夏普电器等国际品牌产品纷纷登陆中国各类媒体，展示形象。

1979 年下半年，中央电视台成立广告科，开展广告业务。同年 12 月中央电视台播出了第一条自制的首都出租汽车公司的广告，不久又为河北冀县暖气片厂制作并播出了广告。中央电视台在两套节目中播出广告，每天五分钟，分三种形式：一种是介绍商品的，一种是介绍厂商的，还有一种是外商提供的带广告性质的节目（如纪录片）。

1980 年，中央电视台引进了日本动画片《铁臂阿童木》，其中的贴片广告——东芝广告深深地印入了人们的脑海之中：一个身穿未来装的女孩载歌载舞，“TOSHIBA，TOSHIBA，新时代的东芝”循环往复，令人难忘。同样，卡西欧也是在那时成为中国几乎家喻户晓的品牌。

1984 年，中央电视台成立了中国国际电视服务总公司，并在公司里成立了广告部。1987 年，广告部从中分离出来，变成中央电视台的一部分。从此，广告部的运作逐渐走上正轨。

（三）户外媒体广告

在商业浪潮的推动下，1979 年新春伊始，北京市将语录牌改建为广告牌，同时又新建了一些路牌。繁华的王府井大街南口一下子就竖起 10 块广告牌，引得路人争相观看。全市共有 300 多块广告牌，总面积约 6 000 平方米，居全国之冠。1979 年 1 月北京街头出现的北京日化三厂的“奥琪”牌化妆品广告牌，应该是改革开放后北京街头出现最早的也是最大的一个美女形象路牌广告（见图 3－5）。这块手绘广告牌位于沙滩大街十字路口上，视觉冲击力极大，来来往往的人无不多看几眼。其后，在西单竖立的三洋电器广告牌是新中国成立以来北京第一块外商广告牌，也是长安街上第一条霓虹灯广告。

图 3－5　户外广告（“奥琪”牌化妆品，1979 年，北京）

1979 年 2 月，上海也积极响应，恢复了路牌广告业务，首先把南京路上的语录牌改为户外广告牌。同时，在11个公交站点设置广告路牌40余块。3月10日，上海美术公司开始受理户外广告业务，结果是预订一空。其中，日本丰田公司在上海机场路上的一块广告牌“车到山前必有路，有路必有丰田车”，给出入机场的中外旅客留下了深刻印象，丰田车从此闻名中国大江南北。同年6月，北京市委同意恢复户外广告，委托北京市美术公司规划北京的路牌广告。

1979年春至1980年初，是北京市户外广告发展的高峰期，除了西单、王府井外，东单、建国门、公主坟、前门、崇文门、鼓楼、西四、新街口、大北窑等繁华地段，都出现了巨幅户外广告。

当时的著名品牌，如瑞士雷达表、西铁城手表、精工表、松下电器、索尼电器、可口可乐、雀巢咖啡、白猫洗衣粉、“鹅”牌衬衫、金星电视等都投放了户外媒体广告。

高大醒目的外商广告牌受到来自各方面的质疑，尤其是位于西单、王府井的外商路牌广告成为人们争议的焦点。代表性的事件是北京的松下橱窗广告事件和上海的东芝广告事件。

（1）北京的松下橱窗广告事件。1979年12月27日，北京市百货大楼的第7号橱窗，展示了以“实现家庭电器化，提高文化生活”为主题的日本松下电器产品。橱窗里，一个年轻貌美的日本家庭主妇模样的人形模特，手端茶盘站立在摆着电视机、电冰箱、洗衣机、音响等各种家用电器的现代家庭环境中，向人们展现出一幅美好家庭生活的图画。松下电器橱窗为饱经10年“文化大革命”创伤的中国百姓，开启了一扇了解国外先进生产力与高质量生活水平的小“橱窗”，引得川流不息的行人驻足观赏。但是，它也引起了许多人的忧虑甚至猛烈抨击，认为这是崇洋媚外，是宣传高消费和资本主义的生活方式，更有甚者，将标题为《彻头彻尾的卖国主义！》的小字报贴到了松下橱窗的玻璃上，声称：“国家即使恢复了广告，但北京是首都，也不应该搞什么广告！”

松下橱窗所掀起的“撤”与“禁”的风波，引起了北京市有关部门的高度重视，经过多次开会研究、协商，并且经国务院领导亲自过问，才使松下橱窗广告按照合同计划继续执行。

这一时期的户外广告以路牌广告为主，虽然整体水平不高，但在推动树立广告意识、为广告正名的运动中却起到了举足轻重的作用。

（2）上海的东芝广告事件。1985年8月，上海国际饭店顶层安装了一块巨大的日商东芝霓虹灯广告，遭到市民的强烈抗议。几个月后，上海《文汇报》和《解放日报》分别以言论的方式对此次东芝广告事件作了报道，并对这一争论提出了正面看法。1986年4月11日，《文汇报》发表了《有感于一则广告的争论》一文。文中指出：我们要进行社会主义现代化建设，在商品、资源上就需要同其他国家互通有无。让外商到中国来做广告，并不涉及国家主权这样的政治问题。民族自信心的强与弱，同外商广告的多与少、突出与否并无必然联系，如果一则外商广告都接受不了，又怎么能采取灵活的方式吸引更多的外资来上海呢？正常的经济交往活动有利于双方经济的发展。但是争议并未停止。此事最后以在上海国际饭店顶层的其他几个方向添置国内广告牌而获得解决。

这两次广告事件，使得北京和上海的市民最早认可了广告，商品意识的观念得到了加强。

随着改革开放的不断深入，国人的心态逐渐由封闭转向开放，对外商做广告的认知逐渐趋于理性，已经认识到广告只是一种营销和传播的手段，不应承载太多的政治内涵。

在此背景下，当时主管广告业务的中宣部发布了《关于报刊、广播、电视台刊登和播放外国商品广告的通知》。通知不仅认可了外商广告的出现，同时也允许媒体开展外商广告经营活动。作为中国共产党建党以来第一个直接指导外商广告事业的文件，它极大地推动了中国对外广告业务的全面开展，对中国新时期的广告事业的发展有着划时代的意义。由此，外商广告终于获得了进入中国的正式通行证。

（四）广告机构的恢复与重建

1979年8月10日，北京广告公司正式成立，这是改革开放以来中国第一家广告公司。1980年5月北京广告公司与北京市美术公司（1962年成立）合并，改称北京市广告公司。与此同时，上海也先后恢复了上海广告公司、上海市广告装潢公司，以及上海市美术设计公司。

不久，北京市委发布文件，决定将北京市广告公司改名为北京市广告艺术公司，并明确户外广告由北京市广告艺术公司统一规划、制作、经营。8月到10月间，广东省广告公司、天津市广告公司及广州市广告公司先后成立。随后，沈阳、杭州、武汉、南京、成都等地也纷纷出现了广告公司。同时，全国第一家集体制广告企业——唐山市美术（广告）公司成立。

1981年2月，中国广告联合总公司成立，这是中国第一家由25个独立核算的成员广告公司组成的集团性广告公司。8月21日，中国对外经济贸易广告协会成立，它由全国对外贸易系统的专业广告公司和报刊、出版社等兼营广告的单位，以及专业进出口总公司、工贸进出口公司的广告宣传部门联合组成，由对外经济贸易部直接领导。广告实践迅猛发展的同时，广告理论的研究和教学也得到了重视。这一年的12月10日，辽宁省广告协会成立，这是全国第一个省级广告协会。1982年2月21日，中华全国广告协会第一次代表大会在北京召开，同时更名为“中国广告学会”。该会由从事广告工作的工艺美术者、科研人员、教育工作者及广告经营单位人员组成。1984年2月，该会并入中国广告协会。

在改革开放的背景下，一些外资广告公司纷纷登陆中国。1979年，日本电通广告公司最早进入中国内地，与北京广告公司、上海广告公司合作，开展进出口广告业务，并于1980年经政府批准率先在北京、上海设立电通事务所，开始在中国进行调查、效果研究领域的探索。李奥贝纳（中国）广告公司在香港成立，并开始发展中国的业务。日本博报堂设置了中国部门，开始研讨日本企业利用中国媒体进行广告宣传的可能性，并推出向中国介绍日本的广告。大广社、向阳社也陆续进入中国开展业务。

这一阶段的特征如下：广告公司纷纷恢复，生机勃勃；广告经营活动主要集中在北京、上海、天津、广州等少数城市；广告的发布主要依靠报纸、广播和电视等大众媒体。广告作为一个新兴的行业，它的快速成长引起了全社会的密切关注，但人们对于广告的态度却大相径庭：思想观念解放者鼓掌欢迎，思想观念保守者不屑一顾，更多的人是不置可否、静观其变。

据初步统计，1981年底全国有广告公司60余家，到1982年底达到115家，广告从业人员超过1.6万人，广告营业额近1.2亿元人民币。

二、改革开放初期的广告

党的十一届三中全会召开，吹响了中国改革开放、建设社会主义现代化强国的号角。由此，政治、经济、文化体制改革全面展开，经济大潮涌动，市场日益开放，商品不断丰富，广告以崭新的姿态再次跃上历史的舞台。

（一）媒体广告的迅速发展

进入20世纪80年代，随着改革开放的发展，各种媒体的广告功能都被激发出来，广告以一种极为新鲜的面孔走进千家万户。

1. 报纸媒体广告

20世纪80年代初，报纸是中国最为普及化的媒体，有着极高的权威性。因此，报纸广告在引导人们消费观念的改变上做出了突出贡献。

1983年，江苏盐城无线电厂第一次在北京展销“燕舞”牌收录机，同时在《人民日报》《北京晚报》和北京电视台投放广告，“燕舞，燕舞，一曲歌来一片情”的广告唱词迅速流传，收录机被抢购一空。当年燕舞集团的一个中层领导曾经回忆说：“在北京办事处工作的时候，我亲眼看见北京市民大雪天熬夜排队来买我们的‘燕舞’收录机。”[①]

1981年1月8日，北京的《市场报》在并不显著的位置上刊登了新中国成立以来全国第一则征婚广告，广告刊出后引起了全社会的极大反响。一个月后，来自全国各地的应征者达300余人。这则征婚广告给国人传统婚恋观念带来了巨大的冲击。此后，征婚广告开始频频在媒体上亮相。同年，北京市广告艺术公司设计的“双菱”牌拉链借用影星刘晓庆的形象做广告，开创了改革开放后中国名人广告的先河。

为了适应读者不断增长的信息需求，报纸率先“变脸”。1987年1月1日，《广州日报》由四版改为八版，成为新中国第一份对开八版的地方报纸。这是中国报业一个划时代的创举，一举打破了整个中国报业几十年来形成的地方各大报纸只有对开四版的传统局面。从此，《广州日报》走上了飞速发展的道路。到1989年，《广州日报》发行量达33.7万份，广告收入达到1 580万元人民币，在全国排第四位。1990年元旦，报社开始自办发行，成为全国首批实行自办发行的报纸之一。1990年的广告收入达到2 250万元人民币。1991年，报社又在全国首次举办了“广州日报杯”华文报纸广告奖的前身——“广州日报杯”报纸优秀广告作品评奖活动，评选在《广州日报》上刊登过的报纸广告作品，其宗旨是“鼓励广告创作，繁荣报纸广告市场”。一年一次的评奖活动对于推动报纸广告发展起到了积极的作用。

到1991年底，全国报纸广告经营单位为1 387家，广告从业人员8 454人。在1992年的广告媒体排位中，报纸位居第二，仅次于电视。

---

① 音乐长存 燕舞永逝．(2013-05-02)[2024-03-20]. http://digi.tech.qq.com/a/20130502/000049.html.

2. 广播媒体广告

1983 年，中国 29 个省、自治区、直辖市的广播电台联合举办“全国优质产品节目”广告联播。1985 年，中国广告协会广播委员会举办“首届广播广告优秀作品评选活动”。进入 90 年代，各广播电台掀起了频道专门化的风潮。1991 年，中国首家交通台——上海交通台诞生；广东人民广播电台的音乐台开播；佛山人民广播电台实行 24 小时立体声播出，这是国内首家实行 24 小时播音的广播电台。1992 年，上海东方广播电台成立，打破了全国一地一台的格局。接着，北京、陕西率先开播了经济广播电台。当时，活力 28 洗衣粉、恒源祥毛线、来福灵杀虫剂、东芝电视机、飞亚达手表等的广播广告都给听众留下了深刻的印象。

1991 年底，全国广播广告经营单位为 623 家，广告从业人员 4 318 人，年广告营业额14 049.2 万元人民币。

3. 杂志媒体广告

在传统的四大广告媒体中，杂志广告的发展最为缓慢。1991 年，在全国范围内，文化用品、书报杂志等智力投资呈现了下降趋势，但是杂志广告的设计制作水平有了很大的提高，杂志广告的效果更不容忽视。

1981 年，柳州市牙膏厂生产的“两面针”牌牙膏在报纸杂志、电视上投放广告，当年就取得很好的销售效果。在 1989 年 10 月 31 日于杭州举行的第二届“全国广告优秀作品展”中，杂志广告《冠军始于足下》获得好评。

1985 年，继《中国广告》之后，中国对外贸易广告协会主办的《国际广告》杂志在上海出版发行。1988 年，它由上海迁到北京出版，影响不断扩大。

经过 10 年的发展，到 1991 年底，全国期刊广告经营单位有 2 327 家，广告从业人员 10 623人，年广告营业额达9 989.6万元人民币。

4. 电视媒体广告

随着人们消费水平和企业生产能力的提高，电视机开始走进千家万户。据统计，1987 年全国已有 48%的家庭拥有电视机，总数达 1.2 亿台以上，观众人数达 6 亿，占全国总人口的 56%，全国电视覆盖面达 73%。当时的电视属于新生事物，又是唯一能够进行动态演示的感性型媒体，能带给观众特别真实的感觉，对观众的冲击力和感染力是其他任何媒体都难以达到的。因此电视广告备受商家的青睐。“我们是害虫，我们是害虫，正义的来福灵，正义的来福灵，一定要把害虫杀死、杀死、杀死。”这是中国历经十年动荡之后，万物复苏，经济建设刚刚起步时，德国生产的“来福灵”牌农药在中国所做的电视广告。广告用歌唱形式播出，画面是一群张牙舞爪的害虫肆无忌惮地飞过来。这时，“正义之士”来福灵向它们迎头喷去药剂，害虫们应声倒地，气绝身亡。广告中的动画表现形式令广大的中国观众耳目一新。

随着电视广告营业额的猛增，1986 年全国电视广告收入已突破亿元大关。1988 年，北京国安广告总公司与中央电视台联合开设了第一个电视广告专栏《榜上有名》，随后又开办了专栏《名不虚传》，在《新闻联播》后的《天气预报》中插播广告。

在公益广告方面，1986 年，贵阳电视台制作并播出了一则关于节约用水的公益广告，在贵阳市民当中引起强烈反响。这是我国第一条成熟的电视公益广告片，标志着我国电视公益广告的正式诞生。在播出该则广告的第四季度，贵阳市自来水消费量比上年同期减少了47万吨。

1987年10月26日，中央电视台开办了《广而告之》栏目，成为中国广告史上第一个电视公益广告栏目。该栏目以一种新颖的视角采撷了许多日常生活中不被人们重视但又确实需要引起重视并加以改正的生活细节，通过电视语言巧妙地进行展示。据统计，1987—1996年期间，《广而告之》栏目共播出了844则公益广告，是20世纪80年代影响最大的公益广告栏目，翻开了我国公益广告事业的新篇章。

1992年，电视广告开始使用电脑制作。是年，中央电视台一套、二套每天播出广告的时间长达50多分钟，年广告营业额4.9亿元人民币。

（二）广告业的多元化发展

20世纪80年代初，在广告公司的企业性质上，几乎是国有与集体所有一统天下。虽然有少量私营（民营、个体）广告企业存在，但它们只是对广告市场起着拾遗补阙的作用。1983年，在调整的举措下，个体广告经营单位被限制在广告设计、制作的范围之内，实施“限制、引导、管理”三原则，发展受到约束，一般规模较小，经营状况不稳定，时有萎缩的现象。中国广告协会统计资料显示，当时广告经营企业的广告经营额排名前十位的，均为本土广告公司，而且多为国有企业。到1990年底，全国私营广告企业有1 336家，广告从业人员2 634人，广告营业额787万元人民币。不仅规模小，而且高度分散。

尽管这一时期中国广告业的发展仍处于“弱公司，强媒体”的环境下，但其还是以蓬勃的生命力飞速发展着：1981—1991年这十年间，中国的广告业就开始以年均40%的速度增长着，远远超过了经济增长的速度，这种情况在国外也不多见。1981年，全国广告经营单位只有1 160家，广告从业人员16 160人，广告营业额1.18亿元人民币。到1991年，全国广告经营单位达11 769家，广告从业人员达134 506人，广告营业额上升至35亿元人民币，广告费占国内生产总值的比重由1981年的0.024%上升到0.162%。

广告的价值已逐渐为大多数国人所认同，企业的广告意识、广告公司的现代广告新观念（包括市场观念、信息观念、竞争观念、战略观念、经济和社会效益观念等）都已逐渐形成。同时，各级协会组织如雨后春笋般建立。

外资广告企业看到了中国市场发展的巨大潜能，跃跃欲试。1985年，日本电通广告公司捷足先登，成立了中国第一家具有中日合资性质的天津联谊广告公司。接着，李奥贝纳（中国）广告公司成立，宣布开展中国广告业务。1986年，中国国际广告公司与扬罗必凯广告公司、电通广告公司联合成立了中国电扬广告公司，这是中国内地第一家合资的4A广告公司。至1990年底，全国有17家与外资合营的广告企业，从业人员达到187人，广告营业额1 531万元人民币。由于政策的限制和其他原因，这些企业处于寻找合作伙伴、探索经营方式的阶段，并未发挥其跨国大企业应有的作用，对中国的广告市场影响不大。

1991年11月12日，BBDO与中国广告联合总公司合资组建了天联广告公司。

（三）广告理论的初步探索

1979 年，中国广告业复苏，有关广告的论著相继问世：1981 年，唐忠朴和贾斌等合著的《实用广告学》出版，这是中国广告恢复时期的第一本专著。接着，潘大钧、张庶平合作出版了专著《广告知识与技巧》。1985 年，傅汉章、邝铁军合著的《广告学》出版。

1983 年 5 月 30 日，厦门大学新闻系创办了中国高等院校第一个广告学专业，面向全国招生。从此中国有了自己的专业化广告人才的培养基地。

1984 年 10 月，中国代表团应邀参加在日本召开的国际广告协会第 29 届世界广告大会。这是中国广告界首次参加国际性的大型广告活动。第二年的 6 月，中国广告代表团又应邀出席了在泰国曼谷召开的亚洲广告协会联盟第 15 次大会。这些会议对于开阔我国广告界的视野，增强与国际广告界的交流起到了桥梁作用。

1987 年 2 月，《中国广告年鉴》编委会在北京成立，决定编辑出版《中国广告年鉴》。同年的 6 月 16 日，第三世界广告大会在北京举行，国务院代总理万里出席开幕式，国家主席李先念接见了全体会议代表。这是首次在中国召开的世界性广告大会，标志着中国广告业已开始步入国际舞台。

1991 年，中国友谊出版公司出版了一套“现代广告学名著丛书”，主要是一些翻译成中文的西方广告学名著，包括大卫·奥格威的《一个广告人的自白》等。

（四）广告创意与策划时代的开启

广告复兴之初的几年里，大多数广告从业者的广告知识还很匮乏，并不知道怎么“做”广告，电视广告更是他们从未接触过的课题，更不要说如何“做”现代广告了。因此，存在着广告运作简单化、广告语言程式化和广告设计粗糙化的现象。报纸广告，文案加图片，不厌其烦；广电广告，高速播送，企图依靠播音员的高分贝音量取得广告效果。无论什么类型的广告，都充满了各种各样的“奖证”与“浮夸”之词。

例如，1979 年 11 月 12 日，《文汇报》发布了一条由上海柴油机厂自行设计的产品广告，这则广告在显著位置注明该产品“荣获国家一等品奖”，声称该产品“历史悠久、质量可靠、配套便利、配件齐全、服务周到、实行三包、欢迎订购、代客改装、畅销全国、面向全球”。这引发了以获奖来证明广告产品优良的“打油诗”形式的文字广告之风。一种类似于“畅销海内外，誉满全球”“畅销国内外，驰名中外”“实行三包，代办托运”之类的浮夸八股形式的广告盛行。

无论是“告知式”的广告还是“艺术式”的广告，都只是一厢情愿的自言自语。前者站在广告客户的立场上，视点落在产品上，表现出急功近利的心态；后者站在广告人/设计者的立场上，视点落在“自我”上，体现出自恋式的表现主义心态。起初，这些办法还能奏效。但随着“奖证广告”越来越多，以至于到了凡广告产品皆获奖的地步，奖证的可信性开始降低，尤其是当广告词越来越大而无当、信口开河之时，消费者对广告失去了耐心。

1986 年，《中国广告》第 1 期发表了《海外人士谈广告》一文，指出了这一现象的根源："国内近年来对广告已开始重视，不过对广告的要求仍只限于商品资料的传达，至于广告的另一功用——打动消费者的心、引起或加强消费者对商品的需求——似乎未能清楚掌握……对广告认识不深的人，一般以为广告与其所用媒体传达的其他讯息相同，例如报章广告，作用与报章新闻消息并无二致，以为读者阅读时的心理状态与吸收过程完全一样。因此，广告亦追随新闻表达的方式，有多少说多少，不肯浪费篇幅，以免浪费金钱。由于这种误解，因此国内所见广告绝大多数只着重介绍商品名称，以最枯燥乏味的文字来说明商品的作用和好处，对于读者或消费者的反应，缺乏清楚预计及掌握。"可谓一针见血。

但是，随着中外广告交流的不断增多，中国的广告策划与创意水平受到越来越多的关注，尤其是在一些经济较为发达的城市，广告人的职业素质与创意能力迅速得到提高。

1986年8月，中国广告协会在咸阳召开全国广告学术讨论会。会上，北京广告公司负责人在题为《面对新形势的中国专业广告公司》的报告中，首次提出"以创意为中心，为客户提供全面服务"的新理念，引起与会者的热烈反响。其后12月召开的中国广告联合总公司成员公司会议再次肯定了这一理念，明确要求广告公司今后要把业务工作的重点转移到"以策划为主导，以创意为中心，为客户提供全面服务"的方向上来。这个理念引领了中国广告发展的新方向，成为中国广告向科学化运作迈出的实质性一步。越来越多的本土广告公司逐渐认同这一理念，并付诸实践。

"名人广告是中国现代广告创意的发端。"① 1988年，影星潘虹因在《井》中成功地扮演了徐丽莎这个角色而荣获第八届中国电影金鸡奖最佳女主角奖。同年，潘虹为霞飞化妆品"中国一号"拍摄的广告刊出，引起较大反响。

1989年，著名影星李默然受邀为深圳南方制药厂的三九胃泰产品代言广告（见图3-6），从而开创了中国改革开放以来名人广告的新纪元。在电视广告中，李默然一身西装，表情严肃，手里拿着一个三九胃泰的药盒，声音洪亮，目光犀利地说道：

干我们这一行生活没有规律，经常患胃病……三九胃泰是治胃病的良药。

图3-6 明星代言的影视广告截图（三九胃泰，1989年）

① 杨海军．新编中外广告史．上海：复旦大学出版社，2009：146.

广告播出之后，出乎意料地引起了轩然大波。很多观众寄信来表达自己的不满，认为老艺术家代言广告给“邓大人”（李默然在影片《甲午风云》中饰演邓世昌）丢脸，有战士写信说：“您一直是我心中的偶像，没想到您也把自己当成商品……”一时间，各种质疑的声音纷至沓来。与此情形截然相反的是，李默然这一条广告却让生产三九胃泰的三九集团名声大噪。

尽管人们对名人代言广告的做法褒贬不一，但名人代言的广告不仅对受众产生了巨大的影响，而且为企业带来了显著的经济效益。1990 年底，在杭州举办的全国医药订货会上，三九胃泰冲剂备受青睐，成交额超过 7 000 万元人民币，开创了该厂参加历次全国订货会的最高纪录。1992 年，三九集团创造产值 16 亿元人民币，并在很长一段时间内成为中国国内中医药行业最大的企业。①

自此之后，中国内地开始了名人与企业一同为中国广告书写历史新篇章的征程，影星、歌星、球星、名流竞相亮相电视，登上报纸，名人广告一发不可收拾。

1990 年，汪明荃携手容声冰箱拍摄了一个电视广告片，向消费者推荐容声冰箱，从而成为在中国内地第一个代言广告的香港影星。第二年，著名女影星潘虹代言霞飞护肤品电视广告（见图 3－7），广告配音为：“为什么著名影星潘虹魅力永存、青春常驻？因为用的是‘霞飞’金牌特白蜜。”广告播出后，许多女性消费者纷纷追随明星的推荐而购买产品，从而制造了全国性的“霞飞”热。可见，这一时期的影视广告大多是利用明星本身的影响力而进行产品推广的。

图 3－7　明星代言的影视广告截图（霞飞，1991 年）

这一时期，经过广告人的共同努力，中国广告的创意水平得到了明显的提升，尤其是在以消费者为导向进行理性诉求方面进步显著。例如，广东太阳神集团的太阳神口服液广告、西安杨森的吗丁啉广告、江苏盐城的“燕舞”牌收录机广告、广东中山的威力洗衣机广告、广州宝洁公司的海飞丝广告、联合利华的力士香皂广告等在创意方面都是可圈可点的。其中，北京广告艺术公司为北京手表厂制作的“双菱”牌手表广告针对男女消费群体设计了不同的广告语系，开创了个性化说服类广告的先河。中央电视台播出的上海“白丽”牌香皂广告的广告语“今年二十，明年十八”，拨动了女性消费者的心弦，迅速在全国走红。北京户外广告牌上的凤凰自行车的“独立，从掌握一辆凤凰自行车开始”，传达了一种新的时代理念，令人耳目一新。

广告策划方面，1979 年南京化妆品厂生产的芭蕾珍珠膏在香港的推广，1980 年青岛啤酒在美国市场的推广，1984 年上海家化公司生产的露美化妆品促销活动，1985 年上海电视台少儿部举办的“卡西欧杯”家庭演唱大赛，以及广东健力宝公司的健力宝运动饮料的推广，都是相当成功的案例。

1988 年，上海南京路一家百货商店出现国内第一座投影电视广告橱窗，开创了户外

① 任文鹤．第一个吃螃蟹的三九胃泰广告．广告主：市场观察，2008（12）：32.

广告的新形式。

（五）广告法制建设的展开

加强广告管理，是进行宏观控制的重要举措，更是促进广告业健康发展的有力保证。

广告活动的普遍开展，对于传递商品信息、扩大商品销售，以及指导消费、促进商品流通方面都发挥着积极作用，但也衍生了一些问题。有些商家利用虚假广告来误导和欺骗消费者，将广告当作一种不正当的牟利手段。有的企业冒充或打着外国企业的招牌，有的企业不切实际地夸大产品性能，动不动就声称自己的产品“誉满全球”“全国第一”等等。为了充分发挥广告的积极作用，防止和限制其消极的一面，加强广告管理，制定有关广告活动的法律规范成为当时极为紧迫的任务。

20世纪80年代初，中国的广告法制建设终于启动。1982年2月6日，国务院发布了新中国第一部有关广告的行政法规《广告管理暂行条例》（简称《暂行条例》），并自当年5月1日起施行。《暂行条例》以法律的形式，确认工商行政管理总局和地方各级工商行政管理局为广告的管理机关，对广告业务的登记与审批程序、广告内容的发布以及广告违法行为的处罚等，均作了具体规定。《暂行条例》和国家工商行政管理局制定的《广告管理条例施行细则（内部试行）》[简称《细则（内部试行）》]，是调整广告管理、广告经营、广告宣传及其与消费者之间活动的法律规范，为进行经常性的广告管理提供了法律依据。

1982年4月15日，工商行政管理总局在北京召开第一次全国广告工作会议。会议对于规范广告行业的正常秩序、解决广告市场存在的不合理现象、促进广告业健康发展，产生了积极而深远的影响。根据第一次全国广告工作会议的部署，工商行政管理总局于6月发布了《关于整顿广告工作的意见》，以《暂行条例》和《细则（内部试行）》为准绳，对全国广告经营单位进行了一次全面清理整顿。1982年，《人民日报》发表评论员文章《办好社会主义广告事业》。

1983年12月27日，中国规模最大、影响最广的广告行业组织——中国广告协会成立。它接受国家工商行政管理总局的指导，具有独立的法人资格。其主要职责是：宣传、贯彻国家有关广告管理的法律、法规，协助政府进行行业管理；反映广告主、广告经营者和广告发布者的意见与要求，代表和维护会员的正当权益；制订行业发展规划，及时对广告行业进行指导、协调、咨询和服务。随后，相继组建了电视委员会、广播委员会、报纸委员会、广告公司委员会、学术委员会（原中国广告学会撤销）和广告主委员会。这些分支委员会分别代表中国广告协会在本部门和本系统开展业务交流活动。中国广告协会的成立，对于全面规范、规划中国广告业的发展，全面提升中国广告业的水准，具有极其重要的意义。

1985年7月6日，轻工业部颁布《关于加强对轻工产品广告宣传管理的通知》。11月15日，国务院办公厅发布《关于加强广告宣传管理的通知》。1987年10月26日，国务院又根据《暂行条例》的施行情况对其予以修订，并发布新的行政法规《广告管理条例》，自同年12月1日起施行。该条例在指导思想上体现了“宏观管住、微观搞活”的原则，确定了广告事业的行政管理机关和广告工作的基本制度，规定了广告宣传的基本原则和违反有关法律规定应承担的法律责任，等等。此外，国家工商行政管理总局还会同其他部委、直属机构，发布了一系列有关广告管理与规范的部门规章制度，引导广告业的发展。1988年1月9日，国家工商行政管理局发布《广告管理条例施行细则》。同月20日，广播电影电视部、国家工商行政管理局联合发布《关于进一步加强电视广告宣传管理的通知》，要求电视不能中断节目和以新闻报道的形式播放广告。这些措施的出台，有力地引导了我国广告业的健康发展。

1990年，中国广告协会制定的《广告行业自律规则》出台，对全国广告界的广告活动应当遵守的基本原则和广告主、广告公司、广告媒体所应体现的道德水准做出了相应的规定。

本章小结

随着新中国的成立，中国广告业的发展步入了新的历史时期。这一时期是中国广告的变革与探索时期，先后经历了国民经济恢复阶段、社会主义改造和全面建设社会主义阶段及“文化大革命”阶段。这一时期广告发展的主要特征是：国家对广告业的管理全面加强，并按照计划经济体制对广告业进行了彻底改造。广告逐渐被纳入政治与意识形态的范畴，其思想教育与意识形态斗争功能不断得到强化，商业性信息传播功能日渐式微，广告蜕变为政治意识形态宣传的工具。改革开放冲破了旧观念，为广告业的重生提供了新的生态环境，尽管广告业的破冰之旅困难重重，但一发而不可遏止：广告行业规模不断扩大，广告营业额逐年增加，广告媒体迅速增多。

思考与练习

1. 新中国成立后，各级人民政府为加强广告管理采取了哪些措施？如何评价？

2. 以“三个服务”为主要表现的中国广告事业是如何被“文革”冲垮的？

3. 20世纪70年代后期，中国广告业是如何突破极左思潮的坚冰而得到全面恢复的？有哪些经验教训？

4. 为什么说20世纪80年代中期以来中国广告业的发展进入了多元化发展时期？

5. 20世纪80年代中期以来，中国的广告管理取得了哪些进展？还存在哪些问题？原因是什么？

6. 中国广告策划的科学化开始于什么时期？有哪些代表性案例？

第四章
20世纪90年代以来的中国广告

本章学习要点

1.20 世纪 90 年代初期中国广告业的繁荣与治理。
2. 网络广告的诞生与发展历程。
3. 进入新世纪后中国广告业的繁荣与管理。
4. 当代中国广告业发展中存在的主要问题。

第一节 20 世纪 90 年代的广告业

1992 年，广告业被政府有关部门作为一个产业从信息业中单独列出。从此，中国广告业发展进入了快车道，到 90 年代中期形成了改革开放以来的第二个发展高峰期。这一时期，企业的营销观念开始发生重要转变；广告经营企业的广告策划水平显著提升，广告制作的技术与质量不断提高，广告调查和广告监测蓬勃发展；广告媒体的力量空前壮大；广告教育进一步繁荣。

一、经济发展新局面与广告业面临的问题

20 世纪 80 年代末 90 年代初，中国的发展处于又一个紧要关头。在此关键时刻，1992 年初，邓小平视察南方，发表了重要谈话，深刻回答了长期以来束缚人们思想的许多重大问题。1992 年 10 月 12 日，中国共产党第十四次全国代表大会在北京举行。会议总结了党的十一届三中全会以来十四年的实践经验，决定抓住机遇，加快发展，并明确提出了建立社会主义市场经济体制的目标模式。1993 年党的十四届三中全会又进一步提出了如何建立社会主义市场经济体制，到 2000 年底初步在全国建立起社会主义市场经济体制的战略决策。

在邓小平“南方谈话”和党的十四大建立社会主义市场经济体制等一系列全面开放的政策推动之下，全国上下继续深入开展经济体制改革，国民经济蓬勃发展。这一年，中国国内生产总值的增长率达到了前所未有的 12.8%，远高于原先估计的 6%。中国经

济进入一个显著加速发展阶段。也是从这一年起，中国的经济增长率开始长时间高居世界首位。

1996 年，被称为南北交通大动脉的京九铁路全线通车，这对于加强南北商品交流，带动沿线地方资源开发，推动革命老区经济发展，促进港澳地区稳定繁荣，具有十分重要的意义。

在商业领域，随着商业体制改革深入开展，实行小型国营零售商业、饮食业和服务业企业所有制和经营形式脱钩，进一步活跃了商品流通，促进了城乡市场繁荣。家用电器销量中，高档、新型和优质名牌的品种所占比重大幅度上升。

市场经济体制的建设对我国广告业发展具有明显的推动作用。就广告业而言，1992 年之前，广告行业被视为所谓“特种”行业，个体经营广告的范围被严格控制在设计和制作两个部分。1992 年之后，国家对个体和私营的广告经营户放宽了政策，允许其参与广告经营，实行国营、集体、个体和合资一起上的政策，鼓励广告经营。广告行业发展的势头变得更加猛烈，进入了一个高速发展的成长期。

据统计，1992 年以后，广告经营单位数量陡然增多。1992 年全国广告经营单位有 16 683 户，广告经营额达到 67.87 亿元人民币，比上一年增长了 93.4%。1993 年到 1994 年两年时间，广告经营单位以每年净增 10 000 多户的速度发展，广告从业人员以每年净增 100 000 人左右的速度增长。到 1999 年，全国广告经营单位达到 64 882 户，广告从业人员达到 587 474 人，广告营业额达 622 多亿元人民币。①

但是，一时鱼龙混杂。相当多新上马的广告公司属于“皮包公司”，根本不具备现代广告代理能力。这些公司的创办者多数来自原来的国营广告公司或企业媒体广告部。他们招揽生意的手段就是“一部电话一张嘴，一点关系两条腿”。结果，“内刊广告”“新闻广告”“人情广告”“回扣广告”“虚假广告”等现象充斥广告市场。这一时期，既充满大胆行动、敢于创造的奇迹，又充满了关系至上、大话连篇的乱象，广告市场波谲云诡。

由于我国的新闻媒体处于垄断地位，有非常强势的话语权，因此，广告战基本上就演变为媒体资源的争夺战。在这种情况下，各大媒体开展广告拍卖活动，一时间，媒体身价百倍，成为众多企业和广告公司争夺的对象。1993 年 1 月开始，各大媒体纷纷提价。中央电视台的黄金时间 15 秒的广告费用高达 1.9 万～2.1 万元人民币；《人民日报》的广告费由 15 万增至 20 万元人民币。全国 98%以上的报纸广告大幅提价，有的报纸广告价格上扬幅度高达 30%。一时间，媒体竞拍之风甚嚣尘上。

将媒体竞拍之风推到令人瞠目结舌地步的，要数中央电视台组织的“标王”招标活动。1994 年 11 月 2 日，中央电视台举行 1995 年度黄金时段广告招标活动。孔府家酒以超出底价一倍的 3 099 万元人民币的天价登上“标王”宝座。接下来两年，山东秦池酒厂先后两度夺得“标王”。从而，身披光环的“标王”完成了从默默无闻的小厂向品牌企业的飞跃，但最终又因不堪“标王”重负，陷入破产的境地。畸形的媒体竞拍将本不正常的媒体垄断推到了极致，纵容了企业界的攀比之风。

1996 年 11 月，广州 18 家广告公司联合成立了广州 4A，全称“广州 4A 整合营销传

---

① 张金海，黄玉波. 现代广告经营与管理. 北京：首都经济贸易大学出版社，2006：15.

播委员会”，这是中国内地成立最早、组织最完善的4A组织。这一年，中国还派代表团参加了世界广告主联盟代表大会。同时，外资广告公司大举进入中国内地市场。除了1986年电通、扬罗必凯之外，90年代国外其他一些著名广告公司也纷纷登陆中国，建立合资公司，如盛世长城国际广告公司、智威汤逊-中乔广告公司、麦肯·光明广告公司、上海奥美广告公司、精信广告公司、北京电通广告公司等。

在这些公司中，最著名的是盛世长城国际广告公司。该公司由中国长城工业总公司、中国天马旅游实业公司和英国盛世国际广告公司合资创办，是一家经营国内外各类广告设计、制作、发布及全面代理的专业化的广告公司。从1995年起，盛世长城国际广告公司年经营额一直稳居全国广告公司年经营额排行榜之首。在全国排名前十名的广告公司中，跨国公司占据“半壁江山”，而它的营业额占了前十位广告公司营业总额的近60%。1996年，盛世长城国际广告公司和达彼思广告公司媒介部合并，成立了我国第一家专业媒体公司——“实力媒体”；1997年，智威汤逊-中乔广告公司与奥美广告公司在上海组建了“传立媒体”。专业的媒体购买公司的出现改变了广告公司的传统代理模式。

到1996年，中国内地已经建立起250多家跨国广告公司，世界排名靠前的著名广告公司基本都已经进入中国。一时间，中国广告市场上硝烟弥漫，乱象丛生。

二、广告业的初步治理

为了进一步整顿广告市场秩序，中国有关机构加快了建立广告相关法律、法规的步伐。

（一）广告代理制的引进与推广

广告代理制是国际广告界在广告业务中普遍采用的制度。欧美广告代理制的模式可以概括为在广告活动中，广告主、广告公司、广告媒体之间明确分工，广告公司独立于媒体和企业，广告主委托广告公司制订和实施广告计划，广告媒体通过广告公司寻求广告客户的市场运行机制。

长期以来，中国广告界在业务领域存在着大量不规范操作的问题：媒体、广告公司、广告主的关系总是难以理顺；广告收费问题经常出现无序状态；广告主往往直接和媒体进行业务来往。这种状况的存在，一方面增加了媒体方经营的复杂性，另一方面广告主也无法得到专业的广告服务。随着跨国公司进驻中国，一些国际知名广告公司也跟着到中国发展广告代理业务。跨国广告公司较为规范的代理制操作所产生的良好效果，引起中国广告人的热切关注。在这种背景之下，试行广告代理制的呼声日益高涨。

1990年5月30日，国家工商行政管理局发出了《关于在温州市试行广告代理制的若干规定》，指出凡温州企事业单位、私营企业、个体工商户在国内通过报纸、杂志、广播、电视等媒体发布广告，必须委托经温州市工商行政管理机关核准的有“承揽”或“代理”广告业务经营范围的广告经营单位发布或代理。这标志着欧美广告代理制已经在中国正式落地。

1993年7月10日，国家工商行政管理局与国家计委共同制定、下发了《关于加快广告业发展的规划纲要》(以下简称《纲要》)。《纲要》肯定了广告的地位，提出发展广告业的设想，意味着中国内地广告业发展第一次被列入国家计划，开始走向有序的发展阶段。7 月 15 日，国家工商行政管理局下发了《关于在部分城市进行广告代理制和广告发布前审查试点工作的意见》，决定在全国开展广告代理制的试点工作，以期调整广告客户、广告公司和广告媒体的关系，规范广告市场，逐步向国际惯例靠拢。首批试点地区为北京、上海、天津等城市。1994 年开始在广州、深圳、珠海、汕头、佛山、湛江等地开展广告代理制试点，并逐步在全国范围内推广。广告代理制的推行，使广告客户、广告媒体与广告公司之间的关系得到了调整，标志着中国广告业经营体制的转变和管理体制的成熟。

但是，由于历史的原因，要真正在中国全面实施广告代理制，还需要走很长的一段路。

(二)广告管理的强化

进入 20 世纪 90 年代，中国广告的法律、法规建设和广告行业的自律都得到了明显的加强，日臻完善。

党的十四大确定了发展社会主义市场经济的改革目标后，为了更好地发挥广告在社会主义市场经济中的积极作用，制定一部具有更高的法律效力的广告法典被提上了议事日程。1994 年 10 月，第八届全国人大常委会第十次会议正式通过了《中华人民共和国广告法》(简称《广告法》)，规定自 1995 年 2 月 1 日起施行。这部《广告法》是新中国有史以来的第一部广告法，是社会主义市场经济中的一部重要法律。它对规范广告活动，促进广告业的健康发展，维护社会经济秩序，保护消费者的权益，发挥广告在经济活动中的积极作用，都具有十分重要的意义。《广告法》实施后，中国商业广告活动进入了一个依法办事的新阶段，使广告业的发展建立在更为坚固的法制基础上。

由于广告活动是一项涉及范围极其广泛的民事经营活动，因而除了《广告法》以及其他广告管理法规外，不少民事法律、法规也含有规范有关广告活动的内容。其中比较重要的有《中华人民共和国商标法》《中华人民共和国专利法》《中华人民共和国产品质量法》《中华人民共和国消费者权益保护法》《中华人民共和国反不正当竞争法》《中华人民共和国食品卫生法》《中华人民共和国药品管理法》《中华人民共和国烟草专卖法》《中华人民共和国文物保护法》《中华人民共和国标准化法实施条例》《化妆品卫生监督条例》等。

除以上法律、法规外，中国政府还颁布了大量的广告部门规章，规范特殊的广告行为。这些部门规章主要有：

《药品广告管理办法》(1992 年 6 月 1 日发布)；
《化妆品广告管理办法》(1993 年 10 月 1 日实施)；
《医疗器械广告审查办法》(1995 年 3 月 8 日发布)；
《酒类广告管理办法》(1995 年 11 月 17 日发布)；
《烟草广告管理暂行办法》(1995 年 12 月 20 日发布，1996 年 12 月 30 日修改)；
《广告显示屏管理办法》(1996 年 2 月 29 日发布)；

《食品广告发布暂行规定》（1996年12月30日发布）等。

这些法规法令的颁布和实施有力地促进和保障了广告业的健康发展。但是，在这一过程中，虚假广告现象仍然屡禁不止。对于虚假广告的判定标准问题，社会各界也一直各执己见，争论不休。典型的例子是关于“白丽”牌香皂广告语的争论。虽然各方的意见不尽相同，但是有一点是肯定的、公认的：不论是广告主、媒体还是广告公司，都应该心怀道德公益，为消费者利益和社会利益着想。因此，广告管理部门开始更多地从社会公益的角度出发来加强广告管理。1996年9月1日到10月1日，“中华好风尚”主题公益广告月活动获得了良好的反响。1997年9月，开展“自强创辉煌”主题公益广告月活动。在“非典”期间，公益广告发挥了非常积极的作用。

2002年，中宣部、中央文明办、国家工商行政管理总局等五个部门联合发出通知，规定广播电视媒体每套节目用于发布公益广告的时间不应少于全年发布商业广告时间的3%，平均每天在19：00—21：00时段每套节目发布公益广告的时间应不少于该时段发布商业广告时间的3%。这些做法有力地促进了广告风气的好转。

三、广告发展的新局面

20世纪90年代初中国广告业的发展就像打开了巨型闸门的江河，呼啸奔腾，怒涛翻卷。户外广告遍及大江南北、城市乡村，成为中国经济发展的晴雨表。但是，这一切并非一蹴而就，而是两种不同观念相互较量、此长彼消、曲折前进的过程。

（一）户外媒体广告

身处武汉两江三镇交汇之地龟山上的龟山电视塔净高221.2米，海拔311.4米，被誉为“亚洲桅杆”，时称“中南第一广告席位”。1992年，英美烟草公司买下了武汉龟山电视塔的广告发布权。5月5日，龟山之上的电视塔塔身上出现了面积达1 800平方米的巨幅KENT（“健”牌）的香烟广告，白底蓝字，每个英文字母相当于两三层楼高，极为醒目壮观。入夜，则灯光辉映，从远处望去，整个电视塔犹如一根竖立的巨型香烟。广告出现后，轰动武汉三镇，引发了各界的激烈争议。1994年6月，在相关部门的干预下，广告提前11个月终止合同，由武汉油脂化学厂（现武汉一枝花实业股份有限公司）的洗涤用品品牌“一枝花”取而代之。“一枝花”上塔后，声名大振，迎来了最辉煌的发展时期。据当时报载，1995年，该厂新产品销售由上塔前（1993年）的300吨上升为6 200吨。

另一饱受争议的类似广告媒体事件也发生在1992年。这一年的6月8日，青岛开往北京的25/26次特快列车挂上了“青岛海尔号”的标志，成为中国内地第一辆以企业冠名的旅客列车，开创了中国列车广告的先河。但是，就在这列列车“处女航”的当天，相关部门提出了批评。结果，“青岛海尔号”夭折。但是，一年后，列车广告又重新获得合法的广告载体地位。

尽管广告在媒体中的扩展一波三折，但最终还是化险为夷，使得广告的媒体形态更为丰富。1993年，万宝电器集团和香港飞行船广告集团合资创建了广州万宝飞行船广告有限公司，专营空中飞行广告。同年，新加坡西方电影公司获得在全球各地出售中国境内公共汽车、火车、渡船及机场广告版面的经销权。杭州西子湖畔三潭印月风景区竖起了大型广告牌，也引起争议。

1994 年，北豪实业有限公司在深圳引进了全国第一个单立柱式广告牌，也出现了“亚洲”牌汽水立体浮雕霓虹灯柱广告。北京国安广告总公司在北京站设立了电子广告大屏幕。同年的 6 月 20 日，中国扬子集团在我国最大的桥梁——南京长江大桥的北桥头堡上挂起了 26 块巨大的广告牌，引起轰动。不久，在中国航天基地西昌卫星发射场，成都恩威集团将本公司的标志和“恩威号”三个字绘在“长征二号”捆绑火箭上，该火箭当时即将发射澳星 B3。这是我国第一个太空载体广告，从此，恩威产品名声大噪。也在这一年，广东三九集团在美国纽约时报广场发布三九胃泰产品广告，这是中国企业最早在国外发布的商品户外广告。

1995 年，首次列车冠名及广告载体权拍卖活动在北京举行，浙江欧诗漫集团夺得哈尔滨—北京的 17/18 次列车的冠名权和广告载体权。

1996 年，可口可乐公司在上海挂设了中国最大的外墙广告。1998 年，广东白马广告有限公司与英国 More Group 合资经营的中国城市候车亭灯箱广告网络正式启动，在全国 16 个城市拥有 2 500 个公共汽车站的广告经营权。1999 年 7 月，宝洁公司宣布全球最大的衬衣在中国诞生。该衬衣长 40.6 米，宽 30.8 米，被悬挂在北京东三环路附近的一座高楼上，约有 12 层楼高，衬衣上印有“全新碧浪漂渍洗衣粉”红色大字，极为醒目。此衬衣在北京悬挂了半个月后，宝洁公司宣布，由碧浪推出的新产品来洗涤。

（二）报纸媒体广告

1993 年是中国广告业恢复发展以来高歌猛进的一年，被称为“中国广告年”。这一年的 1 月 25 日，《文汇报》在头版刊登了杭州西泠电器公司的空调整幅广告，这是中国广告业恢复以来的首次头版整幅广告，被赞为“中国广告 1 号”。

报纸也开始广告的“吉日”版面拍卖。1993 年 6 月 6 日版《今晚报》版面以 100 万元人民币被买断。《解放日报》《台州日报》《深圳特区报》等报纸纷纷扩版。北京青年报业总公司在北京组建，国内第一家购物报纸《精品购物指南》在北京创刊。广东省惠州市出现全免费报纸《麦科特商报》，发行 10 万份，全年支出费用 100 万元人民币，全部依靠广告收入。报界广告收入过亿元的大户分别为《羊城晚报》《广州日报》《解放日报》《新民晚报》《海南日报》。

据统计，1998 年，中国报纸总数为 2 053 种，年总发行量 300.4 亿份，中央和省市机关报近 400 家，经济、科技、教育等专业报纸近 600 家，晚报有 150 家，新闻期刊 230 种，每天出版新报 200 种，报纸广告营业额 77 亿元人民币。1999 年，报纸广告营业额达 112.32 亿元人民币，2000 年达到 146.466 亿元人民币，2001 年达到 157.699 亿元人民币，2002 年达到 188.48 亿元人民币。

广告之外，媒体也开始探索新的经营方式，集团化、产业化成为 20 世纪 90 年代中后期媒体行业的热门话题。随着中国第一家报业集团——广州日报报业集团 1996 年在广州的成立，报业出版集团的发展异常迅速。2002 年中国出版集团在北京成立之后，紧接着宁波日报报业集团、天津日报报业集团、安徽日报报业集团、福建日报报业集团、成都日报报业集团、河北日报报业集团、深圳报业集团、甘肃日报报业集团、青岛日报报业集团、黑龙江日报报业集团、南京日报报业集团等也继而成立。至此，全国已拥有38家报业集团。其中，深圳报业集团是当时国内规模最大、实力最强、现代化程度最高的报业集团之一。

随着城市报纸新闻记者场所的悄然变化，一场“瘦报”之风悄然出现。2002年，《北京青年报》《南方周末》《南方日报》和《经济观察报》等纷纷实施“瘦身”计划。

（三）杂志媒体广告

1998年，杂志广告经营额达7.132亿元人民币，较上年上升35.3%。此后逐年增长，1999年达到8.92亿元人民币，2000年达到11.34亿元人民币。

（四）广播媒体广告

1993年，我国广播广告的经营单位为834家，较上年增长26.36%，年营业额3.49亿元人民币，较上年增长75.42%。1994年，上海东方广播电台和上海拍卖行联手，推出国内广播界首次广告时段和节目协办权的竞拍。1995年，中央人民广播电台的广告营业额仍居同行业之首，到1999年，该台广告部举办“听中央台广告，看全国广告大展”的活动。

1996年，全国有广播电台990家，收录机、收音机及入户的有线广播喇叭等收听设备的社会拥有量已达4亿台（个），广播广告从业人员有7 664人，广播广告营业额总计为8.726 7亿元人民币。1998年底，广播广告的营业额上升到13.3亿元人民币。

1999年，全国广播广告的经营单位有723家，从业人员6 496人，广告营业额12.52亿元人民币。由此可见，广播广告的经营单位数量下降明显，广播广告从业人员数量亦有下降，而广播广告的营业额却在逐渐上升。到2002年，广播广告的经营单位为710家，从业人员6 716人，广告营业额为21.9亿元人民币。

（五）电视媒体广告

进入20世纪90年代之后，电视开始发力，节目和频道数量增长惊人，成为广告界的“宠儿”，风光无限。有线网络和卫星两种新的传输方式也开始登上历史舞台。电视的覆盖率和影响力越来越大，广告效果惊人，广告收入随之快速增长。全国性的电视媒体资源无比稀缺，求者不绝，门庭若市。于是，央视给渴求投放的企业打开了广告招标的大门。据统计，1991年全国电视广告收入达到10亿元人民币，首次超过了报纸。到了1997年，超过了百亿，达到114.4亿元人民币。

1993年，上海东方电视台以直播形式开播的特别节目，标志着“东视”的诞生。1994年，全国每百户城镇家庭彩色电视机拥有量为86台，每百户农村家庭黑白电视机拥有量为62台。电视机的进一步普及，极大地刺激了电视广告的发展。

这一时期出现了不少优秀的电视广告。小霸王学习机广告、白加黑感冒药广告、丽珠得乐胃药广告、孔府家酒广告，以及南方黑芝麻糊广告都是这一时期的代表。其中，最为人称道的还是南方黑芝麻糊（《怀旧》篇）的电视广告（见图4-1）。这则广告以遥远年代的小巷为场景，使用唯美的画面营造出一种浓郁的怀旧氛围，唤出了人们深埋心底的怀旧之情。广告以自然平实的电影手法将产品和怀旧、自然、朴素等生活方式联系起来，恢复了人们对产品的传统记忆，将美好的精神文化附加到产品之上，“使人在一个小小的回忆故事中愉悦地接受了信息的传达”①。因此，广告一经播出，好评如潮。在1992年全国第三届广告作品展中独领风骚，夺得一等奖。此后，陆续问鼎其他各项大奖，是该时期获奖最多的广告片。

图4-1　电视广告截图（南方黑芝麻糊《怀旧》篇，1992年）

1998年，农夫山泉在中央电视台推出了广告《农夫山泉有点甜》。从推出这则广告到后来一系列的品牌形象广告，如《一分钱一个心愿，一分钱一份力量》《农夫山泉阳光工程》等，使得农夫山泉产品家喻户晓，品牌价值和市场份额得到较快的提升。1998年，电视剧《还珠格格》热播，剧中的主要人物成了广告明星，到处为商家做广告，其形象充斥荧屏。

1999年，由香港著名影星周润发为重庆奥妮公司代言的百年润发广告取得很大成功，使得该产品当年的市场占有率一举提升到12.5%，仅次于宝洁公司的飘柔产品。

1999年，全国电视广告营业额达156.05亿元人民币，2000年达到168.9亿元人民币，2001年达到179.37亿元人民币，2002年达到231.03亿元人民币。与此同时，广电集团纷纷成立，并开始触摸资本市场，1998年、1999年，电广传媒、博瑞传播、歌华有线等公司先后上市。

值得注意的是，这一时期，院线广告开始流行。1995年，上海东方影视发行公司与上海13家影院共同组建“东方院线”，标志着上海电影市场几十年来独家发行的格局被打破。1996年，全国首部电影片头广告播映权在杭州拍卖。1998年，《泰坦尼克号》的

---

① 吴寅贞，等．商品美学．北京：中国财政经济出版社，1994：225.

片头加映了长达 8 分钟的广告。

（六）网络媒体广告

互联网是进入新世纪以来发展最为迅速的通信工具和广告媒体。网络广告是指在互联网站点上发布的以数字代码为载体的经营性广告。

计算机网络发轫于美国。1994 年 4 月，中国通过 Sprint 与 Internet 互联，在北京和上海两地同时进行 Internet 的互联工程。Chinanet 在此基础上诞生。当时，Internet 用户数有 2 000 万，并以每月 15%～20%的速度增长。到了 1995 年 4 月，中国黄页成为中国第一家发布商业信息的网站。此时，中国内地才开始推广网络广告的理念。

1997 年 3 月，中国第一个商业性的网络广告出现在比特网（Chinabyte），这是 IBM 为旗下的 AS 400 产品发布的广告，广告费为 3 000 美元，广告表现形式为 468×60 像素的动画旗帜广告。英特尔和 IBM 成为国内最早在互联网上投放广告的广告主。随后，业界开始寻求发展网络广告的道路，多媒体网络广告骤然增加。同年，招商银行实现了网上支付，成为中国第一家网上银行，为网上电子商务的发展提供了条件。①

1998 年，中国建成光缆总长达 100 万千米，局用电话交换机总容量 1.26 亿门，网络规模居世界第二；全国电话用户达到 1.1 亿户，其中移动电话用户达到 233 万多户，居世界第三位。Chinabyte 耗资 6 万美元购买网上广告管理软件，以提高对网上广告客户的服务水平。与此同时，网易、新浪网、中华网等一大批企业开始经营网络广告。其中，新浪网是全球最大的中文互联网站。网易 163 电子邮箱开通，年底注册用户数 40 万，是全国最大的电子邮箱系统之一，也是国内第一家全中文免费电子邮箱，访问人数突破 1 000 万，成为继上海热线、上海证券之星后，第三个全国访问量突破 1 000 万大关的信息服务站点。②

中国网络广告迎来了飞跃发展的时期。1997 年中国网络广告收入不足 100 万元人民币，但 1999 年，中国网络广告经营额达到 9 000 多万元人民币，占全国广告经营额的 0.14%，2000 年达到 3.5 亿元人民币，占全国广告经营额的 0.49%，大幅提升。

四、广告教育的新发展

1992 年是中国广告教育的一个分水岭。据调查，在这之前全国只有 6 所院校开设了广告学专业。1992 年之后，一批实力较雄厚的综合性大学，如暨南大学、吉林大学、兰州大学、复旦大学、中国人民大学、武汉大学、北京广播学院、上海外国语学院等相继设立广告学专业或广告系。一时间，广告教育如雨后春笋，蓬勃发展。到 90 年代后期，全国招收广告学专业的院校多达 90 所左右。广告学专业不仅办在新闻院系、经济院系、广播电视类院系，而且艺术院系、师范类院系、中文类院系也有。同时，广告教育层次也得到大幅度提高。1993 年，北京广播学院率先招收广告学方向的硕士研究生。截至

① 国际广告杂志社，北京广播学院广告学院，IAI 国际广告研究所．中国广告猛进史：1979—2003. 北京：华夏出版社，2004.

② 同①.

1996年底，已有13所院校有广告学方向的硕士点。①

1997年，中国广告协会、上海市广告协会将广告人最高荣誉奖“广告人终身成就奖”授予徐百益。

经过10余年的发展，广告已具备了独立学科的特质。1998年，教育部（原国家教委）在对“文科专业目录”进行修订时，虽然将8大类学科中的专业净减了1/3，但在新闻传播学大类下却增加了“广告学专业”，并把原来由个别学校设置的“专业方向”上升为“专业”。广告学的学科地位由此奠定。

1999年全国高校扩招之后，广告学教育进入了狂飙突进的发展时期。广告教育的发展对社会经济生活与广告业界的促进是不可忽视的。如，广告教育逐渐改变了老百姓对广告的印象，“广告就是王婆卖瓜”“广告人＝拉广告的”这些观念逐渐改变，人们对广告已有了比较理性、客观的认识。再如，广告教育及时地引进了西方先进的理论、方法，引导着广告业界不断前进。

到2006年，全国高校新闻教育专业共有661个，270多个广告学专业，每年广告专业设置以30％的速度增长，从数量来讲，有4.5万名大学生在从事广告学专业学习。②2000年，开始了全国首批广告学方面的博士生招生，从而形成了从学士、硕士到博士教育的完整的学位系列，标志着中国的广告教育及研究水平迈上了一个新台阶。截至2017年底，开设本科层次广告学专业的院校已达316所，专业布点成形。

第二节　21世纪以来中国广告业的发展

21世纪以来，中国的广告业显现出持续、快速的发展态势。加入世界贸易组织（WTO）后，中国的广告市场进一步放开，广告的环境日趋宽松，广告媒体、广告行业的结构与格局发生了深刻的变化。

一、广告媒体的变革

2001年是中国媒体的集体“变脸”之年。进入21世纪，网络媒体与传统媒体的融合越发频繁，互联网＋的趋势越发明显。这一趋势已经成为影响中国经济社会发展、改变大众生活形态、重塑广告传媒格局的重要力量。

这一年的12月6日，中国最大的媒体集团——中国广播影视集团正式挂牌成立，共整合了6家中央广播电视、电影及广电网络公司的资源和力量，固定资产超过200亿元人民币。接着，北京广播影视集团、湖南广播影视集团、上海文化广播影视集团、北京歌华有线电视网络服务有限公司等陆续成立。7月，全国各地有线电视台与无线电视台合并工作完成过半。同时，各省级卫视频道也推出了广告联播方式，包含9省500家县

① 截至2015年，我国高校中设有广告学硕士点的达到70多所。

② 中国广告高等教育现状调查．(2007-03-21)［2024-03-25］. http://finance.sina.com.cn/chanjing/b/20070321/15443427618.shtml.

市级电视台的广告投放系统正式启动；中央电视台开播了11个频道，广告的容量得到进一步扩大。

2002年元旦，上海文化广播影视集团推出全新的11个电视频道。其中，上海电视台6个频道，上海卫视1个频道、东方电视台4个频道。贵州卫视推出“西部黄金卫视”，海南卫视改版为旅游卫视。随之，阳光卫视也进行了改版与扩版，星空卫视在中国南方落户。

至此，央视、省（自治区、直辖市）地方台与县（市）地方台三级电视台已形成了有线台与无线台合并的新格局，为激烈的电视广告竞争增添了新的色彩。32家省级电视台结成广告联盟，推出新闻联播前面五个段位共计65秒的广告联播时间。

新兴媒体也在蓬勃发展，各种广告形式层出不穷（见图4-2）。

图4-2　新兴媒体广告

（2003年，深圳宝安国际机场）

2000年，中国网民人数已经突破2 000万。此后，这一数字不断被刷新。2008年6月中国网民数量首次大幅度超过美国，跃升至2.53亿。2009年下半年起，新浪、搜狐、网易、TOM、人民网等门户网站纷纷开启或测试微博功能。2011年1月21日，腾讯推出微信手机客户端，从此微信用户量一直保持快速增长。2012年12月，微信注册用户已达2.7亿。2016年12月，中国网民数量达7.31亿，已经相当于欧洲人口总量。互联网普及率达到53.2%，超过全球平均水平3.1个百分点。其中，手机网民规模达6.95亿，增长率连续三年超过10%。[①]截至2018年12月，中国网民规模增长至8.29亿，全年新增网民5 653万。其中，手机网民规模增长显著，达8.17亿，手机上网的比例达到了98.6%。[②]

以互联网为代表的数字技术正在加速与经济社会各领域的深度融合，成为促进中国消费升级、社会转型、构建国家竞争新优势的重要推动力。目前，5G网络正在全面深入落实，三线及以下城市移动互联网用户继续增长，移动应用生态链初步形成，手机线下场景使用普遍，在即时通信、广告、视频、移动支付、电子商务、外卖应用、在线教育、网约车服务、共享单车等各细分市场，移动应用都获得了空前发展。

迅速发展的网络技术为广告营销带来无限潜力，也加速了传统媒体的不断裂变。因此，移动端的创新、升级、优化，不仅成为互联网公司的主要碰撞和角力点，也成为传

---

① CNNIC. 第39次《中国互联网络发展状况统计报告》.（2017-01-22）［2024-03-25］. http：//www.cnnic. net. cn/hlwfzyj/hlwxzbg/hlwtjbg/201701/t20170122_66437. htm.

② CNNIC. 第43次《中国互联网络发展状况统计报告》.（2019-02-28）［2024-03-25］. http：//www.cnnic. net. cn/hlwfzyj/hlwxzbg/hlwtjbg/201902/t20190228_70645. htm.

统企业商业模式转型升级的关注点。

二、广告业的新生态

2000 年以来，中国广告业进入高速成长期，成为全球范围内广告业增长最快的国家之一，也是亚太地区最大的广告市场。2003 年尽管受到“非典”等一些不利因素的影响，广告市场依然朝气蓬勃，保持着高增长率，广告营业总额首次突破千亿元大关（约为 1 078 亿元人民币），这是中国广告发展史上的一个里程碑。从此，中国成为继美国、日本、德国之后的世界第四大广告市场。同时，中国广告业发展的不平衡加剧，呈现中心分散（南北三大中心）、东西部差距大的状态。

2004 年，第 39 届世界广告大会在北京召开，来自世界五大洲几十个国家和地区的近千名广告界代表云集北京。这是全球广告界盛会首次莅临中国，意味着中国快速发展起来的本土广告产业得到了国际上的重视。在世界广告大会和国民经济良好发展势头的推动下，广告行业快速平稳增长。据统计，2004 年底，全国共有广告经营单位 113 508 户。其中，广告公司为76 210户，比上年增长 14.8%，占广告经营单位的 67.1%。广告公司从业人员 641 654 人，增长 8.2%。广告营业额达 565.2 亿元人民币，增长 27%。[①]

2005 年 12 月 10 日起，中国广告市场全面开放。世界五大广告集团——WPP[②] 集团、宏盟集团（Omnicom Group）、埃培智集团（IPG）、阳狮集团（Publicis Group）、电通（Dentsu）全部在中国内地设有分公司或合资公司。其中的一些跨国广告公司在中国的发展已经超过了 20 年。

2008 年北京奥运会的举办不仅为企业带来了极好的广告商机，也为中国的广告业提供了澎湃的动力。在奥运会期间，除了地方电视台、平面媒体的广告投放之外，仅仅从中央电视台参与直播和转播的 7 个频道来看，广告投放量最大的 10 个品牌依次是中国移动、联想、青岛啤酒、一汽大众、海尔、燕京、中国银行、阿迪达斯、可口可乐、中国石化。其中，从 6 月 15 日至 6 月 21 日的一周内，可口可乐广告投放量最大，广告花费达 17 443 万元人民币。至于那些非奥运会的合作伙伴或赞助商的企业借题发挥、巧做广告的，就不可胜数了。据业内人士估计，北京奥运会使中国广告市场增长 24%，达到 420 亿美元。整个“十一五”期间，中国广告经营额在高基数的情况下，仍保持着年均递增 10%以上的发展速度。2009 年在全球经济危机的背景下，中国政府采取了适度宽松的货币政策，国家财政全年投入 4 万亿元人民币资金拉动内需，并推出了一些优惠政策刺激消费，如家电下乡，汽车以旧换新补贴、购置税减半，降低居民购房的首付比例和利息优惠等，对经济产生了明显的拉动效应。这一政策也极大地带动了中国广告产业发展。

2010 年，中国经济已超越日本，成为世界第二大经济体。中国广告营业额达到了 2 340 多亿元人民币，约占国内生产总值的 0.6%。[③] 其中，中国广告公司为 143 727 户，

---

① 广宣．2004 年中国广告业统计数据分析．现代广告，2005（7）：14－17.

② WPP 来源于“电线与塑料产品”（Wire & Plastic Products）。

③ 2012 年中国广告业市场规模及未来趋势分析．[2024－03－25]．http：//www.51report.com/html/2012/chanyejiaodian_1219/686995.html.

较2009年的124 886户增长15.09%，增速较2008年、2009年有较大提高。广告公司营业额为940.35亿元人民币，较2008年的849.43亿元人民币增长10.70%，增长速度低于广告公司增长速度。[①] 随着新媒体的发展和流媒体在广告中的普及，以及植入式广告等新形式的出现，广告已经渗透到交通、影视、数字娱乐等其他产业门类中。

2011年中国广告经营额达3 125.55亿元人民币，并创下了自1997年以来15年间全国广告经营额的最高增长率的纪录。2012年广告经营额突破4 000亿元人民币，达到4 698亿元人民币，接近国内生产总值的0.9%。这样，中国广告业市场的总体规模已跃居世界第二位，仅次于美国。在报纸广告方面，根据央视市场研究股份有限公司（CTR）及另一第三方监测公司的统计数据，2012年全年《广州日报》的刊例广告收入再次稳居全国报纸媒体第一。《广州日报》自1994年以来已连续19年广告收入位居中国平面媒体第一名。[②]

2014年，中国广告经营总额已经超过5 793亿元人民币，广告市场规模连续三年位居世界第二位。广告业成为中国改革开放40多年来增长最快的行业之一，成为拉动经济增长、加快转变经济发展方式的新兴力量，在塑造品牌、引导消费、传播文明等方面发挥着极为重要的作用。

值得注意的是，在整个广告业中，互联网广告是发展速度最快的一个部分。从1997年3月Chinabyte获得第一笔网络广告收入算起，网络广告行业经过数次洗牌，已经慢慢走向成熟，市场规模逐渐扩大。

2001年初，大部分商业网站开始推出特殊形式的大尺寸的广告。6月，新浪在网络门户中率先推出分类广告，并采取广告代理制来进行业务推广。此后，中国网络广告收入历年递增。艾瑞市场咨询的研究报告显示，2004年中国网络广告市场规模为19亿元人民币，较2003年增长75.9%。广告投放量最大的五个行业依次是IT、网络服务、手机通信、交通汽车、房地产。[③] 2008年，中国已成为全球最大的网络广告市场。

央视市场研究股份有限公司的监测数据显示，2010年，全国广告投放总额达5 891亿元人民币，其中电视广告投放额达到4 511.2亿元人民币，占据全国广告业的主体地位。从各媒体的增长情况来看，2010年网络广告投放额增长接近50%，是所有媒体投放额中增长最快的，并且其投放总量也达到了321.3亿元人民币。[④] 2011年，网络广告市场规模超过报纸。

2012年，尽管网络门户广告的比重继续下滑，仅为13.0%，但网络广告市场整体继续保持增长，规模达到753.1亿元人民币，同比增长46.8%。网络进入了主流广告媒体行列，其垂直搜索、视频贴片、关键字搜索成为网络广告三大驱动力。2014年，中国网络广告市场规模增长40%，达1 540亿元人民币，超越了电视广告。电视广告收入1 278

---

① 中国广告行业现状分析与发展前景研究报告：2014年版．[2024－03－25]．http：//www.cir.cn/2014－02/GuangGaoShiChangDiaoChaBaoGao402/.

② 全国报纸广告收入《广州日报》连续19年第一．青年记者，2013（5）：9.

③ 2004年中国网络广告研究报告：2005年版．（2005－08－04）[2024－03－25]．http：//www.chinabgao.com/reports/print6367.html.

④ 广告业的发展现状．（2014－05－07）[2024－03－25]．http：//www.yingmoo.com/news_11565.html.

多亿元人民币，同比下降了 0.5%。虽然下降的幅度很小，但影响是巨大的，这是媒体广告格局的又一次重大改变，犹如若干年前的电视广告规模超过报纸广告一样，预示了传统媒体广告发展的趋势。当然，同为传统媒体的杂志广告和报纸广告也在下降。杂志广告的降幅为 10.2%，超出了上年的降幅，而报纸广告的降幅更是达到了 18.3%，比上年足足多了 10 个百分点。①

在网络广告的增长类别中，最为突出的是移动广告。据统计，2014 年，移动广告（包括移动搜索广告、移动应用广告、移动视频广告等）市场规模为 296.9 亿元人民币，在过去的三年中，均保持超过 100%的增速。②

2015 年，中国网络广告市场继续深入发展，广告市场规模达到 2 093.7 亿元人民币，同比增长 36%。虽然较上年增速有所放缓，但仍保持着高位增速。③

从媒体发展看，移动端的价值凸显，主要媒体移动端收入占比不断提升。从内容市场看，综艺节目、电视剧及网络自制剧等优质资源的挖掘和掌握，成为各家视频网站争夺的重点。从广告形式看，原生广告、内容营销及创新互动营销等形式更受广告主的青睐。移动广告正成为网络广告增长的主要拉动力量。

从广告业发展看，不仅行业性的大型节日增多，而且公益广告越来越受到重视。肇始于 1982 年的中国国际广告节，由中国广告协会主办，旨在推进产业升级、推广创意成果、推动商务合作，已经连续举办了多届，成为最有影响的全国性广告盛会之一。同样，开始于 2018 年的上海国际广告节也被中共上海市委、市人民政府列入上海市重大节庆项目。2019 年 11 月 11 日，由中共北京市委宣传部、北京市广播电视局共同主办的北京国际公益广告大会在北京国家会议中心隆重召开。会议围绕公益广告的促进与管理、助力健康中国行动、公益广告的社会意义与价值等方面进行了多维度、多角度的探讨。

21 世纪的中国广告呈现出一些新的特征：一是充满人文关怀的广告主题大量涌现，广告的平民化视角、人性化诉求越来越多。二是具有中国气派与中国风格的广告大量出现。广告中的中国传统文化气息、本土文化元素越来越多。三是公益广告的数量和质量得到明显提高。人们的公益广告意识普遍增强，新主题、新创意、新格调为公益广告传播注入了新的活力。四是数字化互动广告蓬勃发展，尤其短视频广告发展势头强劲。

可以说，中国广告媒体的发展之路从来都不是平坦的。从印刷媒体到电波媒体，再到网络新媒体，先后出现过两次不同质的媒体形态转换，每一种形态的出现都有其特定的历史背景，都有其不同的广告传播价值，都有其革故鼎新的功能。每当面临媒体形态转换的重要时期，广告人都有过迷思和彷徨，但也闪出救赎的光芒。

---

① 媒体行业转型：全媒体时代来临 全媒体出版市场现状．（2015 - 10 - 30）［2024 - 03 - 25］．http：//mt. sohu. com/20151030/n424679065. shtml.

② 2016 年中国移动广告行业现状分析及发展趋势预测．［2024 - 03 - 25］．http：//www. chinaidr. com/news/2016 - 08/102466. html.

③ 艾瑞：2015 年中国网络广告市场规模突破 2 000 亿．（2016 - 04 - 08）［2024 - 03 - 25］．http：//www. ce. cn/culture/gd/201604/08/t20160408 _ 10256433. shtml.

三、广告管理的日趋成熟

进入新世纪，随着中国广告业的飞速发展，广告的经营环境变得更加复杂、多样，广告监管执法工作面临许多新情况、新问题。因此，中国政府的相关部门积极采取措施，加大了广告管理的力度，以应对广告经营管理中出现的新情况、新问题。

2003 年 1 月 15 日，国家工商行政管理总局、卫生部、国家中医药管理局联合发布了《关于规范医疗广告活动 加强医疗广告监管的通知》，对梅毒、淋病、艾滋病、红斑狼疮等 11 种疾病的医疗广告暂不批准发布。同年 9 月 15 日，国家广播电视电影总局颁发了《广播电视广告播放管理暂行办法》，对广播电视广告作出了新的规定。2006 年 8 月，中国报业协会发出关于加强行业自律的通知，要求各会员单位切实规范广告经营行为，建立广告价格公示制度，广告价格要公开透明，广告折扣要在协议或合同中明示，广告收入必须按照明示折扣如实入账，广告经营不得搞暗中回扣。采编人员不得从事广告经营活动，不得以商业贿赂的形式进行报纸发行和报纸广告经营。禁止广告赠版，禁止有偿新闻和以新闻形式刊登广告。① 同时，各地有关部门对一些不良广告作出种种处理，对某些不当的广告行为进行有效控制。例如，北京市出台了《北京市实施〈中华人民共和国国家通用语言文字法〉若干规定》，该规定对乱用谐音的异类广告下了“封杀令”。上海市颁布了国内首个《户外广告设施设置技术规范》，对大型立柱广告牌进行管理，对 20 层以上楼宇顶部不再新批户外广告。上海市、江西省工商等部门还发出通告，明确禁止任何单位和个人通过各种媒体发布人体彩绘表演活动的广告。

与此同时，中国政府有关部委还陆续修订或颁布了一系列新的法律行政法规，使得广告监督与管理的法规更加细致、完善。这些政策法规主要有：

《印刷品广告管理办法》（2004 年 11 月 30 日）；
《广告经营许可证管理办法》（2004 年 11 月 30 日）；
《户外广告登记管理规定》（2006 年 5 月 22 日）；
《医疗广告管理办法》（2006 年 11 月 10 日）；
《药品广告审查发布标准》（2007 年 3 月 3 日）；
《外商投资广告企业管理规定》（2008 年 8 月 22 日）；
《医疗器械广告审查办法》（2009 年 4 月 7 日）；
《医疗器械广告审查发布标准》（2009 年 4 月 28 日）；
《房地产广告发布规定》（2015 年 12 月 24 日）；
《农药广告审查发布标准》（2015 年 12 月 24 日）；
《兽药广告审查发布标准》（2015 年 12 月 24 日）；
《公益广告促进和管理暂行办法》（2016 年 1 月 15 日）；
《互联网广告管理暂行办法》（2016 年 7 月 4 日）；
《广告发布登记管理规定》（2016 年 11 月 1 日）；

① 中国报业协会发出《关于加强行业自律 做好规范报纸发行秩序工作的通知》. 中国报业，2006（9）：24.

《互联网广告管理办法》(2023年2月25日)。

除了这些广告的相关法规文件，最为引人注目的是2015年4月24日第十二届全国人民代表大会常务委员会第十四次会议修订并通过了新的《中华人民共和国广告法》，并于2018年10月26日、2021年4月29日分别修订。修订后的广告法细化了广告内容准则、广告行为规范，为加强广告监督管理、促进广告业持续快速健康发展提供了重要的法治保障。与旧法相比，新法的主要“亮点”有：

一是充实和细化广告内容准则。修订完善或新增了保健食品、药品、医疗、医疗器械、教育培训、招商投资、房地产、农作物种子等广告的准则，由原来只有7种增加到19种。

二是明确虚假广告的定义和典型形态。新法明确规定，以虚假的宣传或者引人误解的内容欺骗、误导消费者的，构成虚假广告，并列举了虚假广告的5种表现形态。

三是新增广告代言人的法律义务和责任的规定。新法明确规定广告代言人不得为其未使用过的商品或者未接受过的服务作推荐、证明。为虚假广告代言者，负有连带责任。

四是对烟草广告的规定更加严格。新法明确禁止在大众传播媒体或公共场所、公共交通工具、户外发布烟草广告，禁止利用其他商品或者服务的广告、公益广告来宣传烟草制品名称、商标、包装、装潢以及类似内容，也禁止向未成年人发送任何形式的变相烟草广告。

五是新增关于未成年人广告管理的规定。禁止10岁以下未成年人代言广告。

六是新增关于互联网广告的规定，将网络平台纳入新法规范。

七是强化了对大众传播媒体广告发布行为的监管力度。

八是增加公益广告，扩大了广告法的调整范围。

新的广告法进一步完善了广告监管的法律制度，保障和规范了行政主管部门职权的实施，加大了对虚假违法广告的惩治力度，对构建文明诚信的广告市场秩序具有重要的现实意义。

本章小结

进入20世纪90年代，中国经济高速发展，社会主义市场经济体制进一步得到确立，广告市场进入高度繁荣时期。这一时期广告发展的主要特点是：中国广告业发展进入“快车道”，群雄蜂起，竞相逐鹿，广告营业额增长率一直呈两位数的高速增长态势；随着国家有关广告的法律、法规的出台，广告主行为更加理性，广告公司行为进一步规范；先进的国际广告理念和理论不断被引入，广告从业人员的现代广告意识不断增强，科学化的运作日益成为广告公司的新常态；网络广告异军突起，以其独特的优势吸引了广告主的重视。

思考与练习

1. 为什么说20世纪90年代既是中国广告业高歌猛进的繁荣期，又是广告经营管理机制的转换期？

2. 互联网广告为什么能在中国异军突起，并引起广告媒体市场的深度洗牌？

3. 跨入新世纪中国互联网广告发展的主要特征有哪些？移动广告将会成为互联网广告增长的主要拉动力量吗？为什么？

4. 你认为困扰中国广告业发展的主要问题有哪些？应如何解决？

第五章

港台地区的广告发展

本章学习要点

1. 香港与台湾广告媒体的发展概况。
2. 香港与台湾广告业发展的主要历程。
3. 香港广告与台湾广告的主要特征。
4. 香港与台湾的广告管理。

第一节 香港地区广告业的发展

香港地处珠江三角洲南部、珠江口东侧，西与澳门隔海相望，南濒南海，北与深圳经济特区相连，主要由香港岛、九龙半岛南端和新界地区三大部分构成，陆地总面积约为1 104平方千米。

1840年之前的香港还是一个小渔村，1842年英国对香港实行殖民统治。

香港地域狭小，自然资源缺乏，陆路交通不便，本地工业发展空间极其狭小。但其地理位置非常优越，在中国海防及海外贸易上具有重要地位。从商业的眼光来看，香港地处珠江口、水路直通广州，便于进入中国的广大腹地，是世界各地与中国内地转口贸易的较佳地点。所以，鸦片战争后，英国殖民当局对香港实行免收关税、商品进出自由的政策，把香港变为自由港，世界各国商船可以自由进出。航运业的逐渐发达，自由港的便利条件，促进了商业的繁荣。人口的增多，使得香港日益成为经济贸易、商业情报等各种信息的聚集地。人们对于信息的强烈需求，成为推动报刊发展的强劲动力。再加上创办于1818年的英华书院在1843年由校长理雅各将其附属印刷厂迁至香港，包括从新加坡运过来的将近3 900个中文活字钢模，这也为香港中文报刊的产生提供了技术条件。

第二次世界大战后，香港仍旧是集万种宠爱于一身的东亚繁华之地，也是现代化、多元化和国际化的世界商业贸易中心，有“世界自由港”和“购物天堂”的美誉。到了20世纪60年代，香港不仅成为“亚洲四小龙”之一，也是全球最富裕、经济最发达和生活水准最高的地区之一。受此影响，其广告业整体水平走在亚洲的前列。

一、香港地区广告业的发展

20 世纪 20 年代末，香港就有广告经营机构出现。不过，那时香港经济并不发达，无论是广告公司的数量还是广告公司的规模都较小。所以，直到 20 世纪 50 年代中期以前，香港广告业的核心一直为英国人所垄断，之后，香港本土广告业才逐渐发展起来。

根据香港广告业发展的状况，可以把香港地区的广告业发展分成以下几个阶段。

第一阶段：20 世纪 50 年代至 60 年代（起飞阶段）。

这一时期香港地区处于经济发展的准备阶段和起飞阶段，广告业已经相当蓬勃。1949 年之后，上海华商广告公司的创办者林振彬举家迁港，创办了新的华商广告公司，将广告业务开拓到了交通工具和电影院。1952 年开始，又陆续创办了华联、华美两家广告公司，积极拓展媒体代理业务。其中，华美专门提供 4A 式的专业服务。但这时的广告运作水平还是比较低下，广告业务基本上以制作型和媒体代理型为主，如码头广告的位置、路牌的招出租等。

第二阶段：20 世纪 70 年代（腾飞阶段）。

20 世纪 60 年代末期到 70 年代，香港经济快速发展，更带动了广告业的繁荣，相对独立和完整的广告业体系已形成，各种类型的广告公司先后成立，无论是广告主还是广告代理商都意识到做广告不再是简单的创意和策划，同时还需要考虑媒体投放与推进的步骤、时机等。这时除了传统的纸媒外，无线电视台开始推出彩色信号，为广告传播方式提供了更多的选择，广告设计、制作、投放也越来越规范、越来越专业。广告管理水平进一步提高。

第三阶段：20 世纪 80 年代至 90 年代（繁荣阶段）。

20 世纪 80 年代初，许多国际 4A 公司纷纷到香港设立亚太办事处，以此作为它们拓展亚太地区业务的桥头堡。在为跨国集团服务的同时，它们也开始为香港本土企业服务，同时向台湾地区和大陆渗透，由此带动了香港广告界专业化、科学化和国际化的发展。很多广告公司在广告的经营手法、文案、创意、制作方面，均可与国际大型广告公司媲美。据统计，1981 年香港地区广告营业额为 9.7 亿港元，约占当年地区 GDP 的 0.6%。1983 年，香港地区的广告公司有 602 家，广告从业人员有 4 639 人。到 1992 年底，有各类广告公司 2 914 家，从业人员 13 731 人，广告营业额达 92.6 亿港元，而 1993 年则上升到 110 多亿港元。其中无线电视台的广告收入就达 27 亿港元，高居榜首。①

第四阶段：20 世纪 90 年代中后期（进军内地阶段）。

进入 20 世纪 90 年代以来，香港广告公司的总量已是数以千计，能够提供全面服务的大型公司也有几十家。很快，香港广告业的发展在香港本地日趋饱和，起步较晚但增长空间巨大的内地广告市场被香港广告业巨头们一致看好。

20 世纪 90 年代中期开始，一方面，香港广告企业纷纷进军内地市场，通过开设办事处或与内地企业合资成立广告公司参与内地广告市场的开拓，大都取得了不错的业绩。

---

① 于彦北．香港广告业趣谈．外向经济，1995（10）：63.

在广告业的高峰期1993—1994年间，正值内地与香港两地的房地产热潮，这段时期的广告以房地产为主，创下广告增长率高达40%的纪录。到了1997—1998年间，由于经济放缓，地产、汽车市场疲弱，广告支出有所下降。《内地与香港关于建立更紧密经贸关系的安排》(CEPA)签署后，更多香港的中小型广告公司进驻内地，由于地缘、语言、生活习惯等原因，珠三角的港资公司开始激增。同时，两岸广告方面的交流与协助更频繁、更深入。很多客户越来越习惯上海做策略、香港做创意、广州制作、北京做媒体投放的跨地区的合作模式。另一方面，许多国际广告业巨头也通过香港的分公司打头阵进入中国内地广告市场，运用其资本、人才、技术、品牌等方面的优势，成为内地企业客户的合作伙伴。

香港广告业人才辈出，在亚洲以至全球都有很高的声誉，“香港制造”的优秀作品，几乎每年都在国际比赛中扬威。据1983年统计，香港地区的广告公司有602家，广告从业人员有4 639人。到1992年底，有各类广告公司2 914家，从业人员13 731人。截至1995年3月底，各类有关广告业务的公司有3 606家，从业人员达到17 186人。2010年，从业人员有18 000人，其数量的增长是相当惊人的。[①] 香港地区广告公司数量虽然很多，但其中具有规模和完善组织的并不太多，能够为企业提供全面代理服务的大型广告公司约有30家，营业额占总量的3/4左右。其他的一些中小型广告公司只是专做某类广告。

据统计，1981年香港地区广告营业额为9.7亿港元，约占当年地区GDP的0.6%；1990年广告营业额为67.20亿港元，占当年地区GDP的1.2%；1996年广告营业额达到了169.86亿港元，约占当年地区GDP的1.26%。2000年广告费占地区GDP的2.18%。如果按广告费占地区GDP的比例排行，则其1988年进入了世界前20名，位居第13位，1989年位居第14位，到了2000年则位居第5位。

二、香港地区媒体广告的发展

香港面积较小，但各类广告媒体如报纸、杂志等创办之早和品种之多，却在中国新闻史上占有重要的地位。

(一)户外媒体广告

香港拥有极为繁荣的户外广告业。19世纪中期，随着香港被宣布为“自由港”后，内外贸易繁荣、人口迅速增加，中环一带出现了公署、银行、商业中心，户外广告逐渐发展起来(见图5-1)。当初的广告媒体载体种类只有四种即墙体、旗帜、木板、石柱，广告牌上没有商标或其他图案，颜色衬托也只是单调地标立店号，让消费者明确店铺的分类及其所在地。在此后的时间里，户外广告蓬勃发展。到了20世纪二三十年代，类型不断分化，出现了广告牌、霓虹灯、墙幕等新的形式，广告的范围日渐扩大。无论是在街头、车站、码头还是在广场、公园或空旷地带等公共场所，随处可见醒目的广告牌。

---

① 对港广告业前景充满期待.(2012-12-10)[2024-03-25]. http://www.hkcd.com.hk/content/2012-12/10/content_3101587.htm.

一是霓虹灯广告特别繁荣。在湾仔、旺角、油麻地、佐敦，以及香港的中心商业与生活区域遍布着霓虹灯，这既是市场繁荣的象征，也是生活人家的百态。二是外伸式广告牌成为香港独特的城市风貌，体现出香港独特的建筑肌理和商业空间气质。著名的九龙的弥敦道、港岛的铜锣湾皆是商业的繁华之地，更是户外广告最为集中的街区。这里的广告灯箱鳞次栉比，万色争辉，弥漫着浓浓的商业气息（见图 5－1）。

图 5－1　香港的户外广告（左图为 1895 年，右图为 1957 年）

除了出租车之外，香港的地面公共交通主要靠双层大巴。在香港闹市区并不宽阔的马路上，贴有各种广告的双层大巴在市区穿行，成为流动的风景。当然，最具香港本地特色的流动广告还是它的双层有轨电车车身广告。1973 年，香港电车公司第一次卖广告，美国西北航空公司的大幅宣传画被刷上了车身。电车车多站密，所以当电车穿越多条繁华大街时，车速较慢，广告效果非常出色。很快，香港电车公司的 163 部双层电车全部披上了各种产品广告，广告收入随之上升到了电车公司总收入的 1/5。

香港地铁是世界上最繁忙的地下大动脉之一，每天有几百万人次出入。一些大的换乘站，候车月台多达三四层，层与层之间均由自动扶梯相连，而广告灯箱就挂在扶梯两侧的墙上，大小均匀，相隔距离均匀，通体透亮，就像连环画一样，一幅一幅地展开，带给人们视觉上的享受。

香港的户外广告不仅无处不在，而且不缺少磅礴的气势。香港最早被列入吉尼斯世界纪录大全的广告牌是位于东区海底隧道九龙方向的出口，原来是矗立在中旅协记货仓顶上的万宝路香烟广告。该广告牌高达 64 米，宽 16 米多，面积超过 1 000 平方米，是当时世界最大的户外广告。其存在时间长达七八年，直到 1993 年合同到期，由日本的乐声取代了这个广告位置。代理乐声的香港信兴机构将广告牌又加高 30 英尺约合 9 米，再次破了吉尼斯世界纪录。

但是这个纪录不久又被打破。1994 年 7 月，在位于沙田新市镇的太古汽水有限公司厂房外的墙上，出现了一幅巨大的可口可乐广告，宽约 55 米，总面积达 3 300 多平方米，又一次刷新了纪录，成为全世界最高、最大的户外广告，名噪一时。

2006 年 3 月，香港户外广告再创奇迹。亚洲第一个 360°回环霓虹灯广告牌正式落成于尖沙咀海边，成为香港别具特色的地标。此广告牌全长约 29 米，连底盘重 75 吨，广告牌上霓虹灯的长度达 6 500 米，是维多利亚港宽度的 7 倍，异常醒目，传为佳话。

邮寄广告也是香港地区的主要广告媒体之一。广告主通过向市民家中邮寄一些广告宣传手册，或在商店、银行等公共场所存放一些含有广告信息的免费取阅的小册子，以达到广告宣传的目的。这类广告主要偏重于药品、机器设备、搬家公司等方面，数量是相当大的。

（二）四大传统媒体广告

1. 报纸媒体广告

香港的报纸历史悠久，品种繁多，曾长期成为广告主刊登广告的首选媒体。

1841 年 5 月英国人创办了《香港公报》，专门刊登英国来华贸易时英商发出的通告，是香港最早刊登广告的报纸。香港现存出版时间最长的英文报纸是 1903 年 11 月创办的《南华早报》，最著名的中文报纸有《东方日报》《苹果日报》《成报》《明报》《太阳报》《星岛日报》《新报》《文汇报》《大公报》等 20 多家。媒体的发展主要依靠商业支撑，它们相互之间竞争十分激烈。广告费是其主要的经济来源。

1969 年 1 月 22 日，《东方日报》在香港创刊发行。1978 年以来，该报发行量一直高居香港报纸之首，而在香港大报中它的历史却是很短的。无论从经营上还是从报纸的编排上，它都有些特点。作为一张综合性的市民报纸，《东方日报》注重从各个方面满足市民阶层中不同人群的信息需求。这使它赢得了更多的广告客户。因此，该报每天平均 64 个版，而广告最多时达到 90 个版（包括专版中的广告）。

香港报纸以中文报纸为主，同时有少量的英文报纸，总发行量超过 200 万份，平均每1 000 人阅读 380 份，大大超过世界平均每 1 000 人阅报 100 份的水平，在亚洲各国及地区中仅次于日本。

但是，自从 20 世纪 90 年代以来，随着报纸竞争的日趋激烈，市场逐渐趋于饱和，一些报纸停刊倒闭，报纸的数量呈下降趋势。1988 年香港共有报纸 68 家，9 年后（1997 年）香港地区注册出版的报纸仅有 50 家。很长时间内，香港的报纸数量虽无增加，但广告营业额稳步上升。每天各报的广告占到总版面的 1/3 以上，有的甚至达到了一半，以企业广告、日用品广告、招工广告、电器广告、汽车广告等为主。1994 年报纸广告营业额最高的是《东方日报》，达到了 1.323 亿美元，其次是《成报》和《南华早报》。

2011—2013 年，香港的电视、报纸、户外及杂志的广告开支占香港广告开支总额的最大比例，同时网络广告也有长足发展。但自 2015 年以来，由于经济发展放缓、媒体互相激烈竞争，广告费被压得很低。加之网络媒体发展冲击，报纸广告业务大幅度下滑。明报集团的母公司世界华文媒体 2015 年 8 月公布业绩显示其备受广告收入减少及汇兑亏损的打击，营业额跌逾 13%。南华早报集团旗下免费英文周刊《48 小时》（*48 HOURS*），因广告收益持续下跌，停止出版。有 56 年历史的香港《新报》宣布停刊，成为2000年来香港首份停刊的传统收费报纸，随即香港传媒业出现多米诺骨牌效应，掀起倒闭潮、裁员潮。现在香港报纸只剩下不到60种，处境艰难。

2. 杂志媒体广告

1853年8月1日，英国传教士马礼逊（Robert Morrison）和麦都思（Walter H. Medhurst）在香港共同创办了《遐迩贯珍》中文月刊（见图5-2）。该刊由马礼逊教育会出版，香港英华书院印刷发行。这是鸦片战争后香港的第一份中文杂志，也是第一家用铅活字印刷的中文刊物，它真正开启了中文报刊广告的先河。

图5-2 《遐迩贯珍》的封面
（1853年，香港）

该刊最初名为*Chinese Serial*，最终定名为《遐迩贯珍》，显然是经过了中国文人的润色。其创刊号的卷首《题词》就是一篇较好的广告。其一云：

> 创论通遐迩，宏词贯古今。幽深开鸟道，声价重鸡林[1]。妙解醒尘目，良工费苦心。吾儒稽域外，赖尔作南针。

除香港外，《遐迩贯珍》还发行到广州、厦门、福州、宁波、上海等通商口岸。该刊的主要内容是时事和评论，宗教的内容较少。该刊第一任主编为麦都思，1855年改由著名汉学家、传教士理雅各（James Legge）主持，也是从这一年的第1期起，该刊设广告专栏《布告篇》，专门登载商业广告和香港的物价行情，形成了具有近代报刊特征的办刊模式——新闻、评论、文艺、广告，开创了我国中文报刊的收费广告服务，其表现出来的广告经营观念和运作经验具有非常重要的历史意义。

据统计，自1855年1月号《布告篇》刊出至1856年《布告篇》停止刊出，《遐迩贯珍》共刊出广告76条。不仅有外国在华的轮船、商店、贸易公司的广告，也有外国药品和在港医生的广告以及招生广告等。其中以轮船招客广告居多，共37条，占全部广告的近一半。[2] 此外，商行广告及医药广告也较多。

1857年，外商首先在香港创办了《孖剌报》，增出了中文版的《中外新闻》，刊登商业广告较早。1861年后，《孖剌报》成为专门刊登船期、物价的广告报。

香港面积虽小，杂志的数量却非常惊人。据统计，1979年有杂志326家，1983年有455家，到了1997年则达到了693家。在内容上有政治性、经济性、综合性、娱乐性和学术性等多种类型。1990年《壹周刊》在香港创刊，第二年便成为香港地区读者人数最多的杂志。根据壹传媒集团年报，在1999年，这本杂志每期平均销量高达逾15万本，

---

① 鸡林即新罗（朝鲜半岛古国名）。唐代时，鸡林国的宰相因喜欢白居易的诗而通过商人以高价收买，以后人们就用“诗人鸡林”“诗在鸡林”“鸡林诗价”等称赞作品的流传广泛、价值高。清代赵翼《王梦楼挽诗》：“生有笙歌矜马帐，死犹诗句在鸡林。”自注：“君少时随册使封琉球王。”

② 卫玲，程靓，姚远．《遐迩贯珍·布告篇》传播的广告营销新理念．西北大学学报（哲学社会科学版），2009（2）：43-47.

直到2010年末仍保持12万本，但自此销量开始急跌。《壹周刊》本来一刊两册，分为时事和娱乐，为吸引更多广告主，2010年10月，管理层决定添加主打时装美容的第三册《Next+ONe》。该策略立竿见影，次年，《壹周刊》广告收入比上一年上升16.8%。[1] 到2013年，《壹周刊》已连续十几年稳坐香港杂志销量冠军的宝座，广告收入达1.839亿港元。

2015年，香港的杂志广告收入大幅下降。创刊25年的《壹周刊》7月宣布大幅裁员，与其他两份杂志《饮食男女》和《我!》（*Me*!）三合一，合并出版销售。至于旗下全港销量最高的娱乐生活周刊《忽然一周》，则于8月7日出版最后一期后，结束印刷和网上业务。

目前，香港注册期刊有500多种，往往广告所占的页数较多。因为地方小，杂志发行量一般较少，发行上万份的凤毛麟角。竞争也相当残酷，多数生存环境不佳，很难有维持出版数十年的杂志。

3. 广播媒体广告

香港的广播电台主要有香港电台和香港商业电台两家。

香港电台全称是“香港广播电台”，成立于1928年6月，是港英当局办的政府电台，该台目前设有五套节目，第一、二套为中文台，三套为英文台，四、五套为中、英文广播。该台一直不播放广告，其全部经费都由港英当局支付。1989年4月设立董事局，逐渐由政府电台向公共广播机构过渡。

香港商业电台是由香港商业广播公司创办的，于1959年8月26日开始播音，以广告收入为主要经济来源，这种经营方式大大促进了广告的发展。现有中文节目两套，称为商业一台、商业二台；英文节目一套，称为商业英文台。商业电台特别重视公民教育和环境保护，采用娱乐与资讯并重的方针，除新闻报道外，主要播出娱乐节目和广告。

4. 电视媒体广告

在四大媒体中，电视可以说是香港地区覆盖面积最大、影响最广的广告媒体，香港人看电视的兴趣非常浓厚。据统计，每天有98%的9岁以上的人收看电视，每人每日看电视时间平均为4.1小时。电视自然也成为广告商最为青睐的广告媒体。

1957年4月，港英政府向“丽的呼声”（Rediffusion）[2] 发出执照，准许其开办有线电视。同年5月29日，丽的呼声（香港）有限公司以400万元资本创办的丽的电视台正式成立，取名为“丽的映声”。丽的映声不但是香港第一个电视台，更是全球华人地区第一个电视台。1963年，丽的映声增设中文频道，以广东话为主要广播语言。1973年4月，丽的映声改名为“丽的电视有限公司”（RTV，中文简称“丽的”），并由收费电视转为免费电视。

1982年9月，随着电视股权的再变化，丽的又易名为“亚洲电视股份有限公司”（ATV，中文简称“亚视”）。亚视设有中文台和英文台两套节目。

---

① 香港媒体战（上集）：纸媒之死．（2015-08-20）［2020-03-25］．http：//media.sohu.com/20150820/n419356611.shtml.

② 丽的呼声是一家英国公司，于20世纪20年代在英国成立，初时名为Broadcast Relay Services，早期为英国一些接收不到电台大气电波信号的偏远地区以电缆作电台转播，后于50年代兼营电视台、电视机租赁及销售。

20 世纪 70—90 年代是亚视最为繁荣的时代，收视率高，广告收入也高。2011 年之后，很多广告大客户流失，广告收入下降。2010 年亚视全年广告收入约 1 亿元，2011 年后跌至每年只有 3 000 多万元，扣除亚视要缴付的赛马转播费约 2 000 万元，每年只剩千余万元落袋。而在 1995 年前，每年的香港赛马会，亚视都能够得到 8 000 万元的广告费。亚视的另一客户“衍生行”以往每年共投入亚视 2 000 万元广告费，2011 年后每年也减至几百万元。因为严重经营不善，2015 年亚视不获香港特区政府续牌，于 2016 年 4 月 1 日不得不结束香港本地的免费地面电视广播。

另一家是香港电视广播有限公司（Television Broadcasts Ltd.，TVB)。该台成立于 1967 年，分为中文的翡翠台和英文的明珠台两套节目。电视广播有限公司是香港第一个商营无线电视台，香港民众常称为“无线电视”。在香港，“无线电视”是第一家免费电视台，拥有香港一半以上的电视收视人群，平均收视率高于其唯一对手亚视，是香港大众文化的重要组成部分。它的节目免费和广告经营策略使广告随着这种新媒体的诞生而加速发展。70 年代至 80 年代是“无线电视”制作比较“茁壮”的时期，长期压过亚视成为香港免费电视龙头，亦有“大台”之称。80 年代中期至 90 年代，香港正处于滞胀时期，制作成本大幅上升，但经济增长渐渐放缓，“无线电视”经营转趋困难。1991 年，政府禁止电台和电视台播放香烟广告，加上印刷和其他新兴媒体涌现，一同争夺广告费开支，使“无线电视”盈利空间受挤压。其后，“无线电视”逐步发展数码电视和流动电视，从而进入了一个多元的新局面。

2004 年 9 月，“无线电视”获得广东省的落地权，其翡翠台和明珠台可合法地在广东省 9 个城市共 10 个有线电视网络播出，“无线电视”开始获得内地的广告收入。2006 年，获批在广州开设港视多媒体广告（广州）有限公司。2013 年，“无线电视”来自中国内地的总收益为 4.02 亿港元，较 2012 年上升了 43%。同时，数码地面电视（包括机顶盒、综合数码电视及连接个人计算机的接收器）在全港所有家庭的渗透率达到 80.2%。因此，高清翡翠台在异步播放时段的收视率较 2012 年相同时段上升 18%，而平日黄金时段与翡翠台同步播放的收视率，也由 2012 年占总体翡翠台收视的 32%增长至 38%。

但是，2015 年电视广播有限公司称，零售市场疲软令其广告收入减少，加上去年同期收入包括世界杯的，比较基数较高。公司通告还披露，传统地面电视广播频道的广告收入总额较去年同期下跌 12%，情况令人担忧。

此外，还有佳艺电视（CTV）和卫星电视广播有限公司（简称“卫视”）。

（三）网络媒体广告

伴随着整体经济情况好转的迹象，网民数量的日益增多，互联网正在成为广告主实现与用户之间沟通的一种更为经济有效、更有竞争力的平台。尼尔森公司发布的数据显示，2009 年香港全年网络广告市场规模达到了 8.69 亿港元。其中，财经类广告对香港网络广告的发展做出了巨大的贡献，占据了全年网络广告市场 16%的份额。

2000 年后，香港网络广告开始快速发展。同年，香港经营网站的 15 家公司，包括雅虎、网上行、中华网及精英互动广告等成立亚洲首家网络广告协会——香港网上广告协会，这标志着香港网络广告的发展从真正意义上步入正轨。据媒体监测机构 admanGo 公布的数据，在 2014 年，香港网上和流动媒体广告的增长最大，分别为 12%及 105%，两者合起来的市场占有率由 2013 年的 8%上升至 2014 年的 10%。受到移动设备强劲增长的推动，2017 年香港地区的移动广告收入上升到 3.14 亿美元，占全部网络广告收入（6.38 亿美元）的 49.2%。

三、香港地区的广告管理与广告组织

为了保障广告业的有序发展，不断提高广告业的服务水准，香港地区采取了相应的管理措施。其中，主要是通过政府部门制定相应的广告管理法规和广告行业组织制定的一些自律规则来具体实施。

（一）香港地区的广告管理法规

香港地区广告管理的主要机构是通讯事务管理局（Communications Authority，CA，简称“通讯局”），于 2012 年 4 月 1 日根据《通讯事务管理局条例》成立，继承了前广播事务管理局和电信管理局所履行的职能，是监管香港广播业和电信业的单一管理机构。通讯事务管理局办公室辖下设有电影、报刊及物品管理办事处（简称“电影报刊办”），电影报刊办下设报刊及物品管理科和电影科两个部门，履行前影视及娱乐事务管理处的职能，主要负责对广告的监管。对于专业广告，还要送请相关部门审查，如医药广告要送到医务卫生处检查，教育广告要送到教育处审查等。

香港现时仍然没有单一的法规综合地管理广告实务和广告的内容；但视其广告所宣传的产品种类或服务所属的行业，香港仍有多条适用的条例，触犯这些条例，就可能受到刑事处罚。这些法规和条例可分为三类：

1. 一般性条例

《香港法例》第 362 章《商品说明条例》规定，将虚假商品说明用于任何货品或供应带有虚假商品说明的商品的人士将招致刑事处罚，也不得在广告中使用虚假及误导性商品说明。例如，《星岛时报》为了吸引企业投入更多的广告，曾经发布虚假的发行量，把 27 万份虚报为 39 万份，结果被揭露是虚假数据，受到法律追究，涉案人员被依法处理。①

就电视台的广告而言，《香港法例》第 562 章《广播条例》列明的四类须领牌的电视节目服务，包括本地免费电视节目服务、本地收费电视节目服务、非本地电视节目服务，以及其他须领牌的电视节目服务，均受《电视通用业务守则——广告标准》（以下简称《守则》）下的广告标准约束。《守则》列明了不可在电视上播放的广告内容。其第 3 章第 9 段也列明了广告不得以任何公然或隐含的方式作出与事实不符的描述、声称或说明，或对有关产品或服务或其是否适用于所建议的用途作误导的描述、声称或说明。

此外，一些专业团体也发挥着对广告的监督作用。例如，成立于 1974 年的香港消费者委员会，其目的就是维护消费者的权益。其中一项职能是保障及促进传播消费者数据

① 中国广告协会学术委员会．寻觅广告真谛：广告效果研讨与分析．北京：人民日报出版社，1999：140.

的良好行为，包括保障消费者免受广告的不实宣传。消费者委员会出版有《选择》月刊，刊发多项指引，旨在提醒企业须确保它们的宣传材料和广告真实、无偏见及合理，并无任何误导成分，且符合相关法例或规则，以便消费者在购买时能作出知情决定。同时，对香港工商业的不法买卖及欺骗性广告进行监督和揭露，指导消费者如何选购商品，以保护消费者的切身利益。

2. 对特定商品或服务的条例

针对一些与百姓生活密切相关的产品或服务，香港特区政府制定有专门的管理条例，如《公众娱乐场所条例》《药品及毒药管理条例》《不良医药广告管理条例》《商标条例》《售卖货品条例》《版权条例》《赌博条例》等20多项。

如医药广告标准规定：医药广告内容必须经医务卫生处处长批准；不得以医护人员、医院或有关医学团体、组织名义推荐药品；不得声称或暗示某一类病症“全部”可以由该种药品治愈，不得声称某药品或治疗方法“最有效”“最安全”“最快”，或绝对化或比较性形容词；不得使用渲染疾病痛苦的词句或图片。药品广告也不得通过电视发布。

《公共卫生与市政设施条例》规定，发布或参与发布虚假描述某种食物或药物，或者相当可能导致受众对某种食物和药品的性质、成分或质量产生误导的广告的，即属犯罪。

1983年实施的香烟及烟草广告标准规定：在印刷品上刊登的香烟广告必须载有指定的健康忠告和焦油含量类别；展示的香烟广告必须载有指定的健康忠告；不可鼓励非吸烟者吸烟，也不可鼓励吸烟者吸更多或无节制地吸烟；禁止电台、电视台及电影院播放香烟广告；香烟及烟草广告只能以成年受众为对象，儿童、青年形象均不得在广告中出现。

对于酒类广告的规定是，未成年人只能是自然而然地出现在广告中或者是无特殊意义地出现，如在家宴中，而且不得有饮酒或斟酒的动作。同时还规定，广播电台、电视上的酒类广告不得在青少年节目的前后播出。

3. 对特定对象的条例

例如，广告与儿童标准规定，在为儿童播映及儿童观看的电视节目内，不得播映任何会使儿童心理、生理或道德观念受到损害，或利用儿童天真无邪及诚信本性达到目的的商品或服务性广告。并根据上述原则，对有可能使儿童生理、心理或道德观念受到损害的10个方面作出了具体的规定。

除了以上的专门针对广告行业的管理法规外，在其他一些行业的管理法规中，也都涉及了广告管理方面的法规及条例，如《香港法例》第571章《证券及期货条例》、《香港法例》第155章《银行业条例》、《香港法例》第511章《地产代理条例》、《香港法例》第493章《非本地高等及专业教育（规管）条例》、《香港法例》第279章《教育条例》、《香港法例》第163章《放债人条例》、《香港法例》第371章《吸烟（公众卫生）条例》等。这些带有法规性质的标准和条例，对广告活动和广告业有着强制性的约束力，从而保证了香港广告业的健康、有序发展。

（二）香港地区的广告行业组织管理

伴随着香港广告业的发展，一些民间性质的广告同业组织逐渐产生并发展起来，比较有代表性的有香港广告商会、香港广告客户协会和香港华资广告业商会等。这些组织，一方面在加强广告行业自律、提高服务水平、防止不正当竞争方面发挥了重要作用，另一方面也是地区政府和广告经营单位联系的桥梁。地区政府利用这些广告组织贯彻广告管理法规、条例、标准，引导其会员公司遵守地区政府的法规、条例、标准；同时，这些行业组织代表其会员公司向地区政府有关职能部门反映广告界的意见和要求，维护广告业的利益。

香港广告商会（HK4As）又称香港广告代理商协会，成立于 1957 年。该协会由香港地区广告界一些服务较为全面的跨国公司和大型广告公司组成，是香港地区广告业界全面服务型的综合广告代理商成立的行业自律组织。其宗旨在于制定及维持广告专业操守，执行业务守则，出任广告公司的纠纷仲裁人，以及为广告公司和广告从业者提供交流意见的机会等。该组织以行政事务委员会为领导核心，委员由会员公司的管理层代表选出。下设小组委员会，分为创意事务委员会、数码事务委员会、教育事务委员会、EFFIE 广告效益大奖事务委员会、金帆广告大奖事务委员会、媒体事务委员会。金帆广告大奖是香港广告商会每年对优秀广告的认可及推崇的活动，始于 1984 年，被认为是香港广告界的最高荣誉及亚洲区最大型的广告评选典礼之一。

目前该商会的成员有 29 家①，虽只是香港上千家广告公司的一个零头，但却控制着香港广告代理业的 65%的市场份额。商会对其成员有着严格的要求，规定会员必须收取不低于 15%的佣金，会员间不许存在恶性竞争等，以确保会员的服务素质和水准。

香港广告客户协会，又称 HK2As 商会。该会是广告客户组织，会员主要是国际性工商企业在港的子公司以及该商会认可的广告公司，如万国宝通银行、太平洋行、飞利浦和柯达等香港有限公司。该组织的主要作用是协调和保护广告主的利益。

香港华资广告业商会，又称 CCAA 广告协会，1972 年成立。该商会的会员主要是全属华人资本的广告公司，会员主要以报界广告部为主，不吸收跨国广告公司和海外资本投资的广告公司为会员。

香港人广告协会（HiA），1996 年由香港本土的一些广告公司发起成立。该组织秉持“全心全意为广告服务”的理念，传承和发扬香港中西结合的文化，发挥本土创意，为客户提供不同的广告推广门路，推动香港本土的广告发展。

2000 年，香港经营网站的 15 家公司，包括雅虎、网上行、中华网及精英互动广告等成立亚洲首家网络广告协会——香港网上广告协会，这标志着香港网络广告的发展从真正意义上步入正轨。

此外，还有香港广告业联会，它实质上是广告同业俱乐部，会员以和内地有广告业务往来的广告公司为主，如中国广告公司、新华广告公司等。

四、香港地区广告业的特点

纵观香港地区的广告事业，主要有以下特点。

---

① 香港广告商会．关于香港广告商会．[2024-03-25]．http：//aaaa.com.hk/main/zh-hant/about-hk4as/.

第一，在大陆、台湾和香港三地的广告业中，香港地区广告业起步最早。1898 年后，香港成了英国的租借地，受此影响，在经济上采用了自由市场经济体制，广告市场也较早对外开放。1927 年，就有国际广告公司进入，到 20 世纪五六十年代，香港地区的广告业已相当蓬勃。70 年代后，广告业进入繁荣期，各种类型的广告公司在香港地区先后成立，其中大型的广告公司都是国际广告公司的分支机构，如智威汤逊、奥美、盛世等，香港也就自然成为亚洲地区国际广告公司最多的地方。到了 20 世纪末，香港的广告业已形成了一个独立完整的运作体系。

第二，香港地区的广告专业化分工程度高，普遍重视策划创意工作。香港不仅是三地广告业中跨国公司较早进入的地区，也是国际化程度最高的地区。广告从业人员大都留学于欧美国家，和西方广告界的交流频繁，从而在经营理念、创意、制作等方面受西方影响较多。这种影响一方面使香港的广告创意、制作水平能够较好地与国际接轨，另一方面也使香港地区的广告在内容和形式上西化倾向明显。在创意方面，香港地区的大部分广告重视娱乐性内容和图像化呈现，人性化色彩较为浓厚。甚至连广告主都认为，其所购买的是广告的创意能力而不是什么花里胡哨的东西。

第三，广告媒体种类繁多，户外广告极为发达。人们通常说香港是“广告的海洋”，主要就是针对户外广告而言的。从历史上看，电视广告和户外广告曾是香港地区广告业最有力的“双拳”，其电视广告业务量长期雄居第一，但在网络广告兴起之后受到很大的冲击，下降明显。即便如此，户外广告仍然是香港一道不可分割的风景线，遥遥领先于包括内地在内的其他地区。香港的每条街道上，广告的分布可以说达到了见缝插针的地步，招牌、广告牌、霓虹灯、墙幕等等，种类繁多而又井然有序。通常，最大的广告客户是旅游业、零售业和食品商，广告量最多的是日常消费品。此外，香港的邮寄广告、交通广告也较为发达。

第四，香港地区的法规较为完善，广告经营高度规范。20 世纪 70 年代初期，香港经济蓬勃发展，但广告的专业化仍未达到应有的水平，存在着少数人利用职权浑水摸鱼、牟取私利的现象。尽管香港当时已有廉政公署，并且已将廉政法规推及非官方机构，但仍有人为了规避《防止贿赂条例》《选举（舞弊及非法行为）条例》，利用玩麻将、打纸牌等做权钱交易。后来，随着市场调查研究的方法被推广以及广告监管力度的增强，广告主和广告代理公司都认识到，广告公司的广告策划创意水平是决定广告公司命运的关键，广告媒体的投放必须坚持效益最大化。只有这样，广告才能走上健康的发展之路。

第二节　台湾地区广告业的发展

台湾地区文化与祖国大陆文化一脉相承。早在远古时代，内陆居民就横渡海峡移居台湾。两岸之间往来不断，文化交流十分频繁。

1684 年，清政府设置分巡台厦兵备道及台湾府，隶属于福建省。至 1811 年，台湾人口已达 190 万，其中多数是来自福建、广东的移民。移民大量开垦荒地，使台湾成为一个新兴的农业区域，并向大陆提供大量稻米和蔗糖，由大陆输入日用消费品和建筑材料等。这个时期，台湾与福建、广东的来往十分密切，中原文化更加全面地传入台湾并广泛流传。

1894 年日本发动甲午战争，第二年清政府战败，于 4 月 17 日被迫签订丧权辱国的《马关条约》，把台湾割让给日本。从此，台湾沦为日本的殖民地达 50 年之久。1945 年 8 月，日本在第二次世界大战中战败，宣布无条件投降，台湾地区重新回归祖国。所以，人们通常将 1895—1945 年台湾受日本殖民统治时期称作“日据时期”。

20 世纪 50 年代以来，台湾地区的经济经历了以产品出口为主到经济自由化的转变，发展速度惊人，从而带动了广告业的强劲增长。20 世纪 70 年代是台湾地区经济的起飞时期。当时经济繁荣，物价稳定，大众消费水平大幅度增长。到了 80 年代，台湾地区著名的十大建设任务陆续完成，经济发展迅猛，市场欣欣向荣。

一、台湾地区广告业的发展

日据时代，台湾地区的广告发展十分缓慢，真正的进步是在 1945 年台湾光复之后。这一过程大体上可分为五个阶段。

第一阶段：战后萌芽期（1945—1957 年）。

1945 年抗日战争胜利后，台湾地区结束了日本长达 50 年的殖民统治，回归祖国怀抱。但是，刚从日本的殖民统治中挣脱出来的台湾物资匮乏，经济萧条，百姓困顿，百废待举，为数很少的广告企业经营惨淡。

这个时期台湾地区的广告业仍处于摸索阶段，不具规模，仅有报纸、广播媒体的业务人员向客户拉广告，并从中抽佣金来维持广告运作。1949 年，赵君豪、丁宇人等创办大陆广告公司，推销报纸广告，是掮客型广告公司的开端。其后，蕾克广告公司（柯逸鹏兄弟）和东南广告公司（王石夫）相继创办，都以推销报纸广告和承揽广告工程为其主要业务形式，但他们既无市场营销观念，也不精于广告设计。

当时，相较而言报纸广告较为繁荣，占整个台湾地区广告量的 65%，以药品、杂货、化妆品、布料广告为主，也有酒店广告。这些广告大多内容空泛，流于庸俗，如“货真价实，童叟无欺，价廉物美，包君满意”“欢迎各界莅临参观”等，也有少量“买一送一，瓶盖附奖，赠送礼券，对号还本”等促销广告。此外，就是政府公告牌、商店招牌等户外广告。

后来，一些报纸业务员选择成立或加入广告公司，或从事广告相关工作，如《新生报》广告主任颜伯勤，业务员刘毅志、徐达光、李云鹏；《征信新闻》业务经理洪金河、黄远球；《联合报》广告主任钱存棠，业务员周文同。随着市场的发展，人们的广告营销意识日渐增强。

第二阶段：代理导入期（1958—1965 年）。

1958 年 1 月，台北市广告商业同业公会成立，开辟了台湾地区广告代理业的先河。1960 年，台湾当局颁布《奖励投资条例》，积极吸引外资。这一条例不仅促进了台湾地区向工业化社会转变，也加速了广告业发展的步伐。

图5-3　温春雄

1960年，第二届亚洲广告会议在日本东京举行，台湾地区首次派出由郑品聪担任团长的代表团参加，团员来自报业、广播和企业界等。会议期间，主办方日本最大的广告公司电通社社长吉田秀雄向台湾地区团员介绍广告公司对经济繁荣的贡献，并表示愿意协助台湾地区建立广告代理制度。当时台湾地区的经济逐渐起步，台视已在筹备中，几个主要的广告公司陆续被创办。同年，温春雄（见图5-3）在甘谷街9号创立了“东方广告社”，进行综合广告业务的代理，被认为是台湾地区第一家具有现代雏形的广告公司。初创时只有三名人员，以后逐步发展，第二年改名为“东方广告股份有限公司”。

60年代的台湾地区经济发展快速，人民的生活水平有很大提高，广告业也随之进入新的发展期。

1961年2月，黄远球、陈福旺、徐达光创办了“台湾广告公司”。5月，原综合化学公司总经理许炳棠邀同吕耀城、王超光等创办成立“国华广告公司”，由许炳棠出任总经理。国华广告公司成立后，首先和日本电通公司进行业务合作，并与《联合报》等签订代理合同，台湾地区的广告代理制度开始真正推行。

台湾地区早期广告的主要客户是日商，商品主要以日货为主，而且创办广告公司的人大都具有日本教育背景。因此，公司的组织和管理风格、广告实务运作理念与作业模式受日本广告业的影响很大。

1962年4月28日，由台湾当局与多家企业共同出资的台视成立。电视台的出现推进了广告业发展的进程，直接促成多家广告公司成立，使得台湾地区的广告经营步入真正代理商的时代。

第三阶段：快速成长期（1966—1975年）。

这一时期，台湾地区的经济持续大幅增长（1971—1973年经济增长率平均为13%），但是，因为出现了一连串严峻的“外交”困境①，给发展中的广告业带来较大的打击，尤其是台湾与日本所谓的“断交”，以及陆续引发的拒用日货运动，对广告业影响颇大。台湾地区广告业本来日籍客户很多而且固定，“断交”之后，日商广告费骤减。在度过了一段“外交”上的困难时期之后，受地区经济快速发展的影响，商业活动非常频繁，广告市场恢复元气，不少具有规模的广告公司创立。一些有实力的企业组成了企业集团，大幅度增加广告的投入，广告收入总量每年都以两位数的增长率稳步快速增长。

1966年的第五届亚洲广告会议是在台湾地区举办的第一个国际性广告会议，有14个国家及地区的代表413人参加。这次会议推动了台湾地区广告经营制度的完善，并促使台湾地区的广告界借鉴国际广告界的先进经验，加强了与各国各地区广告公司的密切往来，也引进了更多新的广告观念。第二年，台湾地区广告业组成分会正式加入国际广告协会（IAA），这是继日本之后国际广告协会在亚洲地区创设的第二个分会。

① 台湾先是退出联合国（1971年），接着与日本“断交”（1972年）、断航（1974年）。

1969 年和 1971 年，“中视”（CTV）和“华视”（CTS）相继开播。电视逐渐走入台湾人的生活，成为台湾地区继报纸之后的第二大广告媒体。电视广告以生动的形象和视听结合的效果，引起了人们极大的兴趣，很多广告客户纷纷加大了对电视广告的投入。当时与台视签约的广告代理商有国华广告公司、台湾广告公司、太平洋广告公司、国际工商传播公司、联艺广告公司、中华传播公司、华商广告公司、中外广告公司、中华电艺公司、明生电动广告公司、第一广告公司等 11 家。在此期间，1970 年，东海广告公司成立。

1975 年，台湾地区第一家专业的收视率调查公司益利市场研究顾问公司成立。接着，润利、红木等相继成立，主要针对观众与媒体的接触进行调查分析，以为广告主提供选择媒体的标准。虽然对调查公司的专业程度时有争议，但调查公司提供的专业报告还是成为媒体价值评估的重要依据。

为了更好地发展，大部分的广告公司开始寻求对外技术合作，吸收先进国家的技术和经营管理方式，在原来只提供创意和购买媒体的基础上，增加了市场调查、行销策略建议、收视率研究、媒体监测与分析报告等服务内容，为以后台湾地区的广告业适应快速到来的国际化奠定了良好的基础。台湾地区的广告业把国外崭新的市场营销（marketing）观念也传播给台湾地区的工商界，使各工商企业充分认识到了广告公司从事市场调查、广告策划、媒体选择与发布的专业性与重要性。

但是，这一时期，台湾地区的广告市场尚未对外开放。广告业的规模有限，服务较为单一。

第四阶段：发展竞争期（1976—1988 年）。

这一时期是台湾地区的广告繁荣期：广告市场竞争更加激烈，呈现出多元化、国际化的趋势。

1979 年，联广广告公司[①]邀请日本伊东寿太郎赴台讲授企业形象识别系统（CIS），并为“味全”公司设计 VI（visual identity），此为台湾地区引导 CIS 观念的开始。

1984 年底，美国的李奥贝纳广告公司一马当先，在台设立分公司，这是台湾地区第一家完全由外资创办的广告公司。

1985 年，台湾当局宣布开放市场，强调经济自由化与国际化，鼓励外商广告公司进入台湾市场。在此背景下，很多国际广告公司开始陆续以独资、合资或技术合作的方式进入台湾地区的广告市场。同年 7 月，国泰建业广告公司和奥美广告公司合作，合资成立了“台湾奥美广告公司”，成为台湾地区第一家由政府经济部门投资审议委员会核准的国际广告代理商。接着恒美、智威汤逊、萨奇、麦肯、葛瑞等世界大型的广告公司到台湾地区投资当地广告公司，甚至成立独资广告公司。

外国和国际广告公司的进入改变了台湾地区广告业界的生态，带来了双重影响。一方面，这给台湾地区的广告业带来了先进的广告理念、新的广告形式和广告经营管理方式，整体上提高了台湾地区本土广告公司的服务水平，促使台湾地区的广告业由本土化

---

① 联广广告公司创办于 1974 年 5 月，由留美博士杨朝阳发起创办，在东海广告公司基础上改组、扩大而成，一直是台湾地区最大的本土广告公司。

向国际化转变，经过了由早期的盲目崇洋、抄袭和模仿西方广告，到接受西方的创意策略，再到将西方的广告创意策略与民族文化内涵形象有机结合的发展阶段，逐步走向了成熟。另一方面，外资广告公司的优势不仅是专业技术和科学化操作，其雄厚的全球网络支持与人力资源后盾更是吸引本土或国际性客户的重要因素。在实力雄厚的外资广告公司的冲击下，很多台湾地区本土广告公司不得不退出历史舞台。除了联广广告公司这样个别的大型本土广告公司之外，剩下的广告公司先后转变为合资公司、合作公司和跨国公司的分支机构。

总体而言，80年代的台湾地区广告业发展生机勃勃。从1976年起，在全球广告费总额的排序中，台湾地区即被国际广告协会列入超过1亿美元的行列；1979年，被列入超过2亿美元的行列；1981年，被列入超过3亿美元的行列。1987年，其广告费总额位居世界第20位，1988年位居第17位，1989年位居第14位，1999年位居第13位。

第五阶段：多元发展时期（20世纪90年代以来）。

这一时期，由于社会的快速发展，广告经营形成多元化格局，是台湾地区广告行业的成熟期。

进入20世纪90年代以后，由于世界经济大环境的变化，台湾地区的经济不景气，自然也影响广告代理业。在台湾地区排名前42家的广告公司中，有13家在承揽额上出现负增长。与此同时，媒体数量暴增，新旧媒体较劲，媒体生态剧变，台湾地区的广告市场也由卖方市场转为买方市场。

随着媒体的开放，台湾地区的消费者的媒体接触方式日趋多元化，单靠一种媒体已经不能达成广告目的，因此需要更专业且丰富的传播知识来说服消费者。许多跨国广告公司已经意识到有效的广告活动只靠传统广告公司的力量是不够的，只有配合包括公共关系、促销活动、直效行销等全方位的整合传播，才能形成强大的销售攻势。于是，很多广告公司纷纷在自己公司的外围设立公关公司、促销活动公司和直效行销公司，形成了统一体系的广告集团，以整体的力量来争取更多的客户。这样，台湾地区的广告公司大型化、集团化的趋势越来越明显，规模巨大的整合传播集团开始出现。

1992年，日本电通广告公司买下台湾广告公司52%的股份，改名为台湾电通广告公司。第二年，联中广告公司中的台资陆续退出，成为美商麦肯独资的公司。到1993年，台湾地区排名前10位的广告公司有9家属于跨国广告集团，台湾地区的广告公司可以说被完全纳入全球广告体系。至1998年，台湾排名前42名的大型代理商（指承揽额达1亿元新台币者）中22家是合资公司，且前10名中有9家是合资公司，非外资公司只有联广广告公司一家。痛定思痛，台湾地区的广告公司从盲目崇洋到自我思考，重新定位，以寻找更新的发展方式和更宽广的市场。

这一时期媒体的采购方式发生了变化，逐渐有了“媒体集中购买”的趋势。除了客户分散委托企划、媒体集中购买外，也出现了专业媒体购买公司，或广告公司之间成立媒体购买的策略联盟（如博上与黄禾的“薄荷联盟”）。1995年，台湾地区第一家媒体代理商传立媒体成立。到1999年约有10家专业媒体代理公司成立，但基于“大者恒大”的媒体购买游戏规则，很快就被整合成3～4个媒体购买系统。

总之，20 世纪 90 年代以来，台湾地区的广告业进入了多元化的时代。首先是广告经营者多元化，既有外商广告公司也有本土广告公司，既有大型代理商也有个人工作室；其次是媒体多元化，不但媒体生态多元，连媒体采购也有多元选择。另外，广告表现呈多元化趋势，消费者也趋向多元化。

2002—2004 年，台湾地区的广告经营总额年增长率逐年提高，甚至超过同期地区 GDP 的增长率。但是广告经营额所占地区 GDP 的比重始终没有超过 1%，2003 年高峰时期广告经营额的年增长率达到 19.73%，比 2002 年低谷时期的 1.77%增长逾 10 倍。不过，近年来，台湾地区的广告业状况变得比过去更为严峻。大多数原先在台湾地区的消费性产品生产商陆续将其广告需求、预算投放到祖国大陆，进而造成整个广告版图的移动。台湾地区本土广告业人才陆续流失，市场活力下降、利润降低，存在着被边缘化的危险状况。根据尼尔森公司公布的对台湾地区五大媒体（电视、广播、报纸、杂志及户外媒体）的监测数据，2015 年全台湾地区广告经营额为 417 亿元新台币，较 2014 年的 447 亿元新台币减少了约 30 亿元，下跌 6.78%。2019 年之后，受新冠疫情的影响，广告经营额显著下滑。

二、台湾地区媒体广告的发展

台湾地区广告代理商使用最多、最普遍的广告媒体是四大传统媒体——报纸、电视、杂志、广播。近年来，网络媒体广告的数量在不断上升。

（一）报纸媒体广告

台湾地区近代广告开始于日据时期的报纸广告。

日据时期，《台湾新报》和《台湾日报》相继创刊。1898 年，两报合并为《台湾日日新报》，是日据时期最重要的报纸。从此，“台湾报业广告从无到有，从稚嫩逐步发展成熟”①。1924—1933 年，台湾报纸的发行量由 38 970 份上升到 83 881 份。

国民党统治台湾后，当局为了严密控制新闻界而实行“报禁”，其内容包括“三限”，即限制报纸登记（限证）、限制报纸出版张数（限张）、限制报纸印刷及出版地点（限印）。受此影响，台湾的报纸媒体发展缓慢，只有 31 家。

1988 年元旦，台湾国民党当局正式宣布解除持续 40 年的“报禁”，开放报纸登记，准许自由办报和解除报纸限张发行，报纸可以自由增张扩版。这是台湾地区报纸媒体发展的转折点。此后，台湾地区报业得到蓬勃发展。到 1988 年底，台湾地区的报纸已接近 80 家；到 1993 年，办理登记的报纸有 221 家，实际发行的有 139 家；截至 1998 年，台湾地区的报纸总计有 360 家。

1995 年以前，报纸是广告主投入较多的媒体，一直居于四大传统媒体之首。仅仅在 1960 年，报纸广告量就占到了广告总量的 62%，1970 年下降到 35.6%，1995 年为

---

① 王东熙，陈培爱．日据时期台湾报业广告发展史略//陈培爱．广告学报：第 6 辑．厦门：厦门大学出版社，2012.

39.7%。广告收入较多的报纸为《中国时报》《联合报》和《自由时报》。此后，电视媒体发展迅速，报纸的地位受到冲击。据1998年统计，报纸的广告营业额为277亿元新台币，广告量的比重有所下降，退居为第二位。

1978年，《中国时报》发行一万份时，创办了第一届“时报广告设计奖”，当时奖项仅有平面广告一项。第三届易名为“时报广告金像奖”。1988年增设电视广告奖，参赛项目扩大为10项。1990年，为纪念创刊40周年，《中国时报》设立“时报亚太广告奖”，参赛范围扩大到包括中国大陆、中国香港、新加坡、印度尼西亚、马来西亚等亚太国家和地区。1992年，举办“金犊奖”，鼓励包括大陆在内的在校大学生参与广告竞赛。1993年，又设立“世界华文广告奖”。1997年奖项合并，只保留“时报广告金像奖”与“金犊奖”。“时报广告金像奖”是最受台湾地区广告界重视的奖项之一。

（二）杂志媒体广告

台湾地区的杂志自1951年起陆续增多，1957年为157家，1966年增加到953家，1988年达到2 244家，1990年突破了4 000家，截至1998年，总数已达5 888家。

台湾地区的大部分杂志不属于经营性质的杂志，进入市场供读者选购的不过四五百种，其余为企业或机关内部刊物、财团或社团的会讯、宗教性杂志。进入市场的杂志是杂志中的活跃力量，也是台湾地区杂志产业实力（包括广告收益与发行收益）的主要体现者。这类杂志的发行量较小，发行量最大的每期发行几万份。女性、汽车、电脑类杂志的发展势头较好。统计数字显示，台湾地区的杂志以月刊居多，占42.5%，其他杂志所占比例依次为季刊33.2%，双月刊15.8%，周刊5.04%，半月刊2.26%，双周刊1.15%。就分布的地区而言，台北市出版的杂志有3 435家，占绝大多数。

从广告收入上看，杂志是四大传统媒体中增长幅度最高的，1978年，其广告营业额为4亿元新台币，1995年达到了50.01亿元新台币，1998年达到了90亿元新台币，同1978年的4亿元相较增长了21.5倍。

（三）广播媒体广告

台湾地区的广播媒体在20世纪50年代和60年代初曾经是仅次于报纸的第二大广告媒体，1960年的广告经营额为3 300万元新台币，占当年广告总量的20%。1962年起，由于电视媒体的出现，广播广告的比重逐年降低。80年代后期，台湾当局又开放了电子媒体，从而使得电子媒体的广告空间迅速扩大，广告收入大幅增长。1991年，广播媒体广告经营额为34亿元新台币，1995年为39.68亿元新台币，1998年为45亿元新台币，为四大传统媒体广告的最末一位。近年来，随着数字化媒体的发展，数字广播业务积极借助互联网平台的优势进行传播，但由于受到其他媒体的强烈冲击，广告收入一直相对较低。

（四）电视媒体广告

1962年10月10日，台湾地区第一家面向公众广播的电视台——台湾电视公司（TTV，简称“台视”）开播。在开播当日，播出了台湾地区第一支电视广告。画面是一支牙膏一边唱歌一边在脸盆上跳来跳去，唱完后的画面是一排“黑人牙膏”的字样。

早期的电视广告产品主要是黑人牙膏、黑松汽水和生生白皮鞋，当时被称为电视广告的“二黑一白”。

1997年以前，台湾地区的电视媒体主要以台湾电视公司、1968年建立的“中国电视公司”及1971年建立的“中华电视公司”为主。三家电视公司在全台湾地区各地均设置有转播系统，形成了覆盖全台湾地区的网络。在20世纪90年代之前，台湾地区仅有所谓的这“老三台”。而台湾地区的卫星电视事业，则在90年代以后陆续展开，无线台也使用卫星传送节目。随着有线电视频道的开放和无线电视台的设立与播映，电视频道大幅度增加，从原有的3个扩增到120个可播放的频道。

目前，台湾地区已推行欧洲传输标准的无线数字电视（DVB-T），全面进入数字电视时代。台视、“中视”、“华视”、民视、公视、客视和原视等无线台进行无线信号播出，大部分频道也用卫星进行备份传送。

电视媒体的增加及其具有大量广告时段和低价位等特点，为广告主提供了全新的选择，因而电视广告量得到了大幅度的增加。1962年电视台初创立时，电视广告量在广告总量中仅占0.5%，而报纸广告量高达广告总量的54%，广播广告量占19%。1967年，电视广告量达到了16.5%，超过了广播广告量（12.6%），成为第二大广告媒体。到1972年，电视广告与报纸广告已非常接近，在广告总量上的比重都在30%以上。20世纪90年代后，电视广告以强劲的势头发展，尤其是有线电视吸引了许多广告主的投入。到1998年，电视媒体的广告营业额为324亿元新台币，电视媒体成为台湾地区第一大广告媒体。

台湾大众银行的系列广告之一《母亲的勇气》（见图5-4），被评为2010年台湾地区最感人广告并在华人网络世界广泛流传。台湾奥美广告公司对“大众”的含义作了深入的发掘，演绎了台湾社会平凡大众中一个63岁的母亲探望女儿的故事。为了探望远在国外生孩子的女儿，在言语不通的情况下，这位母亲独自一人乘飞机飞行三天，经过三个国家，跨越三万两千千米，历经种种艰难终于如愿以偿。这个故事传达了普通台湾人坚韧、勇敢、真实且善良的一面。这则广告既展现了品牌的“大众”理念，又成功触发了受众对中华民族传统美德“勇毅力行、仁爱孝悌”的共鸣和认同，有效地传达给台湾大众“坚韧、勇敢、爱”的正面价值。

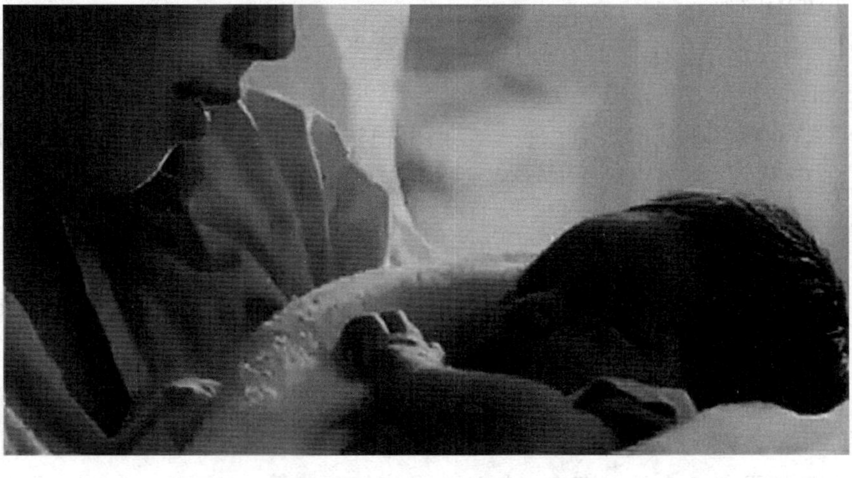

图5-4　台湾地区的电视广告截图（大众银行《母亲的勇气》篇，2010年，奥美广告）

（五）新兴媒体广告

虽然传统的四大媒体占据了台湾地区广告经营额的绝大部分，但随着竞争的日益激烈以及新技术的发展，四大媒体所占市场份额呈现下降趋势，而新兴媒体则伴随着环境的变化不断产生和发展起来，增长较为明显。这些媒体以户外交通（如 LED、车载电视）、店头广告所运用的电子技术媒体（如电视墙、大型看板等）为主。

网络媒体是新兴媒体的代表。根据《动脑》杂志统计的台湾地区总广告量调查图表，网络广告费从 2012 年的 114.92 亿元新台币到 2013 年的 135.61 亿元新台币，增长了 18%，而同样属于新兴媒体广告的行动广告从 36.18 亿元新台币增长到 42.69 亿元新台币，同样增长了约 18%，增长幅度大大超越其他广告媒体。得益于脸书（Facebook）和连我（Line）等社交媒体平台的普及，2017 年，台湾地区的网络媒体广告支出达到了 236.75 亿元新台币。

三、台湾地区的广告管理与广告组织

台湾地区的广告业在促进工商业繁荣的同时，不可避免地出现了一些问题。为了更好地对广告业进行管理，保证广告业健康有序发展，台湾当局制定了相关的规章制度，同时，一些有影响的广告行业组织也制定了一些自律规则。

（一）台湾地区有关广告管理规定的制定

到目前为止，台湾地区还没有制定综合性的能够全面调节广告活动的管理规定，只有针对某一方面广告活动或某一类广告媒体而制定的单项广告管理规定。

目前实行的广告管理规定，主要有所谓的“广播电视法”及其实施细则，以及《新闻事业广告规约》《广播电视节目供应事业管理规则》《电视广告制作规范》《广告物管理办法》。另外，在所谓的“食品卫生管理法”“公平交易法”“药物药商管理法”“消费者保护法”“著作权法”“商标法”，以及《化妆品卫生管理条例》等规定中，也有一些关于广告管理方面的内容。

（1）“广播电视法”。1976 年 1 月 8 日，台湾当局公布实施所谓的“广播电视法”；同年 12 月 30 日又公布“广播电视法实施细则”，1982 年 5 月进一步加以修正。这是台湾地区现行的广播电视事业基本规定。在“广播电视法”和“广播电视法实施细则”部分条款中，规定了允许广告播出的单位、广告的播送方式、数量分配、审查程序及办法等相关内容。

（2）《新闻事业广告规约》。1976 年 9 月 1 日起实施，分为“总则”“分类”“附则”三部分。在“分类”部分，将广告分为“政治事务类”“声明启事类”“人事类”“服务类”等七大类，并对每一类广告都作了简略的规定。

（3）《广播电视节目供应事业管理规则》。该规则为专门规定从事节目或节目制作的审批问题的规章。规定了从事广播和电视广告策划、制作的公司或其他法人组织应当具备的条件，包括设备、人员、资金、场地以及审批程序等。

（4）《电视广告制作规范》。1985 年 4 月 21 日颁布实施。其主要内容有：一是规定了广告的基本原则，要求广告内容必须真实，画面优美高雅，音量柔和。二是禁止用新闻报道方式播放广告。

（5）《广告物管理办法》。该办法是专门为户外广告制定的管理规章，于 1981 年 12 月 21 日公布。

除了行政管理部门制定的广告管理规定外，台湾地区的广告行业组织也制定了相关行业自律规则。主要有综合广告业经营者联谊会（4A）制定的《执业标准》和《综合广告业经营者自律纲要》，新闻界制定的《报业道德规范》《无线电广播道德规范》《净化电视广告规范手册》等。

（二）台湾地区的广告行业组织

台湾地区的广告行业组织较多，交流活动也比较频繁，主要有：

（1）台湾广告经营人协会，又名台北市广告代理商联谊会，成立于 1988 年 9 月 8 日，由台湾地区广告界资深广告人赖东明发起创办，为台湾地区重要的广告社团之一。主要任务是维持业内自律、举办各种活动。

（2）台北广告人公会，成立于 1978 年，由台湾地区著名广告学者颜伯勤创办。该会是台湾地区创建的第一个广告学术性组织，到 1998 年拥有会员 193 家。

（3）台北市广告代理商同业公会。其前身是成立于 1958 年的台北市广告商业同业公会，当时公会会员都是以从事广告工程、招牌或会场装潢为主的从业者。1960 年台湾地区首次组团到日本东京参加第二届亚洲广告会议，回台湾后纷纷成立广告公司，公会的会员随之日渐增加。

1973 年，由许炳棠发起，邀集较具规模的广告代理业者，包括太平洋广告总经理杨基沂、欣欣传播总经理李兴华、东方广告总经理钱存棠、国际工商传播总经理刘毅志、台湾广告董事长陈福旺等 8 人，组成“台北市八家广告代理业联谊会”（简称“八联会”），于当年 9 月 24 日召开第一次会议，公推许炳棠为召集人。

1975 年 12 月 15 日，台北市广告代理商同业公会正式成立，宣布以“促进经济发展，协调同业关系，增进共同利益”为宗旨。

2006 年，同业公会还决定从本年起，每年 11 月第一个星期五为台湾广告节，并举办资深广告人、杰出广告人及终身成就奖表彰活动。公会现有会员 200 多家，是目前台湾地区广告业最大的行业组织。

（4）国际广告协会台北分会，成立于 1967 年。其主要使命是引领台湾地区的广告业参与国际交流，培养会员的正确营销观念，拓宽其国际视野。

四、台湾地区广告业的特点

台湾地区的广告业主要呈现以下特点：

第一，综合性的广告公司全部集中在大台北地区，而且基本上是外资广告公司，实力雄厚。

第二，台湾地区本土的广告公司几乎全为独立经营的中小型公司，而岛内的大型广告主很少投资或成立广告公司，此种结构与其经济产业结构相类似。

第三，台湾地区本土广告公司的成长与壮大，与积极引进国外先进管理方式密切相关。在与两种相异文化的碰撞与磨合中，台湾地区最终形成了自己独特的广告表现风格。台湾地区的广告表现受到国外的影响先后有两波：一波是20世纪60年代日本的影响，一波是80年代欧美的影响。90年代之前，广告表现以模仿日本或欧美风格为主导，缺少台湾地区本土的表现方式，引发了台湾地区广告界的严肃关注与热烈探讨。其后，在台湾地区广告人的不断努力之下，最终形成了具有本土特色的广告表现风格。这种表现风格具有较为浓郁的本土色彩，呈现出浓厚的民族文化、民族感情，注重传统文化和价值观念的传递，同时兼具放眼国际的前瞻性。

第四，台湾地区本土广告公司的成长与壮大得益于祖国大陆的改革开放基本国策。以往日本广告公司和台湾地区本土广告公司的合作，偏向于业务与技术合作，欧美广告公司与台湾地区本土广告公司除了业务合作外，还有资本方面的合作。1985年台湾地区广告市场开放后，欧美大型广告公司依靠其丰富的资源与强大的信息网络等优势，代理的产品广告逐年上升，从1985年8%的市场占有率到1996年已经接近50%。而台湾地区本土广告公司为求生存及扩张业务，往往出售股权，由此带来台湾地区本土广告公司的国际化色彩。祖国大陆实行改革开放后，积极引进一些国家和地区的先进技术和资金，经济快速增长，对广告业务的需求也日益扩大。台湾地区因而成为一些跨国广告公司培养并派遣优秀广告人才的基地，因而，广告业也更为繁荣。

本章小结

香港、台湾都是中国不可分割的重要组成部分，其广告文化和中国大陆有着共同的渊源和密切的联系。但是，由于历史的原因，这两个地区广告事业的发展又有着各自的轨迹与文化特征。相对而言，香港广告受西方的影响较多，而台湾地区广告则流淌着较多的民族文化特征。但两者都表现出高度的开放性、前沿性，以及与当地政治、经济的适应性。这是它们的共同之处。

思考与练习

1. 香港的广告公司发展经历了哪几个阶段？各个阶段有什么特点？
2. 第二届亚洲广告会议对台湾地区的广告业发展产生了哪些影响？
3. 比较香港和台湾的广告作品，试说明它们的风格特征有何异同。
4. 港台地区的广告业发展经验对祖国大陆广告业有哪些启示？

下　编

外国广告史

第六章
古代西方广告的发轫

本章学习要点

1. 古代巴比伦和埃及的广告活动概况。
2. 古代希腊和罗马的广告繁荣。
3. 庞贝古城所显示的古罗马时代广告的发展及其意义。

第一节 古代巴比伦、埃及的广告活动

在人类发展历史上，幼发拉底河和底格里斯河流域的古巴比伦、尼罗河畔的古埃及、印度河和恒河流域的古印度、爱琴海地区的古希腊，以及黄河流域和长江流域的中国是古代文明的发祥地。考古研究证明，原始社会解体之后，在西亚的两河流域、北非的尼罗河流域以及印度河流域首先出现了文字、青铜器和城市。后来由于外族入侵和其他原因，这三大最古老的文明发展中断了。接下来产生的分别是希腊文明（后与犹太、东罗马等文化融合）和夏商文明（后与中华各族文化融合），这继起的两大文明都一直延续至今，且对人类生活影响深广。

一、古代巴比伦的广告活动

根据古老的传说，当神“让母羊生出羊羔，让谷物在沟渠里生长”的时候，繁荣便降临了美索不达米亚。的确，人类文明的曙光最早出现在古代西亚的幼发拉底河和底格里斯河这两条“缠结”入海的生命之藤的两岸肥沃地带，即“美索不达米亚”① 南部的苏美尔地区。

公元前 4000 年左右，居住在巴比伦尼亚南部平原上的苏美尔人（Sumerians）用泥砖为自己造房子，为神建造庙宇，饲养动物，并用楔形文字书写，从而创造了光辉灿烂

① 古代美索不达米亚的大部分地区位于今天的伊拉克境内，而其他少数地区——西部和北部——位于叙利亚和土耳其境内。

的苏美尔文化。一般认为，公元前3500年左右，苏美尔人建成了世界上第一个城邦乌鲁克，人口达5万。在公元前3000年左右，苏美尔地区已有20多个城邦，其中以基什、埃利都、拉尔萨、乌鲁克、乌尔、拉伽什、尼普尔、乌玛、马里等城邦最为人所知。美国学者克雷默（S. N. Kramer）在他的关于巴比伦文明的史学著作《历史从苏美尔开始》中认为，人类历史上第一个农业村落、第一座城市、最早的车、最早的船和最早的文字都出现在这里。苏美尔人最早发现、创造或记录的事物多达27项，包括最早的学校、最早的历史学家、最早的图书目录、最早的爱情歌曲等。在历史发展的进程中，阿卡德人、巴比伦人、亚述人以及迦勒底人都继承和发展了苏美尔人的成就，使两河流域文明成为人类文明史上璀璨的一页。因为巴比伦人的成就最大，故而两河流域文明又称为巴比伦文明。

最初的苏美尔文字是刻在石头上的。因为美索不达米亚平原上的石头很少，又不生长纸草，人们只好将芦苇秆、骨棒或木棒削成尖头当笔，在用黏土制成的半干的泥板上书写。写好后，让风吹干，或用火烘干。由于提笔处较为细狭，落笔处印痕较为宽深，状如木楔，故称“楔形文字”。人们使用楔形文字进行记录和交流。当时的一切书信、商业契约、重要文献都刻在泥板上或砖上作为证明或以便保存。除此之外，这些泥板书既有学校的课本，也有记载着修建神庙、战争获胜等内容的国家文献，虽然还算不上真正意义上的广告，但是古老的商业广告正是在此基础上发展而来的。

苏美尔人是世界上最早的化妆品创造者。考古人员出土了一个贝壳形金色小化妆盒，里面有眼影粉、胭脂等一套美容用品。酒也是美索不达米亚人最喜欢的饮品。根据苏美尔文明时期的泥板记载，至少在6 000多年以前，苏美尔人就已经有了成熟的酿酒技术，比埃及要早2 000年左右，被认为可能是世界上最早的啤酒酿造者。

随着生产力的发展，公元前3000年左右，位于美索不达米亚南部地区的那些古老公社里的市场上出现了大量的农业和手工业的剩余产品，国内的和对相邻各国的最古老的商品交换活动变得日益频繁。底格里斯河和幼发拉底河及密布的运河就是天然的贸易干线，人们在河流和运河上运输商品。他们出口丰富的农产品，进口苏美尔缺乏的东西，如石头、木材、珠宝、黄金和其他贵金属等。在商队的道路上，人们用驴子和骡子来运送商品，络绎不绝。乌尔是一个商业大城市，它和邻近的许多地方进行广泛的贸易。“现在还保存着的出售奴隶、房屋、田地、家畜和贵金属的契约本文，便指出了公元前三千纪贸易的存在。”[①] 商人们已经习惯雇用专门的人向过往的行人大声吆喝，宣传商品。考古学家于伊拉克南部一个城邦，发现了一块距今约3 766年的写有投诉文字的泥匾。其大概内容是一个名叫“纳尼”（Nanni）的人向商人投诉说，送过来的铜矿质量欠佳。[②]

“苏美尔文明的繁荣一直持续到公元前2000年，直到阿卡德人和巴比伦人崛起才黯然失色。”[③] 阿卡德人（Akkadians）原居住在苏美尔人的北面，他们最终征服了苏美尔人，并把苏美尔并入阿卡德（Akkad）。大约在公元前1894年，来自叙利亚草原的阿摩利人（Amorites）占据了巴比伦城，建立起古巴比伦王国（Babylon，大致在当今的伊拉

① 阿甫基耶夫．古代东方史：上册．王以铸，译，上海：上海书店出版社，2011：43.

② 一封距今3000多年前的投诉信曝光．（2016-03-29）［2024-03-25］. http://news.mobo168.net/jxnews-239996.html.

③ 费根．世界史前史：插图第8版．杨宁，周幸，冯国雄，译．北京：北京联合出版公司，2017：248.

克境内)。

巴比伦人继承和发展了苏美尔人和阿卡德人的文明成果，并将两河流域的文明推到了一个新的高度。统治者十分重视商业，因此商人在巴比伦有很高的社会地位。巴比伦人的经商水平举世闻名。除了国家和神庙组织的商业活动外，私人商业活动也十分活跃。大部分的阿摩利人从事捕鱼业。捕到的鱼除了满足王室和祭司之用外，剩余的全部销售给商人，再由商人出售给普通百姓。贸易的形式主要是以物易物。

这一时期的商业中心有巴比伦、乌尔、西帕尔和拉尔萨等。许多商船集中在巴比伦码头，巴比伦成为西亚重要的商贸集散地，而这些商业活动多半属私人性质，经营一般采用合伙方式，资本大多来自私人。① 大商人称为“塔木卡”(Tamkarum)，他们不但从事商业贸易、放高利贷、贩卖奴隶和为国家征收租税，而且拥有王室份地。他们也积极从事对外贸易活动，出口农产品和手工产品以交换本地缺乏的贵金属、石头和木材等。小商人称为“沙马鲁”(Samallum)，他们主要为大商人推销商品，并从大商人那里领取工资，有的则与大商人合伙经营，参与分红。虽然小商人实力不如大商人，但小商人基本上是独立的私商，有的可能比较富有。在国王汉谟拉比(Hammurabi)死后，巴比伦不断受到外族的攻击，历经了500多年的战乱，直到公元前7世纪末，才建立了新巴比伦王国。尼布甲尼撒二世成为新的国王。在尼布甲尼撒二世统治时期，巴比伦王国臻于鼎盛，政治相对稳定，经济有较大发展，著名的“巴比伦之囚”和“空中花园”的故事都发生在这一时期。巴比伦成为古代两河流域地区最壮丽、最繁华的都城。统治者允许奴隶经商，租种主人或他人的土地，并可与自由民订立契约，但所得的利益大多归于主人。神庙则拥有大量土地，并经营商业和手工业。直到100多年后，希腊历史学家希罗多德来到巴比伦城时，仍称它为世界上最壮丽的城市。

新巴比伦王国时期出现了许多大商人。其中一个叫埃吉贝，他的家族经商活动始于亚述帝国时代，到新巴比伦王国时期达到鼎盛。② 从他的家族档案中可知，该家族的业务活动包括银钱借贷、土地和房屋的买卖和租赁、奴隶的买卖和出租等，其商业活动范围很广，不仅包括巴比伦、西帕尔、基什、乌鲁克，而且延伸到了国外。在波斯帝国征服巴比伦尼亚之后，其触角也延伸到了伊朗高原。商业经营的品种包括枣椰子、谷物、金属、金银项链、宝石、啤酒等。埃吉贝家族不仅自己直接经营各种业务，而且让奴隶代理人去经营。

除了叫喊性的市声广告之外，“公元前3000年，巴比伦的泥板可能是目前已知的最早的广告”③。考古发现，早在公元前3000年，古巴比伦人就利用泥板具有的记录功能进行商业信息传播，一块保存至今的巴比伦泥板上刻有关于油膏贩子、抄写员和鞋匠的广告。此外，还有一些产品被形象化地刻在石头、泥板或木头上，摆放在店铺内外以吸引众人的目光。也有少数悬物广告，如酒店用灌木、鞋店用靴子做标识等。

---

① 亓佩成. 古代西亚文明. 济南：山东大学出版社，2016：63.

② 埃吉贝家族的档案现存于世界各博物馆中的共有1 000多块泥板，包括埃吉贝家族的几个奴隶代理人的铭文。

③ 莱恩，金，赖克特. 克莱普纳广告学：第18版. 程言，王佳雯，刘倩，等译. 北京：中国人民大学出版社，2019：9.

与两河流域邻近的腓尼基是古代地中海东岸的一个地区，其范围接近于如今的黎巴嫩和叙利亚，这里比耶路撒冷要大得多，商业也更为繁荣。腓尼基人擅长航海和贸易，他们乘着船漂洋过海，足迹遍及非洲海岸线、希腊、西班牙、南部意大利等地，他们在那里设立货栈，用工具、器皿和彩色染料从当地部族手里换到皮毛和宝石等，再运到其他地方去交换。其港口城市推罗（Tyrus）和西顿（Sidon）非常繁荣，码头到处是忙碌的“叫喊人”的身影，差不多和巴比伦一样热闹。

二、古代埃及的广告活动

历史学家希罗多德有句名言：“埃及是尼罗河的赠礼。”尼罗河全长 6 650 千米（埃及年鉴数字），是世界上最长的河流，它自南向北纵贯埃及土地，滔滔的河水为两岸农田带来了丰富的养料。古埃及地形犹如一朵弯着茎的百合：它的上端盛开着硕大的花朵，那就是尼罗河三角洲；下端有一花柄，即是尼罗河谷地，这里河道纵横，土地肥沃；花柄的左侧伸出的一个小小嫩芽，它是位于尼罗河谷以西的丘陵纵横的天然洼地，有无数可耕的良田。公元前 3300 年左右，尼罗河下游出现了历史上第一个真正意义上的国家——埃及。古埃及文明与苏美尔文明几乎同时出现，有文字记载的历史可追溯到公元前 3100 年。

从古王国时期（约前 2686 年—前 2181 年）开始，埃及已是统一的专制主义奴隶制国家。[①] 国家的统一和社会经济的发展，为国内外贸易的发展创造了条件。莎草纸是古埃及人广泛采用的书写介质，它用当时盛产于尼罗河三角洲的纸莎草的茎制成。大约在公元前 2600 年，古埃及人就开始使用莎草纸，并将这种特产出口到古希腊等古代地中海文明地区，甚至遥远的欧洲内陆和西亚。

随着农业、畜牧业以及手工业的逐渐发展，埃及人在较早的时间内就积累了充分的剩余产品。其后经历了数百年的发展，埃及文明已经由简单的自然经济过渡到了更复杂、更进步的农业和手工业生产的发展形态，各地间剩余产品的交换也成了必然，甚至出现了海外贸易。埃及人乘坐他们所造的纸莎草船在尼罗河、地中海及红海一带航行，同所到之地的人们进行交易。考古学家发现，这一时期的墓葬壁画上保存了集市情形的图像，画面描绘了在繁华的集市上，有人兴高采烈地与同伴谈论着，有人牵着猪或羊意欲换取亚麻布，有人用从尼罗河中捕获的鱼换了几双便鞋，还有人将谷物从船上卸下来，再换取鱼和蔬菜装船……以物易物是当时商品交换的普遍形式，延续了 3 000 多年。

到中王国时期（约前 2040 年—前 1786 年），随着军事力量的强大和统治的稳固，法老们会在炫耀胜利之时或大赦之年竖立方尖碑，以示纪念。另外，埃及与绿洲相邻地区的商业联系进一步加强，甚至远至巴勒斯坦、叙利亚、巴比伦尼亚和蓬特（今索马里），交换的商品包括石质雕像、象牙制品、陶器、香料等。

在国内，城乡交换日益频繁。城市中有雕刻匠、金工、宝石匠、种园子的人、佃农、纺织工、制箭的人、信差、制作木乃伊的人、鞋匠、洗衣匠、捕鸟人、捕鱼者等。

---

① 全国土地的最高所有者是专制君主——法老。

农民把少量的农产品运到城里来，以换取农具、食盐、皮革等生活日用品。[①] 中王国时期的文学作品《能言善辩的农夫》中讲述了居住在三角洲东部的一位农民赶着一队毛驴，驮着采集来的草药和泡碱等本地特产到尼罗河谷来交换所需的口粮。“在墓室壁画中，我们也常常能见到熙熙攘攘的河畔集市，小贩摆好了摊子招呼生意。”[②] 贸易发展的一个重要成就是出现了新的工商业城市，法雍湖附近的卡呼恩城是其代表。考古工作者在该城发掘出不少商业文书，还发现了来自克里特岛的碎片，从一个侧面说明当时商业交换的频繁。

新王国时期（约前 1570 年—前 1085 年）是埃及奴隶制的繁盛期，这一时期埃及人不再建造金字塔，而热衷于建造神庙和雕凿岩窟，商业发展到一个新阶段。无论是国际贸易还是国内贸易，其基础都是以物易物，谷物、草纸、针织品、鱼子以及各种奢侈品成为交换的天然“货币”，但铜、青铜、白银和黄金等金属作为流通手段的情况有所增多。其中使用银（按重量）作为价值尺度的情况较为常见。当时的人们热衷于个人外表的保护和装扮，他们留长发，佩戴珠宝，用鲜花和丝带做头发的装饰品。人们在参加朋友聚会的时候会在假发上佩戴薰以草药和香料的蜡锥，一种由乳香、辣木油、草和发酵的水果汁制成的抗皱霜深受贵族女性的欢迎。一个重要的现象是，真正意义上的商人开始出现。

后王朝时期（约前 1085 年—前 332 年），随着铁器的使用逐渐普遍，商品货币关系空前发展，并出现了铸币。托勒密一世时，鼓励工商业，发展文化事业，使得亚历山大里亚在希腊和罗马人统治时期，成为地中海的商业和文化中心。造船技术先进，已经可以制造容纳千人的战船。对外贸易更加活跃，特别是和小亚细亚、希腊之间的贸易尤为繁荣。埃及的纺织品、粮食、纸草、玻璃、陶瓷器以及金银装饰品等大量输往西亚各地和爱琴海一带。希腊和腓尼基商人纷纷到埃及来做生意，中国丝绸、印度象牙、珍珠、香料、阿拉伯半岛宝石源源不断输入埃及。

由此可知，从公元前约 3100 年完成统一到公元前 332 年被古希腊征服的长达近 3 000 年的历史中，古埃及人创造了光辉灿烂的文化。

葡萄酒生产是古埃及人的一项主要手工业。葡萄常年可以采摘，既可为餐桌提供葡萄和葡萄汁，也可用葡萄为原料酿酒，招待客人或在集市售卖。珍贵而芬芳的百合香精一直都是古埃及的特产。自有史料记载以来，各种香精和带有香味的油脂在古埃及文明中占有重要位置。古埃及人能够制作 30 多种不同的香精和油料。在第二十六王朝法老尼克二世统治时期，出于交通、商贸需要，动员了大量的人力和物力开凿尼罗河至红海之间的运河。埃及运送香料的陆路商队和船只远行至红海南岸的蓬特，其中就有哈特谢普苏特（Hatshepsut）女法老派出的船队，位于戴尔巴哈里的女法老葬祭庙中的文物记载了这一重要历史事件。到了罗马时代，埃及香水更是闻名世界，大量出口到罗马帝国的各个城市。

商业贸易的繁荣催生了广告。许多地方出现了交易性的集市，人们将多余的粮食、

① 崔连仲．世界史：古代史．北京：人民出版社，1983：68.

② 温静．尼罗河的赠礼．北京：商务印书馆，2014：117.

家禽、手工制品等等送到集市上进行交换（见图6-1）。为了提高效率，有些人便主动高声地叫卖。在港口码头，店主除了使用实物广告之外，通常还雇用专人为他们穿街走巷，高声喊叫，甚至用押韵、洪亮的声音告知人们有关船只的进港、出港及船上货物的信息，从而出现了早期的叫喊人。每当那些运载葡萄酒、香料、金属制品以及其他杂货的船只到达港口时，船主们就雇用叫喊人为他们四处奔波，大声告诉民众关于这些货物的信息，诸如“东方风格的地毯刚刚到货了”之类，其目的是传递消息，吸引更多的人购买。后来，这种方式流传到罗马帝国各邦，形成了职业的叫喊人，他们是最早的公共信息传播载体。

图6-1　古埃及人的劳动与商业交换（法老时代，陵墓壁画）

据英国1890年出版的《古代的埃及人》一书记载，那时“商店多是户外的摊铺，位于街道的两旁。鸡肉店将鹅以及其他鸟的羽毛挑在竿头上，并在上面涂上防晒的东西。商店都不太宽敞，商品就像在东方国家的市场上看到的一样，在棚子里陈列着或放在中间的地方悬挂着”。这是埃及早期的悬物广告。

纸莎草是尼罗河赐予埃及人的珍贵礼物之一。埃及人对它推崇备至，视为北方王国的标志。公元前1000多年前，在古埃及首都底比斯就有人散发过这种“纸草”广告传单，其中一张篇幅有32开大小，呈淡茶色，上面的内容如下：

> 奴隶谢姆（Sham）从其主人哈布处逃走，坦诚善良的市民们，请按布告所说，协助将其带回。他身高5英尺2英寸，面目红褐。有告知其下落者，奉送金环一只；将其带回店者，奉送金环一副。

落款是：能按照您的意愿织出最好布料的织布师哈布。该广告传单现存于大英博物馆，被称为世界上最早的文字广告。

第二节　古代希腊、罗马的广告活动

一、古代希腊的广告活动

希腊半岛山峦起伏，海岸线曲折，东邻爱琴海，海上岛屿星罗棋布，古代的希腊人就生活在此。这里包括今天的希腊半岛本土、爱琴海东岸的爱奥尼亚地区、南克里特岛以及今天的意大利南部地区。约公元前2000年，爱琴文明发祥于克里特岛，后来，文明的中心移至希腊半岛，出现迈锡尼文明。

公元前8世纪至前6世纪一般被称为希腊历史上的古风时代（相当于中国东周的春秋时期）。这一时期，希腊半岛和小亚细亚西海岸出现了希腊人建立的城邦。在接下来大约200年时间里，一方面希腊人在地中海上广泛殖民，足迹遍及地中海地区，将活动空间从巴尔干半岛一隅扩展到了整个地中海，变成后来柏拉图（Plato）所说的地中海这个大池塘边的蚂蚁和青蛙。另一方面，希腊有数百个城邦并存，各城邦的经济发展不平衡，内部冲突和矛盾不断，硝烟四起。

在频繁的殖民活动中，希腊人口快速增长，城市化的步伐加快。比较著名的有公元前8世纪希腊本土最繁荣的地区优卑亚岛，而发展最快的则是南希腊的所谓多利亚人国家。阿哥斯、斯巴达、美塞尼亚等地的居民点数量急剧增长，科林斯的发展尤其迅速。考古资料显示，在公元前8世纪中期，这里的水井数量明显增加，这显示了科林斯人口的增长。到僭主政治时代，科林斯已经成为一个真正的城市。雅典自迈锡尼时代以来一直有人居住，至公元前8世纪后期，其人口已相当密集。至少到公元前6世纪，雅典人已经修建了城墙和供水设施。叙拉古在古典希腊时代成为地中海世界最大的城市和希腊最大的城邦。公元前4世纪，叙拉古城面积已经达到20平方千米，与未来的罗马、君士坦丁堡相当，城内人口20万以上，本土人口50万。

城邦的繁荣和商业的关系密切。从迈锡尼到荷马时代，希腊世界一直实行以物易物式的商品交换。公元前7世纪中期，吕底亚人发明了金银货币，并迅速在小亚细亚希腊各邦流行开来。和平时期，城邦之间会进行贸易，互通有无。一旦敌对的关系建立起来，城邦之间还会爆发战争。尽管如此，鉴于各城邦有着共同的文化背景，一旦遇到强大的外敌，它们也会联合起来一致对外。

这一时期的米利都、雅典、斯巴达、科林斯、麦加拉、埃吉那、萨摩斯和开俄斯等手工业和商业发展程度都较高，是闻名遐迩的商业重镇。其中，米利都是古风时代希腊世界最大的城市和工商业、文化中心，被波斯摧毁后，其最大城市地位被叙拉古取代，文化中心地位被雅典取代。雅典濒临大海，交通便利，又由于大量使用奴隶劳动，手工业、商业都很繁荣。公元前5世纪后半期，伯里克利当政期间，雅典达到全盛，经济繁荣，文化昌盛，奴隶民主政治发展到古代世界的高峰。雅典的皮利尤斯港是当时对外贸易的著名港口，万商云集。

如果说雅典的名片是“文化”，斯巴达的名片是“勇武”，那么，科林斯的名片就是“富裕”了。历史学家修昔底德（Thucydides）指出：“科林斯位于地峡之上，自远古以来即为重要的商业中心，虽然古代的交通是在陆地上而不靠海道进行的。住在伯罗奔尼撒半岛上的人和半岛以外的人来往必然经过科林斯的领土。所以科林斯因其财富而势力增加；这一点，古代诗人在科林斯的名字前面，常加一个‘富庶的’形容词可以看出来。”①

在希腊的许多城邦中都有商业区域或指定的市场，大小店铺陈列各类商品。奴隶有专门的市场，他们被枷锁着，并被标明年龄、用途、价格等，以供顾主选择。

“叫喊人”此时已经活跃在社会生活各个方面。叫喊人的任务主要分为几类：第一类是公布奴隶和牲畜拍卖的信息；第二类是发布战争动员、消息，宣布新法律的颁布、会议召集；第三类是作为拍卖师。此外，城邦的多处集市中有面包、奶油、蔬菜、粮油、花卉等出售，需要叫喊人帮助推销商品。叫喊人通常是被雇用的，但要有美妙的声音和朗诵才能才有被雇用的可能。这些街头叫喊声在大众媒体出现之前为人们提供了必要的公共服务。②

在雅典城里，人们随时都可听到有人用吆喝声贩卖奴隶、牲畜及手工艺品、日用品等。据记载，一位名叫埃斯克里普陀（Aesclyptoe）的雅典商人就曾雇用叫喊人来替他推销化妆品。他的叫卖词具有很强的吸引力：

> 为了双眸晶莹，为了两颊绯红
> 为了人老珠不黄，为了质好价不高
> 每一个在行的女人都会购买
> 埃斯克里普陀制造的化妆品

许多集市的墙壁上有专门用来贴各种布告的板，让人们将关于丢失的物品、被盗的东西、逃亡的奴隶以及待售的商品等的内容写在上面或写好贴在上面，类似于今天的寻人（物）启事。根据法律，公开拍卖的东西必须事先贴出公共告示才能拍卖。个人告示的内容大都是寻找物品的，并且附有赏金说明。

由于雅典当时实行的政治体制是奴隶主民主制，因此，每当举行公民大会进行选举时，便由声音洪亮的传令官到雅典各条街道上或市场周围大声宣示，通知公民们参加相关活动。可见，西方的政治广告活动起步是很早的。

据考证，雅典时期，招牌广告形式已经出现。此种广告，将商店或者行业名称写在木板等材料上，立在屋前店头，招徕顾客。恺撒时代，各种招牌更是五彩缤纷，争奇斗艳。两只手托着鞋的天使（鞋店标记）、庞大的奶牛（奶店标记）、拉磨的骡子（面包房标记）、水壶的把手（葡萄酒店标记）……形状各异，令人眼花缭乱。

后来，希腊城邦因为彼此之间的混战而无可奈何地衰落了。北部的马其顿王国崛起，

---

① 修昔底德．伯罗奔尼撒战争史：上册．谢德风，译．北京：商务印书馆，2004：12－13.

② GARRIOCH D. Sounds of the City：The Soundscape of Early Modern European Towns. Urban History，2003，30（1）：5－25.

统一了希腊，创立了亚历山大帝国。由于统治基础薄弱，亚历山大帝国犹如一现的昙花，迅速解体，历史把古代西方交给了罗马。

二、古代罗马的广告活动

在欧洲，流行着这样一句民谚："光荣归于希腊，伟大属于罗马。"罗马地处地中海亚平宁半岛，农业条件优于希腊。公元前509年罗马共和国建立，之后不断向外扩张，经过一系列血腥的征战，统一了意大利半岛。战争的胜利使罗马掠夺了大量的土地、奴隶和战利品，变得空前强大和繁荣的罗马一跃成为地中海的霸主。

早在共和时代，罗马就从希腊进口陶器，并出现了八天一次的集市日和一年一度的庙会。这些最初带有宗教色彩的集会便逐渐演变成一种商业性的交易活动。正如经济史学家约翰·希克斯在《经济史理论》中所说的那样："任何一种社会集会（如宗教节日），都能为贸易提供机会。贸易开始是偶然性的，逐渐变成经常性的。但是如果利益比较可观，这种活动便会成长起来，宗教性的'收获节庆日'变成了乡村的定期集市。"[①] 尽管这一时期的海外贸易成绩仍然微不足道，但在西部地中海的商业活动已具相当规模。

罗马城中有许多集市，其中以罗马大集市（Foro Romano）最为著名。早在公元前4世纪初，罗马城已有254家面包店，近300家油铺，市场上家畜、葡萄酒、蔬菜、鱼类、食品、日用品等一应俱全。广场上的高级香料、镶有象牙的家具、水晶酒具、各种珠宝饰品等令人目不暇接。尤其是托斯卡纳区的高级商店特别多，高级商品应有尽有。同时，罗马人不断进行军事征服，使得大量战俘沦为奴隶，奴隶数量的激增刺激了奴隶买卖活动的兴盛，有时市场上的奴隶达万人之多，那里成为冒险家们疯狂牟利的重要场所。

据历史记载，公元前177年，罗马征服萨丁尼亚时将8万人变卖为奴，以至于当时市场上奴隶价格暴跌。公元前167年，罗马又占领伊庇鲁斯，俘虏居民15万，并将其全部卖为奴隶。在市场上，人们通常采取竞价的方式进行奴隶买卖。卖家用挥鞭子抽地三次作为成交的标志。当拍卖品为外形娇美的女奴时，竞买人往往激动得青筋暴起，眼珠发红，声嘶力竭地喊出价格来表达他的喜欢程度。

到了帝国时期，罗马的版图扩展到东起幼发拉底河，西迄不列颠，北越多瑙河，南抵北非。国家统一，政局稳定，海运畅通，陆路便利，帝国内数以千百计的行省城市、中小城镇构成了密集的交易网络，各地区、各城市之间通过海上航路、内陆河运、官修大道和古老商路彼此联络，商旅往来不断，信息交流频繁，社会经济的发展势头较好。例如，1796年在原伊达拉尼亚地区的赛蒂费雷斯特尼发掘的一座帝国时期的农庄，其主要产品——酒和火腿便专门运销于高卢及西欧其他地区。

罗马城是当时首屈一指的大都市，人口达百万之众。主要街道上店铺林立，人来人往，络绎不绝。城内闹市区的街道上，商店普遍悬挂着刻有神杖、酒壶、蜜蜂和狮子头等图案的木料招牌，并写有商店或者行业名称，甚至连房屋的墙壁上也涂满或刻写了各种粗糙的广告文字和图画。在罗马人的心目中，酒与葡萄藤是密切相关的，所以，屋檐

---

① 希克斯．经济史理论．厉以平，译．北京：商务印书馆，1987：26－27．

系葡萄藤是那时酒店的普遍做法。到了恺撒时代，酒店的招牌更是形状各异，令人目不暇接。越来越多的同一行业的商人、手工业者聚集在一起出售商品，形成了规模庞大的市场。

据记载，当时的罗马城中心人来人往，川流不息，车流不断。一到晚上，车轮咯吱咯吱的响声、装卸货物的嘈杂声以及现场人们的呼叫声此起彼伏，以至于当时的诗人写道，连罗马皇帝也患了失眠症。

由于商业贸易的频繁与竞争，罗马城里的“叫喊人”相当普遍，被称为“Praeco”。他们的工作范围很广，如：传唤原告、被告出庭，宣示法庭判决结果；选举时唱票；拍卖会上唱标；竞技场上宣告出场者姓名，公布优胜者；受委托做寻物广告和商业宣传等。古罗马作家佩特罗尼乌斯（Gaius Petronius Arbiter）在他的故事集中描写了一名官方的叫喊人带领所有奴隶高声朗诵布告的情形。该布告内容如下：

> 最近从公共浴池逃走了一个16岁左右的卷发美少年，他的名字叫奇顿，把他押送回来或提供他的下落，就可得到奖金银币若干枚。

通常情况下，叫喊人工作时，身旁会站着一名男子，男子的前面摆放着一个盛放着银币的器皿。可见，当时的赏金是以现金方式支付的。

此外，传单广告也很早就被普遍使用。早在恺撒时期，面对即将来临的战争，经常通过散发各种传单来开展大规模的宣传活动，以便获得民众的支持。除此之外，这些传单往往带有告示性质，通常出现在公共场所人群聚集的地方，内容多为寻物或寻人，也包含供需信息（want-ad）。因为开头多用Si quis①，所以被称为Si quis，其特点是使用华美的语言如大量堆砌形容词，并允予一大堆的承诺。

除了罗马城之外，位于维苏威火山脚下西南10千米处的庞贝人口亦迅速增加，到公元前8世纪，庞贝已经成为仅次于罗马的第二大城市。这里盛产葡萄，个大汁甜，酿酒绝佳，成了各地贵族争购的上品；黑中透红的火山石，因有止痛、安神、止血的神奇功效，人人争相拥有。昼夜不息的地热温泉，不但诱人入浴，更吸引许多贵族、富商纷纷来到此地造花园、建别墅，并连片开发娱乐场馆，庞贝很快成为烟柳繁华之地，富贵温柔之乡。

但是，公元79年8月24日，沉寂多年的维苏威火山骤然爆发，滚滚的岩浆、火山灰和泥石流像巨龙一般顷刻间将这座闻名的商业城镇吞没。从此，庞贝城淡出了人们的视野，在地下默默地长眠了1 600多年，直到18世纪中期，终于被人们发现，以最初的风貌重现世间。

从发掘的情况来看，庞贝古城面积约1平方千米，四周城墙环绕，设有7个城门、14座塔楼，颇为壮观。两条笔直的大街构成了城内的主干道，全城呈井字形纵横交错。大街路面上铺着10米宽的石板，两旁是人行道，石板路面上露出当年被车轮碾出的深深车辙，街道两边酒馆、商店和住宅林立。城市中最宽阔的大街叫丰裕街，直通西南部的一个大广场。广场呈长方形，四周建有许多宏伟的建筑，如法庭、神庙、公共市场、市

---

① Si quis，拉丁语，相当于英语的“If anybody”，意为“如果有谁喜欢的话”，当时街头张贴的手抄广告传单常用这两个单词作为开头语，故得名。

政中心大会堂等，是庞贝政治、经济和宗教中心。广场的东南方是庞贝城官府的所在地，广场的东北方则是繁华的集贸市场。为了保障交易的公正性，官府在阿波罗神殿设有计量监督处，派专门官员监督，随时对市场贩卖的物品进行检查并受理顾客的投诉。这里店铺林立，商品繁多。有人在墙上涂写着“赚钱即欢乐”。一间酒吧间里设有L形的大理石柜台，酒店墙壁上的饮料价目表、客人的欠账数字等历历可见。另外，城内还有公共浴池、体育馆和大小两座剧场，街市东边则有可容纳一万多名观众的圆形竞技场。

据统计，庞贝古城废墟中发现有面包烘房30家，酒吧100多家，公共浴场3座，还有用于交易的步行街。许多地方有刻有标志的石头和赤陶广告，上面表示商店所销售的产品：一家肉店的一排火腿（见图6-2），一家牛奶场的一头奶牛，一家鞋店的一只鞋子等。

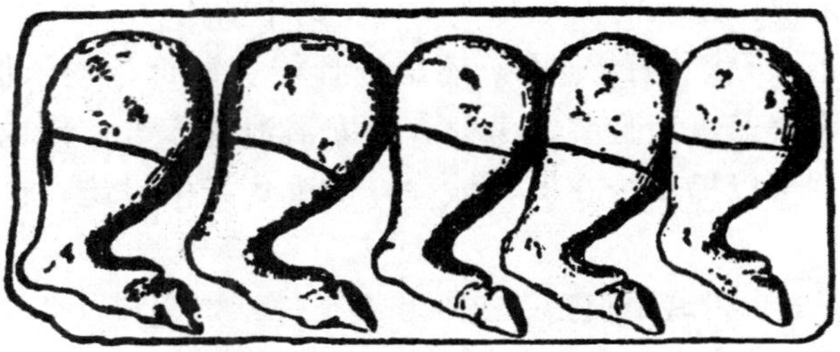

图6-2　古罗马的陶制招牌广告（肉店，公元79年前，庞贝）

和古希腊人一样，古罗马人也有将自家墙壁的一角弄平整并刷成白色，用来书写或绘制个人公告或图画的风俗。他们将这种墙壁上的刷白处称为Album。街道边的小酒馆里，墙上画的酒神浑身挂满葡萄。羊毛作坊、商店、印染店、客栈等建筑物墙上和柱子上，也都有图画广告、招牌广告和文字广告。庞贝古城中遗留下来的Album有6 000多处，属于早期的墙体广告，其内容主要有以下几种：

（1）角斗表演广告。罗马人崇尚武力，角斗士和竞技场是代表古罗马文明的重要符号。角斗表演是当时万众瞩目的一项活动。每当角斗士们表演的日期来临时，庞贝城的大街小巷都会贴上海报，有的还写着举办的原因、参加的角斗士姓名以及动物的数量等。在庞贝古城出土的文物中，可以清晰地看到在竞技场的外墙上涂写有角斗表演的广告。

一则角斗表演广告如下：

> 阿迪尔的角斗士们将在5月3日进行角斗表演，其中3个角斗士将与野兽进行角斗，有遮阳棚。

人们甚至在自家的墙上以及公众经常聚集的场所的墙壁上写下自己喜爱的角斗士的名字。比如，“那个色雷斯式的‘盾手’凯勒杜斯让所有的女孩仰慕不已”，“‘网手’克列斯森赢得了所有女孩的芳心”。

（2）出租和销售类广告。从数量上来看，房屋出租广告仅次于角斗表演广告。如一则房屋出租广告内容如下：

> 在阿利安的珀利安住宅区，房主从7月15日起出租带有住宅的店铺和套房。需

要者请与房主玛依维斯的奴隶联系。

一般来说，待租房子的门上或墙壁上除了要写明此房出租外，还要标明房主的身份，如诗人、戏剧家、教师、音乐家或角斗士等。在丰裕街两边的墙壁上还有“代人打扫房屋”“出售陈年美酒”“政治候选人的美德”等广告语。

（3）旅游和公共浴池广告。在庞贝城的一家叫赫尔墨斯的旅店，墙壁上画着古罗马的守护神和守护家庭的家神。下面画有一名男子往酒壶里倒葡萄酒，旁边写着名字：赫尔墨斯。据估计，这是店主的名字。另外一条广告则写道：

从这儿去往12号塔的游客们，塞利努斯在那里开了家旅店，敬请光临。祝您一路平安。

对古代罗马人来说，光顾浴池是一项不可少的生活内容，甚至有许多人乐此不疲。因为这种公共浴池不只是洗浴的地方，还是进行体育锻炼、娱乐保健的场所。所以，罗马的公共浴池非常普遍，而且装饰考究，各家浴池的广告宣传也是不遗余力。许多广告都不忘记提及“可以提供像在罗马城一样的奢华入浴设施，让所有的客人宾至如归”。

（4）政治广告。庞贝古城中保留了3 000多个选举广告，这些鲜明的政治选举广告被涂写或刻写在墙壁上，大多数内容和最后一次选举有关，表达了城市市民对理想参选者的支持。如，“适于公职”“廉直的青年”“谦逊的青年”“一个善良的人”极为常见。许多选举广告就写在自家的墙壁上，如拆洗店的玻利姆斯在自家的墙壁上写着：“维索尼威斯·玻利姆斯适于公职，请大家选他做修建官”“劝大家选卡依维斯·比维斯·鲁忽思维法官，他是对社会有贡献的人，请投他的票吧”“请投菲尔慕斯一票，弗斯科与维库拉谨此”。甚至还有来自在校学生们的呼声：“西玛老师及其班上的男孩子推荐尤里乌斯·辛普莱克斯。”

与现代的政治选举不同，那时的竞选者不会亲自出面为自己争取选票或公众的支持，而是根据某一行业公会或团体、某一居民区域公民个人的意愿，由专门从事这项工作的缮写员在民宅、店铺和公共建筑物上写上对竞选者的赞美文字。[①] 人们对竞选者的赞美更多的是品德上的赞美，如正直、勇敢、谦虚、廉洁等，而这种赞美之词应当出自规矩正派的，尤其是高尚的市民之口才有说服力。例如，一位名叫“波罗皮乌斯”（C. Julius Polybius）的竞选者在得知有两个妓女居住的房子外墙上有支持他的文字后，认为自己的荣誉受到了损害，非常生气，立即派人将文字抹掉。这充分反映了当时的政治选举中对竞选者的人格和品德的普遍重视。

本章小结

人类最初的文明产生于农业效率较高的大河流域，这些地区最早出现了世界历史上的四大文明古国，继之在地中海区域出现了古希腊、古罗马文明。这些古代文明不仅体

① 陈力丹．庞贝：一个古罗马公共信息传播的标本．国际新闻界，1997（1）：77－80.

现了当时较高的政治经济发展水平，也反映了古代西方广告的发展状况。古老的商业催生了古老的广告。公元前3000年左右的苏美尔人已经盛行口头叫喊广告，最早的文字广告则出现在古埃及，它们是西方广告发展的源头。在古代的希腊和罗马，广告与人们的生活密切相关，内容多样，不仅有大量的商品贸易广告、政治竞选广告，还有买卖奴隶的广告。古代广告形式简单，常常与法典宣告、军事宣传相混杂，界限较为模糊。

思考与练习

1. 为什么古代苏美尔人能够在商业广告上有所贡献？试分析其原因。
2. 古埃及的广告形态有哪些？和古罗马时期的广告相比有何不同？
3. 古希腊哪些广告类型比较流行？为什么？
4. 古代西方广告发展的主要特点有哪些？

第七章
欧洲中世纪广告的发展

本章学习要点

1. 中世纪欧洲城市的发展与集市和市场的关系。
2. 中世纪法国的商业发展与广告的繁荣。
3. 中世纪英国的广告概况。
4. 中世纪德国的广告概况。
5. 谷登堡的印刷发明对媒体发展的贡献。

按照传统的划分方法，一般将公元 5 世纪西罗马帝国灭亡（476 年）到意大利文艺复兴时期的这 1 000 年左右称作中世纪。中世纪早期的西欧基本上是一个农业社会。在经历了长达几个世纪的倒退之后，从 9 世纪开始，农业经济（包括畜牧业经济）发展起来，矿业、渔业和林业产量提高，社会生产和社会需求同时扩大，商业活动逐渐复苏。到了 11 世纪，西欧封建化过程完成，人口大量增加，商业开始复苏，城市开始复兴。11—15 世纪，原已衰落的一些城市得到复苏和扩大，并出现了许多新兴的城市。其中，意大利、德意志和尼德兰的城市更为集中，在商业上也比欧洲其他各国更为繁荣发达。这一切的发展为广告的复苏奠定了良好的物质基础。

第一节　城市与商业的发展

罗马帝国延续了大约 500 年，它与秦朝和西汉时期的中国一样，是当时世界上最强大的国家之一。但是，帝国末期，城市与商业日趋衰落。西罗马帝国灭亡后，日耳曼人在它的废墟上建立了多个王国，形成大小封建领主割据的局面。经过战争的摧残，欧洲原本富庶的城市被夷为平地，热闹的港口变成荒凉的渔村，经济萧条、文化贫乏，除了少数僧侣外，很少有人能够阅读和写作，即使是骑士和贵族，也没有什么学问。公元 5—10 世纪的欧洲，几乎只有单一的农业经济，以及一些农民的家庭手工业及庄园或寺院的手工作坊，广告活动几乎销声匿迹。

一、欧洲城市的兴起

作为工商业中心的城市，在中世纪的西欧，并不是从古代历史中现成地继承下来的，而是由 10—11 世纪逃亡的农奴重新建立的。马克思和恩格斯说："从中世纪的农奴中产生了初期城市的城关市民"[①]。中世纪西欧的城市兴起晚，但发展迅速，市民争取城市自治的运动一浪高过一浪，推动着城市生活的复兴和城市市场的重生，加速了欧洲经济的发展和资本主义的产生。

当然，欧洲城市经济兴起的前提和物质基础是封建制度确立后农业生产力的提高。10—11 世纪的欧洲，采矿、冶炼和金属加工、纺织、制革、制陶、磨粉及建筑等行业都较之前完善。由于手工业成为需要熟练技巧的行业，非一般农家所能兼营，于是，庄园内手工业者所生产的剩余产品可供交换，商品比重开始增长。同时，欧洲早期封建社会内部经济矛盾和阶级斗争的发展，也促成了城市的兴起。一些专业化的农奴手工业者或农民为了摆脱封建领主的剥削与压迫，纷纷逃离庄园，到封建城堡，主教领地，寺院附近和交通方便的渡口、港口、要道、关隘等地谋生。随着人口不断聚集，来往商人和商品交换增多，这些地方渐渐发展成为工商业集中的城市。例如，位于莱茵河畔的古城科伦，11 世纪只是个不大的商业聚落，到 1180 年便发展成为著名的工商业城市，其面积比罗马时代的旧城大两倍。该城居民的主要部分就是逃离庄园的农奴。这些逃亡的农奴和缴纳代役租的农奴手工业者就成为中世纪城市中最早的市民。许多城市规定，逃亡的农奴在该市住满一年零一天，并且在其间没有被雇主认领，就可以摆脱原有的附庸关系，成为城市自由民，享有自治市的法律保护。因此，城市对农奴们有着极大的吸引力。

欧洲的城市首先在既有古代手工业与商业的传统基础又适于同东方贸易的意大利和法兰西南部发展起来。如意大利的威尼斯、热那亚、佛罗伦萨和法国的马赛、那旁阿里[②]等就是首批重新建立起来的中世纪城市。随后，在尼德兰和莱茵河沿岸等地也兴起了布鲁日、根特、安特卫普等城市。其中布鲁日、根特、里昂、伊普尔[③]还是重要的纺织中心。同时，一大批重要的城市也在昔日罗马帝国城市的故址上得到恢复和发展，如法国的巴黎、里昂，意大利的米兰、那不勒斯，德国的科隆、美因茨，英国的伦敦、约克等。这些城市的人口，多的有 10 万人，少的也有 4 万人左右。[④]

10 世纪的时候，意大利的城市商业非常活跃，威尼斯的商业支配了维罗纳地区，尤其是波河流域。一个世纪后，威尼斯的商业关系已经扩展到沿海与内地的许多地方，如帕维亚、特雷维佐、拉韦那等地。之后威尼斯商人开始走向东方，同拜占庭和阿拉伯人进行贸易。在远距离的陆路贸易中，沿途商路上出现许多重要城市，有的是在原来的基础上得到了恢复和发展的城市，有的是新兴的城市，还有的是在农业发达地区的集市贸易和城乡贸易的中心自然形成的服务于这种贸易的城市，多是集镇

① 马克思，恩格斯．马克思恩格斯选集：第 1 卷．3 版．北京：人民出版社，2012：401.

② 那旁阿里，地名，现属于巴黎，根据法语发音直译。

③ 伊普尔，今比利时西弗南德省的一个城市。

④ 刘增泉．西洋中古史．长春：吉林出版集团有限责任公司，2009：228.

的规模。

恩格斯曾指出，城市是中世纪的花朵。在中世纪文明中，没有什么比城市的兴起具有更大的社会意义了。对于中世纪的封建领地、庄园广大的乡村来说，城市不仅拥有完整与封闭的城墙和高大的城门，而且是一种与农村相分离的体制外的异己力量：市民阶级登上政治舞台，人们对财富的渴望更加强烈；商品经济的发展持续地瓦解着封建经济的基础，一种若干年后埋葬西欧封建社会的新型力量在城市中不断孕育并最终壮大。这是当初创立市场和集市的封建主们始料不及的。

二、城市商业的发展

城市既是手工业中心，也是商业中心。最初，城市里的手工业者往往兼营商业，即前面是出售商品的店堂，后面是作坊。随着手工业者的大量聚集，同一行业的手工业者往往聚集在一定的区域内经营，形成了行业街和集市。许多商人的经营渐渐超出本地区范围，开始到外地出售本地区的手工业商品和农牧特产，并采购所需要的原料和外地的特产回本地销售。

中世纪中期，西欧经历了城市革命，使得城市数量和人口数量大幅增长，为城市市场的发展提供了强大驱动力。到11世纪中期，西欧的市场和市场体系已经形成，12—14世纪达到黄金时期。市场绝不仅仅坐落在城市中，也散布在农村的较大村庄中。在城市，市场普及，并成为新建城市建筑的核心，它们大多位于市中心附近或城市主干道边，或者在一个专门的商业区，一般在主要教堂附近。这些市场主要销售本地产品。伴随市场的发展，中世纪中期农村集市的数量也进一步增加。到13世纪后期，英国的集市已经制度化。中世纪的市场和集市属于周期性的，各自有营业周期。一般而言，市场是使用更频繁的贸易平台，每周举办一次，但大中城市则经常举办甚至每天举办一次。与市场位于城内不同，集市经常位于农村或城外，承担长途贸易的角色。大部分集市的延续时间为三周，但较大城市或重要城市持续时间则更长，有的达到六周之久。集市是大封建主主办的面向较大范围人群的交易活动，一般按年或季节举办。集市往往在法律上享有特权：举办集市的地点得到特殊协议的保护，如有人侵犯，侵犯者就会受到严厉的惩罚；前往赶集的人也受到地方诸侯的保护。为了吸引更多的人来自己的集市，有些地方甚至赋予赶集的商人一系列的特殊权益。例如赶集的商人若在集市以外犯了罪或欠了债，别人不能对他施以报复性的处罚，也不能在他赶集期间没收其土地。集市期间暂停法律诉讼和法律处罚。这些措施为集市的发展和繁荣提供了有力的保障。所以，12—13世纪的香槟大集市和中世纪后期的法兰克福大集市盛极一时。

在集市的发展过程中，发挥重要作用的是一批职业商人或专业化的商人。经过长期的经商活动，他们懂得各地的风土人情或物产状况，积累了丰富的贩运、采购和销售的经验，也结识了不少同行，职业商人由此形成。职业商人和专业的手工业者一起，成为西欧封建社会中最早富裕起来的一批人。

为了减少竞争和保护市场，手工业者开始建立自己的行会组织。行会严格规定了入行的规则、价格、薪资、品质标准以及交易手续。工匠只能为行会工作，或经由其同意而工作，其成品只能通过行会卖出。到了 13 世纪，几乎所有的行业都有自己的行会组织。行会的成立，使得各行业的行会会员能够垄断该城市的商业市场，因为行会能够从自治市或国王那里获得地方甚至全国的专卖权，而非行会的会员则不得在城市的商店里贩售物品。外来的商人携货进城，必须将货物卖给行会，不得私自将货物卖给居民。如果卖给居民被抓到，就必须缴纳一笔非常高的销售税。

但是，行会的垄断阻挡不了经济发展的步伐。到 13 世纪之后，欧洲在经济上变得越来越商业化和工业化，形成无所不在的市场体系。农业仍然是最普遍的、产量最大的部门，但已经失去了往昔那种至高的经济地位。由于新型财富的竞争和成千上万农业居民向城市迁移，农村土地价值大为下降。法国人马尔赛·加利奥在其《各时代所见证的广告》(1955 年) 一书中指出，在中世纪极其黑暗的时代，商业没落，回到了原始状态，我们无法想象商业广告的存在。但令人惊奇的是，在 12—13 世纪，欧洲的城乡经济普遍活跃，商业广告再次出现在人们面前。究其原因，人口的增长，需求的扩张，农业生产者、手工业者和商人之间的地方贸易的扩大，以马扎尔人和维京人为代表的外来人入侵的停止而获得的相对稳定的发展环境等，是促进中世纪城市和商业发展的重要因素。

到 14 世纪时，欧洲商业已从日常生活的边缘性活动发展成为日常生活的核心内容。市场上，商品品类繁多，既有东方的香料、丝绸、棉布、宝石、金银首饰等，也有英格兰的原羊毛，用英格兰原羊毛制成的佛兰德呢绒，法兰西的粮食和葡萄酒，西班牙的皮革和钢，德意志的粮食、亚麻和铁，斯拉夫地区的木材、毛皮和蜂蜜等。

在工匠的店铺和城市市场的驱动下，欧洲经济在 1450 年后终于迎来了全面振兴。城市作为地区贸易和地方行政中心开始形成。著名历史学家斯塔夫里阿诺斯 (Leften Stavros Stavrianos) 认为，城市权力的发展“给欧洲商人带来了地位和权力，这在欧亚大陆是独一无二的。在欧洲之外，商人根本没有机会上升到当权者的地位。中国是文臣主管行政，日本是军人治理国事，马来地区和印度拉其普特人的一些国家是地方贵族料理政务，但没有一个地方是由商人当权的。是的，没有一个地方，除了欧洲。在欧洲，商人不仅在稳步地获得经济力量，而且在稳步地取得政治权力；他们正在成为伦敦的市长、德意志帝国自由市的参议员、荷兰的州长。这样的社会地位和政治关系意味着国家更加重视、更加始终如一地支持商人利益以及后来的海外冒险事业”①。

到了 15 世纪，一些大型的贸易中心出现了常年的商品市场，它们开始取代昔日的定期集市，开始向长期的、固定的、综合的交易所转变。这不仅体现了集市交易量的增多和商业水平的提高，更为其周围地区间经济联系的加强和国际贸易的繁荣奠定了基础。

16 世纪上半叶，欧洲人口大量、快速而又广泛地增长，这样的势头一直持续到 1620 年。随着人口的增长，工业生产规模也不断扩大，“各种商品产量都比之前增加了二到五倍”②。

进入 17 世纪，欧洲的工业版图发生了更大的变化：法国的工业实力大大增加，它的

① 斯塔夫里阿诺斯．全球通史：从史前史到 21 世纪：第 7 版修订版．吴象婴，梁赤民，董书慧，等译．2 版．北京：北京大学出版社，2006：282.

② 赖斯，格拉夫顿．现代欧洲史：卷 1：早期现代欧洲的建立：1460—1559. 安妮，陈曦，译．北京：中信出版集团，2016：66.

丝绸产量在欧洲居于首位，在玻璃制品方面已开始取代威尼斯，在造纸和印刷方面也称得上是世界上数一数二的纸张和书籍生产国；而英国伦敦占本国外贸的80%，也是商品交易极其繁荣的城市之一。

工商业的兴起促进了新的城市生活的产生，新的城市生活又促使中世纪社会末期产生了新的阶级，即资产阶级或市民阶级。所有这些变化都导致了市民公共领域的形成、陆路和水路交通的扩建，客运和货运更加繁忙，有组织的公共交通系统日渐形成。有学者指出："17世纪后半期开始，很多国家除了设置送信的邮差，还设置了运输人员、货币和货物的差使，这可是一项伟大的成就。"①

第二节　欧洲主要国家的广告活动

中世纪的欧洲主要以英国、法国和德国为代表。三者所走的发展道路各不同，究其原因，在于英法受到的战争创伤比较轻，地理上得天独厚的优势使得英法地区的资本主义经济能够较快发展。而在德意志境内，虽然有优良的水路运输和丰富的矿产，但是在德意志农民战争、三十年战争的猛烈冲击下，其不但人口锐减，而且小邦林立，经济上没有什么突出的改变。然而德意志人谷登堡（Johannes Gutenberg）发明的活字印刷术却引发了一场大规模的媒体革命，被广泛认为是广告发展史上极其重要的事件之一。

一、法国的广告活动

（一）市声广告

法国是世界上广告活动开展较早的国家之一。到10世纪时，随着农业发展，手工业人口增加，一些领主感受到商业活动所带来的区域经济活跃，因而鼓励村庄间开展周期性的集市。集市的繁荣又催生了早期的叫喊人。早期的叫喊人从事多种服务工作，他们既可以用洪亮的声音唱出最新的新闻、通知城镇会议的召开等，也可以接受商家委托高声叫喊或唱歌，以吸引消费者。

12、13世纪，法国的城市化在欧洲发展得最为迅速。其重要的城市基本都位于交通要道上，如塞纳河边的巴黎，卢瓦尔河边的图尔、奥尔良，加龙河边的图卢兹，罗讷河边的里昂，等等。临海的则有北部的根特、布鲁日、鲁昂，西部和南部的波尔多、蒙彼利埃，它们都是处在关键位置的港口。这些城市不仅各有自己的集市，而且彼此之间都有频繁的贸易往来，商业的繁荣又进一步推动了城市的发展。

法国的商业繁荣，贸易发达。其中，香槟大集市由6个集市组成，是法国东北部至东南部多个城市举办的一系列集市的合称，也是中世纪欧洲规模最大的国际性集市。除了塞纳河畔的巴尔集市持续两周外，其他都持续六周。由于独特的地理位置优势，香槟

① 施多尔贝格-雷林格．百年启蒙．何昕，译．北京：社会科学文献出版社，2022：112.

大集市汇聚着从意大利运来的东方商品、英国运来的羊毛原料、低地地区生产的呢绒等。香槟大集市严格规定了具体的开业停业时间，而且限定集市期间每天销售的商品种类。集市开始的第一周由来自全欧的商人运来货物，在城内街道上摆设货摊，然后是分别为期10天的呢绒贸易和皮革贸易，此后的20天里进行各种杂货贸易，最后两周是结账时间。在香槟大集市上，意大利商人不仅数量多，而且将汇兑和期票等先进的金融工具带到了这里，推动着商品交易的发展。集市举办期间，到处都是此起彼伏的叫卖之声。集市的繁荣和转变是中世纪欧洲经济史上的重要事件，它标志着其经济向近代化方向的发展趋势，即工农业以交易为纽带结合成紧密的关系和以城市为中心的经济格局形成。从此，城市成为工商业中心和资本交易中心。

法国城镇中的店铺通常集中于中心区，彼此相连，广告的形式多是实物展示并辅以叫卖（见图7-1）。早在1630年，巴黎的一个医生就开设了一家特殊的商店，任何人只要三个苏（法国古铜币），就可以在他的商店门口贴出一张广告，内容悉听尊便。历史学家普遍认为，这是法国最早的广告机构。在腓力二世统治时期，巴黎人口达五万，巴黎圣母院、卢浮宫等工程陆续开工，城内道路趋于完善，其规模是伦敦的五倍。到1300年，巴黎人口达到20万，超过米兰、威尼斯等强大的意大利城邦，成为欧洲最大、最繁荣的都会。巴黎街边的裁缝店、理发店、皮货店、杂货店、酒店、旅店等商铺随处可见。有些行业连片成区，集中在一起，形成如泥瓦街、肉店街、马具街、菜刀街、首饰加工街、毛皮街、玻璃店街、小五金街等各种各样的行业街，人来人往，川流不息。

图7-1　法国的市声广告（12—13世纪，香槟大集市，绘画）

15世纪的一首民谣讲述了一个农民赶集的所见所闻：

我身不由已地被它吸引，那里人山人海。一个商人向我兜售天鹅绒、丝、冷布；另一个商人手里拿着线，拉着我的手，说“这是巴黎的线，世界上最细的线”。真的，我从来没有见过这些东西。但是，我没有钱，买不起这些东西。我在绸缎店看见许多绸缎。一个商人正在叫卖牛排，上面有许多肉，还有很多卖馅饼的，还有人把白色锡壶堆积在一起发出悦耳的声音……

可见当时市声广告的普遍。

据1545年出版的《每日巴黎之107种叫卖声》一书记载，当时的叫卖声是非常丰富、饶有趣味的。如较简洁的有“炭哟，一袋五钱”“上等劈柴哟，几个铜板就卖”；稍加说明的有“木炭，嫩树苗做的木炭，一袋三铜板”；也有突出宣传其产地的，“看啦，奥尔良的上等水田芥”“伦布尔登的栗子啦”“乌安坞的黄油哟，巴黎最高级的黄油”。此外，也有强调产品新鲜的，宣传产品功能的，等等。值得注意的是，这时的人们已经会运用一些有魅力的形容词来增强广告效果。

酿酒业在法国自古发达，酒店遍布城乡。为了推销产品，大部分的酒店雇有专门的“叫喊人”为其进行口头广告传播。“叫喊人”成为许多人的一种职业化的生存手段。他们通常戴着有羽毛的帽子，一手拿着产品，一手拿着笛子，边吹边喊，主要任务是在酒店里进行宣传，招揽顾客。

此外，法国各地经常有规模宏大、场面华丽的神秘剧或世俗剧演出，也有民间的没有布景的滑稽剧演出。在演出之前，为了宣传，都要雇用“叫喊人”沿街大喊大叫。有记载表明，在1540年，巴黎大街上就有专门为演出叫喊的队伍。1544年，在切斯特等地也有类似的队伍。叫喊的内容诸如有人要演戏了，已经得到当局的许可，欢迎来看戏，只要不捣乱就可以，等等。①

（二）叫喊人法则

由于叫喊业的发达，法国出现了叫喊人行会。据有关文献记载，1141年，在法国的贝星州12个叫喊人得到国王路易七世的特许，组成了叫喊人行会。这12个人中有5个曾是酒店的叫喊人，他们有资格受商家的委托在大街小巷进行叫卖活动，不受干涉。后来，为进一步加强对叫喊人工作的管理，1258年国王又颁布了一项名为《叫喊人法则》的敕令，以法律的形式承认口头广告团体的合法性。法则规定：“巴黎的叫喊人可以到任何一家酒店为它担任叫卖工作，店主不得拒绝。但已经雇有叫喊人者除外。”“此等叫喊人可询问酒店所售酒价为何，以此价目，他可以到处叫卖，不论店主同意与否。”可以说，这是世界上最早的广告管理法规。

1268年，政府又颁布了《巴黎职业书》，对叫喊人又作了如下规定：“巴黎的叫喊人必须由市长及其助理授予方可从事此种职业。巴黎所有叫喊人必须在所从事的酒店举荐良民。如果发现行为不轨的人，也必须举报。叫喊人必须尽力保护巴黎的酒店和百姓的利益。当有客人前来酒店时，叫喊人应询问客人需要什么价位的酒，不管店主是否愿意，叫喊人都应要求店主提供相应价位的酒。”

当时规定，叫喊人可以临时受雇一天，雇用时须签订协议。酒店付给叫喊人酬金，作为对叫喊人宣传该店的报酬；叫喊人应当履行自己的报价及监督等职责。

到17世纪初，仅巴黎就有叫喊人400多名。

---

① 李道增．西方戏剧·剧场史．北京：清华大学出版社，1996：132.

二、英国的广告活动

英法两国隔海相望，并不紧邻，但在广告活动方面有许多相似之处。

11 世纪，诺曼征服促使英格兰封建制度最终形成。在持续的商业化扩展过程中，英国逐渐形成了集市、港口、市场和城镇相互交错的网络体系。到 11 世纪晚期，英格兰大约有 110 个城镇，此后快速发展。《末日审判书》（1086 年）中提到，当时英国已有一批自治市（boroughs），诸如布里斯托尔、牛津、埃克塞特、奇彻斯特、坎特伯雷、阿宾顿、圣阿尔本斯等，还提到英国有 42 个市场，它们主要服务于庄园领主，受领主管辖，大约每周开放一次。庄园及其附近地区的农民偶有剩余也可拿到市场上交换。

随后，英国集市纷纷兴起，产品更丰富，规模更大。据记载，12 世纪英国最重要的集市有四个：圣吉利斯（St. Gilliss）、圣爱符兹（St. Afuzi）、巴多罗缪（Bartholomew）、斯陶布里奇（Stourbridge）。圣吉利斯主要出售呢绒，后来还大量销售书籍和各种外国商品；圣爱符兹建立后迅速发展为重要的毛皮、羊毛和呢绒贸易中心；巴多罗缪也是重要的呢绒集市；斯陶布里奇则是这时所有集市中最大的一个，是东盎格利亚各郡的贸易中心。这种集市大约每年举行二三次，每次为期两到三天，有时达一周以上。

布里特纳尔（R. H. Britnell）在《1000—1500 年英国社会的商业化》一书中指出，“英国商业在 12 世纪的最后几十年加速发展。这部分是因为英国羊毛、布匹和锡的海外贸易的扩张；同时也是对人口增长、农业发展和寻找工作的无地人口正在增加的反映”①。到 1300 年，英国的城镇数量超过 500 个。至 15 世纪末，英格兰地区共有 780 多个市场。城镇十分密集，相距较近，贸易往来频繁。市场交易的产品主要是农产品，如谷物、麦芽、淡啤酒，以及一些畜产品，最重要的是羊毛。在都铎王朝，有许多灿若星辰的人物，其中之一就是莎士比亚。他的剧本在伦敦剧院上演，吸引了大批的观众。伊丽莎白一世时期，剧院开始流行。其他的娱乐场所包括各种旅店、酒店、啤酒馆、咖啡馆、保龄球馆、各种市场（最著名的是巴多罗缪集市），还有各种杂技表演、木偶表演等，吸引着大批来自地方的贵族、乡绅和商人。那些贵族、乡绅和商人在咖啡馆里谈论政治和趣闻、交换商业信息、阅读最新的报纸等。作为公众娱乐中心的舰队街（Fleet Street）更是闻名遐迩。

“市场和曾经创造的销售制度当然获得了自己的动能，领主们发现他们自己不能控制。在很长的时期里，商业的发展是真正革命性的。”② 活跃的市场催生了叫喊人。中世纪的英国广告以叫喊人、标识和 Si quis 为主要特色。

英国的叫喊人也像法国的叫喊人一样，头戴羽毛帽，一手拿着产品，一手拿着笛子横吹。尤其是在市政会议召开的前一天，叫喊人要吹着笛子到处通知。

随着叫喊人的职业化与普遍化，伦敦当局对叫喊人的工作制定了相应的管理措施。

① BRITNELL R H. The Commercialisation of English Society，1000—1500. Manchester and New York：Manchester University Press，1996：79.

② BRITNELL R H，CAMBELL B M S. Commercialising Economy：England 1086—1300. Manchester University Press，1995：192.

1299年的伦敦市政厅的记录中有这样的内容：叫喊人必须宣誓忠于自己所从事的职业；叫喊人除了公布罪犯的判决结果及其他一切种类的公文外，还可受雇发布商品的买卖信息。

在伦敦的街头，人们经常听到“热乎乎的面包，热乎乎的”“热乎乎的荚豌豆，热乎乎的荚豌豆”“热乎乎的上等燕麦饼”“热乎乎的苹果派和果馅饼”等，这种带有“热乎乎的”宣传语成为当时最亲切、流行的诉求方式。

17世纪晚期出版的马赛厄斯·洛伦（Matthias Loren）的《伦敦的叫卖》铜版画集，是一本专门描绘伦敦街头叫卖的书。书中，一个卖醋的男人口中吆喝着：“像百合一样洁白的醋，一夸脱三便士。”卖者围裙上就赫然绣着百合花图案，既是招牌又是标志。在另一幅画中，一位卖墨水的男子，背负着小型圆木桶，腰间挂着像啤酒玻璃一样的容器，口中吆喝“上等墨水”。从画中我们即可知道，以前的墨水是散装出售的。莎士比亚在《冬天的故事》（1611年）中描写了脖子上挂着各种各样小百货的行商，他们的叫卖语言非常优美，叫卖声悠扬动听。

此外，查尔斯一世（King Charles I）即位时，颁布了法令，要求不论大街小巷，所有店铺必须悬挂招牌，以作为课税的依据。不挂者将受到严厉惩罚。1393年，伦敦一家酒馆由于没有使用酒馆的招牌——在木棍上系常春藤——而被指控。因此，悬挂明确的实物招牌就成了当时英国商家公开经营的象征。

商人们为了吸引顾客注意，在招牌的设计和制作上各显神通。当时的英国已经有三种形式的招牌。实物是早期招牌的主要形式，如铁器店用铁锅，金属加工店用水壶，鞋店用靴子，眼镜店用眼镜做招牌。在中世纪的英国、法国以及欧洲大部分地区，旅馆经营者都会在其店门口悬挂标牌。一般是盾形纹章，但基督徒投宿的旅馆门口往往以十字架招牌为标识，伊斯兰教徒投宿的旅馆用新月招牌做标识。后来，一些店铺使用图形招牌挂在屋檐下或大门边做广告，图形招牌逐渐流行。例如，一只手臂挥锤表示金匠作坊，三个修女刺绣表示布店，三只鸽子和一只节杖代表纺线店，一排葡萄酒桶代表酒店，小刀图像代表刀具店，等等。还有一些以姓氏为招牌的商铺也使用图画，以便识别。如，一家叫Harebottle的店在招牌上画着野兔（hare）和瓶子（bottle）。其中，首都伦敦的图形招牌最为繁多。据17世纪初英国伦敦当局的统计，伦敦的酒店招牌图形分类及各类数目如下：女子肖像33个，国王肖像20个，太阳13个，人鱼10个，僧帽10个，白色牡鹿9个，地球、狮子、星星各8个，海豚、牡牛头、黑牛、熊各4个，等等。

图形招牌受纹章和徽章的影响很大（见图7-2）。很多酒馆的老板原先为教会、贵族和领主服务，后来他们独立开店时，往往会将自己服务过的教会、贵族家族的纹饰用在自己的招牌中，用以抬高声望、证明信誉。在旅店的招牌中，“红色狮子”“蓝色狮子”等就是这种形式。

随着招牌广告的迅速发展，英国出台了相关管理法令。1419年，伦敦市政会议通过了一条法令，该法令规定：“酒馆的招牌不得比普通的招牌长，不得向超过街道7英尺以上的空间伸展。”1430年，牛津法律又规定：“以销售为目的的啤酒制造者，必须悬挂招牌。否则，没收啤酒。”法令旨在防止无照经营、欺骗消费者和逃税。这是世界上最早的关于户外广告的政府规定。

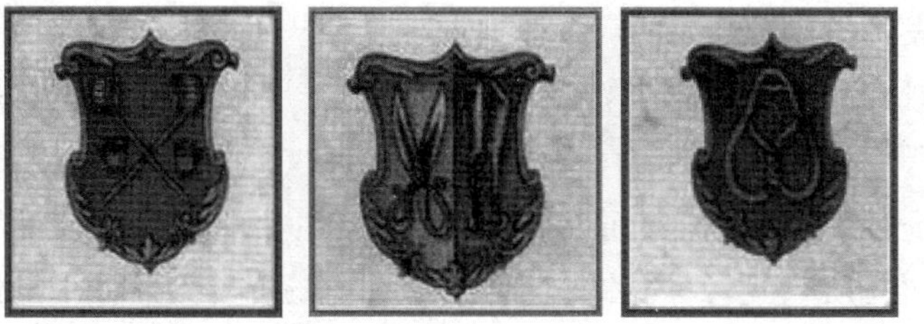

图 7-2　中世纪行会的部分标识（从左到右依次为酿酒、裁缝、面包）

同时，Si quis 广告在英国很流行。最早使用这种方式的是牧师，通常手写完之后贴在教堂门口，以供众人观看，与今天的招贴相类似。很快，各种求职的、寻找失物的、找人帮忙的，都采用了这种形式。连香烟、香水等商品渐渐地也采用这种形式。在几个世纪里，伦敦圣保罗教堂的走廊上都贴满了这种 Si quis 广告。

1610 年，英国出现了第一家广告代理店，这是国王詹姆士一世特许两个骑士开的。由于业务垄断而又粗放，它算不上真正意义上的专业性广告代理公司。英国广告活动的专业化出现于 19 世纪上半叶。托马斯・巴拉特（Thomas J. Barratt）被誉为“广告之父”。他早年在皮尔斯肥皂公司工作，为公司创作了大量有效的广告，涉及文案和图形。“您今天用过‘梨’牌香皂了吗?”成为当时十分有影响力的广告语。

三、德国的广告活动

德国的城市化从 12—13 世纪就已开始。从历史上看，这些城市起源各不相同。有的兴起于主教领地，有的兴起于修道院领地，有的则兴起于采邑领地，还有的兴起于王室领地，甚至有的正好处于欧洲大道的东西走向与南北交叉点上，如纽伦堡等。每个城市规模大小不一，但都是一个自治的市民社会，各自制定法律、自行征税、自管司法、自行铸币，甚至根据各自需要结成政治联盟、自行宣战或媾和。

早在 1219 年，纽伦堡和雷根斯堡、施佩耶尔、美因茨先后缔结了关税协定，此后中欧再没有别的城市像纽伦堡那样居于贸易的中枢地位。地中海东部和北欧的商品荟萃于此，佛兰德的呢绒、波罗的海的青鱼、法国的葡萄酒和意大利的手工业品也经由纽伦堡转销各地。1430 年俄国首都的大主教伊西多在去参加佛罗伦萨会议途经德国的时候，见到像纽伦堡、奥格斯堡这样美丽的城市，感到惊讶万分。这一时期德国的城市规模较小，但集市贸易较为繁荣。集市一般每周开放一次，农民在市场上出售鸡蛋、奶油、水果等产品。买主不得先于商人离开城市，本地市民只能购置自己必需的消费品。此外，零售商人只有待消费者买足了所需品之后，才能登市选购。市内设有粮食、牛、马、干草、蛇麻子等专业市场，人们主要采用市声广告和实物广告方式招徕顾客。汤普逊说：“在 13、14、15 世纪，德意志是欧洲‘最杰出的’市民国度。它既不像法国，也不像意大利，而是自由城市的国家。有很长一段时间，莱茵河上游和中游河谷地区的城市只建于河的左岸。直到 15 世纪，大量特许状的颁布才使莱茵河右岸地区日益重要。”[①] 德国一跃成为

① 汤普逊．中世纪欧洲晚期经济社会史．徐家玲，等译．北京：商务印书馆，2011：172.

中世纪城市经济发达的国家。

在北方，随着商品经济的发展，德国北部城市之间组建了一个商业、政治联盟——汉萨同盟。“汉萨”（Hanse）原为一种向外乡商人收取的税款，由当地商人负责征收，完税者将享有与征税地居民同样的商业权利。随着时间的推移，“汉萨”逐渐成为商人团体的名称，意为“公所”或者“会馆”。其在13世纪逐渐形成，14世纪达到兴盛，加盟城市最多时达到160个。汉萨同盟在欧洲中世纪历史上具有举足轻重的影响。这种影响首先表现在加强商业联系和促进经济发展方面。汉萨同盟通过著名的四大商站，即俄罗斯的诺夫哥罗德商站、佛兰德的布鲁日商站、挪威的卑尔根商站和英国伦敦泰晤士河畔的斯蒂尔亚德（Steelyard）商站及其下辖的子商站，在欧洲（主要是西欧、北欧地区）组建了一个庞大的商业网，这一地区的经济联系因此而日趋密切，在一定程度上改善了西欧、北欧地区商业活动的环境。

德国西南部的城市则组建了士瓦本同盟。之后，士瓦本同盟不断扩大，最多时有80多个城市加入，具有强大的政治、商业势力。1381年，士瓦本同盟与莱茵同盟合并，势力更加壮大。其贸易范围主要在莱茵河流域，并与法国、瑞士进行贸易，因为里昂和日内瓦的定期集市对这些城市有很大的诱惑力。

除了城市和商业之外，中世纪的德国对世界印刷术的进步做出了重大贡献。15世纪中期，德国人谷登堡发明了新式活字印刷术，能够方便更换单个铅字，并可反复使用。[①] 同时，他还发明了用油墨印刷的方法，从而使印刷技术更为完善。1452年，谷登堡开始第一次尝试用活字印刷《圣经》，该书共1 282页，是西方最早的活字印刷书。[②] 谷登堡的发明提高了印刷速度和印刷质量，降低了产品的成本，带来了印刷业的一场革命。因为在此之前，书籍多半是靠修道院的僧侣手抄，数量稀少，价格昂贵，一般人只能“望书兴叹”。有了铅活字印刷技术，好似“芝麻开门”，一下子将复制信息的成本降低到只有原来的1/300，既大大降低了知识储存的成本，又提高了信息传播的速度，更从质量上以其规范、美观、统一而迅速得到推广。在不到40年的时间里，机器印刷就如星火燎原般传遍了全欧洲。人类数千年不变的广告传播方式，如口头、实物展示、手写（绘）等受到了挑战，一种全新的、价廉物美的、能快速而大量复制的纸质广告形式终于出现。可以说，“铅字印刷术的出现不仅对广告的发展产生了最重要的作用，也使人们的生活方式和工作方式发生了革命性的变化”[③]。

在西方出版史上，谷登堡标志着一个时代的开始。20世纪伟大的媒体理论家马歇尔·麦克卢汉（Marshall McLuhan）于1962年，把由他论定的那个出版时代称作“谷登堡星汉璀璨”，这是对这位来自美因茨城的名人的崇高赞誉。[④]

---

① 中国是印刷术的故乡。7世纪早期的唐贞观年间中国人发明了雕版印刷术。北宋庆历年间，毕昇又发明了胶泥活字印刷术。12—13世纪，中国的印刷术传入欧洲。

② 谷登堡《圣经》一共印刷了约180份，其中尚存49份。据今人的研究，谷登堡的这个项目并非传言所说耗尽了他的家财，使他穷困潦倒一生，相反，他以此挣了不少钱。

③ 阿伦斯．当代广告学：第8版．丁俊杰，程坪，钟静，等译．北京：人民邮电出版社，2005：25.

④ 多恩，瓦格纳．德意志之魂．丁娜，等译．北京：社会科学文献出版社，2015：76.

四、欧洲印刷广告的出现

广告的飞速发展是从近代印刷技术的发明和报纸的产生开始的。谷登堡的活字印刷工艺很快从德国传到了欧洲其他各国，产生了划时代的影响。

当谷登堡发明的铅活字印刷术从美因茨沿莱茵河顺流而下传到科隆时，英国的卡克斯顿（William Caxton）于1471年前往科隆学习印刷术。约在1474年，卡克斯顿带着一套铅活字印刷设备返回布鲁日。在那里，他创建了一个印刷所，翻译并出版了第一部书《特洛伊历史故事集》，该书是历史上首部英语印刷书。1476年底，卡克斯顿应英格兰国王爱德华四世之诏，返回英格兰，在威斯敏斯特教堂的赈济所里开办了一间小印刷所，致力于写作和印刷。次年，他出版了《索尔兹伯里礼拜仪式通览》（见图7-3）一书[①]，并且为该书印刷了广告传单，贴在伦敦各教堂的入口处。其内容如下：

> 倘若任何人，不论是教内还是教外人士，愿意取得以哥特字体印刷的、字体优美的、印刷无误的、适用于桑斯伯莱教堂礼拜仪式的书籍，请到威斯敏斯特附近购买。价格低廉，出售处有盾形招牌，自上而下有一红条纵贯作为标识。请勿揭下此招贴。

图7-3　卡克斯顿和他印刷的《索尔兹伯里礼拜仪式通览》（1477年）

这是世界上第一张用机器印刷的英文广告，也是最早的英文户外广告印刷品。印刷广告（招贴）制作快速、效果美观、成本低廉，因此受到人们的欢迎。教会开始用印刷传单劝导人们来教堂分享圣餐，小商贩向顾客散发印有插图和地址的店铺广告，药品制造商则把类似招贴画的货签贴在瓶子上，连官方的公告、通知等也采用印刷方式。

① 该书始作于11世纪，之后的很长时间内一直以手抄本形式流传，直到印刷机出现。

书籍之外的商品广告招贴大约出现在1580年之后。英国的丝袜广告招贴是较早的一种。[①]

在17—18世纪的法国，由于印刷广告的应用进入迅速发展的阶段，传单广告和招贴广告已非常流行，成为辅助商品销售的重要工具。

本章小结

经过几个世纪的沉寂之后，到了11—13世纪时，欧洲经济开始复苏，并进入一个较为平缓的发展期。这一时期广告发展的主要特点有：城乡贸易的发展促进了广告市场的活跃，但由于王室对工商业实行垄断，导致广告业的发展极其缓慢；行会使用广告性标识普遍化，以表明经营场所的产品类别；国家层面的“叫喊人法则”出现，成为世界上最早的广告管理法令；德国人谷登堡发明的活字印刷术在一些国家陆续普及，为广告的迅速发展开辟了广阔的前景。

思考与练习

1. 为什么说中世纪的法国是欧洲广告最为发达的国家？试分析其发达的原因。
2. 评价中世纪欧洲的行会在广告发展中的作用。
3. 谷登堡怎样革新了印刷术？他的革新对广告发展产生了什么重大影响？
4. 古代西方广告发展的主要特点有哪些？
5. 中世纪欧洲的城市与商业是如何形成的？它们对广告的发展有何影响？

---

① 据英国文献记载，早在16世纪后期，英国人就开始织造袜子了。1592年，伊丽莎白一世收到了宫中负责丝织品织造的蒙塔奇夫人的礼物，该礼物就是用手工织成的黑色丝袜。而此前的袜子都是用布缝制的，远不够精巧。

第八章
欧洲近代广告的发展

本章学习要点

1. 欧洲近代商业革命发生的原因及影响。
2. 英国成为近代欧洲广告强国的原因及发展特征。
3. 法国近代媒体广告的发展。
4. 近代德国的统一对广告发展的影响。

第一节　商业革命与新闻书

在 15—17 世纪 200 多年的时间里，欧洲社会由中世纪逐渐踏入自由资本主义时代。在这一历史进程中，新航路的开辟、文艺复兴运动的发展、科学技术的飞跃，无疑都使资本主义的生产力获得巨大的发展。

一、商业革命的发生

美洲大陆的发现和东方新航线的开辟，引发了欧洲地理探险的热潮和西方国家大规模的海外商业扩张，对欧洲乃至世界的经济生活产生了巨大影响。市场的扩大、商品关系和商业组织的发展、重商主义思想的形成，带来世界范围内的商业革命，成为工业革命前一系列革命性变化的真正起点。

（一）世界市场的拓展

新航路和新大陆的发现，极大地刺激了欧洲商人。他们致力于东西方贸易新通道的开辟，使得欧洲的贸易活动范围从早先的地中海地区扩展到大西洋沿岸以至世界各地，从而使得欧洲与外界的经济联系进一步增强，商业资本也获得了无比广阔的活动空间。

在地理大发现的 300 年间，欧洲商人的足迹遍及世界各地，欧洲原先的区域性市场同亚洲、美洲、非洲、大洋洲的许多国家和地区的地方性市场联结起来，出现了以西欧为中心的世界市场。一些过去几乎未在欧洲出现过的海外产品，如烟草、可可、咖啡和茶叶等，开始源源不断流入欧洲市场，并且很快就成为对外贸易的主要商品。过去欧洲人较少食用的稻米、白糖等，销售量也连年增长。原来就已经畅销于欧洲国家的东方香料（胡椒、丁香、肉桂、豆蔻等），在地理大发现之后销售量更是大幅度增长。欧洲市场上的砂糖、咖啡、茶叶价格下跌，逐渐成为大众化商品。过去专为封建贵族服务的进口贸易，也开始转向为广大居民的一般消费服务。

不过，这个时期的世界市场与机器大工业后形成的世界市场相比，还没有建立在国际分工的基础上，仍属于商品贸易的性质。但是，世界贸易与世界市场在16世纪揭开了资本的近代生活史。①

（二）商业贸易中心的转移

新航路开辟后，西欧国家的殖民扩张带动了商业活动的大范围开展，不仅拓展了世界市场，也加强了世界各地的经济联系，奏响了全球化的序曲。特别是1501年葡萄牙人率先迈向他们祖先称之为“死亡绿海”的那片浩瀚无际的大海，把第一批香料运到安特卫普后，一直依赖优越的地理位置进行贸易转运的意大利诸城邦受到了挑战，西欧国家不仅可以向南经过非洲西海岸到达东方，也可以向西越过南美洲前往亚洲。这些新航线都是从欧洲大陆或英国出发的。这样，欧洲与外界的联系，也就由地中海转到了大西洋。荷兰和英国变成了新商路的中心，贸易的中心便相应地由意大利的威尼斯和热那亚、德国南部诸城市及汉堡转移到荷兰的阿姆斯特丹和英国的伦敦。地中海变成交通闭塞的内陆海，意大利失去了原有的重要地位，经济逐渐衰落。

地中海贸易衰落后，欧洲的贸易集散地逐渐转移到大西洋沿岸，尼德兰、法国、德国、英国都出现了一些重要的商业城市，它们取代威尼斯等地中海城市而成为新的贸易中心。首先是安特卫普成了南德意志、汉萨同盟、葡萄牙、意大利、西班牙、英国各路商人的汇集点和欧洲商品的集散地。16世纪时，在安特卫普，中欧的商人从德意志运来了银和铜，葡萄牙人从东方运来了香料，西班牙人从新大陆运来了贵金属。进入这一地区贸易的货物还有毛纺织品、亚麻帆布、粮食等。世界性商贸的发达使得安特卫普成了16世纪中期繁荣的商业中心，直到16世纪末，安特卫普被帕尔玛人占领才走向衰落。荷兰崛起，成为新的世界贸易中心，这种状况持续到18世纪，又被英国重新取代。

（三）价格革命与新型商业组织形式的诞生

价格革命是商业革命的最直接体现。西班牙在美洲发现贵金属矿之后，驱使当地的印第安人，之后又从非洲贩入黑奴进行开采。殖民者将开采出来的金银用军舰护送回西班牙。西班牙国王用这些贵金属偿还了巨额外债，发动了殖民战争，并从意大利、法国、荷兰、英国的市场上采购商品，大量的贵金属就从西班牙向欧洲其他国家扩散。贵金属的涌入，使得欧洲在16世纪经历了持续不断、规模空前的通货膨胀。价格绝对水平得到提高，而工资落后于产品价格的增长速度，这之间的巨大差距使这次价格上涨被称为“价格革命”。价格革命席卷了整个欧洲，对欧洲的社会经济结构产生了巨大影响。

---

① 马克思，恩格斯．马克思恩格斯全集：第23卷．北京：人民出版社，1972.

在农村，采用租佃制的地主因为地租上涨最快而获利最大；相反，按照传统方式征收固定货币地租的封建地主却因此受到损失。租地经营的农场主不仅因为雇工工资低廉和农产品价格高昂获得利益，还因为向地主缴纳固定货币地租而享有价格上涨的好处，经济实力大大增强。工业品价格上涨虽不及农产品价格上涨的幅度大，但由于实际工资的下降、产品销路的扩大，手工工场主和商人成了新兴的经济贵族。雇佣工人和贫苦农民在价格上涨中不得不降低生活水平。这样，价格革命加速了社会分化——新兴的农场主和工商业者壮大，旧式封建贵族衰落，城乡劳动者贫困加剧，从而有力地推动了资本主义的发展，加速了封建社会的解体。

国内外贸易的迅速发展，还促使商人纷纷组织起新型的贸易公司。这些公司实力雄厚，采用资本主义方式经营，完全不同于中世纪的封建性商人公会，不再具有浓厚的行会传统和平均主义的特性。这一时期商业组织的形式主要有两种：一是将意大利早先出现的合伙制扩大化；二是成立特许公司。

二、近代报纸广告的产生

（一）手抄小报和新闻书广告

可以说，近代报纸的出现是资本主义经济发展的产物。15 世纪中叶，威尼斯出现了世界上最早的手抄报纸——手抄小报，它到 16 世纪已相当兴盛。据记载，1536 年威尼斯已有专门采集信息的机构和贩卖手抄小报的人。1566 年这里又出现了定名的小报，叫作“手抄新闻”（notizie scritte）。小报大多不定期出版，也没有报名和标题，主要内容是商品行情、船期和交通信息，间或也报道政局变化、战争消息和灾祸事件，因为这些都会影响贸易和交通。最初在公共场所供众人阅读，后来向社会公开售卖，并收取一个铜币（gazette）作为酬劳。16 世纪末期，这种小报流传到罗马以及欧洲其他各国，被称为“威尼斯公报”（Venice gazette）。威尼斯公报是世界上最早印刷的“新闻信”，而 gazette 一词也就成为欧洲各国早期报纸的名称。

大致在手抄小报流行的同时，西欧等地还陆续出现了一些不定期的新闻印刷品，这些小册子多为四页出版物形式，流行于上流社会，内容常为某些重大事件的报道，所以被称为“新闻书”（news-book）（见图 8－1），也有单页的新闻传单（news-sheet），通常在书店、集市或街头出售，此为报纸的另一个来源。

在 16 世纪末，英国的东西南北海岸建有 13 个主要的商用港口，泰晤士河畔的伦敦成为最大的商港。伴随着港口人员与货物的往来，英国的新闻书逐渐增多。

图 8－1 法国商人出售新闻书
（17 世纪，绘画）

据统计，在1590—1610年间有过大约450种新闻书。这些新闻书的书名中常带有“真实的新闻”“真实的报道”等字眼。

1612年，法国也出现了《总招贴报》（*Journal General d'Affiches*），它是一本专门刊登广告的新闻书，一般称为“小招贴”，后来改为《巴黎的招贴》，一直发行到20世纪初。这种早期的新闻书广告就是把贴在街头的传单、招贴、海报等集中起来，主要刊登招聘、求职、公共或私人动产和不动产拍卖、招募生意合伙人、公共团体告示及其他法律公告等信息。

从16世纪末开始，欧洲就有了在印刷的传单或小册子中加入插图的做法。但是带插图的新闻书广告在整个17世纪还是很少见的。最早的带插图的新闻书广告是1652年4月2日《忠诚侦查员》（*The Faithful Scout*）上刊载的寻找两条丢失项链的广告。

> 一条串有8颗玫瑰色宝石，下面垂挂着一颗珍珠；另一条串有13颗玫瑰色宝石，价值与前一条一样，都是70英镑。如果有人发现了这些项链，请通知伦巴第大街上挂着月亮和星星招牌的金匠丘库罗。本人将以10英镑致谢！

手抄小报和新闻书曾在相当长时间内并存发展，它们是近代报刊的雏形，也是近代印刷广告的主要载体。

（二）从周报广告到日报广告

报纸的早期形式是周报，由手抄报演变而来。17世纪，欧洲的许多国家建立了邮政制度，运输、交通、印刷业日益发达，城市人口不断增长，居民对国内外新闻及商业信息的需求激增，使得出版物的定期出版发行成为可能。目前已知最早并保存至今的有名称并定期出版的报纸诞生于德国，由出版商约翰·卡罗鲁斯于1605年在斯特拉斯堡创办。当时报道的主要内容是国际新闻，如地中海的海盗袭击、罗马教皇近况、伽利略发明了望远镜等。消息来源主要是远道而来的商人和旅行者。

1609年，在谷登堡的故乡德国的沃尔芬比特尔出现了最早的定期刊物《通告》（*Aviso*），每周一张，仅刊登一条新闻。这是德国有定期刊物的开端。1615年，艾莫尔（E. Emmel）在法兰克福创办了另外一份周报《法兰克福新闻》（*The Frankfurter Journal*），每周刊登数条新闻，被人们认为是世界新闻史上第一家真正意义上的报纸。艾莫尔本人亦被人们尊称为“德国报业之父”。

1621年8月，英国出版商鲍尔尼（Nicholas Bourne）和阿切尔（Thomas Archer）创办了《来自意大利、德国、匈牙利的每周新闻》，历史上简称为《新闻周刊》。它采取单张印刷的形式，登载国外出版物上的消息，并首次将英文news作为“新闻”之意用于报刊。此乃英国最早之定期报纸。1665年11月16日由著名记者穆迪曼（Henry Muddiman）创办的《牛津公报》（*Oxford Gazette*）却是英国第一家真正意义上的报纸，单页两面印刷，后迁回伦敦，改名《伦敦公报》（*London Gazette*），发行至20世纪。它是世界上最古老的报纸之一，在英国新闻史上具有里程碑的意义。①

① Newspaper一词首次出现于该报，“报纸”之意此后一直被沿用下来。

在《牛津公报》创刊的当年，英国伦敦等地出现了严重的鼠疫，引起人们的普遍恐慌，一些吹嘘能预防鼠疫的药品的说明书和招贴画大行其道，从而使得“启事”式的广告十分流行。1666 年，《伦敦公报》（见图 8 - 2）正式开辟报纸广告专栏。这是世界上第一个报纸广告专栏，标志着广告正式成为报纸收入的重要来源之一。自此之后，广告开始以固定的时间和版面出现在报纸上，并成为报纸的有机组成部分。

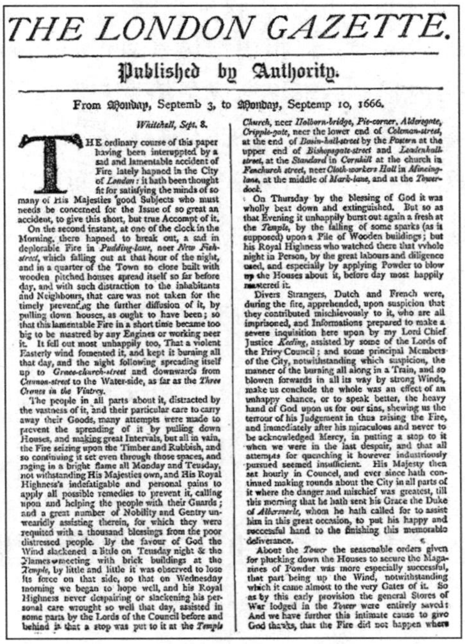

THE LONDON GAZETTE.

Published by Authority.

From Monday, Septemb 3, to Monday, Septemp 10, 1666.

Whitehall, Sept. 8.

THE ordinary course of this paper having been interuppted by a sad and lamentable accident of Fire lately hapned in the City of *London*: it hath been thought fit for satisfying the minds of so many of His Majesties good Subjects who must needs be concerned for the Issue of so great an accident, to give this short, but true Accompt of it.

On the second instant, at one of the clock in the Morning, there hapned to break out, a sad in deplorable Fire in *Pudding-lane*, neer *New Fish-street*, which falling out at that hour of the night, and in a quarter of the Town so close built with wooden pitched houses spread itself so far before day, and with such distraction to the inhabitants and Neighbours, that care was not taken for the timely preventing the further diffusion of it, by pulling down houses, as ought to have been; so that this lamentable Fire in a short time became too big to be mastred by any Engines or working neer it. It fell out most unhappily too, That a violent Easterly wind fomented it, and kept it burning all that day, and the night following spreading itself up to *Grace-church-street* and downwards from *Cannon-street* to the Water-side, as far as the *Three Cranes in the Vintrey*.

The people in all parts about it, distracted by the vastness of it, and their particular care to carry away their Goods, many attempts were made to prevent the spreading of it by pulling down Houses, and making great Intervals, but all in vain, the Fire seizing upon the Timber and Rubbish, and so continuing it set even through those spaces, and raging in a bright flame all Monday and Teusday, not withstanding His Majesties own, and His Royal Highness's indefatigable and personal pains to apply all possible remedies to prevent it, calling upon and helping the people with their Guards; and a great number of Nobility and Gentry unwearidly assisting therein, for which they were requited with a thousand blessings from the poor distressed people. By the favour of God the Wind slackened a little on Teusday night & the Flames meeting with brick buildings at the *Temple*, by little and little it was observed to lose its force on that side, so that on Wednesday morning we began to hope well, and his Royal Highness never despairing or slackening his personal care wrought so well that day, assisted in some parts by the Lords of the Council before and behind it that a stop was put to it at the *Temple Church*, neer *Holborn-bridge*, *Pie-corner*, *Aldersgate*, *Cripple-gate*, neer the lower end of *Coleman-street*, at the end of *Basin-hall-street* by the *Postern* at the upper end of *Bishopsgate-street* and *Leadenhall-street*, at the *Standard* in *Cornhill* at the church in *Fenchurch street*, neer *Cloth-workers Hall* in *Mincing-lane*, at the middle of *Mark-lane*, and at the *Tower-dock*.

On Thursday by the blessing of God it was wholly beat down and extinguished. But so as that Evening it unhappily burst out again a fresh at the *Temple*, by the falling of some sparks (as is supposed) upon a Pile of Wooden buildings; but his Royal Highness who watched there that vvhole night in Person, by the great labours and diligence used, and especially by applying Powder to blow up the Houses about it, before day most happily mastered it.

Divers Strangers, Dutch and French were, during the fire, apprehended, upon suspicion that they contributed mischievously to it, who are all imprisoned, and Informations prepared to make a severe inquisition here upon by my Lord Chief Justice *Keeling*, assisted by some of the Lords of the Privy Council; and some principal Members of the City, notwithstanding which suspicion, the manner of the burning all along in a Train, and so blowen forwards in all its way by strong Winds, make us conclude the whole was an effect of an unhappy chance, or to speak better, the heavy hand of God upon us for our sins, shewing us the terrour of his Judgement in thus raising the Fire, and immediately after his miraculous and never to be acknowledged Mercy, in putting a stop to it when we were in the last despair, and that all attempts for quenching it however industriously pursued seemed insufficient. His Majesty then sat hourly in Councel, and ever since hath continued making rounds about the City in all parts of it where the danger and mischief was greatest, till this morning that he hath sent his Grace the Duke of *Albermarle*, whom he hath called for to assist him in this great occasion, to put his happy and successful hand to the finishing this memorable deliverance.

About the *Tower* the seasonable orders given for plucking down the Houses to secure the Magazines of Powder was more especially successful, that part being up the Wind, notwithstanding which it came almost to the very Gates of it. So as by this early provision the general Stores of War lodged in the *Tower* were entirely saved: And we have further this intimate cause to give God thanks, that the Fire did not happen where

图 8 - 2 英国的《伦敦公报》（1666 年）

1631 年 1 月，法国出现了第一份报纸《各地见闻》，由书商路易 · 旺多姆（Louis Vendôme）在巴黎创办，历时 10 个月停刊。同年 5 月，雷诺德（Théophraste Renaudot）创办了一份印刷周报《法国公报》（*La Gazette de France*），以新闻书的形式发行。它由国王路易十三特许出版，起初以报道国外新闻为主，以后又增加国内新闻和广告。从创刊当年的 7 月 4 日，也就是从第 6 期开始刊载出版日期，该期还出现了宣传塞纳河下游地区的奥露斯矿泉水功效的广告，这是法国最早的商业广告，同时也是欧洲最早的商业广告。

雷诺德还创建了最早的广告中介机构：广告局。该局的成立得到了法国国王路易十三的特许。特许状中这样写道：允许雷诺德在他自己希望的任何一个城市开办这样的事务所。任何有招聘、求职以及其他需求的人，可以在事务所的本子上登记，登记一次交 3 个苏（当时法国的货币单位），贫民免费。不强制登记，只为那些愿意接受这一服务的人提供服务。广告局还有类似今天旅行社的功能，负责帮人们安排出行旅游，介绍海陆交通情况，提供各种相关资讯。银行家、不动产信用抵押人、贷款中介人、美术画廊主、古董商、药商、运输商等，各行各业的人都会去广告局。所以，雷诺德也被称为法国“近代广告的先驱”或“广告之父”。

随着城市人口的增加，邮政事业的繁荣和印刷品的发行周期的缩短，以及贸易范围的不断扩大，人们对报刊的需求也越来越大，日报型的报纸纷纷出现。

1650年莱比锡的书商里兹赫（T. Ritzsch）创办了德国第一份也是世界第一份日报——《新到新闻》，每周6期。此后，德国日报事业发展较快，在腓特烈二世的统治下，出现了报业繁荣的局面。

1702年，英国第一份日报《每日新闻》（*Daily Courant*）在伦敦出版。该报创刊时每期单页印刷，其形式与《伦敦公报》无异，在新闻的处理上也没有什么创新，但在反面印刷广告，很受欢迎，很快成为伦敦的权威报纸之一。英国第一份广告日报应该是《每日广告报》（*Daily Advertiser*）。该报由詹诺（Mathew Jenour）创刊于1730年，起初以广告及少量股票动态为内容，后来逐渐成了消息与广告并重的报纸。它作为英国现代商业性日报的开端，开创了报纸依靠广告收入独立发行的先河。

法国的第一份日报是1777年1月1日创办的《巴黎新闻》，以新闻报道为主，兼顾广告。

总之，从17世纪初到18世纪，世界近代报业经历了一个从无到有、由简单到复杂、由幼稚到成熟的发展过程。经过这一过程，近代报刊从内容到形式逐步稳定下来，并形成了一定的规范。首先，报刊从一般的印刷出版物中分离出来，同书籍区别开来，形成了一个独立的、以报道新闻、评论时事为主要业务的行业。其次，在报业中又出现了分流，形成了报纸和期刊两个分支。书籍、期刊、报纸分工的明细化，标志着近代报业达到了一个比较成熟的阶段。

第二节　英国近代广告的发展

英国是世界上最早建立资本主义制度的国家，也是世界上最早开展工业革命的国度。世界近代广告的发展是以英国广告业的发展为开端的，在当时的历史条件下，英国广告业的发展一直领先于欧美其他国家，处于当时世界广告业的中心地位，成为世界广告业的“领头羊”。这种状况一直持续到19世纪中后期。

一、工业革命及其影响

1640年，英国发生资产阶级革命。此后，经过近半个世纪的动荡，政局终于稳定，君主立宪制的资产阶级统治开始确立。资产阶级革命的胜利为英国资本主义工商业的发展扫清了障碍，资本主义工商业的繁荣又为近代广告业的发展提供了强大的经济动力和物质基础。

（一）工业革命的激荡

在18世纪，新技术的广泛应用使得英国棉纺业的成本和产品产量迅速上升，价格急剧降低，消费猛增，最终引发了持续100年的工业革命（industrial revolution）。毫无疑问，“工业革命是一股催生广告需求的经济力量”①。

① 奥奎因，艾伦，西曼尼克．广告学：第5版．兰天，译．大连：东北财经大学出版社，2010：86.

1764—1767年间，英国织布工哈格里夫斯（James Hargreaves）发明了一种被称为“珍妮机”的手摇纺纱机，一次可以纺出8支纱线。后经过多次改良，1784年时，纺纱机可以同时带动80个纱锭，而到18世纪末期，大型的珍妮机甚至可以带动100～120个纱锭。珍妮机的发明和改良，极大地提高了生产力，也催生了棉纺织生产领域的一系列发明，如水力纺纱机（1769年）、走锭纺纱机（1779年）、动力织布机（1785年）等。这些机器一齐出现在英国18世纪的最后30年，形成一个创新力急速蔓延、异彩纷呈的工业时代。

据统计，18世纪50年代至19世纪30年代，英国纺纱业的机械化生产比单纯人力生产的生产力提高了300至400倍。纺织业的发展又相继带动了煤炭工业、钢铁工业的发展，加速了蒸汽机时代的到来。

蒸汽机的广泛应用是人类历史上一次划时代的革命，它彻底改变了英国社会。1785年之后，蒸汽机的广泛应用促进了大工厂生产的发展，人类从此进入了“蒸汽时代”。1807年，汽船发明成功，极大地提高了航运速度。1814年，又一重要发明——火车机车诞生。与汽船相比，火车具有速度快、载重量大、便捷、准时等优点。1830年9月，世界上第一条城际客运线路利物浦—曼彻斯特铁路（Liverpool & Manchester Railway）建成。这条56千米长的铁路将纺织业之都曼彻斯特和英国西海岸最大的港口城市利物浦连接起来，来自埃及的长绒棉在利物浦上岸之后，火车头一拉，直接运到曼彻斯特的棉纺厂，而棉纺厂的制成品则通过这条铁路直抵海港，相对于以前所依赖的运河运输，运输成本大大下降，经济效益成倍提高。

蒸汽机不但催生出了大量新机器，而且还使许多原来就有的机器发挥出了更大的威力。例如，原来使用水力的纺纱机和织布机可以采用蒸汽机做动力，比水力不知要强多少倍，而且从以前的按季节运行变为能一年到头不停地织出质优价廉的布匹，销往世界各地，为工业的进一步革命积累了大量资本。

蒸汽机在轮船和火车机车上的应用又极大地提高了货运的速度和数量，降低了运输成本，使轮船逆流而上几乎和顺流而下一样轻松，并且可以不分昼夜、一年到头都在海上航行，从而改变了人们对时间、空间和商品化概念的固有观念，扩展了19世纪中期的世界贸易版图。维多利亚时代（Victorian era），是英国工业革命和大英帝国的巅峰时期。在此期间，英国的领土达到了约3 400万平方千米，经济总量占全球的70%，工业生产能力比除其之外全世界的总和还要大，贸易出口更是比全世界其他国家的总和还多上几倍。英国人洋洋得意地宣称：北美和俄国的平原是他们的玉米地；芝加哥和敖德萨是他们的粮仓；加拿大和波罗的海是他们的林场；澳大利亚、西亚有他们的牧羊地；阿根廷和北美的西部草原有他们的牛群；秘鲁的白银、南非和澳大利亚的黄金流到伦敦；亚洲人为他们种植茶叶，而他们的咖啡、甘蔗和香料种植园则遍及印度群岛；西班牙和法国是他们的葡萄园；地中海沿岸各国是他们的果园；他们在美国南部的棉花地正在向地球上的所有温暖区域扩展。仅就商业而言，单独占有全世界商业的1/5，制成品贸易的2/5。全世界1/3以上的商船飘扬着英国国旗。

这场工业革命不仅是一场技术革命，也是一次深刻的社会变革。就社会影响而言，在这一时期，英国政府先后采取了一系列有利于出版业和商业发展的措施，无意间开启了一个大众传播的新时代，对英国社会乃至整个人类社会都产生了巨大的影响。

（二）城市化的发展

工业革命也开启了英国城市化的进程。首先，新的机器生产和工厂制度推动了原有城市的扩大和新工业城市的兴起，形成了许多新的工业中心，原来经济落后、人烟稀少的西北地区成为棉纺织业和煤铁工业中心。新的城市如曼彻斯特、伯明翰、利物浦、格拉斯哥、纽卡斯尔等迅速发展起来。其次，工厂制的盛行又吸引大量农业劳动力涌向城市，流入工业和服务业，使得城市人口与城市数目得到前所未有的增长。1832 年一家英国报纸用既满意又警觉的口吻说："大不列颠的制造业体制，以及由之而来的大型城镇令人难以置信的迅速增长，这在世界历史上是没有先例的。"① 据统计，1800 年，大约 1/5 的英国人居住在城镇。而接下来的一个世纪，庞大的乡村社会被城市化了，全国有 1/3 的人在城里工作和生活。到 1900 年，至少 50%的人生活在超过 2 000 人的城镇中。由此，城市的地位与影响力逐步增强，极为旺盛的消费需求刺激了商业贸易的发展。当然，城市化也带来了两极分化严重、犯罪问题突出、环境污染加剧等社会问题。正是在这种痛苦的社会转型中，英国迎来了史无前例的繁荣。

城市化的发展使得商人群体更为活跃，商业的力量进一步增强。有研究表明，早在 18 世纪初，随着英国城市人口的发展，相比农业革命和工业革命，商业革命已率先发生。对此，保尔·芒图（Paul Mantoux）指出："英国在变为典型的工业国，即变为拥有矿山、制铁厂和纺纱厂的国家以前五十年的时候已经是一个商业大国，正如一句名言所云：那是一个商人的国家。在那里，商业发达走在了工业化的前头，而且，它也许决定着工业的变化。"② 到 18 世纪，英国已经取代荷兰成为世界头号商业大国。大商人、大银行家积聚起巨额财富，有的甚至富可敌国。从事商品批发的中间商人数大量增加③，壮大了商人队伍。在批发商之外，还有成千上万遍布英国城乡的零售商人，他们经营着各类商店和小制造厂，活跃于各地的市场。据统计，在 18 世纪末，英国从事各类商品买卖的店主超过 17 万人。④

（三）消费主义的出现

英国工业革命还是一场商业革命，它打开了新消费主义之门，带来的不仅仅是大众普遍的消费欲望，更是大众增长的消费能力，它强化了广告主对广告传播的进一步依赖，促进了广告业的成长。

17 世纪末到 18 世纪中叶，英国已经进入了消费社会。首先，相对于中世纪西欧那种普遍匮乏的状态而言，此时的英国已是一个物品充裕的国度。圈地运动后农业革命的

---

① 世界城市史之工业化背景下的城市化．[2020-04-25]．http://www.360doc.com/content/10/0619/12/14148_33959943.shtml.

② 芒图．十八世纪产业革命：英国近代大工业初期的概况．杨人楩，陈希秦，吴绪，译．北京：商务印书馆，1983：69.

③ HEYCK T W. The Peoples of the British Isles: A New History, from 1688 to 1870. Wadsworth Publishing Company, 1992: 68.

④ POTTER R. English Society in the Eighteenth Century. Penguin Books, 1982: 235-236.

推行、海外事业利润的大量涌入、工业革命导致生产率的大幅提高，使得处于社会顶端的少数人和底层大众的收入同时增长，更多的人享受到了购买消费品的快乐，消费得到革命性的改观。其次，此时的消费社会已初步具备了现代消费社会的主要特征。在17世纪末期，国民收入普遍增加，虽然贫富差距可能在拉大，土地贵族、商人和金融家更为富有，但劳工阶层已经参与到消费市场中，他们购买的消费品范围广泛，从陶盘到黄铜蒸煮罐，从针织袜到亚麻被单。他们可能不买镜子或昂贵的餐具，但这并不意味着他们被排除在消费社会之外。到了18世纪上半期，下层社会的收入比此前和此后都高，一个比以往仅少数精英有购买力的市场大得多的国内市场也就发展起来了。到19世纪后半期，下层阶级得到更多实惠，工人阶级的生活水平开始不断提高。正如麦金尼斯（A. McInnes）所言："不仅是中上层人们钱袋里的钱叮当作响，大多数工匠和劳工也富裕了。"[①]

消费主义使整个社会开始购买从未有机会购买的东西。人们的消费已经不再是一种对基本生存需求的满足，而是超越了物质享受的层面，成为一种诠释身份的方式和社会地位的象征。在社会模仿效应下，本来只买"体面用品"的人开始购买"奢侈用品"，本来只买"必需用品"的人开始买"体面用品"，特别是中间阶层在衣食住行和休闲娱乐等方面的炫耀性消费势头十分强劲，人们开始追求时尚，讲究品位，攀比和模仿成风。拥有财富的中间阶层逐渐成为消费主体，他们通过消费能力来模仿和挑战贵族的优势地位。韦瑟里尔（Weatherill）认为，中间阶层在17世纪就已经是新产品和进口产品的最大消费群体，他们中的许多人是19世纪"中产阶级"的先驱。谢清高[②]在他的著作《海录》里详细描述了伦敦人当时的时尚生活：

> 女人所穿衣，其长曳地，上窄下宽，腰间以带紧束之。欲其迁也。带头以金为扣，名博咕噜士，两肩以丝带络成花样，缝于衣上。有吉庆筵客饮宴，则令女人年轻而美丽者盛服跳舞，歌乐以和之，婉转轻捷，谓之跳戏，富贵家女人无不幼而习之，以俗之所喜也。

为了适应新的销售环境，商人们迅速改进其经营手段来迎合利润丰厚的国内市场。他们已经尝试运用一系列现代销售技巧，包括市场调查、信用支票计划、手写账单、目录、报纸和杂志广告、不满意退款承诺等。

咖啡馆是欧洲早期报纸商业化的孵化器。英国的第一家咖啡馆于1650年在牛津大学附近建立，取名"雅歌普的店"。两年后伦敦西北边的商业中心、证券交易所附近开了一家"罗杰的店"。店主以"咖啡的益处"为标题，散发传单给民众。传单上面写着咖啡可提振精神，对胃或痛风都具有疗效。有人认为，此传单为世界上最早出现的咖啡广告。此后，英国的咖啡屋犹如雨后春笋般出现，到1715年，伦敦就有超过2 000家咖啡馆。

早期的英国咖啡馆是咖啡精神的最佳写照。咖啡馆被称为"一分钱大学"，只用区区

---

① MCINNES A. The Emergence of a Leisure Town：Shrewsbury 1660—1760. The Past and Present，1988（1）：76.

② 谢清高，广东嘉应州程乡（今梅州市梅县区）金盘堡人。清代旅行家、航海家，有"中国的马可·波罗"之称，著有《海录》一书。

一分钱就可以享受咖啡并得到咖啡馆带来的丰富生活、文化交往和商业机会。精神的朝圣者和财富的创造者都因为咖啡而兴奋不已。18世纪的一位法国旅行家曾经写道：“咖啡馆不仅是客人们休息、娱乐的场所，对许多人来说，还是一种另类的栖息地。……有人想在这里寻找欢乐，有人想在这里躲避烦恼。客人们彼此交谈，不断切换着话题，从公共新闻到家庭琐事，从财经话题到文史哲学，从贸易交流到法律官司，从科学到艺术……”在咖啡馆里，趣味相投的人相聚在一起闲聊，交流各种信息。除了平民、游客、文人、艺术家外，还有许多商人。于是，一些大牌咖啡馆干脆自己编印专门的简易报纸，发表咖啡馆里从事政治或经营航运贸易的常客提供的各种消息和新闻。“有关爱情故事、游玩、娱乐的报道在‘白色巧克力’咖啡馆，诗在维尔咖啡馆，学术消息在希腊咖啡馆，国内外新闻在圣乔姆斯咖啡馆的专栏中登出。”

二、广告“黄金时代”的降临

随着城市的发展、交通的改善、技术的进步以及工商业的兴盛，广告首先在英国的户外媒体和报刊媒体上开花。

（一）户外媒体广告

17世纪末，英国的经济得到进一步发展，商店已经取代了市场或集市成为主要出售商品的地方和消费场所。通过这种销售渠道，许多产品流通到了英国的各个角落。

1480年前后，德国发明的金属活字印刷术传入英国，使得英国的户外印刷广告迅速繁荣，但Si quis这种广告形式一直广为流行。据亨利·桑普森（Henry Sampson）的《早期广告史》记载，16—17世纪，Si quis这种广告形式很受欢迎，遍及城市中的闹市街口以及城乡教堂的墙壁上。进入18世纪中期，英国零售商店的数量和种类大量增加，形成一个遍及全国的、错综复杂的零售商店网络。克莱尔·沃尔什（Claire Walsh）的研究表明，这一时期的伦敦，商店内部装修和商品展示设计成为至关重要的销售手段。许多商店形成了独特的建筑外形，店面招牌、悬挂标记、窗口展示和店前广告都是这些零售商店的特点。①

除了对店面进行装饰，店主还通过橱窗等来展示商品，不同的商品使用不同的展示装置和设备。从18世纪初始，金店最重要的展示设备就是橱柜。橱柜立在柜台后面的墙边，一般都从地板延伸到天花板，前面是玻璃，构成顾客的视觉焦点。1746年，玛撒·布雷思韦特（Martha Braithwaite）的商店里，两面都是橱柜，每个橱柜都使用大约4.5英尺×15英尺的玻璃，而西面的橱柜前是15英尺长的柜台。② 装饰独特、品位高尚、货品精良、服务周到成为时髦，到这些商店购物成为当时社会地位的标志。资料显示，在1800年后期，伦敦的街头商贩有三万人左右，他们被称为“Costermongers”或“Costers”。一部分小贩有自己的固定摊位展示和出售他们的商品，而大部分小贩则走街串巷

① WALSH C. Shop Design and the Display of Goods in Eighteenth-Century London. Journal of Design History, 1995, 8 (3): 157-176.

② 同①.

兜售商品。他们将商品挂在脖子下的货筐中，或用手推车，也有使用驴车的。

1882 年，哈默（Hamer）在伦敦安装了第一个广告灯，吸引了大批观众。这种办法不久便风靡世界，从而催生了霓虹灯广告。

1922 年，英国举行了首次飞行表演。飞机利用烟雾在空中写下了“Daily Mail”的字样，为《每日邮报》做广告，引起轰动。这是世界广告史上已知的最早的空中广告。

20 世纪二三十年代的英国，户外广告已经十分繁荣。许多城市的交通路口、建筑物墙面、车站、地铁站口等都可以看到各种招贴、路牌广告，整齐又醒目。事实上，早在 20 世纪初，一些繁华街道上便是如此景象（见图 8－3）。

图 8－3　英国的户外广告（1907 年，伦敦恩德比街，Adolphe A. Boucher 摄）

（二）报刊媒体广告

1. 大众传播时代的开启

1695 年，英国政府取消了所有出版物必须经过审查的许可证法令，出版业获得自由。报纸不仅从对政府的经济依赖中解脱出来，而且突破了咖啡馆的范围限制，开始了一个品质和数量上的飞跃。正如威尔伯·施拉姆（Wilbur Schramm）在《报刊的四种理论》中所指出的那样，在 16 世纪还很容易的报刊检查工作，到了 17 世纪就因为信息量的急剧膨胀而成为一件非常令人头疼的工作，任何一个有野心的、想往上爬的政客都会尽量地回避这项工作，这也间接地导致了报刊检查制度的垮台，从而有利于报业的发展。

工业革命从根本上改变了产业结构和传统生产方式，推动了生产力高速发展。规模化生产的商品急剧增多，城市商业贸易活跃，加剧了商家对商业信息传播的需求。18世纪初，英国一些城市的地方报纸已经开始通过广告传播商业信息。当广告成了大部分商业报纸依赖的对象时，报业的独立性加强了，广告也逐渐成为报纸的主要经济来源。英国学者艾文·阿斯奎思（Ivon Asquith）在谈到这一现象时认为：

> 报纸仅靠发行收入不够支付生产成本，而广告收入的增长，为报纸生存提供了物质基础，报刊业的立场由此能够从阿谀奉承转为独立自主……因此从这一个角度而言，广告收入增长是报刊业能够成为英王国“第四势力”最重要因素的说法也许并不过分。[①]

到了1833年，英国政府又实行广告税率减半政策。[②] 1836年，英国议会再次宣布将报纸的印花税减为一便士，这在相当程度上为方兴未艾的廉价报纸发行扫除了障碍，大量印刷的、价格低廉的日报和周报纷纷涌现。由于印刷量大，其售价通常在1～2便士一份，因此，被称为“便士报”。1853年，英国政府最终宣布废除广告税，进一步刺激了广告的发展。因为广告税增加了广告主的负担，在一定程度上压制了一些中小企业主的广告行为。广告税的废除，为报纸大众化时代的到来铺平了道路。

另外，自谷登堡发明铅活字印刷术以来，人们围绕更高效的印刷与复制手段的实验与探索几乎没有停止过。1864年，高速滚筒印刷机的改进使得文字传播终于与快速复制的机器和技术结合起来，印报速度达到了每小时2万张。印刷速度的提高，不仅可以降低成本，而且使报纸可以在极短的时间内大量生产、发行。到19世纪50年代，通俗报纸的平均售价降低了一半，到了60年代又降低了一半。在这样一个极具竞争优势的价格体系下，几乎所有报纸，包括像《雷纳德新闻报》这样销量很大的报纸，都必须依赖广告才能获利。据统计，在1866年之后的商业出版物的高峰期，每周出版与贸易相关的定期刊物超过10 000种。由此，报纸成为第一种真正意义上的大众传播媒体。

2. 报刊广告的繁荣

市场的繁荣，商家竞争的加剧，使得商人、店主或者休闲娱乐场所纷纷寻求利用报纸刊登广告来扩大商品的传播效果。英国报刊广告的繁荣主要表现在以下方面：

第一，“便士报”的争相出现。报纸的增长也生动地反映了商品市场的繁荣。在1695年以前，英国只有一种政府报纸《伦敦公报》，1695年伦敦出现了三种非官方报纸。在1700—1727年地方至少出现了51种报纸。[③] 包括1719年创刊的《每日邮报》（*The Daily Mail*）、1730年创刊的《每日广告报》（*Daily Advertiser*）等，它们都是英国近代报业的先驱。

工业革命加速了英国报刊数量、种类和销量的增长，也加速了其内容的扩展和广告的增加。廉价报纸受到空前的欢迎，发行量直线上升，由过去的几万份增加到十几万份、几十万份乃至上百万份；读者的范围不断扩大，由过去政界、工商界等的上层人士到中下层人士。这种由量的积累而产生的质的飞跃，宣告了一个媒体新时代——大众传播时

---

① 卡瑞，辛顿．英国新闻史：第6版．栾铁玫，译．北京：清华大学出版社，2005：4.

② 1712年，英国国会通过印花税法案。印花税法案还规定了征收广告税和纸张税。

③ HOPPIT J. A Land Liberty? England 1689—1727. Oxford University Press，2002：178.

代的来临。

一般认为，这种廉价的报纸的基本特征如下：（1）面向社会中下层，以广大平民为主要读者对象；（2）政治上标榜超党派而独立；（3）经济上实行商业经营，广告是其主要的收入来源，报价明显低于其他报纸；（4）内容上，除了少数鼓吹社会改革、宣传改良主义主张的以外，一般着重报道地方新闻、社会新闻、警事新闻、体育新闻以及种种软新闻；（5）文字简短通俗，编排活泼花哨。这种报纸有别于资产阶级的上层报纸（quality papers），因为它的读者对象是广大平民，从内容到形式都是为了适应这一对象而选择的；但是它又有别于工人报刊，因为它毕竟是以资产阶级政治观点和意识形态指导全部活动的。

与此同时，杂志也大量出现，如《信使》《观众》等，还出现了不少专业化休闲娱乐杂志和图书，如各种有关音乐、烹饪、园艺的图书和杂志。

第二，商业广告数量大幅增加。报刊的大量发行，引起商业的广泛兴趣，日益增多的广告向消费者展示了一条通向充满想象力的、与商品生产的现实世界相连的道路。

英国最早的日报《每日新闻》在其创刊的第二年，也就是1703年3月17日刊载了巧克力制造机的广告，这是英国最早的版画插图广告。1707年该报还刊登了一则书籍拍卖广告：

> 今天多姆的咖啡馆在黄昏5点左右拍卖已故贵族以及著名法学家的藏书，有希腊文、拉丁文、意大利文、法文等文字的书籍。目录在进入拍卖场后即可得到。

同时刊登的还有一则娱乐性的表演广告：“伦敦市郊女子，体重50磅至100磅，两女人厮打表演。”但由于对新闻等的处理缺少创新，该报在英国新闻史上的地位不高。

1712年1月15日《旁观者》上刊载了莎士比亚戏剧《暴风雨》的演出广告。当然，这一时期的药品广告成为伦敦和地方大多数报纸最大的单一类别广告之一。此后不久，赛马广告、板球广告随之而来，剧院和音乐会的广告不断增多。许多时髦的商品广告以及各种休闲娱乐活动的广告，充斥报纸。[①] 到18世纪中期，通过报纸刊登商业广告已经司空见惯。1782年12月12日的《利兹情报员》上刊有两则广告，其中一则内容是：“宽顶无沿圆帽、夏龙呢、柯林芒科呢。大量需求上述商品，每周运往伦敦。任何能以最合理的条件提供上述商品的人，不管是代理人还是制造者，均可以写信给伦敦桥咖啡屋的J. B.。”其中最著名的广告是漫画家克鲁格给克维沃伦鞋油75行字广告配的插图。广告插图的上部画了一双用克维沃伦鞋油擦过的光亮的皮靴，一只猫正吃惊地怒视着皮靴上自己的影子。大量的药品销售商运用木刻插图、醒目字体、签名、专利证明等形式刊登广告，新颖活泼，丰富了近代报刊广告艺术。

英国著名学者理查兹（I. A. Richards）指出：“1890年以后，随着大众出版物的兴起，从《伦敦新闻画报》到哈姆斯沃思的《邮报》，大众商品的意象通过广告视像进入工人阶级的世界。”[②]

---

① MCKENDRICK N，PLUMB J B. The Birth Consumer Society：The Commercialization Century England. London，1982：273.

② 霍尔．表征：文化表征与意指实践．徐亮，陆兴华，译．北京：商务印书馆，2013：356.

第三，广告研究的兴起。英国是世界上最早较为系统地研究广告的国家。广告的大量涌现，对社会生活产生了极大影响，从而引起许多学者的关注，他们纷纷发表自己的看法和建议，有的还出版了研究著作。

（1）约瑟夫·艾迪生。

约瑟夫·艾迪生（Joseph Addison）和理查德·斯蒂尔（Richard Steele）合办了《旁观者》（*The Spectator*）。这份报纸主要面对的是伦敦富裕的商界以及有地位、有知识的阶层。1710年9月14日艾迪生在《旁观者》上，对广告做过这样的评论：

> 广告起到告知的作用，人们一切日常生活的需求都可以通过广告得到信息，比如治疗头痛或肚子痛、能洗掉衣服上的污渍的药物及其使用方法，找回逃跑的妻子等，甚至包括传教。广告是对人的精神和物质两方面生活都十分必要的、有用的东西。而报纸上的广告栏，就是人们寻找这些东西的地方。

艾迪生还指出，报纸上的广告虽然有一些格调优雅，但也有一些十分粗俗，而且广告主总是说自己的商品是"至今为止，世界上最好的"，夸大人们的赞赏和评价。广告还是一种野心勃勃的工具，在人们阅读报纸的时候，不知不觉中广告就会混进来，这是不应该的。他的批评非常中肯，因为当时的报纸，广告和新闻报道的排版方式是一样的，广告不断地插到新闻报道当中，而且广告的写法与新闻报道的写法几乎一样，所以读者不知道什么时候读到的是广告。

艾迪生的这些议论触及了广告的多方面内容，被认为是最早的广告理论。

（2）塞缪尔·约翰逊。

塞缪尔·约翰逊（Samuel Johnson）是18世纪后半期英国著名诗人、评论家、文学家和词典编纂者。他曾以"有闲人"（Idler）为笔名在《全球纪事报，或每周公报》（*Universal Chronicle, or Weekly Gazette*）上连载了一些时评，其中就有对广告的评论：

> 被称作广告的行业，在今天已日趋完美。广告，时而以高尚的，时而以忧伤的，时而以雄辩的方法来引起注意，这显然是十分必要的。但是，所有的艺术都要服务于社会善良的一面，那些有权支配公众听到什么、看到什么的人，屡屡利用人们的感情，甚至玩弄人们的感情。现在，不把它当作道德问题来对待是不行了。孩子的监护人被数不清的商品广告困扰着，广告中互相谩骂攻击，常常出现有失风度的语言。广告中任何人都只想说对自己有利的话，但是在宣扬自己的长处和优点的同时，却不能任意贬低他人。在广告中标榜自己优秀的人，应该有几分自觉。因为，他的广告将和普鲁士国王、德意志国王的名字一起，在报纸上出现，并流传下去。人们应对自己的行为有羞耻心，而且要考虑到对后世的影响。人们将看过的报纸漫不经心地随便丢弃，很快这些报纸就会在世上消失。但是，也有一些人觉得这样很可惜，也有一些好奇的人，每天辛勤地保存着这些报纸。我们怎样向后人解释这报纸中出现的不光彩的一面呢？

约翰逊还举了一些例子来批评当时的夸张广告和虚假广告。一条美肤液的广告声称，其产品可以"使50岁的女人看起来像15岁"。约翰逊说，这是根本不可能的，纯粹是卖化妆品的商人的夸张。一种镇痛项圈的广告说，戴这种项圈可以预防婴幼儿疾病。"由于没有给孩子戴上这种项圈，很多失去孩子的母亲一辈子都在为这件事后悔。”约翰逊认为，这是商人把自己假扮成孩子母亲设下的一个骗局。如此之类，都属于欺骗消费者的宣传。

（3）亨利·萨博逊。

1875年，亨利·萨博逊（Henry Sampson）所著的《早期广告史》（*A history of Advertising from the Earliest Times*）在伦敦出版。该书共20章，主要对当时伦敦街头的叫卖广告、路牌广告、手抄广告、报纸广告等作了非常深入、细致的考察和描述，尤对17—18世纪的广告发展与演进史进行了全面的研究。此外，该书还对虚假广告、彩票广告、征婚广告和传单等作了客观和深刻的评述，特别是该书还在第19章中专门对美国和英国殖民地的广告展开了极有价值和意义的讨论。

广告人也在实践中致力于研究广告，因而，一连串讲述如何运作广告的著作陆续出现。例如，马瑟-克劳瑟公司在1895年出版了《广告实践》一书。S. H. 班森以《广告的智慧》（1901年）和《广告的力量》（1904年）紧随其后。

这些早期的广告评论与研究著作对于促进英国广告的健康发展起到了积极的作用。

第四，报刊对广告依赖关系的加强。日报主要服务于中产阶级的商业利益，刊载的主要是国外新闻，也有小宗商业广告，这是支撑18世纪报刊尤其是没有得到官方或政党津贴的报纸维生的主要手段。在当时，仅靠报纸销售已经无法做到收支平衡。“这样，广告客户实际上变成了一种特许权力，没有他们的支持，报纸在经济上将无法生存。”①

在当时英国众多刊登广告的报纸中，有三种很有代表性。它们是《晨邮报》（*Morning Post*）、《泰晤士报》（*The Times*），以及《每日电讯报》（*The Daily Telegraph*）。

（1）《晨邮报》。

1772年11月，约翰·贝尔（John Bell）与亨利·贝茨（Henry Bates）等人创办了《晨邮报》，全称为《晨邮报及每日广告小册子》，由亨利·贝茨出任总编辑，以刊登丑闻为特色，受到了富裕阶层的欢迎。

1795年，该报被丹尼尔·斯图尔特（Daniel Stuart）收购。丹尼尔对原有的办报理念进行了革新。在内容上，淡化政治论争，注重诗歌、散文等；关注普通人的生活，注重趣味性。同时，将各种小型广告集中在第一版，以吸引更多的读者和广告主。他曾经说过：“广告不仅可以增加财政收入，还可以吸引读者，增加发行量。而发行量增加，又可吸引更多广告。所以，广告在报业经营中具有双重作用。”他的报纸得到了当时社会名流的支持，发行量不断增长。自然，广告客户也就不断增多。

1815年，贝尔创办了“威斯敏斯特中心市场及环球信息”广告中介。关于这个机构的介绍内容，没有详细的记录可查，但是可以从其他的资料侧面反映出，他每周把集中在中介中心的广告印成一张一览表，还建立可“公共告示”的部门，把商店的广告放在镜框内陈列起来，按照镜框的大小收费。

（2）《泰晤士报》。

在日报的发展史上，《泰晤士报》具有显赫的历史地位。它是英国历史最长、影响力

---

① 卡瑞，辛顿．英国新闻史：第6版．栾轶玫，译．北京：清华大学出版社，2005：4.

最大的报纸，也是世界上最古老、最受读者尊敬的报纸之一，一向以消息准确、社论严肃闻名。

1785年1月1日，商人出身的约翰·沃尔特（John Walter）在伦敦创办了《泰晤士报》。沃尔特认为，报纸是时代的记录，应当公正、客观、翔实地报道国会辩论、各国动态、商业行情等；广告是报社重要的经济来源，必须重视广告经营，但又要注意广告可能造成的社会影响。他曾宣称，他将调查拟刊登在《泰晤士报》上的广告是否违背法律及社会道德，对那些违背法律道德，会损害读者利益和使人心灵堕落的广告一律不予刊登。希望通过这一途径谋求社会各领域在流通方面的健康合作。创刊时，《泰晤士报》第一版只有两栏广告，主要是剧院的广告。三年后，第一版全部是广告。但剧院广告仍然放在最前面，并且长期免费，因为那时人们认为剧院广告具有新闻价值。

1803年，沃尔特之子小沃尔特主持《泰晤士报》工作，该报不再接受政府津贴，成为独立报纸。自此不久，《泰晤士报》的发行量扶摇直上。到1854年，飙升到51 648份。

报纸广告与发行量同步增长。1825年该报因刊登的广告量太大，不得不在每期增加4个版面广告，到1836年时每周出版4次。据统计，1800年平均每天刊登100则广告，到1840年则增加到每天400则。大量的广告，为《泰晤士报》带来了丰厚的利润。1841年该报的利润（主要来自广告）达17 100英镑，4年后的1845年，它的利润则上升到了29 600英镑。《泰晤士报》进入了它的“黄金时代”，不仅在全世界声誉鹊起，而且广告收入名列前茅。

（3）《每日电讯报》。

1855年，斯莱上校（Colonel Sleigh）在伦敦创办了《每日电讯报》[初名为《每日电讯邮报》（*Daily Telegraph and Courier*）]，其宗旨是“提供充分、明了和易于理解的新闻”和增进国家利益。该报创刊时售价为每份一便士，它是英国最早的廉价报纸之一。①

1862年，《每日电讯报》合并《晨纪事报》（*Morning Chronicle*），直至1896年《每日邮报》创刊，《每日电讯报》一直是世界上发行量最多的廉价报纸，不仅发行逐日增加，而且拥有最多的分类广告。

总之，报纸销量的增长、单位印刷成本的降低以及在1875年至1895年之间新闻纸价格的剧跌，都没能降低广告在报业中的中心地位。在维多利亚和爱德华时期，报业的广告收入持续稳步增长。

据统计，1907—1938年，英国报刊的广告收入从2 000万英镑上升到5 900万英镑，几乎增加了两倍。广告的迅速增长打破了以往的以伦敦为出版基地的日报都属于富有的个人、家庭或与政党有关联的财团控制的模式，使报纸变得更加独立。

但是，报纸之间竞争异常激烈，许多报纸处境困窘，连大报也不能幸免。1916年劳森去世后，《每日电讯报》发展一路下滑。1937年，该报不得不同英格兰最早的报纸《晨邮报》合并，称《每日电讯和晨邮报》，后又改用原名《每日电讯报》，属独立的每日电讯报公司。《泰晤士报》也同样一波三折，最终于1981年以1 200万英镑卖给了澳大利

① 后来售价为两便士，而其他报纸均售四便士。

亚报业巨头默多克。

这一时期，在报纸发行量的统计方面有了长足的进展。由于报业长期处于激烈的竞争之中，有关发行量的信息越来越多。1924年开始，伦敦出现了基于商业目的、对报纸读者群的数量及社会结构进行的社会调查。这种调查在1930年得到了广告行业的正式认可。1931年发行量稽核局（ABC）成立，作为独立的机构调查报刊发行量，为广告主提供准确可靠的发行数据。这些科学的方法使广告主在做出决策时，可以采用更为客观的方法根据数据来进行成本分析，也大大降低了政治价值判断的影响。所以，20世纪30年代的广告标准手册建议："想知道一份报纸是否值得投放广告，首先要考虑的是发行量的大小，然后才是特定读者群的数量。""消费上的差异，低于收入上的差异；而收入上的差异，又低于财产上的差异。"这种观念具体地体现在奥德海姆公司发动的促销活动中。

奥德海姆公司（Oldham）拥有《每日先驱报》《英国佬》和其他一些工人阶层的出版物。该公司的一个广告声称，"如果读《英国佬》的家庭主妇们把她们明年的零用钱放在一起，可以买几百个吉卡达的钻石或者几百幅达·芬奇的《蒙娜丽莎》。剩下的钱还可以拿去邦德大街买些最贵的珠宝"。广告刊出后，取得了很好的效果。

普通劳动者购买力的增长，以及大众消费品的增长，使得报纸出版者更容易把广大的普通读者作为卖点向广告主推销。《每日先驱报》就是运用了这一策略，成功地推动了自身的持续发展。虽然《每日先驱报》在1933年成为西方世界发行量最大的日报，可当时还是入不敷出，但到了1936年，它的广告毛收入已经超过了150万英镑。

由此可见，广告业在报业的扩张中功不可没。比舍（Bisher）曾经评论道："报纸具有了商业性质，把广告空间作为商品提供出来，经过编辑部加工，这种商品市场广阔。"①

（三）广告代理商的出现

在自然经济形态下的广告往往只是商品生产者和经营者们的一种简单的信息活动，具有自发性和临时性，不能形成职业化、专门化的行业。这种状况伴随着资本主义经济得到一定发展、大众媒体兴起以及广告需求量增加而被突破。

据记载，1768年威廉·泰勒（William Taylor）为杂志揽到一则广告。1800年詹姆斯·怀特（James White）在伦敦舰队街成立了W. B. H. 公司（White Bull Holmes），以公司的名义代理广告。他们主要是为报纸推销版面，从中获取佣金，是最初的广告代理商。

1864年英国第一家现代意义上的广告公司智威汤逊（J. Walter Thompson，JWT）诞生。自成立以来，智威汤逊一直以"不断自我创新，也不断推进广告事业"而著称于世。它不仅是全球第一家以市场调查为基础进行品牌策划的公司，也是全球第一家以性为广告创意素材的公司。

1888年哈里·马瑟（Harry Mather）和克劳瑟（Oakes Crowther）共同创立了马瑟-克劳瑟公司（Mather &Crowther，奥美公司的前身），主要也是从事报纸版面的代理业

① 哈贝马斯．公共领域的结构转型．曹卫东，王晓珏，刘北城，等译．上海：学林出版社，1999：221.

务。当然，他们已开始了某种意义上的广告经营活动。

在早期，广告商必须让制造商相信，做广告是有回报的，而且会广为社会所接受。马瑟-克劳瑟公司承担的任务就是给所有潜在客户发一系列的宣传小册子，这些小册子告诉制造商：如果不做广告，就无法在当今激烈的竞争中立足，会被做了广告的对手远远抛在后头。甚至有一个小册子警告人们不要发布“浪费的广告”，包括：向不恰当的出版物购买广告版面，没能抓住读者的注意力，产品信息太少或过多，以及使用的广告手法品位不佳。另一个小册子则认为，妇女们喜欢讨论的产品大部分是广告商品。1894 年，马瑟-克劳瑟公司已有员工 100 人，并为客户提供规范的广告服务。

1893 年，塞缪尔·班森（Samuel Herbert Benson）成立了班森公司。不久，班森公司与马瑟-克劳瑟公司共同为大卫·奥格威在纽约开办的企业提供资金支持。1899 年，智威汤逊在英国伦敦建立海外办公室，成为英国第一家向国际市场扩张的广告公司，加速推动英国广告业向现代广告业的转变。

这些广告代理公司的产生，标志着英国广告业向现代广告业的转变。

作为伦敦知名的广告公司，马瑟-克劳瑟公司和班森公司在一战前就已经声名大振。健力士啤酒成为班森公司标志性的合作伙伴。“健力士有益您的健康”“健力士增进体力”“健力士时间”，以及“我的健康，我的健力士”的广告语一度非常流行。班森公司还为“牛头”牌芥末粉创立了芥末俱乐部，广告语“爸爸加入芥末俱乐部了吗?”引发了人们的想象，成为人们的口头禅，甚至在流行的音乐喜剧里被当作爸爸们借故不回家的新理由。

19 世纪 90 年代以后，英国的经济被美国超越，20 世纪初又被德国超过，跌落为世界第三位，世界广告业的中心逐渐转向美国。但是，英国广告的创造性，尤其是平面广告设计的深厚历史文化传统并未改变。

（四）广播媒体广告

广播、电视是 20 世纪上半叶人类的两大重要发明。它们的相继问世，给广告传播事业带来了福音。

英国广播公司（BBC）成立于 1922 年，专事无线电广播，起初为商营性质。后来政府规定 BBC 不得播出广告，但可以播出厂商赞助的节目。公司的收入主要来自收音机和电视接收机的执照费、收视费，以及私人资助。至于国际广播，经费则由政府资助。1926 年 12 月底，商营的 BBC 改组为公营，名称不变，并被特许在全国和殖民地进行无线广播。由此，BBC 进一步发展壮大。

1936 年 11 月 2 日，BBC 在亚历山大宫建立了世界上第一座电视台，定时播出黑白电视节目，成为世界上最早进行正式电视广播的公司。第二次世界大战爆发前，大约有 25 000 个家庭收看电视节目。战争爆发后，节目播出中断。1946 年 6 月 7 日，BBC 恢复电视播出（著名的“米老鼠”当天也重回电视荧屏），并逐步建立了全国电视网。

从此，人类告别了以印刷传播媒体为主的时代，进入印刷传播媒体和电子传播媒体相结合的时代，广告传播的力量空前增强。

三、二战时期的广告发展

第一次世界大战尚在萌动之时，英国当局就高度重视广告的传播作用。1914 年 9 月，为了适应战争的需要，英国内阁要求尽快招募 50 万名新兵入伍，以使得英国军队的数量达到 100 万。这是个十分艰巨的任务。那么，怎样才能进行快速而有效的全国动员呢？就大众媒体而言，当时的印刷技术已趋完善，而无线电和其他电子传媒尚未崛起，因此，海报成为最醒目、最为广泛的战争动员和抨击敌人侵略的有力武器。于是，大量与战争有关的海报印刷出来，贴满各大城市的街头巷尾、交通要道。其中最著名的或许是以备受爱戴的英国陆军大臣基钦纳（Horatio Kitchener）勋爵为形象的征兵海报。海报上的他英勇威武，目光带着一种逼人的力量注视着前方，用手指指向观众，仿佛在说："你的国家需要你！"（见图 8－4）利特（Alfred Leete）所设计的这张征兵海报震撼人心，在当时家喻户晓，后来被许多国家仿效，出现了许多不同版本的利特式征兵海报。

图 8－4 利特设计的经典征兵海报

1929 年爆发的世界性经济危机对英国造成沉重打击，从股市崩盘到 1930 年末，登记在案的失业者人数由 100 万上升到 250 万，而且数字还在不断刷新。银行破产，通货膨胀加剧，百姓生活困苦。但政府采取了一系列措施，遏制住了经济下滑的势头，使经济重新回到正常的轨道。这样，伦敦大街上、报纸上重新出现了广告，如胡佛真空吸尘器、吉列安全剃刀和费尔斯通汽车轮胎的广告随处可见。

1939 年 9 月 1 日，德国发动闪电战进攻波兰，自由世界在纳粹的凌厉攻势下岌岌可危。在经历了长期的煎熬之后，英法两国被迫向德国宣战。

在二战刚开始的时候，英国官方和政府圈内弥漫着悲观气氛，不知道英国人民是否愿意参战。这种反应多少是因为第一次世界大战的残酷屠杀，以及没有兑现士兵从战场凯旋后会“成为家乡的英雄”的诺言。

为了解决这些问题，英国政府早在1936年就开始了一项战时宣传计划。

战争一爆发，政府信息部就立刻开始运行。信息部负责管理出版关系、新闻与审查、宣传和文化生产的工作，包括电影、文学和美术、广播传播管理等14个部门。在最初几个月，信息部在号召人民支持应战时，面临非常不利的局面。因为信息部的官员开始只是一味地说教和号召人民爱国。

最早的战事广播是德国人的，不是英国人的。这一事实充分说明早期英国的宣传是失败的。由于在国内得不到足够的新闻，许多收听者开始收听来自柏林的广播。

1939年秋，英国1/6的听众，约合600万人，定期收听德国的广播。德国广播能够吸引英国听众的原因，部分是英国人的好奇心，还有就是在“骗人年代”缺少真实的战事新闻，这促使英国信息部重新评估自己的努力方向。信息部开始利用盖洛普大众调查服务（1936年开始）和BBC的收听者研究部进行民调，来了解人民的所思所想。

于是，在对德宣战的当天，英国国王发表了有生以来最为成功的演讲，无数个家庭守候在收音机前，静静聆听。

英国政府信息部在对德宣战前就已开始制作用于战争宣传的海报。在设计时采取了统一的样式，字体易于识别，画面抽象简洁，标语以当时英国国王乔治六世演讲的口吻说出，海报最上方的都铎王冠图案让人联想到这一信息来自国王。1939年6月，海报的设计工作完成。8月，设计好的海报被送往印刷厂，只要战争爆发，它们就会出现在大街小巷。

这个系列海报共有三张，原本打算根据战况依次推出（见图8-5）。

图8-5 英国二战时期的战争宣传海报（1939年）

第一张海报（见图8-5，左）的内容为“你们的勇气、乐观和决心，将为我们带来胜利”（Your courage，your cheerfulness，your resolution will bring us victory），印量80万份，被张贴在各处的布告栏、建筑物外墙、火车站、巴士站、伦敦地铁站、商店橱窗上。

第二张海报（见图8-5，中）随后推出，内容为“自由危在旦夕，尽你所能保卫它”

(Freedom is in peril，defend it with all your might)，印量 40 万份。

第三张海报（见图 8-5，右）便是“保持冷静，继续前进”（Keep calm and carry on)，它的印量比前两份海报的总和还要多得多，达到了 250 万份，张贴后足以覆盖英国的每一个角落。毫无疑问，英国政府打算让这张海报担任最为艰巨也最为重要的任务——按照最初的制作计划，准备在纳粹占领英国后将它张贴出来。这是英国信息部制成的第一个系列海报。在 2008 年英国经济衰退时，“保持冷静，继续前进”又重新成为媒体和大众的流行语。

战争期间，由于纸张供应极为紧张，英国政府决定实行配给制。从 1940 年起，所有报纸被限制在每期 6 页之内，并禁止任何新的出版物出现，后来又限制到 4 页，相应地，广告版面也被压缩一半。1942 年，政府又规定每期日报的广告数量不能超过报纸版面的 40%，晚报不能超过 45%。这些政策给英国各大报纸的经营带来了困难。

四、早期的广告管理

相对于欧洲其他各国而言，英国的广告管理比较规范，也很成功。早在 1712 年，英国议会就通过了相关法案，开始征收广告印花税。该法案规定，一张报纸刊登的广告为半版或不足半版的课税半个便士，广告大于半版但不超过一版的课税 1 便士。后来改为每则广告课税 2.6 先令，1803 年提高到 3.5 先令。但因为计算麻烦，又改为无论报纸广告版面大小，见报一律征收 3.6 先令。尽管英国议会不断增加报纸广告的课税额度，但由于报纸广告的收益远超税负，加之许多商人想方设法逃税而大量使用传单广告或户外广告等，致使英国的报纸广告量并没有因其税负增加而大规模减少。直到 1853 年英国完全废除广告印花税，在这长达 140 年的时间里，英国政府通过法律形式来对报纸广告进行的课税，尽管一定程度上抑制了广告的繁荣，但是却促进了广告代理商的产生。

随着广告的发展，英国对广告业的管理采取了政府管理和行业自律相结合的形式。1889 年，英国政府颁布了《不当广告法》。1900 年，英国第一个行业保护协会——广告主保护协会在伦敦成立。它是继美国户外广告协会成立之后的世界上第二个广告行业自律组织，成为政府行业管理的强有力的补充。

国家政府职能部门通过立法的形式对广告的范围、内容和形式进行严格的管理。1907 年颁布后来经过多次修订的《广告法》，就是一部相当完善的广告法。该法的内容以规范户外广告为主，但具有普遍的约束意义。它规定：禁止广告妨碍娱乐场所、公园、风景地带的自然美。1925 年修订时，又明确规定，凡影响乡村风景、公路、铁路、水道、公共场所与具有历史价值的建筑物及场所的广告，均禁止设立。1927 年修订时，又增加了禁止车辆装饰成广告形式行驶于街头闹市，禁止任何人步行、骑马或乘车在闹市中做广告的规定。经过不断的补充和修改，英国的广告法日益完善。此外，独立广播局制定的《广告标准和实践》也是一部很重要的专门广告法规。

英国的户外广告主要由地方政府控制，并受《企业建筑广告准则》的制约。统计数字表明，如果在 10 万人口的城镇中设有 20 个招贴点，则有 80%的成年人至少在一周内可能见到一次。

从目前所见到的有关广告法规的文献来看，英国的《不当广告法》和《广告法》是目前已知世界上最早的比较完整的成文广告法，它们分别比美国于1911年颁布的《普令泰因克广告法草案》（Printer's Ink Statute）早了22年和4年。

第三节　法国近代广告的发展

法国是欧洲近代史上阶级斗争最激烈、政治发展最曲折的国家，从1789年到1871年先后经历五次革命，政局变动频繁。在长期的斗争过程中，各阶级、各党派创造和试验了各种政治体制、政治思想、政治行为和行政法律制度，利用各种媒体传播自身的主张。发展起来的商业性大众媒体只能在政治媒体的夹缝中生存。但这一切最终都被工业革命的浪潮冲破，从而使大众媒体与广告的结合更加紧密。

一、重商主义与工业革命

15—18世纪欧洲各国流行重商主义政策，路易十四也借重财政大臣柯尔贝尔（Jean-Baptiste Colbert），大力推行重商主义政策，使当时的法国成为奉行重商主义理论的典型国家之一。

在政府巨额津贴的资助下，法国兴办了许多大规模的集中手工工场，这些手工工场一般都有先进的设备和大量的工人。柯尔贝尔还从国外引进许多工匠，并给手工工场主以贷款和免税权，从而使法国的手工制造业有了相当的发展。在柯尔贝尔任职时期，全国新开办了45家手工工场，总共达到113家。政府鼓励在本国生产威尼斯式的镜子和花边、英国式的长袜、荷兰式的呢绒、德国式的铜器，并且制定手工工场条例，对生产不合格产品施以惩罚。与此同时，取消了部分地区的关卡，兴修道路，开凿运河，发展交通运输。在提高外国工业品的进口税以防止贵金属外流的同时，大力推进对外贸易，不但使自己的工业品大量出口，还进行海外殖民扩张和掠夺。这一系列的重商主义政策，对法国资本主义的原始积累和民族经济的发展都产生了积极的影响。

18世纪初，法国的资本主义已有相当程度的发展。在一些工业较为发达的城市和地区，如里昂、奥尔良、阿尔萨斯-洛林等，出现了大量的资本主义性质的手工工场，其中雇用千名以上工人的分散的手工工场和雇用百人左右的集中的手工工场都不罕见。18世纪中叶，一些工业部门如采矿、冶炼等已经开始使用先进的机器，近代性质的生产已经萌芽。在交通建设方面，1848年法国只有4 000千米长的铁轨，5年内便增加一倍，18年内增加四倍。第二帝国初期，法国拥有的机车头还不到1 000部，到帝国末期则增加了四倍。从巴黎到地中海，乘公共马车需要一星期，而乘火车只需16小时。[①] 这种突飞猛进的变化使得物资、资本和人力都能及时、有效地流动，自然拓宽了产品的销售市

① 米盖尔．法国史．桂裕芳，郭华榕，等译．北京：中国社会科学出版社，2010：268.

场。巴黎位于整个新铁路网的中心，也因此成为法国的首要市场和制造业中心，经济的群聚效应为巴黎不断吸引新的运输投资和新形式的经济活动提供方便。在对外贸易方面，鲁昂、爱克斯、亚眠、波尔多等许多城市都是当时的对外贸易中心。对外主要出口酒类和各种奢侈品，进口货物主要有棉花、香料、皮革、咖啡等，其中，以对地中海东部诸国及西印度群岛的贸易最为活跃。

由于工商业发达，法国集中了欧洲一半以上的货币。资产阶级已经成为经济上最富有的阶级，但是，政治上仍处于无权地位。长期社会矛盾的集聚最终引发了大革命。法国大革命的胜利为资本主义的发展扫清了道路。因此，“1789—1792 年，报业赢得的绝对自由使 500 家新报纸得以诞生”[①]。

到了 19 世纪初，随着工业革命在法国缓慢展开，书籍和报刊的印刷也逐渐发展成为重要的工业部门。这一时期的印刷技术发生了两项重要变化：一项是印刷的机械化。1823 年，经过英国印刷工程师改良的蒸汽印刷机被引入法国。用蒸汽机做动力，从手工过渡到机器印刷的飞跃性变化发生在 1850 年前后。另一项是石版画在法国于 1820 年投入使用。其结果是插图新闻发展起来，《漫画》（1830 年）、《哗声》（1832 年）、《插图》（1843 年）等先后创刊。年鉴学派的代表人物之一乔治·杜比（Georges Duby）在《法国史》中说，“1848—1851 年的动荡岁月”过去后，法国走上了西方现代文明之路。

1789 年，法国巴黎的人口不足 60 万。然而，自波旁王朝复辟开始，移民大潮汹涌而至，人口迅速增长，不到 100 年的时间内，人口增至三倍，接近 180 万人。与此同时，法国出现了世界最早的百货商店，它是一种与传统不同的新型的购物场所。第一家百货商店波马舍（Bon Marché）于 1852 年在巴黎诞生，商店实行全新的经营策略，大获成功，当年的营业额就达到 45 万法郎。随后，巴黎相继出现了卢浮宫百货（Louvre，1855 年）、市政厅百货（BHV，1856 年）、春天百货（Printemps，1865 年）、莎玛丽丹百货（La Samaritaine，1869 年）、老佛爷百货（Lafayette，1893 年）等。第三共和国的“美丽时代”（La Belle Époque，1880—1914 年）不仅是法国文化艺术的新高潮阶段，也是大百货公司的鼎盛时期。这些百货商店与传统的商店或杂货店的不同之处在于以下方面：它们不再局限于经营少数品种的生活用品，而是尽可能把所有品类的商品放在一家店铺中经营；与传统商店中风行的讨价还价不同，所有的商品都明码标价，还提供包装、送货、退换货等服务。随着新零售模式的引入，巴黎人形成了前所未有的消费文化，将人们带进商品的“梦幻世界”。人们除了逛商店之外，还读报，参观旅游胜地，闲逛集市，出入咖啡馆、剧场、酒吧、餐厅等。

巴黎逐渐转型为开放的城市。1855 年，巴黎首次举办了世界博览会。到 20 世纪初为止，巴黎共举办了 5 次世界博览会，被公认为最豪华与时尚的城市。从 19 世纪 80 年代到 1950 年，法国投资建设了大批道路、运河、港口、铁路等公共交通工程，极大地促进了工业、旅游、农业和贸易的发展。同时，法国的时装、化妆品和葡萄酒也一直在世界贸易中占据着重要的地位，品牌美誉度极高。

---

① 泽尔丁．法兰西浪漫史：品位与堕落．郝险峰，邵建宇，译．北京：中信出版集团，2021：150.

二、户外媒体广告的发展

德国著名诗人海涅（Heinrich Heine）说过："法国像一座花园，人们在那里采摘最美丽的花朵扎成花束，这花束就叫巴黎。"巴黎的户外广告出现较早，从14世纪开始大量增加，发展迅速。为了规范户外广告设置，法国于1639年颁布了"广告准则"（Les Bases de l'Affichage）。18世纪时，巴黎公共空间中的有利视觉位置布满了大量的广告。

19世纪中叶，奥斯曼的巴黎新规划建设之后，为户外广告提供了更加开阔的城市空间。1881年，法国政府鼓励出版自由的新法规公布，对户外广告影响巨大。"在巴黎，广告与商业成了惊心动魄的战场。"[①] 海报艺术家们将美术技巧用于平面设计，为香槟、啤酒、卷烟等做广告，或为酒吧、俱乐部、杂志、新闻、汽船航线、铁路、运动和旅游项目等做推广，新兴的大型百货商店的山墙上出现了尺幅巨大的广告，引人驻足观看。外省也是一样，许多广告生机勃勃地出现在城市墙面、建筑物以及报亭、地摊上，街头成为广告的"天堂"（见图8-6）。

图8-6　法国户外广告（1900年，巴黎）

在19世纪后半叶，法国的新艺术运动广泛地影响了广告招贴的设计。朱尔斯·谢雷特（Jules Chéret），法国新艺术运动平面设计的开创者，被誉为"现代招贴艺术之父"，他于1858年开始为奥芬巴赫的轻歌剧《地狱中的奥菲欧》设计海报广告。他的第一幅彩色海报是为女演员萨拉·伯恩哈特的演出设计的，色彩鲜明，线条流畅，极富动感，表现出令人耳目一新的女性形象。随后，找他设计海报的人络绎不绝。他的设计题材广泛，小到咳嗽药，大到世博会，都有涉及。从1866年到1900年，他一共设计了1 000多张彩色海报。谢雷特通过艺术与商业的结合，赋予艺术以新的活力。

1900年，巴黎举办世界博览会。这场展会不只是商品交易会和科学大会，也是当地及欧洲各国、美国和其他国家游客的巨大露天市场。一位来自柏林的游客对巴黎有这样的观感：

> 两旁种植着高大树木（大多数是法国梧桐）、宽阔美丽的街道以及活跃的交通令人精神振奋。陈列不同商品的各种商店令顾客们兴致勃发。为了招揽顾客，许多店

---

① 伊戈内．巴黎神话：从启蒙运动到超现实主义．喇卫国，译．北京：商务印书馆，2013：203.

家把商品摆放在街道中间的盒子、箱子和木头支架上。这里挂着琳琅满目的衣服，那里的人行道上摆着肥皂店的货品及各色食品，一位艺术品商人在兜售古董；这边是这里的人们喜欢的新鲜绿色芦笋，那边是牡蛎和罕见的蜗牛……街面上，餐馆和百货商店的广告扔得到处都是。①

20 世纪初，当巴黎的贵妇、名媛在沙龙里兴奋地交流美容养颜心得时，化学药剂师欧仁·舒莱尔（Eugène Schueller）却在酝酿着一场“护发革命”。舒莱尔不仅是一位杰出的化学发明家，而且是法国现代广告的奠基人之一。一次偶然的机会，舒莱尔接触到了染发剂领域。三年后，他拥有了自己的第一个发明专利——一种新型无毒染发剂。为此，舒莱尔斥资 800 法郎，在位于塞纳河畔的小公寓里成立了“法国无害染发剂公司”，此即欧莱雅（L'ORÉAL）的前身。② 1910 年左右，欧莱雅公司发布了第一个染发剂海报广告（见图 8－7），画面表现的是一个清纯靓丽的女孩扭头时，缤纷华丽的秀发随之飘舞起来。该海报由于在当时产生了极大的冲击力，因而被称为“彗星广告”，如今仍被广泛应用于各类化妆品广告中。此外，舒莱尔还创建了《巴黎发型》《您的美容》《欧莱雅公报》等专业报刊，不断向美发师推介染发新理念和公司产品。同时，在人流集中的场所大量散发印有身穿比基尼的美女影星代言的欧莱雅防晒油“太阳琥珀”的广告，在巴黎的公共汽车车身印上欧莱雅的广告画，尤其是在建筑大楼前悬挂欧莱雅洗发水大幅广告的做法开创了化妆品户外楼体广告的先河。

图 8－7　法国的杂志广告（1910 年左右，欧莱雅“彗星”，Raoul Vion 设计）

第一次世界大战的爆发，加速了法国海报的流行。战争期间，法国政府需要一种能够进行大量及时宣传的工具，海报因其画面形象生动、色彩鲜艳以及价格低廉而受到法国政府的重视，很快成为战争宣传的主角。海报围绕着战争进行宣传、动员，呼吁人们参军，击败敌人，鼓励人们必胜的信心。最为经典的海报是《为了国旗，为了胜利！》，以法国的化身玛丽安为画面主体：她一只手挥舞着正义之剑，另一只手高举着三色旗，身后是奔赴战场的法国军队。

到 20 世纪二三十年代，在大工业迅速发展、商业日益繁荣的形势推动下，欧美的工业设计逐渐走向成熟。以法国为首的各国设计师纷纷站在工业化的新高度，对采用新材料、新技术的现代建筑和各种工业产品的形式美和装饰美进行新的探索，形成了广告中的装饰艺术风格。

其中，最具代表性的人物就是卡桑德尔（A. M. Cassandre）。1927 年，他与卢波特

① 布罗姆．眩晕年代：1900—1914 年西方的变化与文化．彭小华，译．成都：四川人民出版社，2016：5.
② “欧莱雅”一词来源于希腊语“OPEA”，象征着“美丽”。

(Charles Loupot）创办了国际平面设计联盟，并开始尝试如何将字体作为海报的图形元素融入平面排版。法国国家铁路局、福特汽车公司和一些酿酒公司是他的主要客户。在卡桑德尔所有的商业海报设计作品中，为“诺曼底号”远洋邮轮设计的海报是其代表作之一。

霓虹灯广告源于法国。霓虹灯招牌首先由尼古拉·特斯拉（Nikola Tesla）展示于1893年的芝加哥世界博览会，但其创意并未申请专利。后来，法国物理学家乔治·克劳德（Georges Claude）在1910年2月3日巴黎汽车展览会上首次展出他的霓虹灯作品。这是用两根长3.5米、直径45毫米的玻璃管做成霓虹灯管装饰的展馆大门。有一位广告商认为，如果用它来做广告，将会是更好的利用方式。其后，巴黎奥斯曼72号大街皇宫大厦用这种崭新的灯具作为装饰照明，出现了“森扎诺”（CINZANO）字样的霓虹灯装置。1912年，蒙马特尔14号大街的理发店门口出现了用红色的法语文字组成的“豪华理发店”字样的霓虹灯广告，这是世界上第一个霓虹灯广告。从此，霓虹灯广告开始流行，百年不衰。

19世纪后期，巴黎的商业促销广告活动日渐兴盛。各商家奇招迭出，精彩纷呈。其中，以老佛爷百货最为成功。1919年1月19日，一个名叫“儒勒·威君”（Jules Védrines）的人驾驶一架Caudron G.3型飞机，在12点40分由巴黎西南郊的机场起飞，数分钟后，他成功地将飞机降落在老佛爷百货的屋顶上，引起巨大轰动。此活动不但成功地为老佛爷百货做了高曝光的宣传，也成为人们议论的话题。

三、报刊媒体广告的发展

由于实行绝对的君主专制，法国的定期印刷刊物出现时，一开始就处于王权的控制之下。17世纪时官方特许的报刊只有三家，分别为《公报》（1631年）、《学者报》（1666年）、《文雅信使报》（1672年），几乎没有商业广告发布。

1836年，吉拉尔丹（Emile de Girardin）出版了《新闻报》（*La Presse*）。该报的第一期刊登了商业公告，被认为是法国现代意义上的第一条报刊商业广告。吉拉尔丹是一位报业改革家，在大力改进报纸内容的同时也颇重视经营管理，特别在广告方面用力甚多。他对报纸发行采取了廉价形式（固定订户的年价格由原来的80法郎降为40法郎，而不像竞争对手80法郎或更高的定价），注重广告业务拓展，用广告收入来解决报纸所需要的一部分资金。这在当时的法国是首创。对此，他解释说：“商业广告的问题不仅仅是产业的问题，更应该是社会的问题，它同时还包含着政治报刊的一切改革的原则。”改革获得了成功，《新闻报》销售量直线上升。

吉拉尔丹的成功使他成为许多人争相模仿的榜样，如《世纪报》的股东们。在1845年还出现了夏尔·杜菲里尔和他的“广告总公司”。[①] 杜菲里尔曾以每年30万法郎外加他一半的广告收益买下了巴黎3家主流报纸的广告管理权，顾客只需要6法郎就可以在上面刊登一条广告。为此，他在巴黎指定了200多位广告分销代理人来收集广告主信息。

① 伊戈内．巴黎神话：从启蒙运动到超现实主义．喇卫图，译．北京：商务印书馆，2013：203.

后来，该公司被哈瓦斯接管。于是，公司就通过电报无偿地向地方报纸提供新闻资讯，以换取在对方报纸上免费刊登广告的权利。吉拉尔丹的《新闻报》和阿尔芒·迪塔克的《世纪报》（*Le Siècle*）同为当时法国廉价报纸的典范。就创办者的名气而言，吉拉尔丹要远远大于迪塔克，但是后者的《世纪报》更为成功，销量领先于《新闻报》。《新闻报》和《世纪报》的风格大同小异，并且在内容和经营方面与《纽约太阳报》和《纽约先驱报》相似，广告收入占总收入的40%～50%，接近于现代报纸，由此引发了法国广告经营的一场革命。1838年，《新闻报》第四版的广告以全年15万法郎被承包出去，1845年涨到了30万法郎。与英美广告代理公司不同是，法国的广告公司不向客户收取广告策划费，也不加收10%的服务费，广告公司的竞争不是基于策划和服务水平，而是依赖收费价格，广告公司从为其确保广告量的媒体中获取折扣。

19世纪末期，法国的政治经济发生了深刻的变化。1881年法国《新闻出版自由法》颁布后，法国报业进入了一个全盛时期。从那时起至第一次世界大战爆发，被称为法国报业的“黄金时代”。在此期间，报刊数量大为增长，巴黎报纸的发行量由100万份增至500万份，外省报纸由30万份增至400万份。尤其重要的是，商业报纸日趋兴旺，它们在报业中的影响与日俱增，这正是法国报业进入现代阶段的重要标志。

当时最有影响的商业报纸是巴黎的四大日报。它们是《小日报》（1863年）、《小巴黎人报》（1876年）、《晨报》（1883年）和《新闻报》。这四家日报都以独立的面目出版，实行商业经营，面向中下层读者，售价低廉。它们是19世纪中期廉价报纸的新发展，在世纪之交相互竞争，称雄于法国报坛。

米其林是法国广告主的先锋之一。1894年在里昂举办了一次展览会，米其林（Michelin）兄弟即爱德华·米其林和安德鲁·米其林参加了展览会。展台入口处那由许多不同直径的轮胎堆成的小山启发了爱德华，他对安德鲁说：“看，加上臂膀，它就会变成一个人!”正是基于此灵感，1898年海报设计师奥加罗普（O'Galop）设计出了后来众所周知的米其林轮胎人必比登形象。米其林轮胎人手擎一只装有钉子和碎玻璃的杯子说道：“Nunc est bibendum!”（拉丁语，来自古罗马诗人贺拉斯的颂歌，意为：“现在是举杯的时候了!”）寓意米其林轮胎能克服一切路面障碍。这句话立刻成为一句流行口号。很快，米其林轮胎人被明确地命名为必比登（Bibendum）。必比登诞生后便公开出现在海报上。

1901年，安德鲁·米其林决定定期在报刊上为产品做广告。这一决定打破了当时广告业的常规。因为当时的企业刊登广告既没有连续性，也毫无计划性，更没有人想到买版面有计划地安排刊登广告。安德鲁·米其林在法国开创了产品有计划地做广告的先河。

第一则广告刊登在1901年3月1日的《汽车-自行车》（*Auto-Velo*）（后改名为《汽车》）杂志上，专栏题目为“米其林的星期一”，主要概括介绍汽车的各个方面，从装配内胎、介绍新产品到驾驶执照考试指南，包罗万象。为使读者一目了然，每篇文章还配有一幅轮胎人的插图：有时，它是一位天使，兴高采烈地坐在云彩上；有时，它拉着手风琴，邀请意大利美人跳舞。某个星期，它是罗马国王，受到路易十四热情迎接；另一个星期，它与总统阿尔芒·法利埃手挽着手。广告非常成功，一时被人竞相模仿。没有一个专栏像“米其林的星期一”那样成功，在13年间出版了69期。直到1914年7月27

日（第一次世界大战爆发前夕），“米其林的星期一”才宣告结束。

第一次世界大战前夕以及战争期间，虽然有关战争的报道与宣传占据了报纸的主要部分，但《费加罗报》等也刊登了一些商业广告。例如，1914 年 7 月 5 日分别刊登有皮格马利翁新品商场（Pygmalion）和卢浮宫百货的广告。1915 年 5 月 1 日，刊登有乐蓬马歇百货（le Bon Marché）的广告。1917 年 3 月 2 日刊登有杜法耶百货（Dufayel）的广告。1918 年 6 月 22 日刊登有莎玛丽丹百货广告。战后，由于经济不振，报纸发行量增长缓慢，1920—1929 年日报发行量由 1 000 万份仅增长到 1 200 万份，同期的巴黎日报也由 40 家减少到 32 家，外省报纸由 220 家减少到 175 家。此时，报团开始形成，但规模不大，大多操纵在工业巨头的手中。

为打开国际市场，1937 年香奈儿 5 号香水在美国著名的时装杂志《时尚芭莎》（*Harper's Bazaar*）刊登了广告，加布里埃·香奈儿（Gabrielle Chanel）第一次为自己的香水代言，极富个人魅力的形象给美国消费者留下了很深的印象。

在第二次世界大战之前，法国报纸的日销量达到 1 000 万份，发行地点集中在以巴黎为首的大城市。战争开始后，法国一度被分为德占区和贝当小朝廷控制的“自由区”，两个地区报刊发行的情况不完全一样，但大多数报纸成了政治和军事宣传的工具。1942 年底，德军攻占法国南方后，全国报纸的发行量急剧下降，大量的地下报刊出现，成为当时法国报刊业的一大特色。

四、广播媒体广告的发展

法国政府早在第一次世界大战之前就尝试从埃菲尔铁塔播出广播节目。因为法国最初的无线电通信是军队、邮电系统和无线电生产商自发从事的领域。所以，法国最初就有公私并存的广播体系。

1919 年，法国政府通过法规将管理公共无线电话的责任交给了邮电部。1920 年，附属于私营无线电设备制造公司（CSF）的法兰西电台获得了从事国际通信服务的执照。1922 年，CSF 建立了商营的广播公司，以提供广播节目服务的手段推销收音机，电台后来以“巴黎广播电台”闻名于世。巴黎广播电台是法国第一座真正的广播电台。

1923 年法国政府颁布法令，规定广播事业为国家专利，要经过邮电部门特许方可经营私人广播电台，且不得妨碍国营广播和公共利益。于是，很多私营电台通过正常途径陆续开播，这种状况一直持续了 10 年。在此期间，邮电部建立了多个自己的电台，各地政府也开办了一些小型的公共广播电台，由于相互干扰严重，政府授权邮电部指挥空中电波的“公共交通”。于是，邮电部于 1931 年接管了巴黎广播电台。报纸出版商担心广播广告冲击报刊广告市场，在他们的施压下，1933 年法国政府禁止所有的广播电台播出广告，并建立了国家资助广播电台的机制，开始允许广播电台向全体听众收取接收许可费，并加强对广播节目的控制。

1940 年，德国军队侵入巴黎，夺取了所有能够播出节目的广播电台和刚刚诞生的电视台，并将广播用于对内和对外的战时宣传工具。南部的维希政府，则扣押了当地所有私营广播电台的设备。

五、广告业的发展

法国的广告业起步很早。据记载，早在1612年，一个叫丁·雷纳德的人创建了一家名为“高格德尔”的广告代理店，规模较小。①

1825年，夏尔-路易·哈瓦斯（Charles-Louis Havas）在巴黎创办了一家新闻社。最初的业务是从外国报刊上选出法国人感兴趣的新闻，译成法文，然后卖给巴黎各家报纸。不久，商业报刊开始兴起，许多廉价报刊，如《世纪报》《新闻报》等都成为哈瓦斯新闻社的客户，其中《新闻报》的发行人吉拉尔丹与哈瓦斯私交甚为密切。

1835年，哈瓦斯兼并几家新闻社后，正式亮出“哈瓦斯通讯社”（简称“哈瓦斯社”）的招牌。哈瓦斯社便成为全球第一家名正言顺的通讯社。如今通讯社“agence”（agency）一词，已成为全球通用语，而率先使用这个词的便是哈瓦斯。

1848年的欧洲大革命使得哈瓦斯社获得显著进展。法兰西第二共和国存在的短短四年间，创办的报纸达1 000余家。大批新创报社与哈瓦斯社签订协议，订购新闻，使得哈瓦斯社客户剧增，甚至连沙皇俄国的宫廷也订购了哈瓦斯社的新闻稿。

18世纪至19世纪初，报社普遍的做法是，将主要精力放在编辑上，不愿意自己招揽客户和收集广告订单，而是把这项工作委托给独立的代理人去做。这时，一位名叫迪韦里耶（Charles Duveyrier）的人代理了几家主要报纸的广告，并成立了“广告总公司”。1857年，该公司与哈瓦斯社合并。从此，哈瓦斯社既负责传播新闻消息，又代理广告，从而成为巴黎早期的广告代理商。当然，这一时期的广告代理商所扮演的只是“媒体掮客”的角色。

第一次世界大战结束后，哈瓦斯社已控制法国80%的报业广告，成为法国最大的广告代理机构。② 所以，1930年，一位法国记者在普林斯顿大学召开的报业会议上说：“对于一家报纸来说，疏远哈瓦斯社实际上意味着丧失全部的广告收入。”

第四节 德国近代广告的发展

德国是一个历史上长期分裂的国家，真正的统一是1871年由俾斯麦（Otto von Bismarck）完成的。其后，从魏玛共和国的兴起到纳粹统治的“第三帝国”的崩溃，德国大众传媒的发展充满曲折。德国近代的广告业就是在这种国家的分裂、统一中蹒跚前行的，其过程漫长而又艰辛。

一、从国家分裂割据走向统一

17世纪的“三十年战争”（1618—1648年）是历史上第一次大规模的欧洲战争，给

---

① 陈培爱．中外广告史新编．北京：高等教育出版社，2009：234.

② 二战期间，1940年德军占领巴黎，哈瓦斯社瓦解分裂。1944年，巴黎光复后，在原址成立了今天的法新社。

德意志带来了极为悲惨的结局。神圣罗马帝国就此日薄西山，作别中世纪的辉煌：分裂成300多个大小邦国和1 000多个骑士领地，货币有千种以上，土地大片荒芜，城市一片废墟，人口减少了约1/3，工场手工业遭摧残，在整个工业生产中不足10%，市场凋敝，小邦专制主义盛行。由于国家四分五裂，各个邦国各自独立，始终不能形成一个共同的经济中心，同当时已经发展成强大中央集权的民族国家英格兰、法兰西相比，德意志的经济发展落后，并且差距越来越大。

18世纪末，在法国大革命尤其是拿破仑战争的影响下，德意志境内不少地方的贵族和地主的力量被大大削弱。形势迫使普鲁士王国认识到改革或改良可能是它得以继续存在和发展的唯一选择。1701年，柏林成为普鲁士王国的首都。于是，政府出资鼓励在柏林兴办工厂，大力吸收外来工厂主、银行家和商人进行投资经营。到腓特烈二世（Friedrich Ⅱ）去世前后，柏林已经集中了普鲁士1/3的商品生产，成为“士兵和手工工场的城市”①。德国的工业化正是在普鲁士准备在体制上进行改革的条件下逐步推进的。铁路建设在德国工业化过程中所起的作用，要比在英国和法国所起的作用都大。虽然德国在1871年以前还没有成为统一的国家，但通过铁路网的建设和运行，德意志境内各个邦国在经济上连接在一起了，统一的国内市场也因此逐渐形成。

19世纪30年代起，德国开始了工业革命。到19世纪中期，普鲁士迅速崛起，成为德意志最强大的邦国之一。国力的强大，使其雄心勃勃，要求统一的决心坚定。俾斯麦上台担任普鲁士首相期间，积极推行“铁血政策”，先后发动三次王朝战争，完成了国家的统一，建立起了强大的德意志帝国。德意志的统一为帝国的经济发展提供了巨大的动力。

果不其然，在统一后的30年内，德国的经济得到了迅速发展，很快就超过了法国。不久，又赶上并超越了英国。虽然德国是第一次工业革命的落后者，但是凭着其严谨务实的民族性格和强劲的钻研精神，重视高科技的研究与应用，德意志帝国一跃成为欧洲第二次工业革命的领跑者。19世纪八九十年代，德国完成了工业革命，原来一个落后的农业国家华丽转身成为一个新兴的工业强国。它的市场繁荣，工业体系完整，较之英法等国，德国的工业革命速度快、周期短、内容新，显得更彻底、更深刻、更广泛，科技的含量也更高、成果更显著。1910年，德国工业生产已经位居欧洲之首、世界第二。工业革命不仅改变了德国工农业生产结构的比例，形成了一种科技化的生产格局，而且加速了城市化的步伐。1871年，德国城市人口1 479万，到1910年达到了3 897万，占人口总数的60%。

城市发展又促进了商业的繁荣。1879年，蒂茨（Leonhard Tietz）在科隆建立了德国第一个百货商店。此后，陆续出现了“德国官员百货商店”（1889年）、“恺撒市场股份公司”（1891年）等。较著名的大型百货商店有赫尔曼·蒂茨百货公司（Warenhausfirma Hermann Tietz）、亚伯拉罕·维尔特海姆百货商店（Kaufhaus Abraham Wertheim）等，后者是柏林最大的百货商店之一，不仅商品供应丰富，而且经常举办各种促销活动。

从1871年普法战争结束到1914年第一次世界大战爆发前，德国走上了工业化的快

① 布劳巴赫，福克斯，厄斯特赖希，等. 德意志史：第2卷：从宗教改革至专制主义结束（1500—1800）. 陆世澄. 王昭仁，译. 北京：商务印书馆，1998：674.

车道，尤其是钢铁工业、化学工业、机器制造业等部门的产量增长很快。但德国工业化的道路却是曲折的。

1919 年 2 月德意志建立魏玛共和国。魏玛共和国后期，经济再度出现繁荣，主要表现为人口增加、收入增长、城市化步伐加快。从 1910—1925 年间，生活在 2 万人以下乡镇的人口比例下降，而生活在 2 万人以上城市的人口比例不断提高。到 1929 年，全国人口达到 6 400 多万。在柏林、法兰克福、汉堡等城市的大街上汽车呼啸着穿梭往来，商店里的商品琳琅满目。到 1928 年，德国工业资本已超过战前一倍多，重工业生产赶上并超过战前水平。到 1929 年，国民收入已达到 759 亿马克，为战前的 150%。经济实力再次超过英法等国，仅次于美国。但是，这种“经济繁荣”是脆弱的，缺乏独立的国民经济基础，容易受到国际环境的影响。

1929 年 10 月至 1932 年，德国遭遇空前严重的世界经济危机的打击。接着，希特勒上台，建立了第三帝国，开始了纳粹统治，德国逐渐转入了战时经济的轨道，实行统制经济。为了摆脱危机，1939 年，纳粹德国发动了第二次世界大战，给世界带来了巨大的灾难。1945 年 5 月 8 日德国战败投降。

二、户外媒体广告的产生

得力于谷登堡在金属活字印刷术上的发明与革新，人们能够将文字与插图混合排版，并运用于印刷媒体。这种做法在欧洲快速普及，为此后户外广告的发展创造了技术条件。1796 年，捷克裔德国人逊纳菲尔德（Aloys Senefelder）发明了石印术，同时也开创了印刷彩色招贴广告及传单的时代。从此，印刷广告五彩缤纷，也成了户外广告的宠儿。

1855 年，柏林一个名叫“恩斯特・利特法斯”（Ernst Litfaß）的人与警察局达成协议，在柏林 150 根立柱上自由发布广告，为期 15 年，由此开创了著名的德国广告柱，并以他的名字命名这种广告柱形式。由于信息容量较大、四面可观，这种新形式很快在整个德国流行开来，被称为“街道上的报纸”。1855—1950 年，广告柱的发展进入了鼎盛期，不仅在德国得到广泛的发展（见图 8－8），而且也流行到英国、法国等其他一些欧洲国家。

德国的纳粹政权上台之后，深谙宣传之道并热衷于宣传攻势的希特勒展开的宣传手段可谓五花八门。他曾说：“所有起作用的就是媒体。”他将这一思想贯彻到其“第三帝国”社会生活的各个方面。纳粹的视觉标志是醒目而有力的：带有纳粹标志的制服、旗帜、横幅随处可见，遍布城市各种建筑、海报等之上，也充斥于报刊、广播、电影等媒体之中，那些使旁观者和参与者都能对群众的巨大凝聚力产生深刻印象的游行集会不断举办，为法西斯主义大造声势，推波助澜。纳粹媒体这种狂热的欺骗性宣传，具有极大的蛊惑力和影响力。

三、报刊媒体广告的发展

马丁・路德（Martin Luther）倡导的宗教改革曾经为德意志民族的国家统一带来希

图8-8 德国的户外广告（1921年，柏林）

望，但最终这个希望在“三十年战争”中破灭，德国的政治经济远远落后于欧洲其他主要国家。

到18世纪，德意志霍亨索伦家族统治下的普鲁士王国迅速崛起，与另一大邦国奥地利展开了数年的争霸，最终形成了二元制的统治局面。德国报业在这样的环境下受到极大的约束。尽管报业曾经遥遥领先，但此刻却举步维艰，发展缓慢。第三任国王腓特烈二世由于受到法国启蒙思想的影响，积极推行重商主义政策。为促进经济发展，政府统一币制、创办银行、建立邮政，并且修公路、开运河，鼓励生产与销售，扩大对外贸易。为扶植国内生产发展，对生活必需品尽量减少税额，而对奢侈品和某些外来商品则提高关税。1784年，腓特烈二世首次在普鲁士通过一部综合性法典草案。草案在扩大民主方面迈出了较大的步子，如允许言论自由，取消新闻检查制度，赋予报纸以最大限度的自由。但是，几次战争之后，腓特烈二世又收回了给予报业无限自由的承诺，再度实行严厉的书报检查制度。

不久，德国经历了两次民主浪潮洗礼，一次是法国大革命，一次是1848年的欧洲革命。前者导致了神圣罗马帝国的正式解体，后者导致了德国历史上第一次真正意义上的资产阶级革命，对报纸的限制得以取消。尽管最后由于资产阶级的软弱妥协，革命目标并未实现，但德国报业还是有了新的起色。

1871年《柏林日报》创办，1883年《柏林地方新闻》创办，此外，还有《柏林晨邮报》（1898年），它们都实行商业化经营，以社会新闻、消闲娱乐、广告为主要内容，面向社会下层群众，内容生动活泼，价格低廉，开创了廉价报刊时代。

到19世纪中叶，随着报刊审查制度的终结、蒸汽动力的运用，以及交通运输的改善和经济的勃兴，德国报业开始了现代化的进程，无论在传播范围还是多样性方面都取得了长足进步。政府对广告控制的取消也使得报纸通过长期广告形式得以稳定地发展，而广告版面的增加有利于降低报纸的售价，扩大了读者的范围，使得报纸很快成为廉价产品。到1862年，全德境内的报纸有1 300种，到1881年增长到2 400种，到1890年的数量是3 400种，它们大多以社会新闻、消闲娱乐、广告为主要内容，面向社会普通大众，价格低廉，形式活泼，从而开创了报刊的大众化时代。

19世纪末，德国新闻业有以下三种类型：由党派或其他信仰团体开办的政党及思想类媒体，如《法兰克福报》（*Frankfurter Zeitung*）等；持中性政治态度的地方性媒体，如《北德意志汇报》[后更名为《德意志汇报》（*Deutsche Allgemeine Zeitung*）] 等；通过详尽的政治、经济和文化报道而获得一定声望的跨地区传播的报纸，如《柏林日报》等。

1903年，一则Odol漱口水广告（见图8-9），依据柏林胜利大道两旁浓荫密布、雕像众多的特征而创作，名噪一时。

图8-9　德国的报纸广告（Odol漱口水，1903年，柏林）

当然，由于德国报纸的区域性很强，所以有些报纸的发行量并不大。在1914年第一次世界大战前夕，德国报纸达到了4 200种，但其中只有11%的报纸发行量超过5 000份，而近90%的是发行量不足1 000份的“小报”（Kleistzeitung）。

魏玛共和国时期，报刊数量不断攀升，创造了德国报刊史上的高峰，广告随之增多。魏玛宪法的颁布，刺激了报业的发展。1932年德国有日报4 703家，总发行量2 500万份。报纸及时尚杂志上的“广告图片很敏感地宣传德法两国相同的女性形象：帽子斜戴一边，上衣紧贴身体，在腰胯处轻垂下来，身着长裙或齐至膝盖的短裙，脚穿高跟鞋”①。此外，报刊上还有铺天盖地的收音机广告，鼓动人们购买最新式的收音机。

在杂志方面，早在18世纪末，就有人尝试用图像做广告。德国一家专门报道消费品的杂志《奢侈品与时装杂志》刊登了一种新式躺椅的广告。一份和英国杂志同名的《传播公益知识协会芬尼画报》每周六都用八版附图的页面寓教于乐地向社会各阶层民众介绍科技以及其他知识领域的发展与进步。在刊行第一年，发行量就稳定地达到了35 000份，至于之后所称的100 000份发行量却存在争议，但也说明是有增长的。其他成功的周刊，包括莱比锡的《画报》和《柏林画报》，它们所刊登的多为时事消息，也有广告。

19世纪下半叶，德国的杂志发展速度惊人，而且种类繁多。据统计，1806年，全德

---

① 理查尔．魏玛共和国时期的德国：1919—1933．李末，译．济南：山东画报出版社，2005：182.

有约1 000 种杂志。1892 年，这一数字达到了 3 500，而其年发行总量高达 6 亿份。1914 年，在德国发行的近 7 000 种杂志的年发行总量更是突破了 16 亿份。第一次世界大战使德国杂志的数量减少到 1923 年的 3 700 种，但到 1932 年，德国发行的杂志数量又攀升至 7 650 种。

可是，好景不长。希特勒上台后对报业进行全面控制，残酷迫害了正在茁壮发展的德国现代报业，使其陷入法西斯宣传工具的泥沼之中。1933 年 10 月 4 日，政府颁布报刊法，将新闻事业纳入一种受法律严格限制的“公共职业”范畴。每日清晨，柏林各报编辑及其他地方报纸的记者都得赶到宣传部集中，领取“语言训令”和“每日指示”。一些历史悠久的国际知名大报，如《柏林日报》《法兰克福日报》等被迫停刊，其他政治报刊，要么被查封，要么被强行收购，存者寥寥。到第二次世界大战结束，报纸数目锐减至 1 000 家，连魏玛时期的 1/4 都不到，而纳粹报刊却大肆发展，达 350 多家，发行总量占全国的 82％。

四、 广播电视媒体广告的发展

德国广播事业开始于魏玛共和国时期的 1923 年。两年后，面对雨后春笋般出现的新的广播电台，国家邮电部牵头成立了一个由广播业主组成的联盟团体，负责向其成员电台提供节目。每个州和地方政府也分别成立了相应的监督委员会，就广播节目的社会价值进行评估。

最初德国被分为 9 个广播区域。经营广播服务的私营无线电企业获得特许，在该地区垄断经营广播电台，出售和出租收音机，播放广告。在地区之上，还设立了一个行政机构“国家广播公司”（RRG）对广播进行规范性管理。

1931 年德国有 28 家发射台，居世界第三位。在城市中，有一半居民是广播的忠实听众，广播广告大行其道。

1933 年，希特勒的国家社会党上台执政，广播事业完全为国家社会党和宣传部所控制，为希特勒和纳粹德国做法西斯主义宣传。表面上看，人们的生活一如常态，产品供应也较为丰富，但是，国家的制度发生了根本变化，一场战争的浩劫即将来临。1936 年，商业广告被废止，大众媒体上成天充斥着德国军队占领别国的消息，以及连篇累牍的法西斯政治宣传。

1940 年 5 月，德国进攻法国之前，首先对法国展开了强大的谣言攻势。他们利用 3 个功率强大的电台，播放一些捏造的法语新闻，伪装成法国官方的新闻，从而在法国国内引起极大的恐慌与混乱。对英国也是如此。战时德国创办了用英语播送的对英中波广播和对全世界的短波广播，其中最为臭名昭著的是由“赫赫勋爵”所主持的节目。

1935 年 3 月，德国开始试验电视播出节目，两个月后，名为“保罗・尼普可夫”（Paul Nipkow）的电视台开始每日播出 5 个小时电视节目。第二年 8 月，德国电视定期播出。电视机通常被放置在公共场所而不是人们家里。除特定的官员外，一般人只能在“电视室”中集体收看，因为集体收看的方式便于人们接受宣传。这种状况持续到第二次世界大战。

五、 广告公司的发展

德国最早的广告公司是 19 世纪 70 年代创立的威尔堪斯公司，其他大部分的广告公司是在战后成立的。

第一次世界大战爆发后，德国广告公司的重心纷纷从宣传销售消费品转向唤起民众的爱国情感，宣传销售国家债券，鼓励节约以及其他与战争有关的活动，简言之，即转向政治广告。

1937 年，纳粹当局掀起生产大众汽车的活动。希特勒声称，要为德国大众生产一种物美价廉的“大众汽车”，实现“每个德意志职工拥有一辆小轿车”。为此，他下令生产一种每辆只卖 990 马克（当时合 396 美元）的轿车，计划年产量 150 万辆。同时，进行大规模的广告宣传活动，要求每个职工通过所谓“先付款后提货”的分期付款方式进行购买。该款式被命名为“KdF Wagen”（见图 8－10），意为通过大众的欢乐带来力量。后来因为第二次世界大战的爆发，这一计划搁浅。

图 8－10 德国“KdF Wagen”广告（1938 年，柏林）

德国著名的禁烟运动是在 1933—1945 年期间开展的。在德国医师首次研究发现吸烟与肺癌的关联后，纳粹德国便开始强烈提倡禁烟运动，从而开展了近代史上第一次大众禁烟运动。禁烟运动也逐渐在其他各国出现，但成效明显不彰。

1941 年，就在战火行将烧遍欧洲大陆之际，纳粹德国创建了“反对烟草学院”，专门研究烟草会对人体造成哪些危害。除了日常的科研任务外，反对烟草学院还印刷刊登有介绍烟草危害的小册子，不遗余力地对公众宣传烟草对人体造成的危害。同年 12 月 7 日，时任德国广告协会会长的海因里希・汉克（Heinrich Hunke）签署了相关法例，该法例规定：凡是试图描绘吸烟为无害或吸烟有男子气概的广告一律禁止，而嘲弄禁烟运动的活跃分子在农村地区、体育场、赛道以及沿着铁路等地张贴反禁烟运动的广告单，或使用扬声器广播、散布邮件来开展反禁烟运动都会被取缔。禁烟运动获得了纳粹政府全力支持，针对女性的反对烟草电影广为播映，报纸频频刊载讨论吸烟及其影响的社论；有些地方甚至声称，将开除在公共场所吸烟的女性纳粹党员；等等。希特勒还亲自出马，现身说法，大讲特讲他戒烟成功的“光辉事迹”，将抽烟与否作为区分“正邪”的标识。

禁烟运动在德国取得了明显的成效。一项于1944年公布的调查结果显示，相比二战前，虽然德军中烟民的数量有所增加，但在战争期间，每名军事人员每年的吸烟量下降了23.4%，每天吸烟超过30根的人的比率更是从4.4%跌落至0.3%。同时，约有两万名德国女性免于罹患肺癌。①

这项禁烟运动声势浩大，本可成为世界公共卫生史上留名千载的领先创举，但由于运动一开始就被要求为纳粹德国“打造优等民族”服务，随着纳粹政权的垮台，禁烟运动也进入尾声，反对烟草学院也就不了了之。

本章小结

新航路开辟以后，世界市场进一步扩大，商业贸易的中心逐渐从地中海沿岸向大西洋沿岸转移。随后工业革命和突飞猛进的印刷技术引领着日报纷纷进入“便士报时代”，广告进入了名副其实的大众媒体传播时期，广告传播的能量进一步得到释放与证明。广告管理与广告理论的研究，都取得了积极的成果。英国广告空前繁荣，理所当然地登上世界广告中心的宝座。广告的行业特征和产业特征日趋明晰，最终进入以创意为核心、以利润为驱动、以信息沟通为目的的产业发展时期。随着科学技术的发展，广播媒体和电视媒体作为新兴的广告媒体力量登上历史舞台，再次改变了广告传播的格局。

思考与练习

1. 为什么说从18世纪中期到19世纪中后期，英国的广告业领先于其他国家，处于当时世界广告业的中心地位？
2. 法国广告中的装饰艺术风格兴起的背景及影响是什么？
3. 舒莱尔对法国广告发展的贡献有哪些？
4. 近代英国报刊广告繁荣的表现有哪些？
5. 试比较英国和法国二战中的广告，它们各自有何特点？

---

① 张文智．德国：纳粹禁烟运动一度领先世界．青年参考，2014-7-30.

第九章

英、法、德国现代广告的发展

本章学习要点

1. 现代英国广告的发展与广告管理的成熟。
2. 现代法国广告的发展与管理。
3. 英法巨型传播集团的形成。
4. 德国统一后的广告业新生态。

第一节　英国现代广告的发展

第二次世界大战之后，随着经济的恢复与发展，英国的报刊媒体形成了一个巨大行业，竞争激烈，分化严重，出现更多的行业集团。同时，广播电视业不断改革，逐渐走上商业化道路，形成公营和民营两大系统，为广告业的进一步繁荣创造了条件。但是，在随之而来的互联网不断发展的冲击下，这些传统媒体的广告收入日趋下降，传统媒体的生态受到极大影响。

一、第二次世界大战后经济的新发展

第二次世界大战给英国带来了极大的损失，但并没有打败英国。在经历了战后间歇性供电、物资短缺以及数次罢工之后，英国的经济实力仍位居世界前列。

但是，好景不长，英国在世界经济中的地位开始了“衰退加速度”。英国的国民生产总值陆续被联邦德国、法国超过，之后又被日本超过。此后，英国政府曾多次努力恢复当年的雄风，但总显得力不从心，经济实力的排位越来越靠后。在世界制造业中所占的比重从1953年的8.6%，降为1980年的4%，已处在西方七国的倒数第二、第三位。

由于经济多年来一蹶不振，人民日益不满。1979年保守党上台，撒切尔夫人提出“重振英国”的计划，对经济制度、结构进行调整、创新。政府试图通过控制货币发行量、削减公共开支和财政赤字等抑制通货膨胀，同时实行调整产业结构等措施刺激经济增长。首先，政府抛出了一项国营企业私有化的“新政策”，把企业的股票卖给职工和私

人，实行所谓的“民族资本主义”。撒切尔夫人还宣布要把英国社会变成一个“股东社会”。英国全国货运公司是第一个私有化的国营企业。随后，政府又相继对英国煤气公司、英国电信公司和英国石油公司等大型国营企业实行私有化。撒切尔夫人铁腕式的执政风格和政策收到了明显的成效。很快，英国的经济从创伤中恢复过来，大多数人比以前更加富裕，其中包括领取社会保障金的人。城市中，汽车和房屋的销售增长明显。农民收入也大幅度提高，中等规模农户的收入水平超过了城市中的一般产业工人。乡村物质生活条件显著改善，乡村地区的第二和第三产业迅速发展，从而改善了乡村落后的历史面貌，乡村逐渐向城市靠近。英国从而重登欧洲最繁荣国家的榜单。社会学家把这一过程称为“乡村城市化”。

1997年5月工党上台执政，基本承袭了保守党的客观经济政策，出现了二战后首次经济政策不因政府更迭而大幅度改变的局面，保持了政策的稳定性与连续性。同时，政府也在静悄悄地走“第三条道路”。用当时首相布莱尔的话来说，“第三条道路”，就是既不同于主张国家控制、高税收、高支出和高福利的“老左派”，又区别于摒弃社会和集体事业的“新右派”，是既保持传统价值又倡导“自由主义”的略微偏“左”的中间道路，走“第三条道路”者被称为“新左派”或“中左派”。改革使得通货膨胀初步得到控制，经济保持低速增长。

在经历了2007—2009年环球金融危机之后，2011年起英国经济开始实现增长，2014年第二季度恢复至金融危机前水平。2014年全年GDP为2.942万亿美元，同比增长3%，创8年来最大增幅，较欧盟GDP增长率高出1.6%。2015年第二季度经济增长2.6%。①

二、媒体广告的发展

作为世界上新闻事业最为发达的国家之一，英国的报刊、广播电台电视台和通讯社在世界上有广泛的影响。

（一）户外媒体广告

在战后相当长的时间里，英国的经济走走停停，增长乏力，出现了世界经济中被称为“英国病”的现象。但就户外广告而言，英国的成熟度和开放度比美国更高，也更为包容，并且广告长期跑在经济的前面（见图9-1）。

到了20世纪90年代，萨奇公司创造了两项吉尼斯世界纪录：一个是1998年7月27日为宣传罗马歌剧院，在意大利波波罗广场悬挂起的一幅长达274米的海报，另一个是为英国航空公司拍摄的有6 300人出演的影视广告。从1995年开始，英国户外广告的投放额度增长迅速，到1999年达到8.2亿美元，四年间年平均增长幅度超过5%。

进入21世纪，户外广告媒体成为最具成长性和发展潜力的媒体。1998年，排名英国前200名的广告主使用户外广告的达到83%，而到2002年这一数字增加到93%。因

① 2016—2017年英国国家介绍：英国经济现状.（2016-11-16）[2024-03-25]. http://www.dxs518.cn/peixun/liuxue/522303.html.

图 9-1　英国的户外广告（20 世纪 60 年代，伦敦，选自 *London：Portrait of a City*）

而，英国户外广告的收入从 1998 年以后就开始以 23%的水平增长，2002 年收入高达 6.9 亿英镑。据英国《印刷周刊》报道，根据英国户外广告协会的统计，2007 年，英国户外广告收入接近 10 亿英镑，其中路牌和交通广告占据了大半个江山，它们所占的比例分别为 52.5%和 37.1%，剩下的 10.4%则被销售点、零售和休闲广告瓜分。①

英国的户外广告同样重视创意表现，总体风格幽默、含蓄，体现了英国悠久的历史文化传统，并且注重广告物与周边建筑物的和谐。2007 年，英国桑顿巧克力公司（Thorntons）推出了一个重 860 磅、长 14.5 英尺、宽 9 英尺的用真巧克力原料做成的巨型广告牌，观众可以随意品尝。结果，这个“广告牌”在 3 个小时内就被观众“消费”完了。

正因为户外广告有其独特的传播效果，所以，一些传播巨头纷纷抢占数字户外媒体领域，将各种新材料、新技术、新设备大量运用到户外广告中，出现了户外广告数字化、视频化、互动化等特点。JCDecaux 是英国最大的户外数字广告公司，也是西欧最大的户外广告公司。2016 年伊始，JCDecaux 与 IAB 合作，转向数字渠道。根据 2016 年 11 月 GroupM 的报告，户外数字广告将占 2017 年英国户外广告投资的 43%，和 2016 年 38%的份额相比，增长了 5 个百分点。而在 10 年前，户外数字广告仅占户外广告投资的 11%。JCDecaux 表示，公司将致力于在这个领域占据领先地位，争取展现量的份额达到 54%。②

谷歌也积极进军英国户外市场。2016 年，谷歌开始在伦敦街头测试完全自动化投放的户外广告，原主要路口的户外广告大牌被谷歌承包下来，改造成一块块巨大的“手机屏幕”。这些巨型“手机屏幕”上自带摄像头，可以发布前方路况是否拥堵的友情提示，还可以及时地结合谷歌的大数据，发布英国球迷最关注的体育赛况，甚至有道路前边街

---

① 弗朗西斯科．户外广告，不断增值的印刷媒体．郑良，编译．中国新闻出版报，2008-10-08.

② GroupM：户外数字广告将占 2017 年英国户外广告投资的 43%.（2017-01-31）[2024-03-25]. http：//www.yinhang123.net/gnyh/yhdt/572000.html.

头拐角处一家面包店即将烤出一炉最新鲜甜甜圈的促销信息。谷歌的用户经过这些广告牌时，即使包里或手中的手机没有开启相关应用，谷歌也可以随时通过英国户外广告协会旗下会员所联网的户外“手机屏幕”向任何用户即时传递任何广告信息。

英国户外广告协会对全国的户外媒体资源都进行了分类，并且给超过50万块户外广告牌提供了唯一的10位数字的编码。通过这个编码，人们可以直接在该协会的App软件Space上查到广告牌的所有数据，比如这块广告牌位于哪个精确的经纬度，周边是些什么人群等。所以，英国的户外广告，不再仅仅是“户外”，而是陆续与各种“户内”“室内”的数据以及“物”相连，逐渐成为一个相互融合的整体。

（二）报刊媒体广告

二战后，英国报业继续发展，但在激烈的市场竞争中，许多中小报刊走向破产或是被兼并，许多大报团也进行了重组。不过，在人们的消费生活中，报纸广告依然举足轻重。

20世纪40年代末，英国的新闻纸配给制日趋没落，1956年终于被废除。新闻纸配给制的取消使得这些报纸突然置身于激烈的竞争环境中，不少媒体纷纷倒闭，同时也使得报纸更加依赖广告，加剧了广告收入分配的不均衡，从而不断提醒着同行应及时调整、应对变化。

从20世纪50年代开始，尽管全国性报纸的广告收入总量在稳定增长，但全国性通俗报纸的广告份额在1953年后就逐渐下降。更为重要的是，广告利润余额在20世纪六七十年代严重缩水，因为大部分通俗报纸为了抵御独立电视台的竞争而增加运营成本，但没能同时增加广告收入。60年代以后，出现了富于视觉冲击和内容更加煽情的大众报纸，其代表是星期日报纸《世界新闻报》和《太阳报》。新的大众报纸对英国传统的报纸风格冲击较大，也波及高级报纸原有的严肃风格，这在一定程度上反映了当代英国读者兴趣和接受特点的变化。其他“通俗报纸为了解决日益严重的经济问题，在1962年至1985年之间，将报纸的价格提高了一倍，但这种做法只能是让报社老板面对读者的流失而更加愁眉不展”①。

不过，全国性报纸在1945年至1975年间将每份报纸的页数增加了四倍，带来了20世纪70年代末80年代初广告营业额的一个短暂回升。自此以后到1996年，报纸的页数又翻了一番。报社员工的数量不断增长，实际工资提高了。于是，一场发行大战于1981年打响。到了1985年，甚至出现了有史以来最高的100万英镑的奖金，这些挥霍无度的广告促销活动，进一步加大了经营的成本。

据统计，到1990年，英国有日报130家、周报1 300家。其中，全国性报纸有10多种，如世界著名的《泰晤士报》《每日电讯报》《金融时报》《卫报》，以及全国性的通俗日报如《太阳报》《每日快报》《每日邮报》《每日镜报》等。就发行量而言，《太阳报》的每日发行量在400万份左右，成为英国发行量最大的报纸。

地方性报纸则以刊登本地新闻和广告为主，具有浓厚的地方特色，偶尔也刊登国际

---

① 卡瑞，辛顿．英国新闻史：第6版．栾轶玫，译．北京：清华大学出版社，2005：77.

消息，但都是经过精心组织的、市民比较关心的内容。除此之外，还有 600 多种免费赠送的报纸，大部分为周刊，内容多是广告。

自 2008 年金融危机以来，已有 70％的地方性报纸倒闭，80 多家报纸裁员或“瘦身”，大批年轻的读者流向了互联网媒体。伴随这种流动的，还有大量的广告费。

跨入新世纪，英国传媒的生态环境发生很大变化，报业竞争愈演愈烈，各个报团之间重燃战火，传统意义的大报也求变图存，规模变得越来越小。同时，为了应对竞争，各大报纷纷加大了营销力度。买一张报纸就可能获得免费出国旅游的机会，这在英国早已司空见惯。2005 年英国政府公布的数据显示，《泰晤士报》日均发行量约为 68.8 万份。这一销量已经是《泰晤士报》那几年最好的发行水平。同属综合性报纸的《每日电讯报》在销量上要高于《泰晤士报》，其日均发行量约为 92 万份，订户总数超过 30 万。

2012 年是英国女王伊丽莎白二世登基 60 周年纪念日，也称“钻禧”（Diamond Jubilee）。为此，英国举国庆祝。《泰晤士报》不失时机地刊登了“从始至终，我们都在见证”的纪念广告（见图9－2）。广告把该报过去和现在所拍摄的照片素材拼接在一起，呈现出时空交错的景象，巧妙地展现了该报的悠久历史与权威性。

图 9－2　纪念女王登基 60 周年的广告（2012 年，《泰晤士报》）

近年来，由于广播、电视尤其是互联网的冲击，报纸的生存发展尤为艰难。据统计，英国报纸的发行量总体上下降了 1/5，这种趋势还在持续当中。2014 年 9 月，英国《泰晤士报》和《太阳报》的出版商英国新闻（News UK）用发展创新广告模式来吸引客户，目前占有英国全国性报纸广告份额的 40％。[①]《卫报》和《都市报》也设立了类似的创意广告部门，分别称为“卫报实验室”和“故事”。

为了应对市场竞争的白热化，重新夺回网络广告市场，2015 年 11 月，《太阳报》宣布，将放弃两年的“付费墙”试验，让网友免费阅读网络版新闻。

英国的杂志数量众多，大致可分为消费类、商务类、专业类三种类型。通常情况是，大多数消费类杂志的收入主要来自杂志本身的销售，而商务类及专业类杂志的收入主要来自广告。据统计，1990 年英国所有杂志的广告收入为 133 100 万英镑，其中消费类杂

① 陈力丹．世界新闻传播史．3 版．上海：上海交通大学出版社，2016：50.

志的广告收入为54 100万英镑（约占广告收入总额的41%），商务类和专业类杂志的广告收入为79 000万英镑（约占广告收入总额的59%）。2000年英国所有杂志的广告收入达到194 400万英镑（比1990年增长46%），其中消费类杂志的广告收入为75 000万英镑（约占广告收入总额的39%），商务类及专业类杂志的广告收入达119 400万英镑。

2001年，英国杂志出版业的市场销售总额为625 000万英镑。其中，杂志的广告收入构成是：消费类杂志的广告收入70 000万英镑，占总收入的3/10多；商务类杂志的广告收入130 000万英镑，是收入的主要来源；专业类杂志的广告收入也在100万英镑左右。同时，英国的免费杂志也不少，在伦敦及其他城市的街头，在各种宾馆的大堂，随处可见丰富多彩的免费杂志。

英国的杂志很注意自身的形象传播。在伯明翰，随处可见各种杂志的宣传广告，甚至杂志的打折广告也很醒目诱人。在这方面，《经济学家》（*The Economist*）是典型的代表，不仅广告数量很多，而且创意也很突出。其中一个候车室大型墙体广告《获取世界眼光》，令观众印象深刻。

2008年之后，英国杂志印刷市场出现了一些不同以往的特点和变化：杂志开本缩小，纸张克重增大；读者可定制杂志封面；连续印刷生产模式变为预订印刷生产模式；制作了杂志的电子版本；通过模切和立体图片广告等方式为读者提供更加独特的内容；等等。

（三）广播电视媒体广告

二战后，英国的广播电视业迅速发展。1946年，电视恢复播出，观众反响热烈。英国的广播电视分为公共事业和商业两大系统，初期主要有公营的英国广播公司（BBC）和商办的独立电视公司（Independent Television，ITV）两家。

在智威汤逊广告公司和派依广播公司等的支持下，1954年7月英国议会通过了《独立电视法案》，允许设立民间商业广播电视台，并成立一个与BBC性质相近的公共机构来管理商业广播电视。“采用‘独立’一词，一则显示各电视台互不相连的地方性，二则因为‘独立’比‘商业’好听。”[①] 这改变了由英国广播公司独家经营的电视政策。商业电视公司是营利性机构，经费来源是广告收入。

根据法案，英国成立了独立电视局（Independent Television Authority，ITA）。这是一个管理商业电视公司的公共机构，并不制作节目，只负责监督独立电视公司的业务。该法案特别强调，独立电视台均应严格遵守对广告播出时间、数量和内容的规定，节目应与广告明显分开，不得以广告影响节目内容，等等。

经过一年的筹备，1955年9月，“联合电视”和“联合播映”两家独立电视公司首先在伦敦开播。从此，英国开始出现公私并营的电视新格局。随后，一批商业电视台纷纷建立。到1962年，共有15家公司得到了除苏格兰和威尔士地区以外的全部执照。商业电视已经稳固地掌握了70%的观众。但当时的电视媒体，只能做电视广告，不可以做广播广告。

---

① 郭镇之．中外广播电视史．上海：复旦大学出版社，2005：86．

1967年，在英国彩色电视节目播出。这一时期，动画作为一种行之有效的表现形式出现在电视广告中。加拿大籍动画大师威廉斯（Richard Williams）和邓宁（George Dunning）为此做出了极大贡献，他们使动画广告片的内容、创意与制作工艺有了质的飞跃。其中，最有名的是威廉斯为“杜鲁门”牌啤酒（Truman Bitter）制作的系列广告。

1972年，英国议会又通过法律准许独立电视局开办商业广播电台，并更其名为“独立广播局”（Independent Broadcasting Authority，IBA），同时管理商业广播和商业电视，对商业电视台和广播电视台播放的广告数量、时间、质量和内容进行监控。

第二年10月，英国第一家商业广播电台——伦敦广播公司开播。从此，英国结束了无广播广告的历史。独立广播局管辖着15个地区的电视台、独立电视新闻公司（包括独立电视台）和其他几个电视台，以及49座商业广播电台。加上其他的商业广播电台，总共达到180多座。在1981年至1989年期间，商业电视台的广告收入翻了一番，广告主对广告时段的激烈争夺，抬高了广告播放的价格，使得商业电视台财源广进。

20世纪80年代末，随着竞争的加剧和广播电视业数字化时代的到来，英国广播公司一统天下的局面再次被打破，出现了1989年由默多克首先建立的英国“天空电视台”和英国政府招标建立的民营“英国卫星广播公司”两大卫星电视系统。

面对新的形势，英国政府决定对原有商业广播电视体制再度作出重大调整，于1990年颁布了新的《广播法》，该法于1992年正式生效。该法规定以独立电视委员会（Independent Television Commission，ITC）和无线广播局（The Radio Authority，RA）取代独立广播局，分别对商业电视和商业广播进行监督管理。独立电视委员会除监督、管理全部地面商业电视业务外，也负责对卫星和有线电视的管理，委员会的职责是掌管商业电视网的发射设备，发放商业电视经营许可证，审查节目和广告等。委员会由主管大臣任命的10名委员组成，日常业务最高负责人为委员会任命的行政主管。《广播法》对开放英国广播电视市场，营造更为自由的竞争环境，促进广播电视的繁荣，产生了深远的影响。

1991年，BBC正式开设BBC全球新闻服务电视频道，1995年1月该频道更名为BBC World。与BBC全球电台服务不同的是，BBC World是一家商业电视台，通过广告盈利，这也意味着该频道不能在英国本土播出。

独立电视委员会办有三套电视节目，即通称的第三套节目（Channel 3，按以前的习惯叫法为“独立电视网”）、第四套节目（Channel 4）和第五套节目（Channel 5）。第三套节目由全国14个电视区的16家电视节目公司提供，向全国播出全国性新闻、体育、娱乐、文化等各类节目。第四套节目由第四套电视节目公司经营，所播节目强调“独特的个性”，即满足那些第三套节目未能满足的观众的兴趣和需要，同时继续执行公共广播的方针。第五套节目为商业性内容，1997年3月30日正式开播。一般将第三套、第四套、第五套节目称为商业电视台。

世界广告研究中心（WARC）和英国广告协会（Advertising Association，AA）发布的广告支出报告表明，2015年1—3月英国的广告支出高达47亿英镑，打破了通常的第一季度广告营收惨淡的局面。其中，电视广告支出高达12亿英镑，同比增长11.5%，创造了英国有史以来第一季度广告营收的最高纪录。与此同时，电台广告和户外广告也表现良好，在特约广告方面总体增长11.2%。[①] 广告行业的持续增长得益于新的收入来源，比如赞助、随选视讯服务、广告主出资的节目和植入式广告。

随着广告主逐步转战互联网平台，传统电视公司广告收益下降。英国天空电视台于2017年6月宣布与维珍传媒旗下的Liberty Global签下协议，达成战略伙伴关系，以反击广告市场劲敌Facebook与谷歌。按照协议，天空电视台的智能广告平台将接入维珍传媒网络中，这不仅可以使天空电视台用户网从1 140万订阅用户增加至1 500万户英国家庭，在数量上能够与像Facebook这样的社交媒体抗衡，而且能为观众带来更好的广告参与体验。

与此同时，英国还大力发展国际电视业，进军国际市场，成为仅次于美国的电视节目输出国。

（四）网络媒体广告

在欧洲，英国网络广告起步较迟却发展最快。互联网强烈地吸引着年轻一代，同时也瓜分了很大一部分广告收入。美国市场调查统计公司eMarketer的资料显示，2005年的英国广告市场上，电视广告是最大的赢家，但网络广告的市场份额已经达到5.8%，超过户外广告和广播广告，成为一股不可忽视的力量。

2009年上半年，英国网络广告营业额第一次超过电视，成为英国最大的广告媒体，地方性报纸的广告业务则受到各大型免费分类广告网络和互联网零售商的冲击。

根据世界广告研究中心和英国广告协会的统计，2010年英国广告支出增长了6.9%，达到155亿英镑，是2000年以来的最大增幅。其中，网络广告增长了12.8%，达到41亿英镑。虽然搜索引擎广告仍然是最受欢迎的网络营销形式，但是它的总份额有所下降，增长率仅为8%，展示广告的增长率为27.5%。各种社交网络，尤其是Facebook在吸引更多品牌的广告资金上逐个领先。

据普华永道（PricewaterhouseCoopers，PwC）为互动广告局（Interactive Advertising Bureau，IAB）提供的数据，2010年英国社交媒体上的广告同比几乎增长了200%，领头羊就是Facebook，它有约3 000万英国用户，社交网络已经超过娱乐网站而成为英国最流行的在线活动形式。互动广告局调查的数据显示，现在广告主每花费四英镑，就有一英镑用于网络支出。

2015年英国网络广告支出继续增长，尤其是移动广告支出增长迅速。2016年英国网络广告支出增长了17.3%，达到103亿美元。其中，移动广告支出增长了50.8%，达到38.7亿美元，占整个网络广告支出的38%，而五年前仅占4%。

英国网络广告的发展呈现以下两个特点：

一是移动视频广告支出增长最快。2016年移动视频广告支出增长103%，达到6.93亿美元，成为支出增长最快的广告类型。YouGov的数据显示，6个月中有54%的英国智能手机用户在手机上看过视频短片，其中2/5表示比去年看得更多。在智能手机上收看电视节目和电影的用户分别增长17%和11%。这种行为在18岁到24岁的消费者中更

---

① 英国广告协会：2015年前三个月英国广告支出高达47亿英镑．（2015－08－04）［2024－03－25］．http：//www.199it.com/archives/372300.html.

普遍。

二是 3/4 的展示广告是通过程序化购买的。2016 年英国展示广告支出增长 26%，达到 37.7 亿美元，其中 72%通过程序化购买。

同时，受移动渠道推动的影响，付费搜索广告支出继续增长，达到 49.9 亿美元，占网络广告支出的 48%。分类广告支出也增长至 14.8 亿美元。[①]

三、广告业的发展

20 世纪 60 年代，被称为"摇摆伦敦"（Swinging London）的时期即将现身历史舞台。但伦敦的广告代理公司依然被视为绅士俱乐部，马瑟-克劳瑟公司是伦敦最好的广告公司之一，依然以它的正规而闻名。该公司制作了许多成功的广告，并首创了公共关系广告活动。例如，将广告用于与威尔士工党打交道，向工人们传达了当时现实经济生活的信息。

进入 70 年代，受美国广告业国际化扩张的影响，英国的广告业成长缓慢。偌大的伦敦，从事广告业务的人员还不到 1.5 万人。90%的广告公司不过是美国公司在英国的分公司而已。到了 80 年代，广告业有所起色。英国有 1 600 家左右的广告公司，平均每家雇员 500 人左右。较大规模的有 6 家，其中全英规模最大的广告公司是已经成立 20 多年的 Abbott Mead Vickers BBDO 集团，以下依次是奥美、萨奇、智威汤逊、BMP、DDB。这些大型广告公司除萨奇（Saatchi & Saatchi，台湾译名为上奇广告，香港译名为盛世广告）之外，几乎都是创办于美国的大型跨国广告公司的分支机构。

萨奇公司是英国的本土广告公司。1970 年由萨奇兄弟（Charles Saatchi & Maurice Saatchi）在伦敦创办。尽管创业伊始，公司的全部家当只有借来的 6 万美元，但是萨奇兄弟却有着雄心壮志——创办有史以来世界最大的广告公司。公司成立不久，他们就为英国健康教育委员会推出了一则广告作品——《怀孕的男人》，其目的是在社会上掀起反对早孕和未婚先孕的运动。广告创意奇妙，一炮打响，为萨奇公司赢得了良好的声誉。

萨奇公司高瞻远瞩，双管齐下：一方面，为肥皂、汽车、机票，还为英国的政客和自己的公司大做广告；另一方面，通过收购、兼并等各种手段，迅速建立起自己的广告王国。到 1979 年，成立不满 10 年的萨奇公司的营业额就已超过老牌的智威汤逊公司的英国分公司，成为英国广告业的新霸主。这一飞速的扩张进程，令许多广告同行瞠目结舌。

到了 1985 年，萨奇公司的广告代理量已经达到 30 亿美元，是初创时的 2 000 倍，利润是公司建立时的 360 倍。接着，萨奇公司开始进军美国。1986 年，在与美国康普顿广告公司（Compton）合并后收购了美国老牌广告公司达彼思广告公司（Ted Bates），营业额达到 75 亿美元，一跃成为当时世界上最大的跨国广告集团。收进这家有世界影响的广告公司，不但使萨奇公司的声望大大提高，而且也改善了英国广告业在世界广告界的地

---

① IAB& 普华永道：2016 年英国网络广告支出 103 亿美元．（2017－04－24）［2024－03－25］．http：//field.10jqka.com.cn/20170424/c598065204.shtml.

位。据电通广告年鉴记载，1988 年萨奇公司营业额为 50.35 亿美元，是当时世界三大广告公司之一。1990 年以后，萨奇公司继续大量购买广告和咨询公司。1995 年，因为公司股票大跌，萨奇兄弟离开萨奇公司，另外成立了 M&C 萨奇广告公司。

1981 年，罗威（Frank Lowe）和霍华德-斯宾克（G. Howard-Spink）在伦敦创立了罗威暨霍华德-斯宾克广告公司（Lowe & Howard-Spink）。公司目标是通过创意售出客户的货品，通过创意提高消费者的生活水平，通过创意令广告创作人员及广告客户为广告而骄傲。1983 年，公司开始收购其他广告公司，拓展海外广告业务。1997 年，罗威暨霍华德-斯宾克广告公司发展成为传播集团，其广告网络拓展至 32 个国家和地区，世界排名第 13 位，是获世界性广告奖项最多的广告公司之一。

另一家广告公司 WPP 成立于 1985 年，其前身为生产购物车的公司，现在是英国最大的广告与传播集团，总部设在伦敦。其创始人马丁·索雷尔（Martin Sorrell）1987 年以 5.66 亿美元收购了智威汤逊公司，震惊业界。1989 年，他又以 8.64 亿美元收购了奥美广告集团（Ogilvy & Mather），成为全球最大的广告集团。现拥有 85 个国家和地区超过 40 家广告公司，是名副其实的广告超级航母。

有关资料显示，自 1991 年以来，英国广告营业额连续 6 年保持上升趋势。1997 年，广告营业额达 131 多亿英镑（当时约合 221 亿美元），比上一年增长 9.5%，在世界十大广告市场中排名第 4 位。

20 世纪 90 年代后期，英国的 WPP 集团已在世界十大广告集团中排名第 2 位，在 110 个国家和地区里有 3 000 个办事处，业务范围包括广告、公共关系、游说、媒体管理、资讯、内部顾问、品牌形象与沟通、公共事务、医疗甚至专案沟通等。

2004 年，WPP 再次购买美国的精信整合传播集团（Grey Global Group），获得了精信环球广告和竞立媒体等。第二年，又购买澳大利亚的传播集团（The Communications Group），获得了澳大利亚著名的广告公司 George Patterson & Partners 等公司。

目前，WPP 成为世界最大的广告传播集团，其下属广告传媒公司包括精信整合传播集团、博雅公关（Burson-Marsteller）、伟达公关（Hill & Knowlton）、智威汤逊、奥美集团、TNS（Taylor Nelson Sofres）、扬罗必凯（Young & Rubicam）、传立媒体（MindShare）与凯维公关（Cohn & Wolfe）等。

在广告发展方面，英国广告协会的统计数据表明：2010 年英国的全年广告总收入约 154 亿英镑，比 2009 年增长 8 亿英镑，增长幅度为 5.4%。在新媒体的冲击下，传统媒体搭建的新平台成为英国广告业的新亮点。由于越来越多的受众开始远离电视，更愿意选择电视或广播节目的网上点播，越来越多的电影观众选择观看网上收费电影，包括第四频道、ITV 等在内的知名电视台纷纷推出不同形式的网上点播平台。广告商迅速跟进，渗透其间。据统计，2013 年仅点播平台一项就给英国电台电视台带来了 1.26 亿英镑的收入。

2016 年 6 月，英国数字出版协会（AOP）和咨询机构德勤（Deloitte）联合发布的数据显示：2016 年第一季度，英国传媒业获得的数字总收入为 1.005 亿英镑，比前一年同期增长 8.3%。其中，在线视频增长了 43%，赞助类广告增长了 27%，展示类广告下降了 8%。通过这些数据可以看出，英国传媒业从在线视频领域、赞助类广告以及智能手机端取得的收入增长强劲，数字化方面的投资已经开始获得回报，并对传统电视广告的创意和投放策略形成了严峻的挑战。[①] 营销媒体 MarTech Series 甚至提到了这样一个事实：77%的英国营销人员认为视频正在成为更有针对性的传播媒体，并有望成为未来最精确、最强大的营销工具。

2018 年 11 月 26 日，WPP 发布声明，将旗下的广告代理公司智威汤逊与数字营销公司伟门（Wunderman）合并，组建新公司伟门智威（Wunderman Thompson）。智威汤逊，这家自 1864 年成立、拥有 150 多年历史的广告公司——甚至极有可能是全球第一家广告公司，也曾经是广告史上最为闪耀的招牌之一——从此消失在历史的长河中。

四、广告业管理的成熟

在对广告业长期监管的过程中，英国逐渐形成了一套严格规范、行之有效的管理办法，即政府管理与行业自律相结合的广告管理模式。

（一）广告业的管理模式

英国广告行为委员会是负责制定、修改和实施国内非广播性广告和促销法的机构。它所制定的法规主要有《广告法》《商标法》《医药治疗广告标准法典》和《销售促进法典》。

英国的广告自我管理体系目前是世界上最为完善的，对美国和日本的行业自律都深有影响。早在 1900 年，英国第一个广告行业组织广告主保护协会在伦敦成立，它是继美国的户外广告协会之后世界上第二个广告行业的自律组织。此后，还有各种在不同时期、按照不同内容建立起来的各种民间非营利性组织，它们一般都具有相对独立性和权威性，是促进英国广告业自我约束的重要力量。

英国广告从业者协会（The Institute of Practitioners in Advertising，IPA）成立于 1917 年，是英国广告领域领先的行业协会和研究机构，总部位于英国伦敦。目前，协会有会员近 300 家，其中 60 多家已经在中国设立了办公室。IPA 会员经营着英国 80%的广告业务，在电视、广播、户外、平面、在线广告、搜索引擎及数据库营销等消费市场拥有良好的市场占有率，在社交网络、广告人资助项目及慈善活动等方面也具有良好资源。每年一次的 IPA 实效奖是 IPA 的主要活动，由英国开放大学授权的职业资格认证也是 IPA 的一大特色。

1926 年，由广告主、代理商和行业媒体共同成立了英国广告协会。其目的是“让这个行业变得更好”，也让大众更信任、更享受广告。因此，英国广告协会紧密关注业内动态，洞察全球广告趋势，定期出版行业报告，并根据社会的变化情况为行业制定新规范。

1962 年设立的广告标准局（Advertising Standards Authority，ASA）是英国广告业自我管理体系的最高机构，专门负责对除广播电视以外的其他媒体广告进行监管。其职责是负责制定广告业行为准则、审查广告、接受投诉，目的是保护公民不受虚假的或言

---

① 聂艳梅．跨文化影视广告创意．上海：上海财经大学出版社，2016：217.

过其实的广告的欺骗。广告标准局所制定的广告自律规则有《英国广告职业行为准则》（British Code of Advertising Practice，BCAP）和《英国促销职业行为准则》（British Code of Sales Promotion，BCSP）。它们规定，所有广告和推销行为都必须合法、诚实和可信，广告制作必须对消费者和社会负责。有关美容和健康产品的广告必须有人体用药试验结果等科学论证的支持。广告标准局下设的广告实务准则委员会拥有 18 个不同的相关广告团体，各自制定自我限制的广告规定。

广告标准局不属于政府，不纳入政府编制，不享受政府拨款，费用由广告商提供。一般而言，费用标准根据广告量来确定，广告量越多所缴纳的费用就越多。广告标准局的主要负责人及工作人员都与广告界没有关系，工作完全独立，有一定的执法权。所有广告商、代理商、传媒公司都要受其监管。

而广播电视广告的监管则由另一个行业自律组织无线广播局（RA）和独立电视委员会（ITC）专门负责管理。无线广播局负责制定和执行《广播局广告和赞助准则》，但不介入广告内容的审查。广播广告内容的审查由广播广告审查中心（RACC）负责。1998 年独立电视委员会负责制定了《独立电视委员会广告业行为标准准则》。该准则适用于所有受独立电视委员会监管的电视机构，所有持有独立电视委员会许可证的电视机构都必须保证其发布的广告符合该准则的要求。电视广告内容的审查由电视广告审查中心（BACC）负责。为此，电视广告审查中心还出版了详尽的广告指导说明，进一步阐明了英国广告标准局对电视广告的准则。

为了适应不断变化的管理形势的需要，2003 年 12 月，成立了通信办公室（Ofcom）。大体而言，通信办公室是一个既存广播电视管理机制的综合体，除了将原来的无线广播局和独立电视委员会的职责纳入其中之外，还取代了电信办公室、广播标准委员会，以及无线通信机构。

从 2011 年 3 月 1 日起，英国广告标准局的监管范围扩大至对网络广告的监管，负责监管在网络社交平台上做广告的商业网站和企业。广告合法、正当、诚实和真实的原则延伸至那些在自己网站上做广告的公司。任何公司在自己的网站上发布广告和声明，只要属于营销活动的范畴，就要接受广告标准局的监管。根据这个变化，互联网用户若在网上发现任何不良或误导性信息，都可以正式进行投诉。后来，一个由 22 个同业公会和专业机构组成的委员会制定了更加细化的规则，如规定：不允许在少年读物上刊登Ⅱ号减肥计划，因为青春期少女容易得厌食或贪食等饮食紊乱症；广告中不能说饮酒的后果是可防止的，而应当醒目地警告酒后驾车的危险；汽车厂商不得将速度或速度快作为其广告的主要内容；不得用名人做医药广告，以免给药品加上赶时髦的标签而不注重其疗效。

此外，英国还有代表英国广告主的广告人联合会（ISBA）、代表电视界的独立电视公司协会（ITCA）、代表印刷媒体的报纸出版者协会（NPA）、代表杂志的期刊出版者协会（PPA）等，正是这些组织有效的自我约束和管理，从而保证了广告市场的良性循环。

（二）广告业的法律规制

在欧洲各国中，英国有着相对健全的广告法律、法规。英国的广告法律体系受到欧盟法律、成文法和行业准则的影响较大。虽然英国在2019年通过了脱欧的决定，但从英国广告法的主要精神和原则来看，还是与欧盟法律中有关广告的规则相一致。比如1989年《欧洲联盟关于电视广播的指令》（1989年第89/552/EEC号指令，经修订现为1997年第97/36/EC号指令）、1989年《欧洲理事会关于跨国界电视的协定》中关于电视广告的若干规定和2007年欧洲《影音媒体服务法令》（Audio Visual Media Services Directive）等欧盟法律的精神与原则，在英国的广告法律、法规中都得到了体现。

其次，英国广告法规大量分散在各个部门法当中。英国政府在1889年《不当广告法》和1907年《广告法》的基础上，于1925年正式颁布了英国《广告法》。之后，该部《广告法》的内容不断修订和扩展。除《广告法》外，许多有关广告管理的规定均散布于英国的其他相关法律中。比如，电视广告的法律规范分散在1990年《广电法案》、1996年《广电法案》以及2003年《通信法案》中。除法案以外，英国的《卫生法》《版权法》《商标法》《反欺诈法》《消费者保护法》《公平贸易法》《食品和药物法》《商品供应法》《医药治疗广告标准法典》等都对广告管理有所规定。据统计，目前在英国已有40多部法律、法规涉及对各类广告活动的规制和管理。

从具体内容上看，英国广告法律主要禁止以下行为：

（1）不正当的或具有欺骗性的广告；

（2）使用虚假或恶毒的、攻击性的广告用语；

（3）使用未经证实或者无法证实的广告叙述；

（4）妨碍公园、娱乐场所或者损及风景地带、乡村风景、公路、铁路、水道、公共场所及任何有历史价值的建筑物及场所的广告行为；

（5）任何妨碍交通或对交通产生危害的广告；

（6）人身移动广告，如步行、骑马、骑车在闹市区做广告；

（7）性病、百日咳、鱼鳞癣、痈疔及减肥药广告和催眠术广告。

英国行动委员会关于治疗、保健和美容广告的法规则明确规定：对产品的介绍必须准确；任何药品不得声称等同或超过其他同类药品的疗效；广告中不得有导致患者自我误诊的言辞；广告不得对患者发出治疗忠告或提供诊断；不得鼓励广告受众过量使用广告产品；广告中可以说缓解老年症状，但是诸如“治疗”和“恢复精力”之类的不实之词一般不许出现；对矫正轻微毒瘾和恶习的产品，广告词必须言明意志力量至关重要；广告商不得利用人们的担心与焦虑推销药品或康复手段；化妆品广告要讲明使用方法不同导致的效果差异，以及环境气候因时因地而异的因素。而且广告中不准出现导致观众自我诊断的字眼或引导性语言，不准出现宣传药品效果的用词，也不准宣传药品没有副作用，而夸大药效则更是绝对禁止的，等等。

英国的广播电视虽然在节目内容的创造性方面享有充分的自由，但在对广告主、媒体、广告代理业的整体制度方面，却一直受到具有前瞻性的政策性管理。其中独立电视委员会对电视医药广告的规定就有36条50多款，涵盖医药、治疗、保健、营养和食品添加剂五大类。这些规定如下：此类广告中不准出现社会名人，包括体育和娱乐界名人对产品的褒奖，更不允许这些名人直接做广告；各大小医疗协会机构以及代表学科前沿的大学博士点不得为各类医药类电视广告出具证明或代言；无须获得医药许可证的边缘产品的广告中不得出现有关医疗作用的用词；不准在16岁以下少儿节目中或节目前后刊播广告。在广告内容上，任何电视机构不得受理治疗酒精中毒或脱发、受孕测试、催眠等产品的广告。食品广告中，不得表现对某食品食用过量的镜头（如一块一块地吃光一个盒子里面所有的巧克力或膨化食品），不得出现购物车里面塞满同一种食品的广告，甚至不得出现描述儿童夜间食用糖果的镜头。在对涉及儿童、金融、药品、营养品、慈善、宗教等领域的电视广告行为的规范上细致入微，审查也十分严格。

晚间九时被称为英国电视的“分水岭”（watershed）时间。也就是说，每晚九点以前所播出的节目都应以适合全家观赏为宜，成人节目应该排在晚间九时之后播出。因此每晚九时前，任何电视频道都不得播出儿童服用成药、维生素或其他食疗补给品的广告，也不得播出保险套的广告。

第二节 法国现代广告的发展

第二次世界大战后，欧洲媒体中曾经最强大也最繁荣的法国报业重新得以恢复和发展，并一度重现繁荣。但进入20世纪50年代之后，报纸发行低迷。与此形成鲜明对照的是，法国的杂志发行一直很稳定，并伴随着广告业的发展而繁荣。广播电视广告逐步放开，投放量长期居于第二位。进入21世纪之后，互联网广告蒸蒸日上，打破了传统的广告投放格局。

一、战后法国经济的发展

20世纪50年代至70年代初期，法国的经济发展比较平稳。历史学家说，法国在1946年至1975年间的变化比1700年至1946年更大，国民生活水平提高两倍。① 具体地来看就是，在1950—1959年间，经济实际增长率平均每年为4.8%，1960—1974年间，经济发展更为迅速，年平均增长率高达5.6%，在世界主要发达经济体中超过美国、英国和联邦德国，仅次于日本。

经过25年左右较为顺利的发展，特别是60年代至70年代初的较高速发展之后，进入70年代后期，法国经济各部门比例再现严重失调，生产和市场的矛盾日益尖锐。在石油危机和1974—1975年经济危机的打击下，法国经济陷入极端困难的境地。经过不懈努力，到了80年代中期，法国经济已走出滞胀阶段，进入经济低速增长和低通货膨胀的新时期。

随着法国工业现代化的进程，商业不断向集中化和大型化发展，如大型百货商店、大型超级市场、大商业中心等。特别是无人售货的超级市场在1948年开始出现，60年代之后飞速发展，1981年大型超级市场发展到460个，比1976年增长36%。②

---

① 利波维茨基．轻文明．郁梦非，译．北京：中信出版社，2017：156.

② 柳静，唐伦慧，程小林．法国商业情况考察．财贸经济，1983（8）：58-61.

现代语境下的法国既是世界著名的时装之都，也是香水之国，还是美食之乡。仅巴黎就有 2 000 多家时装商店，除了质量、款式外，各时装店为宣传品牌形象都舍得花钱做广告，争取更多的顾客上门。法国还是世界第一香水大国，香水的产量占世界市场的 68%，在世界香水销量排行榜中，前 6 个品牌均是法国产香水。法国还是被公认的“西方美食大国”。历代法国国王崇尚美食，使得法国名厨辈出。法国菜不仅美味可口，而且菜肴的种类很多，烹调方法也有独到之处，口感之细腻、酱料之美味、餐具摆设之华美，简直可称之为艺术。因此，在法国，时装广告、香水广告、葡萄酒广告以及食品广告十分常见。

巴黎香榭丽舍大街被誉为一道看不够的风景，一扇雍容华贵的“橱窗”。从最初的一片沼泽地，到林荫道，再到商业街，历经 400 年，经久不衰的盛景源于其深厚的文化底蕴，体现了法兰西民族的浪漫，因此而吸引了包括路易威登、娇兰、卡地亚、兰姿、斯沃琪、迪士尼、耐克、奔驰等 110 多个世界名牌店落户于此，服务涉及奢侈品、高档服装、高级轿车、风味餐厅、专卖店、电影院、夜总会等，平均每天有高达 30 万人次的观光客光顾。

二、户外媒体广告的发展

作为一个历史悠久而又十分重视艺术的国家，法国的户外广告有着鲜明的特色。

首先，法国的户外广告面积普遍不大，大型广告主要出现在商业繁华的中心地带，广告内容多是本国的知名产品，比如汽车、服装和香水等。在巴黎，为了保持独有的城市建筑风格，市政府对户外广告进行规范化管理，将各类户外广告用来美化、点缀巴黎城市景观并提供商品文化信息，力求设置有序，布局合理。市内的建筑物楼顶无大型户外广告，霓虹灯广告也不多见。公交车广告亮丽，车内优雅、舒适，坐在车内可以尽情浏览巴黎街景。高速公路上广告牌极少，沿途风光一览无余，只在服务区、停车场有广告牌，规格也不大，多数像指示牌。

其次，法国的户外广告不仅重视媒体创意，更讲究内容创意。许多广告设计新颖、制作考究，画面具有戏剧性和艺术性效果，充分体现了法兰西民族的优秀艺术传统。在巴黎，除古建筑、雕塑、喷泉、绿地广场外，店铺的招牌也是一道亮丽的风景。其种类有挂牌式、吊牌式、出篷式。挂牌式是把店名写在雕花木框板上，挂在店铺门楣上方；吊牌式是以雕花木板或金属材料铸成各种艺术造型，吊在凸出的墙面上；出篷式由门楣凸出人行道，成弧形或斜坡形，篷帘上标有店名。这些店招大都色彩典雅，错落有致，富于生机，充满法式的浪漫情调。在内容方面，2013 年，法国剃须刀品牌威尔金森（Wilkinson Sword）在情人节设计的一场户外广告活动，极具创意：楼前的空地上竖有一个广告牌，上面是一张绘有男人下巴的巨幅图像，下巴上满是粗糙的胡茬，十分刺眼。路过的情侣出于好奇，情不自禁地走上前去拔除，却没想到拔出的是一枝枝鲜艳的玫瑰花，惊喜之下，正好送给随行的另一半。广告非常巧妙地把胡茬与天生带刺的玫瑰花结合在一起，在互动过程中，广告语“过一个光滑的情人节”（Have a Smooth Valentine’s Day）深深地印刻在了消费者心中：不要让你的胡茬伤害到对方，尤其是在这个亲密的节日里。

再者，法国的户外广告与城市环境高度和谐，既造型独特，又能与街道、建筑和谐地融为一体，相得益彰，共同构成城市的美丽景观。

当然，随着现代科技的发展，户外广告也在发生变化。一家法国广告公司利用最新科技在巴黎市内许多广告牌及海报旁装上发射器，借以向路人提供手机扫描购物折扣或下载服务信息。法国还有比较先进的对户外广告进行全方位效果分析、测定的软件系统，如 Carat 1997 年发布的 Maximat 系统。

如今，无论是在巴黎还是外省，户外广告市场的经营都实施了网络化，广告画面越来越多地应用诸如立体化、互动化、视频化等各种手段来增强广告的吸引力。

三、报刊媒体广告的发展

第二次世界大战后，法国的报业重新恢复和发展。政党报纸明显衰落，商业报纸上升至主体位置。

1944 年 8 月，法国全境解放后，政府公布新闻整顿法令，规定战时投降的报纸一律永久停办，战时地下的爱国报纸仍可公开发行；同时没收了战时投降的报纸的财产，用来资助战后报业的发展，从而促进了战后报纸的新繁荣。

经过一系列调整，战后继续出版的旧报只有《费加罗报》《十字架报》《人道报》等几家，其他则是新报，整个报坛呈现出良好的发展景象，但就发达程度而言，长期落后于美、日、德等国家。

从 20 世纪 50 年代开始，法国报纸为普遍的涨价和发行量问题等所困扰，徘徊不前。1952 年巴黎的日报一下子减少了一半的数量，只剩下 14 家，外省仅有 117 家，也减少了几十家。随着电视的日益普及，报纸的作用逐渐下降，发行量呈下降之势。在以后的几十年间虽有过起伏，但总的情况不佳。不仅种数减少，而且销量萎缩。据统计，“1946 年日销 1 500 万份，1952 年日销 960 万份，1958 年日销 1 140 万份”①。80 年代后，随着数字电视、卫星电视的普及，报纸发行量继续下滑。法国报业代表性的大报有《世界报》《费加罗报》等，它们分别是法国第一、第二大报。

《世界报》（*Le Monde*）1944 年创刊，宣称财政独立，不依附任何报团，也不接受政府津贴，以向读者及时提供全面而准确的新闻报道为编辑方针。该报是法国最有名的“质报”②，它的发行不限于法国，全欧洲、北美以及大多数非洲国家都有它的订户，是法国在海外销售量最大的日报。它不仅报道法国的政治、经济、社会、文化、体育等，还给国际报道很大的空间。报纸发行量接近 60 万份。2000 年起《世界报》开始陆续创办新刊物，并收购了国内的一些报纸杂志，现已拥有 12 种全国性出版物、一个网络版，成为法国举足轻重的报业集团。其中的广告收入占报业财政收入 50%以上。

面对激烈的竞争，2011 年《世界报》实行了报业集团化，报纸发行量一度超过 40 万份，但是从第二年开始，发行量持续下降，日常印刷量在 30 万份左右。

---

① 金重远．法国现当代史．上海：上海社会科学院出版社，2014：376.

② 欧美国家的报纸有“质报”与“量报”之分。前者主要面向社会上层人士和知识界，以高质量和高品位取胜；后者则注重娱乐性和趣味性，以吸引普通大众。

《费加罗报》(*Le Figaro*) 创刊于 1826 年，复刊于 1854 年，是法国历史最悠久的报纸，号称“法国中上阶层的圣经”。其特点是篇幅大、页数多，除正刊外还有两个中心插页，一个是用粉红色纸印刷的经济专刊、一个是用黄色纸印刷的体育专刊。该报除每天的正刊之外，每周还出版 6～7 个专刊，杂志与之相配套，成为系列刊物。[①] 2012 年，该报的发行量达到 33 万份左右，广告收入相当可观（见图9－3）。

图 9－3　《费加罗报》广告（2013 年）

法国的日报在很长时期内曾经是欧洲媒体中最强大也是最繁荣的，但从 20 世纪 50 年代开始，随着电视的日益普及，报纸逐渐退居次位，其发行量呈萎缩之势。进入新世纪以来，随着免费报纸和网络媒体的发展，传统的纸质报纸遭到巨大冲击。广告商加大了对免费报纸和网络媒体广告的投放。2013 年法国付费报刊收入 78.4 亿欧元，占市场份额的 96.1%，免费报刊收入 3.2 亿欧元，占市场份额的 3.9%，日报发行量减少，《世界报》《费加罗报》亏损严重，《解放报》等被迫改变经营模式，接受大财团入股或收购。一些杂志不得不停刊，这与杂志表现出来的生命力和活力形成鲜明的反差。

战后的法国杂志出版一直兴盛。杂志内容丰富、种类多样，涉及文化、体育、娱乐、政治、时尚等各个领域，尤其是时尚杂志，凭借法国时尚之都的地位被世界各国的时尚

① Media Policy: Convergence, Concentration & Commerce. SAGE Publications, 1998: 10.

人士追捧。其中最为著名的包括《她》（*ELLE*）、《时尚》（*VOGUE*）等，不仅在国内发行，而且在美国、西班牙、意大利、日本等都有当地版。不仅因为法国的时尚浪漫气息，更由于法国人特有的时尚敏感和独特审美，法国的时尚杂志与众不同，在世界时尚界居于领头地位，也成为法国期刊发展的主力军。正因为法国杂志国际知名度高、发行量大、发行范围广，广告业普遍看好杂志的广告效应与前景，因而对杂志广告的投入明显超过报纸。

此外，以电视节目为主要内容的周刊电视杂志发行量也很大，最大的 *TÉLÉ 7 JOURS* 杂志周发行量达到 286 万份，其余的也在 100 万份以上。这些杂志的广告量同样很大，尤其是食品和香水广告往往占据主要广告版面。

人们在搜索引擎上输入问题后，往往会显示很多结果，自然有虚假的信息混入，这干扰了人们的判断。为了使人们获得像记者新闻稿件一样真实和严谨的消息，2017 年，《解放报》发起了非常有创意的"真相搜索引擎"的广告活动。报纸在全国大选前推出了 checknews. fr 网站，搜索的结果不是基于工程师的算法，而是后台记者基于用户的这些问题经过调查研究给出的答案。选民可以输入问题，来检查新闻的真实性。虽然该网站的搜索引擎速度较慢，但显示的消息最可靠。因此，在整个大选活动中，CheckNews 成为法国社交媒体最热门的话题。后来，《解放报》决定把这个网站变成一个永久的工具，以正视听，打击虚假消息。

法国的期刊稳定在 3 000～4 000 种，其总发行量几乎与报纸相等，而广告收入远远超过报纸。在 2004 年，法国杂志以 21 亿份的总销量打破了世界纪录。

四、广播电视媒体广告的发展

与报纸等纸质媒体在二战后进入平缓发展阶段不同，法国广播电视业在战后得到了较大的发展。收音机作为大众接收传播信息的新的工具进入寻常百姓家。1945 年，法国有收音机 530 万台，1968 年为 1 070 万台。与此同时，电视机也日益普及。1954 年有电视机 6 万台，1958 年猛增至 68 万台，1976 年时每百户人家拥有 85.7 台。

法国解放以后，法国政府颁布行政法规，取消了所有私人电台的营业执照，不再允许私人经营广播。政府成立了法国广播电视局（RTF），它是国家公共机构，也是具有商业性质的国营企业，由新闻部领导，财政部提供资金（接收执照费），领导全国的广电行业。尽管 RTF 与英国的 BBC 有着相似的管理结构，但 RTF 却比 BBC 更加依赖于政府。从此，法国开始了将近 40 年完全国营的广播历史，直到 1982 年。

政府将全国的广播电台分为三种类型：第一类为国营的广播电台，可以播放公共广告、行业和社会团体的广告，但是禁止播放商业广告。第二类为所谓国境"周边"电台，这些电台在战后法国不允许播放广告的时代，为了播放广告而在国境周围建立并成长起来，主要有四个，作为法国最重要的广播广告媒体，它们的广播广告收入占主体地位，1997 年约为 56%。第三类是 1984 年允许播放广告以来急速发展起来的 FM 民间广播台（共有 8 个全国性的电台网络）。此外，还有独立的约 1 400 个地方电台。

1968 年 10 月，法国政府作出决定，允许国营电台有限制地播放广告。密特朗总统执政后，法国议会于 1982 年 7 月通过新的广播法《视听传播法》，允许开创私营电台。

此后短短的一年中，就涌现了 1 000 多家民营电台。近年来，作为全国性的国营的法国国家电台实现了经营收入的较快增长。越来越多的法国人乐意选择倾听电台，选择它的自由、随意和方便。

法国电视广告起步较晚。1967 年 11 月，法国议会通过了开放商业广告的提案。1968 年 10 月 1 日，法国电视台正式播放了一则教育广告。但法国新闻法起初规定，广播电视业是公共服务部门，其垄断权和经营权属于国家。电视广告受到政府的限制。起初，只允许电视一台和二台做广告，但规定不允许在节目中插播广告，并且每天电视广告不得超过 13 分钟。可是，电视的发展及电视广告的出现引爆了整个法国的广告市场。

1985 年初，政府又宣布开放商业电视台，使得私营广播电台和电视台在 20 世纪 80 年代中期以后逐步发展起来，形成公营和私营并行的广播体制。

法国电视台分为公共电视和商业电视两大类。政府规定：独立的欧洲文化电视台（Association Relative à la Télévision Européenne，ARTE）只能接受企业的节目赞助，不得播放商业广告。其余电视台则可以播放广告。除了电视二台、三台是公共电视台外，其余电视一台、五台、六台等都属于商业电视台。电视四台是一家法国有线电视台，也是最大的付费电视频道，主要播放娱乐节目。

民营电视台一台（TF1）原是公营电视台，1987 年后改为民营，发展很快，现在是法国最大的商业电视台。1997 年平均收视率为 34%，广告收入将近法国全部电视广告收入的一半（49.9%）。但近年来由于受到数字化媒体的冲击，电视收视率逐渐下降，电视的广告费收入也相应地开始缓慢下降。

1988 年，法国议会再次修订《广播电视法》，于次年成立了真正独立的、有权威的最高视听委员会（CSA），确立了比较成熟的广播电视管理体制，有力地推动了私营和国营广播电视有序竞争的局面。比起英国，这样的改变似乎来得太晚，不过总算打破了公共电视台与政府之间密不可分的关系，促成了私营广播与国营广播平等竞争的局面，《世界报》因此称时任总统密特朗为“伟大的电波解放者”。

从 1986 年到 1994 年，法国电视的广告经营总额增加了差不多 6 倍，从 32 亿法郎猛增到 210 亿法郎（近 40 亿美元），广告客户以跨国企业集团为主，如欧莱雅集团、达能集团、雀巢集团、标致雪铁龙集团、联合利华集团、飞利浦集团等，其中的大客户每年投放的广告额接近 2 亿美元。

随着数字化技术的发展，数字电视运营商崭露锋芒。1996 年 4 月，法国第一家数字卫星电视台“卫星频道”（Canal Satellite）开播。几天后，“卫星数字电视台”也宣告成立。1997 年初，法国电视一台、六台等 6 家公营和民营公司组建了“法国卫星电视公司”（TV par Satellite），当年的用户就突破了 35 万。2004 年，法国数字电视家庭用户达到 532.3 万户，出现新的消费局面。按照法国电视广告工会 SNPTV 的统计，2005 年 6 月，法国电视广告营业额比前一年同期增长了 12%。电视广告的广告主主要是食品和化妆品企业，仅它们的电视广告投放量就占了全部电视广告投放量的一半。还出现了一些新的广告大户，如大型商场甚至传媒集团等。

法国现共有四家全国性国营电视台和三家全国性私营电视台，有线电视台 20 多家。法国电视广告非常重视创意。例如，依云（Evian）矿泉水是驰誉世界的法国品牌。1935 年时，依云矿泉水第一次被推荐为“适合宝宝们饮用的完美矿泉水”。2009年，依云公司推出了“旱冰宝宝”的电视广告，其点击量超过7 000万次，长期成为吉尼斯世界纪录中点击量最多的在线广告。2013年，由法国BETC灵智广告公司制作的依云矿泉水的电视广告《宝宝与我》(Baby & Me)（见图9-4）获得了极大的成功。据英国《每日邮报》报道，该视频发布后的5天内，就获得超过2 900万的点击量。除了广告短片之外，该产品的推广活动还包括在火车站和地铁站推出户外海报，画面上也是大人和小孩的形象。此外，手机程序运用面部识别技术，可将用户上传的成年照片转换成他们的宝宝版本。

图9-4　依云矿泉水《宝宝与我》篇电视广告截图（2013年，法国）

五、网络媒体广告的发展

从1996年法国出现第一条网络旗帜广告以来，法国的网络广告发展势头迅猛。

根据1997年的调查结果，该年法国网络广告费已达76万欧元，增长率为59.3%。1998年，网络广告继续高速增长，营业额达1 700万欧元；1999年法国网络广告营业额达7 700万欧元，继续保持高速增长；2000年度法国网络广告营业额达1亿8 400万欧元，此后一直稳步增长。

根据eMarketer的数据，2006年法国网民人数已达2 800万，接近人口总数的一半，有1 399家网络广告商，网络广告的营业额达到21亿欧元，较2005年增幅达到48.2%。作为法国电视广告三大支柱的批发业、化妆品业和食品业，已经开始大举进军网络广告领域。2006年法国各种广告媒体平均仅增长了10.7%。网络广告虽然一直排在传统广告媒体（报刊、电视和广播为前三名）之后，但是却最为活跃，在短短几年内相继超过户外广告、电影等法国传统广告大户，并在2008年以14.7%的市场份额超过广播，成为法国第三大广告载体（前两位分别为电视和报刊）。在整个欧洲，法国网络广告的增幅位居第二，仅列在德国之后。

2010年，法国的网络广告发展速度有所下降，没有像欧美其他国家发展得那么迅速。广告净收入最多的媒体仍是电视（增长15.7%），而报纸、广播、平面广告等众多媒体也使2010年成为获利之年。

网络广告的影响力与日俱增，已经成为广告主无法忽视的重要广告形式。2004年，香奈儿签约好莱坞影星妮可·基德曼（Nicole Kidman）代言香奈儿 5 号香水。香奈儿公司为其制订了庞大的宣传计划，多层次、立体化推出包括电视短片、平面广告、户外广告以及互联网广告等在内的广告片。在电视广告片中，妮可与男模演绎了一段旷世奇恋，一举成为香奈儿历史上最美的代言人。2006 年世界品牌联盟的调查结果显示，香奈儿 5 号当年的销售额超过 15 亿美元，而实际上人们乐观地看到其实际销售额已接近 20 亿美元。2012 年 10 月 5 日，香奈儿正式推出全新的网站。访问者在该网站除了可以探访香奈儿经典传奇历史、品牌各项创作灵感，以及香奈儿女士传奇不凡的一生外，还可以找到关于香奈儿的各项产品消息，以及时尚、美妆产品和设计师珠宝等相关资讯。

目前，法国前 100 位的广告主均在网络上发布广告。

六、广告公司的发展

进入 20 世纪 30 年代，法国出现了众多的广告代理公司。

莱昂·雷尼埃（Léon Régnier）于 1924 年被任命为哈瓦斯广告公司的董事长，他担任此职直到 1944 年。其后，许多广告公司按照“顾问公司”的新概念陆续被创建起来，它们的创建者包括迪皮伊（R. L. Dupuy）、西内尔吉（H. Hénault Synergie）、热卡雷（Jep et Carré）、达穆尔（Damour）、德普拉斯（De Plas）和亚历山大（Alexandre）等。

1934 年，法国国有广播电台取消了广告播出业务。于是，马塞尔·布洛斯坦-布朗歇（Marcel Bleustein-Blanchet）决定创办一家自己的电台。这就是后来发展成为第二次世界大战前法国规模庞大的私人电台的“城市电台”。城市电台带来了大量的创新，如无间断节目、广播游戏、每小时一次的直播新闻节目、特别快讯等。第二年，马塞尔与莱昂·雷尼埃合作创立了电影与广告公司，哈瓦斯和阳狮之间的漫长故事由此拉开了序幕。

1940 年，法国贝当傀儡政府命令哈瓦斯的新闻业务必须从广告业务中独立出去。独立出去的新闻业务发展为后来的法新社，广告业务则发展为后来的哈瓦斯理事会。

20 世纪 60 年代，法国广告发展一度低迷，增长缓慢。其后，发展速度加快，进入繁荣期，整整一代新生的广告公司和广告人破土而出，在短短几年的时间里，这些广告公司就名列法国广告公司的前茅，蜚声国际广告界。例如，鲁-塞盖拉-凯扎克（Roux-Séguéla-Cayzac），还有 TBWA 的一批弄潮人，以及费尔德曼（Feldman）、卡勒（Calleux）、克雷阿莱（Créhalet）、福利奥（Foliot）、罗贝尔（Robert）、布莱（Boulet）等。他们中的一些人至今仍然坐镇指挥广告，成为广告行业的领军人物。

1973 年第一次石油危机发生，法国广告支出增长停滞，直到三年以后，市场才得以恢复并重新焕发生机。经济困难加剧了竞争，投机的战争随之打响，“新业务”在广告公司占据了决定性的位置。就在此时，广告公司也发现了一个新的对手已经出现，这就是媒体购买公司。1973 年，由格罗夫纳（Gilbert Grosvenor）创办的“媒体购买中心”发展迅猛。同一年，又有 8 家相同性质的中心先后问世。1975 年，哈瓦斯理事会进行了重组，改为 Eurocom 股份公司；1982 年，Eurocom 股份公司又与古莱集团（Goulet）合并。

进入 20 世纪 80 年代，法国广告业已经达到相当发达的程度。就广告经营额而言，常常紧随联邦德国之后，排在世界第5或第6位。1987年，法国政府将哈瓦斯的股份全部售出。1991年10月，Eurocom收购了法国广告集团RSCG，组建灵智全球；1996年，灵智全球又改名为哈瓦斯广告公司（Havas Advertising）。在阳狮收购BCom3广告集团之前，哈瓦斯是位列全球前五名、法国最大的广告与传播集团。

著名的阳狮集团（Publicis Group）总部位于法国巴黎，现在是法国最大的广告与传播集团，也是全球五大广告传播集团之一。马塞尔是其创始人兼首任首席执行官。阳狮初期只是巴黎一家专做平面的广告公司，1927年圣诞节期间，阳狮为卡尔迪内商行（Comptoir Cardinet）设计的第一个广告出现在《小巴黎人报》上。1938年阳狮创建了新闻媒体代理公司，日渐壮大。随着业务的扩展，阳狮成为全面代理的广告公司，并在1946年后进入英国、德国、美国等市场。

从20世纪80年代开始，阳狮从单一的广告代理公司向综合服务和传播业发展，同时进行国际化和集团化运营。1988年，阳狮与FCB结成联盟关系，共同开拓国际广告市场。8年后，阳狮结束了这种合作，独自在国际广告市场扩张网络。1996年，列维（Maurice Levy）入主阳狮后，开始大展拳脚。从2000年2月起，他先后收购了美国最大也是最热门的独立广告代理公司Fallon McElligott公司和英国著名的萨奇公司、Bcom3广告集团，其业务扩展到76个国家和地区，成为世界排名前十位的传播集团。下属主要公司有阳狮中国、盛世长城、李奥贝纳、实力传播、星传媒体等。

在法国，本土公司的力量通常占据压倒性优势，排名一般在前三名。从1997年起，法国信息媒体部门的广告费急剧增长，移动电话、卫星数字电话等广告投资增大，带动了整个广告业的发展。广告公司发展到1 000多家，3万多名专职人员，当年总广告费为1 580亿法郎（约合281.78亿美元），比上一年增长3.3%，成为欧洲第一。其中，哈瓦斯广告经营额最大，利润为19.45亿法郎，以下依次为阳狮、法国DDB、扬罗必凯等世界知名的大广告公司。

但是，在1998年，随着哈瓦斯广告的母公司哈瓦斯集团的最大股东维望迪（Vivendi）的前身——法国自来水公司（CGE）调整了面向21世纪的战略，出售了哈瓦斯广告之后，这个传统的广告业结构发生了变化。2003年5月，哈瓦斯广告公司又从维望迪那里以450万欧元购买了"哈瓦斯"这个名字，公司名字正式改为"哈瓦斯公司"。为了提高收益，哈瓦斯公司把主要目标市场从饱和的法国国内市场转移到美国。主要的广告集团欧洲RSCG集团总部也移到美国，常年排名第三的BDDP则被宏盟集团收购。宏盟集团在法国国内的总营业额因而超过了哈瓦斯公司，打破了法国广告业的平衡，成为法国第二大广告传播集团，其下属公司主要有灵智大洋、传媒企划集团、Arnold Worldwide Partners。

除了经济增长的带动，2006年的国际体育赛事如冬季奥运会、世界杯足球赛等也使法国广告业大获其益。2006年，法国广告营业额达到407亿美元，但印刷媒体在广告费中的比重继续下降。

2013年7月，为了进一步增强实力，阳狮集团与宏盟集团宣布合并，从而成为全球最大的广告商。

法国国家统计与经济研究所（Insee）2014年12月19日发布的数据显示，2014年上半年，法国广告行业最终收入为 56.82 亿欧元，依然持续了下跌的趋势，广告的净收入跌幅 2.6%，但相比上年同期跌幅有所放缓。其中，新兴媒体形式为“传统媒体＋互联网＋移动互联＋广告邮件＋ISA”。传统媒体方面，2014 年度广告跌幅放缓，低于 2013 年同期 3.2%的跌幅，远低于 2012 年同期 6.4%的跌幅。电视和电影方面的收入略有下降，与上年同期相比跌幅分别为 0.8%和 0.5%。文化传媒产业的数字化成为一种发展趋势。

七、广告管理的完善

作为大陆法系国家的代表，法国对于广告的管理一直实行以政府管理为主、以行业自律为辅的方法，法律、法规监管体系较为完备。广告法律、法规不仅针对特别的广告调整对象，还形成了广告规制的一般性原则，如禁止虚假广告和欺骗性广告的原则、广告的可识别性原则、保护未成年人原则、限制比较广告原则等。

法国最高视听委员会（CSA）成立于 1989 年，是负责媒体业务监控的国家最高职能管理机构，其职责涉及保护视听传播的自由，包括多元化表达、儿童、母语、节目多元化、竞争和广告控制，还负责为所有类型的频道和频率开播发放许可证，任命国营电视台的负责人等。CSA 负责核准每个电视台的年度广告播放量和单位小时的广告播出时间，如规定国营电视台不得在节目播出当中插播广告，私营电视台只能在节目播出当中插播一次广告。

早在 1905 年 8 月，法国政府就通过了针对欺诈及假冒产品或服务的法规，对虚假广告进行严厉的制裁。其中对犯虚假广告罪者处 3 个月至 2 年监禁及罚金 1 000 法郎至 25 万法郎，或择其一而处罚之。1968 年，法国制定了《消费者价格表示法》《防止不正当行为表示法》，以及《禁止附带赠品销售法》等有关法律、法规，对广告活动的内容进行了严格的限制。

1973 年 12 月颁布的《商业、手工业引导法》中第 44 条明确了虚假广告罪的定义。1978 年的《斯克里夫内尔法案》增加了一条针对虚假广告更为严厉的法规。它推翻了对证据的数量要求，明显加大了惩处的力度。这些措施对于加强行业自律起到了促进作用。该法案同时规定，广告中不得出现低级趣味、性与暴力的画面。法国电视主持人吉尔贝就是因为给一款戒指做虚假广告而锒铛入狱，罪名是夸大产品的功效。法国的相关法律、法规还规定在名胜古迹与自然保护区内不得做广告。禁止电视做烟草和酒类广告，不得出现低级趣味、性与暴力的广告。

此外，法国还有针对特殊商品广告及特殊内容方面的专门法律、法规，这些法律、法规在许多方面称得上是世界最严格的法律条文。例如，法国是最早通过立法限制烟草广告的国家。1976 年，法国已通过《烟雾法条》，即开始限制烟草广告。1991 年，法国颁布了对酒精类广告进行限制的《艾文法》，该法规定：酒类和药品的广告中不得出现正在饮酒者的形象；酒精饮料广告中不得提及酒精度，原产地，酒的种类，产品的成分，生产厂家、代理商和经销商的名称和地址，以及包装样式、销售方式和饮用方式等；广告中应清楚指明饮用酒精饮料会危及健康。1993 年 1 月 1 日起，法国政府决定在全国境内禁止香烟广告。酒类广告只能采用限定的载体和在限定的场合宣传。其他还有对法语使用的规定和对电子邮件广告的规范等。

法国实行广告事先审查制度，主要由两个系统承担。一个是半官方的电视与广播广告审查机构 RFP。RFP 是由政府和三家国营电视台、法国消费者协会、广告公司等单位组成，负责审查广告的真实性。一个是国家广告联盟下属的 BVP。BVP 是消费者协会和主要广告经营者组织起来的民间广告审查组织，站在消费者角度审查广告内容。此外，法国广告界的自律制度盛行，很少有欺骗性广告。良好的竞争环境非常有利于法国广告业的发展。

第三节　德国现代广告的发展

1945 年 5 月 8 日，法西斯德国宣布无条件投降，第二次世界大战宣告结束。根据《雅尔塔协定》和《波茨坦协定》，德国分别由美、英、法、苏四国占领，并由四国组成盟国管制委员会接管。柏林市也被划分成四个占领区。1948 年 6 月，美、英、法三国占领区合并。1949 年 5 月 23 日，合并后的西部占领区成立了德意志联邦共和国。同年 10 月 7 日，东部的苏占区成立了德意志民主共和国。德国从此正式分裂为两个主权国家，它们各自沿着不同的社会制度和经济体制发展。总的来讲，发展比较迅速，经济实力大为增强。

一、从东西两德到再度统一

为了尽快恢复德国经济，西方占领国采取了“重建德国”的方针。1948 年 6 月 20 日，西方占领国开始在三个占领区实行单独的货币改革，由德意志诸州银行负责发行和监督新的货币。在西方的援助下，联邦德国的经济迅速恢复和发展，并逐步建立起市场经济体制，走上了所谓的“第三条道路”。

当战争已经远去，伤痛已经愈合之后，德国经济发展出现奇迹。1948—1952 年间，联邦德国的工业生产增长了 11%，国民生产总值增长了 67%，达到约 320 亿美元。整个 20 世纪 50 年代至 1967 年，年均国民生产总值增速近 8%，达到 890 亿美元，跃居欧洲第一。私人消费活跃，机器和设备等的固定资产投资旺盛，汽车、化学和电器工业东山再起，成为欧洲工业中的巨头。出口增长迅猛，成为仅次于美国的出口大国，从而创造了著名的“经济奇迹”（Wirtschaftswunder）。德国的经济再一次——这是 100 年中的第三次——成为欧洲经济的“发电厂”。这种繁荣景象一直持续到 20 世纪 90 年代。

20 世纪 70 年代，联邦德国经济遭遇了来自外部的强大冲击，尤其是美元走弱、布雷顿货币体系的崩溃和两次石油危机。德国经济被迫彻底告别高增长和近乎充分就业的时代，进入经济停滞、失业和通货膨胀的滞胀时期。尽管如此，在 70 年代末，联邦德国的国民生产总值还是超过 6 000 亿美元，占资本主义世界的 7.5%，仅次于美国和日本，居世界第三位，创造了令人敬佩的经济发展成就。其经济增长速度仅次于日本，仍然高于西方其他国家，成为西方第三大经济强国。1990 年 10 月 3 日，冷战以来分裂了 41 年的德国再次实现统一，从而为德国经济全面发展奠定了强大的物质基础。

统一之后的德国领土扩大了 1/3，人口增加了 1/4，经济规模和商品市场空前扩大，为经济的长远发展提供了更大的回旋余地。所以，其在几经周折之后，终于发展成为全球八大工业国之一，主要工业部门有电子、航天、汽车、精密机械、装备制造、军工等。鲁尔区是德国的传统煤钢工业区。慕尼黑（宝马汽车总部所在地）、汉堡、斯图加特（奔驰和保时捷总部所在地）、沃尔夫斯堡（大众汽车总部所在地）也形成了强大的制造业集群。柏林、莱比锡、德累斯顿则是德国东部的工业重镇。新兴工业集中在慕尼黑一带。德国非常重视品牌建设，产品以品质精良著称，技术领先，做工精湛。“德国制造”被看作高品质的代表，尤其汽车品牌在世界享有盛誉。几十年来，德国逐渐成为高度发达的工业国家，经济总量位居欧洲首位，世界第四，仅次于美国、中国和日本。贸易出口额长期高居世界第一，被誉为“出口冠军”。

举办展览或展销会是德国的一个惯例。其中，历史悠久的消费品贸易展销会每年都在法兰克福举行，已有 700 年的历史。此外，还有书展等其他展览。这些国际性展览，每年都会吸引世界各地的游客和商人前去观光或采购。进入新世纪，德国经济持续增长，就业市场繁荣，工资收入提高，居民购买力增强，消费极其活跃。以购买力平价水平来看，德国是世界第五大经济体。

二、户外媒体广告的发展

20 世纪 50 年代，大幅的广告海报逐渐开始流行，或用于路牌，或固定于建筑墙面，或悬挂于展示柜里，夜间加以灯光照明，格外醒目，成为德国户外广告的主要形式。同时，广告柱（见图 9－5）也因为在里面放置照明设备，依然受到一些广告主的青睐。

图 9－5 德国的户外广告
（广告柱，1957 年，柏林奥格斯堡大街）

1972 年，德国广告委员会成立，着手对各种广告，尤其是对户外广告进行管理和监督，不仅要求画面和内容符合国家规定，而且要求广告的设置与环境相谐和。

在德国众多靓丽的户外广告中，最值得称道的是威娜（Wella）广告。威娜是国际专业美发的顶尖品牌，由德国企业家弗朗兹·施特勒尔（Franz Stroher）于 1880 年创立。1931 年，威娜总部迁至港口城市达姆施塔特。历经了一个多世纪的发展，威娜已成为一家主营美发厅专用产品的跨国公司，产品畅销世界各地。威娜旗下的一个子品牌“Koleston Naturals”牌染发剂是国际专业美发的顶尖品牌，目标市场是25岁至40岁健康、漂亮，同时喜欢户外运动的女性。该染发剂以天然染色颜色为推广定位，2007年，其户外广告在4 m×3 m的标版中将女性的长发和五官露空，透过标版露空处可以看到海和天际线。随着日出日落，路过的行人可以看到这位女性的长发颜色随自然而变，巧妙地将产品的“天然染色颜色”诉求和大自然结合，让路过的行人马上明白产品的诉求点，是创意优秀的户外广告（见图9-6）。

进入新世纪以来，德国的户外广告发展如日中天。2016年，德国户外广告的纯营业额超过了10.3亿欧元，同比增加了2 500万欧元。但户外广告在广告总支出中仅占7%，比例不高。欧洲广告协会的预测表明，人们认为户外广告比其他媒体更具吸引力，而且这种趋势会一直延续下去，甚至认为户外广告可能会成为最后仅存的大众媒体。很多广告主已经或者正准备将电视广告发布的预算费用逐渐转移至一种或多种户外媒体上。近年来，成年人花费在户外运动和在家看电视的时间差不多，每天平均在3.5小时左右。随着人流量和车流量的不断增加，人们停留在车上的时间越来越长。这些现象表明，户外广告可触及的受众范围正在不断扩大。德国户外广告行业协会（FAW）称，户外广告中使用最多的是巨幅广告和城市灯光广告。德国最大的户外广告公司为思特广告公司（Ströer SE），比较大的本土广告公司有Service Plan（SP）和戎马广告（Jung von Matt）等。

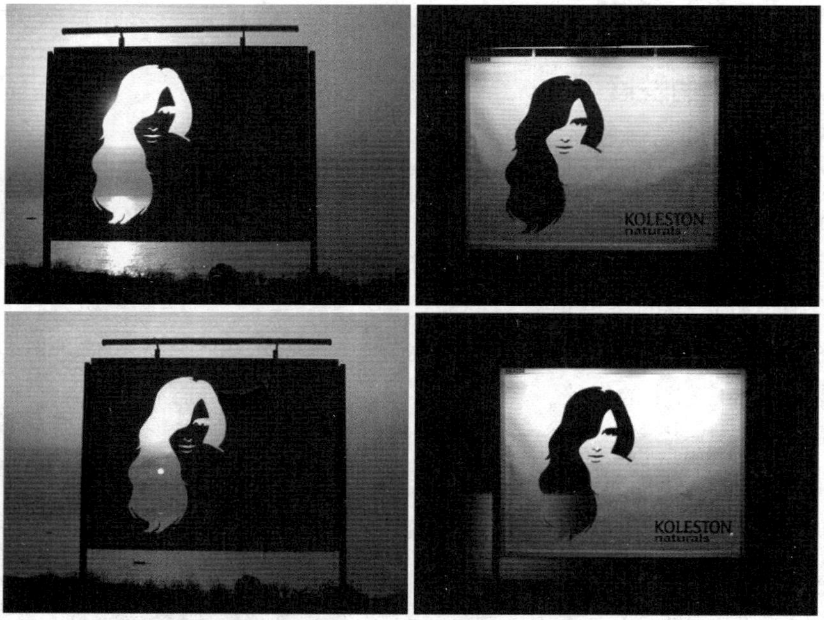

图9-6　德国的户外广告（“Koleston Naturals”牌染发剂，路牌，2007年）

三、报刊媒体广告的发展

报纸曾经是德国第一大广告媒体，发行量仅次于日本、英国、瑞士，居世界第四位，为德国广告的传播做出过不可磨灭的贡献。

（一）报纸媒体广告

纳粹德国投降后，原来的德国通讯社瓦解，广播电台瘫痪，法西斯报纸一律停办，凡与纳粹有联系的人都不能办报，报纸创办前必须向盟军登记，经许可后才可办报。1949 年 9 月 21 日，盟军宣布废除许可证制，除法西斯分子之外的德国人均可自由办报。新法保障了新闻自由，出版报纸不再需要特别许可证，报纸活动也不再受行政干预和检查。新法实施后的最初 10 年，报纸发展迅猛，数量上升到约 1 500 种，其中政党报纸下降到 20%，大大少于战前。20 世纪 60—70 年代后发展趋缓，并出现了明显的兼并集中趋势。到 80 年代，已经涌现出了施普林格报团等十大报团，这十家报团的发行量占全国总数的 55.25%，仅最大的施普林格报团，其发行量就占全国总量的 30.21%。截至统一前夕，联邦德国日报有 1 300 多种。

在苏联占领区成立的德意志民主共和国不允许公民个人办报，只准受认可的德国党派、团体办报，如《新德意志报》等。截至 1990 年，民主德国有日报 39 家，周报 31 家，总发行量 900 多万份。

统一后的德国发行的全国性报纸、地方性报纸共有 1 400 种以上，其中有 424 家在报纸发行量审查机构 IVW 登记，每天总发行量在 3 000 万份以上。德国各地方独立性较强，因此地方性报纸较多，约占总数的 70%，但发行范围有一定的地域限定，发行量一般在 5 万份以下。

进入新世纪之后，德国报纸的业务结构发生了重大变化，那就是广告锐减。以往，报社的收入 2/3 靠广告，1/3 靠发行。据德国报纸发行人协会的数据，自 2001—2003 年的广告危机以来，报社业务结构开始发生重大变化。日报的广告收入在 2003 年继续走低，同比下降 9.8%，为 45 亿欧元。这种状况持续到 2006 年，这一年报纸广告营业额只有 200 多亿马克。2011 年，德国报业已连续三年发行收入超过广告收入。德国报业的总收入为 85.1 亿欧元，比上年下降 0.1%。其中广告收入为 35.5 亿欧元，同比下降 2.2%，而同期，德国广告总量却增长了 1%。更为严重的是，德国报业占广告市场的比重已从 2000 年的 29%缩减为 2012 年的 20%。许多小企业更愿意将广告投放到互联网，因为互联网的广告费仅为报纸的 1/10。

据德国报纸发行人协会统计，2012 年德国有全国性的日报 347 份，周报 26 份，周日报 6 份，总发行量为 2 400 万份。在 14 岁以上人群中，每千人有 279 份报纸，远高于美国、加拿大、法国、意大利等发达国家。最有影响的报纸是《图片报》（*Bild*），发行量为 400 万份，是欧洲发行量最大的报纸。其次是《世界报》《法兰克福汇报》《南德意志报》《西德意志总汇报》等，但发行量都不大。

随着互联网的加速发展，整个德国报业遭遇了“寒冬”。2012 年 9 月，有着 93 年历史的德国老牌报纸《纽伦堡晚报》宣布停刊，从而推倒了德国纸媒倒闭的第一张多米诺骨牌。在接下来的几个月中，多家有着悠久历史和广泛影响的大报相继关闭。11 月，被视为德国报业“旗舰”之一、历经了 67 年风雨的、长期以来位列全德新闻报纸前十的《法兰克福评论报》申请破产。未几，隶属欧洲最大的杂志出版商——古纳雅尔集团（Gruner Jahr）的《德国金融时报》也未能逃过倒闭潮，于 12 月结束了其在德国纸媒市场12年的奋斗历程，从读者的视野中黯然消失。停刊原因是该报创刊以来从未盈利过，12年赔进了2.5亿欧元。

2004年，一种新型的以小幅面印制的报纸出现在市场，其尺寸差不多只有传统报纸的一半，它的名称Tabloid原本来自英语，意思是“街头小报”。十余年来，这种形式的报纸不仅在英国而且在西班牙、荷兰、瑞士以及澳大利亚发行。为了创造新的盈利点，许多报纸出版商开始向客户以优惠的价格提供报纸之外的附加产品，比如书籍、百科词典等。

（二）杂志媒体广告

德国的杂志与其他欧洲国家相比更为丰富，对国民生活的影响力和渗透度也比较高，长期保持着德国第二大广告媒体的地位。德国杂志市场中仅公众性质和专业兴趣性质的杂志就达数千种。无论是养狗者、乐于旅行者、对政治感兴趣者，还是集币爱好者，人们的几乎每一种兴趣特征均可以找到与其偏好相匹配的杂志。除此之外，还有诸如《明镜》《焦点》《布尔达时尚》《明星》之类的大型周刊。

在德国统一前夕，德意志联邦共和国有500多家专业杂志、600多家教会和企业报刊。统一后，德国发行的杂志约9 400种，其中1 810种在报纸发行量审查机构IVW中登记过。德国的杂志可以分为四类：一般杂志、电视指南杂志、女性杂志以及专门期刊。电视指南杂志发行量比较大，多在100万份以上。杂志上刊登的广告创意独特，印刷精美。

进入新世纪以来，德国公众杂志的广告总收入也在走下坡路。2009年上半年下降了15.6%，减少到17亿欧元，而且印数也减少了，与2008年相比减幅大约为1.8%。许多杂志社试图通过非同寻常的、新的方案来赢得读者和广告客户的注意力，而且非常有成效。其中一个明证是一家位于明斯特的独立小型杂志社的另类生活方式杂志《乡村乐趣》的成功：这家杂志社销售的印数从2007年的20万份，一年内几乎增长到55万份。此外，德国有30%以上的机械产品、计算机软件以及电子产品是以邮购的方式销售的，因而德国的DM广告是整个欧洲最为发达的。

四、广播电视媒体广告的发展

德国的广播、电视与报刊的情况相似，同样存在着全国性和地方性电台、电视台两者并行不悖、相互补充的局面。

（一）广播媒体广告

战后，驻守联邦德国的美英法盟军与联邦德国民主派的代表共同商讨恢复广播节目的问题。最后，双方同意实行既不同于国营又不同于商营的公营制度。而且，决策者认为，广播作为一种文化工具，应该交由地区政府管理，而不是由中央政府统一控制。于是，邮电部对广播的控制基本结束了，各州广播电视公司根据所在州的法律对广播电视事业进行管理。1948年，按照德国各州的地域边界和同盟国的势力范围，在各州法律的基础上诞生了 6 个区域性的公共广播电台：西北德广播电台（NWDR）、不来梅广播电台（RB）、黑森广播电台（HR）、西南广播电台（SWF）、南德广播电台（SDR）和巴伐利亚广播电台（BR）。由于普遍经济困难，广播广告没有遭到听众强烈的反对。因此，广播广告自 1948 年便开始了。

最初的广播公司都是地方公营的。但是，各州发展相当不平衡。一些州之间人口数量和收入悬殊，但接收费的标准却相同。为了解决这个问题，1950 年，各州广播公司达成协议，决定成立一个全国性的联合组织，即德国公共广播联盟，简称“德广联”（ARD），通过交换节目和重新分配收入，建立一种全国性的广播网。ARD 在国际上代表联邦德国，在国内则负责协调各广播公司之间的节目、经费等合作事宜。各广播公司轮流负责联播节目的设计和行政事务，以两年为一期。1962 年，“德国之音”和“德国广播公司”也加入了 ARD。

20 世纪 80 年代以来，德国在广播制度上开始实行“双轨制”，即公共广播与私营广播并存。除了对外广播的国家电台外，专门对内广播的全国性电台是没有公营的。公营以州和州际的 10 个广播电台为主。

从数量上看，德国目前共有公共广播频道 58 个。其中全国性的公共广播电台——德国广播电台（Deutschlandradio）有三个频道：新闻综合频道（Deutschlandfunk）、文化综合频道（Deutschlandradio Kultur）和科学教育频道（Dradio Wissen）。其他频道均为区域性或地方性的广播电台，私营广播电台大约 180 家，其广播频道的数量一直保持增长势头，从 1997 年到 2012 年，私营广播频道从 166 个增长到 224 个。其中，仅有 11 家私营广播电台面向超过一个州的听众，其他均为区域性或地方性的广播电台。这形成了公共广播电台与私营广播电台相互竞争、互为补充的格局。

公共广播电台也可以播放广告，但星期天、节日不能播放广告。在公共广播电台中，覆盖了几个州的有 26 家。在广告方面，私营广播电台更受广告主的欢迎。

德国统一后，民主德国的广播电视体制向联邦德国的体制转变，公共广播公司增加了柏林-勃兰登堡广播公司（RBB）和中德意志广播公司（MDR）。1991 年 8 月 31 日，16 个州共同签订了《统一德国全国广播协定》，确认德国实行二元的广播电视体制。德国拥有深厚的广播传统，即使在新媒体蓬勃发展、传统媒体面临变革和转型的今天，广播也并未衰落。这种情况可以从广播在广告市场的增长上得到证明。“从 1997 年到 2012 年，德国广播广告市场的净收入总额从 6.01 亿欧元增长到 7.2 亿欧元。”[①] 尼尔森公司的调查数据显示，2013 年 1 至 5 月份，德国广播广告市场的总销售额为 6.77 亿欧元，比去年同期增长了 12.3%，每个月均有不同幅度的增长。

（二）电视媒体广告

1945 年，德国战败投降，电视器材被查封没收，7 年之后，1952 年圣诞节，位于汉堡的西北德广播公司首先开办电视业务，其他广播公司纷纷仿效，此后各个州的广播公

① 曹晚红．新媒体时代德国广播的发展现状与趋势．(2013-09-09)［2024-03-25］．http：//www.ahrtv.cn/jmyfzx/system/2013/09/09/002871867.shtml.

司都改名为广播电视公司。第二年，各广播电视公司集体通过了《联邦德国广播电视公司条例》，决定联合制作电视节目，并提供一定比例的地方性节目，合办全国性的电视网。1954 年，各州广播电视公司在 ARD 的名义下，形成了松散的联合，共同经营电视的“第一频道”。1954 年 11 月 1 日，ARD 正式播出电视节目。然而，当 1956 年公营电视开播广告时，广告投放过多，引起了广泛的争议。后来，广告被限制在几个小的板块中，也没有一个电视台敢于中断节目插播广告。

由于各州轮流负责电视节目的方法经实践证明效率不高，费而不惠，1961 年联邦德国各州决定成立第一个公营电视台，既非国营又不受限于任何一州，而是方便观众做出更多的文化和娱乐选择。1963 年 4 月，德国电视二台（ZDF）开播。从 1964 年起，ARD 又开辟第三电视网，分五个地区播放地方性的电视节目。

到了 80 年代，商业性电视的发展打破了单一公营广播电视一统天下的局面。1984 年，境外商业性的卫星广播电视频道也进入了德国领土，联邦德国引进有线电视和卫星电视后，再想维持封闭式的单一广播电视一统天下的局面已经不可能。于是，各州纷纷通过媒体法和传播法，允许开办依靠广告收入支持经营的私营商业广播电视台。商业性电视节目不断增加，原先的广告规定被迫修改。

自 90 年代起，德国广告不断从公共电视台流向商业电视台。过去，广告收入是公共电视台的补充性财政来源，ARD 的广告收入约占总收入的 20 ％，ZDF 约占 40％。从公营垄断过渡到商业竞争以后，公共电视台的广告来源逐步萎缩。

目前，德国电视台可分为公共电视台和民间电视台两种。公共电视台有三个系列：由全国 11 个州的播送协会组成的第一电视（ARD)，即德国电视一台；由所有州共同设立的第二电视（ZDF)，即德国电视二台；分属组成 ARD 的各州播送协会的第三电视。其中，ZDF 是欧洲最大的电视台。最重要的民间电视台为 RTL 和 SAT1，可以接收卫星、有线电视和微波信号。民间电视台的广告播放时间不受限制，可以达到全部播放时间的 20％。

2002 年，ARD 仅占全国电视广告收入的 2.6％，ZDF 占 2.1％。公共电视台的财政危机在加剧。但德国的公共广播电视体制已经有 50 多年的历史了，形成了一套完整的运作方式。所以，尽管面临民间电视台的激烈竞争，公共电视台却并不惊慌失措，仍稳健前行。

德国的有线电视发展很快，现有 1 850 万以上家庭接入有线电视，家庭普及率达 50％，并还在快速上升中。

五、网络媒体广告的发展

近年来，德国网络广告发展迅速。进入新世纪以来，为了适应广告主的需要，许多网络媒体公司应运而生。例如，艾维邑动（Avazu）就是一家很有影响的技术性网络传播公司，为客户提供精准的网络传播服务，其业务分布于全球多个国家和地区。

2002 年，虽然德国广告业受经济衰退影响持续低迷，但其网络广告业务却在迅猛增长。尼尔森媒体研究的统计数字说，该年德国的网络广告额达到了 2.5 亿欧元，比上一年增加近 20%。2003 年，继续保持两位数的增长率。① 2011 年，德国网络广告收入为 40 亿美元，同比增长 22.5%。②

六、广告公司的发展

战后，随着德国经济的恢复，商业开始逐渐复苏，许多广告公司开始经营业务（见图 9-7）。

20 世纪 60 年代，联邦德国的国民生产总值增长两倍，其间广告费的增长达三倍。1969 年广告费的增长率为 17%。1971 年，各媒体的广告费近 10 亿马克。其中又以法兰克福的广告营业额最大。

图 9-7　德国汽车公司在拍摄广告（1950 年，柏林）

德国的广告业非常分散，有 3 000 多家企业却没有一个中心的业务协会或组织，所以也就没有一个权威的数据能反映德国广告业的现状；而且大多数广告公司的业务不仅仅是做广告，也提供延伸服务、公共关系和传播服务。20 世纪 80 年代，德国的广告业重新洗牌，其发展态势为以美国为首的外国跨国广告集团大举进入，大型广告公司越来越大，而小规模的广告公司逐渐退出竞争市场。

1997 年，德国广告经营总额为 387 亿马克，约合 231.32 亿美元，比上一年增加

① 尼尔森媒体研究：德国因特网广告业务迅猛增长．(2003-01-22)[2024-05-20]. http://tech.sina.com.cn/me/2003-01-22/1735162667.shtml.

② 这是根据尼尔森发布的数据，而 eMarketer 则认为德国 2011 年全年的广告收入为 56 亿美元。尼尔森：2011 年德国网络广告收入为 40 亿美元．(2012-04-09)[2024-05-20]. http://www.199it.com/archives/24418.html.

3.7%，在当年欧洲国家中排名第二。但随后增长乏力的经济表现和遭受冲击的消费信心影响了曾经欣欣向荣的广告业，广告业处于下滑态势。1998年，广告经营总额下降为223亿美元，比上年下降了3.6%。直到2002年，大多数德国广告企业才出现一定的增长。

2006年，德国广告费总额为389亿美元，在欧洲排名第二。广告主中占第一的是汽车业，广告费为27.36亿马克。其次为大众媒体、零售业、批发业、软硬件及电讯通信、化妆品等，年广告费都在10亿马克以上。

长期以来，德国的广告公司一直喜欢运用英语词汇和韵脚来制作产品广告。但如今面对不断下滑的业绩，它们不得不重新考虑实行新的战略，从而将目光投向了德语。一份研究报告显示：目标受众并不理解由华丽的英语词汇主导的广告。所以，广告主纷纷抛弃了原先对英语的钟爱，继而使用自己的民族语言。如麦当劳就将在电视广告中的著名广告语“every time，a good time”换成了德语“jedes Mal，eine gute Zeit”，其他公司也纷纷仿效。

在强大的外资集团的收购与兼并政策下，在2006年的广告公司排名中，前十名的大广告公司只有施普林格-雅各比广告公司（Springer & Jacoby）（排名第7位，年营业额为6.48亿马克）一家。与英、法一样，德国的媒体购买公司的实力大大扩张，德国最大的媒体购买公司HMS-Carat年营业额为31.16亿马克，连排名第10的媒体购买公司，其营业额都达到9亿马克，运营情况良好。

2003年，除了11家本土公司在上年遭受了两位数的业绩缩水外，其他13家本土公司的业务实现了两位数的增长。最大的独立的本土公司索维斯普兰（Serviceplan）在2002年德国广告业排行榜中位居第12位。这家慕尼黑的公司2003年广告收入达到5 300万欧元。

特大型广告传播集团，如宏盟集团旗下包括德国最大的广告公司BBDO、排名第10位的BBD、第11位的TWBA。很明显，BBDO依然是广告业老大。在2002年广告业一片萧条的情况下，BBDO的业绩增长了5.5%，达到3.1亿欧元，连续12年高居榜首，是最接近其的对手葛瑞环球、电通的两倍。2003年，虽然被禁止公布业绩，BBDO还是透露其收入有所增长，而其员工雇佣规模明显下降。

据统计，2003年德国广告公司联合会（GWA）的121个成员的营业额占据了德国广告市场80%的份额，员工总数达14 160人。广告从业人员达35 200人。

来自德国《商业日报》的数据显示，德国广告业在2010年就已明显从经济危机中恢复过来：广告费用支出涨幅为2.4%，增长至295亿欧元。2011年的广告开支恢复至经济危机前的水平，即300亿欧元。其中，187.5亿欧元为媒体广告支出，其余为经销商支出费用和媒体的广告制作费用。

目前，德国所有的大型广告公司基本上都隶属于某个全球性的广告传播网络。本土广告公司常常处于跨国广告公司的竞争威胁之下，面对竞争威胁，好几个成功的本土中型广告公司都坚持独立，或选择与其他公司合作。德国较大的本土广告公司戎马广告数次声明不会放弃独立而将自己出售给某个跨国公司。

七、广告管理的完善

德国政府管理广告的主要机构有德广联、德国反不正当竞争保护中心等。进入新时期，德国加强了对广告行业的管理。

20 世纪 50 年代，ARD 就对电视广告做了十分严格的规定：（1）广告的选择标准和播出方式不得以盈利为主要目的，要首先考虑文化影响。（2）禁止经常在广播电视新闻和时事节目中出现的人物做广告。（3）广告必须与节目分开，且清晰可辨（在广播中，必须以声音形式表明广告；在电视上，广告必须以视觉形式与其他节目区分）。（4）不允许播出隐性广告。（5）广告客户不得怀有影响节目的意图等等。关于公营电视台在周一到周六的全天内的广告时间，最初规定每天以 6 分钟为限，之后有所增加。

电视广告主要由《广播电视法》和民间的广告委员会来规范。《广播电视法》规定，公营电视台在周一到周六的全天内，每天只可以播放总共 20 分钟的广告，没有用完的时间可以以后补播，但是每天补播广告的时间最多不得超过 5 分钟。《广播电视法》还规定，晚上八时之后公营电视台不允许播放任何广告，周日和法定假日期间公营电视台也全天禁止播放电视广告。对以广告费为主要收入渠道的私营电视台，《广播电视法》则网开一面，没有任何广告播放时间段的限制，但不得超过节目总时长的 20%。

在医疗广告方面，德国有专门的医疗广告监管委员会对医疗广告进行监管。1994 年修订颁布的《医疗广告法》对医院、药品及医药设备等广告做出了非常严格的规定。

有关医院的广告规定是：第一，任何医院广告在投放前都必须获得医疗广告监管委员会颁发的许可证，该机构还设立了专门的电话热线和网页，接受消费者对虚假广告等的投诉。媒体刊登广告前，首先会根据法规检查希望刊播广告的产品是否已获得医疗广告监管委员会颁发的许可证，其次还要检查其内容的合法性。第二，医院只能做“形象广告”，“形象广告”只能在报纸、杂志、路牌、橱窗、网络等上面出现。第三，广告内容必须与营业许可证中核定的内容相符，不能介绍未经临床验证的诊疗方法等。第四，广告语上不能出现“特色”“领先”等“表扬词语”。第五，不能出现“专家”等非医学专业技术职称用语，做广告的名人必须是此产品的直接使用者和受益者，如有虚假成分，消费者则可据此索赔。

德国公立医院除了做公益性广告外，原则上不做广告，私营医院则比较积极。

有关药品的广告规定是：所有处方药一律被禁止向公众做广告宣传，但允许在医药专业杂志上刊登广告。非处方药被允许在公共媒体上做广告宣传。各州药品主管部门负责对药品广告的监督，主要审查广告内容是否与上市许可的申请材料一致，是否清楚地注明了药品的服用方法及副作用等相关要素。对违反药品广告规定的制药商和广告商将予以严厉惩罚。对名人代言的药品广告，受到《医疗广告法》以及欧盟之“名人不能鼓励消费者购买某种药品”的相关指令等的约束。这些法规规定，必须有事实依据，且该名人必须是产品的使用者和直接受益者，否则会被重罚。名人的广告词不能有鼓动消费者购买之嫌，也不能出现“百分之百”“安全可靠”“无副作用”和“治愈”等词语。若名人夸大其词，或者代言的药品为问题产品，就意味着该名人“作了假证”，其本人不仅要向社会公开道歉，还会被处以巨额罚款，甚至因此入狱。出狱后其信用也会大打折扣，再难翻身。

所以，尽管德国的医疗及制药水平居于世界领先地位，但德国的电视和报纸等大众媒体上，药品广告却寥寥无几。究其原因，是德国法律、法规对药品广告加以重重限制，以及德国采用医药分离体系，使得广告对于制药商而言只能起到品牌推介、树立形象的效果，希望依靠宣传吸引患者直接购买药品在理论与实际上都是不可能的。与其靠广告制造虚假的名气，倒不如靠疗效说服医生、造福患者。

本章小结

第二次世界大战初止，英国、法国和德国皆受重创，经济凋敝，广告业的恢复与发展缓慢。英法德三国由于各自不同的历史与文化原因，广告的管理模式与表现策略各不相同。在两次世界大战中，各国的广告业都被本国纳入战争的轨道，为本国的统治集团服务。20世纪60年代之后，广告业逐渐得到各国政府的重视，英国政府将广告业作为创意产业列为国家重点支持的产业。20世纪80年代之后，在世界范围内兴起了广告公司兼并、收购的浪潮，形成少数特大型广告传播集团，跨文化的广告传播成为新常态。传统媒体的广告收入趋于下降，以互联网技术传播为特征的新媒体广告欣欣向荣，媒体广告的格局被重新改写。

思考与练习

1. 为什么说英国的广告自我管理体系目前是世界上最为完善的？请举例说明。
2. 第二次世界大战后，英国的电视广告媒体经历了怎样的变化？有何经验教训？
3. 现代英国广告公司的发展经历了怎样的变革？从中可以得到哪些启示？
4. 法国的现代户外广告有什么特色？
5. 德国对医疗广告主要有哪些规定？这些规定对我国的医疗广告法规的完善有哪些启示？
6. 德国现代广告业发展的主要特点有哪些？
7. 如何评价20世纪30年代德国广告运动的影响？

第十章
美国广告的发展

本章学习要点

1. 富兰克林对美国广告的贡献。
2. “镀金时代”美国广告业繁荣的原因与表现。
3. 美国进步时期的广告发展与大众化的广告监管运动。
4. 大繁荣与大萧条时期美国广告风格的嬗变。
5. 两次世界大战时期的美国广告传播及其影响。
6. “四个创造性哲学”。
7. 20 世纪 80 年代至 90 年代美国广告业的发展与变革。
8. 进入新世纪以来美国广告发展的新格局。

第一节　美国的早期广告

早在两万多年前，美洲大陆就有了最早的移民。他们跨越现今亚欧大陆和美洲大陆之间白令海峡的陆桥①，追寻着野兽的踪迹，从亚欧大陆进入美洲并向东边和南边扩散开来。在漫长的岁月中，一些移民的后裔通过北美两大冰原之间开放的陆地走廊逐渐抵达了北美大西洋沿岸，另一些人沿着没有结冰的太平洋沿岸前进到达南美洲的尽头。

1492 年，意大利探险家哥伦布（Christopher Columbus）因为“发现新大陆”而打破了美洲印第安人原始朴素而又岁月静好的生活。随后，西班牙等欧洲列强一手高擎十字架，一手挥舞枪炮，从不同路径蜂拥而入，掀起了殖民美洲的狂潮，大肆掠夺财物、驱赶和屠杀土著居民。

一、北美殖民经济的发展

16 世纪后半叶，英国在女王伊丽莎白一世统治时期，国力日益强盛，随即加入了殖

① 白令陆桥位于阿拉斯加和欧亚大陆之间，形成于最后一个冰河世纪末，消失于一万年前（被海水浸没）。

民北美的行列。1607年，英国人来到北美大西洋沿岸，开始建立第一个殖民地弗吉尼亚的詹姆斯敦，这是英国建立北美殖民地的开端。1620年9月16日，“五月花号”船从英国越洋渡海，驶向北美。全船乘客102名，其中，分离派教徒35名，其他为英国伦敦公司招募的殖民者，主要是工匠、渔民、农民及14名契约奴。经过66天的艰难航行，这批为寻求宗教自由而远航新大陆的清教徒终于抵达美洲大陆，建立了殖民地马萨诸塞的普利茅斯。在登陆前夕，分离派领袖在船舱内主持制定了一个共同遵守的《“五月花号”公约》（Mayflower Compact），有41名自由的成年男子在上面签字。其内容为组织公民自治团体，拟定公正的法律、法令、规章和条例。此公约是在没有人指导、没有人强制的情形下形成的社会契约，并由此产生了自治的社会管理体制，用签约人的自律保证签约人的自由。从此，自治和法治精神成为美国立国的两大基石。

殖民地不断扩大，居民来自欧洲各国。起初以英格兰人最多，但德意志人和爱尔兰人后来居上，人数超越了英格兰人。尤其是1680年以后，德国、爱尔兰、苏格兰、瑞典和法国有大批大批的移民前来北美，形成一股移民潮。到1690年，殖民地的人口已经有25万，此后每隔25年增加一倍。从1607年到1732年一百多年的时间里，英国人在大西洋沿岸，从北方的新罕布什尔到南方的佐治亚，先后建立了13块殖民地。1775年，殖民地的人口总数超过了250万。城市开始出现，费城、波士顿和纽约已经发展为2万～3万人口的城市，成为北美经济、政治和文化的中心。

随着人口的增长，农业、工业及贸易的发展，原来处于隔绝状态的各殖民地之间的经济联系得到加强。到18世纪中叶，新英格兰各主要城市已由许多桥梁、渡船和道路网连接起来。从纽约到费城和波士顿，从波士顿到查尔斯顿均有道路可通。内河和沿海水路相连，各殖民地之间的往来更为顺畅。港口的商人积极与乡村的商贩和小店主们进行内陆交易，以便于得到当地土特产，而商贩和店主则希望得到进口货物。“沿海城镇虽然小，却发展成为海外贸易和手工业产品的国际中心，足可与英国港口如赫尔、布里斯托尔和格拉斯哥的出产相媲美。”[①] 18世纪60年代的费城到处有伦敦裁缝、法国假发制造商以及德国金属匠。费城制造的皮马裤和温莎座椅畅销整个北美殖民地，还远销西印度群岛。就国内市场而言，逐渐形成了北方工业品南销、南方农产品北运的局面，标志着统一的北美市场初步形成。

同时，海外贸易的发展加速了北美殖民地商业的繁荣和商人力量的崛起。虽然北美殖民地各区域发展不平衡，但总体来说是处于商业资本主义阶段。殖民地较大的城市都是为了便于贸易而兴建的，并随着海上贸易规模的扩大而取得举足轻重的地位。到18世纪50—60年代，波士顿、费城、纽约等城市逐渐发展成为殖民地的工业中心和商贸中心，贸易量成倍增加。[②] 从内地和沿海聚集的一批批货物汇总到这些繁忙、拥挤的中心城市，再运往海外；从海外运来的货物则在此拆封，然后分流到北美各个市场。[③] 殖民地不但能够生产包括烟草、蓝靛、木材、毛皮、谷物、肉类和鱼类在内的国际市场的紧俏产品，而且国内市场的各种粮食和用品供给相当充足，商业较为繁荣。

---

① 布德尔．变化中的资本主义：美国商业发展史．郭军，译．北京：中信出版社，2013：36.

② 张亚东．重商帝国：1689—1783年的英帝国研究．北京：中国社会科学出版社，2004：193.

③ 菲特，里斯．美国经济史．司徒淳，方秉铸，译，沈阳：辽宁人民出版社，1981：53－54.

欧洲殖民者到达美洲后，也把欧洲的广告观念带到了美洲，使得美国的广告直接继承了欧洲印刷广告时代的成果，并随着经济的繁荣而发扬光大，实现了从传统广告向现代广告的蜕变和转型，最终超越欧洲，领先世界。

二、早期的广告活动

在工业革命到来之前，北美殖民地的人们还是主要靠自己的农场来维持生计，只在一些集市上进行必要而又简单的商品交换。大多数商人在店门口挂上雕刻的象征物符号或图案，以便让路人了解他们所卖的产品类型，如一只靴子代表修鞋铺。在南方，除了市声广告和招牌外，大多数的生产者几乎不需要其他形式的广告来招揽顾客就可维持自己的生产和消费。

（一）吸引移民的广告

北美大陆地广人稀，劳动力缺乏是最迫切需要解决的问题。

为了吸引更多的移民来到美洲大陆，从 17 世纪中期始，殖民地和英国的企业家们发起了一场人类广告史上最旷日持久的广告运动战。在这些广告中，美洲大陆被描绘成一个遍地黄金、白银，有数不清的物产和广袤肥沃土地的伊甸园。在这个田园牧歌式的“新世界”里，充满了希望和各种神奇的机遇。这场旨在推销“新世界”的广告运动，激起了在狭小的欧洲已经难以寻找到发展空间的大批欧洲人追求新生活的热情。于是，一场持续 100 多年的欧洲人移民新大陆的浪潮一浪高过一浪。尽管这些移民各怀梦想，但“实际上，大多数早期来到新大陆的定居者，都是因为在英国读到了那些宣传能免费获得富饶的土地的广告后才移民的”①。

当时的移民绝大多数是男性，以致移民的性别比例出现了严重失调。其中，弗吉尼亚和马里兰两个殖民地，男女比例竟然达到了 6∶1。为了协调新移民的男女性别比例，吸引妇女移民到殖民地的广告受到高度重视，于是“新世界”又被描述成了在当时社会地位非常低下的女人们的“安乐窝”。一位卡罗来纳推销商在一本鼓励女性到卡罗来纳定居的广告小册子中写道：

> 姑娘们或者单身女人要是到卡罗来纳来，她们就会发现自己置身于男人为女人买嫁妆的黄金时代。只要彬彬有礼，年龄不超过五十岁，某个诚实的男人或者另一位就会娶她为妻。

（二）报刊媒体广告的萌芽

北美殖民地早期的商业发展缓慢。除了市声广告和招牌外，大多数的生产者几乎不需要其他形式的广告来招揽顾客就可维持自己的生产。同时，在殖民时代初期，由于英国统治者对殖民地人民怀有戒心，严格控制着印刷机等传播工具，当时每一本书和印刷

---

① 罗德曼．认识媒体：插图第 2 版．邓建国，译．北京：世界图书出版公司北京公司，2010：462.

材料都是从欧洲运来的。要获取新闻，只有三条途径：一是通过新闻信的方式获得经济和政治方面的消息；二是靠往来于伦敦和北美的船只所带来的报纸；三是通过咖啡馆。咖啡馆是众人聚集的地方，很多消息往往最先从这里传出，而且传播更迅捷。无论买主还是卖主都关心商船抵达和起航的消息，商人们总是好奇地打听各地的市场行情。比如说北美海岸地区商业活动正在缓慢发展，又比如说与西印度群岛的贸易日见兴隆等。“商人们终于发现，如果他们能在一个顾客们阅读的出版物上登出通告或广告，那么他们就可以将货物更快地卖给顾客。”[①]

1638年，北美终于有了自己的第一台印刷机，但它是捐赠给哈佛大学的，仅限于印刷一些神学和古典文学作品。直到47年之后，也就是1685年左右，一个叫威廉·布雷德福（William Bradford）的人从英国运来印刷机，开始从事印刷出版工作。1690年9月25日，波士顿的印刷商本杰明·哈里斯（Benjamin Harris）出版了一份名为《公共事件》的殖民地报纸，本打算每月出版一次，但是由于出版未经殖民当局允准，印刷了第一期后就被勒令停办。

到了18世纪，北美殖民地的一切都发生了变化。1704年4月24日，波士顿邮局的首任邮政局长约翰·坎贝尔（John Campbell）出版发行了《波士顿新闻信》（*The Boston News-Letter*），这是一张8英寸×12英寸（1英寸约为2.5厘米）、正反两面印刷的报纸（见图10-1）。他在创刊号上刊登了一个为自己的报纸征集广告的广告，从而开启了美国大众媒体广告传播的历程。

N. E. Numb. 1.

The Boſton News-Letter.

Publiſhed by Authority.

From Monday April 17. to Monday April 24. 1704.

London Flying-Poſt from *Decemb.* 2d. to 4th. 1703.

LEtters from *Scotland* bring us the Copy of a Sheet lately Printed there, Intituled, *A ſeaſonable Alarm for* Scotland. *In a Letter from a Gentleman in the City, to his Friend in the Country, concerning the preſent Danger of the Kingdom and of the Proteſtant Religion.*

This Letter takes Notice, That Papiſts ſwarm in that Nation, that they traffick more avowedly than formerly, and that of late many Scores of Prieſts & Jeſuites are come thither from France, and gone to the North, to the Highlands & other places of the Country. That the Miniſters of the Highlands and North gave in large Liſts of them to the Committee of the General Aſſembly, to be laid before the Privy-Council.

It likewiſe obſerves, that a great Number of other ill-affected perſons are come over from *France*.

From all this he inferrs, That they have hopes of Aſſiſtance from *France*, otherwiſe they would never be ſo impudent; and he gives Reaſons for his Apprehenſions that the *French* King may ſend Troops thither this Winter, 1. Becauſe the *Engliſh* & *Dutch* will not then be at Sea to oppoſe them. 2. He can then beſt ſpare them, the Seaſon of Action beyond Sea being over. 3. The Expectation given him of a conſiderable number to joyn them, may incourage him to the undertaking with fewer Men, if he can but ſend over a ſufficient number of Officers with Arms and Ammunition.

He endeavours in the reſt of his Letters to anſwer the fooliſh Pretences of the Pretender's being a Proteſtant, and that he will govern us according to Law. He ſays, that being bred up in the Religion and Politicks of *France*, he is by Education a ſtated Enemy to our Liberty and Religion. That the Obligations which he and his Family owe to

图10-1 《波士顿新闻信》局部（1704年）

1704年5月1—8日，该报在第三期的背面版面上以“广告”为总标题刊出了三条广告。第一条是寻找被窃的货物，第二条是让人归还铁砧，第三条则是房地产广告。第三条广告的内容如下：

> 在纽约长岛的奥伊斯特湾（Oyster bay），有座完好宽敞的作坊欲出租或出售。此外，还有一座种植园，园内有座大砖房，旁边另有一座不错的房子可用作厨房或工作间。建有谷仓、畜圈，还有一座还未结果的小果园和20英亩闲地。作坊可与种

① 埃默里M，埃默里E，罗伯茨．美国新闻史：大众传播媒介解释史：第9版．展江，译．北京：中国人民大学出版社，2009：27.

植园一并或单独出租，欲知详情请咨询纽约印刷商威廉·布雷德福先生。

这种新式大众传媒工具的出现，是美洲报纸广告的先声。随后定期报纸陆续在北美最早兴建的城市波士顿、费城、纽约创办，这些报纸所登载的广告很少，通常是一期又一期地重复出现，而且登载的往往是这样一种形式的信息，即“刚刚进口的大量的货物”，几乎没有图解，也很少提及价格。

本杰明·富兰克林（Benjamin Franklin，见图 10-2），美国有史以来最杰出的思想家、政治家之一。他从 12 岁起在其哥哥的印刷所当学徒，后来经常匿名给詹姆斯创办的《新英格兰报》写稿，由于文笔生动，很受读者欢迎。17 岁起外出谋生，先后在伦敦和费城当印刷工。

图 10-2 富兰克林（1783 年，伦敦，国家肖像画廊）

1729 年，富兰克林买下了费城印刷商凯默在上一年创办的《宾夕法尼亚报》（*Pennsylvania Gazette*）。在创刊号头版上，一则推销肥皂的广告占据了新闻的重要版面。富兰克林使用大标题文字，四周留白，并采用插图，给人一种赏心悦目的感受。此后，该报陆续刊登了眼镜、船舶、羽毛制品、书籍、茶、巧克力、酒等商品的广告。由于富兰克林经营有方，很快，报纸拥有了广大的读者群，因而其广告收入也比其他报纸丰厚。

富兰克林还是美国历史上第一个杰出的广告文案撰稿人。18 世纪时，大多数美国家庭靠低效的老式壁炉来取暖。壁炉独立或者安装在墙壁上，靠燃烧木块加热。由于大部分热量都被墙壁吸收或顺着烟道流失，因此，很多时候，人们眼看着壁炉里熊熊燃烧的火，感受到的却仍是房间里刺骨的寒冷。此时的壁炉与其说是取暖设备，倒不如说只是客厅或书房里的漂亮摆设。于是，富兰克林改进的新壁炉（也称作“循环炉”或者“宾夕法尼亚壁炉”）应运而生。它有两个鲜明的特征：一个中空的隔板和一个用来阻止热量顺着烟囱流出的倒虹吸烟道，极大地减少了热量的流失。为此，富兰克林亲自撰写了广告文案：

壁炉虽好怕跑风。但许多壁炉开口较窄，使用时会袭来阵阵冷风。人们面对壁炉而坐，犹如自愿临风受寒，这样的情况令人非常难受。况且女性比男性在室内所待时间更久，自然也更易受到寒气侵袭，以致鼻涕、眼泪、唾液纷纷流出，伤及下巴与牙床，使你的玉齿受损。壁炉火势旺盛时，还会发出耀眼的光亮，使得眼睛干涩、皮肤干燥、脸起皱纹，年轻的脸庞干瘪如老妇。但是，您应当知道，宾夕法尼亚壁炉绝无以上问题。

富兰克林撰写的广告语言流畅优美，产品效果具体实在，很受消费者欢迎，以至于人们至今还把该厂生产的壁炉称为“富兰克林壁炉”。

除了《宾夕法尼亚报》之外，富兰克林的《民众杂志》（*General Magazine*）于1741年5月刊登了美国第一则杂志广告。这是一则航运广告，内容如下：

波托马克河上开辟了渡轮航班（系由本刊赞助人开办），这是一条邮政路线，而且还是从安娜波利斯岛到威廉斯堡的最短路线。届时，所有的先生都可以乘坐一条性能优良的新船，船上配有称职的水手。本文由波托马克邮局副局长理查德·布雷德福供稿。

富兰克林的报纸很快就超过了该地区的任何其他报纸，拥有最大的发行量、最多的版面、最多的广告收入。由于其杰出的贡献，富兰克林不仅被看成美国印刷业的鼻祖，也被看成美国广告界的先驱。早在1864年，一位传记作家就写道：“我们必须承认，是富兰克林创造了现代广告系统。可以肯定地讲，自他开始，我们才像如今这样使用强大的宣传机器来进行广告宣传工作。”

另一位广告先驱是詹姆斯·帕克（James Parke），他于1742年创办了《纽约每周邮差报》，刊登的广告也相当多，常常达到报纸版面的一半。

专门的广告日报也获得了蓬勃发展。其中有代表性的是《宾夕法尼亚每日广告邮报》（1771年）[①]、《宾夕法尼亚晚邮报》（1783年）、《纽约每日广告报》（1785年）等。

独立战争胜利后不久，美国通过宪法第一修正案（1791年），确保新闻自由。由此，报纸得到了更大的发展。“1789年，美国的报刊数量已经增加到92种，包括8种日报；有3种在阿巴拉契亚山脉以西发行。”[②] 到1800年，美国大多数港口和商业中心有了自己的日报。就人口比例而言，美国的人均报刊数量超过了世界上其他任何一个国家。其中，费城6家，纽约5家，巴尔的摩3家，查尔斯顿2家。报业呈现一片兴旺景象，连城郊以外的地区报纸数量也增加了6倍。1837年，美国有报纸1 200多种。

然而，美国报纸的发源地波士顿此时还没有日报。但是，许多报纸是被迫挤入日报行列的，为的是与出售伦敦报纸的咖啡馆进行竞争。在这些咖啡馆里，新闻是免费交换的。美国的新闻从业者迎接了这一挑战，他们先是发行周二刊，继而发行周三刊，最后出版了日报。

在工业革命前，由于生产不发达，生存环境艰苦，家庭作坊的产品普遍较少，加上经济落后，大多数人口袋没钱，所以广告发展程度较低。当时的广告主要集中在招募新

① 由邓拉普和克莱普尔创办，原为周报，1783年后改为日报。

② 法拉格，布尔，切特罗姆，等．合众存异：美国人的历史：第7版．王晨，李书军，丁维，等译．上海：上海社会科学院出版社，2018：206.

移民、土地买卖、车辆运输、寻找遗失物品和出售奴隶等方面。因为大多数报纸是以服务政治为宗旨的，并受私人投稿和订阅的支持，很少出现报纸依赖广告收益的现象，所以，广告形式大多一成不变，缺少创新。

（三）特许药广告

可以说，马戏团、特许药品制造商是利用广告的先驱。他们把广告促销从识别功能和信息功能推向了带有劝服功能的浮夸形式，无论是其言辞还是图案都是极尽夸张之能事。

殖民地时期，北美的医疗条件非常落后，医生短缺，普通大众也缺乏相关药物知识。那些散居在北美广袤土地上的早期拓荒者生存环境恶劣，经常面临病魔的威胁，对药品的需求十分旺盛，使得制造和销售药品成为十分有利可图的事情。

当时的许多药品厂商都是“特许药”（patent medicine）① 的生产者，这意味着获得了英国国王的特许专卖权。这些药品不仅体积小、分量轻、便于携带，而且是“万应灵丹”，适用于治疗许多病症。于是，特许药成了那个时代最赚钱的商品，报纸上的特许药广告连篇累牍，为广告主和报纸带来了可观的广告收入。

1708 年 10 月 4 日《波士顿新闻信》上，登出了这样一则广告：“在波士顿学校路圣书招牌店的尼古拉斯·冯处，出售万灵药。药效显著，半品脱瓶装售价 4 先令 6 便士。”这个所谓的“万灵药”就是特许药。这也是北美殖民地最早的特许药广告。

1727 年 12 月 8 日《波士顿公报》（*Boston Gazette*）登出了如下广告：

> 出售优质良药，治疗腹痛、肠胃绞痛、发烧、疟疾、气喘、咳嗽、风湿、胃病、肚胀、消化不良、体虚、心悸、食欲不振、尿血、忧郁症、黄疸，尤其对痛风卓有疗效。应多位名士的要求登出这条广告。

卖药的商人把自己知道的病名一一罗列，病名多是艰涩难懂的单词。药商希望借助这样的方式将自己的药品神秘化。有些药商不识字，在印刷厂制作药品说明书时，就让印刷商将当时最好卖的几种药品的说明书内容混杂在一起，制成一份新的说明书。

这种报刊特许药广告风靡当时的北美。由于当时还没有在瓶子上贴商标的做法，许多商家都为自己的药品设计了形状特殊的药瓶，以便于顾客识别。比如，达林顿的“生命的香脂”，药瓶是平缓的梨形，而科德费的兴奋剂只装在圆锥形药瓶中。即使是不识字的患者，只要看看药瓶的形状就能知道是什么药品。这些形状各异的药瓶充当了早期商标的角色。当然，也就有大量不法奸商出于牟利，大肆收购旧瓶子，装上别的东西，冒充特许药。大概从 1750 年开始，这种假药开始盛行。②

18 世纪的北美，美容还未形成独立的行业。但是，化妆品在当时作为类特许药的商

---

① 这种特许药又称“专利药”，提法源自英国，指殖民地时代英国宫廷医生制造和销售的药品，具有特定的历史含义，和我们今天的“专利药”概念意义不同。

② 如有位名叫威廉斯·伯格的商人，在 1752 年到 1770 年间专门从英国伦敦大量收购各种特许药药瓶。又如 1790 年，从英国进口的达林顿“生命的香脂”一打价格为 36 先令，非常昂贵，但在马萨诸塞州塞拉姆药店老板乔纳森·沃尔德店里的赝品一打却只卖 15 先令。空瓶大量进口，导致原装药品的销量大大减少。此后，美国商人干脆不再从英国收购旧瓶子，转而开始自己制造假药瓶。

品已经出现。此时也有化妆品广告登出。例如，1736 年 3 月 29 日，纽约《每周新闻》(*Weekly Journal*) 登出了这样一条广告：

> 保罗公园对面杰米逊的邻居爱德华夫人家里，出售能使双手、脸、脖子变美丽的溶液。它能使皮肤变柔软、光滑，同时去除红斑、雀斑、晒黑和疙瘩，还能治好皮肤瘙痒、顽癣、皮疹。本品安全、有效，不含任何危险成分。若与配套的唇膏和牙粉同时使用，能赋予您惊人的美貌，价格经济实惠。

这条广告被认为是北美历史上最早的化妆品广告。

除了特许药广告、化妆品广告之外，常常占据报纸大幅版面的，就是动物巡演广告了。

（四）贩卖黑人奴隶的广告

在 1865 年奴隶制度被正式废除之前的几百年中，奴隶贩子们绑架、贩卖了数百万非洲黑人到殖民地来充当奴隶，以解决劳动力极度缺乏的问题。这种三角贸易（从英格兰到西非，再到加勒比海和北美，然后回到英格兰）在 18 世纪达到了顶峰。欧洲商船从西非装载奴隶运到美洲，然后从美洲带上原材料返回欧洲（原材料包括糖、棉花和种植园里的其他东西）。于是，大量的黑奴源源不断地来到北美大陆。

在美国独立之后的几十年里，因为英国和新英格兰地区纺织业的巨大发展造成对全球棉花需求的急剧增加。对美国而言，棉花出口是推动经济发展的重要力量，需要不断扩大面积，提高产量，从而使得奴隶制在美国南部各州经济社会发展中的作用愈加重要。因此，与北部地区奴隶数量的减少不同，亚拉巴马州、佐治亚州、路易斯安那州和南卡罗来纳州等南部各州迎来了奴隶数量的剧增。1810—1860 年，佐治亚州的奴隶人口增长了三倍，南卡罗来纳州和肯塔基州的奴隶人口增长了超过一倍，而亚拉巴马州的奴隶人口几乎增长到原来的十倍。在此之前，奴隶进出口贸易早已停止，因此这种奴隶人口的增长完全是美国内部奴隶贸易飞速发展的结果。莱克星顿、肯塔基、新奥尔良和纳齐兹等南部城镇的奴隶市场，先前是从非洲和英属加勒比地区购入奴隶，如今则是从弗吉尼亚州和马里兰州等南方偏北地区向最南部地区倒卖奴隶。

美国除从非洲走私人口外，另一种增加奴隶的方法就是繁殖奴隶，“马里兰州就是一个繁殖奴隶的州，在那里男人、妇女、孩子都是养着卖钱的”[①]。据统计，美国内战爆发前夕，南方的蓄奴州共有 15 个，有黑奴 400 多万人。

奴隶贸易的繁荣，催生了贩卖黑奴的广告。黑人被纯粹当作物品看待，奴隶贩子们常常用烧红的烙铁在黑奴的身上烙上印记，以标识自己对黑奴的所有权。一个逃亡的奴隶曾这样叙述道：“买主强迫我转身，摸我的臂膀、大腿和屁股，他们在评论我的品质时所用的那些专门术语，就跟赛马骑师谈到马时所通用的一样。”[②] “一个强健的黑色男性奴隶”“上等的、健康的黑奴”“出色的妙厨娘”等语言充斥在各种贩卖奴隶的广告之中。现存一幅广告上有这样的文案：“1769 年 7 月 24 日，查尔斯顿，下月三日星期四，将拍卖 94

---

① 杨生茂．美国南北战争资料选辑．上海：上海人民出版社，1978：21.

② 中国人民解放军五二九七七部队理论组，南开大学历史系美国史研究室及一九七二届部分工农兵学员．美国黑人解放运动简史．北京：人民出版社，1997：88.

个年轻健康的黑奴。”

与贩卖奴隶的广告相对应，追捕逃亡奴隶的广告也很常见。

贩卖、追捕奴隶的广告给美国广告史留下了极不光彩的一页，直到废除奴隶制之后，这种充满着血腥味的广告才逐渐销声匿迹。

第二节 工业革命时期的广告

这一时期包括美国第一次工业革命和第二次工业革命时期，大约相当于美国历史上的所谓“镀金时代”①，它以现代股份制和柯立斯蒸汽引擎为象征。美国独立战争胜利后不久，起源于英国的工业革命就开始登陆美洲，先进的生产方式和技术传播到北美各地，冲击着旧制度、旧思想，改变着人们的生活观念，同时也促使美国广告业发生巨变。

一、第一次工业革命与现代广告公司的诞生

1789 年，英国人斯莱特（Samuel Slater）将新技术带入美国，之后仿制英国的水力纺纱机成功，并于 1790 年在罗得岛建立了美国第一家水力纺纱厂，揭开了美国工业革命的序幕。十几年之后，美国人埃文斯（Olive Evans）又研制了美式高压蒸汽机，全部使用蒸汽来回推动活塞，而且产生的压强要远高于瓦特蒸汽机。它发出的巨大“吐气”声使它获得了“喷气的机器”的绰号，由此引发了一场新的“工业动力革命”。纺织业、面粉业、锯木业等行业的许多工厂都采用了蒸汽动力，生产规模和生产力得以大幅度提高，锯木厂、面粉厂在中部盛产木材和粮食的大平原地区纷纷兴起。

在蒸汽动力的带动下，美国的煤炭、焦炭、石油、采矿等工业部门都蓬勃发展起来。工厂制度取代了雇用学徒的家庭手工作坊制度；工业投资、工厂数量、工厂规模快速增长；轻工业实现了机械化；标准化零件和装配作业已广泛运用于打火机、手表、时钟、缝纫机和一些农业机械的制造过程中；农业人口比重持续下降，工业人口比重不断上升。随着机器制造业的发展，纽约、费城、芝加哥、波士顿、辛辛那提、新奥尔良等成为主要的机器制造业城市。

蒸汽动力还引发了交通运输革命。1807 年，美国工程师罗伯特·富尔顿（Robert Fulton）设计制造的“克莱蒙特号”（Clermont）汽船在哈得孙河上首航成功，从纽约到奥尔巴尼的 150 英里航程只用了 32 小时，而同一路程过去乘马车要花一周时间。从此，美国交通进入了“汽船时代”。不久，火车机车技术又传入美国。由此，全国出现了一个兴建铁路的热潮。1828 年，巴尔的摩与俄亥俄铁路公司开始建造美国第一条真正的大铁路。开工典礼上，当时已经年逾九十、在世的最后一位《独立宣言》签署者卡罗尔（Charles Carroll）在致辞中指出，今日的事情是 1776 年 7 月 4 日以来唯一重要的大典。从此，美国的铁路事业欣欣向荣，象征着新的产业秩序建立。到 1850 年，美国铁路长达

① 1873 年，马克·吐温（Mark Twain）出版了小说《镀金时代》。从此，人们便用“镀金时代”来指称从南北战争结束到 20 世纪初的那一段美国历史。

9 021 英里。10 年之后，美国铁路总长已达 3 万英里，远远超过了欧洲。

交通运输的进步，大大地提高了人们的生活节奏和工作效率。在 1829 年，安德鲁·杰克逊（Andrew Jackson）① 从田纳西州首府纳什维尔到华盛顿就职总统，坐马车走了一个月。到了 1860 年，这段路程只要三天。四通八达的水路、公路、铁路交通网把全国各地连成一个统一的大市场。运输效率的空前提高，自然降低了运输成本，促使运输费用大幅度下降。商人只需很少的费用就可在很短的时间内把大批的货物运送到遥远的各地市场上出售。

到 19 世纪 50 年代末，美国第一次工业革命大体完成，工业发展水平仅次于英国、法国和德意志，名列世界第四位。

1861—1865 年的南北战争（American Civil War，又称美国内战）是美国历史发展过程中的一个重要阶段。战争的结果是用革命的手段维护了国家的统一，废除了野蛮落后的黑人奴隶制度，解决了美国独立战争后就已经存在、之后又不断恶化的南北两种经济形式的矛盾，建立了统一的大市场，资本主义生产关系扎根美国，为随后的经济“起飞”创造了条件。

与此同时，美国的城市化进程进一步加速，其表现之一是大量居民聚集于市场集中的地区——城市或城镇。随着工业化推进和大量移民潮水般涌入，世代在田间劳作的农民开始进入城里寻找新的发展机遇，成为新的市民。人们可以方便地在城中用最少的花费买到各种经由流水线生产的价廉物美的商品。城市人口迅速增长。1800 年纽约城区只有 7.9 万人，而在 1890 年达到 250 万。芝加哥更是一个奇迹：1850 年人口只有 3 万，到 1890 年人口超过 100 万，成为世界第六大城市。特别是 1869 年 5 月，横贯东西部的太平洋铁路竣工，使得原本荒凉的西部产生了众多的“铁路城镇”，如洛杉矶、旧金山、拉斯维加斯等一个又一个名字为今人所熟悉的、规模庞大的新兴城市相继出现。甚至在内陆地区，人口密集、商业繁荣的新兴城市也像雨后春笋般出现。“如果没有铁路，就不可能有西部市场的拓展，而营销和媒体都将被限制在本地和地方范围内。”② 从此，向西去的新城市日益发达。底特律与克利夫兰都变成重要的贸易中心。向北去，密尔沃基的发展很快超过周边其他城市，而老的城镇，如辛辛那提、路易斯维尔及圣路易斯等，则继续保持繁荣。

据统计，1860—1900 年间，美国人口由约 3 300 万稳步增长到近 9 200 万。其中，城市人口占全国总人口的比例已经由 19.8%上升到 39.6%。

随着城市化进程的推进，美国零售业的面貌发生了新变化，尤其是百货商店的出现，给消费者带来了全新的感受和多种选择。1863 年，纽约第一家新式百货商店——斯图尔特百货开业，现款交易，统一定价，价格实惠，并积极借助广告的手段进行传播。之后，梅西（Macy’s）、沃纳梅克（Wanamaker’s）也分别在纽约和费城开业。零售业的变革促

① 安德鲁·杰克逊，美国第七任总统（1829 年至 1837 年在位），美国第一位民主党总统，也是美国历史上第一位平民出身的总统。在任内大力加强总统职权，维护联邦统一，颇有政绩，史称“民主政治”，几与第三任总统托马斯·杰斐逊齐名。

② 拉塞尔，莱恩．克莱普纳广告教程：第 15 版．王宇田，王颖，钟莉，译．北京：中国人民大学出版社，2005：4.

进了以家庭妇女为读者对象的晚报诞生，也扩大了星期日报纸的发行量。在这些百货商店中，产品比以往任何时候都多，质量标准统一，而且价格便宜。尽管铁路等运输业以及邮政投递业的发展使得市场得以扩大，但是市场竞争日趋激烈。为了获得新顾客，制造商们尽量降低成本，说服那些从前自给自足的家庭去购买肥皂、面包、衣服等生活用品，并力求让顾客相信，他们生产的产品比竞争对手的更好。

（一）报纸广告的空前繁荣

美国的工业革命不仅为“西进运动”铺平了道路，刺激了移民广告的发展，而且引发了传媒技术的革命和大众传媒业的繁荣。传统的印刷机得到了改进，印刷效能和印刷质量空前提高，这一系列成就进一步刺激了大众传媒业的高速发展，使得经营报纸杂志等现代传播媒体成了非常有利可图的行业。尤其是1792年美国国会通过了《邮政法》，由此教育和信息类材料的邮递费大幅下降，报纸的发行成本降低，为报纸广告的繁荣提供了契机。

许多商人逐渐发觉，广告可以帮助百货商店带来更多的顾客和生意，广告对增加销售量所起的作用远比降低生产成本总额要大。因此，百货商店广告成为城市报纸发展的重要资金来源。

一项研究表明，1775年美国有35种报纸，而在1820年的时候报纸数目达到了512种。其中24份是日报，66份是周二刊或周三刊的报纸，还有422份周报。城市郊区以外的地方报纸数量增加了6倍。[①] 1890年对报纸进行的调查显示，百货商店广告占到了报纸广告的23%。[②] 这些报纸总的来说价格不菲，除那些最大的商业中心以外，其他地区的报纸发行量并不大。

但是，这种状况正在迅速改变，那就是便士报的诞生。

1829年，安德鲁·杰克逊当选总统后，美国出版业掀起了摆脱政治影响的运动。在此运动的影响下，产生了一批更为独立的大众媒体和广告商。

1833年9月3日，美国历史上第一份最成功、最典型的廉价报纸《纽约太阳报》（*The New York Sun*）诞生（见图10-3）。它由本杰明·戴（Benjamin H. Day）在纽约创办，主要面向普通大众，以登载地方新闻、社会新闻以及各种富于“人情味”的故事为主。其创刊号开宗明义地写道：“本报宗旨，是在读者可承受范围内，提供当天新闻和最大篇幅的广告。”实际上是宣告了一种全新性质的报纸理念。作为第一份按商业原则创办的报纸，它声称“为所有人发光”，与其后诞生的《纽约先驱报》和《纽约论坛报》并称为美国新闻史上的三大便士报。

按照当时的惯例，报纸头几期的广告都是从其他报纸的广告栏中摘录过来的，以保证版面上有广告出现。如果某些广告主愿意在该报继续刊登广告，那就保留下来并为今后所使用的版面付费，而另外一些没有意愿继续刊登的广告主的广告则被删除。

除此之外，本杰明·戴的广告经营非常有特色。

---

① 埃默里 M，埃默里 E，罗伯茨．美国新闻史：大众传播媒介解释史：第9版．展江，译．北京：中国人民大学出版社，2009：102.

② LYND R，LYND H. Middletown. New York：Harcourt，Brace and World，1929：532.

第一，为了扩大发行量，戴采取低价销售策略，每份四版，售价一便士，使其成为一份名副其实的大众化报纸，普通人都能买得起。[①] 如果批发，每百份报纸批发价只有 67 美分。报纸售价的降低带来了另一效应，即报纸广告收入的大幅度上升。过去，在只有少数人购买的出版物上刊登广告是一种较为奢侈的推销行为，“现在，便士报的巨大发行量有可能使那些以往得不到广告费的商品得到宣传机会”[②]。在降低报纸售价的同时，戴还雇用报童沿街叫卖或把报纸放在街角的店铺中销售。

第二，规定每位广告主在《纽约太阳报》的年广告费为 30 美元，但是每个广告每天只能使用版面上的 10 行进行刊登，也就相当于每行 1 美分，价格十分低廉。

第三，戴亲自为广告主撰写广告文案，并设法使所有的广告文案保持在 10 行以内，以保持《纽约太阳报》作为小版面报纸的特色。

第四，精心经营供需广告。报纸发行量的扩大吸引了众多零散的广告主。为了满足他们的需求，专门设置了标题为“需求”（Wants，相当于分类广告）的版面。每条广告 2～3 行。供需广告版面不以年为单位出售，而是按次出售，每次 0.55 美分。

THE SUN.

NUMBER 1.] NEW YORK, TUESDAY, SEPTEMBER 3, 1833. [PRICE ONE PENNY.

PUBLISHED DAILY,

AT 222 WILLIAM ST..............BENJ. H. DAY, PRINTER.

The object of this paper is to lay before the public, at a price within the means of every one, ALL THE NEWS OF THE DAY, and at the same time afford an advantageous medium for advertising. The sheet will be enlarged as soon as the increase of advertisements requires it—the price remaining the same.

Yearly advertisers, (without the paper,) Thirty Dollars per annum—Casual advertising, at the usual prices charged by the city papers.

Subscriptions will be received, if paid in advance, at the rate of three dollars per annum.

FOR ALBANY—PASSAGE ONLY $1.

The large and commodious steamboat COMMERCE, Capt. R. H. Fitch, will leave the foot of Courtlandt street on Friday, at five o'clock, P. M. for Albany, stopping at the usual landing places to land and receive passengers. Passage $1. For particulars apply to the Captain on board.

REGULAR DAYS.

From New York, Mondays, Wednesdays, Fridays.

From Albany, Tuesdays, Thursdays, Saturdays. a29

FOR NEWPORT AND PROVIDENCE.

AN IRISH CAPTAIN.

"These are as sweet a pair of pistols as any in the three kingdoms;" said an officer, showing a pair to a young student of his acquaintance, "and have done execution before now; at the slightest touch, off they go, as sweet as honey, without either recoiling or dipping. I never travel without them."

"I never heard of highwaymen in this part of the country."

"Nor I," replied the officer, "and if I had I should not trouble myself to carry the pistols on their account—Highwaymen are a species of sharks who are not fond of attacking us lobsters; they know we are a little too hard to crack. No, my dear sir, highwaymen know that soldiers have not much money, and what they have they fight for."

"Since that is the case, how come you to travel always with pistols?"

"Because," answered the officer, "I find them very useful in accommodating any little difference I may accidentally have with a friend, or which one friend may chance to have with another."

"Do you often settle differences in that way?"

"Provided you had a good cause;" replied the young student.

"I should not be squeamish respecting the cause, provided I had a good battle; that, my dear, is what is the most essential to a conscientious officer, who wishes to improve himself in his profession. I have much reason, therefore, to wish for a war; and at the present juncture, it would be much to the advantage of the nation in general, as it is dwindling into a country of ploughmen, manufacturers, and merchants. And you must know, too, that I am pretty fortunate, having already stood thirteen shots, and I never was hit but once."

"Thirteen! what, have you fought thirteen duels?"

"No, no!" replied the captain, "the last shot fired at me completed only my sixth duel."

Wonders of Littleness.—Pliny and Elian relate that Myrmecides wrought out of ivory a chariot, with four wheels and four horses, and a ship with all her tackling, both in so small a compass, that a bee could hide either with its wings. Nor should we doubt this, when we find it recorded in English history, on less questionable authority, that in the twentieth year of Queen Elizabeth's reign a blacksmith of London, of the name of Mark Scaliot, made a lock of iron, steel, and brass of eleven pieces, and

图 10－3 《纽约太阳报》（1833 年）

① 而当时纽约其他报纸的售价一般为 6 美分左右。

② 埃默里 M，埃默里 E，罗伯茨．美国新闻史：大众传播媒介解释史：第 9 版．展江，译．北京：中国人民大学出版社，2009：101.

便士报的实质就是买报人不再需要支付每份报纸的全部成本。报社通过这一方式改变了以前报纸只有富人才买得起的状况。所以，《纽约太阳报》一问世，就受到民众的热烈欢迎，发行量在创刊时为 1 000 份，6 个月后达到 8 000 份，第二年超过 1 万份，三年后飙升到 3 万份。到 1876 年时，发行量上升到 13 万份，进入千家万户。

报纸发行量的飙升，为大众消费品提供了广告空间，吸引广告客户纷至沓来，以至于《纽约太阳报》不得不扩为 24 版，其中有 16 版刊载广告（第一版往往插有广告，最后一版全部刊登广告，以满足客户的需要）。由此，报纸运营实现了由依靠政党经费向市场化运营的转变，以广告收入作为主要经济来源，开启了近代商业报纸的先河。“当时多数的发行人仅将广告视为一项为读者服务的内容，该报却已经意识到将自己的读者售卖给广告客户的价值了。”①

《纽约太阳报》的巨大成功，带来便士报的勃兴。1835 年 5 月 6 日，詹姆斯・G. 贝内特（James Gordon Bennett，见图 10－4）创办了《纽约先驱报》（*The New York Herald*）。为了与《纽约太阳报》竞争，该报提出了“人道主义”“改革社会”“自由民主主义”等口号来争取新的平民读者群。为了确保读者群和报纸的销售量，该报在报道包括地方新闻、国内新闻和国外新闻在内的各类新闻方面领先于同类其他报纸，并更加崇尚煽情主义。这种大胆进取的做法取得了显著效果。报纸出版 6 个星期后销量就达到 7 000 份，接近《纽约太阳报》创刊后 6 个月的销量，次年销量达 2 万份，1846 年最先向欧洲发行海外版。该报 19 世纪 60 年代发行量达到 6 万份，一跃成为当时美国发行量最大的报纸。

图 10－4 詹姆斯・G. 贝内特

贝内特精益求精，不断创新，独创性地使用了通过提高广告费来降低报纸价格的方法，收到很好的效果，这个方法一直被沿用到现在。

首先，在广告版面销售方面进行了革新，按行计费销售广告版面。对多次购买的广告主提供优惠，尤其是短期内连续刊登两次及以上的广告主。创办之初，贝内特规定的广告基准单元为 16 行 5.5 号铅字，最小计费单位为日。一年以后，贝内特调整了广告基准单元，将其细分为主单元和小单元。主单元压缩到 12 行，小单元压缩到 8 行，并提高

① 程曼丽．外国新闻传播史导论．2 版．上海：复旦大学出版社，2007：3.

了每个单元的广告费率。在广告发布位置上，开始在报纸上从头至尾地刊登广告，甚至刊登在第一版上，就像对待新闻一样；将一则广告的发布时长限制在两周内，然后又限制在一日内，终结了那种从殖民地时代一直延续到19世纪的在报纸上一期又一期重复刊登同一广告的做法。所以，《纽约先驱报》上“满是广告，而且正在成为世界上最大的日报”①。

其次，在广告经营上，贝内特非常注重广告的娱乐价值和个人化的情感表达，以吸引消费者的关注。

据统计，在1834—1839年的短短五年中，仅在纽约就有35种报纸创办。② 到1840年全美已有报社1 631家，几乎所有报纸的主要收入都来自广告。

1841年4月10日，《纽约论坛报》（*New York Daily Tribune*）创刊，树立办报理念，拒绝刊登不道德广告。时隔10年后的1851年9月18日，《纽约时报》（*The New York Daily Times*）创刊，同样属于廉价报纸，广告篇幅占60%左右。1856年，《纽约论坛报》首次采用湿版法照片为一家帽子店做广告，使得照片的印制在价格和质量上更能为广告客户所接受，也为报纸广告注入了新的活力。

低廉的售价、报童街上叫卖的方式，使得便士报很快进入了平民百姓家中，并在美国工业最发达的东北部城市迅速流行起来，成为一种报业现象。

西部各地区陆陆续续都办起了自己的报纸，如西部第一份报纸《匹兹堡公报》，以及《密苏里公报》《得克萨斯共和报》《俄勒冈旁观者报》等。到19世纪初，西部已经拥有了21家报纸。随着西部地区报纸的进一步发展，电报和通讯社也逐渐建立起来，西部报纸得到了加速发展，并出现《芝加哥论坛报》等中西部大报。

美国内战期间，联邦政府在全国5 000多家出版物上刊登广告，推销战时债券、征募士兵，从而发动了一场全国范围的广告战。联邦政府大量散发的征兵广告鼓舞了千千万万有为青年投身联邦军队，这对扩充军队力量、最终取得战争的胜利做出了巨大的贡献。1867年美国广告费支出占国民生产总值的0.7%左右，到1904年已上升到3.4%，这个水平一直保持至20世纪90年代。

19世纪中期以后，便士报成为美国报业的主流，引领美国进入了传媒新时代，这个时代既是报纸大众化时代，同时也是报纸广告极为繁盛的时代。截至1879年，美国所有报纸收入的54%差不多来自广告。这个数目包括带有周末版的日报，而都市报的广告收入可能更高。③ 广告收入在报社总收入中所占的比重越来越大，不仅“养活”了报纸，成为它的经济命脉，而且反过来成为推动经济发展的重要力量。从此，美国广告一跃超过英国，登上世界广告中心的宝座。

（二）现代广告公司的萌芽

战争和城市化的进程，改变了人们的生活方式与消费方式。过去那种什么物品都靠

---

① 埃默里 M，埃默里 E，罗伯茨．美国新闻史：大众传播媒介解释史：第9版．展江，译．北京：中国人民大学出版社，2009：104.

② 斯隆．美国传媒史．刘琛，戴江雯，苏曼，等译．上海：上海人民出版社，2010：394.

③ 同②301.

家庭生产来满足的消费方式也随之结束。人们已经习惯于穿工厂生产的衣服而不是家庭缝制的衣服，通过邮购或直接从鞋店买的鞋比在鞋匠那儿定做的鞋价格更便宜。缝纫机逐渐普及，到1790年，人们自己制作的服装占全国服装总量的80%；但内战后，由服装制造商生产的服装竟达到了服装总量的90%。新型百货商店在城市中纷纷出现，到1840年，已达55 000多家。消费者不再站在柜台外请店主从货架上或后间去取他们想买的商品，各种商品琳琅满目地摆在他们面前，任其挑选。商店里的产品堆积如山，零售商开始将广告作为促销手段。

随着广告发布量的日益增加，如何出售广告版面、如何缴纳广告费用、如何设计广告作品、如何协调广告媒体与广告客户之间的关系等一系列问题就被提上了议事日程。在这种情况下，全新的、独立的、真正现代化的广告公司应运而生，美国广告业的发展从此发生了里程碑式的变化。

根据现有的资料，美国最早的广告代理公司是沃尔尼·B.帕尔默（Volney B. Palmer）于1841年在费城设立的广告代办处，自称“全国的报纸代理商”。当时主要的工作是先购买报纸版面，再去招揽广告客户，并从广告主付给报社的广告费中收取25%的佣金（后逐渐减至15%）。[①] 1845年和1849年，他又先后在波士顿和纽约开办了分公司。帕尔默不仅是报纸和广告界的中介人，而且常为客户撰写文案。由于他的工作有助于增加报社的收入，又能为广告客户的商品信息传播带来极大的方便，因而受到报纸和广告主双方的极大欢迎。大约在同一时期，一个叫胡珀（John L. Hooper）的人在纽约也开办了一家广告公司。[②] 他先用便宜的价格向报纸购买版面，再以较高的价格转手卖给广告客户，从中赚取差价。

1864年，一个叫卡尔顿（William James Carlton）的人在纽约创办了卡尔顿公司，后改名为卡尔顿暨史密斯公司（Carlton & Smith），从事广告业务代理。1878年，詹姆斯·沃尔特·汤普森（James Walter Thompson）收购了该公司，并更名为詹姆斯·沃尔特·汤普森公司（JWT），即著名的智威汤逊公司。1908年，智威汤逊公司聘请了海伦（Helen Lansdowne Resor）为广告文案撰稿人。她为“伍德伯里”（Woodbury）牌香皂撰写的“A skin you love to touch”被称为美国最经典的广告语之一（见图10-5），并首次将“性感”的概念应用到广告中，开启了全新的创意思路。智威汤逊公司还首创了客户经理职位，即客户和公司的专职联系人。

图10-5　美国的杂志广告

（“伍德伯里”牌香皂，1908年）

罗厄尔（George P. Rowell）的经营方式与胡珀的

---

① 此前，帕尔默是宾夕法尼亚《矿工杂志》的广告版面销售员。1841年，他宣布将为许多报纸而不只为一家报纸销售版面。

② 现在，已很难判定谁是第一家，两家公司创立的年份应该只差一年或两年。帕尔默的公司在19世纪50年代几易其手，但胡珀的公司却在广告业维持了30余年。

做法大体相同。1865年，罗厄尔在波士顿开办了广告办事处。他从报社和杂志社大量购进版面，然后以略高的价格转卖给广告客户。他把自己的佣金标准确定为25%，形成有垄断性质的独家代理。同时，只要出版商对大版面的订单再追加5%的回扣，他还同意支付现金，在当时很受出版商的欢迎。1869年，罗厄尔还在纽约出版了世界广告史上第一部报纸索引《罗厄尔美国报纸指南》。这本索引第一次列出了在美国出版的5 411家报纸和在加拿大出版的367家报纸的名称，并评估了它们的发行量。尽管这样做得罪了一大批报社，但却为广告客户提供了可靠的第一手基本资料，广受欢迎。事实上，没有一个出版商会拒绝罗厄尔的广告合同，因为他们知道罗厄尔付款及时，绝不失信。

其他代理商也纷纷开始为特定的报纸做版面代理。1860年，全美已经有大约30家广告代理公司，其中约20家设立在纽约。

图10-6 艾尔

1869年，弗朗西斯·韦兰·艾尔（F. W. Ayer，见图10-6）以父亲的名义，在费城创办了自己的广告公司——艾尔父子广告公司（N. W. Ayer&Son），这是美国历史上第一家现代意义上的广告代理公司。在其父亲去世之后，艾尔决心干一番大事业。1875年开始，艾尔与宾夕法尼亚州的一家玫瑰种植公司签订了第一份"公开合同"。根据这份公开合同，广告商成为广告客户的唯一代理人。广告商千方百计降低报社的广告刊登费，然后参考各界手续费情况，把自己为客户提供广告服务的佣金比例定为15%（而当时的广告商一般都对广告价格严格保密，广告客户根本不知道报纸发布广告的实际价格，艾尔则通过制定合同的形式把这个行业秘密公开化）。这样，广告商、广告客户和报社之间的利益关系就明晰起来，为现代广告代理业酬金制度奠定了基础。艾尔不仅从事报纸广告的媒体代理业务，也为客户提供市场调查和撰写、设计广告的服务。艾尔的经营方式已经具备了现代广告代理制度的基本特征，为现代广告经营模式的发展和成熟做出了贡献，受到广告界的普遍敬重，艾尔父子广告公司被称为"现代广告公司的先驱"。

1899年1月，艾尔父子广告公司为新成立不久的全美饼干公司（National Biscuit Company）进行了一次大规模的推广宣传，取得巨大成功。艾尔父子广告公司"通过报纸、杂志、电车上的广告、广告招贴画和彩色广告牌等向消费者作广泛的宣传。一夜之间，全国各地的人就都想买'尤尼达牌饼干'了"①。这一时期，艾尔父子广告公司也发展成为全国最大的广告代理机构，其业绩在同行中名列前茅。

此后，不同规模但类型相同的广告公司不断出现。

独立的、专门化的广告代理公司的出现及其被普遍认可，以及15%广告佣金制的确立，标志着现代意义上的广告代理制真正诞生。广告经营理念的根本性改变，不仅提高了广告经营的质量和水平，而且使广告从媒体的依附地位中解脱出来，发展成独立的新

① 布尔斯廷．美国人：民主历程．中国对外翻译出版公司，译．北京：生活·读书·新知三联书店，1993：169.

型产业，同时还预示着“广告正在成为一种技术、一门学科和一项专业”①。

在其后的20年之内，报纸出版人，随后杂志出版人，都陆续宣布与各个独立的广告代理公司合作，而对直接的广告客户不给予任何特别的折扣。

（三）向西部移民的广告

美国在实现资本主义工业化过程的同时也掀起了一场大规模的“西进运动”。

“西进运动”是美国历史上一次大规模的移民拓殖运动，也是美国进行西部开发的过程。

尽管美国的西部广袤荒凉，人烟稀少，但是由于总的交通状况改善，人们的迁徙活动变得越来越容易。很多人已经不再满足于东部狭小的生存发展空间，而是渴望到广阔的西部去体验和开创新生活。

“帝国的西征已经开始。”诗人伯克利宣称，“前四幕已经上演，第五幕迎来时代的剧终，并将以最高贵的功绩谢幕。”最著名的一幅画作是伊曼纽尔·洛伊策（Emanuel Leutze）在1861年绘制的《帝国的西征已经开始》，如今被挂在了美国国会大厦里。除此之外，还有约翰·加斯特（John Gast）在1872年绘制的《美国的前行》，它生动地描绘了这样一幅图景：美国人在向西部进军，伟大的哥伦比亚女神一路为他们串起电报线。不过，对于19世纪的美国西部扩张运动来说，信息量最大的一幅作品可能出自一位不太出名的女艺术家范妮·帕尔默（Fanny Palmer）。她运用一种更加现代的表征手法，描绘了一趟驶往尚为自然荒野的列车。这趟列车在画中形成一条清晰的分界线，将欧洲社会和美洲土著区分开来。

1848年1月，詹姆斯·马歇尔（James Marshall）在加利福尼亚的萨特磨坊附近（今天的克洛玛）发现黄金。当年5月，该消息不胫而走，更加激发了人们移民西部的热情。“‘从圣弗朗西斯科到洛杉矶，从海岸线到内华达山脉的地区，都回响着贪婪的呼喊：金子！金子！！金子！！！’当地报纸《加利福尼亚大地报》观察到：‘正当土地耕作了一半、房子修筑到一半之时，除了生产铲子、镐子的企业和交通业，所有事务都停工了。人们纷纷赶向一个地方。在那里，他们淘洗一天最多可以收获价值128美元的黄金，人们平均收益为每天20美元。’刊登完这番话后，该报就宣布暂时停刊，因为所有工作人员都去金矿了。”② 人们从世界各地蜂拥而至，在加利福尼亚的河道中寻宝、溪流中探寻，昔日宁静的牧场天堂一下子变成了喧嚣和混乱的社群。“对于相信黄金消息的人而言，没有立即冲向加利福尼亚的人就是轻率。”③ 一位智利的淘金人这样写道。法国巴黎的一个刊物广告说：“运气最差的人也至少能得到10万法郎。”

这场“掘金热”还波及了中国广东沿海一带。由于金矿的开采急需大量的劳动力，矿商认为，与其雇用东海岸的白人，用船把他们从大西洋绕南美极端麦哲伦海峡运到太平洋的加利福尼亚来（这是当年唯一的船运水道），不如利用太平洋彼岸廉价的中国劳工来得便宜和快捷。贩运华工遂成为一种暴利行业。在巨额利润的刺激下，西方冒险家和

① 布尔斯廷．美国人：民主历程．中国对外翻译出版公司，译．北京：生活·读书·新知三联书店，1993：169.
② 布兰兹．黄金时代：小人物在大时代的处境和选择．李文君，译．北京：北京联合出版公司，2016：28.
③ 同②33.

商业投资公司纷纷来华经营华工贸易，到处宣传大洋彼岸有座“金山”，而且“一旦到达美国，有大屋居住，大工钱收入，好衣好食。……请勿疑惧，应即走向发财之路”①。于是，大量华人开始成批地涌向“金山”。据美国移民局统计，华人入美人数在1853年只有42名，但1854年一年就达到约1.3万人，他们中的绝大多数人是为开掘金矿而来的。②

淘金热潮过后，为了鼓励继续向西部大量移民，1862年5月，美国南北战争激战正酣时，联邦政府就先后颁布了《宅地法》《太平洋铁路法》和《莫里尔土地法》。

《宅地法》向移民们承诺，任何一个申请者都可以获得160英亩土地，只要在这片土地上耕作5年就可免费获得这片土地的所有权。这样优厚的条件对向往土地的农民有着巨大的吸引力。《太平洋铁路法》授权联合太平洋铁路公司开始从奥马哈城向西修建铁路，中央太平洋铁路公司从萨克拉门托城向东修建铁路，并且规定，联合太平洋铁路和中央太平洋铁路沿线，每建一英里铁路都以低息贷款和大规模土地补助金的形式从联邦政府那里收到补贴。这项法案共向铁路公司提供了1.3亿亩的土地。因而，铁路公司就成了鼓励“西进运动”的广告活动中最为活跃的角色。

为了获得更大的利润，铁路公司在西部的报纸上发布了大量充满着诱惑和煽动性的广告，鼓励人们向西部移民。这些广告把西部地区描绘成了土地肥沃、物产丰饶、价格低廉，可以创造奇迹的新天地。报纸总是以夸张、乐观的语调报道西部生活的幸福来吸引人们的关注。如一位移居西部的德国移民杜顿就描述道：在有足够的家畜给移民提供肉食之前，靠打猎就有吃不完的食物，一个好猎人不需多费力就能养活一大家人。他在讲述了自己的生活状况后，大力称赞西部的美好。在东西部散发的《移民指南》和一些移民广告也介绍了西部地区的法律、法规，这些都为有意移居西部地区的人们提供了信息。

为了这片浩瀚无垠的西部土地，东部成千上万的人们涌向伊利诺伊、印第安纳、威斯康星等密西西比河以东地区。接着，他们又穿过河流草原，越过崇山峻岭，到达了森林广被的中西部密苏里、明尼苏达、艾奥瓦、堪萨斯及内布拉斯加等地，最后到达了荒凉的俄勒冈地区。在这里，他们扫荡森林，刈除野草，开垦土地，驯服野兽。

在西部开发的过程中，我们所熟知的“牛仔”们登上了美国历史的舞台。当时，西部得克萨斯等州气候温和，水草丰美，适合发展牧牛业。南北战争之后，密西西比河以西的广大草原成了“牧牛王国”。牧场主们雇用“牛仔”放牧牛群，由此衍生了许多专门供牛群和牛仔们使用的“牛道”和沿途歇脚地“牛镇”。每到春季，牛仔们沿着“牛道”将成千上万的牛从得克萨斯赶到怀俄明、内布拉斯加、堪萨斯、密苏里等地，浩浩荡荡，蔚为壮观。仅在堪萨斯的铁路终点站一地，到1885年，牛仔们已经赶去了700多万头牛。此后，牛仔们那种不畏艰辛、敢于冒险的精神一直激励着美国人，成为奋进、开拓的象征。

推销西部的广告传播运动声势浩大，愈演愈烈。广告不仅被用来鼓励国内东部的居民，而且在欧洲大陆广泛发布，以吸引旧大陆的人们到美国西部开创新生活。例如，1891年，一条在英国发布的广告中就充满了鼓动性的言语：

---

① 陈翰笙．华工出国史料汇编：第七辑．北京：中华书局，1984：15.
② 沈己尧．海外排华百年史．北京：中国社会科学出版社，1980：21.

去西部吗？去西部吗？去那片自由的土地吧！……移民去艾奥瓦州或内布拉斯加州吗？美国，大家的家园！比农民还要多的农场！比佃户还要多的地主！能为所有的人提供工作！

鼓励向西部移民的广告不但对“西进运动”起到了推波助澜的作用，而且引发了一场欧洲人移居美国的移民新浪潮，这对急需劳动力的美国来讲，无疑是雪中送炭。从1861年后的几十年间大约有2 000万欧洲移民涌向美国，这些多半是普通劳动者，而且以男性居多，女性极少。随着时间的慢慢流逝，他们渴望建立家庭，却又面临择偶对象稀缺的现实（见图10－7）。

图10－7　美国的户外征婚广告（1896年，Glacier National Park Photo Archives）

新移民的到来不仅对美国现代民族国家的形成起到了巨大的推动作用，而且为加速美国的农业与工业互相促进、同步发展带来了新动力。到19世纪末，美国的工业产量和产值第一次超过英国，位于世界首位。从此，这个世界第一的地位就再也没有动摇过，直到2011年被中国超越。同时，新移民的到来还加速了美国国内统一市场的最终形成。到19世纪80年代，美国统一的民族市场达到了有史以来最大范围。

这一切都与西部移民的广告传播有着极大的关系，广告功不可没。

（四）报纸广告风格的转换

这一时期的美国报纸广告以文字表述为主，而且常常运用韵律诗的形式，但报纸对广告篇幅有一定的限制，这就促使了报纸广告口号和标语的出现。由于印刷技术的进步，这一新的广告形式使得广告表现更加生动活泼。

1. 广告口号和重复风格的出现

由于廉价报纸的版面较小，为了容纳更多的广告，一些报纸不得不对广告版面加以限制。从1850年起，多数报纸要求所有的广告不得超过10行；分类广告一般为2～3行，用小号字体印刷，任何广告内容都不能超过一栏。并且任何相同的广告连续登载最多不能超过两期，以保持读者对广告的新鲜感。为了适应每条报纸广告都只能半英寸长的限定，又不能显得呆板僵化，一些广告商就发明了使用口号（slogan）或标语（catchword）的办法，这些口号或标语的长度往往正好可以填满一行。为了易于与上下邻近广告相区别，可以将同一语句重复三次，正好一栏。此外，广告商还对同一产品做两三个不同版本的广告，以遵守超出两期必须更换的限制。

于是，一种简洁有力、朗朗上口的广告口号开始出现并盛行起来。当时著名的广告口号就有：

请使用萨普里奥香皂。

您今天用过“梨”牌香皂了吗？

象牙香皂——它漂在水面上。

皇家发酵粉——绝对纯正。

这些就是所谓的“重复广告”（iteration），它是19世纪美国广告主偏爱的一种形式，自然就成了当时最为流行的广告文案样式。

与此同时，炫耀性广告的泛滥激起了社会大众普遍的反感，许多报纸纷纷表示要禁发炫耀性广告。在这种情况下，罗伯特·邦纳（Robert Bonner）在《纽约分类账》上创造了广告的重复风格，将小行的广告文字重复多遍地放入一个广告栏目，每个广告都以相同的大写字母构成的短句书写，并重复一遍，从而构成两两相同的广告语文案，有的句子重复达90多次，甚至达到600多次，布满整个版面。在表现形式上，邦纳采用创新的组合构成新颖的形式来吸引消费者的注意。例如，1856年发布的位于百老汇街359号的布莱迪美术馆广告，就是用小号铅字构成三个一英寸大小的数字来表示该馆的具体地址（见图10-8）。

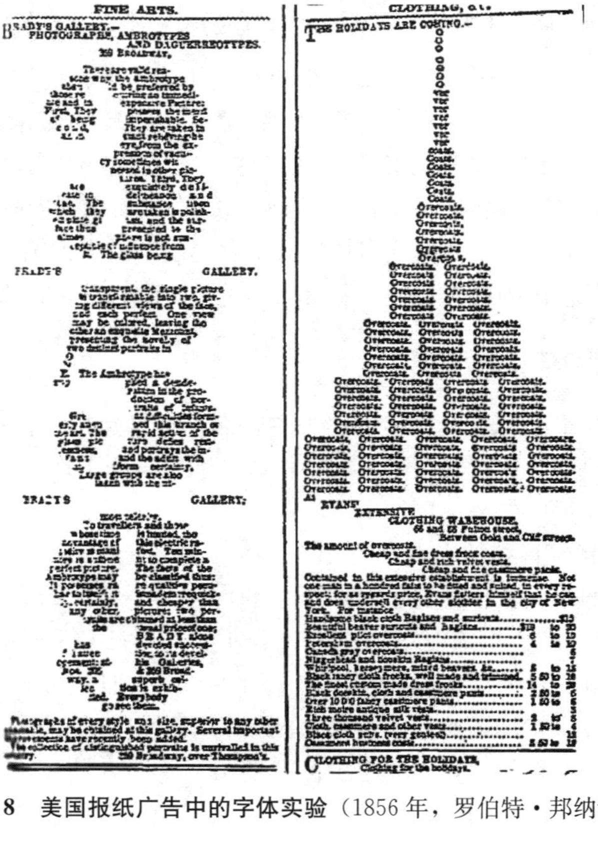

图10-8 美国报纸广告中的字体实验（1856年，罗伯特·邦纳设计）

2. 诚实广告风格的产生

随着产品竞争的加剧和广告数量的增加，广告主们发现，自己必须做出比竞争对手更多、更有力的承诺才能吸引消费者的注意。结果，报纸上出现了大量夸大其词的自吹自擂式广告，导致消费者的防范意识越来越强。一味自我吹嘘非但难以使消费者相信，反而会引起消费者的反感。这时，一些以诚实态度开诚布公地向消费者介绍产品的广告风格得到了消费者的普遍好评。

这种流行的软销售风格的开创者是鲍尔斯（John E. Powers）。鲍尔斯自 1860 年起担任人寿保险公司推销员，为威尔科克斯-吉布斯（Willcox & Gibbs）缝纫机开拓过英国市场，做过《国家》（*The Nation*）杂志的版面推销员。后来作为自由撰稿人专门撰写广告文案，被认为是广告奇才，并享有“诚信广告之父”的美誉。

在那个广告还没有普遍规则的年代，鲍尔斯就将“向合适的人群，以他们能够接受的方式，说合适的话”（Say the right thing to the right people in an acceptable way）作为自己的座右铭。1857 年他在为威尔科克斯-吉布斯缝纫机做广告的时候，为了吸引服装演员的注意，使用讲故事的手法来介绍产品的功能与益处，以赢得消费者信任，从而开创了“原因追究派”（reason-why）的先河。不过，他这时的广告风格跟别人没有什么太大的区别。1880 年鲍尔斯转到费城的约翰·沃纳梅克（John Wanamaker）的百货公司工作，一种新的广告风格开始形成：他选择了真诚，希望用真诚的态度面对消费者，以此改变消费者对广告的抵制和不信任态度。鲍尔斯在给这家百货公司撰写的广告文案中说，该百货公司“从未引领过连衣裙的潮流”，这个广告成为美国广告史上的经典之作。在另一则推销吹风机的广告中，他坦诚地告诉消费者关于该产品价格的所有信息，非但没有吹嘘该产品质量上乘，相反作出了如果不满意则可以退货的许诺：

> 吹起风来像钟一样准确，可持续工作一个半小时，可是只卖 3 美元，优质机 4 美元；优质机配镀镍基座 6.5 美元，配装饰瓷座 7.5 美元。它价值 100 美元，要是不值，退货。

鲍尔斯的诚实广告风格令人耳目一新，改变了人们普遍认为的“广告就是说大话”的偏见，很快赢得了消费者的信任。在诚实广告风格的影响下，两年后，这家百货公司的销售额就从 400 万迅速上升到 800 万美元。

鲍尔斯懂得，对一个产品行之有效的广告文案，对另外一个产品也许毫无用处。在广告中仅仅展示产品或挖苦竞争对手也已经难以奏效。因此，鲍尔斯每次为一个新产品写广告文案之前，都要仔细研究产品的特点，并注重字号、排列方式等外观上的特点对广告效果的影响。这一点，当时绝大部分的广告主并没有意识到。

鲍尔斯的成功，引来了很多追随者。贝茨（Charles Austin Bates）就是其中之一，他认为：“所有的广告文案撰稿人都要对鲍尔斯感恩，是他灌注了苛刻真实的广告法则，这个法则不仅对广告业产生影响，而且对制造业和商业也间接产生了影响。”[①]

1890 年，贝茨成为一家打印机墨水公司的常任分销商，为该公司的产品创作了大量

---

① 林升梁．美国伟大广告人．北京：中国经济出版社，2008：370.

的优秀广告文案。不久，他又进入纽约一家公司做广告文案撰稿人，并为《印刷者油墨》杂志撰写专栏文章，提出了著名的论断“广告就是印在纸上的推销术”。其后，他成立了贝茨广告公司，陆续出版了《好广告》《广告概论》《广告中的艺术与文学》等广告学著作，发现并培养了许多优秀的广告人，其中包括广告大师考尔金斯（Earnest E. Calkins）和霍尔顿（Ralph Holden）。考尔金斯和霍尔顿于19世纪90年代创建了自己的广告公司——考尔金斯-霍尔顿广告公司，不仅为客户撰写广告文案，还将广告策划、文案与艺术设计结合起来，由此逐步发展成为广告创意中心，并保持其赫赫名声长达半个世纪之久，从而影响了当时的广告潮流，使得软销售的广告风格在那个时代蔚然成风。

二、第二次工业革命及广告市场的繁荣

南北战争后的30年对美国来说，是勇于创新的时代，也是开始腾飞的时代。美国经济高速发展，工业产值不断攀升。

这是一个大规模发明与创新的时代。新能源的发现和应用，新机器、新材料、新工艺的发明与推广，新工业部门的建立与发展，新运输手段的发现与使用，远距离传递信息的新方法和新设备的出现等，使得美国爆发了第二次工业革命。

发明大王托马斯·爱迪生成为这个时代的象征之一。他不仅在1879年发明了电灯，而且在1882年建立了美国第一个发电站，为美国的电气时代拉开了序幕。1876年，亚历山大·贝尔发明了电话。1892年，纽约至芝加哥的电话线路开通。到1899年，美国电话数量达到100多万部，成为当时世界上电话使用最为普及的国家。1893年，美国杜里埃兄弟成功试制美国第一辆内燃汽车。随着蒸汽机被发电机取代，电已成为不可或缺的动力进入火车轮船，进入钢花四溅的钢铁厂，进入大型农场的联合收割机……

机器代替了手工，大规模的机械化生产得到普遍应用，产品数量猛增。美国在农业机械制造上成为世界霸主。无论是在生产的数量还是质量上，国际联合收割公司、辛格、杜邦、贝尔、科尔特和标准石油公司都赶上或超过了世界上其他国家。洛克菲勒、梅隆、卡内基、摩根、范德比尔特等，都成了闻名世界的大型商业公司的名字。西屋电气公司、美国电话电报公司（AT&T）、爱迪生电气公司、美孚石油公司等，则以应用技术的研制成果改变了美国民众的生活方式。日用品的生产更是进入了一个朝气蓬勃的时期。用于产品包装的纸袋和硬纸箱大规模生产；李维·斯特劳斯开始制造钉有铜扣的蓝色牛仔裤；新的日用品生产公司纷纷诞生，如博登、亨氏、皮尔斯伯里、库尔斯、安休斯-布施、吉列、立顿、雀巢、蒙哥马利·沃德等等。1871年10月发生的一场大火烧毁了芝加哥1/3的市区，使10万人无家可归。不过，废墟被清理之后，这些地方又建起了一个个现代化的城市街区，高楼耸立。

工业革命的开展和西部开发的热潮以及源源不断的海外移民，为美国城市的发展注入了新的活力。19世纪下半叶，美国的城市化进入鼎盛时期。东部沿海地区的老城市焕发出新的生机，而新的城市则在广阔的西部如雨后春笋般拔地而起。在东北部，一大批中小城市也在沿海地区兴盛起来，工厂、商店、街道、住宅渐渐取代了农田，成为主要的人文景观。据统计，1860年至1900年间，美国人口由约3 300万人稳步增长到近

9 200 万人。其中，城市人口占全国总人口的比例由 19.8%已经上升到 39.6%。1800 年，纽约城区只有 7.9 万人，1830 年达到 20.26 万人，到 1860 年超过 100 万人，而在 1890 年达到 250 万人。纽约不但是美国人口最多的城市，也是最大的港口和金融中心。芝加哥更是一个奇迹：19 世纪初，芝加哥还是人迹罕至之处，1850 年人口只有 3 万人，到 1880 年达到 50 万人。此时的波士顿人口则在 30 万人以上。不断增加的人口为商品的批量生产、批量分发和批量销售准备了一个不断扩大的市场。摩天大楼到处可见，各种各样的工厂里成群的工人忙忙碌碌。庞大的城市体系不仅为工业、农业的发展源源不断地提供着资本、劳力、技术和市场，而且有助于形成商业、金融业、出版业、运输业、广告业和其他服务业高度发达的地区。

在交通方面，全国性铁路网的出现增强了商品流通能力，形成了一个覆盖整个国家的经济共同体。美国的铁路从 1870 年的 8.5 万多千米迅速扩展到 1900 年的 32 万千米。19 世纪 90 年代，五条横贯北美大陆的铁路线将西部矿山、农场、牧场和森林的产品运往东部市场，将工业产品运往西部。这不仅为商业性农业开辟了一个巨大的新空间，而且为制造业产品创造出一个空前广泛的全国性市场。新型的有轨或无轨电车的运送速度、高架桥的运输流畅度前所未有，它们和铁路一样改变着美国的商业面貌。谷物、水产、蔬菜、禽类、猪肉、牛肉的市场供给更为丰富，全国性的商品以越来越低的价格进入千家万户，消费社会悄然兴起。“虽然大多数美国人依然笃信勤奋、节俭和自我奉献的道德价值观，但是消费品和服务的大爆炸给行为和信仰带来了翻天覆地的变化。”① 20 世纪初，纽约的地铁系统开通了，后来发展成为美国最大的地铁网。

城市化与商业化发展齐头并进。1859 年，美国大西洋和太平洋茶叶公司（A&P）建立了世界上第一家连锁商店，实行统一化管理和规模化运作的体系，提高了运营的效率，降低了成本。尤其是贴近社区的连锁商店，让居民生活更便捷。随着铁路线的整合和邮政系统的扩建，全国性连锁店迅速增加，到 1900 年已出现 6 家连锁杂货店。弗兰克、查理·伍尔沃斯的廉价品商店出售各种便宜商品，其他出售药品、饰品、鞋类、雪茄、家具的连锁店也陆续出现。除了大西洋和太平洋茶叶公司之外，比较著名的还有 A&P 食品杂货店、全国性邮寄商品公司等。面对新的竞争对手，百货商店也不甘落后，它们普遍提高装潢等级，铺上地毯，悬着水晶吊灯，显得华丽大气、舒适宜人。商店提供的服务也包罗万象，从餐馆、洗手间、售票代理处、托儿所、阅览室到邮局应有尽有，从而将零售业拔到了新的高度。到 19 世纪中后期，芝加哥的马歇尔·菲尔德（Marshall Field's，1852 年）、纽约的梅西（Macy's，1858 年）、费城的沃纳梅克（Wanamake's，1875 年）和波士顿的法林（Filene's，1881 年）等成了这些大都市商业的辉煌代表和大规模零售业的翘楚。“广告吸引着消费者前往百货商店、连锁店和独立的社区商店。”② 再加上“电气弧路灯在 19 世纪 90 年代的应用，创建了城市‘商业街’的‘伟大白昼’，商店和娱乐场所可以一直营业到深夜。有轨电车、无轨电车、高架铁路运送着成群的上班族、

① 法拉格，布尔，切特罗姆，等．合众存异：美国人的历史：第 7 版．王晨，李书军，丁维，等译．上海：上海社会科学院出版社，2018：476.

② 同①501.

购物者和休闲人士往来于拥挤的城市商业区”①。

（一）杂志广告的崛起

美国杂志广告开始的时间远远晚于报纸广告。据资料记载，1825 年美国公开发行的杂志就有 100 余种，到 1850 年有 600 多种。当时，出版商出版杂志的目的在于表达一些观点，而不是追求利润，杂志又主要依靠订阅费和出版商的个人财富来维持，对广告收入不屑一顾。所以，直到 19 世纪 70 年代，除了一些有关当地出版物和贸易报纸的广告外，美国杂志拒绝刊登付费广告。

内战结束后，随着美国药品的大普及，特许药广告成为报纸广告收入的主要来源。到 19 世纪末，特许药的年销售额猛增到 7 500 万美元，其广告费占到了报界收入的 1/3。但是，报纸广告版面有限，迫使特许药制造商开始寻找新的广告空间。此时，一位药品制造商金斯曼（F. G. Kinsmen）率先打破沉寂，自办一份宗教杂志作为载体刊登广告，推销他的特许药，并取得了成功。新的创收门路一开，人们纷纷效仿。主流杂志《哈泼斯月刊》（*Harper's Monthly*）、《大西洋月刊》（*Atlantic Monthly*）、《北美评论》（*North American Review*）等陆续在杂志封底开辟特许药广告专栏，以供广告客户选择，从而正式拉开了美国杂志广告的序幕。

到 1870 年为止，已有大约 400 种月刊和 4 000 多种非宗教性周刊刊登广告，推销产品，这些刊物的发行量每周约为 1 500 万份。到 1898 年，美国广告总量的 1/6 是特许药广告。

19 世纪 80 年代，路易莎·柯蒂斯（Louisa Knapp Curtis）和丈夫共同编辑出版了《妇女家庭杂志》（*Ladies' Home Journal*）。该杂志注重社会性别与商业的结合，将妇女感兴趣的食物、时尚、小说、咨询服务与家用产品的广告相结合，赢得了女性的青睐，成为价廉、实用的妇女杂志，发行量高达百万份。其他大型杂志，如《蒙西斯》和《麦克卢尔》的发行量都超过 50 万份。同时，《全球》（*Cosmopolitan*）、《曼逊》（*Munsey's*）、《麦考尔》（*McCall's*）等杂志纷纷创刊。对广告主来说，杂志是唯一能够抵达全国消费者的媒体，有效传播期更长；而对大多数杂志来说，无一例外地刊登广告并把广告费作为重要的收入来源。所以那时的杂志刊登 100 页甚至 100 页以上的广告都是司空见惯的。

随着杂志数量的大增，它们不仅在国内发行，有的还发行到世界各地，形成一个庞大的传媒网络。杂志也不再仅仅是传播消息和知识的载体，还担负着帮助广告主推销产品、促进消费的任务。从此，杂志广告开始流行。在美国，有很大发行量的《斯克里伯纳》是第一本能吸引大量广告主的杂志，而《银河》则是第一本刊登彩色广告的杂志。

这一时期，广告行业杂志和专著也陆续出现。1888 年，罗厄尔创办《印刷者油墨》（*Printers' Ink*），这是第一份广告行业杂志。《有利可图的广告》（*Profitable Advertising*）、《动脑》（*Brains*）等也相继创刊。

19 世纪 80 年代末，《广告与印刷》（*Advertising and Printing*）出版，是美国第一

---

① 布德尔．变化中的资本主义：美国商业发展史．郭军，译．北京：中信出版社，2013：164.

本广告专著。杂志的发行量在19世纪最后十年急剧增长，到1900年，美国杂志已猛增到5 500种，其中全国性杂志约有50种，它们吸引了政治、经济、文学、法律等各界精英人士担任撰稿人。

（二）全国性品牌广告的出现

在工业革命之前，美国大多数商品贸易受到地理环境的极大限制，导致许多商品生产者的商品销售完全依赖批发商，当地批发商成了销售商品的唯一渠道，而商品生产者与他们的终端消费者没有或极少联系。因此，商品生产者起初只重视商品生产，并不重视商品包装，更没有商标意识。在他们的眼中，烟草就是烟草，皮鞋就是皮鞋，肥皂就是肥皂，同类商品外观都差不多，并没有品牌名称作为标识。他们认为，对每件商品都进行包装是华而不实且浪费的事。因此，绝大多数的商品都是使用简单实用的大包装，运往市场后再拆封直接陈列出来，按重量或数量出售。例如，所有食品都被分类储存在箱子里，沿着过道堆放，你可以买到葡萄干、大枣、燕麦片以及其他各种散装食品。消费者带着自己的篮子到商店里去，购买那些没有商标的葡萄干、大枣、燕麦片、咖啡、食盐、布料、糖浆等日用品，成为当时美国大众购物的一种惯常现象。

1. 商品商标的广泛使用

19世纪中期，美国经济的发展进入一个新的阶段：企业实现大规模化生产；交通运输能力显著增强，大众传媒覆盖全国各地；零售业竞争日趋激烈。由此，生产商发现，如果将商品进行单个包装，并打上自己专属的商标符号，就可以通过报纸、杂志的广告突破往日的区域限制，将商品信息扩散到全国各地，这样做有利于建立自己品牌的声誉。消费者通过广告可以了解商品、认牌购买，而不再单纯依赖批发商去了解商品。为了使自己的商品更有市场竞争力，许多生产商开始在商品包装上花费心思，为商品印制了各种精美的包装袋、包装盒。为进一步增强商品的可识别性，一些生产商开始用自己的名字为商品命名，于是，他们的名字慢慢地就演变成了商标。

特效药制造商最先开始使用商标。他们在药瓶上用货签标出服用剂量，有时还特意在货签上绘上自己的肖像，以保证顾客一眼就能从货架上辨认出要买的药。较为出名的有汉密尔顿大补药、罗伯森驱虫剂、史密斯咀嚼烟草等商标。19世纪50年代，某些烟草公司发现富于创造性的商标名称有助于商品的销售。在1860年至1920年这60年的时间里，带商标、独立小包装的商品大规模地取代了没有商标、散装的商品。

当商标出现并成为市场的一部分时，就为广告业打开了一扇新的大门——对消费者品牌意识的培养。广告赞扬这些品牌的价值，有些时候甚至特意将它们与其他竞争者进行对比。这样，就赋予了商品特征，使消费者更容易记住并辨认出自己喜欢的商品，从而为商品销售带来便利。如“百加得”（Bacardi）朗姆酒、“祖母”（Grandma’s）糖浆、“好时”（Hershey’s）巧克力、“坎农磨坊”（Cannon Mill’s）棉花制品、“麦克米克”（McCormick’s）生姜等。

在各种品牌传播活动中，当数桂格面粉公司（Quaker）、通用磨坊公司（General Mill）、宝洁公司（Procter & Gamble，P&G）最为成功。

第一个成功运用商标形象的是桂格面粉公司。1877年，桂格在美国专利及商标局正

图 10－9　桂格燕麦片广告（1897 年）

式注册第一个早餐麦片商标。1882 年，桂格在全国性杂志上刊登了第一个早餐麦片广告。1885 年，头戴帽子的桂格麦片人（Quaker Oats Man）首次出现在麦片粥的包装盒上。在 19 世纪的美国，贵格会（教会，与品牌英文同名，译名同音）会员以其精干而公正的形象获得社会的普遍好感。因此，小贩们有时会装扮成这一宗教群体的成员。桂格面粉公司在桂格麦片的商品包装上借用这一形象，就是出于这样一个动机，以这样一个戴帽子的中年男子形象为标志（见图 10－9），象征着品牌的纯正、诚实和正直。此后，桂格又不断大力宣传，不仅扩大了桂格麦片的全国知名度，而且有效地阻止了模仿者。随着岁月的流逝，虽然桂格的产权几经改变，燕麦片的广告诉求也有所变化，但戴帽子的桂格中年男子的商标形象却始终保持不变。

宝洁公司从 1879 年开始出售肥皂。但很快，宝洁的肥皂不再被简单称为“白肥皂”了，它拥有了动听的名字——“象牙”（Ivory），以及独特的外观、图标和包装设计，而且这些设计在后来的很多年里都没有改变过。有了包装和图标作为标识，那些优质商品在营销中获得了巨大的竞争优势，赢得了广泛的好声名。

商标意识是后来品牌理念的萌芽，为现代广告的健康发展提供了观念上的保障，对推动企业的品牌建设有着重大意义。

2. 品牌营销中的“三套马车”

随着全国统一市场的日益健全和完善，在 19 世纪晚期，一些具有战略眼光的厂商率先在全国开展广告营销活动。通过大量巧妙的广告宣传来提升商品的知名度，促进销售，形成了第一批在美国具有全国影响力的名牌商品。

号称家庭日用品“三套马车”的皇家发酵粉（Royal Baking Powder）、萨普里奥香皂（Sapolio Soap）和象牙香皂（Ivory Soap）在当时的市场上十分走俏。

1868 年，印第安纳州的杂货商霍格兰德（Joseph C. Hoagerland）发明了一种非常方便实用的发酵粉，他把自己发明的这种新产品命名为皇家发酵粉。皇家发酵粉打入市场后，霍格兰德在全国各地的宗教和妇女类杂志上大量做广告，展开了强大的销售攻势。他是第一个使商品包装画面登上广告的人：用粗重的黑体字印刷的商品名称和抢眼的商品包装图案给人一种强烈的视觉冲击力，而“绝对纯正”这句广告口号几乎出现在皇家发酵粉的所有广告中，给人留下了深刻的印象，成为当时最受欢迎的发酵粉产品。随着皇家发酵粉广告的广泛流传，“绝对纯正”这句广告口号逐渐深入人心。到 19 世纪 90 年代初期，皇家发酵粉每年投入的广告费达到 60 万美元，位居同行业之首。

在“三套马车”中，要数萨普里奥香皂的广告策略最为新颖。萨普里奥香皂是纽约的伊诺克·摩根（Enoch Morgan）父子公司生产的一种强力洗涤用品。1869年，摩根父子公司给萨普里奥香皂制订了广告促销计划，并发布了第一个广告。从此，萨普里奥香皂的广告就开始在全国各种媒体上频繁出现。广告围绕着萨普里奥香皂创作了许多富有传奇色彩的小故事来吸引消费者的注意力，增强人们对萨普里奥香皂的喜爱。

1884年，萨普里奥香皂制造商聘请阿特迈斯·沃德（Artemas Ward）出任广告经理，在此后的20年里，这位广告大师使萨普里奥香皂家喻户晓。首先，他为萨普里奥香皂创造了"萨普里奥洗涤全世界"等一系列朗朗上口的广告口号，然后把它们登载在乡村周报上，刷在有轨电车的车厢上。

沃德还用故事的形式把萨普里奥香皂演绎得引人入胜。其中最为有名的是创造了关于"无瑕小镇"（spotless town）的传说。"无瑕小镇"被设想为一个铺着砾石的古雅的荷兰小镇，镇上的居民都是萨普里奥香皂的"粉丝"，他们每天都衷心地赞美给他们带来清洁生活的萨普里奥香皂。在此主题下，以"无瑕小镇"的不同街景和不同身份的居民为背景，并配有居民们对萨普里奥香皂赞誉之辞的系列广告开始出现在各种媒体上。这个系列广告从1890年开始，一连登载了6年之久。

"无瑕小镇"的系列广告所表现出的生活气息很快赢得了人们的喜爱和赞赏。沃德趁热打铁，把虚幻中的"无瑕小镇"进一步推向现实生活。于是，有关"无瑕小镇"的漫画、玩具、书籍等都适时地被推出来。沃德还创作了一个以"无瑕小镇"为背景的音乐剧，在全国巡回演出，并把演出的门票费都捐赠给慈善事业，从而把萨普里奥香皂的广告战役推向了最高潮。

跟皇家发酵粉和萨普里奥香皂相比，另外一套"马车"——象牙香皂的广告似乎更富有戏剧色彩。美国内战前，人们用碱液、脂肪和壁炉灰来制造肥皂，这种柔软的、微黄色的肥皂可以有效地清洁东西，但一旦滑入水中就会溶化成软块。宝洁公司的创始人威廉·普罗克特（William Procter）和詹姆斯·甘保（James Gamble）是一家蜡烛制造公司的合伙人。1879年，甘保的儿子詹姆斯·诺里斯·甘保（James Norris Gamble）用植物脂肪制造出了一种手感非常柔和的白色香皂，这是个与众不同的新产品。普罗克特的儿子哈里·普罗克特（Harley Procter）将新产品命名为象牙香皂。

两年后，即1881年的一天，一名工人在午餐时不小心离开了正在运行的肥皂混合机，由于加工时间过长，所有香皂都发生了膨化。膨化后的香皂竟神奇般漂浮起来，这种特质令人既惊讶又高兴。于是，宝洁公司立即抓住这个机会，调整生产线，专门生产这种可以漂浮的新型香皂。1882年12月21日，宝洁公司首次在宗教周刊《独立》（*The Independent*）上刊登广告，广告列举了象牙香皂的用途，强调象牙香皂对皮肤和衣服同样适用，具有纯白、温和以及可漂浮于水面的特点。宝洁公司打出的广告口号是"纯度99.44%"，以此展开全国性的象牙香皂促销活动（见图10-10）。此后，象牙香皂的所有广告语中，"象牙香皂，纯度99.44%"，以及"能漂浮"（It floats）这两条广告语使用得最多，绵延将近20年，尤其是"能漂浮"这句广告口号在美国家喻户晓。

"三套马车"的广告营销活动标志着美国广告营销水平的提高，为即将到来的品牌管理时代奠定了基础。

ꞏcember 21, 1882.] THE INDEPENDENT.

t figures, will have a good effect in many whether worn by some character or over a piece of furniture. At the same reat care should be taken to avoid the n and vulgar error of combining too gay colors. Indeed, the two great of the want of artistic effect in tableaux, monly arranged, are, first, too much ınd, second, too much color. In almost ıbleau where more than three figures one, at least, should be in shadow, l by something light behind. The fol- diagram will show how the shadow may ed:

ose the figures 1, 2, 3, 4, 5, 6, 7 to repre- e performers. The two lights indicated illuminate the back of the stage, form- ght background. Figure 1 will then be ge of both lights; figure 2 will be par- haded by figure 5; figure 3 will be par- haded by the rear screen; figures 4 and pe in full light; figure 6 in the deep from both screens; and figure 7 dimly ıated by the rear light only. Here we different degree of light for almost character and the effect will be found a ng one. Foot-lights should hardly ever d in arranging tableaux, as they give vs exactly the opposite of picturesque. ghts should be brilliant, placed high up, w in number. A good effect may some- be got by cross-lights; but generally st to have them all on one side of the

red lights are capable of being used with ppy results, and it is by no means a diffi- atter to produce them, either by colored ıch as are used at the theaters, or by globes with colored liquids and placing n front of the lamps, like those we see windows of the chemists's shops.

WERS TO PUZZLES OF DEC. 14TH.

TRANSPOSITIONS.

I.

a grin—vinegar; 2, train me—raiment; ıer—her Tom: 4. ray comes—sycamore:

THE "IVORY" is a Laundry Soap, with all the fine qualities of a choice Toilet Soap, and is 99 44-100 per cent. pure.

Ladies will find this Soap especially adapted for washing laces, infants' clothing, silk hose, cleaning gloves and all articles of fine texture and delicate color, and for the varied uses about the house that daily arise, requiring the use of soap that is above the ordinary in quality.

For the Bath, Toilet, or Nursery it is preferred to most of the Soaps sold for toilet use, being purer and much more pleasant and effective and possessing all the desirable properties of the finest unadulterated White Castile Soap. The Ivory Soap will "float."

The cakes are so shaped that they may be used entire for general purposes or divided with a stout thread (as illustrated) into two perfectly formed cakes, of convenient size for toilet use.

The price, compared to the quality and the size of the cakes, makes it the cheapest Soap for everybody for every want. TRY IT.

SOLD EVERYWHERE.

—LOO

Superior Solid Steel, Col
Pie, Butter, Dinner, D
and Fruit Knives t

ALFORD, WARD, DAVE

77 CHAMBERS ST., N

In order to introduce our goods t
INDEPENDENT, we will send by ma

1 Pie Knife	$2 00	1 But
6 Table Knives	3 50	6 Fru
6 Dessert "	3 25	6 Nut
6 Tea "	3 00	Or an

And any one mentioning THE I
ceive 33½ per cent. rebate.

Holic

A usef
present t
and grov
Magic L

Steam Engines, Mechanical Toys,
1,200 illustration sent by mail for

PECK & SN

126–130 Nassau Stree

T. ASPINWAL

Nos. 75 and 77 West 23d S
(Masonic Templ

TILES of all descriptions
Hearths, Fire-places,
erally.

MANTELS, GRATES, F
Sole Agents for MINTO
CAMPBELL TILE CO

T. G. SELI
No. 111 Fulton Street,
MANUFACTURER
DESKS, OFFICE AND LIB
FINE CYLINDER
Offices fitted up
Partitions. Agen
WOOTON'S DESK

图 10-10 象牙香皂广告（报纸广告，1882 年）

（三）户外广告和交易卡

起初，美国的户外广告都是地方性的。商人们在墙上和篱笆上面画上标识或贴上招贴，告知路人沿途的商铺有毛毯、风湿药和其他有用的物品在出售。这便是美国户外广告的起源。

19 世纪初，随着马戏表演的兴旺，美国商人又将推销各种药品和生活用品的海报贴到了马戏团围栏和剧场墙壁上。据记载，商人贾里德·贝尔（Jared Bell）张贴的纳西马戏团海报尺寸为 50 多平方英尺，是当时纽约有名的大型海报。

工业革命之后，美国资本主义经济空前发展，新技术、新发明开始应用于户外广告领域。除了有大量的户外广告牌和海报外，广告还进一步扩增到报纸、杂志之外的火车和有轨电车上。1850 年，美国一些主要城市的有轨电车上第一次出现了车身广告，成为流动的风景。美国大型服装商店的创始人约翰·沃纳（John Warner）把 100 英尺长的大招牌悬挂在宾夕法尼亚州到费城的铁路线上，同时将气球、宣传车、实物馈赠等方式作为广告传播手段。

广告公司的服务范围正在不断扩大，服务水平也在提高。例如，广告代理商推出了搜集交易卡（trading cards）和有奖购物活动。前者是在香烟和其他形式的烟草包装盒中装入交易卡。交易卡是由一系列不同图像构成的套卡，对能够集齐全套美女肖像、电影明星、印第安部落首领或世界名胜等等图像的交易卡的顾客予以物质上的奖励；后者是对一定数目的购买凭证的奖励回报，也是由广告代理商发明的策略。1885 年，杜克父子公司（W. Duke & Sons）将交易卡插入带有性感小明星特征的“公爵”牌香烟烟盒中，该品牌最终在 1890 年成长为美国领先的卷烟品牌。

第三节 “进步时期”的广告

从 1890 年到 1917 年的近 30 年被称为“进步时期”。这是广告业出现深刻变化和急速发展的时期。此间，新工业、新发明和巨型公司的涌现与普及，不仅改变着美国的经济景观和社会图景，也冲击和改造着普通人的日常生活。

一、工商业的进步

19 世纪末，美国经济在波动中大踏步前进，并很快取代了英法的领先地位，以领头羊的姿态走在了世界的前列。1890 年，美国的工业生产相较于 1860 年增长了 6 倍，工业产值达到 94.98 亿美元。到 1894 年，美国工业产值已跃居世界首位，达到 95 亿美元，相当于英国的 2 倍，法国的 3 倍，约占欧洲各国工业产值总和的一半，接近全球工业总产值的 1/3。1913 年，美国的工业生产占世界的 1/3——超过了英国、法国和德国工业生产的总和。

从内战结束至第一次世界大战爆发不到 50 年的时间内，美国从一个农村化的共和国变成工业极为发达的城市化国家，农机、钢铁制品、机床、电气设备等大量进入国际市场。在新兴汽车工业方面，德国过去一直是世界上最重要的汽车生产国，但自从福特（Henry Ford）发明了大规模生产汽车的方法，美国的汽车生产能力迅速迸发出来。1902 年，美国每 150 万人才有一辆汽车，到 1907 年已是每 800 人一辆汽车了。到 1913 年，美国生产、拥有的汽车比世界上其他国家的总和还多。

在交通和人口方面，美国铁路的运输能力从 1870 年的 8.5 万多千米迅速扩展到 1900 年的 32 万千米，全国性铁路网的出现增进了商品流通能力，形成了一个覆盖整个国家的经济共同体。蒸汽驱动的远洋轮船使运费大幅度下降，有利于商品的分销。由移民广告掀起的移民浪潮在 20 世纪初达到了巅峰，移民像潮水般涌入美国。仅从 1900 年到 1910 年就有 900 万移民涌入美国。移民的涌入为国家的发展提供了充足的劳动力资源，也壮大了消费者队伍，推动了消费经济的发展。

都市化与商业化发展齐头并进。五大铁路干线所至之处，一大批中小城市从无到有、欣欣向荣，铁路沿线及附近地区日益繁荣。例如，19 世纪初的芝加哥还是人迹罕至之处，而 1880 年人口已有 50 万，1890 年增至 100 万，1900 年更达到 200 万，20 年翻两番的速度足以使芝加哥一跃成为美国第二大城市。纽约的发展更为迅速，1898 年与布鲁克林等四个区合并后，人口将近 300 万，是美国第一大城市，同时也是当时世界上第二大城市，仅次于伦敦。

一场新的商业机构大兼并的潮流席卷全国，仅从1898年到1902年短短四年时间，2 653个独立的商业机构就在这场大潮中被兼并为269家公司，资产总额达6 300亿美元。这些大型公司被称为“托拉斯”，它们控制了铁路、煤炭、钢铁、石油、食糖和烟草等工业。公司规模和实力的日益扩大，使商业机构的服务效率得到有效提高。超大型百货商店、邮购商店和连锁店纷纷出现，为人们购物提供了便利。妇女开始走出家庭，走向社会各领域，通过自身的努力取得了经济独立，成为一支重要的消费力量。当时的广告主估计，85%的消费品是被女性消费者买走的。

在广告的推动下，这一时期的自行车、柯达相机、可口可乐、手表无一不是通过广告而家喻户晓的，电灯、电话、缝纫机、电熨斗、吸尘器、洗衣机、汽车等新科技产品也在广告的喧嚣声中走进美国人的家庭，甚至连美国人的饮食习惯和日常生活方式也都在广告的影响下发生了巨大改变。事实证明：“广告业在削弱传统式的自我克制精神、推进新型自我满足的新风尚方面，发挥了关键的作用。”①

列宁在研究了美国的经济发展后评论说：“无论就19世纪末和20世纪初资本主义的发展速度来说，还是就资本主义发展已经达到的最高程度来说，……美国都是举世无双的。这个国家在很多方面都是我们的资产阶级文明的榜样和理想。”②

正当美国广告呈现出不可遏制的迅猛发展势头之际，第一次世界大战的爆发使这种发展势头遭受了一定程度的挫折。

二、持续的“广告热”

（一）报刊广告的持续繁荣

1893年，出版商麦克卢尔（S. S. McClure）③ 创办了综合性的月刊《麦克卢尔》，每份仅售15美分。这是美国第一份售价低于成本而靠广告收入盈利的期刊，引发了期刊出版业的“低价期刊热”和“广告热”。

1895年，赫斯特（William Randolph Hearst）在纽约买下了一份陷入困境的报纸，更名为《纽约新闻报》（*New York Journal*），并刊登广告（见图10-11）。该报注重犯罪、丑闻、流言蜚语、离婚以及性的问题，强调对灾害和体育新闻的报道，并配以木刻插图。星期日版开辟了漫画专栏，最早将滑稽可笑的连环漫画引入了日报。随着杂志社大力发展广告业务，《麦克卢尔》和其他杂志越来越厚，每期甚至刊载上百页的广告。④

这一时期，商家为了在竞争中胜出，采取各种手段推介产品，扩大销售，对作为大众信息载体的报刊广告投放十分重视。于是，发行量大的报刊就获得了大量的广告，而广告又刺激报刊扩大发行量，降低售价，赢得更多的读者。其结果是数额巨大的广告费

---

① 布德尔．变化中的资本主义：美国商业发展史．郭军，译．北京：中信出版社，2013：191.

② 列宁．列宁全集：第27卷．2版增订版．北京：人民出版社，2017：146.

③ 麦克卢尔，美国编辑和出版家。1884年，他创立美国第一个报业辛迪加即麦克卢尔辛迪加。麦克卢尔辛迪加购买新闻原稿，再将之同时分发给辛迪加订户。他在任《麦克卢尔》编辑期间，发表了“扒粪者”的大部分稿件，揭露当时的政治腐败和垄断集团黑幕。

④ 巴尔赞．从黎明到衰落：西方文化生活五百年，1500年至今．林华，译．北京：中信出版集团，2018.

图 10－11　美国的报纸广告（1898 年，《纽约新闻报》）

滚滚而来，成为报刊的主要收入来源。

从 1830 年至 1915 年，美国铁路里程每年以近 5 500 千米的速度递增。为了吸引州际乘客，美国的主要干线都把广告登在主要的报纸杂志上。宾夕法尼亚铁路和联合太平洋铁路公司各自每年要花 20 万美元的广告费，其他四条主要干线至少每年要花 10 万美元的广告费。

在南方，许多报刊也积极招揽并刊登广告，尤其是烟草广告。如孟菲斯的《商业呼吁报》自 19 世纪 80 年代中期开始，广告已经从 20 则上升到 30 则，星期天的版面上有时多达 40～45 则。[①] 商业广告传单则散发到南方最偏远的农村，肯塔基山里人还用这些漂亮的广告传单装饰他们家的墙壁，山里的孩子就是通过这些墙上的广告传单来学习数字和字母，了解外面世界的信息的。

（二）广告公司的增加

1881 年，洛德（Daniel Lord）和托马斯（Ambrose Thomas）在芝加哥共同创办了洛德-托马斯广告公司（Lord & Thomas，L&T）。1898 年，阿尔伯特·拉斯克（Albert Lasker）进入洛德-托马斯广告公司工作，很快成为争取新顾客的能手。1912 年，拉斯克买下了洛德-托马斯广告公司，并很快将它经营成世界上最大的广告公司。他掌握这家广告公司达 40 多年，重塑了现代广告业，成为美国广告史上的传奇人物。著名的广告人约翰·E. 肯尼迪（John E. Kennedy）和克劳德·霍普金斯（Claude C. Hopkins）都先后在其麾下效力。

拉斯克等倡导了“广告就是印在纸上的推销术”这一里程碑式的广告观念，一手包装或创办了许多享誉至今的商品品牌，极大地扭转了消费者的购买习惯和企业的营销模式，改变了媒体在商业生活中的作用。他还指导制定或亲自制定了至今被广告业称为基

① AYERS E L. The Promise of the New South: Life after Reconstruction. New York, Oxford: Oxford University Press, 1992: 86.

本方法的广告创意模型。

到19世纪末，已经有好几家广告代理商在全美各个城市中开始了代理经营，当时最大的广告公司艾尔父子广告公司已拥有160个雇员和200万美元的资金。[①]

1900年之后，美国各大广告公司纷纷进驻纽约市的麦迪逊大道，广告开始从直销向大众传媒广告销售转变，走上了更加专业的发展道路。

广告的繁荣引领着广告营业额的不断上升。“内战之后，除了几次商业大萧条期间之外，全国广告经营额惊人地、有规律地上升。”1867年，美国全国广告额不过5 000万美元左右；到1900年增加超10倍，达到5亿美元以上，广告支出额从占国民生产总值的0.7%增长到占2.9%。事实表明：“每一个企事业和机构要获得成功，都必须利用广告。”[②]

三、品牌营销观念的盛行

在19世纪下半期，可口可乐的出现是美国广告史上非常值得一提的事情。

1885年，亚特兰大的药剂师潘伯顿（Dr. John S. Pemberton）用糖浆兑出了一种碳酸水，经测试发现，这种碳酸水口感非常劲爽，随后便被命名为“可口可乐”。潘伯顿的记账员弗兰克·罗宾逊用优雅流畅的字体书写了直到今天仍然在使用的可口可乐的商标名称。

随后，这种饮料正式投入生产并在路边小店进行推销。两年后，潘伯顿病逝。一个亚特兰大的商人坎德勒（Asa G. Candler）买下了该产品名称和配方，进行生产和销售。像其他的碳酸饮料一样，在刚投入市场的一个时期，坎德勒仍然把可口可乐当作一种能补充体力的保健品出售。

可口可乐的创始人深知广告的价值，可口可乐试产时，一年只有几十美元的销售额，却拿出了销售收入的绝大部分做广告。1888年，可口可乐开始在火车站、城镇广场的告示牌上做广告。广告词是“可口可乐是一种好喝、助兴、提神解劳的饮料，此外还能治疗一切神经痛、头痛、歇斯底里与忧郁症”。1892年正式成立公司时，年销售额只有5万美元，而广告费就达1.14万美元。同年发布的一份印刷广告上赫然印着这样的标语：“理想的大脑滋补品，令人爱不释口的冬夏皆宜的饮料！……可治疗头疼、解除疲劳。”

到19世纪晚期的最后几年，可口可乐公司与达彼思广告公司合作，逐渐改变了广告策略，不再把可口可乐当作保健品来卖，而是把可口可乐产品与令人愉快的健康向上、充满朝气和活力的形象联系起来，确立了“饮可口可乐，芬芳爽口，精神抖擞”的广告中心主题，大多以充满青春气息的漂亮女性为广告模特，宣称：“没有什么比健康、美丽、富有魅力、充满温柔的女性形象更能使人联想起可口可乐了。”为此，可口可乐公司发布了第一批代言产品的“可口可乐女郎”广告，女演员西尔塔·克拉克（Hilda Clark，见图10-12）和大都市歌剧院的明星莉莲·诺迪卡（Lillian Nordica）都曾出现在其早期的广告招贴画中。这种令人愉快、朝气蓬勃却又总是美艳可爱的女性形象（见图10-13），正

---

① FOX S. The Mirror Makers，a History of American Advertising and Its Creators. New York，1984：39.

② 同①38.

是美国中产阶级妇女心仪和追求的理想形象。此后，健康、快乐、阳光、青春、活力、美丽等成了可口可乐广告的恒定主题，并且在各个时代被各种不同的方式精彩诠释。

图 10－12　西尔塔·克拉克

图 10－13　“可口可乐女郎”广告（1900 年）

随着媒体技术的进步和广告对社会的影响力的扩大，这个主题得到进一步深化，甚至成为一种文化象征，远远超越了它作为饮料的属性。在美国文化向全世界传播的过程中，可口可乐甚至承担着开路先锋的角色，它几乎在全世界所有的地区都赢得了人们的喜爱，成为人类历史上最伟大的品牌之一。

此外，柯达相机的广告在当时的新产品广告中也是名噪一时。20 世纪初，柯达公司推出了两个重要人物形象来代表产品，即男孩布朗尼（Brownie）和女孩柯达（Kodak）。这两个人物形象不仅体现了产品容易操作（因为连小孩都可以操作），而且暗示了产品与孩子和家庭的联系，十分亲切。

“骆驼”（Camel）牌香烟也很重视品牌形象的塑造。1913 年，“骆驼”牌香烟问世。为了扩大影响，公司在云丝顿市中心广场上竖立起一块巨大的广告牌，广告画面充满了异国情调：一望无际的沙海、埃及金字塔、青翠的棕榈树林，最引人注目的是一头昂首天外、傲视世间的大骆驼。广告牌上有一行大字：“著名的巴纳姆和贝利马戏团即将来云丝顿演出，神秘的骆驼要来了。”大街小巷也到处张贴着骆驼画像和写着“骆驼，骆驼来了”等字样的广告和标语。由“骆驼”牌香烟赞助的马戏团演出非常成功，特别是骆驼的精彩表演征服了所有的观众。从此，“骆驼”牌香烟的名声不胫而走，成为世人皆知的香烟品牌。

在 1880 年至 1910 年的 30 年间，品牌完全重塑了市场体系，不仅使公司经济受益，而且催生了许多世界巨头，除了我们提到过的柯达、可口可乐、桂格之外，还有亨氏（Heinz，1869 年）、金宝汤（Campbell Soup Company，1869 年）、吉列（Gillette，1901 年）、家乐氏（Kellogg's，1906 年）等。

在科学技术进步的推动下，这一时期的彩色印刷技术已经非常成熟，照相术、木刻版画等都被成功引入广告之中，广告作品比以前更加多样、更加精美，达到了很高的水平。

四、广告的大众化监管运动

在一个社会转型期，广告业缺乏有效治理，则必然会衍生出各种欺骗和虚假的广告。

药品广告在北美殖民地已成为广告营收的“最大的常量”。因为在当时所有的消费品中，能够带来最大收益的投资就是对药品的投资，尤其是特许药品的生产与销售。

19 世纪末期，“特许和专卖药品制造商则成为最大的广告主”①。不仅报纸如此，连医学杂志也是一样。当时，由于防腐剂的生产和销售成为一个新的行业，一些不法商人觉得有机可乘，便开始披着科学与进步的外衣大规模地造假，导致食品、饮料和药品的质量迅速下降。由于人们对精神与肉体的健康相混合的传说深信不疑，以及专业医药应用标准的缺乏，药品销售者对自己产品的奇异功能狂热推崇而形成了一种商业狂欢。例如，马萨诸塞州一位叫“莉迪亚·平卡姆”（Lydia Pinkham）的女子，从 1873 年前后就开始大肆向人们推销她包治百病的草药合剂。她巧舌如簧，极端夸大产品的功效，很快成了美国最早的女百万富翁之一。但她在 1883 年死于中风。尽管她已经离世，可是以她名义发布的广告仍然照常进行。更不可思议的是，给她写信讨教保健诀窍的女性消费者还会收到手写的回信，并署有她的签名。诸如此类的现象很多，如“名医赖特之印度草药丸”“斯蒂尔氏正宗再造丹”等都被渲染得神乎其神。于是，“代表奢华感官刺激的物品慢慢变成了商业广告中最为普遍的形象，魔法灵药加入到了早餐、化妆品、香水、服装、紧身胸衣以及其他能够使人改变形象的产品行列中去”②。

欺诈性和不受约束的广告泛滥，严重败坏了社会风气，引起消费者的强烈不满，大量的投诉信件寄到报刊的编辑那里，人们要求尽快建立规章制度并改变市场上的不良行为。参议院曾有一份报告称，人们对“商业诚信”和“商业本身”都产生了怀疑。

在此情况下，作为“市民社会”力量的美国医学会率先行动起来，在打击欺诈药品广告的过程中发挥了重要的作用。

美国医学会机关刊物——《美国医学会年报》“揭竿而起”，首先发表声明，禁止刊登特许药广告或秘密制剂广告，同时还敦促其他医学杂志遵照医学伦理规范，采取类似的行动，齐心协力确立医学界的职业认同和“文化权威”。在其影响下，1850 年 5 月 9 日，美国医学会辛辛那提年会通过一项决议，进一步明确指出，即使主编知悉秘方或秘密制剂的药品成分，医学杂志为其做广告也有违伦理规范。

1865 年《纽约先驱报》也发表了拒绝刊登不可靠药品广告的宣言。该报的广告规约明确规定：有欺诈嫌疑、内容空泛、足以使人误解的广告以及宣称包治百病的广告，一概拒绝刊登。

---

① SHERMAN S A. Advertising in the United States. Publications of the American Statistical Association，1900，7（52）：119－162.

② 李尔斯．丰裕的寓言：美国广告文化史．任海龙，译．上海：上海人民出版社，2005：101.

1870 年 5 月 5 日，美国医学会华盛顿年会再次提出一项决议，要求医学杂志的主编拒绝在他们的杂志上刊登所有“特许药品、器械、非专业的医学机件或非科学的推荐信，未经批准的机构或医院和专家的介绍。如果这些杂志未能遵守上述规定，美国医学编辑协会将拒绝其主编加入协会成为会员”①。随着特许药品和秘方药问题日渐为医学界所认知，1879 年的美国医学会年会又一次通过决议指出，医生使用所谓受到版权保护的特许药品和在医学杂志上以广告的形式推广其使用，均有违美国医学会伦理规范。

1882 年 6 月，美国医学会决定实行年报杂志化，并成立理事会，总体负责杂志的出版事宜，包括全面控制杂志广告的使用。《美国医学会杂志》第一届理事会为继承和发扬《美国医学会年报》坚守医学伦理规范的优良传统，特别通过一项决议申明：即将刊行的医学会杂志可以为医学教育机构和医院的公开临床指南、书商、药剂师、器械制造商和所有合法的商业利益做广告，但应禁止那些与全国性职业伦理操守的文字或精神相违背的广告。

1904 年，美国《妇女家庭杂志》聘请了马克·沙利文（Mark Sullivan）为顾问律师，调查假药生产商的阴谋诡计。他将莉迪亚的墓碑照片和莉迪亚“在实验室”的广告并列摆放，以证明她早已死去的事实。同时，沙利文还揭露了美国专利协会阻止报界和政治家插手此事的种种手段。

从 1900 年始，美国医学会通过迫使特许药品的制造商公开所有的配方和停止公开做广告的方式，发动了一场让特许药品对“医学道德做出反应”的运动。

美国公众也对医药产品的各种促销方法抱着越来越谨慎的态度。1905 年 10 月，塞缪尔·亚当斯（Samuel Hopkins Adams）在《科利尔》（*Collier's*）杂志发表了一系列名为“美国最大的欺诈”的报道。其中一篇文章指出：

> 今年，容易上当受骗的美国人将会在购买特许药物上花费大约 7 500 万美元。考虑到这笔钱的数目，这意味着美国将会吞掉大量的酒精、鸦片和麻醉剂、各种各样的药物，从强力而又危险的心脏镇静剂到潜在的肝脏兴奋剂，以及远远超过其他所有成分总和的骗局。这些骗局被那些最有技巧的广告骗子利用，是整个贸易的基础。如果所有的报纸、杂志和医学刊物上都拒绝发表这类广告的话，那么这种特许药物产业在 5 年之内就会像南海泡沫一样成为丑陋的历史，我们整个国家不但会变得更加健康和富有，而且还会拯救那些醉鬼和瘾君子。

广告的大众化监管运动带来了深远的影响，促使 1906 年美国国会通过《纯净食品与药物法案》。法案规定，药品卖家必须坚持诚信，特许药厂商必须公开药物中的某些特定成分。这为美国特许药品和秘方药的过度广告画上了一道休止符。

五、两大广告流派的形成

广告是科学还是艺术？在广告的发展历程中，在美国逐渐形成了两大流派及其早期

---

① AMA . American Medical Association Annual Report：Vol. 21. Washington，1870.

的代表人物。

（一）广告艺术性的主张

在消费经济时代，人们的消费能力固然得到了提高，但市场竞争往往愈演愈烈，过去那种简单的信息告知式广告已经不能适应新时代的要求，于是，广告人开始了新的尝试。这时，19世纪90年代欧洲兴起的新艺术运动已经传到美国，深刻地影响了美国的广告界，从而出现了广告艺术化的风潮。在美国首开这种风气的，是考尔金斯。

考尔金斯出生于伊利诺伊州，31岁时进入贝茨广告公司。后来，他和霍尔顿共同创办了考尔金斯-霍尔顿广告公司。考尔金斯的广告践行高品位，追求诚信和表现形式的完美。他认为，广告的“外观”是广告正文与设计配合而形成的全部广告效应，优秀的广告应该具有使读者停止翻动手中的报纸或杂志的艺术魅力。

考尔金斯善于使用简洁、明快、形式感强的设计风格创作广告，艺术水准很高。例如，他请著名画家莱昂·代克（Leon Dyck）为“箭”牌衬衫设计平面广告，从而创造了“箭领人”这一形象，就是这方面的杰作。不过，最能体现考尔金斯广告主张的作品，恐怕还要数他为莱克瓦纳（Lackawanna）铁路公司创作的关于菲比·斯诺（Phoebe Snow）乘火车旅行的传奇故事广告。

早期的蒸汽列车都使用煤炭做燃料，煤炭燃烧产生的烟尘污染特别严重，常会弄脏乘客的衣服。莱克瓦纳铁路公司为了解决烟尘污染问题，改用无烟煤做燃料，大大降低了烟尘的污染程度，从而改善了乘车的环境。为了增强广告的说服效果，考尔金斯把推广“无烟煤铁路线”作为制定莱克瓦纳铁路公司广告策略的突破口。为此，他虚构了一个叫“菲比·斯诺”的女性代言人形象①，让她乘坐莱克瓦纳铁路公司的无烟煤铁路线列车旅行，并采用华美的韵诗为她的旅行生活编写了一系列浪漫而传奇的故事，旨在说明故事主人公在这条铁路上来回旅行时，她的头发依然一尘不染，漂亮的外套始终洁白如雪（见图10-14）。

图10-14 莱克瓦纳铁路公司的广告（无烟煤铁路线，1900年）

---

① 菲比是古希腊神话中月亮女神的名字，斯诺的含义则是雪，仅仅从名字就可看出，这是个纯洁、高雅女性的化身。

这个系列广告经过 6 年的持续发布，使得菲比·斯诺的名字在美国家喻户晓，这位虚构的代言人既是莱克瓦纳铁路公司干净的无烟煤铁路线的象征，更是无数成年美国人的“梦中情人”，自然也带来了乘客数量的持续增加。在这场广告运动中，考尔金斯不仅将广告的艺术设计水平推向了巅峰，而且使广告文案的水平达到了难以企及的高度。

（二）广告科学性的探究

从前，许多广告人既不了解顾客的人均成本，也不知道顾客的人均销售额。广告主根据自己的想法揣度市场，猜对的人寥寥无几，猜错的人却比比皆是。那时的广告如同一场赌博。“不同的人对正确路径有不一样的猜测，但是谁也无法知道哪种猜测更加准确。那时也没有可靠的领航员，因为鲜有在同一航道航行过两次的人。”[①] 因此，广告常常遭受到种种重创。即使是侥幸成功的广告主也常常徘徊在市场潮流转向的边缘。

19 世纪是西方现代心理学的发轫期。受其影响，一部分广告人开始重视对消费者心理的研究。他们普遍认为，消费者之所以选择一种而不选择另一种商品，背后必然有一个非常理性的原因，追踪这个原因是打开消费者购买心理之门的一把“金钥匙”。“广告就是印在纸上的推销术”，要推销就必须找到消费者之所以购买某种商品的内在和外在的原因。对这种原因的寻找要依赖科学的手段，那种简单粗糙的引诱式广告并不能真正打消消费者的顾虑。因此，广告人应当站在消费者的立场上为他们提供购买这种商品的理由。广告是科学，而不是艺术。于是，一种被称为“原因追踪法”的广告方法在这个时期应运而生。

在运用“原因追踪法”的众多广告人中，拉斯克是开创者，霍普金斯则是取得了巨大成功的代表人物之一。

霍普金斯出生于一个牧师家庭，17 岁开始传教。后来进入比塞尔地毯清洗公司任职，担任销售经理，负责销售策略的制定。一段时间之后，他又到史威夫特当广告经理，负责速普博士的药厂广告文案。在此期间，他还负责蒙高莫利瓦得百货连锁店广告和喜力滋（Schlitz）啤酒广告的文案。41 岁时，受拉斯克的邀请加入洛德-托马斯公司负责广告文案，一干就是 18 年。他常说：“我是为广告而生的。我读广告，写广告，白天黑夜尽想着广告。”

霍普金斯的广告风格主要是平民化和注重实效。他认为，消费者之所以购买某种商品，主要原因是他们认为这种商品具有其他商品所不具备的品质特征。因此，向消费者推介商品这样的品质特征才是说服消费者的关键。在同类商品中，在商品的品质特征往往并没有太大差异的情况下，只有抢先宣布你的商品拥有某种其他同类产品其实都具有的品质特征，你才能够拥有这个品质特征的所有权。这就是著名的“优先声明权”理论。

霍普金斯在为喜力滋啤酒所做的广告中成功地实践了他的这一理论。为找到该啤酒最能吸引人的品质特征，他亲自到该啤酒厂做长期的深入考察。通过考察，霍普金斯发现：面对没有任何污染的密歇根湖湖水，厂方为了获取绝对没有污染的来自 4 000 英尺

---

① 霍普金斯．文案圣经：如何写出有销售力的文案．姚静，译．北京：中国友谊出版公司，2017：5.

（约1 219 米）的地下水，仍在湖边钻了两口深达 500 英尺（约 152 米）的自流井；为了确保水的纯度，生产工艺规定要将被抽取的地下水加热变成水蒸气，再冷却直至凝冻，如此重复三次，以去除杂质；每天还要清洁蒸馏设备两次——虽然在当时这个厂家的蒸馏设备已经十分先进；啤酒酵母菌要经过 1 018 次口味测试之后才能选出来；分装啤酒的每一个瓶子都经过高温蒸汽消毒 4 次，确保杀死细菌等所有微生物；每一批啤酒在出厂前都必须通过严格测试，以保证啤酒既纯又醇，然后才能装瓶。

这一切让霍普金斯大受启发。在其后撰写的广告中，他讲述了大量的事实，证明喜力滋啤酒作为“纯啤酒”的独特之处。如：喜力滋啤酒用的是来自 4 000 英尺地下的纯水，酵母是一块经过 1 018 次口味测试后具有独特风味的酵母，喜力滋啤酒的酒瓶都是经过 4 次高温消毒的，等等。

该广告一下子就让喜力滋啤酒与众多只会把“纯”字放大的啤酒广告拉开了距离。用当时一位著名商人的话说，这个广告让他觉得喜力滋啤酒的确与众不同，值得尝试。其实，“1 018 次的严格口味测试”“高温蒸汽清洗消毒”等这些特点是当时大多数啤酒所共有的品质，这是行业内的规范做法。但是，霍普金斯使喜力滋啤酒“预先占有”了这些品质。于是，在消费者心目中，生产工艺科学、严格，口味纯正，质量优良就成了该品牌啤酒独有的品质。广告产生了巨大的效果，喜力滋啤酒销量迅速上升，很快从一个二线品牌一跃成为销量第一的品牌。

此外，霍普金斯还首创产品试销策略，发展了赠品促销方式，比如样品的派发，优惠券、礼品的赠送等，这些方法直到今天仍然在使用。

霍普金斯在其不朽的名著《科学的广告》（*Scientific Advertising*）中指出：“广告人研究消费者，要试着把自己放在消费者的位置。他的成功很大程度上取决于怎样去做这件事情，而不是去做别的什么事情。”霍普金斯的时代是个人奋斗的时代，他的魅力则纯粹是广告人的魅力。他凭借自己的才华与努力，在前人没有走过的路上，为后世的广告人树立了榜样。

随着广告实践的发展，如何满足消费者的精神需求又成为人们探求的一项重要内容。当时，著名的行为心理学家约翰·华生（John B. Watson）向智威汤逊广告公司提出了一种与“原因追踪法”相对应的被称为“情感氛围法”的感性广告方法，这个方法在这个时期大行其道。

斯坦利·里索（Stanley Resor）等人注重运用心理学上的联想和暗示的方法，突出购买、拥有商品所带来的精神愉悦和心理满足，努力将商品从普通的“物”提升到消费者身份和地位的象征。这方面最经典的广告是西奥多·麦克马纳斯（Theodore MacManus）在 1915 年为凯迪拉克汽车撰写的名为《惩罚领导者》的广告（见图 10－15）。

这则没有任何插图并绝口不提汽车的广告，以其雄辩的说服力让人相信，凯迪拉克具有其他任何汽车无法相比的优越性。它虽是一辆汽车，但永远居于领先地位，是令人崇拜、忌妒的领导者的象征。

华生也身体力行，成功地为一些公司设计了广告活动。例如：在为旁氏冷霜和雪花膏设计的促销活动中，声称产品使用了西班牙女王和罗马尼亚女王所推荐的材料；为强生公司说服妈妈们婴儿每次换过尿布后扑上爽身粉很重要；帮助麦氏咖啡将“咖啡休息”

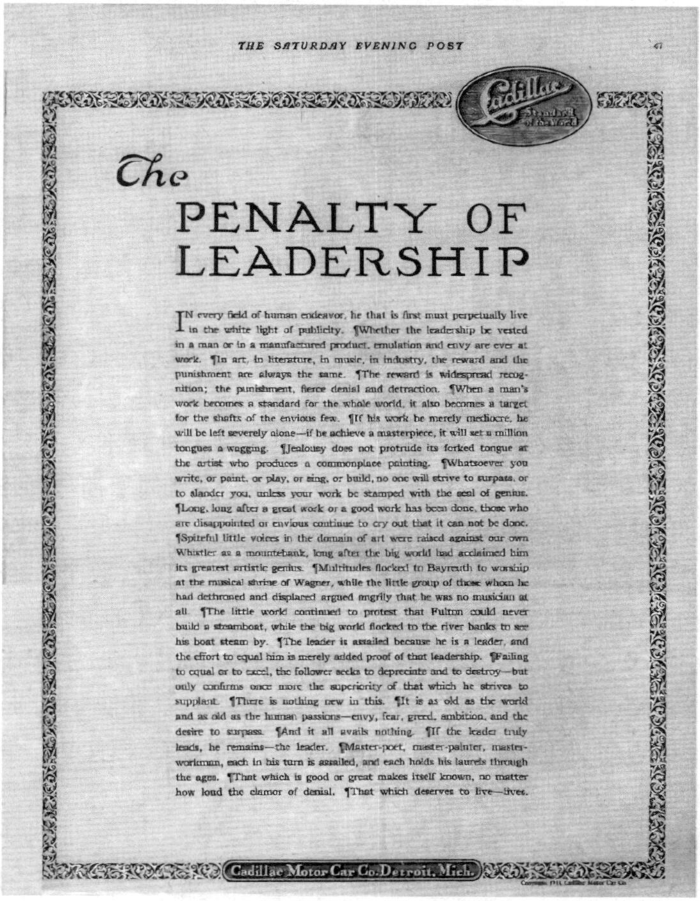

图 10-15 广告《惩罚领导者》（1915 年，西奥多·麦克马纳斯文）

的概念演变成美国办公室、工厂和家庭的习惯。

虽然“原因追踪法”和“情感氛围法”的诉求重点各不相同，但是就增强广告效果而言，两者的贡献不分伯仲，都是崇尚实用主义哲学的美国文化的产物。

六、早期的广告管理组织及广告研究

由于损害消费者和行业利益的广告仍然较多，美国专司广告发布的媒体最早提出了对广告进行管理的诉求。为此，美国广告联合会的前身——美国广告俱乐部联盟（Associated Advertising Clubs of America，AACA）领导了一场为广告的真实性和道德性而斗争的运动，主要是反对假药广告的改革运动。

1903 年，史密斯·奎因（Smith B. Quayle）成立了辛辛那提广告人俱乐部。后来圣路易斯、芝加哥等地也成立了类似的组织。1905 年，多家广告俱乐部实现联合，成立了美国广告俱乐部联盟。1911 年，美国广告俱乐部联盟的 100 多名代表齐集波士顿召开年会，会议决定展开广告业的道德整顿，提出了“广告就要真实”的口号，同时成立监督委员会，负责处理广告弄虚作假的事宜。广告行业的杂志《印刷者油墨》也积极行动，提出了防止虚假广告的广告法草案，即后来著名的《印刷油墨法规》（又称《普令泰因克广告法草案》）。该法规的基本规定是：任何人、任何企业和广告代理均不得进行欺骗性的广告宣传，任何不真实或令人误解的广告都是违法的。这标志着美国广告媒体机构自我管理体系的诞生。1945年，该法规经过修改后被27个州和华盛顿哥伦比亚特区确定为广告法，并被另外17个州部分地采用。这一法规奠定了美国传媒在广告监督中享有的特殊地位：它们可以拒绝刊播它们认为不适宜公开的广告，而无须说明理由。即使是通过了广告代理公司审查的广告，只要有可能对社会产生不良影响，媒体也有权拒绝刊播。

1914年，美国设立了监管商业和广告行业的最高机构联邦贸易委员会（Federal Trade Commission，FTC）。该委员会下辖6个分局，并在全美11个地方设有分支机构。在6个分局中，反欺诈行为局主要负责治理虚假广告等欺诈行为，制定广告管理规章并监督实施，调查处理消费者对广告的控告，召开听证会，处理不实不公平广告等。联邦贸易委员会还通过了相应的法案，认定“不公平的商业手法属于违法”，这对于监管广告活动、规范广告发展有着重要意义。

因为对广告的监督和管理牵涉面十分广泛，所以，美国有数个政府部门积极参与。联邦通信委员会（Federal Communications Commission，FCC）负责对广播、电视广告进行审查；邮政署（Postal Service）负责监管通过邮件传播的广告；证券交易委员会（Securities and Exchange Commission，SEC）负责监管股票和债券广告；食品药品监督管理局（Food and Drug Administration，FDA）监管的对象是食品、生物制品、药品、化妆品以及保健产品等的广告。此外，美国还成立了商业促进局（Better Business Bureau，BBB），负责监督商业，当然也包括广告的运行状况。

为了能使广告客户得到真正可靠的报刊发行量的数据，1914年一些报业经营者成立了发行量稽核局，负责核查各报刊的实际发行量，向参加该组织的会员提供各种报纸、杂志媒体发行份数的可靠资料，作为广告主及广告公司制定媒体投放策略时进行媒体评价的依据。后来，发行量稽核局进一步扩大和完善，由各会员报刊社派代表组成理事会和监事会，经常性的工作人员一度有170人，专业稽查人员70人。他们有权到各报社和杂志社查阅资料，核实其发行数据准确与否，其费用由各媒体负担。发行量稽核局的成立，规范了报刊业的经营活动，保护了广告主、广告公司、报刊三方的经济利益。

不良广告的流布，使得广告行业面临着舆论上的巨大压力。许多声誉卓著的广告代理商也清楚地认识到，欺骗性广告打击的是整个广告行业的信誉。除了政府法律、法规的强制之外，加强行业的自律似乎是一个更好的方法。于是，广告组织积极行动起来，加强行业自律。

最早的广告自律组织是1894年杂志界的广告人在芝加哥成立的爱盖特俱乐部（Agate Club）。该组织存在了25年之久。1896年，斯芬克斯俱乐部（Sphinx Club）在纽约成立。这是一个全国性的组织，它的会员包括广告主、广告公司、出版商、户外广告代理商、印刷商、雕工以及其他与广告相关的人士。俱乐部的宗旨是“更清楚地了解广告问题，更好地发展广告”。它的座右铭是“诚信广告”。在其32年的历程中，该组织为会员们拓展业务、建立商业关系网络提供了有价值的帮助。

辛辛那提、圣路易斯、芝加哥等地地方性的广告组织纷纷出现。经过不断整合，最终形成了全国乃至世界性的广告组织。这些组织主要有以下三种。

（1）世界广告俱乐部联盟。1928 年，广告俱乐部联盟已发展成为国际性的广告协会，有2 000 名会员，并在 14 个国家和地区建立了 325 个俱乐部，为加强行业自律、维护自身利益、保持广告行业的健康发展做出了重要贡献。

广告俱乐部联盟的主要工作是为各俱乐部和地区性会议选派能做主题发言的专业人士。该组织还向会员分发各种行业动态通报和小册子，并负责每年召开一次会员大会，交流情况，探讨问题。

（2）全美广告主协会（Association of National Advertisers，ANA）。1910 年，杂志编辑乔治·弗朗西（Georg Francie）发起成立了该组织，有会员 500 多名。该协会的宗旨是提高广告的有效性，"使在广告上花费的每一分钱都能带来更多的回报"。该协会为会员提供广告和市场营销方面的信息和咨询服务。会员主要来自各类公司，公司代表可以以个人会员身份加入协会。该协会每年召开两次会议，往往就某一规定的主题进行讨论，交换经验。

（3）美国广告公司协会（American Association of Advertising Agencies，AAAA）。该协会于 1917 年在圣路易斯成立。该协会成立之初，全美 500 家广告公司中有 111 家是其会员。在智威汤逊广告公司总裁兼 4A 主席斯坦利·里索的邀请下，丹尼尔·斯塔奇（Daniel Starch）于 1924 年成为第一任研究室主任。该协会为报纸杂志制定了统一的规格标准；为报纸和杂志广告版面购买设计了统一的订单样式；将广告公司的代理佣金比例定在 15%；用定量的方法研究报刊的发行量，并推广了调查方法。这些措施对规范广告行业的标准、提高广告公司的效率做出了重要的贡献。

美国广告公司协会制定了协会自律规则《实践标准和创作守则》，违反会规者将被开除会籍，以此约束会员遵守广告道德准则。从此，广告与企业建立了更紧密的联系，并且扮演着商品营销先锋的角色。到 1918 年，随着全方位服务的广告公司已经出现，服务的范围包括研究广告主的产品，分析广告主的市场，检查公司的销售方法，研究媒体，制订广告计划，测量广告效果等。

美国广告公司协会是全国性的广告机构组织，也是世界上最早的广告代理商协会。

在广告研究方面，19 世纪末，西方国家的广告学者开始进行广告理论研究。1900 年，明尼苏达大学心理实验室的哈洛·盖尔（Harlow Gale）在多年研究的基础上，出版了《广告心理学》一书。他率先将心理学原理引入广告研究领域，对消费者从看广告到采取购买行动的整个过程进行了分析，强调商品广告的内容应该使消费者容易了解，并应适当运用心理学原理以引起消费者注意和兴趣。

1901 年 12 月 20 日，美国心理学家斯科特（W. D. Scott）在西北大学的一次学术报告中，发表了广告应该成为一门学科，心理学可以在其中发挥重要作用的见解。1903 年，斯科特将他的 12 篇论文进行汇编，出版了《广告论》。该书被视为世界上最早的广告学学科著作，也标志着广告心理学的诞生。1908 年，斯科特进一步将广告心理学的知识系统化，写成了《广告心理学》。他认为，广告的出发点是了解消费者的需求而不是把企业的需求强加给消费者。他在书中首次提出要增加广告与消费者之间的接触次数、以感情诉求方式打动消费者的观点。斯科特的研究成果使广告心理学开始为世人所认可。

1912年，“工业心理学之父”雨果·闵斯特贝格（Hugo Munsterberg）在他的《心理学与工业效率》一书中概述了他与斯科特所做的关于广告效果的实验，实验揭示了杂志广告读者回忆率与广告篇幅大小以及提示次数的关系。

这些著作可谓是现代广告学的开山之作，极大地促进了广告的发展。随着广告理论研究的不断深入，广告逐渐成为一门学科。

七、第一次世界大战时期的广告

1917年，美国参与第一次世界大战。虽然这场战争并没有波及美国本土，但是全社会关注的焦点迅速转移到战争上。美国国内对此次大规模战争存有多种不同的看法，意见的极端分歧导致了与参战有关的一系列问题。为解决这些问题，威尔逊（Thomas Woodrow Wilson）总统决定成立公共信息委员会（Committee on Public Information，CPI），由新闻记者乔治·克里尔（George Creel）领导[①]，主要任务是指导和推进战时公共宣传，同时从事相关研究以找出能达到最佳宣传效果的各种途径，由此带来了广告内容与表现的新变化，一场以宣扬爱国主义为主旨的广告传播蔚然成风。克里尔把这项工作称为“一项伟大的推销事业，全世界在广告方面最伟大的冒险”[②]。

在广告界的积极支持下，公共信息委员会进行了多次系列的广告活动。其中有：

> 战争储蓄邮票运动，呼吁公众要“存储那些轻率地花掉的美元”，这些钱浪费在了自我放纵上面，而前方的战士却正在战场上流血牺牲。
>
> 红十字会运动，要求公民加入该组织，帮助救治伤员。
>
> 防止间谍与谎言运动，呼吁人们制止那些毫无根据的谣传和流言。
>
> 支持兵役登记制度的运动。
>
> 消灭老鼠的运动，敦促消灭那些吃粮食的动物及害虫。
>
> 敦促父母与恋人给士兵们写信只写鼓励话语的运动。

这些充分反映时代特征的广告运动，给人们留下了深刻印象。例如，1918年的《我要你参加美国军队》(见图10-16)、《世界上最伟大的母亲》（红十字会）等海报都得到了广泛的传播。其中，《我要你参加美国军队》海报在第一次世界大战期间就有约400万份循环流通（二战期间又印制了约35万份，现在仍被美国军事征兵中心使用)。此外，女性首次被征募进入海军和海军陆战队。1918年，画家克里斯蒂（Howard Chandler Christy）笔下的“茉莉女孩”的征兵海报风靡一时，“茉莉女孩”成为标志性的人物形象。据统计，在“美国参战的1917年和1918年，约2 500种超过2 000万份征兵和前线

---

① Creel有“鱼篓”之意，故这个委员会俗称“鱼篓委员会”。

② 凯奇．杂志封面女郎：美国大众媒介中视觉刻板形象的起源．曾妮，译．天津：天津人民出版社，2006：172.

募捐海报在商店、剧院、火车站和邮局得以展示”①。

除了山姆大叔的形象之外，运用最多的视觉形象就是自由女神像，它尤其被用来吸引移民对战争的支持。“你们来到这里寻求自由，”一幅印有自由女神像的广告文字写道，“你们现在必须为保存自由而出力。”购买自由债券成了一种爱国主义行为的表现。

图 10－16　美国的征兵广告
（1918 年，詹姆斯·弗莱格绘）

公共信息委员会发起的一系列战争宣传对改变美国公众关于本次战争的看法、强化国家的统治地位、鼓舞国民斗志、增强民族凝聚力产生了难以估量的作用，同时也为美国广告业提供了展示广告的超经济能力和公益性的机会，为二战期间的战时广告委员会的建立和发展奠定了坚实的基础。战争期间广告运动的效果使政府确信，广告不仅是商业工具，而且是巨大的“道德和教育力量”。它能够向人们灌输新的思想，鼓舞人们的爱国行动，正如著名的广告公司智威汤逊所认为的那样，战争不仅使广告业“有机会为爱国主义服务……而且向一大批要人揭示了……广告的真实特性和所执行的重要职能”②。

第一次世界大战促进了美国广告业的繁荣与成熟，正如乔舒亚·蔡茨（Joshua Zeitz）在《摩登女：性、时尚、名利与成就美国现代化的女性共同演绎的疯狂故事》一书中所说的那样，许多广告先驱都是通过为战争做宣传而开启自己的广告职业生涯的。其中，最为著名的是布鲁斯·巴顿（Bruce Barton）。第一次世界大战爆发后，巴顿发起了“我即纽约”的购买胜利国债运动，大获成功。在战争后期，巴顿为“救世军”（Salvation Army）③ 所写的“一个人有可能倒下，但是永远不会退出”，也是家喻户晓的广告语，极大地鼓舞了人们的斗志。1919 年，布鲁斯·巴顿与罗伊·德斯汀（Roy Durstine）一起建立了巴顿-德斯汀公司（Barton & Durstine）。当时，科利尔（Collier）出版的“哈佛经典”丛书，虽然收入了诸如《埃涅伊德》以及英美诗歌等 50 部重要的历史、文学和哲学作品，但销量却很不理想。后来，巴顿为该书创作了这样一则广告语：“此书将为你讲述玛丽·安托瓦内特（法国国王路易十六的妻子）的死亡之旅。”此广告带来了约 40 万册的销量。

第一次世界大战使得广告职业的尊严得到体现。对广告人来说，战争是一个展现道德价值和社会价值的机会。在一战爆发之前，人们觉得做广告不过就是在做生意，没有将广告当成一种严肃的职业。1918 年，威廉·达美高（William D'Arcy）在行业年会上告诉自己的同行：广告业在战争期间取得了令人瞩目的成就，战争凸显了广告的关键作

---

① 凯奇．杂志封面女郎：美国大众媒介中视觉刻板形象的起源．曾妮，译．天津：天津人民出版社，2006：172.

② CARY J H，WEINBERG J，HARTSHORNE T L. The Social Fabric，American Life from the Civil War to the Present. Boston，1987：204.

③ “救世军”是一个国际救助和慈善组织。

用以及广告为国家和人民所做的巨大贡献。他说："广告业对国家来说至关重要，甚至与国会的重要性不相上下。"[①]

第四节　大繁荣与大萧条时代的广告

第一次世界大战以后，资本主义国家间的关系暂时缓和，1924年至1929年，资本主义的发展处于相对稳定时期。

美国的科学技术开始突飞猛进地发展，标准化、专业化程度日益提高，大规模生产使产品大量增加。工厂大量生产出来的产品潮水般涌入市场，像"苏格兰"牌磁带、"威尔士"牌葡萄汁、"李施德林"牌漱口水、"小麦"牌玉米、克里内克丝面巾纸、希克电动剃须刀和柠檬棒冰都迅速成了家喻户晓的品牌。[②] 小汽车、电话、收音机、缝纫机、洗衣机、冰箱、吸尘器等产品成为大规模生产的家庭消费品。

新兴工业不断出现，如汽车业，电力、电机与电器业，电影业等成为进一步推动经济繁荣的强大刺激力量。其中最引人注目的是汽车业的兴起。战后，美国的汽车数量激增，对人们的工作、生活、娱乐方式都产生了极大的影响。新公路正在家门口修建，汽车的售价逐渐下降到大众可以承受的范围以内。例如，"福特T型车的价格从1908年的805美元降到1925年的290美元，而290美元的购买力就相当于今天的3 500美元。制造业发展速度也在增加。福特的新装配线使得组装一台T型车的时间从14个小时减少到仅仅93分钟。即使这样还是供不应求，有太多人期盼这些车赶快从流水线上运下来"[③]。据统计，"20世纪20年代，汽车生产的年产量翻了3倍，从150万辆增加到480万辆"[④]。1900—1929年美国汽车的登记总数猛增到2 675万辆，平均每4.5人就拥有一辆。美国制造了资本主义世界使用的汽车总量的81%，成为名副其实的"汽车王国"。[⑤] 汽车批量生产的成功不仅标志着维多利亚时代爱情方式的结束，而且激发了加油站、服务站、汽车旅馆、车库和外卖店的涌现，城市的道路建筑和其他基础设施亦不断更新。不仅如此，汽车业的繁荣还刺激了钢铁、玻璃、油漆、橡胶和石油等基础产品的生产，创造了数以百万计的就业机会。1921—1929年期间，美国全国工业生产总值翻了一番，此时的美国已经不再是一战前的债务国，而是世界上最强大的经济体以及经济增长最快的国家。

城市化进程也在不断加快。在一些原先的小城镇，摩天大楼拔地而起，迅速成为人口集中的大城市，城市人口开始超过农村人口。1920年的人口普查表明，已经有51%的美国人居住在城市里，城镇家庭的现代化程度在不断提升，象征着现代文明生活的现代化厨房、卫生间、浴室等设施迅速走进家庭，不仅城镇居民的生活方式和卫生习惯有了极大的改变，而且生活标准也达到了历史上前所未有的水平。到20世纪20年代中期，

---

① 罗斯福．广告的游戏．蒋玮，译．哈尔滨：哈尔滨出版社，2021：61.

② 蔡莰．摩登女：性、时尚、名利与成就美国现代化的女性共同演绎的疯狂故事．张竝，译．上海：上海人民出版社，2008：57.

③ 格兰特．剑桥美国史．董晨宇，成思，译．北京：新星出版社，2017：329.

④ 方纳．美国历史：理想与现实：下．王希，译．北京：商务印书馆，2017：954.

⑤ UNGER I. The Question of Our Past. New York，1986：627.

几乎 2/3 的美国家庭都通了电，电冰箱、洗衣机、吸尘器、自动洗衣机等电器得到普遍使用。人们追求富裕和舒适、新颖而陶醉的生活，每周五天工作制的实施使得许多家庭有了更多的闲暇去购物和旅游。

工业化不断扩展，股票价格直线上升，社会就业率高，人们的收入稳步提高，消费信贷出现，刺激了消费者对商品的需求；再加上大量移民的涌入，他们在提供劳动力的同时，也形成了一个新的消费阶层。据统计，1914—1929 年，全国财富增长近一倍。其中，1900 年人均收入为 480 美元，1919 年为 620 美元，1929 年增至 681 美元。[①] 到 1925 年，已经有 40%以上的美国人的年收入超过了 2 000 美元，尽管人们的收入存在极大的差距，但收入的增加仍刺激了人们消费的欲望。

大众消费能力的增强引起了连锁店的快速增长。20 世纪 30 年代初，连锁店便已遍布美国各地众多行业，发展达到顶峰。据美国商务部的统计，连锁店的数量在 1929 年已达到约 16 万家（统计仅包含拥有 4 家及 4 家以上分店的商家），占当时零售店总数的 10.8%。其中，大西洋和太平洋茶叶公司、J.C. 潘尼公司（J. C. Penny）、瑞克苏尔药品（Rexall Drugs）、蒙哥马利·沃德公司（Montgmomery Ward）、西尔斯公司（Sears）和罗巴克合营公司（Roebuck & Co.）是这一时期知名的连锁商店。除了糖果、面包、服装、鞋帽、汽车用品、体育商品、家具等日用品之外，留声机、洗衣机、洗碗机、收音机、烤箱、吸尘器、电风扇、电冰箱等过去闻所未闻的现代化家庭用品琳琅满目地展示在商场、连锁店之中，受到消费者的欢迎。而快餐连锁店则将商业街变成不夜城。正如丹尼尔·贝尔（Daniel Bell）所指出的那样："技术革命（主要是电力在家庭中的广泛应用，如洗衣机、电饭锅、吸尘器等，以及流水线式的生产方式）导致物质商品的大量生产；市场的发展使得区分不同的购买群体和刺激消费欲望的手段合理化；分期付款方式的广泛应用比其他任何社会手段都更有效地打破了以前新教徒对欠债的顾虑。"[②]

20 世纪 20 年代末期，除了报纸高度普及外，超过 1 200 万的美国家庭都有了收音机，人们沉浸在大众传播带来的信息化生活之中。唱片的销售达到每年一亿张，录音歌手、电影明星和各种体育明星占据了美国人手中英雄谱的顶端部分，美国已经进入一个新的消费主义时代。人们将工作的价值看成是为个人或家庭获取一种"生活水平"的途径。"在这个新的大众文明中，为购买消费品而负债的文化被普遍接受，取代了节俭和自我约束的价值观，后两者正是 19 世纪文化中评判人的诚实品质的重要标准。"[③] "在这个新时代，美好生活的传道者不再是教士和老师，而是广告经理和专业公关人员，他们在美国的报纸、杂志、影院和广播中大肆传播放纵生活的新福音。"[④] 很多原来的小企业从少得可怜的资产发展到拥有数百万乃至数千万美元资产的大企业，并通过广告把有着商标名称的产品推销到全国各地。广告和推销不仅成为受人尊敬的职业，而且第一次被人们赋予和生产工具同等的重要性。从 1919 年到 1929 年，美国整个工业生产率提高 41%，

① 林克，卡顿．一九〇〇年以来的美国史．刘绪贻，译．北京：中国社会科学出版社，1983：294.
② 贝尔．资本主义文化矛盾．严蓓雯，译．北京：人民出版社，2010：67.
③ 方纳．美国历史：理想与现实：下．王希，译．北京：商务印书馆，2017：957.
④ 蔡茨．摩登女：性、时尚、名利与成就美国现代化的女性共同演绎的疯狂故事．张竝，译．上海：上海人民出版社，2008：69.

农业生产率提高26%，而广告费总额也从22.82亿美元飞速上升为34.26亿美元。

这一时期，恰巧在总统柯立芝（John Calvin Coolidge，Jr.）任期之内，所以这一时期的美国经济繁荣又被称为“柯立芝繁荣”。

一、大众媒体的繁盛

20世纪20年代的美国，报刊媒体红红火火，新的媒体纷纷涌现，势头强劲，构成了新的媒体生态。这些媒体常常通过信息传播来定义所谓大众“美好生活”的标准和规范，无形中影响着大众的消费观念和生活方式。

在传统媒体方面，报业紧随经济发展的大趋势，掀起一股联合与合并的热潮。新闻的控制权逐渐集中到了少数实力强大的出版商手中。到1933年，美国六大报系是赫斯特、帕特森-麦考米克、斯克里普斯-霍华德、保罗·布洛克、里德、甘内特。它们控制了美国大约70%的日报发行量和26%的全部报纸发行量。人们担心的报业垄断正在变成现实，这不仅会危及报纸作为第四权力的功能，而且会让大集团越发强势，对相关出版业和整个大众传媒业产生更大影响。这些大的出版集团还拥有杂志、电影制片厂、广播电台和图书出版业务。更重要的是，这几家公司开始控制哪些产品和服务可以被成功推向消费者，哪些产品和服务根本无法进入全国市场。

报纸的新闻煽情主义手法正在卷土重来，小报继续受到欢迎，读者持续增加。批评者认为，小报的出现是那个时代世风日下的结果，特别是喧嚣的20年代。不过，当时的主流大报也好不到哪里去。为了吸引读者、销售广告，它们同样登载与小报差不多的东西，如同遥相呼应。小报兴起的原因之一就是普通人的阅读兴趣形成了一个扩大的市场。另外，有轨电车成为全国性大众交通工具也是一个很重要的原因——小报标题醒目、字号大、图画多而印张少，便于电车上的乘客一边拉住吊环，一边看报。

新闻杂志以传统报纸和严肃杂志混合体的形式出现，成为提供新闻和娱乐的重要来源，受到广泛的欢迎，其广告收入也有所提高。《时代》（1923年）、《新闻周刊》（1933年）、《美国新闻与世界报道》① 等每周或每月盘点日报刊载的新闻，并对这些新闻进行延伸报道，同时提供时尚、体育、名人和娱乐等内容。

在这些大众媒体中，电影和无线电广播的出现无疑具有划时代的历史意义。

就电影而言，以纽约、波士顿等大城市为中心的早期电影业使得成千上万的美国人醉心于去影剧院观看影片，并逐渐成为一种生活习惯和社交时尚。1914年，有1.8万家电影院在播放那些西部短片、滑稽剧、情景剧和旅游风光片，每天有超过700万名观众观看。大型影业公司如派拉蒙、米高梅等所推出的时间更长的故事片情节生动、高潮迭起，令观众流连忘返。好莱坞的崛起更是让美国电影业的发展如日中天，甚至有人认为可以把它看作在更广泛领域内发生的“二次工业革命”的组成部分。在“明星制”的推动下，好莱坞的许多演员如卓别林、璧克馥、瓦伦蒂诺、斯旺森等受到观众的热烈追捧，他们不断传播着关于时装、生活方式和生活舒适度等美国理念，对公众影响力巨大。20

① 1948年由《美国新闻》（1933年）、《世界报道》（1939年）和《美国周刊》合并而成。

世纪 20 年代中期，电影院每周可以售出 5 000 万张电影票，这个数目大约相当于当时美国人口数量的一半。在这样的背景下，“好莱坞电影很快就成为全球市场上炙手可热的美国商品之一，仅次于吉列剃须刀和福特汽车”①。

在广播媒体方面，尽管马可尼（Guglielmo Marconi）因为发明无线电报获得了 1909 年的诺贝尔奖，但却是第一次世界大战促进了这项技术的发展并最终导致一种全新的大众传播媒体的出现。1920 年 11 月 2 日，一个叫弗兰克·康拉德（Frank Conrad）的年轻工程师在匹兹堡创建了 KDKA 电台，固定播出晚间档节目。从此，美国第一家商业电台同时也是全球最早的广播电台宣告诞生。

这一电台的成功创办吸引了许多电气公司、报社、院校、商场等，它们纷纷成立电台进行播音。因此，收音机发展迅速。KDKA 开播时，全国收音机总量还不到 1 000 台；但从 1921 年秋季开始的 6 个月时间里，商店共售出了 50 万台。到 1923 年，约有 60 万名美国人购买了收音机。以美国无线电公司为代表的无线电广播制造商，迅速为其新的收音机提供节目内容，来满足其日益增长和扩大的听众市场需求。后来，美国无线电公司从美国电话电报公司手中收购了位于纽约的 WEAF 广播电台，与通用电气公司、西屋电气公司于 1926 年组建了美国第一个广播网络——全国广播公司（NBC）。1927 年，哥伦比亚广播公司（CBS）诞生。“对广大美国听众特别是农村和小镇上的美国听众而言，通过无线电广播这样一个全新的、令人振奋的途径，他们能够融入到更大范围内的全国消费者群体之中。”②

二、大繁荣时代的广告

20 世纪初以来，尤其是到了 20 世纪 20 年代，美国经济高度繁荣，广告业随之进入了历史上第一个发展高潮期，无论是规模还是经济力量，无论是内容和形式还是创意水准都达到了许多国家难以望其项背的高度。广告业与时俱进，鼓励、引导和激发了大众的消费欲望和需求，带来了生产与销售的畅通，维护了社会经济的繁荣，因而这一时期的广告人被誉为“革命者”。③

（一）广告对女性市场的新开发

20 世纪 20 年代，在女权运动的影响下，美国妇女的社会地位迅速上升。1920 年，妇女获得了宪法赋予的选举权，这使她们在赢得政治权力的同时也获得了自信。更多的妇女开始走出家庭参加工作，在经济上赢得了独立地位，过去依附于家庭和男人的社会角色特征一去不复返。到 1925 年，走出家庭去工作的已婚妇女的比例已达 25%。在金融机构中，妇女约占总人数的一半；在文秘等职业中，妇女雇员占 90%以上。

尽管当时的妇女与她们的男同事相比，无论是薪金报酬，还是升迁机会，仍面临着不平等的待遇，但获得了独立地位的妇女已经形成一个巨大的消费市场，再加上传

---

① 法拉格，布尔，切特罗姆，等．合众存异：美国人的历史：第 7 版．王晨，李书军，丁维，等译．上海：上海社会科学院出版社，2018：620.

② 同①632.

③ FOX S. The Mirror Makers，a History of American Advertising and Its Creators. New York，1984：101.

统习惯的影响，即使是有职业的妇女在家庭生活中大都仍然主持家政，实际上掌握着家庭的日常消费权力。

广告人非常敏锐地意识到了妇女市场的巨大潜力。亚历山大·蒲柏（Alexander Peop）深刻地指出：“对人类的恰当研究应该针对男人，但是对市场的适当研究则要针对女人。”于是，这个时期的广告商纷纷把广告战略转向了女性消费市场，尤其是那些在城市生活和工作的女性。他们常常以生活形态和社会形象为主题，鼓励女性使用广告中的产品来改善自己，以增强自己在社交场合的自信与魅力，获得更大的成功。

例如，智威汤逊公司所做的力士香皂、旁氏冷霜、奥黛奴除臭剂等一系列广告成功地运用了性、恐惧和模仿诉求。其中，智威汤逊公司《在女人肩膀的曲线范围内》的广告是此类广告的代表作。该广告打破了传统观念中人们所忌讳的隐私，告诉时尚女性清除体味的必要：“女人的臂膀！诗人不断地歌唱它，伟大的画家一直描绘它的优美。它应该是世界上最精致、最优美的造物，然而不幸的是，它并非总是如此。在对完美精致的追求中，有件令人讨厌的事情，一种我们自己或许意识不到却会冒犯他人的事情，那么真实地存在着。”广告刊在《妇女家庭杂志》之上，引发了很多保守人士的不满。但是，广告主奥黛奴除臭剂的销量却在一年中上升了112%。

“真实的故事”模式是这一时期广告的典型手法。《真实的故事》本是一份杂志的名称，它用第一人称从女性的角度讲述日常生活中成功与烦恼的故事，因而拥有大量的女性读者。这一模式被运用到广告之中，广告中的女主人公以“知心人”的姿态出现，关注女同胞的问题与烦恼，向她们提出解决问题的方法与途径。比如：你的健康是否为细菌所滋扰？衣服是否新潮？你的浪漫爱情是否会因为口气问题而令人沮丧？这种“知心人”“悄悄话”受到女性的普遍关注。广告的效果就在不经意之中产生。

图10-17　美国的报纸广告
（李施德林，1923年）

一款叫“李施德林”（Listerine）的除口臭产品在这方面做得很出色。从1895年以来它一直向女性灌输这样一个观点：患口臭就是一场人生的悲剧，而结束这场悲剧的最佳选择就是购买可以清除口臭的李施德林。在标题为《常做伴娘却从未做过新娘》的广告中，一位“常做伴娘却从未做过新娘”的女性那凄婉、无助、哀怨的神情给那个时代的女性留下了深刻的印象（见图10-17）：

> 埃德娜（Edna）的故事真是个哀婉动人的故事。像每个女人一样，她当初追求的目标就是结婚。她那个小圈子里的闺蜜大都结婚了，不过没有一个姑娘比她更优雅、更迷人或更可爱。而当她的年龄年复一年慢慢地要爬到悲剧性的30岁界限时，婚姻似乎离她的生活比以往更遥远了。她常做伴娘，可从来没有做过新娘。

那是隐隐袭来的口臭（令人不快的呼吸）使然。你们自己，就算有，也很少自己能意识到，你最亲密的朋友也不会告诉你。

广告把女性对口臭这种生理问题的恐惧情绪调动到了最高点，引起许多并没有口臭的妇女也开始过度敏感地关注起自己的口腔问题，宁可信其有不可信其无地购买该产品。由此给李施德林带来了400多万美元的纯利润。

除了这类恐惧性诉求的广告之外，还有通过暗示引起妇女模仿消费的诱导性广告策略也大行其道。在这一时期的电影、小说和媒体的描述中，摩登女郎的形象大量出现。她们往往是那些“齐耳短发、胭脂绯红、短裙摇曳、勇于表现的年轻女性”，她们敢于挑战传统，喜欢在爵士乐的伴奏下跳舞、抽烟、喝烈性酒，流连于夜总会与歌舞厅。她们既争强好胜、坚持自我，又善解人意、通情达理。从前女性抽烟被认为是为人所不齿的事，1904年，纽约的一位妇女曾因在公共场所吸烟而遭到逮捕。1928年，在公共关系专家爱德华·伯奈斯（Edward Bernays）的策划下，新女性们高举着象征“自由的火炬”的香烟，行走在纽约第五大道上，表示和社会强加在她们身上的“愚蠢的偏见”作斗争。第二年的3月3日，复活节周日游行中，10个初涉社交界的年轻女士悠然地抽着“好彩”牌香烟走在第五大道上，用香烟宣布自己的自由与独立。这一活动将女性抽烟与新女性运动中争取性别平等活动结合在一起，成功地打破了女性在公共场合下抽烟的禁忌，从而为美国烟草公司开拓了新的市场。也许正是由于这些原因，广告中的女性形象逐步占据了传媒的主导地位，以女性为主体的性感广告逐渐大行其道。

（二）广告对新生活方式的推动

20世纪20年代的广告市场变得异常喧嚣。除了以上提到的女性市场以外，广告在其他领域也拓展了自己的影响力。汽车、香烟、时装、化妆品等消费品就是明显的例子，它们在广告的推动下流行起来，迅速在人们的日常生活中得到普及。

新产品广告不仅向消费者介绍和解释新技术，告诉人们新产品能够做什么、如何使用，而且向人们介绍这种新产品带来的全新生活方式，帮助人们紧跟时代潮流，避免给人以落后和保守的印象。例如，利比（Libbey）食品公司从1920年起就开始挖掘“从来没有走出过家门的女人”这样的广告主题，试图以此激发妇女们对自己生存状态的不满，让她们走出厨房，走向利比食品公司的柜台。其中它的一则著名的广告这样描述道：

> 她从厨房的窗子向外望去，意识到世界上还有很多她没有见过的事物，这时会发生什么事情？……这让人心痛，她看清了自己，别人也把她看得很清楚，这突然间的一闪念真令她心痛。一个苦力，那就是她充当的角色。她只不过是这支妇女大军中的一员，这个世界欢快地与她们擦肩而过，渐渐地她们苍老、憔悴，失去了往日的姿色，直到最后有天早上她们醒来，认识到玩乐的时光永远地遁去了……她们不仅让家务劳动榨取了年华，也让它剥夺了自己的乐趣，更是让它耗干了青春活力。

尽管当时妇女们在家庭生活中的实际境遇并没有广告商们所描述的那么严重，但是从繁重的家务中解放出来，对已经获得独立的妇女有着巨大的吸引力。所以，这类广告现在看来虽然有些夸张造作，但在当时却非常成功。

这一时期，现代化的浴室是个人卫生和良好的社会形象的标志。广告总是极力展现卫生产品给人们生活带来的快乐与满足。1925 年，克兰（Crane）卫浴的广告词说：“现代的浴室，已经不仅仅具有实用功能，它已经成为清洁和卫生的宽敞神龛。”与色彩斑斓的现代化装饰浴室一样，各种有着装饰图案的浴巾取代了普通的白色浴巾。北卡罗来纳州的加浓（Cannom）毛巾厂在广告中提倡养成每天洗澡的习惯，尽管它的条纹浴巾价格比普通的白色毛巾贵了四倍，但仍十分畅销。

图 10－18 雪佛兰汽车广告（1928 年）

广告的强大传播力唤醒了福特公司。1926 年，福特公司在汽车依然畅销的情况下，突然宣布取消所有的广告预算，并宣称“广告在经济上是一种浪费，我再也不信它了”。但是，在激烈的市场竞争环境下，福特汽车的市场占有率急速下降。其竞争对手雪佛兰公司不断改变轿车的款式，并积极展开广告攻势（见图 10－18），终于在 1927 年超过了福特公司的汽车销售量。这时，福特公司意识到应该重新审视人们对于汽车的需求以及广告的作用。于是，福特公司在当年 10 月推出了全新车型，重新启用 A 型车，并宣布将开展大规模的广告活动对它进行宣传。最不愿使用广告的亨利·福特最终还是向广告妥协了，这使以前备受他打击的那些广告商和出版界兴高采烈。

（三）新兴媒体广告的开拓

与 20 世纪 20 年代广告繁荣相对应的是新兴广告媒体的不断开发。过去已有的媒体，现在被赋予了新的魅力，并且被运用得更加娴熟、灵活；过去闻所未闻的媒体，现在也在广告的舞台上崭露头角。

1. 新型的户外广告

随着道路状况的极大改善与汽车的普及，人们的活动半径增加，驾车出行成为一种新的生活方式。于是，公路边的旅馆增多，郊外露营成为新的时尚活动，高速公路和乡村公路上的汽车、轮胎、饮料、口香糖及其他各种产品的户外广告随之成倍增长。

为客户提供设置广告路牌服务的专业户外广告公司已经出现，它们根据客户的销售目标制定户外广告发布战略，把广告信息传递给潜在的目标消费群，并且可以在从东海岸到西海岸的任何一地为客户设立广告路牌。

著名的博马（Burma-Shave）剃须膏依靠户外媒体广告获得了很大成功。1925 年，欧戴尔（Cliton Odell）发明了不用刷子的新型剃须膏。他的儿子艾伦（Allan）在看到一家加油站的广告路牌后，建议父亲做路牌广告。欧戴尔抱着试试看的心态拿出 200 美元。父子二人首先在明尼苏达州阿波利斯市的公路旁每隔 100 英尺（约 30 米）立起一块木制的广告路牌。没想到，这一招的效果非常好，许多杂货商开车经过那条路看到广告路牌后纷纷向他们发出了订单。短短几个月中，剃须膏的订单从各地滚滚而来。接着，欧戴尔又把他的路牌广告推向全国，剃须膏的销售额大幅度上升。

这一时期霓虹灯广告的发展也进入高潮时期。1932—1934 年，“百年进步博览会”在芝加哥举办，需要进行大规模的现场装饰。于是，霓虹灯成为抢手货。仅芝加哥霓虹灯厂就为博览会安装了四万支灯管。各式各样的霓虹灯广告（立式、横式、静态、动态等）将纽约、芝加哥、拉斯维加斯等城市装扮成了不夜城（见图 10-19）。因此霓虹灯广告也被人们称为“20 世纪城市的本质、夜晚的抒情诗”。与此同时，全国各地还出现了一批具有独创性的户外广告形式，被称为“广告建筑物”（architecture as advertising）。这种建筑物通常被设计成巨型的食品容器造型，有的像咖啡壶，有的像茶杯或奶瓶，有的像圆顶冰屋，花样繁多。它们散布在乡间和交通沿线，新颖别致，吸引驾车者的目光，成为富有美国文化特色的亮丽风景线。

图 10-19　美国的户外广告（霓虹灯，拉斯维加斯大街，20 世纪 30 年代）

在不断涌现的形形色色的新兴媒体中，最引人注目的是空中广告。在人类刚刚实现飞上天空的梦想后，广告商们就打起了飞行器的主意。比如，他们在飞艇上悬挂广告，在低空盘桓的飞机上向下大声呼喊广告口号、散发广告传单等。

1923 年，美国空军少校约翰·萨维奇（John Savage）想出空中飞烟（sky-writing）的办法，在空中放烟，形成文字或者图案。这一构想很快就被广告商们付诸实践。当时的纽约市民几乎每天都能接收到来自天空中的广告信息。纽约成为空中飞烟的中心。芝加哥的柯蒂斯糖果公司租用飞机在 40 多个城市用小降落伞抛撒他们生产的芭比·鲁斯糖果，使产品一炮而红。

2. 广播广告

在 400 多家电台中，起初没有一家采用“出售时间”的商业赞助形式。1922 年，美国电话电报公司位于纽约的广播电台 WEAF 以 50 美元的价格向客户出售广告时间，播发了纽约长岛房地产开发公司皇后区一栋公寓楼的广告。这条时长 10 分钟的广告是广播史上第一个商业广告。广告选取了一段该公司总裁所做的十分平静的讲话，并在播放前这样进行介绍：

> 今天下午对广播听众发表讲话的是昆斯伯勒公司（Queensboro）的布莱克韦尔（Blackwell）先生。他将在格里芬广播电台的安排下，对纳撒尼尔·霍索恩（Nathaniel Hawthorne）以及他想培养一种相互帮助的社区精神和健康活跃的家庭生活的愿望，做一番介绍。①

广告播出三周后，该公司的所有公寓销售一空。在接下来的一年时间里，WEAF 赢得了 25 位广告赞助商，其中包括梅西百货、高露洁（Colgate）、大都会人寿保险公司（MetLife）等著名企业。

然而，由于广播是新生事物，早期的广告商并不清楚怎样去做广播广告。一些商人用赞助的方式传播促销性信息，另一些商人则试图制作与他们自己产品相关的节目，如吉列的谈话节目《胡子的时尚》。尽管如此，电台播放广告还是遇到了很大的阻力。许多人认为，电台是播放新闻的媒体，播放广告有损广播事业的尊严。美国电话电报公司谨慎地对待这种批评，将广告限制在只提及商家名称的非直接广告的范围内，而绝不提及商品的价格和商店地址。1926 年 9 月广播网开始兴起，它让广告能够比以前接触、影响到更多的受众。广播网的发展改变了整个广告行业，广告随之成为电台可接受的支持方式。当然，限制依然无处不在，例如 1928 年全国广播业者联合会公布了第一个行业规范，限制直接广告，仅允许提及赞助商和广告产品的名称一次，并将商业信息限定在日间播出，因为人们认为晚间 7：00—11：00 是不容侵犯的家庭时间。

但广告公司采取迂回的策略，以不同形式重复赞助商的名字，巧妙地避开了这种限制。如金粉公司（Gold Dust）就设法在一条广告里多次提到自己作为赞助商的名字。

> 放松地笑一笑，为金金和粉粉笑一笑。金粉双生子现在在这里把他们的歌曲献给您，愿给您所处的一角增辉。

“金粉”牌洗衣粉的制造商金粉公司通过纽约的 WEAF 电台、普罗维登斯的 WJAR 电台、匹兹堡的 WCAE 电台、布法罗的 WJR 电台、波士顿的 WEEL 电台、费城的 WFL 电台、克利夫兰的 WEAR 电台，让听众有机会和金金、粉粉欢乐开怀。到 1927 年，有 20%的无线电广播节目得到了广告商的赞助。

另外一些公司尝试制作与自身产品有关的广播节目，用增加关联度的方法提高广告的效果。肥皂剧（soap opera）是一种纯粹以消磨时间为目的的节目，特征是轻松、幽默，每天在固定时间播出，一般是在晚饭前后。肥皂剧最早出现在广播中是 1922 年 8 月 22 日。当时，芝加哥的 BSH 广告公司（Blackett-Sample-Hummert）开始制作肥皂剧。消息传出后，厂家纷纷要求赞助节目，以达到宣传的目的。例如，科里诺斯（Kolynos）牙膏赞助了《平凡的比尔》（Just Plain Bill），金牌（Gold Medal）面粉赞助了《贝蒂与鲍勃》（Betty and Bob）。《全美最佳男孩杰克·阿姆斯特朗》（Jack Armstrong，the All-American Boy）则变相为麦德士（Wheaties）宣传“赢家的早餐”，由连环漫画改编的

① HILLIARD K L，KEITH M. The Broadcast Century：A Biography of American Broadcasting. 2nd ed. Boston：Focal Press，1997：31.

《小孤女安妮》(Little Orphan Annie)则为阿华田(Ovaltine)产品促销。一系列以家庭妇女为受众的广播肥皂剧逐渐流行开来。①

同时，广播使得遭到冷落的美式音乐，如西部乡村音乐、布鲁斯和爵士乐得以大规模地流行，一些精明的企业开始冠名赞助音乐节目。其中，《麦斯威尔音乐厅一小时》《帕尔默里夫一小时》都是当时最受欢迎的节目。在这些节目中，每一首歌的最后都有一句广告语。

这一时期，洛德-托马斯广告公司和智威汤逊广告公司逐渐发展成为无线电广播领域中最重要的广告代理公司。洛德-托马斯广告公司接手《好运弹奏》(Lucky Strike Show)，并在每支歌曲结束之时插播香烟广告。1928 年，该公司还制作了美国广播史上最受欢迎的喜剧之一《阿莫斯和安迪秀》(Amos ‘n’ Andy Show)。该节目由白速得(Pepsodent)牙膏赞助。这一白人扮演黑人的歌舞杂耍剧吸引了全国的听众。为了收听《阿莫斯和安迪秀》，全美都改变了作息时间，工厂早早收工，出租汽车司机在节目播出时间内拒载乘客。收听广播已经成为美国人最重要的娱乐方式和资讯来源。这一年，广播广告的营业额已达到 1 050 万美元。从此，美国进入了电波广告时代。

1929 年，美国平均每 5 个家庭就有 4 家有收音机。随着全国广播网和辛迪加集团的出现和发展，广播广告得以跨越地理界限在全国播出，电台的广告收入从 1927 年的 300 万美元上升到 1929 年的 4 000 万美元。股市大崩溃后，哥伦比亚广播公司采取了激进的广告措施，率先播放了烟草公司的广告。接着，全国广播公司也放弃了原先的限制。从此，广播广告不断增多，广播成为继印刷媒体之后的第二大广告媒体。到 20 世纪 30 年代，广播广告已经如日中天，电台广播终于超过杂志而成为第一大广告媒体。

(四)广告业的辉煌

布鲁斯·巴顿有句名言：“不管是繁荣时期还是萧条时期，广告总会存在。繁荣时，人们想做广告；萧条时，人们不得不做广告。”1920 年，巴顿-德斯汀公司(Barton & Durstine)与亚历克斯·奥斯本(Alex Osborn)的公司合并，成立了巴顿-德斯汀暨奥斯本公司(Barton, Durstine & Osborn)。布鲁斯·巴顿写作的《无人知晓之人》是 1925 年美国非小说类的畅销书之一。巴顿通过展现基督教和商业的相似之处，告诉大众：耶稣不仅是“耶路撒冷最受欢迎的宴会宾客”，而且是“他所在时代最伟大的广告制作者……一个商业场中强健的、雄心勃勃的大男人”。“如果在今天，他会成为闻名全国的广告商”，他“从社会最底层挑选了 12 个男人，组成一个伟大的组织”②。

1928 年，乔治·拜顿(George Batten)加入了巴顿-德斯汀暨奥斯本公司，使得公司的实力进一步壮大，成为日后著名的 BBDO(Batten, Barton, Durstine & Osborn)。分期付款购物方式的流行无疑刺激了购买力提升。据经济学家估算，到了战后十年的后期，15%的零售额是通过分期付款完成的，有 60 亿美元的商业证券业务也是通过分期付款实现的。在巴顿信条盛行的那个年代里，广告和销售活动变得如火如荼。

---

① 肥皂剧的直接源头是 18 世纪曾流行于英国的“感伤小说”。那是一种以妇女为主要对象，情节大多发生在家庭内部的小说样式。

② 方纳. 美国历史：理想与现实：下. 王希，译. 北京：商务印书馆，2017：960.

广告公司手里握着打开销路的钥匙，是那个时代的代理人和传道者。人们怀着崇敬之情看待商业和广告业，因为它们带来和普及了美好的生活方式。在广告的推动下，那些六缸汽车、超外差收音机、香烟雪茄、胭脂水粉和电冰箱才能源源不断地找到销路。《读者文摘》引用商业期刊的内容进行报道，家具制造商的广告提醒人们树立“家具意识”，服装厂家的广告要人们具有“礼服意识”。有位电影皇后从加利福尼亚不远千里赶到纽约，马不停蹄地为几十种化妆品拍照推荐，在几十家商业新闻中露面。这些活动的目的都是替她的新片打广告。

广告代理商们也在竞相寻找更好的广告创意设计，以增强广告传播效果。照片的运用使产品图像更加逼真，广告的诉求也更加直接与大胆，那些除臭剂和卫生棉之类的广告堂而皇之地登上严肃杂志。广告创作者的关注点也从产品的特质和优点逐渐转向对大众消费心理的研究。结果发现：消费者都希望自己年轻活泼、充满魅力、家境富有，希望自己的家庭能媲美模范家庭，让别人心生羡慕。于是，广告创作者极力把广告主的产品和这些特质联系起来进行广告诉求。如用香皂改变了自己的命运，蒙着眼睛也能选择正确的香烟品牌，等等。当然，广告中的人物往往都是时尚名媛、电影明星和飞行英雄。

“在 20 世纪 20 年代，聪明人可能会说，他才不在乎谁来制定国家的法律，只在乎谁能写出流行全国的广告。因为广告里有时代的传奇、浪漫的爱情和痛苦的悲剧，对普通民众而言，广告里刻画的人物比任何一本小说的主角都熟悉亲切。”① 所以，关注广告，观赏广告，追随时尚成为社会潮流。

美国广告业由此进入了一个空前的辉煌期，营业收入持续增长。据统计，1918 年美国广告总支出额为 15 亿美元，1920 年升至 30 亿美元，1929 年为 34 亿美元。尤为突出的是，随着全国性广播网的出现，电台的广告收入从 1927 年的 300 万美元上升到 1929 年的4 000 万美元。②

三、大萧条时代的广告

几十年的持续繁荣使得很多美国人相信这个国家的经济已经走上了永久性繁荣之途。但是，1929 年突然爆发的经济危机彻底击碎了这个美丽的梦。第一场风暴在 10 月末降临，就像引发阿尔卑斯山雪崩的隆隆炮声一样，纽约证券交易所的一场不大不小的恐慌，开始于被投机者推得奇高的 23 只股票。第二天——“黑色星期四”见证了人们歇斯底里的疯狂。“经纪人们鬼哭狼嚎，扯掉自己的衣领，试图跟上抛售指令；观光者挤满了华尔街区，目送着大银行家们乘坐他们的豪华轿车来到摩根财团的门前。”③ 短短几个星期之内，美国的股市就跌到了崩溃的边缘，100 多亿美元的资产被蒸发，无数股民倾家荡产。到月底的时候，150 亿美元的市值消失得无影无踪。年底之前，损失估计高达 400

① 艾伦．仅仅是昨天：从大繁荣到大萧条．译科，孟洁冰，译．北京：法律出版社，2011：125.
② 魏炬．世界广告巨擘．北京：中国人民大学出版社，2006：9.
③ 韦克特．大萧条时代．秦传安，译．北京：新世界出版社，2008：12.

亿美元。

这场危机很快显示出了它的宽度和深度：大量企业纷纷宣布破产，国民经济进入下降通道。白领工人开始降薪，劳工们则在自己的工资袋中发现了解雇通知单。从1929年到1932年末，有109 371家企业破产，全部私营公司纯利润从84亿美元降至34亿美元。农业持续衰退，金融系统崩溃，银行纷纷倒闭，到1932年时就已经有5 600家以上银行宣布破产。从1929年到1933年，美国的国民生产总值减少了30%，农业收入降低了一半以上，近万家银行破产或停业。到1933年，美国股市跌到了历史最低点，繁荣的国家骤然跌入了灰暗的“大萧条”（Great Depression）时代。

人们的生活方式发生了巨大改变。繁荣年代所倡导的“消费经济”仿佛早已被忘记，人们不再提及，而考虑最多的问题是怎样尽量节省开支，维持生计。结婚人数急剧减少，已婚夫妇不愿生孩子或少生孩子。家庭开支大幅度削减，就连报纸、杂志、电影都变成奢侈品。人们面对汽车、房屋维修及看病等消费项目，能拖就拖。许多年轻人宁愿留守学校，也不愿进入不景气的就业市场。尤为重要的是，大萧条使得美国人的道德和信念发生动摇，人们心怀恐惧，无所适从，麻木不仁，甚至怀疑美国的前途，认为资本主义已经走到了尽头，开始思索西方社会制度坍塌的可能性。

经济危机的强劲冲击使得美国的广告业措手不及，举步维艰：1933年，美国的广告收入为13亿美元，与1929年34亿美元的同期数字相比，下跌超过60%。一些消费者团体和社会批评家开始批评广告，商业促进局、发行量稽核局、美国广告公司协会以及联邦贸易委员会也都加大了对广告的监督与管理力度。1938年的《惠勒-利法》则扩大了联邦贸易委员会处理欺诈顾客的广告的权限。

这种大萧条状况直到罗斯福（Franklin D. Roosevelt）总统上任之后才有所缓解。1937年，失业人口比1932年减少了600万。1938年，美国工业产量比1932年增加了30%，1939年增加了60%。按人口平均可以自由支配的个人收入，从1933年的893美元增为1940年的1 250美元。企业利润增加，股市逐步恢复元气，市场日趋好转，直到第二次世界大战。

（一）广告诉求与表现的转向

在大萧条刚开始的两年里，尽管企业大量削减广告预算，但对一些实力雄厚的大型广告公司而言，影响并不大。智威汤逊、BBDO、扬罗必凯等仍然能够获得大量订单，并没有感到太大的压力。可是，到了1932年，情况越来越糟，几乎所有的广告公司都被经济上的困窘压得喘不过气来。有些公司被迫取消了带薪假期，让员工们不拿工资回家休息，或者进一步裁员，严重的则干脆关门大吉。勉强能维持下去的公司也只有挖空心思在逆境中谋求生存。

各广告公司开始忙于千方百计地争取客户，再也没有人认为去争取一个把握不大的客户是浪费时间。公司之间相互争夺、撬客户的不正当竞争行为时有发生，广告客户则伺机杀价，要求更多的折扣和无偿服务。为此，智威汤逊曾经试图在纽约的大广告公司中发起一场运动，以杜绝此类现象，但响应者寥寥无几。BBDO的布鲁斯·巴顿这样说道：“在生意难做的情况下，理想不要了，标准降低了……那些愚蠢的广告、虚假的广告、令人厌恶的广告使整个行业蒙羞，也使我们的处境非常被动。”[①]

现实环境的巨大变化、消费者心理的改变，迫使广告的诉求方式与内容发生相应的变化。广告的艺术性大大降低，出现了大量运动资质证书、产品摄影图像及连环漫画，直白的硬推销式广告充斥媒体（见图 10－20）。

一是流行大字标题。由于经济不景气，客户对广告的质量要求也不高，过去那种有鲜艳的彩色插图、极富魅力的广告逐渐被大版面的硕大字号的标题替代。例如，道奇（Dodge）汽车广告采用大量的照片和粗黑的大标题的风格，告诉消费者，其产品具有很大的吸引力。有的广告文案甚至充满着伪科学的虚假论证。

图 10－20　美国户外广告（纽约时报广场，1940 年，H. Bowden 摄）

二是强调产品价格优势。在 20 世纪 20 年代，广告夸耀的就是产品价格高，而不是便宜——从派克大街上价值 45 000 美元的公寓和配备“克雷恩牌路易十六酒店金质器具”的浴室，直到价值 2.50 美元的口红和价值 50 美分的剃须刀，高价格成了高品质的代名词。而这个时期广告诉求的中心不再是该商品的品质如何好，而是该商品的价格如何便宜，购买该商品节省了多少钱。比如，胡佛（Hoover）吸尘器的广告告诉人们：“任何女人都买得起胡佛吸尘器。它的质量可以和最富有女人的吸尘器相媲美，价格却比一般的便宜 4.5 美元。”法布雷遮阳窗帘则告诉人们不必再扔掉脏的窗帘，因为现在有了可以洗干净再用的窗帘——法布雷窗帘，而且它仅仅卖 45 美分。还有的广告商站在消费者立场上，为他们算经济账，告诉他们可以通过购买自己的产品省出钱来做其他事情。

李施德林牙膏广告也一反传统的诉求策略，它告诉家庭主妇该如何精打细算：“看看用省下的 3 美元能够买到什么？”（即人们买 25 美分一支的李施德林牙膏，而不买 50 美

---

① 斯沃卡．美国广告文化史：英文．大连：东北财经大学出版社，1998：200.

分一支的其他牌子牙膏，一年就能省下 3 美元）广告还列举了 3 美元可以派上的用场：买一双厚底靴、内衣、牛奶或者其他生活必需品。有些广告商还利用人们普遍希望“不花钱白得”的心理，到处打出抽奖、竞猜、送赠品、买二赠一的促销广告。

三是增加恐惧诉求。在大萧条时代，每个人都缺乏安全感，惧怕失业以及其他意想不到的挫折随时都会降临到自己头上。人们的这种心理也被广告商们充分利用并在广告中得到极力渲染，这在香烟、香皂、纸巾、消毒剂、除臭剂等产品广告中尤为突出。

司各特（Scott）纸巾的广告甚至详细讲述“浴室卫生纸所引发的疾病”：“玛丽坐立不安，无法认真听讲。原来她使用的是劣质的卫生纸。劣质卫生纸会引起严重的炎症，尤其是女人，由于她们特殊的生理需求，要用柔软的。”解决这种问题的方法是改用司各特卫生纸。在其 1932 年的一条广告中，进行了如下令人恐怖的诉求：“有三分之二的所谓有牌子的卫生纸不宜使用……这些卫生纸中所含的不纯物质会严重危害健康。这些杂质包括强酸、汞、沙子、氯，甚至砷。”

鲁斯夫-瑞安广告公司（Ruthrauff & Ryann）则采用了“症状-治愈”式的思路，将插图和证言相结合，成功推销了润泽（Rinso）香皂，并将护生公司（Lifebuoy's）的销售口号从“呵护肌肤”转变为“解决体味问题”。广告通过恐惧诉求，向人们推销解决体味的商品。

为了促进销售，广告商们还极力将这种恐慌情绪转移到父母对子女的担心上。鲁斯夫-瑞安把可可麦芽（Cocomalt）的广告通过戏剧性的故事加以展示，广告讲述了孩子营养不良，但还是不肯喝妈妈为他们准备的牛奶，使得母亲们愧疚、自责。显眼的大标题详细、清楚地将恐惧感传递给家长：“孩子们体质羸弱该怨谁?”，或者“我的孩子太单薄，令人怜悯”。这些生活情景剧广告启发了广告业其他同行，他们以大萧条时期忧心忡忡的父母为诉求对象，为各种产品开发情景剧。广告中常常出现疲倦、无精打采、考试不及格、被人歧视的学生的形象，是由于父母未能让孩子吃上和用上各种好东西，如桂格麦片、科罗纳打字机、雄鹰铅笔或者通用公司的电灯泡和联邦人寿保险等。

恐惧诉求还在人们巨大的生活压力上大做文章。吉列剃须刀通过一系列生活片段式的广告提醒工作的男人们，如果一个男人不注意将胡须剃干净，他的生意伙伴就会转过身去悄悄对老婆说：“别担心……下次我不会再带他来了。”老板也会警告他：“把自己收拾整齐，否则走人。”然后，广告提醒人们，“只要用了我们的产品，你就会工作稳定，并在新机遇中大有作为”。桂格麦片则警告人们，如果早上不喝麦片就无法与别人竞争，生意场上从来没有病人的位置，因此，要想在事业上有所建树，就必须食用这种产品。

四是强调新产品的效用。20 世纪 30 年代美国杜邦公司（DuPont）成功发明尼龙之前，人们用各种材料制作袜子，其中包括自纺的纱布、棉布、织锦、丝绸甚至皮革等，这些材质的袜子缺乏弹性，穿着并不舒适。1938 年 10 月 27 日杜邦公司的代表在纽约女子俱乐部成员会议上公开宣布，该公司发明了一种惊人的合成材料：无腐蚀、易着色（不像胶木或天然材料）、灵活、低密度和非生物降解的材料，这就是尼龙。尼龙是合成纤维工业的重大突破，将使纺织品的面貌焕然一新，杜邦公司决定用尼龙材料生产丝袜进行销售。

1939 年 10 月 25 日的《纽约时报》用大量篇幅来报道这种新产品的上市：

由6名不愿意透露姓名的制造商采用杜邦公司新型纱线生产的尼龙袜今天首次上市销售，就受到妇女们的热烈欢迎。长筒袜摆放在6家选定的商店内进行试验性销售，……第一批上柜的长筒袜到下午一点钟就售罄。……当天的大部分时间里，柜台前始终排着三列长长的顾客队伍。他们中许多是男人，许多来自外地。

随后，也就是1940年5月15日这天，杜邦尼龙丝袜的全国性销售运动开始。人们排着长长的队伍购买丝袜，500万双丝袜在一天内被抢购一空，爱美的女人们终于享受到了丝袜带来的高弹性的贴身呵护。

（二）创意风格的追求

在这个时期，萧条、灰暗的广告业之中也出现了许多别具一格的广告作品，为这个时代的广告增添了一些亮色。

在过去，圣诞节到来的时候，西方传统是一家人穿着绿色衣服，围坐在客厅温暖的火炉边，唱歌颂赞，欢乐嬉笑。客厅的角落放着绿色的圣诞树，因为他们相信绿色植物拥有的魔力能抵御冬天的寒冷，让万物不至于枯死。第二天，全家起床感恩上帝赐下丰盛的早餐，再去教堂望弥撒。隆重的晚宴后，家人们拿着蜡烛在过世的亲人墓碑前虔诚祈祷。

图10－21　可口可乐圣诞节广告（1931年）

但是，这一切到了1931年却发生了重要改变：圣诞节逐渐变成一个购物狂欢节。扭转传统的关键是可口可乐公司的董事长伍德鲁夫（Robert Woodruff），他聘请了当时最著名的插画家森德布洛姆（Haddon Sundblom）根据可口可乐包装的配色给圣诞老人设计了一个白胡子红衣服的形象（见图10－21），受到人们的普遍喜爱，这个形象后来成为西方社会圣诞老人的标准造型，也极大地推动了可口可乐的销售。在此后33年中，可口可乐广告都是由这个卡通形象来代言的。他走进千家万户，从冰箱里翻出可口可乐，尽情畅饮，并且在平安夜愉快地和那些熬夜等他到来的孩子玩耍嬉戏。随着这个形象越来越普及，可口可乐在不知不觉中变成美国公众日常生活不可或缺的一部分。

扬罗必凯广告公司用幽默的手法为“箭”牌衬衫做的一系列广告是大萧条时代创意广告中的代表作。其中，广告大师乔治·葛里宾（George Cribbin）为“箭”牌衬衫撰写的那则广告语为“我的朋友乔·霍姆斯，他现在是一匹马了”的广告，给那个时代的人留下了最深刻的印象，成为广告史上的经典作品。诉求幽默的手法让生活在苦难中的人们能够会心一笑，在大萧条时代看到生活的情趣和希望。

扬罗必凯为四玫瑰（Four Roses）威士忌所做的广告一直是酒类广告难以逾越的高峰。画面上，四朵玫瑰被封在冰块中。画面下方写着“凉爽的感觉”。年复一年的夏天，这条广告都会被拿出来重新发布。

这一时期，科学性的探索仍在继续。为了使广告更好地发挥效果，很多广告人又转向了对消费者的研究，而这些领域是以前几乎未被涉及的。例如，为什么购买这一品牌的商品而不购买另一品牌的商品？为什么他们什么也不买？人们喜欢收听什么样的无线电广播？为什么？一些研究者，如 A.C. 尼尔森、丹尼尔·斯塔奇、乔治·盖洛普等人都成立了专门机构来探讨这些问题，并且取得了可喜的成就。

A.C. 尼尔森公司提供《食品与药品纵览》（Food Index and Drug Index）报告，按产品种类和流通渠道，对食品和药品的购买情况进行统计。丹尼尔·斯塔奇公司（Daniel Starch and Associates）则通过一系列手法，调查消费者对杂志广告的反应和认知。

1929 年，乔治·盖洛普（George Gallup）应雷蒙·罗必凯之邀来到纽约扬罗必凯公司，建立了第一个广告公司内部的调研部，建构了报刊阅读率、注目率和广播收听率这一系列评估广告有效性的概念，并通过研究发现：斜体、黑体和大标题下的子标题和周日漫画版上的连环画很受读者欢迎。

此后，动机心理学、视线跟踪法、店面访谈、视点区域研究等一系列方法纷纷被广告公司采用，为更好的广告传播“探路”。

（三）消费者运动的新浪潮

大萧条时期，各种言过其实的虚假广告屡屡出现，消费者深受其害。为了维护自身的利益，消费者们积极行动起来，采用各种手段来维护自己的正当利益，并要求政府对广告加强监督。

各类监督、批评广告的刊物也因此出现。1931 年，《吹牛大王》（*Ballyhoo*）创刊，第一期用玻璃纸包裹，有点商业戏仿的意思。不到 6 个月的时间，这份杂志的发行量便蹿升到了 200 万份，主要靠的是揭穿 20 世纪 20 年代华而不实的营销手段。撰稿人伍德沃德（Helen Woodward）的《多面透视镜》（*Through Many Windows*），揭露了广告公司的黑幕。

经济学家斯图尔特·蔡斯（Stuard Chase）和全国标准局的一位工程师施林克（Frederick Schlink）在其合著的《你的钱值多少？》（*Your Money Worth*？）一书中，也对广告中的假冒商品和低劣的促销手段进行了广泛揭露和抨击。他们还在书中建议联邦政府对消费品进行标准检测，并将结果公之于众，以便消费者作出明智的选择。此后，阿瑟·卡莱特（Arthur Kallet）和施林克又在另一部畅销书《一亿豚鼠》（*100 000 000 Guinea Pigs*）中告诫读者，商店货架上到处都是危险的食品、药品和化妆品，并详细列举了假商标、伪劣商品、虚假广告导致消费者伤残、死亡的例子。这些杂志和书籍的出现，为盛极一时的消费者运动拉开了序幕。

随着消费者运动的发展，施林克把设在纽约的“消费者俱乐部”扩展成了全国性的公众产品检测机构——消费者调查公司（Consumers' Research Inc.）。这家新公司聘请了技术专家，建立了实验室，定期出版业务通讯，通讯后来变为一本月刊杂志。

一些消费者协作组织也相继出现。1936 年，消费者联合会（Consumer Union）创办了旨在帮助消费者的杂志《消费者报告》（*Consumer Reports*）。从创刊开始，就对从麦片到汽车的各种商品发表意见，抨击虚假广告，揭露各种产品的恶劣生产环境，成为最受美国消费者欢迎的刊物之一。

消费者组织的呼声日渐高涨，迫使联邦政府重新审视广告中出现的一些问题。议会通过了一系列保护消费者权益的法案。1934 年，美国食品药品监督管理局的权力范围扩大，增加了对化妆品的管理，同时兼管广告和商标。五年后，《科普兰法案》（Copeland Bill）授权食品药品监督管理局管理药品的生产和销售。同年，联邦贸易委员会宣布"商业活动中的欺骗行为"为非法，并加大了对虚假广告行为的管理力度。

此后两年中，联邦贸易委员会一度勒令市场上已具有很高知名度的弗莱希曼酵母、力士香皂及爱坡娜牙膏等品牌取消自己的广告宣传活动。在这些强有力的管理措施之下，广告客户和广告代理公司不得不采取一些更为有力的自律措施来提高广告内容的真实性，以缓解与消费者之间的矛盾。

（四）广播媒体广告日臻成熟

经济的萧条压不住广播发展的勃勃生机。到 1934 年，哥伦比亚广播公司已经发展起 97 座电台，与全国广播公司形成抗衡之势。广播很快恢复了元气。到 1937 年，3/4 的美国家庭已经拥有收音机，全国无线电广播网形成，广播已经成为美国生活中不可或缺的一部分。研究广播的历史学家埃里克·巴诺瓦（Erick Barnova）描述了当时的情况："穷困潦倒的家庭，宁可放弃冰箱、家具、被褥，也要抱着收音机，以显示过着像样一点儿的生活。"①

广告代理商主导了美国电视台的节目编排和播出内容，他们与两大广播公司即全国广播公司和哥伦比亚广播公司建立了较为紧密的合作关系。代理商负责制作由广告主提供赞助的节目。诸如《弗莱希曼的酵母时光》（Fleischmann Yeast Hour）、《蔡斯和桑伯恩时光》（Chase and Sanborn Hour）和《卡夫音乐厅》（Kraft Music Hall）以及《霍尔马克名人堂》（Hallmark Hall of Fame）等节目名噪一时。

广播广告的发展与一大批杰出的广告人的努力是分不开的。威廉·本顿（William Benton）就是其中一位，他也是本顿-鲍尔斯广告公司（Benton & Bowles）的创始人之一。在《麦斯威尔演艺船》（Maxwell House Showboat）这个节目里，本顿巧妙地把咖啡杯清脆的碰撞声和喝咖啡时抿嘴的声响元素加入广告中，制造了生活情境，使人闻其声如临其境，感受真切，从而弥补了广播媒体视觉形象不足的缺点。

肥皂剧从 20 世纪 30 年代开始呈多样化发展。商业广播网借用"伤感小说"的形式，开始在无线电广播中播放长篇的连续广播剧。除周末外，一般每天播放一集，每集 15 分钟。1930 年第一部真正的长篇连续广播剧《彩色的梦》（Color Dream）播出，作者是被称为"肥皂剧之母"的艾尔娜·菲利普斯（Irna Phillips）。不过在那个时候，由于缺乏专门的系统去统计肥皂剧的受众群体以及人数，广播公司以及广告商花费了很多年才了解到肥皂剧的潜力。

---

① HEAD S W，STERLING C H. Broadcasting in America：A Survey of Electronic Media. Boston：Houghton Mifflin，1987.

广播在民众中逐渐产生了巨大的影响力。典型的例子便是1935年《美国墨丘利剧院》(American Mercury Theater)节目所播出的由奥森·威尔斯(Orson Wells)导演的科幻传奇故事《世界大战》(The War of the Worlds),讲述了火星人入侵地球的故事。据普林斯顿大学事后调查,整个国家约有170万人相信这个节目是新闻广播,约有120万人产生了严重恐慌,要马上逃难。这一事件成了新闻史上一个有名的恶作剧,但也进一步点燃了人类对"外星人"五味杂陈的"兴趣"。

1938年,广播第一次超过杂志而成为广告业收入的第一大来源。

四、第二次世界大战时期的广告

在罗斯福总统大刀阔斧的"新政"下,美国经济在20世纪30年代中期之后始有起色。到了30年代末期,在人们还没有完全从大萧条的阴影中走出来的时候,第二次世界大战爆发了。

战争爆发后,飞机厂、船厂、兵工厂的生产骤然繁忙起来,一下子给数百万人创造了新的就业机会,曾经困扰了这个国家多年的失业问题转眼之间化为乌有,几乎所有的劳动力都被调动起来,投入到紧张的生产之中。国家除了投资建设许多兵工厂外,对经济的调节和管理也更加深入地渗透到所有经济部门,国家垄断资本主义得到了进一步的发展和巩固。

在战争期间,大量的工业产能被重新定向到生产战争物资,广告业必须重新找到自己在经济中的位置来适应经济变化和战争的需要。于是,广告的中心任务迅速转移到为战争服务上来。广告作为战时宣传工具的主要部分,为再次唤起美国民众的爱国主义精神做出了重要贡献。

(一)战时广告委员会的诞生

战时广告委员会成立于"珍珠港事件"之后,是美国政府为动员国内民众积极支持美国参战而发起组织的一个重要机构。

1941年11月,美国广告公司协会和全美广告主协会的代表在弗吉尼亚温泉镇召开联席会议,讨论如何限制过度的商业广告,寻找广告业的生存出路问题。会上,詹姆斯·韦伯·扬(James Webb Young)做了关于广告界的使命——《能够采取什么行动》(What action can be taken)的演讲。他指出,广告业除了帮助人们重建对美国商业及其赖以生存的经济竞争体制的尊重,还应该发挥更大的作用以改变社会。

> 广告应该成为让人们增进共识、化解分歧的公关宣传工具……广告还应该满足国家需要而多做益事,广告还应该传播音乐、文学、艺术以及正义的力量。我们能否抛开眼前的商业和广告?我们何时才能达到广告更高的境界?

詹姆斯·韦伯·扬构想成立一个广告委员会,它应该是一个自行筹资、对美国民众有强大正面影响作用的公益组织。他的演讲在联席会议中引起巨大反响,与会人员一致认为,美国企业是广告的重要组成部分,广告不能只是商业攻击。最好的防御是有比企业广告的信息和说服技能更重要的东西，特别是公共利益。于是，联席委员会决定成立一个暂定名为“新广告委员会”的机构，其宗旨是“以广告主、广告公司和大众媒体的资源服务政府”。

会后三个星期，“珍珠港事件”爆发，美国立即宣布参战。为了适应形势的需要，新广告委员会易名为“战时广告委员会”（War Advertising Council，WAC），主要任务是发起各种与战争相关的广告，为美国参战营造必要的舆论，并动员美国民众参军，为战时的特殊需要提供支持。首任全职首席执行官是扬罗必凯公司的副主席切斯特·J. 拉罗什（Chester J. LaRoche）。

战时广告委员会根据政府的需要，紧锣密鼓地进行了广告主、广告公司、媒体的资源配置，学校也被动员起来，各艺术院校相继开设了海报设计课程。

在战时广告委员会的系统策划下，美国掀起了一股爱国公益广告热潮。除了海报之外，有 1/3 的杂志广告是战时爱国公益广告。在 1942 年至 1945 年间，每年公益广告的投放折合市值 1 亿美元以上。[①]

（二）战争时期的美国广告

战争时期的美国广告充满了爱国主义精神。

其一，战时广告委员会委托许多画家、插画师和设计师进行战争海报设计，同时也向社会各界征集海报创意。由于战前大批欧洲的卓越设计师，包括包豪斯学校的许多师生移居到美国，美国海报设计的艺术水准得到提升。如包豪斯学校招贴设计导师拜尔（Herbert Bayer）移居美国后，在纽约一家广告公司任艺术指导，创作了大量优秀的反纳粹题材的海报。一战时的著名征兵招贴广告《我要你参加美国军队》被再次大量印刷，广为张贴。

其二，提醒国民做好保密工作的广告。在战时广告委员会的指导下，人们设计出大量海报并广泛张贴，同时刊登广告告诫人们：纳粹的间谍无孔不入，要严格保守秘密，防止“祸从口出”。

其三，制作鼓励女性加入劳动大军，为因为战争而“失血”的劳动大军补充新鲜血液的广告。智威汤逊广告公司为战时广告委员会发动的第一个广告战役是鼓励女性走出家庭，参加社会工作。广告口号“我们能行”（We can do it），“去完成他留下的工作”（Do the job he left behind）等，都出自鼓励妇女为战争做贡献的作品。作为女产业工人象征的“铆工罗茜”[②] 的形象广为流传，激励着千千万万的女性走向社会工作岗位。据统计，1944 年，妇女占据了平民劳动力的 1/3，还有 35 万人在辅助性的军事单位中工作。1945 年达到了 1 950 万人。[③]

其四，发布包括鼓励购买战争债券、倡导节约资源等内容的广告。在战争中，“委员

---

① 西沃卡. 美国广告 200 年经典范例：肥皂剧、性和香烟. 周向民，田力男，译. 2 版. 北京：光明日报出版社，2001：312.

② 铆工罗茜的原型一说是杰拉尔丁·多伊尔。1943 年，多伊尔在美国田纳西州的飞机制造厂工作，她的形象曾在美国二战征兵海报上出现，被称为“铆工罗茜”。2010 年 12 月，杰拉尔丁·多伊尔去世。作为美国的一个文化偶像，“罗茜”代表了第二次世界大战中首次参加工作的数百万美国妇女，也成为美国女权运动的一个标志。

③ 法拉格，布尔，切特罗姆，等. 合众存异：美国人的历史：第 7 版. 王晨，李书军，丁维，等译. 上海：上海社会科学院出版社，2018：476.

会推出的很多主题和项目都涉及如何保护资源，如燃料、油脂和轮胎；种植战时菜园；购买战争债券；宣传配给制度；鼓励军民沟通；提醒民众不泄露国家机密等”①。

大量支持战争、反对纳粹的海报被印制、张贴，一时之间，美国各个城市的大街小巷、车站、码头、戏院、影院、餐厅、咖啡馆等场所到处都张贴着各种海报，形成了强大的舆论氛围（见图 10－22）。

图 10－22 美国的户外广告（1945 年，洛杉矶）

其五，除了专门创作的爱国公益广告之外，战时广告委员会还鼓励企业赞助公益广告。政府与战时广告委员会共同发出声明：在战时，要让企业名称和商标也和和平年代一样出现在广告中，否则企业将会被遗忘并失去市场。因此，众多企业纷纷加入这场声势浩大的公益广告传播中，努力将产品传播的主题与战争相关联，希望通过爱国主义的主题来提升企业的形象。美国钢铁协会、福特汽车公司、纽黑文铁路、斯特森帽子公司、通用公司、温彻斯特公司等都出资赞助了公益广告。另外一些企业则大量创作、印刷海报，如可口可乐、“骆驼”牌香烟、“之宝”（Zippo）牌打火机、“世棒”（SPAM）牌午餐肉罐头等产品的海报也很多，它们的产品甚至随着美国大兵的脚步而扬名世界。尤其是可口可乐公司，不仅印发了大量与战争有关的海报，而且以每本一美分的价格卖出了成千上万册的《了解战斗机》，出版了《我们的祖国》，介绍美国的钢铁、木材、煤炭和农业生产情况，还赞助了广播节目《胜利大游行》，雇了 100 多个乐队在全国各军事基地演奏，鼓舞士气，从而树立了可口可乐良好的爱国品牌形象。

在这场运动当中，广告界人士承担了几乎所有广告的文案撰写和设计工作，仅艺术院校就为政府提供了上千张海报作品。据统计，在第二次世界大战爆发后，战时广告委员会创作发布的广告主题超过 100 个，由 50 余个相关的组织或机构共同设计、印制了 2 000 多种海报，且每种的印数都在 10 万张以上，其中不乏以同情和支持中国抗日战争为主题的海报（见图 10－23）。

① 莱恩，金，赖克特．克莱普纳广告学：第 18 版．程言，王佳雯，刘倩，等译．北京：中国人民大学出版社，2019：23.

图 10－23　美国画家詹姆斯·弗莱格展示海报（1940年，纽约）

这是一场由战时广告委员会领导的美国历史上规模史无前例、影响深远的系列广告运动，收效巨大。为了集中资源支持战争前线，美国生产委员会安排减少或停止了部分民用产品的生产，使得全国零售商品从1941年到1942年下跌了33%，到1943年又下跌了50%。许多家庭和医疗物资短缺。同时，价格管理办公室冻结了许多商品的价格并限量供应。在那些将爱国主义与短缺、替换或者推迟个人满足感联系起来并提倡节俭的广告的影响下，这一切都得到了人民的理解与支持。企业的贡献也是巨大的。仅仅就动员民众购买战时债券的媒体宣传一项来说，企业所捐赠的广告时间和版面价值相当于3.5亿美元。据统计，通过战时广告委员会发起的公益广告运动，政府筹集了战时公债350亿美元，鼓励人们开发了5 000万个战时菜园，吸收了200万名女性加入劳动大军。可以说，这些广告为美国动员人民、夺取反法西斯战争的胜利做出了杰出的贡献。

战争期间的美国商业广告充满着创意精神。

纽约时报广场上高悬的“邦德服饰”（BOND Clothes）的人造瀑布广告和“骆驼”牌香烟的烟圈广告在整个20世纪40年代大放异彩，受到广泛的赞赏。它们由艺术家、工程师和推广人道格拉斯·利（Douglas Leigh）设计，知名广告制作公司施特劳斯制作安装。邦德服饰的人造瀑布广告于1940年投入使用，打出的“服装教堂”标语恰好位于其品牌陈列厅的最上方。瀑布广告长达一个街区，其上有一股巨大、奔腾的水流。每到夜幕降临时分，纽约时报广场上的一切似乎都被水流吸住，向瀑布奔流而去。而在瀑布的下方，又是另一番景象：一尊身穿制服的巨型男性塑像，他的烟圈正好吐在独裁者的脸上。这是“骆驼”牌香烟的巨型广告，隐喻有人正在保卫美国免受希特勒的蹂躏。更令人意想不到的是，雕塑喷出的烟圈收集自整栋大楼的供暖系统。这种设计不仅体现了广告人非同寻常的创意，也彰显出美国人民反对法西斯主义的勇气与决心。

第五节　第二次世界大战后至90年代的广告

第二次世界大战后，美国全面转入经济建设，社会消费品需求激增，出现了产销两旺的景象。60 年代高峰，70 年代衰退，80—90 年代再度繁荣，进入“新经济”时期。在将近半个世纪的历程中，美国的媒体加速发展，广告业经历着不断的变革，无论是实践还是理论，都达到了一个新的高度，引领着世界广告发展的潮流。

一、战后至 70 年代美国经济的发展

残酷的战争结束后，人们无比渴望现世的安宁，和平主义、个人主义成为社会主流。为此，美国政府借鉴了新政的经验，不断扩大政府开支，刺激经济发展，迅速完成了由战争时期向和平时期的转变，经济实力迅猛增长，在资本主义世界经济中占有了全面的优势。

美国的国民生产总值从 1940 年的 2 000 亿美元增加到 1950 年的 3 000 亿美元。从 1955 年至 1968 年，国民生产总值以每年 4%的速度增长，中产阶级人数大幅度上升。虽然在同一时期西欧各国和日本的整体经济增长速度赶上了美国（法国为 5.7%、联邦德国为 5.1%、英国为 2.8%、日本为 7.2%），但是战后美国经济在相当长的一个时期中仍处于优势地位。特别值得注意的是，这一时期美国经济曾经出现连续 106 个月的持续增长，这一纪录直至 20 世纪 90 年代出现所谓的“新经济”之后才被打破。

经济的繁荣使美国人的收入达到了过去难以想象的水平，国民的消费能力增强，即使一个蓝领工人也可靠收入过上中产阶级的舒适生活，小汽车、乡间别墅等过去大多数人想都不敢想的奢侈品也开始进入寻常百姓家。市场上琳琅满目的时装、冰箱、时尚轿车等数不清的各种消费品，又在广告的喧闹声中极大地激发了美国人的消费热情。直到 1948 年，开足马力生产的大量民用产品在市场上仍然常常脱销，战时的生产型经济似乎在一夜之间转变为强劲的消费型经济。“富裕社会”，经济学家加尔布雷思（John Kenneth Galbraith）在那本具有广泛影响的《富裕社会》一书中，为战后的美国贴上了这样的标签。

经济的繁荣也增强了人们的家庭观念。战后的美国人口第一次迎来了强劲的自然增长，大萧条时期呈下降趋势的出生率在战后迅速增长了 25%，这个增长势头一直持续到 20 世纪 50 年代末才逐渐放缓。这一阶段人口出生率的大幅度增长被称为“婴儿潮”（baby bomb），“婴儿潮”期间出生的人口到 60 年代以后成为美国消费经济中最重要的消费力量。贷款的低利率和信用卡的普遍使用使得美国人的消费力更加旺盛，并开始向全球输出商品。“美国的消费商品，从可口可乐到李维斯牛仔装在内，在其他国家里曾一度是富人地位的象征，此刻却面向全球的顾客销售。”① 美国《美丽家居》杂志的一位记者认为，由洗衣机、洗碗机、吸尘器、汽车和电冰箱所提供的自由是冷战时期美国最强大的武器。

20 世纪 70 年代中期，美国经济的大滑坡引起了通货膨胀和经济衰退。表面上，经济仍然繁荣，但是在繁荣的表面之下却滋生着失业和贫穷等问题。特别是由于越南战争的影响和 1973 年石油危机的冲击，失业率不断上升。美国经济出现的大滑坡也使得许多广告公司采取了紧缩开支、裁减员工以缓解压力的措施。

---

① 方纳．美国历史：理想与现实：下．王希，译．北京：商务印书馆，2017：1168.

为了解决经济发展问题，里根政府推出了“里根经济学”，通过削减政府预算、实施污染控制、降低个人所得税、鼓励投资、加强军队建设等社会改革，使经济状况得以全面回升，同时也使企业利润从上层社会流向下层社会，社会矛盾得以缓和，整个经济重新出现快速发展的势头。

同时，这一时期美国的科学技术仍在大踏步地前进。以电子信息业的突破与迅猛发展为标志的新科技革命推动着美国从工业时代进入信息时代。美国在信息技术、生物工程技术、新材料技术、海洋技术、空间技术等五大领域取得了一系列的重大进步，医药、计算机及自动化等高科技成果不断问世。硅芯片微处理器的诞生，使计算机体积变得越来越小，功能越来越健全。在此基础上，美国很快实现了从工业型经济向服务型经济的转变，成为以第三产业为主导的国家。计算机、网络技术和信息产业构成了美国“新经济”的基石。由此，美国进入“知识经济时代”。

二、美国广告委员会的成立与运行

罗斯福总统在逝世前夕就希望战时广告委员会在战后能够继续履行其公益职能。第二次世界大战结束后，战时广告委员会易名为广告委员会（Advertising Council，又称广告理事会，或广告局），转变为一家独立的、非营利性的民间组织，专门从事全国性公益广告的组织协调工作。1947 年，西奥多·里普莱尔（Theodore Lipulaier）当选为美国广告委员会首任主席。

在战后的和平时代里，美国广告委员会接受了大量由社会组织、政府部分赞助的公益广告项目，真正充当起公益广告出资、设计制作、发布总协调的角色，获得了很高的社会赞誉和信任。

几十年来，美国广告委员会一直保持着运行的活力和稳定性，开展了一系列卓有成效的公益广告活动，如在打击吸毒、预防酒后驾车、消除种族歧视、禁止虐待儿童，以及教育、卫生、宗教等方面卓有成效，有力地促进了社会文明的进步。

三、战后至 70 年代美国广告业的繁荣

随着战后科技的高速发展，美国再度创造了令人震惊的辉煌成就，它的繁荣超过了人类历史上所有的时代。“数以百万计的美国人迁居到城郊，在那里享受美国工厂倾泻而出的一系列令人惊叹不已的消费品，包括汽车、电视机和各种家用电器。”① 美国的商业广告纷纷高调回归报刊、广播电视，以及著名的纽约时报广场，其繁荣也达到了无以复加的程度，成为引领世界广告发展潮流的最重要的力量。

（一）电视媒体广告的崛起与繁荣

第二次世界大战后，广播慢慢淡出了黄金时期，商业电视迅速发展起来。

① 方纳．美国历史：理想与现实：下．王希，译．北京：商务印书馆，2017：1156.

早在20世纪20年代末，美国就开始进行实验性的电视广播。但是，电视要成为大众传媒还需要默默等待十几年。1939年，美国全国广播公司试验电视台WZXBS首次发射电视信号成功。两年后，联邦通信委员会开始发放电视全面商业运营的许可证。

第一台电视机在纽约被投放市场，而第一个电视信号传送成功也发生在这个城市。1941年7月1日，美国第一家电视台——纽约WNBT在节目中插播了一条手表广告，这是一条在布鲁克林道奇队与费城队之间的棒球比赛前播放的宝路华（Bulova）手表广告，历时20秒，广告费是9美元。它是世界上第一例商业电视广告。当时约4 000台电视机可以收看到这一广告。

此后，每当一家电视台在一个新的城市开播时，电视机就在这一城市被投放市场，以至电视的发展带动了电视机销量的突飞猛进。1946年，拥有电视机的家庭达到了8 000多户。到1948年，美国约有3%的家庭拥有电视机。电视的逐步普及在一定程度上改变了人们的生活方式，观看电视逐渐代替了下班后打牌、看电影以及进行其他社交活动的习惯。

从20世纪50年代美国发明了彩色电视之后，电视快速成长为一个娱乐性的媒体和新闻信息的主要来源。1952年，美国有34%的家庭（即1 500万个家庭）拥有电视机，到第二年，电视机已扩展到了市场的50%，也就是说，美国有一半的家庭有了电视机并可以接收信号。广告商们，特别是全国性的广告商马上意识到受众变化的媒体偏好，迅速地将广告投向电视。果然，不仅电影观众和广播听众的数量开始下降，而且报纸和期刊的读者人数也开始减少。电视广告开始疯狂蚕食其他媒体的广告市场，导致全国性广告在期刊、报纸和广播投放量明显下降。

由广告主赞助的电视节目开始出现。例如，菲利普·莫里斯烟草公司赞助了20世纪50年代收视率最高的电视剧《我爱露西》（I Love Lucy）。这部剧生动地描绘出整整一代美国女性的生活，从1951年10月15日开播到1957年5月6日停演，历时近6年，是那个时代的一部热播电视剧，也是美国电视史上最受欢迎的喜剧剧集之一（见图10-24）。菲利普·莫里斯烟草公司通过赞助该节目，不仅宣传了产品，而且为企业树立了良好的品牌形象。

图10-24 美国人观看电视剧《我爱露西》（20世纪50年代）

电视广告也开始使用名人代言，如丹尼尔·舒尔（Dinah Shore）为雪佛兰汽车，波莉·伯根（Polly Bergen）为百事可乐，奥兹（Ozzie）和哈瑞特·尼尔森（Harriet Nelson）为可口可乐做过代言人。不过，受当时制作设备的限制，最初的电视广告一般是现场直播式的口播广告，还谈不上具有多大的艺术感染力。后来出现了动画形式的广告，立刻受到关注。1948年，阿加西（Ajax）洗洁剂第一次推出了卡通品牌形象代言人——“阿加西·皮克西”（Agassi Pixies），获得极大成功，引发了卡通形象广告的流行。

在1952年的美国总统竞选中，总统候选人首次使用电视广告来为自己助选。共和党委托BBDO制作了一系列简短精良的广告来为艾森豪威尔招揽选民。艾森豪威尔的竞选广告在美国电视台反复播放。在大选日之前的两周，电视台又插播了其20秒的竞选广告。从此之后，电视对候选人的形象塑造就一直是美国竞选政治中最为重要的因素之一。

到1960年，拥有电视机的美国家庭达到了87%，观看电视成了人们休闲和娱乐的重要方式之一，因而电视一跃成为最为耀眼的广告传播媒体。不久，电视网又收回了过去一直被广告公司控制的厂家赞助的娱乐节目制作权，由电视台自己负责制作节目，出现在节目中的广告主被称作“赞助商”，大部分采取插播的形式播出。与此同时，大批有影响的广播明星纷纷转入电视娱乐圈，这极大地削弱了广播的影响力，广播广告的销售一度跌到30年前的水平。美国的广播业被迫开始改革。

（二）广告业的再度腾飞

在经济的推动下，广告业爆发出了前所未有的活力，广告业的蓬勃发展反过来又有力地推动了消费经济的高速发展。

这一时期美国广告业的繁荣除了电视广告的普及之外，还主要表现在两方面：一是广告运作科学化，二是广告运营跨国化。

1949年，恒美广告公司（Doyle Dane Bernbach，DDB）诞生，其因为不断创新、追求卓越，赢得了大批客户。1968年，杰·恰特（Jay Chiat）和盖·戴（Guy Day）建立了恰特-戴广告公司（Chiat & Day），公司一直崇尚放荡不羁的创意，因此赢得了许多客户，也失去了许多客户。

得益于电子计算机技术的发展，广告公司有效地改善了管理，减少了生产、经营过程中的浪费现象，拓宽了营销渠道。在广告公司里，设计师们开始应用计算机进行管理、设计和制作，可以进行无损修改，完成电子排版和分色及打印，既节约了大量的人力物力，也提高了工作效率与服务质量。同时，公司的数据处理系统使信息管理更趋完善，与研究服务结合在一起，改变了整个市场的营销方法。一切事实都在表明，广告运作已经开启了它的科学化的历程。

动机调查是推动广告科学化的重要因素。以前的调查者通常认为，人是理性的动物，对自身的需求一清二楚，只要通过调查搞清消费者的需求，就可以找到激发消费者购买欲望的“金钥匙”。20世纪50年代的调查者们则认为，旧式的调查理念在经济繁荣、新产品激增的时代早已过时，决定消费者购买选择的不仅仅是对商品简单的实用性需求，还包括那些无法被人察觉的潜意识或无意识动机。如何把握隐藏于消费者潜意识中的购买动机才是调查的根本任务，利用这种动机激发消费者的购买欲望则是广告成功的关键。

迪希特（Ernest Dichte）在广告界最早开创了动机调查的途径。他将精神分析的联想技术和象征解释法用于市场研究，以了解人们购买什么和为什么购买的象征性含义。他通过对克莱斯勒汽车消费者的调查有力地证明了这样的联系：虽然实用的家用轿车和便捷时髦的两用车都对男人有很强的吸引力，但人们却仍旧购买轿车，其内在原因是他们把实用的硬顶（指轿车顶）与妻子联系起来了，而把更便捷的两用车与情妇联系起来了。他还解释了为什么家庭幸福总是与不断发明的家用设备有关："今天的婚姻不仅是一场浪漫相爱所到达的顶点……还是选择一个共同建立舒适家庭的配偶所导致的结果。"针对人们在内心深处的确实需要，动机调查提出了人性的两个基本动机：性与安全感。依据这一结论，广告商在进行产品宣传时，着重增加了所谓的"心理价值"，试图促使产品更有吸引力（见图 10－25、图 10－26）。

图 10－25　梦露为 Lustre－Creme 洗发水代言（1953 年）

图 10－26　Griffin Microsheen 鞋油的广告（1957 年）

20 世纪 50 年代，电影放映中的阈下知觉研究更是具有历史性意义。1957 年，市场研究人员维卡里（James Vicary）联合新泽西电影院老板安装了一台特殊的放映机。在电影《野餐》的正常放映过程中，插入两条广告信息："吃爆米花"和"喝可口可乐"。它们的字样在每 5 秒内便会闪烁 3 毫秒。经过 6 周的实验，45 699 名顾客暴露在阈限刺激之下，影院门廊的爆米花销售量增加了 57.7%，可口可乐销售量增加了 18.1%。

与此同时，品牌形象、广告的非语言效果、卷入理论、精细加工可能性模型（ELM）等研究成果反映了软销广告和广告理论的发展。而全美广告主协会发表的 DAGMA 理论则为硬销广告奠定了理论基础。

伴随着经济的腾飞，美国的许多大型广告公司纷纷在国外设立分支机构，拓展海外市场。早在 1899 年，智威汤逊广告公司就在英国设立了代理处，这是美国广告公司设立的第一个海外机构。但是，在 20 世纪 50 年代之前，美国广告公司在国外的拓展非常有限。50 年代之后，美国广告公司开始大规模向国外市场进军，一大批跨国广告公司迅速成长起来，为美国广告在日后全球化时代的广告业中独领风骚奠定了坚实的基础。在美国历史上，这一时期常常被称为“富裕社会”。

从20世纪50年代到70年代，广告不仅有利于消费的增长，而且本身也增长迅速。就广告业发展而言，1950年是57.8亿美元，1975年达到283.2亿美元，增长了近四倍。

（三）广告策略的转变

1. 新消费观的引导

在大萧条时期，广告商们极力宣传产品价格低廉以吸引消费者。战后，这一广告策略不再奏效。于是，一系列关于生活方式新概念的广告策略乘势而出。以新代旧就是其中的策略之一，几乎所有的商品都被赋予了像时装一样有限的生命：一辆用过两年的小汽车，一栋住过五年的房子就已经是应该更新的“旧东西”，这样的观念被不断地加以强调，不断出现的“新东西”更加刺激了消费者求异追新的欲望。那些经过有意策划的“计划中过时”的意图被巧妙地贯彻到广告中，追求新的商品被赋予了流行、时尚等迷人的色彩，人们购买商品已经不仅仅是购买它的实用价值，而且是追求生活时尚和精神享受。

在所有的商品中，汽车的情况最具有代表性。在战前还是奢侈品的汽车，仅仅在1949年一年就卖出了500万辆，而且这个良好销售势头在此后一直稳定保持，20多年从未下降过。在广告的影响下，汽车不仅仅是住在奢华的郊区别墅中的人们最基本的代步工具，几乎每个家庭都拥有一辆，而且还是一种生活方式的象征（见图10-27）。

图10-27　美国的户外广告（1951年，纽约时报广场，Lawrence Fried摄）

社会的稳定和经济的高速发展，使美国人逐渐向传统的家庭观念回归，相对于过去所崇尚的冒险精神而言，这时的人们更乐意回归到理想的传统式家庭中，去享受家庭的幸福和温馨。于是，广告也开始重视传统家庭观念，渲染人们向往的家庭生活方式。这类广告的主题主要集中在如何帮助家庭主妇减轻家务劳动、创造新生活上。当然，消费者的消费活动在广告的牵引下也不断地“升级”。

战后出生的婴儿已经成长起来，形成一个潜力巨大的青少年消费市场。在繁荣经济背景下长大的这批孩子比他们的父辈更懂得享受生活，也拥有更优越的经济条件。在广告的宣传下，收音机、唱片、青少年杂志、时装、化妆品等商品的销量开始猛增。

1955年，麦克唐纳兄弟［Richard（Dick）McDonald & Maurice（Mac）McDonald］以及克罗克（Ray Kroc）三人共同创立了麦当劳公司（McDonald's Corporation）。

“麦当劳叔叔”的形象是由麦当劳的华盛顿特许经营商戈尔茨坦（Oscar Goldstein）和他在当地的广告公司于1963年推出的，后来有所修改。在官方设定中，麦当劳叔叔是个貌似小丑的人物，顶着火红的爆炸头，笑口常开，身着明黄色的连身工作服及红色的大短靴，里衫及袜子皆为红白相间的条纹式样。麦当劳叔叔的形象喜庆、友善、可爱、可亲，这首先从视觉上、心理上吸引住了顾客，给人们留下深刻而良好的印象。在儿童的心目中，能与麦当劳叔叔竞争地位的，也只有圣诞老人了。麦当劳叔叔大量地、频繁地出现在各种广告、招贴、促销等活动中，使得孩子们想起麦当劳叔叔的时候，自然就会想起麦当劳的汉堡包、炸薯条等美味可口的快餐。

就在这一年，博达广告公司为百时美施贵宝公司（Bristol & Myers）的伊卡璐（Clairol）染发剂做了一个广告。当时在美国，只有大约7%的女性使用染发剂，在一般人的观念里，只有职业女性、女招待或者品行不端的女人才染发。博达广告公司的文案撰稿人波利考夫（Shirley Polykoff）却运用性暗示开辟了一个广告新途径，整个广告标题只有五个字，但却极其轰动：“是她……不是她?”（Does she...or doesn't she?）广告正文是：“头发的颜色是如此自然，以至于只有她的理发师才知道真相。”最初这个广告标题受到男性创意指导的质疑，以至于迟迟不能通过，其理由是广告标题写得太明确了。但波利考夫的女同事们却极力支持这个广告标题，因为只有她们才真正明白这个标题背后的意指：即使这个女人的亲密朋友也猜不出她染过头发。广告最后推动了百时美施贵宝公司的伊卡璐染发剂销售量狂增，6年后销售额增加了6倍。

2. 新广告风格的兴起

20世纪60年代，联邦政府机构高度膨胀，福利制度弊端重重，导致社会不满情绪日益增长。以黑人争取民权运动为先导，反战运动、女性运动、新左派运动、反正统文化运动、工人运动等群众运动如火如荼。

这些运动极大地影响了年轻一代。在社会安定、经济繁荣的环境中长大的新生代，大多受过良好的教育，头脑灵活，观念开放，再加上战后科技和文化日新月异，使得追求自由、反叛传统为这个时代年轻人所崇尚。在消费观念上，与他们的父辈相比，这一代人拥有完全不同的消费观念。他们大胆追求各种新奇的事物，更注重自我个性的展露，热衷于对享受的追求。

首先，随着青年们对传统文化价值观念的日渐质疑，致幻剂、性解放、摇滚乐、身体彩绘以及禅宗、密教等追求成为时尚。在此背景下，广告的老规则、老方法已不能适应时代的需要。于是，一种崇尚灵感、直觉、空灵等的广告风格随之勃兴，一大批富于创意的新生代广告人出现。例如，乔治·路易斯（George Luis）、朱丽安·凯尼格（Julian Koenig）、玛丽·威尔斯·劳伦斯（Mary Wells Lawrence）、卡尔·艾利（Carl Ally）等就是这一时期的风云人物。

乔治·路易斯是美国广告界的艺术派骑士、天才和怪才的复合体。他才华横溢，离经叛道，独树一帜，被称作“麦迪逊大道上穿着灰西装的创意疯子”。他认为，“每次面对新问题或挑战，广告人都应该以全新的角度和开放的心胸为出发点，而不是紧张地借用别人泛泛的点子。……依靠趋势只能成为劣等作品”。他在为施乐（Xerox）复印机所做的广告中，将其操作的简便性、保真性强调到了极致：一只黑猩猩大摇大摆地走到复印机前，把信放在复印机的玻璃面板上，然后摁了下按钮，搔了搔胳肢窝，最后抓起复印机吐出的复印件去父亲那儿求赏。父亲用夸张的声音问：“是一张原稿吗?”黑猩猩摇摇头，发出咕噜咕噜的声音。广告播出后仅6个月，好评如潮，施乐产品也因此蜚声全美。

其次，潜意识诉求策略得到广泛运用。利用消费者潜意识来推销商品的动机调查方法，在当时的广告界得到了广泛使用，并创造出许多成功的经典案例。雀巢（Nestle）速溶咖啡上市后一直销路不畅。动机调查者发现，尽管速溶咖啡方便省事，但是在消费者的潜意识中，煮咖啡是合格的家庭主妇的基本职责，使用速溶咖啡容易跟持家无方、懒惰、邋遢等联系在一起。于是，广告商们及时调整了广告策略，提出了“百分之百纯咖啡”“你可以骄傲地拿它待客”等口号，由此打消了消费者的顾虑。欧杰（Ohed）点心粉的厂商也开始效法雀巢咖啡的做法。

最后，人们的观念更加开放。很多广告开始运用暗示或双关的手法，通过性诉求来推销商品。于是，贤妻良母的形象在广告中频频亮相的同时，展现性感女郎迷人部位的广告也开始粉墨登场。比如，“骆驼”牌香烟为吸引女性消费者就在广告中写道：“这是一个心理上的事实：快感帮你做出决定。”女性内衣生产商媚登峰（Maidenform）注意到了内衣要满足妇女炫耀的心理，并开始展开“一见倾心”式的推销。在一个系列广告中，有一则描绘了一位衣着时髦的现代女郎，但她的上身只穿了一件精致的胸罩，站在一个火车头前面，广告标题是：“我梦想身着媚登峰胸罩使它们停在我的轨道中。”

3. 新人物形象的运用

20世纪70年代之后，美国广告中出现了许多新的形象，令消费者耳目一新。

长期以来，非洲裔、印第安人、墨西哥裔、亚裔等族群处于受压制、受歧视地位，在过去的广告中，这些族群的人或者被完全忽视，或者成为白人调侃逗乐的对象，被描绘成具有愚笨、凶残、滑稽、头脑简单等特质的负面形象。60年代以来，随着民权运动的高涨，少数族群问题日益受到人们的关注，过去广告中对少数族群的歧视态度也逐渐有所改观，许多广告公司开始平等地招募、对待其他族群的雇员，才华成为选择的标准。平等雇佣机会委员会（EEOC）的一份调查数据显示，在1966年被调查的64家纽约广告公司中，黑人雇员仅占2.5%。1969年对纽约最大的15家广告公司的调查显示，这个比例已经上升到10.5%。同时，黑人等族群的广告人也开始建立起他们自己的广告公司。在少数族群争取民权运动的冲击下，广告人开始意识到做广告时应该平等地对待不同族群的人。于是，广告中非洲裔、亚裔、印第安人、墨西哥裔等族群的形象逐渐发生了变化，高雅、美丽、成功的少数族群的新形象逐渐出现在广告中（见图10-28）。

这个时期日益高涨的女权运动也对当时广告的发展产生了重要影响。1966年，美国全国妇女组织宣告成立，称要打破传统，争取妇女政治经济上的平等权利。该组织在全国范围开展轰轰烈烈的提高女性地位的运动，号召女性扔掉迷你裙、紧身衣等男人强加给她们的枷锁，追求属于自己的平等权利。女权运动促进了妇女自我意识的进一步觉醒，她们更多地进入了工程、医疗、法律、金融等专业领域。那种把女性塑造为训练有素的家庭主妇、妖冶风骚的摩登女郎、爱慕虚荣和自哀自怜的小妇人、贤惠的妻子、慈爱的母亲等形象的广告受到了强烈的抨击。

女权运动的倡导者斯泰纳姆（Gloria Steinem）指出：“广告是一种非常重要的教育形式”，“据估计，我们亚文化中的40%来自广告”。她对广告中歧视女性的现象提出了尖锐的批评，得到了女性的纷纷响应。《现在》和《女士》杂志直接向广告公司提出了抗议，妇女组织给那些在广告中公正反映女性生活的广告公司和广告主颁奖，而给那些损害女性形象的广告贴上“此广告侮辱女性”的标签，给制作企业和广告公司送去塑料猪等。在女权运动的影响下，广告中破天荒地出现了像男人一样充满自信的年轻女性形象。1973年，露华浓针对年轻的女性用户推出了一款名为“查理”的生活方式香水（见图10－29），旨在让女性将购买香水的行为变成一种日常生活的乐趣，而不再是作为打扮或者取悦男性的一部分。“查理女孩”的形象代表了一种魅力的全新范本：年轻，活力四射，并且充满自信。查理香水一经面世就受到年轻消费者的热烈欢迎。第一年的销售额就达到了约1 000万美元，成为香水历史上获利最多的一款香水。在短短的三年之内，查理香水就已成为全球最畅销的香水——它是第一款成为销量冠军的美国香水。

图10－28　广告人物新形象

（百威啤酒，1962年，David Klein作）

图10－29　美国的杂志广告

（查理香水，1973年）

（四）“四个创造性哲学”的出现

经过100多年的积累与发展，20世纪60年代美国广告业进入理论创新时代。独特的销售主题、产品形象、产品定位等全新的广告理念在广告运作中效果显著，广告人的艺术、灵感、个性化表现方式被更好地融进广告作品之中，广告上升到了新的境界。在这场重大转变中，罗瑟·瑞夫斯（Rosser Reeves）、李奥·贝纳（Leo Burnett）、大卫·奥格威（David Ogilvy）、威廉·伯恩巴克（William Bernbach）（见图10－30）等广告大师起到了开一代风气之先的重要作用。他们的广告理论被广告史家赞誉为“四个创造性哲学”，因而，这一时期被称为“创意革命时期”。

罗瑟·瑞夫斯　　李奥·贝纳　　大卫·奥格威　　威廉·伯恩巴克

图 10－30　“四个创造性哲学”代表人物

1. 罗瑟·瑞夫斯

1910 年，罗瑟·瑞夫斯出生于美国弗吉尼亚州，1929 年毕业于弗吉尼亚大学。担任过《里士满时代快报》记者，1934 年后任职于数家广告公司。1940 年，他与贝茨（Theodore Bates）共同创办了达彼思广告公司（现属于 WPP 集团）。1955 年任董事长。

20 世纪 50 年代，罗瑟·瑞夫斯在继承霍普金斯科学广告理论的基础上，根据达彼思公司的广告实践，对广告运作规律进行了科学总结，首次提出“独特销售主张”（USP）。有“金质十字架”之称的 USP 理论是广告发展史上最早的具有广泛影响的广告理论。瑞夫斯在 1961 年出版的《实效的广告》（*Reality in Advertising*）一书中，对自己的观点作了如下的说明：广告的主要目的是抓住人们的注意力，而不是取悦他们，因为他们中的一部分人根本就不会去购买产品。“消费者只从一条广告中汲取一件东西、一个强有力的许诺或是一个强有力的概念。”只要对消费者说“购买这东西，你会得到这个具体的好处”就行了。所以，广告的中心任务就是从产品中找到一个独特的主张，用简单明了的形式进行传播。当然，广告的卖点必须是具体的且竞争对手没有或无法达到的。如果某产品在任何方面都不独特，就要为其选择一个主张（优点或声明），并用广告战役推动它，让它看起来独一无二。这种承诺一旦作出，就能够引起消费者的关注。这就是他所创立的著名的“独特销售主张”。

为了找到商品的独特销售主张，并使其确实可靠，瑞夫斯对所宣传的商品进行反复的测试和实验，不惜下大本钱。著名的生活用品公司高露洁找到瑞夫斯，请他为“棕榄”牌香皂做广告。为了找出其独特销售主张，瑞夫斯所在的广告公司与高露洁公司共同投资了 30 万美元，对这种品牌的香皂进行了各种各样的测试。最后终于证明，如果每天坚持用这种香皂洗脸一分钟，就能改善皮肤的外观。于是，瑞夫斯把这一实验结果作为商品的独特销售主张，写成了一句广告语“‘棕榄’牌香皂使皮肤更为娇嫩”，并附上了详细的测试数据。

也是在这种广告策略的指导下，瑞夫斯为 M & M’s 巧克力创造了“只溶在口，不溶在手”、为高露洁牙膏创造了“清洁牙齿，也清新口气”等一系列至今流传不衰的广告口号。

瑞夫斯还认为，一则优秀的广告必须牢牢地把观众吸引到主张上，任何东西也无法把他们拉走，而做到这一点的关键就是重复。他为“总督”牌香烟所做的广告就非常完美地体现了他的这一思想：“只有‘总督’牌香烟在每一支过滤嘴中给你两万颗过滤凝汽瓣。当你吸食丰盛的香烟味道时，它就过滤，过滤，再过滤。”

正是瑞夫斯创立的广告哲学和原则，使达彼思广告公司从小型公司跃升为世界最大的广告公司之一（在美国曾排名第四），公司的广告订单从1945年的1 600美元一度上升到了1.3亿美元。

2. 李奥·贝纳

1891年，李奥·贝纳出生于美国密歇根州一个小城镇的商人家庭。1909年，他考入密歇根大学学习新闻学。大学毕业后，先后在报社、公司当过记者、编辑、广告主管、策划部主任等。1935年，他在芝加哥创办了以自己名字命名的广告公司。公司建立之初只有一家客户，营业额是20万美元。经过三年的努力，李奥·贝纳公司发展成一家大公司，也形成了极富影响的“芝加哥学派”，为美国广告“开辟了任何人都不能想象的那么多可能性”。

李奥·贝纳的创意哲学是“发掘产品与生俱来的戏剧性”。他认为，“产品即英雄”，每一样产品都有它与生俱来的戏剧性，这种戏剧性是产品中客观存在的，需要去寻找、发掘，并用适当的手段表现产品的这种“内在戏剧性”。这就是他一直强调的“与生俱来的戏剧性”的理论。李奥·贝纳的广告文案的特点是：“大胆地表现，新鲜，使人有融入感，具备人性，有信服感，并能将主题与概念的重点明确地呈现。”

李奥·贝纳认为，使用文化原型可塑造代表美国价值观的象征角色。李奥·贝纳为万宝路香烟所创造的万宝路牛仔形象是广告史上震撼人心的杰作。20世纪20年代推出的万宝路香烟原来是针对女性消费者的产品，为了寻找更大的销路，李奥·贝纳对其进行重新策划，把销售目标转为男性消费者。1954年，全新的万宝路香烟正式推出。烟盒包装改成红白相间的新图案，采用上翻式封口。为使产品更容易识别，李奥·贝纳大胆选用了最具美国风格的西部牛仔作为其广告形象。这个骑着马、叼着万宝路香烟的男人总是在征途之中，风尘仆仆，神情刚毅，目视远方。无论是在旷野中驰骋，还是在夕阳里沉思，抑或是在山溪旁休憩，他的眉宇间都不失一种粗犷豪放的阳刚之气。这种形象深深赢得了崇尚冒险精神的美国人的喜爱，成为广告史上最成功、影响最持久的经典广告形象之一（见图10-31）。自20世纪70年代以来，万宝路逐渐成为世界第一的烟草品牌。

“月光下的收成”是李奥·贝纳为明尼苏达流域罐头公司的“绿巨人”牌豌豆罐头制定的广告主题。整个广告5/6以上是一张大图片，画面上有收割机在朦胧的月光下收豌豆的远景，有一粒新鲜硕大豌豆的特写，还有一听罐头，一个身强力壮的男子吃力地抱着一个粗大的豆荚，里面的豆粒大似西瓜。该广告文案如下：

> 无论白天还是夜晚，绿巨人豌豆都在瞬间选妥，风味绝佳……从产地到装罐不超过三个小时。

李奥·贝纳还特别擅长以卡通人物来塑造品牌形象。除绿巨人外，莫里斯猫、老虎托尼等形象也同样受到消费者的喜爱。

3. 大卫·奥格威

1911年，奥格威出生在英国伦敦附近的一个苏格兰人家庭。他曾经就读于牛津大

图 10-31　万宝路品牌形象广告（香烟，20 世纪 70 年代，美国）

学，后来退学，到巴黎闯荡。先后做过厨师学徒、炊具推销员，经历丰富。1936 年，他加入了伦敦著名的马瑟-克劳瑟广告公司，开始了他的广告生涯。

1948 年，奥格威移居美国。他的第一份工作是在普林斯顿盖洛普博士的受众调查所从事市场调查工作。为此，奥格威辗转世界各地为好莱坞制片商做民意测验，调查电影明星受欢迎的程度、预测故事情节的吸引力、预测电影未来的走向等。盖洛普严谨的研究方法与对事实真相的执着追求对奥格威影响巨大，并成为他日后行事的准则之一。二战期间，奥格威先后在英国安全协调处和英国驻美大使馆任职。战后，奥格威和妻子前往宾夕法尼亚州的兰开斯特县，到阿米什人那里，一度过起了农耕生活。

1948 年，奥格威在纽约麦迪逊大道上建立了自己的广告公司（Hewitt，Ogilvy，Benson & Mather），即后来的奥美广告公司。公司成立那天，他发表了一个办事公告，声称：我不用阿谀奉承、惯于谄媚的人，只寻求有头脑、有教养的人。他视广告责任为己任，相信“教化这个世界，是一名睿智与善良的精英的权利与责任”。

奥格威认为，“做广告是为了销售产品，否则就不是做广告”。人们应当对广告的一切加以检验——“创意、标题、预算以及媒体宣传”。广告应是信息的媒介，而不是某种艺术的形式，因此广告不是艺术，它唯一正当的功能就是销售。他鄙夷那些竞争对手将广告装扮得“拗口、花哨、哗众取宠”，并且喋喋不休地传授所谓知识的益处。在漫长的广告生涯中，他将这些基本原则视作照亮广告道路的“神灯”。

品牌形象（brand image）是奥格威在 20 世纪 60 年代中期提出的创意观念。奥格威认为，人们购买某种商品的原因并不仅仅在于商品本身，还在于他们往往把这种商品的品牌与某种特殊的形象联系在一起。因此，广告成功的关键就是要为商品建立一种有独特个性的品牌形象。他认为，品牌是一种错综复杂的象征，它是品牌属性、名称、包装、价格、历史、声誉、广告方式的无形总和。品牌同时也因消费者对其产品使用的印象，以及自身的经验而有所界定。“要给每个广告一种与之相称的风格，创造出最适合它的个性，这才是最伟大的广告成功的奥秘所在。”形象经由各种推广技术特别是广告传达给顾客及潜在顾客。广告中说明的产品有关事项，常比产品实际上的物质属性对购买决策产生的影响更大。“品牌形象论”把品牌理论推到了一个新的高峰。

1951 年，奥格威为缅因州哈撒威（Hathaway）衬衫厂创作的广告是其成名之作。该广告创造了当时两个之最：最快的速度和最低的广告预算。此后八年，奥格威用这个戴眼罩的模特形象为哈撒威制作了一系列广告：或在纽约卡内基大厅指挥乐团演奏，或在吹奏双簧管，或在击剑，或在驾驶游艇，或在购买世界名画等。这些都体现了昂贵高档产品的品牌形象，体现了贵族气质和风格。“哈撒威男人”成为广告史上令人印象深刻的经典广告形象之一。

奥格威所创造的这种塑造品牌形象的广告风格，在多数情况下被用来表现昂贵、高档的商品。1956 年，在为劳斯莱斯轿车做的广告中，他把轿车放在一个高贵豪华的场景中，画面中的人物衣冠楚楚，气宇不凡，轿车在无形之中被赋予了一种超然、高贵、典雅的气质。广告文案更是出手不凡：“这辆新型劳斯莱斯车在时速达 60 英里时，最大的噪声来自车内那块电子表。”这篇“用尽心思，尽显才情的佳作”受到人们高度的赞赏。

此外，他为波多黎各的招商引资所做的一系列国家形象广告，不仅在更大程度上实践了他的广告思想，而且取得了巨大的成功。

1963 年，他出版了《一个广告人的自白》，该书至 1988 年已被译成 14 种语言，在世界各地销售。

奥格威被《印刷者油墨》称为“有史以来最伟大的广告撰稿人”。他睿智隽永的风格不但塑造了奥美广告公司，同时更深深影响着整个广告业的发展，创造出一种崭新的广告文化。

4. 威廉·伯恩巴克

在四位广告大师中，广告风格最有创意色彩、生活气息和幽默风趣感的恐怕要数伯恩巴克。

1911 年，伯恩巴克出生于美国纽约一个服装设计师的家庭。他曾经学过音乐，能弹一手好钢琴。后来到纽约大学英国文学系学习英国文学，但仍然保持着对艺术、商业的浓厚兴趣。

大学毕业后，伯恩巴克一心想投入广告事业。不幸的是，当时美国正处于大萧条时期，经济十分不景气。于是，伯恩巴克先在施力恩酿造公司工作，不久被调入公司负责营销和广告部门，从事文案写作，才华初露。1939 年，伯恩巴克离开公司，进入“1939—1940 年世界博览会”宣传部工作，专门为官员起草演讲稿。世博会结束后，伯恩巴克加入温特劳布广告公司（Bill Weintraub），正式成为一名广告文案撰稿人，并和著名的美术设计指导保罗·雷德共同工作。二战期间，他在军中待了两年，然后转业到葛瑞广告公司（Grey）。1949 年，伯恩巴克又离开葛瑞广告公司，与道尔（Ned Doyle）、戴恩（Maxwell Dane）二人共同创办了恒美广告公司。起初他担任总经理，1967 年接任董事长，后又担任执行委员会主席。

伯恩巴克一生没有刻意著书立说，其创意思想大多散见于访谈录、演讲稿以及给公司内部管理者、员工的便条、备忘录和书信中。

针对20世纪60年代的一些广告策划过分追求科学精确的调查研究而缺乏新意的状况，伯恩巴克提出了“广告不是科学而是艺术”的观点。他认为，一个好的广告应当具备三点：相关性（relevance）、原创性（originality）、震撼性（impact）。这三个要素是广告的“鬼斧”。其中，原创性和震撼性能够使广告与世界上一切惊天动地的新闻事件以及一切暴乱相竞争。

他还认为，广告的秘诀不在于“说什么”，而在于“如何说”。广告必须尊重消费者，明确简洁，有自己的个性和风格，不要忽视幽默的力量。“如何说”这个实施的部分可以独立成为一个过程，形成自己的内容。这就是所谓的“实施过程重心法”。他的广告文案的特点是感性、新奇、幽默。

伯恩巴克最得意的作品是其为奥尔巴赫（Auerbach）百货公司创作的系列广告。奥尔巴赫是DDB的第一个客户，但它只是一家档次不高的二流商场。伯恩巴克接手这项广告业务后，对其进行了全方位的形象包装，用夸张、幽默的手法赋予了这家商场充满朝气、富有生活气息的形象特征。其中一则著名的广告中，伯恩巴克塑造了一个充满喜悦，腋下挟着一位同样喜悦兴奋的女人健步疾走的男人形象。广告副标题写道：“带你的太太来，只要几块钱……我们将给你一位新女人。”正文是：

> 为什么你硬要欺骗自己，认为你买不起最新的和最好的东西？在奥尔巴赫百货公司，你不必为买美丽的东西付高价。有无数种衣物供你选择——一切全新，一切使你兴奋。
>
> 现在就把你的太太带给我们，我们会把她换成可爱的新女人——只要花几块钱。这将是你有生以来最轻松愉快的付款。
>
> 奥尔巴赫，纽约·纽渥克·洛杉矶
>
> 做千百万的生意，赚几分钱的利润！

在1958年发布的一则标题为《我发现了琼的秘密》的广告中，伯恩巴克制造了更大的意外并带给人们幽默的享受，同样成为一则广告杰作。

伯恩巴克运用“实施过程重心法”的著名作品是为大众“甲壳虫”所做的系列广告。在这个系列广告中，伯恩巴克在广告中采取了扬长避短的手法，把产品的缺点变成优势。最有名的一则标题是《想一想小的好处》（Think Small），画面中用大片的空白衬托出一辆非常小巧的汽车，以一种留白的艺术手法展现了大众“甲壳虫”的方便、快捷与灵巧，从而为小型的大众汽车树立了高品质、低价格的独有形象。

此外，安飞士（Avis）汽车租赁公司广告和约翰逊总统竞选广告等也是伯恩巴克的代表性作品。

（五）美国广告委员会的改革

1971年，由美国商业促进局（BBB）、美国广告公司协会（AAAA）、美国广告联合会（AAF），以及全美广告主协会（ANA）组建成新的广告委员会，其官方名称是“全国广告审查委员会”（NARC）。它是一个自己制定章程、实行自我管理的独立的广告组织。

全国广告审查委员会为广告的真实性和准确性制定标准，基本目标是推进和加强广告业的诚信、精确性、鉴赏力、道德以及社会责任感，为全国的广告人指引方向。

该委员会下设两大运营部门：全国广告部（NAD）和全国广告审查理事会（NARB）。全国广告部监管广告实践并受理来自消费者、品牌竞争者、当地商业促进局、商会组织以及其他人员对相关广告的投诉和建议。全国广告审查理事会由一个主席和70个志愿者会员组成。如果投诉方或被投诉方的广告主不接受NARB的裁决，NARB可将案件移交联邦贸易委员会或美国食品药品监督管理局等处理。

全国广告审查委员会被认为是美国有效运营和规范广告的最复杂和最有效的机制的组成部分。它的高效率、非正式、不高的会费以及专业性，让它在解决广告业争端时比司法系统更具优势。

（六）定位理论的提出

20世纪70年代，美国经济开始出现滑坡，工业生产成本呈现出迅猛上涨的态势。人们的收入虽然较之过去有所增加，但是被肆虐的通货膨胀所冲抵，实际收入却下降了，以至于不得不开始削减开销。为了熬过这场经济危机，许多机构开始裁员。广告业迎来了继20世纪20年代大衰退以来的“第二冬”。一些大型广告公司，如智威汤逊、扬罗必凯和麦肯尚能维持，但多数广告公司不得不面临着亏损甚至倒闭的命运。

在这种严峻的形势之下，广告公司更加小心翼翼地对待客户。20世纪50年代末期兴起的那种重视创意、灵感的艺术性广告风格已经不再受欢迎。许多广告公司开始雇用懂得定价策略、铺货和包装的工商管理硕士。在确定广告方案之时，更加看重能否推动销量数据的增长，坚持做大量的市场调查，用以分析消费者的购买行为。常用的方法有动机调查、脑波测试、排汗率和瞳孔扩张测试等。

同时，随着信息时代的到来，电气化的信息设备终端不断普及。美国已经有98%的家庭拥有电视机，1/3的家庭甚至拥有多台。在拥有电视机的家庭中，96%能收到4个以上的电视网节目，1/3能收到10个以上。消费者开始生活在信息爆炸的环境中，商品信息纷至沓来，令人目不暇接。

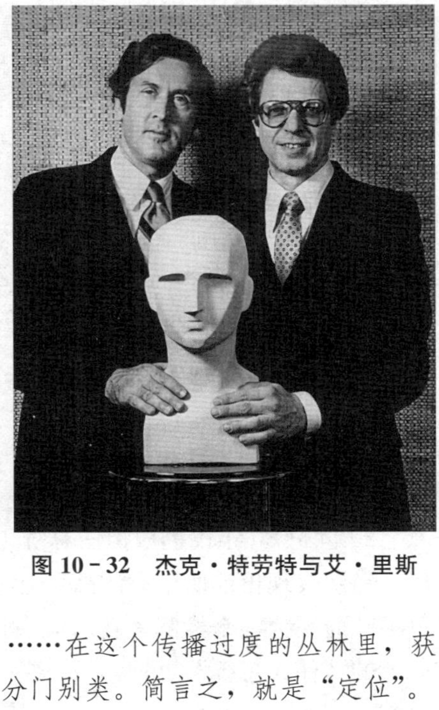

图10-32 杰克·特劳特与艾·里斯

商业中的“定位”（positioning）概念，最早于1969年由杰克·特劳特（Jack Trout，见图10-32）提出。1972年，艾·里斯（Al Ries）和杰克·特劳特在《广告时代》（*Advertising Age*）以“定位时代的来临”（Arrival of the Era of Positioning）为题发表系列文章，正是这个系列文章及以后刊印的单行本等构成了营销史上著名的“定位理论”。

里斯和特劳特认为：

> 我们的社会已经变成一个传播过度的社会。……在这个传播过度的丛林里，获得大成功的唯一希望是要有选择性，缩小目标，分门别类。简言之，就是“定位”。

所谓定位，就是让品牌在消费者的心智中占据最有利的位置，使品牌成为某个类别或某种特性的代表品牌。这样，当消费者产生相关需求时，便会将定位品牌作为首选，也就是说这个品牌占据了这个位置。广告的目标就是要使产品在消费者头脑中占有一席之地。这种占位不一定非得是产品具体功能差异所致，也可以通过差异性的传播策略让其在消费者心里占据一个位置。在执行传播策略的过程中，要使品牌成为“第一说法、第一事件、第一位置”，只有创造第一，才能使消费者形成先入为主的印象。定位一旦确定，就要始终如一。1981年，艾·里斯与杰克·特劳特共同出版了《定位：争夺用户心智的战争》一书，随即成为广告界经久不衰的畅销书和营销行业的“工业标准”。

定位理论促使广告策划创意与传播从传统的以“产品为主”、以“形象为主”转到以“潜在消费者内心想法”为主上，被认为是20世纪70年代最具革命性的理论。2001年，定位理论被美国营销协会（American Marketing Association，AMA）评为“有史以来对美国营销影响最大的观念”。

运用定位理论最为成功的例子有七喜（Seven Up）汽水和安飞士汽车租赁公司。七喜自1929年投产以来，一直被一系列的问题困扰着。在20世纪60年代中期，七喜推出的“潮湿狂野”系列广告得过好几次大奖，颇受媒体和消费者青睐。然而七喜的市场表现并不出色，80%的受访者认为七喜是下列三种饮料之一即特殊饮料、药水或调酒用的饮料，而不将它视作某种清凉饮料。这说明了七喜的形象有多方面问题。在特劳特的帮助下，经过充分的市场调研与分析，1968年七喜放弃了“家庭温馨”的促销理念，定位为“非可乐类”（uncola）饮料。这个定位一方面突出了七喜不同于百事可乐和可口可乐的口味特征，另一方面也巧妙避开了与两大可乐的正面交锋，找到了属于自己的市场。这种改变迅速取得了成效，赢得了大众的“眼球”。自1968年以来，七喜每年的销量成倍增长，净销售额从8 870万美元增加到1.9亿美元以上，成为继两大可乐之后美国的第三大饮料品牌。到了20世纪80年代，特劳特把七喜汽水重新定位为“不含咖啡因的非可乐类”饮料，更加有力地巩固了七喜的市场地位。

在美国的租车行业，赫兹（Hertz）长期占据着龙头老大的地位，而安飞士则远落其后，只能居于第二位。其后，安飞士的广告干脆承认现实，提出了“我们是第二”的广告口号，但同时声明“所以我们更努力”，告诉消费者，安飞士可以为他们做得更好，由此塑造出安飞士诚实、勤勉的好形象。

四、20世纪80—90年代的广告发展

（一）经济上的回暖

20世纪80年代里根担任总统以来，美国经济迅速回暖，再度进入繁荣期。1982年后，经济表现出前所未有的高就业和物价稳定的态势，还迎来了现代大“牛市”之一。里根政府因为整个经济重新出现快速发展的势头而广受赞扬，里根本人也被评为美国历史上的“伟大总统”。可是，许多人忽视了里根政府任期内美国贫富差距进一步拉大的事实。

1988年，老布什入主白宫。由于卫星和互联网的使用，信息技术蓬勃发展，信息和大众文化可以即时传送到世界的每一个角落。人员、投资、商品、信息和文化之间的跨国流动不断增长，制造业和金融机构在世界各地搜寻着可以赚取利润的投资机会，从而形成经济全球化的浪潮，规模前所未有。

1992年克林顿击败老布什，入主白宫。在克林顿当政的8年中，高新技术的应用带来劳动生产率的较大提高，弥补了劳动力成本的增加，抑制了通货膨胀，从而减弱了经济增长与通货膨胀间的关联度。企业利润、信贷和投资成为新经济的重要支撑点，而高科技产品的特点决定了企业在信息充分的条件下，可迅速进行投资战略调整，增加应对市场供求的灵活度。新经济与传统经济的诸多因素有效结合，提高了传统产业及其产品的科技含量，并使传统经济的生产、运作、管理模式出现新的变化，有力地促进了传统产业的发展。经济上，年均增长率一直维持在2%～3%之间，消费物价指数控制在3%以内，呈现出低通胀、低失业、高增长的良好态势。从1991年3月到2000年12月，美国出现了连续长达117个月的经济高速增长期，打破了20世纪60年代肯尼迪和约翰逊政府时期106个月的持续增长纪录，更打破了80年代里根政府时期96个月的持续增长纪录。2000年，全国失业率不到4%，是自60年代以来的最低点。“当克林顿离开白宫的时候，美国历史上最大规模的联邦财政赤字（2 500亿美元）变成了与此规模相当的财政盈余。”[①] 良好的经济局面极大地刺激了消费，带来了广告业的高度繁荣。

美国经济和贸易发展的新特征越来越明显，主要表现在三个方面：

一是活动全球化。全球大市场开始形成，麦克卢汉所预言的“地球村”正在变为现实。虽然关于全球化的问题存在着诸多争议，但这一变化却是客观存在的，而且显然加速了跨国大企业的对外扩张，使市场竞争更加激烈。经济全球化强烈地影响了各种具体产业的发展。比如，与广告业密切相关的商品零售业开始趋向全球化，美国的大型超市和连锁店持续地向海外扩张。

二是消费雅皮化。对于大多数美国人来说，一旦经济复苏，购物就会成为他们追求“生活内涵”和“自我认同”的重要表征。这在年轻一代的消费者身上表现得尤为突出。据1984年的统计，当时全国个人收入的23%掌握在25岁到35岁的年轻人手中。20世纪“婴儿潮”一代已经成为社会的中坚力量。在思想文化上，美国整个文化思潮和西方其他国家的文化思潮一样，在20世纪六七十年代中期过后进入了一个激进的时期，传统的理性价值及其存在的意义都受到了质疑和挑战。青年成了时代的先锋，他们反对传统伦理，崇尚性解放；反对旧道德，崇尚金钱至上，大肆贩卖毒品、枪支；反对现存文化，开展“新左派”文化运动，崇尚嬉皮士、“猫王”以及非主流的摇滚音乐；等等。正如世界著名的媒体文化研究者和批评家尼尔·波兹曼（Neil Postman）所指出的那样，“西方社会在经历了20世纪六七十年代的动荡后，在80年代终于再次安定了下来。但传统上重视节俭和勤奋、反对纵欲的新教伦理已被倡导感性的自由解放彻底击溃。在这场解放之后，人们找到了更多享乐的理由，于是一场宣扬娱乐的革命成了社会的广泛

---

① 法拉格，布尔，切特罗姆，等．合众存异：美国人的历史：第7版．王晨，李书军，丁维，等译．上海：上海社会科学院出版社，2018：891.

共识”[1]，尤其是当技术革新让电视迅速成为时代宠儿时。这批受过良好教育，有雄厚经济实力和消费实力的新生代，具有年轻化、城市化、专业化的特点，也有着更为超前的消费意识，喜欢通过外衣和T恤上的时尚标签等来表达自己对生活方式的理想。这些被誉为“超级消费者”（ultra consumer）群体的年轻消费者，有着流动的、扩张的、无限的消费欲望，不断购买各式各样的商品。这种现象被称为“雅皮现象”。过去那种以产品为中心的广告已经难以打动他们，他们的喜好变化日益频繁而且越来越难以预测。

三是传播数字化。以微软为代表的一些高科技公司的崛起，逐渐改变着美国的商业运营模式。计算机和互联网以惊人的速度普及，数字卫星电视频道不断开通，新媒体陆续出现，使得人们信息沟通的速度和效率大大提高，而其互动功能则使信息沟通更为有效。数字技术与网络媒体密不可分，网络媒体信号源和接收器合一的特点使它在信息增长方式上与传统媒体形成了本质区别。传统媒体主要是由少数职业的媒体工作者来进行信息的采集、加工、分类和传播的，而网络媒体则是由所有人共同参与完成的。技术的发展对于传播形式起到决定性的影响，广告作为信息传播的一种主要方式，必然在这一背景下发生深刻的改变。

（二）传统广告媒体的变革

就媒体发展而言，20世纪八九十年代是美国家庭录像机和个人电脑逐渐普及的时代，也是数字化技术到来并即将大展拳脚的时代，还是美国传统大众媒体生死攸关、寻找出路，试图重获优势的时代。

1. 报刊媒体广告

在20世纪后几十年，报纸杂志已经被电台、电视台分走一大杯羹。尽管报刊在为消费者提供观察世界的独特、批判的视角时依旧有着独特的优势，但互联网的发展和渗透使得报业度日如年。

首先，为了应对急剧变化的市场形势，纸质媒体普遍采用了“窄播”策略。根据市场细分化的原则，越来越多的报纸杂志关注小规模市场和上下游市场的消费者，提供窄播出版物，从以前注重单一类读者而向能够针对不同的群体转变。因而，开始大量使用折叠式插页广告（这种广告通常为海报大小，但被折叠起来），广告产品也根据出版物的性质进行有选择的发布，从化妆品、音响、汽车到香烟，几乎无所不包。例如，许多报刊为欧莱雅（L'ORÉAL）化妆品、卡尔文·克莱恩（Calvin Klein）牛仔服、添加利（Tanqueray）杜松子酒等做过折叠式插页广告。这种做法有效地增加了读者对广告信息的阅读，至少是注意广告信息的机会。这意味着20世纪80年代大众营销方式业已终结，广告主不再以家庭大小而以某一产品经常使用者的数量来分析市场了。

其次，针对读者不断流失的现象，纸质媒体不得不做出调整以适应数字化的发展趋势。这表现在两个方面：一是更加突出短篇新闻和图片的地位。根据《经济学家》的报道，读者越来越喜欢阅读短新闻、本地新闻、体育新闻、娱乐新闻、天气信息和交通资讯。许多大众报纸正在放弃一些自己并不擅长的项目，如深度报道等，去增加读者需要

① 波兹曼．娱乐至死．章艳，译．2版．桂林：广西师范大学出版社，2011：6.

的信息量。1982 年，甘尼特报业集团的艾伦·纽哈思（Allen Neuharth）等人创办了《今日美国》。这份设计独特的全国性日报最终成为出版史上发行量最大的报纸，到 2010 年初每期发行 190 万份，居全国第二，巨额的广告收入便随之而来。《今日美国》能够成功，部分是因为它摆脱了传统报纸高度集中的印刷、发行模式，分散权力，在全美和世界各地创立了印刷、发行网络。但更主要的是因为它的设计和内容借鉴了电视图像的丰富性和短篇专题报道的方式。《今日美国》以大量运用彩色图片和大幅彩色图表而闻名。二是与数字化技术接轨。从 20 世纪 80 年代开始，苹果和 IBM 开始推销商用和家用电子计算机。随着电子计算机的体积变得越来越小、速度越来越快、价格越来越便宜，它在商业领域迅速得到应用。在不同的行业中，从文秘工作到银行结算、建筑设计、医疗诊断乃至工厂生产等，电子计算机彻底改变了人们的工作方式，进而改变了人们的生活方式。

1998 年的一项调查显示，仅有 38%的年轻人阅读报纸新闻，而老年人的比例是 69%。那些 30 岁以下的年轻人是互联网新闻的主要阅读者。针对读者不断流失的现象，报纸不得不做出调整以适应互联网的发展。报纸不仅实现了撰稿、编辑、制图、排版等的计算机化，而且提供网络版。读者只要用一台联网的电脑或手机及其他移动终端，就可以查阅报纸的所有信息。甚至在报纸正式印刷出版之前，网上读者就可以选择并阅读报纸中的标题、章节、内容提要等。最早做出这种调整的报纸是《圣何塞信使报》，早在 1987 年它便将自己的报纸版本搬到网上，开始是免费阅读，后来需要付费。该报于 1994 年开始在美国在线（American Online，AOL）上提供新闻摘要。1996 年 1 月，纽约时报公司建立了自己的报纸网站，提供《纽约时报》的在线阅读。同年 4 月，以超过 200 万份的发行量成为美国付费发行量最大的财经报纸《华尔街日报》（*The Wall Street Journal*）推出网络版。

杂志也积极试水互联网，推出网络版，使之成为自身运营和广告收入的一部分。到 1999 年，美国 80%的杂志拥有了自身的网站。《连线》杂志和《种子》杂志堪称充分利用现实世界与网络世界使得两个版本平行出版的优秀范例。

2. 电视媒体广告

进入 20 世纪 80 年代，电视机在美国家庭中得到了普及。1980 年美国 99.5%的家庭至少拥有一台电视机，超过 90%的家庭拥有彩色电视机，超过 50%的家庭拥有两台或以上电视机。

为了获得更多的广告收入，电视台不得不通过吸引最大的观众群来保证更多的广告收入，特别是在每晚 7：00—11：00 的时段。如果每周黄金时段的节目无法吸引至少 2 000 万的电视观众，那么这一节目将被取消。为此，电视台和电视网对节目采取末位淘汰制。对于确定哪档节目是最受欢迎或最不受欢迎的，电视台有一整套的检测程序和方法。这就是名牌节目变化较小并且数量有限的原因。1984 年苹果公司利用美国橄榄球超级碗大赛的广告时间，推出了后来称为历史经典的 60 秒广告《1984》（见图 10－33）。广告中，一个身材健美、手握铁锤的女子冲进大厅，用扔铁饼/链球的方式把铁锤掷向一个巨大的电视屏幕，屏幕应声而碎，一团新鲜的空气从惊讶不已的人们面前飘过。随后，字幕升起：

1984年1月24日，苹果公司会推出Macintosh，你将明白为什么1984年不会是小说中的1984年。

广告以极具创意的手段暗示了苹果公司敢于挑战传统权威的精神。从此，麦金塔（Macintosh）电脑一“锤”而红。受广告的影响，1984年1月24日，人们在各大电脑专卖店外排起了长队购买苹果电脑，使得公司的存货在一天内销售一空。在前100天，就突破了初定的5万台销售目标，达到了7.2万台，而广告《1984》则像橄榄球比赛成绩一样被人们热议，成为现象级的广告。

图10-33 美国的电视广告截图

（苹果《1984》篇，1984年，创意总监Lee Clow，导演Ridley Scott）

电视网也尝试通过多种渠道创造性地传播信息以赢得观众。电视从只有3个频道开始，发展到拥有50个频道。电视广告越来越人性化，与普通节目之间的界限越来越模糊。比如：金宝汤在饮食频道上做了一系列85秒的广告，主题为“怎样迅速做好一顿饭”，介绍使用这种汤料的各种方法；使用劲量（Energizer）电池的小兔子保持持久动力的电视广告，最初看起来也不像商业广告，但它却明确地传递了一个强烈的信息，即劲量碱性电池能量强大，续航时间长。这些广告都发挥了很好的宣传效果。

1984年，美国联邦通信委员会取消了对电视媒体商业广告时间的限制，从而为商业广告的发展开辟了新的途径。一种被叫作“商业信息专题”（infomercials）或“长广告节目”（program-length commerials）的广告形式出现了。它不同于常规的广告，而是以半个小时左右的节目形式出现，是一种电视节目型广告。最初，这类电视节目中简单地介绍食品切割刀具、车蜡、发胶等产品。后来，当这种形式被广泛采纳并被证明行之有效后，种类繁多的产品便纷纷出现在节目中。这种广告形式画面节奏明快，可以详细介绍和演示产品，解答问题，消除消费者的疑虑，并在普通的生活场景中讲述产品的使用故事。健身器材、家用炊具以及一些著名的品牌，如雅芳、露华浓、大众汽车、微软等，都曾使用这种方式推销自己的产品。

20世纪90年代，电视发展进入高峰期的后期，但它的增长速度仍然高于其他媒体：

电视增长占88%，广播占71%，报纸占56%，期刊占34%。

美国有线网络系统在多年的发展之后已经成为名副其实的有线电视，并且呈现出进入高峰期的态势。有线电视又被称为有线和卫星电视，以区别于无线电视。1992年，有线电视产业以当年总收入210亿美元的成绩首次超过无线电视产业，其收入分别来自用户的使用费和广告费。1993年总收入达290亿美元，其中用户使用费250亿美元，广告费40亿美元；到1999年，广告费上升到112亿美元。

1997年，苹果公司针对其最大竞争对手IBM曾经的广告"Think"，推出名为"Think Different"的广告运动。这个广告运动由一则电视广告和系列印刷广告组成，并选用20世纪极具创造力的世界著名人物来诠释和支撑这一理念。广告运动的头炮由9月28日的名为"To the Crazy Ones"的电视广告率先打响，随之而来的是印刷广告、广告牌及招贴。电视广告中出现的人物包括爱因斯坦（Albert Einstein）、鲍勃·迪伦（Bob Dylan）、马丁·路德·金（Martin Luther King，Jr.）、圣雄甘地（Mahatma Gandhi）、理查德·布兰森（Richard Branson）、约翰·列侬（John Lennon）以及毕加索（Pablo Picasso）等。广告告诉人们：

> 你可以响应他们或否定他们，可以颂扬他们抑或诋毁他们，而你唯一不能做的是忽视他们，因为他们改变事物，他们推动人类前进。当有些人把他们视为疯子时，我们看到的是天才。①

广告借助人类历史上这些"与众不同"的人，来隐喻苹果产品的"与众不同"。乔布斯（Steve Jobs）评论道："我们只用了15——30——或者60秒，就重建了苹果曾在90年代丢失了的反传统形象。"

不久，苹果又陆续推出了近30张的广告海报，均以黑白人物照片为主，包括美国广告史上的传奇人物威廉·伯恩巴克在内。"Think Different"系列广告不仅有力地帮助苹果走出了困境，而且获得很多荣誉。②

据统计，1998年，美国在媒体上的广告投入为1 340亿美元（另有一说为1 500亿美元），其中电视广告投入占38.7%，报纸占34.3%，杂志占12.4%，户外路牌占1.8%。广告投入最多的为通用汽车，达29亿美元，宝洁投入26亿美元，万宝路为20亿美元，克莱斯勒达16亿美元。

（三）多媒体广告的出现

电视与网络技术的结合推动了多媒体广告的出现。

新型的网络电视可以让广告主选择视频游戏、信息服务、有偿收视服务、参与节目有奖竞猜（观众参与节目，回答现场提问，索取优惠券）以及个性化电视收视等服务方式，从而为广告主更有效地传递商品信息，并获得反馈。比如一位观众在电视上观看足

---

① VIVIAN. 60秒帝国重建——史上最成功的广告之一：APPLE Think Different.（2011-09-04）[2024-03-25]. http：//news. topys. cn/article/detail? id=5070.

② 1998年，该电视广告赢得了美国电视艺术与科学学院（ATAS）授予的第二届年度黄金时段艾美奖之最佳广告奖、贝尔丁奖及戛纳银狮奖，较长版本的广告更因其良好的营销效果获得艾菲奖。

球比赛，如果看到某个球员穿着阿迪达斯运动鞋，那么，他只需要用手机扫描一下屏幕，就能看到该产品的广告，然后就可以轻松地选购该品牌的跑鞋或网球鞋。

为了提高广告传播效果，植入式广告受到普遍重视。某个在广告中宣传过的产品一旦被巧妙地安排在电视剧的某个非常切合的场景中，并被合适的演员使用，就会产生意想不到的效果和说服力。在收视率极高的情景喜剧《宋飞正传》（Seinfeld）中，外科医生拿着一颗朱诺（Junior）薄荷糖说："这东西非常提神。"据统计，大约有 1 400 万观众看过这个节目。好莱坞著名影星伊丽莎白·泰勒（Elizabeth Taylor）也曾在哥伦比亚广播公司播出的情景喜剧中夸赞黑珍珠（Black Pearls）香水的芳香。此外，在音乐电视、烹饪节目、体育节目以及其他节目中，这类产品广告也经常出现。

娱乐也能传递商业信息。广告常被植入电脑游戏，以吸引那些富裕的、受过教育的青年男性，而借助普通媒体则很难将商业信息传递给这些人。如在克莱斯勒公司制作的游戏中，游戏玩家将体验乘坐切诺基（Cherokee）吉普车冒险的经历，利用照相机、地图、手机和向导，与切诺基吉普车一起穿过美国国家公园，在规定的时间内拍摄野生动物的照片。玩家在不知不觉中便接收了广告的信息。

在电影行业，赞助商可以通过付费进行产品宣传。当时，一件产品在电影中出现的宣传费用通常是四万美元，有时甚至更高。当然，广告费也可以以实物赞助的方式支付。比如，《侏罗纪公园》（*Jurassic Park*）的拍摄，就用了 10 辆福特公司提供的探险者（Explorers）越野车。

家庭录像带出租业的兴起，也与传统的广播电视广告形成竞争。百事可乐公司率先在 1986 年赞助了《顶级杀手》的录像带制作，此后其他一些广告主也纷至沓来，越来越多的广告出现在录像带中。据一项研究表明，大多数租录像带的人看过片前的广告，有些人还看了不止一遍。在当时，直邮录像广告或录像产品目录也很流行。

（四）网络媒体广告的出现

20 世纪 90 年代以来，计算机网络技术、电脑多媒体技术、数字技术的发展将人们带入了网络传播的新时空，信息化、全球化的浪潮汹涌。

互联网得到简化并通过电脑的连接向商业和个人用户开放，它比自纸面印刷发明以来的任何发明都更为彻底地扩大了信息的流通。曾几何时，报社、电视台和出版社被集中掌握在为数不多的巨型媒体联合体的手中，而在互联网时代，任何一个拥有电脑的人都可以将自己的想法上传网络，任其在全世界范围内传播。

1994 年 10 月 14 日，美国《热线》（*Hotwired*）杂志推出了网络版 Hotwired. com，其主页上出现了包括美国电话电报公司、英特尔等 14 个客户的旗帜广告，这是全球最早的网络广告。

起初，只是与电脑有关的行业在网络上销售自己的产品。但后来，越来越多的行业开始在网上销售自己的产品。旅行社、航空公司、远程教育、花店、房地产、珠宝等，几乎所有的行业都意识到了网络媒体的重要作用，开始在网络上销售产品或服务，电子商务蓬勃发展。在网络媒体上，广告主可以把报刊、广播、电视三种媒体的特点结合起来，综合使用。例如，热古意大利面条调料公司（Ragu Spaghetti Sauce）便在网站上设置了一位卡通虚拟主持人，她不仅仅介绍食谱、产品信息，帮助潜在的消费者制订旅游计划，还介绍意大利的相关情况等。沃尔沃（Volvo）在网站上用直观的画面展示各种新车，每种车型后面注明了全国各地的销售点和售后服务中心，解答用户提出的关于汽车购买方面的各种问题。

美国网络广告市场增长率非常高，最高达到了385.5%（1996年）。具体说来，1995年，美国全部媒体的广告总额为1 200亿美元，而其中网络广告收入只有5 470万美元。之后，网络广告收入一路高歌猛进，到2000年，这一数字超过了80亿美元。

（五）广告公司的变革

李岱艾广告公司（TBWA）成立于1970年，是由特拉戈斯（William G. Tragos）、博南热（Château Bonnange）、威森丹杰（Uli Wiesendanger）、阿杰罗戴（Paolo Ajroldi）四个来自不同国家、背景，拥有不同经验范畴的广告人合力组成的欧洲广告组织，这在广告公司的创业史上是个特别的先例。李岱艾是当时全球增长最快的跨国广告公司，全球总营业额名列世界第九，在业内以创意优秀出名。

20世纪80年代，随着传播实践的发展，广告人终于认识到，广告不仅是销售，也不仅是传播，而且是一种营销传播活动，需要一种新的媒介沟通策略。1992年，唐·舒尔茨（Don Schultz）出版了《整合营销传播》一书，强调要协调品牌传播工具。在注意力高度碎片化、接触渠道高度多元化、传播信息量过载化的时代，整合营销传播（integrated marketing communication，IMC）焕发出更大的价值和鲜明的时代性。这种协调多种工具、媒介及营销传播平台的需要改变了广告公司的运作方式。它们不再各自为政，而是通过蕴含营销传播学的综合计划和服务，或通过分别专事不同领域的众多广告公司组成团队来协调运作。同时，随着市场竞争的加剧，美国广告业迎来了波澜壮阔的大宗并购时期，催生了大型广告公司或超级广告公司。在这一过程中，常常是拥有品牌的企业、广告公司、媒体进行合并，形成巨大的联合企业，提供更大规模的服务。以资本为纽带、借助集团化的经营方式可以获得规模经济，也可以为集团旗下的数十种甚至数百种品牌提供共同的保护伞。

为了提升市场竞争力，1986年，美国DDB、BBDO、Needham Harpert三家大型跨国公司实行合并，组建新的宏盟集团，在全球多个市场为客户提供多种营销传播服务。集团成立后，多元化、非本土的业务经营额以及公关、直销、营销咨询、专业媒体购买等非传统业务都实现了同步增长，全部营业额高达50多亿美元，分散了经营风险。

20世纪90年代之后，美国本土经济发展放缓，广告客户的广告支出减少，中小广告公司经营惨淡，媒体公司压力巨大。美国广告业加快了集团化、国际化的步伐，积极扩展海外业务，组建超大型跨国传播集团或公司，提供世界范围内的整合营销传播服务。于是，在大型的广告集团之间，合并和收购事件频频发生。1993年，宏盟集团收购李岱艾。两年后，宏盟集团又将恰特-戴与李岱艾合并，形成新的李岱艾广告公司（TBWA Chiat Day）。

其他公司也不甘落后。智威汤逊在50多个国家和地区建立了分支机构，麦肯环球在近70个国家和地区设有分公司。在各大跨国企业公司业务以及各地经济发展的带动下，这些跨国分支机构一直保持着营业额的增长。

与此同时，中小广告公司不断“瘦身”，广告行业分工更加细化。20世纪80年代以来，有线电视、家庭录像机的普及，各种专门杂志的出版，直接邮购和家庭推销的成功，以及各种促销活动的开展等从根本上改变了广告的业务运作。随着竞争的加剧，许多广告代理商重新定位自己，不再求全求大，而是主动放弃一些缺少竞争力的业务，保留和拓展自身具有核心竞争力的业务，使得广告业分工越来越细，专业化程度越来越高，产生了诸如广告创意代理商、广告媒体代理商、数位代理商、专门广告制作商，以及其他代理商等。

第六节　进入新世纪后的美国广告发展

进入新世纪，因为经济滞胀，2001年美国出现了持续一年之久的广告业衰退期，导致一些广告企业收入锐减，蒙受巨大损失。2002年形势开始好转，但广告业的竞争愈演愈烈，甚至还面临着与非商业媒体的竞争，广告人员不得不寻找新的、创造性的办法来传播广告信息。

“9·11”事件之后，小布什领导的美国政府重塑了外交政策，将打击恐怖主义作为其外交政策的出发点。在国内政策方面，着力于减税、消费、加强军事防御、改革社会保障和医疗保险等。他宣称：“我们不能自己乱了阵脚，让恐怖分子的阴谋得逞——我们要继续做生意，人们要继续购物。”于是，广告商们纷纷从爱国主义口号中汲取灵感，将消费主义打造成救赎的途径。通用汽车模仿“9·11”事件中罹难者托德·比默（Todd Beamer）的标志性口号“让我们勇往直前”，造出“让美国勇往直前”的广告语，以鼓舞美国人民的信心。

但是在2008年，美国还是发生了次贷危机。在这种普遍的焦虑中，民主党候选人奥巴马迎来了2008年大选的胜利。奥巴马上台的时候，他已经没有时间沉浸在选举胜利的喜悦里。华尔街的困境迅速蔓延到经济生活的各个部门，经济衰退日益加剧，成为继20世纪30年代大萧条之后最为严重的一次经济危机。政府被迫进行了一系列改革，虽然经济得到了微弱复苏，但经济增长一直处于低迷状态，失业率居高不下，社会财富缩水，贫困人口增加，以致2011年9月发生了上千人参加的“占领运动”，以抗议不断加剧的经济不平等、工作机会的减少和银行的舞弊行为。丰裕的物质环境和生活消费水平与低迷的经济发展相伴的现象成为美国人难以解开的“斯芬克斯之谜”。

一、巨型传播集团的出现

进入新千年，收购中等广告公司的浪潮仍在继续。经过一系列的兼并、合并与重组，美国形成了两大航母般的巨型广告集团：一是宏盟集团，二是埃培智集团。

创建于1986年的宏盟集团历史悠久，可以追溯到1944年11月17日，总部位于纽约。它是全球性广告、市场营销和企业传播的战略性控股公司，也是现今全球最大的广告传播服务联合企业，与WPP集团、埃培智集团、阳狮集团以及电通集团合称全球五大传播集团。宏盟集团业务分成四大类，分别是广告、顾客关系管理（CRM）、公共关系、专业沟通服务，涉及广告、营销服务、专业传播、互动数字媒体与媒体购买服务等，旗下拥有 BBDO、DDB、李岱艾、凯旋公关（Ketchum）、福莱（FleishmanHillard）和浩腾媒体（OMD）等著名广告业服务品牌。2002 年集团以 75 亿美元的总收入居全球业界首位。

根据《广告时代》（*Advertising Age*）报告，2006 年，BBDO、DDB、李岱艾的收入分别在全球排名第三 、第四、第七位。

为了应对谷歌、Facebook 等快速崛起的网络社交媒体，2013 年 7 月位列全球第二的宏盟集团与阳狮集团宣布双方以对等方式进行合并，组成全球最大的广告商。合并后的公司以阳狮宏盟集团（Publicis Omnicom Group）命名，分别于纽约证券交易所和泛欧证券交易所（Euronext）上市。2014 年 5 月，双方发表联合声明，共同协定取消合并。

美国的另一家巨型传播集团就是埃培智集团（Interpublic Group of Companies，IPG）。集团创立于 1902 年，前身是麦肯环球公司，于 1961 年 1 月改为现用名，总部位于纽约。集团主要从事广告、数位行销、传播策划及媒体购买、企业与品牌形象及策略行销咨询、公共关系、专业沟通服务。

埃培智集团旗下品牌包含麦肯环球广告（McCann-Erikson）、万博宣伟公关（Weber Shandwick）、灵狮广告（Lowe and Partners）、盟博（IPG Mediabrands）、Carmichael Lynch、Deutsch、Hill Holliday、The Martin Agency、Mullen、博达大桥广告（Foote Cone & Belding，FCB）、优势麦肯以及极致传媒（Initiative）等。

2002 年，美国广告公司和媒体代理公司在本国的收入比上一年上升了 0.6%，达到 102 亿美元，在海外市场上的收入则比上一年上升了 0.1%，达到 89 亿美元；线上广告（The Top Line）在全球市场上的收入比上一年上升了 0.4%，达到 191 亿美元。十年之后的 2012 年，美国市场广告总开支达 1 610 亿美元，到 2015 年这一数字增长至 1 820 亿美元，其中数字广告将近 600 亿美元。2018 年，美国广告营收为 2 070 亿美元，比上一年增长 6.9%，其中数字广告首次超过 1 000 亿美元，依然保持着世界广告市场头号大国的地位。

二、报刊广告媒体的变革

据美国权威机构 TNSMIL/CMR 发布的数据，2003 年美国全部媒体的广告收入高达 1 283.6亿美元，比 2002 年上升了 6.1%。其中，有线电视、全国性联合电视台、地方性报纸、网络和西班牙语电视网的增幅都在两位数以上。

但是，2008 年美国出现了金融危机。在危机中，传统媒体受到极大的冲击，报纸的发行量不可遏止地下滑，形势非常严峻。于是，有的报纸开始申请破产保护，有的完全转向网络版，放弃纸质版。例如，《基督教科学箴言报》《塔克森市民报》《安阿伯新闻报》及拥有 146 年历史的《西雅图邮讯报》在 2009 年即停止发行印刷版，只保留网络版。

据美国出版商信息局（Publishers' Information Bureau，PIB）的报道，2007 年美国杂志的广告份额在所有的媒体中一直保持在 17%左右，达到了 255 亿美元，超过报纸广告，排在电视广告之后，位列第二。传统杂志的危机虽然没有报纸那么严重，但是面对新媒体的不断挤压，也是经营惨淡。为适应数字网络技术的发展要求，2009 年，美国杂志出版商协会（the Association of Magazine Publishers）更名为“美国杂志媒体协会”

(the Association of Magazine Media)。与此同时，许多大型杂志纷纷推出杂志的电子版，并致力于探究电子杂志的经营模式，将电子杂志的广告销售作为未来的重要发展策略之一。

其实在此之前，报纸已经进行了成功的实践。《纽约时报》网站在2002年创造利润1 600万美元，2004年上半年又盈利1 730万美元，并在2004年和2005年连续两年被美国报业协会评为全美最佳报纸网络版。2014年1月，《纽约时报》网络版进行改版，采用了全新的发布和技术系统。改版后广告方面的主要变化如下：首次推出原生广告，减少广告位置，研发新的广告形式。[①] 而《华尔街日报》网络版具备不间断更新以及全面覆盖全球商业新闻的特点，用户可随时查阅各类最新商业新闻和分析报道。除此之外，它还提供独特的服务，诸如定制个性化界面和突发新闻邮件，以及为读者提供跟踪个人投资组合信息的功能。

当然，媒体帝国有许多“百年老店”。根据美国杂志媒体协会公布的《2015年杂志媒体实况报告》(Magazine Media Factbook 2015)，美国有180多种纸质杂志存活了50年以上，其中67种纸质杂志存活了100年以上。纸质杂志的广告价值依然存在。2014年美国前50名的杂志广告主总计向纸质杂志投放了68.26亿美元的广告费（刊例价），其中位居前五名的分别是欧莱雅（8.38亿美元）、宝洁（7.74亿美元）、辉瑞制药（3.67亿美元）、路易威登（2.91亿美元）、强生（2.33亿美元）。

2015年美国消费类杂志有7 289种，比2013年增长了49种，比10年来种数最多的2012年少了101种，但比10年来种数最少的2005年（6 325种）增长了15.24%。随着互联网技术的进一步发展，杂志的移动终端化、可视化将成为一种不可抗拒的发展新趋势。

三、户外媒体广告的发展

在美国，数字化媒体来势汹汹，导致大多数传统媒体的影响力持续下降。但是，它却增强了户外广告的影响力。

户外广告媒体不可取代的优势至少表现在两方面。

首先，相对其他媒体而言，户外媒体的互补性特别强。有研究显示，“消费者不在家的非睡眠时间的70%和智能手机在一起”[②]。受众一旦走出室内，就会进入户外媒体的“王国”。许多创意独特、设计美观的广告就会扑面而来，不经意间给受众以视觉刺激，使受众留下记忆。人们的户外活动时间越长，户外广告的价值就越高。

其次，户外广告也与时俱进。为了不断增强户外广告的传播效果，许多广告公司不仅大力开发媒体创意，而且经常将最新的技术运用到户外广告上，比如说楼宇、卖场的液晶电视，电梯、移动户外，还有大型的LED展示屏，以及声光技术、二维码技术、蓝牙技术等等。当年苹果公司iPod获得巨大成功，户外广告的贡献是很大的。

美国人口普查局的数据显示，2000—2010年间，美国的城市人口增长率高达

---

① 叶峰涛．《纽约时报》网络版大规模改版．(2014-01-20)［2024-03-25］. http://media.sohu.com/20140120/n393796698.shtml.

② 美国户外广告7大发展趋势．(2015-06-26)［2024-03-25］. http://www.yingmoo.com/news_55365.html.

12.1%，超过了该国同期整体人口 9.7%的增长率。城市人口的持续增长推动了城市户外基础设施的扩张，各类户外媒体数量迅速增长。“2013 年至 2014 年间，美国公交候车亭的数量增长了 20%以上，这反映出乘坐公共交通的通勤者人数的增加。”①

“在美国整个户外广告市场中最大的广告主是麦当劳，麦当劳广告投放额大约 7 800 万美元……就算是第 20 位的广告主，它的投放额也约有 1 500 万美元。”② 户外广告的主要客户涉及食品、银行、啤酒、信用卡、饭店、电影等行业或领域。2014 年第三季度，苹果公司对户外广告的投入位居第二，而谷歌在此期间的广告开销也几乎比同期翻了一番。

2015 年 5 月，纽约市宣布计划将过时的 10 000 处付费电话亭改建为全球最快、最大的自由市政无线网络系统。广告出现在网络实体枢纽周围的数字显示屏上。其他一些户外行业也致力于利用最前沿的技术创新打造新的户外媒体。这些举措不仅在路边数字显示屏上得以体现，而且在整个交通范畴，包括候车设施、地铁、机场、商场及报刊亭也都付诸实践。

美国户外广告正朝着数字化、互动化、娱乐化方向发展（见图 10 - 34）。

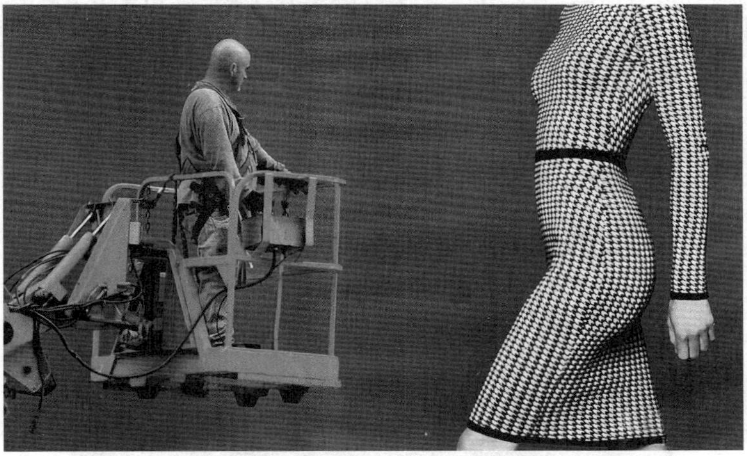

图 10 - 34　大型广告的施工现场（2015 年，纽约时报广场）

四、网络媒体广告的蓬勃发展

进入新千年，互联网企业经历了疯狂生长、泡沫经济破裂以及互联网咨询与接入公司纷纷倒闭的“寒冬期”，再到 2003 年的复苏与 2008 年的金融风暴的考验，步入了稳健的发展期。

2003 年美国互联网广告收入回升到 72.5 亿美元，2005 年更是突破百亿美元大关，创下了 125 亿美元的新纪录，超越了户外广告和商业类杂志广告，首次与广播媒体比肩而立。

据美国互联网广告局（Internet Advertising Bureau，IAB）统计，2007 年美国网络

① 美国户外广告 7 大发展趋势．(2015 - 06 - 26) [2024 - 03 - 25]. http://www.yingmoo.com/news_55365.html.

② Mike Baker：欧美户外广告发展情况．(2015 - 06 - 26) [2024 - 03 - 25]. http://www.admaimai.com/News/Detail/2/64530.htm.

广告已经连续四年保持20%以上的增长速度，市场规模达到211亿美元的新高。2009年由于金融危机的影响，网络广告收入出现小幅下滑，但2010年市场规模再现回升，超越报纸。2011年网络广告收入达到317亿美元，超越有线电视。2012年达到366亿美元，刷新了历史纪录。2013年超越无线电视，达到创纪录的428亿美元，一跃成为美国第二大广告媒体。根据美国市场研究机构eMarketer的测算，2015年美国网络广告支出达586.1亿美元[①]，占美国广告总开支的27.5%。2016年网络广告支出再创新高，达到720.9亿美元，首次超过电视广告支出712.9亿美元。这意味着网络广告占美国媒体广告支出的36.8%，而电视广告则下降为36.4%。[②]

事实证明，互联网已经成了真正的商业媒体，不论是否进入了发展的高峰期或能否取代电视媒体，它作为一种具有统治地位的媒体的趋势都已经无可争议。在营销领域，网络媒体被厂商普遍视为从事整合营销传播的"利器"。

网络广告增速最快的仍然是移动领域（见图10-35）。2013年美国移动广告收入为71亿美元，较2012年的34亿美元增加了110%。[③] 虽然移动广告收入的增速在2014年、2015年有所下降，但仍然保持在50%以上。这主要得益于智能手机和平板电脑的快速普及。

图10-35 美国的移动广告（维多利亚的秘密，2011年）

作为互联网搜索行业的领头羊，谷歌一直是网络广告行业繁荣的最大受益者。2016年谷歌全球网络广告收入达到631.1亿美元，年增长19.0%，占全球网络广告市场（2 292.5亿美元）的27.5%。谷歌继续统领全球搜索广告市场，2016年谷歌搜索广告收入达到528.8亿美元，占全球搜索广告市场的56.9%。[④] 谷歌广告收入快速增长主要得益于移动搜索等使用量的增长、YouTube越来越受欢迎以及广告程序化购买的增长。谷

① 2015年美国网络广告支出586.1亿美元.(2015-05-22)[2024-03-25]. http://www.a.com.cn/info/world/2015/0522/282548.html.

② eMarketer：2016年美国网络广告支出首次超过电视.(2016-09-15)[2024-03-25]. http://www.199it.com/archives/517105.html.

③ 美国去年网络广告收入428亿美元 首超电视广告.(2014-04-11)[2024-03-25]. http://tech.qq.com/a/20140411/001204.htm.

④ eMarketer：2016年谷歌广告收入将达到631亿美元 60%来自移动渠道.(2016-10-28)[2024-03-25]. http://stock.10jqka.com.cn/usstock/20161028/c594539914.shtml.

歌当时新发布的硬件 Pixel、Google Assistant、Daydream View、Chromecast 等不仅丰富了谷歌的收入渠道，而且有利于提高谷歌广告的定位能力。这些都有利于谷歌的广告营收。

此外，网络视频广告市场正在扩大，广告主在网络视频广告方面的开支增长速度大大超过了电视和其他数字媒体。数据显示，2013 年网络视频广告观看量呈现爆炸式增长势头，收入达到 28 亿美元，2016 年达到近 50 亿美元。①

据《2018 年互联网趋势报告》，网民使用互联网的时间越来越长。互联网持续发展，责任不断增强。第一，谷歌由广告平台（1997—2000 年）变成服务平台（2018 年），亚马逊则由商务平台变成广告平台。与电子商务相关的广告营收在不断增长，谷歌、亚马逊、脸书坐在美国广告市场的铁王座之上。第二，社交媒体推动产品发现加购买方面效果显著。自 2008 年以来，社交媒体的广泛使用以及它所催生的口碑营销实践使得广告和营销传播实践发生了巨大的变化。在这种全新的互动世界里，消费者传播结构发生了根本性的改变。他们正在生成品牌讯息，并将其发到 YouTube 上，同时也发到 Snapchat、推特（Twitter）、Instagram 等社交媒体上。在这方面，脸书位列第一，它有力地助推了新兴直销零售商、品牌的增长，消费者在线购买率达到 55%。此外，网络视频广告正在成为全球广告市场的增长引擎。据 Criteo（CTRO）报道，2018 年，网络视频广告（包括短视频）在美国展示广告支出中占 30%以上，在欧洲占 27%。思科（Cisco）认为，在 2021 年之后，全球 80%的互联网流量是视频。

随着世界各国经济的发展，美国经济占世界经济总量的比重在下降，美国广告占世界广告市场的份额也有下降的可能。但美国是世界头号经济强国，是世界经济最为重要的构成部分，无论其广告经营总额、人均广告费还是广告占国内生产总值比例等指标都位居世界第一。因此，美国将继续保持世界广告市场头号大国的地位（见图 10 - 36）。

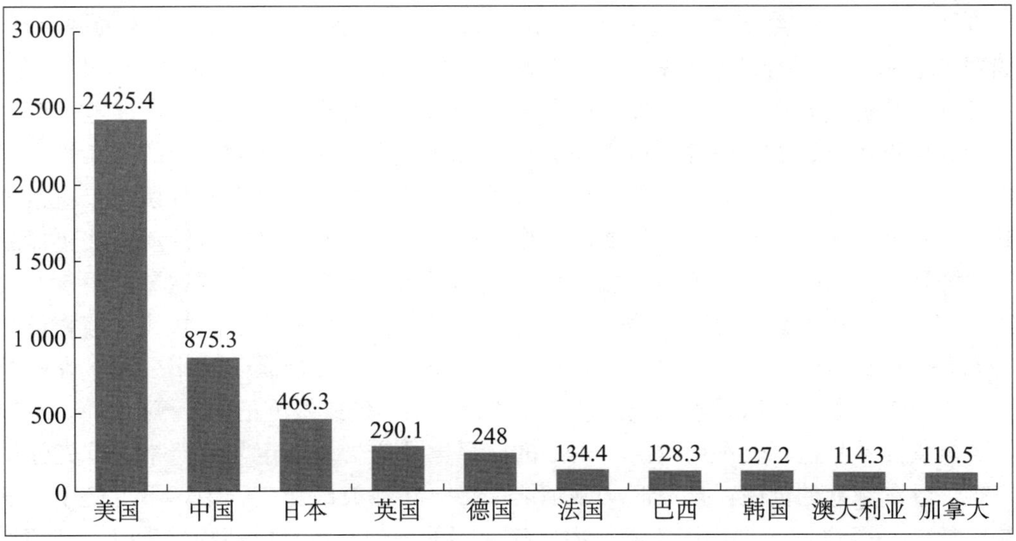

图 10 - 36 2019 年全球主要国家广告行业市场规模排名（单位：亿美元）

资料来源：Statista。

① comScore：2014 年 3 月 LiveRail 视频广告观看次数约 39 亿．(2014 - 07 - 07) [2024 - 03 - 25]. http://www.199it.com/archives/253056.html.

五、广告管理的加强

在长期的广告业管理实践中，美国广告业形成了政府管理与行业管理相结合的管理模式，即一方面由政府根据国会制定的法律进行管理，另一方鼓励并推行广告行业的自我管理。

（一）政府的广告管理

美国政府管理广告的主要机构是美国联邦贸易委员会、美国联邦通信委员会和美国食品药品监督管理局。

虚假广告是美国广告监管的重点。美国联邦贸易委员会规定，凡是“广告的表述或由于未能透露有关信息而给理智的消费者造成错误印象的，这种错误印象又关系到所宣传的产品、服务实质性特点的，均属欺骗性广告”。无论是直接表述的还是暗示的信息，广告发布者都要负责。对于那些证据不足或作了某些暗示性的广告，联邦贸易委员会有权要求广告停止播出或作出更正。如果广告商或生产者（广告客户）接受联邦贸易委员会的决定，可免予处罚。否则，联邦贸易委员会可采取正式的法律程序向法院起诉，通过司法途径，进行强制性的解决。一旦认定广告商或生产者刊播虚假广告的事实成立，广告发布者就要马上停播，并发布更正广告。如果继续播出广告，将被处以罚款，罚款数额最高可达上千万美元，带来的后果极其严重。同时，联邦贸易委员会可以向联邦地方法院提起诉讼，法院有权冻结广告发布者的全部资产，以备将来对消费者进行赔偿。如果罪名成立，广告发布者将会面临经济赔偿，甚至牢狱之灾。

联邦贸易委员会设立了专门的电话热线和网站，接受消费者有关虚假药品和医疗广告等方面的投诉。该委员会特别重视互联网新媒体，近年来多次组织大规模的网上打假，让消费者上网寻找并揭穿各种虚假药品和医疗广告，以此打击网络传播中的虚假广告。

美国联邦通信委员会有权管理广播电视广告的数量及播出时间，对广播电视广告中哪些内容可以播放、哪些内容不可以播放也有具体规定，尤其强调广告的真实性。当广播电视台对广告主的信誉、商品或服务内容的真实性有充分理由表示怀疑时，应拒绝播放其广告；禁止播放具有危险性的商品广告，并禁止儿童参加其广告活动；禁止播放用蒸馏法酿造而成的烈酒，对啤酒及温和性酒类的广告片，禁止出现“饮”的镜头；禁止播送香烟广告；禁止播送算命、测字、摸骨、占星、看手相等广告。联邦通信委员会有一支庞大的审查队伍，对广播电视广告进行全面审查。凡发现属于“不公正、虚假的违法”广告，就会立即采取要求停止播放、罚款、赔偿损失或做更正广告等措施。

美国食品药品监督管理局对医药用品的广播电视广告的规定尤其严格。首先强调药品广告关系到观众的健康，播放时必须慎之又慎。在播放医药广告中，不得使用“安全可靠”“毫无危险”“无副作用”等夸大医疗效用的词句。在播放药物广告时，必须详细说明该药物的副作用。医药广告中禁止出现令人厌恶的痛苦呻吟的表情、动作及声音。

（二）广告行业的自我管理

美国联邦贸易委员会前主席鲍勃·皮托夫斯基（Bob Pitofsky）曾经评论说：“当今

广告业的自律体系超过全国所有的行业。”① 除了政府管理外，美国广告业的行业协会或专业团体很多，且自我管理也极为有效。最有代表性的行业自律机构是美国广告联合会、美国广告公司协会、全国广告审查委员会等，它们根据形势不断发展的需要以及本行业的特点，制定相应的规章，要求各个会员自觉遵守并互相监督。

(1) 美国广告联合会。

美国广告联合会（American Advertising Federation，AAF）1905 年由原先的美国各地广告俱乐部组建而来。1916 年，其下属的监督委员会已经发展为商业促进局，专门处理商业不公正问题和欺骗行为。该会现在已成为维护广告真实、诚信方面最知名、最坚定、最成功的组织之一。1984 年，美国广告联合会制定了美国企业广告原则，适用于全体会员单位。

(2) 全美广告主协会。

全美广告主协会目前有 500 多名成员，包括了美国绝大多数的广告主。该协会的目的是从广告主的角度出发，致力于提高广告的有效性。

(3) 美国广告公司协会。

美国广告公司协会当初由 111 家广告公司组成，现在已经有 500 多家会员，加上这些成员的分公司，共 1 200 个左右会员，既包括奥美、麦肯、李奥贝纳、BBDO 等著名广告公司，也包括谷歌、脸书等互联网巨头。它们是美国广告行业的代表，也是从业水平的标杆。目前，美国有超过 75%的全国性广告出自该协会成员公司。

除了这些传统的常设机构外，在第二次世界大战后，根据广告发展的需要，又建立了以下两个新的机构。

(4) 全国广告审查委员会。

1971 年，美国广告联合会、美国广告公司协会、全美广告主协会以及美国商业促进局共同发起成立全国广告审查委员会（National Advertising Review Council，NARC），这是一家跨行业的自律机构。其主要目的是“组建一个善用同行劝服力、努力自愿消除从专业角度审视涉嫌欺骗的广告的组织”，目标是“通过自愿的自律行为，维护全国性广告的真实性和准确性的高标准”。它不但对全行业的广告进行监督管理，而且对国家的广告活动提出建议，对国家制定的有关广告法律、法规作出反应。全国广告审查委员会下设几个部门，均由商业促进局委员会管理，主要负责调查的部门是商业促进局的全国广告部，全天候监督全国媒体上发布的广告，并负责受理消费者、产品竞争企业对广告的投诉和地方商业促进局移送的案件。2008 年，该部门处理的案件超过 179 个，其中 84 个涉及广告主对竞争对手承诺的质疑。

(5) 互动广告局。

1996 年，美国诞生了一家新的广告行业组织——互动广告局（Interactive Advertising Bureau，IAB)。互动广告局是一个代表在线出版商和广告商的非营利性组织，总部位于纽约，在华盛顿特区设有公共政策办公室，在旧金山设有西海岸办事处。互动广告局以

① 莱恩，金，赖克特．克莱普纳广告学：第 18 版．程言，王佳雯，刘倩，等译．北京：中国人民大学出版社，2019：773.

推动传媒和营销行业在互联网经济中的发展为使命，其成员大多是全球性企业，包括美国在线、迪士尼、谷歌等知名公司在内的650多家媒体公司、品牌以及负责销售、交付和数字广告优化营销的技术公司，遍布五大洲36个国家。互动广告局重点研究互动广告，同时努力促使品牌、广告商和众多商界人士认识到数字营销的重要性。2017年7月，互动广告局面向移动与网络广告商发布了新的广告标准，对于提高网络广告与交易的透明性与一致性，提升美国互联网广告买卖双方的工作效率，减少成本支出，提高广告监管效率，发挥了重要作用。

互动广告局的网络广告标准不仅规范着美国网络广告的市场，而且引领着全球其他国家网络广告的发展。

本章小结

美国的广告业起步较晚，但到了19世纪下半叶之后，随着工业革命的完成，经济迅猛发展，交通运输发达，商品极大丰富，城市化运动蓬勃，大众媒体空前繁荣。这主要表现在：美国率先形成现代广告代理制度，并且迅速取代英国，成为世界广告业的中心，一直保持着领先的地位；两次世界大战催生了美国的公益广告及其管理机构，公益广告在战争中发挥了重要的作用；第二次世界大战结束后不久，以信息技术的生产与应用为标志的第三次产业革命的发生，使得美国广告业发展日趋成熟，全球性的广告传播集团取代了广告公司，专业化的广告运作让位于规模化的运作和多样化的经营；大型跨国公司积极进军国际市场，构建全球广告业务网络，跨文化广告大量出现；广告公司分化更加显著，大型广告公司的服务范围由专业性的广告代理发展为包括广告代理、媒体购买、信息顾问、公共关系、品牌建构、互动营销、客户关系管理，甚至客户的发展战略等多项内容在内的综合性代理服务，中小公司则专注于发展自身拥有核心竞争力的业务，形成少数大公司与多数小公司并存的局面；新的广告媒体形式不断涌现，传统的媒体受到严重挑战，网络广告发展迅速。

思考与练习

1. 为什么说19世纪30年代是美国便士报的年代？便士报的诞生对美国广告发展的意义何在？

2. 为什么说当商标出现并成为市场的一部分的时候，就为美国广告的发展打开了一扇全新的大门？举例说明。

3. 美国进步时期广告发展的主要特点是什么？

4. 19世纪美国的大众化广告监管运动是怎样兴起的？有何影响？

5. “原因追踪法”和“情感氛围法”产生的背景是什么？各有哪些利弊？结合具体案例谈谈你的认识。

6. 比较美国大繁荣和大萧条时期的广告，说明这两个时期广告诉求有何不同之处，为什么会有这样的不同。

7. 在第二次世界大战中，美国广告是如何向民众传播爱国主义精神的？效果如何？
8. 进入新世纪以来，美国广告业的发展呈现出什么新的特征？原因是什么？
9. 为什么说 20 世纪 60 年代的美国广告业进入理论创新时代？有哪些代表性成果？
10. 美国广告行业的自我管理有什么特点？

第十一章
日本广告的发展

本章学习要点

1. 江户时期日本广告繁荣的原因及表现。
2. 明治维新到甲午战争时期的日本广告概况。
3. 日本广告代理制的产生及发展。
4. 战后日本广告业的恢复与繁荣。
5. 进入新世纪以来日本广告业发展的新面貌。

作为一个东方的岛国，古代的日本比较封闭，岛内战乱不已，不仅民生困乏，而且文明开化较晚。自从水稻传入日本后，很快普及全日本。一般认为，绳纹时代中期，日本人的村落开始向平地转移，形成定居化生活和集落共同体。随着经济的发展，在以物易物的基础上出现了市声广告，以后又出现招幌广告。大化革新之后，各种广告形式陆续出现，尤以招牌广告为盛。到了江户时期，城镇经济繁荣，广告已经成为商家的重要推销工具，使用十分普遍。

第一节　从大和时代到室町时代的广告活动

日本第一本带有神话色彩的史书《古事记》描述了远古时代山幸彦与海幸彦互换钓钩与弓箭的传说，就是早期商品交换以物易物形式的例证。公元 3 世纪中期以后，本州中部大和地区兴起了一个奴隶制国家——大和国。公元 5 世纪初，大和国统一了除东北以外的日本本土，为经济的进一步发展创造了便利条件。

日本素称“千岛之国”，以山地为主，山多坡陡，其中山地和丘陵占面积的 71%，且大多山为火山，河流众多但大多流速较快。近海一带，多为冲积平原，但规模较小，这种情况给古代日本商贩的出行带来了极大不便，商业交易的发展速度较为缓慢。后来，日本经济发展速度加快，商业活动力度加大，商贩增多。当时的商贩主要分为“行商”“坐贾”两种类型，即一种是挑着货担，走街串巷地吆喝，有时也通过敲打乐器和引吭叫卖来出售商品的“棒手振”（行商）。另一种则是在自家房前或屋边搭棚，作为固定店铺，摆满产品，招揽生意。

公元 645 年（唐太宗贞观十九年），孝德天皇即位，建元大化。由僧旻、高向玄理等辅佐孝德天皇从事政治上之维新变革，一切典章制度，都取法于唐朝，史称“大化革新”。从此，日本进入封建社会，经济发展得以与其他文明接轨。

随着农业和手工业的发展，商业也得到发展。在国内的一些城镇和乡村，初步形成了一些集市交换的市场。如岛根郡促户渡口等交通要地附近，“房屋鳞比，居民四集，自然成市”。大宝元年（701 年）颁布的《大宝律令》规定设“市司”，专门管理市场，并明确要求“市场上的商品应当具备一定的标志，以此区别此商家生产的商品与彼商家生产的商品；商店应悬挂招牌，加以区别，以便确定卖方的信用所在”。这种规范，实际上是对招牌和广告的早期规范。大宝三年（703 年）以后，日本有些集市开始由不定期转变为定期，其中个别的则成为长期的集市。

市庭自古以来便是海民和内陆民交换鱼贝、海藻、盐、农产品和采集物的场所，它们通常设置在海滨、河滩、沙洲和斜坡等处的交通要道或神庙附近。有时还进行“歌垣”对唱活动，促进信息和商品交换。当时，充当一般等价物的，除了在畿内及周边地区是铜钱，普遍盛行的则是米、布、绢等。

公元 710—794 年是日本历史上社会政治稳定的时期，因以平城京（今奈良一带）为都而被称为“奈良时代”。这一期间，历代天皇注重农耕，兴修水利，奖励垦荒，封建经济逐渐繁荣，商品交易的范围不断扩大。纺织、刀剑铸造、陶器等手工业开始发展。同时，东海道、东山道、北陆道、山阳道、山阴道、南海道、西海道等七条干道建设完成。随着“国内七道”的修建完成，日本的交通得到很大改善，在畿内地区开始出现大规模的集市。据记载，平城京就是一个长期开放的市场。城内仿效唐都长安市场模式，分设东西两市。东市设五十一廛，西市设三十三廛。在各市廛内出售丝织品、文化用具，以及其他杂货，如铁器、陶器、柴草、柜、帚等。在市场上做买卖的人就被称为“市人”（商人）。商人运用口头叫卖和实物等形式做广告，其范围已经从商贩延伸到餐饮、日用消费品。政府设有专门的机构“市司”，对市场进行管理、检查，并按商品的质量，分出等级，标出价格，方准买卖。每天正午开市，日落闭市。贵族、官吏、寺僧以及一般市民经常到市场购买自己所需的物品。

奈良朝末期，桓武天皇迁都平安京（今京都），开创了平安时代。这是日本历史上天皇统治的巅峰时期，也是极为奢华的朝代。在吸收中国和亚洲其他国家文化的基础上，日本形成了自身独特的文化。经济发展和商业贸易达到高潮。在奈良、京都和一些庄园附近，手工业作坊众多，有大量掌握特殊技能的工匠，像织匠、木匠、泥瓦匠、刀匠、炉匠、漆器匠、金银器匠、佛像铸造匠等。工匠们按客户订货生产，或为官方的项目建造、修理。在大城市的中心地带，如平城京和平安京等，已经从集市商业发展到成片的“邸家”（店铺）商业，出现了更多的“市人”“市女”，活跃在市场内外。

农村的集镇、寺社门前和庄园要地也都有定期集市，分为三日市、五日市、七日市等——这也演变成今天日本的某些地名，出现了大量的贩夫。在水陆交通要道有被称为“津屋”“问”一类的货栈，经营货栈的人叫“问丸”，他们是经济实力雄厚的著名镖头，为庄园保管、运送年贡或代理贩卖，并收取手续费。

平安时代的日本与中国的贸易发展较快。宋高宗绍兴三年（1133 年）八月，由明州出发的第一艘宋船横渡大海，抵达日本的濑户。自此，中日货物的往来一天比一天频繁，极大地丰富了日本市场的产品种类。南宋主要的产品，绫罗锦绢、香料、竹木、书籍、陶瓷、药材、茶叶，都是日本市场极度欢迎的稀缺物，尤其是茶叶，很快得到日本贵族、士大夫、僧侣的喜爱，成为广受欢迎的最高级的饮料，自然也是很多商店的“镇店之宝”。

平安时代后期，因国有土地制度（班田制）被破坏及由此带来的庄园的兴起而转向以农业为主，武士们从庄园的收入中获得了越来越多的份额，使得贸易转弱，到公元1000年左右，政府甚至不再发行货币，大米甚至成为人们主要的交易媒介。

到12世纪，日本商业开始复兴。正如《哈佛日本文明简史》中所指出的那样：“从镰仓幕府以来，许多地方会在河边或十字路口举行定期集市。今天日本的一些地名就源于此。四日市，现在是一个工业城市，最初的意思为‘每月逢四集市’，是一个每月四日、十四日、二十四日定期举行集市的地方。”① 在开市的日子里，商人们在临时搭建的小屋中开店，与周围的百姓交易，此外，还有铸工、油商、鱼贝商、盐商和窄袖便服商等各种商贩往来其中，集市熙熙攘攘。市场对铜币的需求开始激增，但由于日本此时已经不再铸造货币，只好从中国（宋朝）大量进口。因此，13世纪前半期，从中国流入的金属货币——钱币，也与米、绢和布等一样在日本市庭上大量流通起来。

15世纪以后，集市出现得频繁而集中。日本列岛沿岸地区到处可见以津泊为中心的景象。在问丸、酒屋和借上等金融业者聚集的津泊地区逐渐出现了城市的雏形。据文献记载，以淀川下游的江口和神崎为首的津泊中都有大量的游女②操船出入。

京都最为繁荣。除天皇家和摄关家等贵族和官员、东寺等大寺院的僧侣以及新的统治者武家之外，京都还聚集着极其多样的职能民，例如各种工商民、牛饲童、赌博者、以清除污秽为职能的非人以及处理牛马皮革的河原③细工丸等等。“酒商建的酒屋鳞次栉比；六角町和姊小路中有鱼商的店铺；七条一带有磨针人和铜工艺人等职能民作业的场所，也有借上居住其中。”④ 大量的僧人也参与商业和金融活动。1425年（应永三十二年），京都325家酒屋中有270家为僧尼所有。⑤ 在此背景下，日本各地的海滨、湖、泻，河川的津、泊、渡，以及内陆的市庭、寺社门前开始形成商人、金融业者、手工业者、交通业者、仓库业者等聚集的城市——町。有的地方甚至还出现了以大商人和问丸为主要势力的自治城市。

至16世纪，日本已开始与安南、吕宋等地进行贸易。西班牙与葡萄牙也东来，与日本有贸易往来。自丰臣秀吉年代开始，日本政府认为对外贸易可能会为日本政府自身带来威胁，乃先于1633年正式颁布锁国令，再于1639年，只容许日本人在长崎出岛进行贸易。

总之，从平安时代出现的“邸家”到镰仓时代（1185—1333年）在定期出现的集市

---

① 克雷格．哈佛日本文明简史：插图修订版．李虎，林娟，译．北京：世界图书出版公司北京公司，2014：47.

② 10世纪时，曾经属于后宫的下级女官和歌姬组成了被称为“游女”的女性职能民团体，提供歌舞乐曲表演。她们往往以郡城为中心驾船在各地的津泊活动。

③ 河原，即河滩的意思。日本古代受歧视的身份集团的总称，也称作秽多、御庭者等。

④ 网野善彦．日本社会的历史．刘军，饶雪梅，译．北京：社会科学文献出版社，2011：193. 借上，指日本平安时代末期到南（吉野的政府，公家主导的王权）北朝（京都政府，武家主导的王权）时期的高利贷者。

⑤ 网野善彦．日本社会的历史．刘军，饶雪梅，译．北京：社会科学文献出版社，2011：257.

设立的“座”，以及室町时代前期（1336—1477 年）一些店家开始用作店号的“××屋”，主要广告形式为市声广告、实物广告。到了室町时代后期（1477—1573 年，又称战国时代），商家开始用布帘在大门上悬挂商号的店招，以及 16 世纪之后大量出现的看板和暖帘，尽管形式不一，但都属于早期的招幌广告。

第二节　江户时代的广告

江户时代，又称德川时代（1603—1868 年），是指丰臣家的朝臣德川内大臣家康篡夺主家江山后，在江户（今东京）建立幕府政权到明治维新这一段历史。德川幕府经过家康、秀忠、家光三代的经营，开创了日本 300 年的太平盛世，社会经济空前繁荣，奠定了日本迈向现代社会的强大物质基础。

一、江户时代的商品经济发展

（一）城市的繁荣

元和元年（1615 年），德川幕府下令摧毁除藩主居住地以外所有地方的城堡，保持“一国一城”。幕藩的领主将武士聚集到幕府和藩都的城堡周围，并召集手工业者、商人也聚集到这里，形成“城下町”。① “城下町”数量特别多，规模大小不一，虽然没有政治自主权，但是它们促进了城市规模的扩大和工商业的繁荣。

以这些新兴的“城下町”为主，再加上过去发展起来的“门前町”（寺社门前形成的市镇）、“港町”、“宿驿町”等商业城市，日本迎来了历史上的“都市时代”。到 17 世纪末，全国已有大小城市 300 个以上。② 其中，江户、大阪、京都三座城市的经济飞速发展，成为全国商业活动的中心地区，时称“三都”。③ 城市中除少数富商外，大部分是工匠、徒工、商人，还有一些小商贩和搬运工。“17 世纪中叶以后，到处可见的是改善了的居住条件、衣着、实物，以及更多的娱乐和闲暇。一定形式的商业活动和货币经济也在扩大。”④

在德川统治时期以前，日本东部西关平原上的江户还只是一个小渔村，到了德川统治时期，江户不仅是幕府所在地、全国的经济文化中心，而且是全国最大的消费市场。江户城屋舍俨然，街市宽敞，铺面潇洒，熙来攘往。大量不事生产的武士家族于此繁衍，成了城市消费阶层。服务武士阶层的商人、工匠、使役作为町人亦大量涌入。据元禄六年（1693 年）的调查，当时江户各阶层的人口总数有 100 多万，超过当时世界上最繁华

① “町”在这里就是“市”的意思，城是封建领主的驻地，“城下町”就是他们在城附近设立的集市。各地的大小封建领主为了增强自己的经济实力，为了吸引人口，增加财政收入，纷纷在自己的领地内建立了这一类集市。

② 儿玉幸多，太石慎三郎．日本历史的观点：第 3 卷．东京：日本图书公司，1974：214.

③ 江波，史晓婷．日本城市与城市文化．北京：中国社会科学出版社，2011：33.

④ 霍尔．日本史．邓懿，周一良，译．北京：商务印书馆，2013：140.

的城市伦敦。[①] 随着人口不断增加，到浅草寺院参拜的旅客越来越多。在浅草寺院内负责清扫的附近居民被授予特权可以在院内和参拜道上进行营业，从而形成了古老的仲见世商业街。

大名的隔年参觐就是一项巨大的消费活动。如加贺大名是日本海上有巨大领地的外样大名——他在江户参觐时，有 8 000 个武士为他服务。当他回到自己的领地时，还有 4 000 个武士留在江户为他打理宅邸——包括 267 英亩的房屋与花园、营房、学校及仓库。其他大名亦有着和其领地大小相称的宅邸。

江户港日夜喧嚣，每天都有来自全国各地的商船满载大米、酒类、盐、手工制品在此停泊。这些产品除了一部分为上交给幕府与藩主的租赋外，一半以上为进入江户流通市场的商品。以大米为例，送到江户的商品大米由米批发商卖给销售商，经“舂米屋”加工后直接送往市场销售，在嘉永年间（1848—1854 年），仅江户城就有这样的“舂米屋”2 700 余间。大阪则是商业中心，人口仅次于江户。[②]

1697 年，堂岛大米市场开设。每年有 100 万石以上来自畿内、九州、四国甚至东北的大米集中在被称为“藏屋敷”的仓库中，米商用米券兑换大米，运往大阪堂岛大米市场进行销售。除了米市之外，还有酒市。京都为皇室所在地，又是仅次于大阪的工商业城市。由于城乡分工扩大，商品生产的流通性、合作性日益加强，这就打破了藩与藩的界限，使商品生产的市场日益扩大。例如，秋田的棉纺织业，其原料就来自藩外的大阪。

（二）交通的改善

江户还是全国公路和水路的枢纽。早在德川初期，为实行“参觐交代”，就修建了以江户为中心，通向各地的五条干道。其中以太平洋沿岸的东海道（江户—京都）最为重要。此外，经信浓到京都的中山道、通往甲州（今山梨县）的甲州道、去往奥州（今东北地区福岛的白河）的奥州道与通往日光的日光道，通称“五街道”。五条大道虽主要为“参觐交代”和幕府对全国的政治、军事统治服务，对民用加以限制，但它的修筑，有利于打破自然经济造成的隔绝状态，促进全国性的经济往来。政治中心江户和生产较后进的关东地区的日用品都依靠关西经济中心大阪供应。随着大名和他们的侍从以及一般旅客在陆地上的旅行，交通线上的驿站和客店空前繁荣起来。传递信件的“飞脚”来来往往，车马人流络绎不绝。

海路主要承担大宗的商品运输。除了以大阪至江户的南海路最发达外，17 世纪末以后，形成了以江户、大阪为中心的沿海交通线，运输的货船络绎不绝。大米等物品由日本北部沿日本海岸运到大阪，然后绕过下关海峡，上溯濑户内海，这是一条主要的航线，它就像从北方运到江户的大米是沿着太平洋下来的一样便捷。为了满足长崎的对外贸易，北海道的水产品由船运而来。

（三）商品经济的繁荣

商品经济发达促使城市繁荣，反过来，城市繁荣又成为商品经济的巨大推动力。

---

① 沼田次郎．日本全史：第 7 卷．东京：东京大学出版会，1962：50.

② 同①5.

德川时期，商品流通首先是通过领主的贡租商品化进行的。诸侯和武士必须把贡租和俸禄换成货币，才能维持他们的城市生活，支付往来江户“参觐交代”的费用。不少大名还必须把贡租运到江户或大阪出售。经营大名贡租和武士俸禄的商业机构，如江户的“札差”、大阪“藏屋敷”的“挂屋”等应运而生。这些与领主关系密切的大商人也经营民间产品，还以大名和武士的年贡与俸禄为抵押，兼营高利贷，积累了大量财富。

17 世纪末，商品流通开始超出藩国范围，投入市场的商品品种增多，各藩之间的经济联系进一步加强。到 18 世纪初，以大阪、江户、京都、兵库、堺、大津、长崎等商业城市为中心，逐步向全国性市场发展，进入一个以城市商业经济为中心的新阶段。1714 年由全国各地运入大阪的商品已有 119 种。[①] 其中许多商品再转运到江户和其他地方，以至于大阪有“天下厨房”的美誉。井原西鹤在《日本永代藏》一书中这样描述当时的大阪：

> 自难波桥西望，数千家批发商号，鳞次栉比。白色的墙壁，如白雪那样耀眼，杉木堆积如山。拉着木材的马车，在大道上蜿蜒前进，轰轰隆隆，声如惊雷。满载货物的船只，漂浮于河川之上，恰如深秋柳叶，散满水面。扛米的青年，你追我赶，如竹林之虎，勇猛非凡。账页如空中的白云，来回翻动。算盘之珠，如冰雹四散。称金银时天平发出的声响，恰似晨夕寺刹的钟声，清脆悠扬。

除了坐商之外，还有独立的贩卖吴服的或裁剪绸缎的行商，以及被称为“圣”的振卖（零卖小贩），后来又被称作“竞价吴服”。

“问屋”（批发行）商人在全国性商品流通中发挥了重大作用。他们通过中间商人，一手包办了商品的收购、运输、保管和贩卖，控制经济作物和手工业生产，经营项目日渐专业化。批发商们组成同业公会，以维护他们的商业特权。幕府承认批发商公会的地位，赋予它们商业特权。此外，战国时期兴起的行商——近江商人和富山卖药商人依然在全国性商品流通中发挥着重要作用。

在农村，商品经济的发展将大量的农民卷入了商品生产的环节。农村不仅成了商品原料的提供地，而且也成为简单加工业的工厂。城市中的商人向农民统购一定的手工产品，支付有限的加工费，间或专门提供原材料和生产工具如棉纱、织机等，组织农村劳动力生产商品。在藩的首府，有的商家把大米等商品运到大名的江户住所，有的商家则运到大阪去交易。同时，“在乡商人”（农村商人）逐渐兴起，他们开设酿酒、酱油等手工作坊，雇用农民进行生产，也以批发行的方式控制产品，与城市商人争夺商业利益。相对独立的市场在全国各地出现，资本主义生产方式逐渐萌芽。

二、江户时期广告的发展

（一）市声广告

自从铁器进入日本人家庭厨房之后，磨刀就成为古老的职业之一。磨刀人常常挑着

---

① 楫西光速，大岛清，加藤俊彦，等. 日本资本主义的发展. 闫静先，译. 北京：商务印书馆，1963：25.

担子，沿着城乡的大街小巷叫喊，这种广告形式在日本绵延了 1 000 多年。当然，也包括售卖水果、食品、家禽和手工艺品等。到了元禄时期（1688—1704 年），日本歌舞伎[①]发展非常繁荣，出现了许多著名演员，包括坂田藤十郎、中村七三郎和初代市川团十郎等。其中，第二代市川团十郎出演的《卖艾草》剧目的台词中有："艾草，艾草，正法艾草。大的七钱，中的五钱，小的四钱。如果没有钱，白给也可以……"，"市川团十郎艾草，请买吧。请吧！那边三楼看台的最下一层站着的各位也请买吧。一个接着一个，一定要买呀。弓矢八幡大菩萨，呵呵，给您行礼了"。

另外，"一幅 18 世纪（江户时代）的日本版画表现一名妇女站在餐馆外，正在招徕过路的行人进来就餐。还有一幅版画表现一名妇女在兜售书籍，她背着一捆书，手上还拿着一本书"[②]。

德川幕府初期，在江户等城市的大街小巷中都流动着叫卖"读卖瓦版"的人的身影。读卖瓦版是一种通过烧制瓦版而拓印的单页新闻纸，内容大多是各种突发事情，如地震、火灾、战争、自杀、殉情等等，除了文字，还配有图画，印好后拿到街上叫卖。尽管读卖瓦版没有广告内容，但却以市声广告的形式进行推销。

当时沿街叫卖的卖报人有他们独特的叫卖调子。卖报人的叫卖声必是以"嘿，这是今日的××新闻……"开始，这已是约定俗成的惯例。而当贩售的是新报纸时，他们也会在大声吆喝完"这是至今为止不曾有过的新版报纸，世所罕见，快看看啊！"这样的固定语句之后，大声朗读出当天的抢眼新闻，受其叫卖吸引而买上一份的"听读"读者成为小报收入的重要来源。

到 1818 年，这种古老的新闻传播方式最终消失，而官方的洋书调所（即外国事务研究所）手工抄译的荷兰洋报（俗称"传闻书"）则在幕府高级官员中传播。

（二）户外媒体广告

江户时代的商业机构主要有小商店、当铺店、货币兑换店、价格统一的大型零售店等。其中，三井商行最为著名。此外，城市里还有医生、教师、武师、杂技演员、木刻版画艺术家和雕刻家、出版商、说书人、歌舞伎演员和租书人等，他们往往需要做广告。

江户和大阪的商业区中零售商店都在墙上写有商号名称，有的悬挂暖帘，有的悬挂灯笼，有的挑起招幌，进行广告传播。一些城市还有为大名、武士阶层专门定制和服的吴服店（见图 11－1）。1611 年，名古屋的一家小型吴服店伊藤屋（日本大型百货商店松坂屋百货商店的前身）开张。在江户，从雷门通往浅草寺前广场的一条参拜道路已经形成了仲见世商店街。1673 年，一间叫越后屋的吴服店开业。这些吴服店的门面通常垂下一席叫作"暖帘"的布，布上印有商号名或者家徽。1683 年，越后屋在江户的日本桥骏河町开业。作为和服和布匹商店的老板，三井高利针对当时布庄行业不明码标价、赊账销售、欺诈消费者的做法，一改行业惯例，在其绸缎庄开业之际采取以下做法：一方面确立"明码实价，现金交易，按需销售，决不赊账"的经营方式，在店内大量陈列各品

---

① 歌舞伎是日本典型的民族表演艺术，起源于江户初期，公元 1600 年左右发展为一个成熟的剧种，演员只有男性。400 多年来，与能乐、狂言一起保留至今。

② 伯克．图像证史：第 2 版．杨豫，译．2 版．北京：北京大学出版社，2018：161.

种的衣料，让顾客自己挑选；另一方面，印发大量引札分发江户市内。此外，在雨天，把装饰有商店字号、名称的油纸伞免费借给顾客使用等，以此进行广告传播活动。在当时，这是极大的革新和极具突破性的经营理念。一时间，越后屋名声大噪，生意异常火爆，以至江户女性以购买越后屋的商品为荣。越后屋成为当时日本最大的绸缎庄，年营业额高达 54 000 两白银（合 30 亿～40 亿日元）。这些为后来的三越百货公司的诞生奠定了雄厚的物质基础。

图 11－1　越后屋吴服店（1815 年，江户骏河町）

（三）引札广告

在很长一段时间里，商家都是通过现场叫卖或实物广告来推销自己产品的，这种方式虽然成本低廉，但传播范围十分有限。不久，一些商家利用看板、暖帘等媒体来充当广告的载体，提高了传播效果，但传播范围依然有限。

1593 年天皇刻字于木，刊印书籍，此为日本活字木版印刷的开始。随着木版印刷技术的发展，延宝初年，一个新兴的事物逐渐进入了人们的视野，那便是后来风靡一时的"引札"。所谓引札，其意一说为"将客人引来之票牌"，另一说则为"分派出去之票牌（古时会将'配る'说成'引く'，所以'引札'就成了'配る札'）"，这两种说法都具有相当大的可能性。引札形式又被称为"口头书"或"报贴"，往往是单页，类似于现在的传单。为了引人注目，有的引札上端会染成红色，所以这种上端染红的引札又被称为"天红"。引札因传播速度快、传播范围广而成为当时影响最大的广告媒体。在宝永时期（1704—1711 年），这种传播载具的名称最终被确立为"传单"（リーフレット）。

早期的引札内容以商品目录加厂商地址为主，后来逐渐重视文案的撰写及图案的设计。幕府统治时期，出现了专门为大名、武士阶层定制和服的吴服店，店铺开业所发布的“货真价实，现金大减价”的引札是古代日本传单广告的典范。

对于商家来说，引札的文案在劝说顾客方面十分重要。事实也是这样：越是有名的作者或画师制作的传单就越是有号召力，甚至会使人趋之若鹜。例如，当时的平贺源内、河竹默阿弥等作家，除了创作戏剧、小说之外，也常写一些文辞精美的引札文章。正如日本学者鹈月洋所说的那样，“著名人士所书写的引札和宣传文的效果，是将其执笔者在世间的人气、社会信用度、人格魅力及亲近感转嫁到了广告上，使得人们对这个商品乃至商家抱有信赖感”。而对于作者、画师来说，这种合作则使他们自己的作品更广为流传，名利双收。于是，越来越多的文人和画师投身到了引札的设计中来，一时名家辈出，如平贺源内、山东京传（又称京屋传藏）、式亭三马，他们的作品对后世的日本广告产生了较大影响。

平贺源内（见图11－2）是日本江户时代的作家、发明家、画家、博物学者、兰学者，在多方面有杰出的才华。他的广告文案代表作是1769年的“嗽石香”牙粉。当时的牙粉品牌较多，市场趋于饱和，为了使“嗽石香”牙粉突出重围，平贺源内决定从该牙粉的原料入手进行诉求。广告强调了“嗽石香”牙粉是用房州砂添加香料制作而成，是江户人刷牙之宝的特性，告诉人们：“盒装牙粉嗽石香，能使牙齿洁白，口腔芳香……”文字诙谐幽默，富含日语韵味，读来朗朗上口，易于记忆。正是因为他对广告的贡献，被后人尊为日本广告文案鼻祖。

图11－2　平贺源内（中丸精十郎绘）

山东京传初期作为浮世绘画家积极进行创作，后期成为作家从创作洒落本转向创作读本。他的成名作是1795年的猜谜画包装纸。为推销一种香烟，他采用文字和猜谜结合的方式，创作了一种非常别致的广告传单。这种广告传单可兼做包装纸使用，很多顾客因为想猜谜或者想得到这种包装纸而购买此烟。

式亭三马在1783年为其经营的化妆品“江户之水”而撰写的传单广告文案“容易附着白粉的脸部良药”，成为日本妇女的口头禅，传唱至今，堪称奇迹。此外，还有“金势丸”“百日咳”等传单广告作品。

这一时期引札广告内容的共同特点如下：第一，介绍产品的主要特点或者特别之处。例如，“嗽石香”牙粉就强调了它的特点和优点，直接告知优惠的价格，利益直接。第二，讲究韵律和诙谐。如“江户之水”化妆水的广告文案“容易附着白粉的脸部良药”一句，用日语读来朗朗上口，犹如歌谣般有韵律，至今还成为日本妇女的口头禅。第三，注入了游戏功能，增强了消费者的兴趣，扩大了文案的功能。不久，日本又出现了另一种新的广告形式“禀告”（海报）。

（四）浮世绘广告

江户时期的新兴商人（相对于御用商人而言）由于无法追求政治权力，只好将新赚取的财富花在了戏剧、音乐和艺术上。17世纪晚期，一种由浮世绘画师、雕版师、刷版师和出版商制作并批量生产的浮世绘作品开始流行。日本宽文年间刊印的《浮世物语》说：“身所寄者，雪月花浓枫叶红；心所向者，朝纵歌而夕酣酒也。浮游于浮木，无所不可骋怀。箪食瓢饮不以为苦……此即为浮世。”所以，浮世绘作为描绘江户时代市井生活的艺术文本，题材包罗万象。凡“浮世”的所有事物都是其选题，包括美人、风俗、武士、风景、戏剧人物和历史故事等门类。浮世绘作品关注现实生活，形式感强，色彩轻快明亮，又有古风之美，带有强烈的日本民族风俗特色，是大众化的商业艺术和广告形式，广受欢迎。鲁迅在1934年1月致山本初枝的信中说过：“关于日本的浮世绘师，我年轻时喜欢北斋，现在则是广重，其次是歌麿的人物。”

江户时代的商业非常繁荣，歌舞伎表演常常借助浮世绘进行广告传播。胜川春章于1775年左右所作的《大人劝善帖》中有两位穿着红色汗衫的武将，上面写着“安永二年新演员宣传海报。场场爆满，演出地点：町”“从海报处向右，到不动明王庙即是”等文字。这是传统歌舞伎的演出海报。

江户后期，一些餐饮店、和服店及杂货店开始利用浮世绘做广告。无论是葛饰北斋的《富岳三十六景》系列还是歌川广重的《东海道五十三次》《木曾海道六十九次》，以及《名所江户百景》《江户名胜》等系列中的许多作品，都描绘了江户时期的商店灯笼、招幌广告情况，成为那个时代日本商业繁荣的珍贵记录（见图11-3）。这些“名所绘”的广泛流传，使得一些地方的风景名胜名声大振，推动了这些地方旅游业的发展。

浮世绘还被用于化妆品的宣传，尤其是妆粉和胭脂。妓馆云集的吉原以及吉原里那些花魁常常成为浮世绘的创作题材。她们往往是最新服装、最新发型和最新化妆方法的第一发布者。浮世绘画师除了爱画妓女，还爱画歌舞伎演员。在当时，用于化妆的颜色有三种：妆粉是白色的，口红是红色的，画眉毛和染黑牙齿的染料是黑色的。还有一种化妆方法十分流行，那就是把下嘴唇涂成绿色。

为了普及卫生健康知识，减少疾病的发生，画着有防治效果的食物或有害食物的浮

图 11－3　日本浮世绘广告（1847—1852 年，歌川广重绘）

世绘也大量出现。对于一般市民而言，这种浮世绘既能够美化居室，也能够普及防治传染病的知识。这类作品广受欢迎，往往供不应求。

第三节　近代日本广告的发展

19 世纪中叶，一向奉行锁国政策的日本，先后遭到美、英、法、俄等国的侵略，面临着严重的民族危机。

明治天皇即位后，为了摆脱内外困境、振兴国家，锐意进行改革。1868 年 1 月，明治天皇颁布《王政复古大号令》，宣布废除幕府，并令幕府将军德川庆喜“辞官纳地”，重新收回一切权力。接着，在富国强兵、殖产兴业和文明开化三大政策下，进行了一系列改革，推动资本主义工商业的发展。

1871 年，明治政府派出了以特命全权大使岩仓具视为代表的 100 多人的使节团，分别考察了美、英、法、俄等 15 个国家的政治、经济、文化、商业等，历时两年。1874 年，大久保利通给政府提交了一份《殖产兴业建议书》，提出必须在经济上效仿英国，鼓励民众发展工商业。政府应把主要力量放到殖产兴业之上，将其作为一切政策的核心。

明治政府的主要目标是实现工业化，所以对于大久保利通的建议非常重视，并据此为蓝本，在传统产业的基础上，以制丝、纺织、农业、畜牧、贸易为中心，大力推行工商业。在贸易方面，“限制进口”“振兴国内商业，奖励输出”。以此为契机，大力发展交通运输业。1868 年，东京到横滨的公共马车交通和电信通信开通，1871 年邮政事业起步，1872 年建成第一条铁路（东京新桥至横滨），1878 年首次使用电灯。进入 19 世纪 80 年代，又掀起了以铁路业、棉丝纺织业、缫丝业等为中心的、被称为“企业勃兴”的创建企业的热潮，开始了大规模的产业革命。

在国民“万事决于公论”的呼吁下，明治天皇决定于 1885 年实行立宪，建立了内阁制度，并于 1889 年正式颁布宪法，这是亚洲第一部成文宪法。在政治改革的同时，也进行经济和社会改革。

明治维新推动了经济的发展，逐步确立起资本主义的市场经济体制。城市生活的扩大，交通的完善，商品的丰富，加之教育水平的提高，源源不断输入的欧洲现代最新科技，使日本广告迎来了划时代的发展机遇。

甲午战争之后，日本获得了清政府的巨额赔款，成为亚洲的暴发户。战争赔款 2 亿 3 000 万两库平银，舰艇等战利品价值也有一亿多日元。而当时日本政府的年度财政收入只有 8 000 万日元。所以，当时的日本外务大臣高兴地说："在这笔赔款以前，根本没有料到会有好几亿元，全部收入只有八千万日元。所以，一想到现在有三亿五千万元滚滚而来，无论政府还是私人都顿觉无比富裕。"随后爆发的日俄战争中，日本一举击败俄国。到 20 世纪初，明治维新的目标基本上已经达成，日本一跃成为亚洲强国，跻身于世界列强之林。

大正时期，第一次世界大战爆发，由于其主战场在欧洲，日本向同盟国家大量出口军需品和日用品，使得日本的机械工业、化学、药品制造等工业生产飞速发展，海运业和造船业十分活跃，从而极大地提振了经济，日本开始出现自江户时代以来的首次贸易顺差，国内经济高度繁荣。到大战结束时的 1918 年，日本的工业产值超过了农业产值，已经成为"亚洲工厂"，并向"世界工厂"迈进，出现自明治维新以后前所未有的盛世。

由于银行等近代企业迅速发展，日本城市化浪潮方兴未艾，表现为人口迅速增加和城市设施不断完善。1888 年至 1913 年间，人口超过 10 万的城市由 6 个猛增到 111 个。到 1920 年，人口超过 60 万的城市有东京（335 万）、大阪（176 万）、京都（70 万）、神户（64 万）、名古屋（61 万）等。[①] 1925 年至 1935 年间，日本的城市化水平进一步提高，城市人口占全国人口的比例由 20.5%增至 30.8%。"两百万人口的大东京不断膨胀起来，像一个庞然大物咆哮着，不分昼夜地活动着，成为孕育新生活方式、文化、新市民精神的母胎。"[②] 煤气、自来水、电力在城市首先得以普及，设有西式房间且装有窗户的"文化住宅"流行，工薪族的生活方式更加普遍化。从都市的中心到郊区一带，住宅连片、商店林立，电车穿梭来往，络绎不绝。夜晚也是灯火通明、车水马龙，灯笼和煤油灯的时代已经被钨丝灯泡远远地抛在了身后。

随着民众的生活水平大幅提高，大众消费时代到来。大正初期，日本东京有了比较繁华的街道，比如银座，其他城市的繁华街道也布满了商店，"耸立于大城市繁华街区的百货商店，明码标价陈列着从洋装到香皂等众多消费物资，是市民们自由享受购物乐趣的消费殿堂。逛百货商场、逛商店，享受只看不买的乐趣也成了市民们的一种娱乐活动"[③]。民众的家庭生活逐渐西化，牙膏、香皂等新的日用品普遍流行；面包、西餐、咖啡、红茶成为饮食时尚；去歌剧院听歌，去影院看电影、湖面划船，棒球运动已成为人们喜爱的项目；人们的服装由和服变为西服；出行的方式可以乘坐汽车和电车、骑自行

---

① 竹村民郎．大正文化：帝国日本的乌托邦时代．欧阳晓，译．上海：上海三联书店，2015：32.

② 同①48.

③ 同①77.

车等。

但好景不长，1929 年全球性的经济大萧条爆发，也使日本深陷其中。为了摆脱经济危机，日本开始走上军国主义道路，大规模侵略亚洲诸国，企图通过军事工业和经济掠夺来维持其经济发展。

一、明治维新到甲午战争时期的广告

19 世纪后半期，西方的活字印刷术再次被引入日本，加速了报纸、杂志等出版物的印刷，有利于更迅速、更大规模地传播知识与信息。

（一）报刊媒体广告的萌芽

日本最初定期发行的报纸出现在明治维新之前，地点为享有幕府治外法权的、外国人聚集的港口横滨、长崎两地。

1861 年 6 月 22 日由英国商人创刊的英文报纸《长崎商船货运通告》（*The Nagasaki Shipping List and Advertise*）在长崎发行，这是日本最早的外文报纸。同年 11 月，《日本使者》（*The Japan Herald*）在横滨创刊。此后的 6 年间，外国人在横滨创办、发行了 8 种报纸。报纸主要面向外国人，广告主也是欧美人士或外国商会，广告内容以商船信息居多。很多外文报纸被翻译成日语出版。其中，1863 年 10 月 27 日的《日本贸易新闻》（*Japan Commercial News*）上的魔术演出广告最早被翻译成日语，因而也就成了日本最早的报纸商业广告。

此后，日本兴起了办报的风潮，一大批日文报纸相继创办。1867 年初，英国牧师伯利（Burley）在横滨创办并发行了《万国新闻纸》，这是最早报道日本国内新闻并且插入广告的日文报纸。报纸创刊号刊登了教授英语、牙科医药、转让通告、推销学书籍、进口纤维制品等广告。2 月，该报首次使用“广告”一词。3 月，《万国新闻纸》还刊登了“中川屋嘉兵卫”商社的面包和饼干的广告，这是日本本土广告主第一次登上报纸广告舞台的标志。当然，由于这一时期日本的商品经济还没有得到充分发展，人们的广告意识还相当薄弱，报社编辑和发行的经费有限等，初期的日本报纸广告的数量并不多。

到了明治时代，日本报纸进入快速发展期。1871 年 1 月 28 日，富商岛田丰宽等人创办了日本首家日报《横滨每日新闻》（后发展为《每日新闻》），它的创办标志着日本真正意义上的近代报纸诞生。创刊号上刊登广告，并且在头版刊登《广告报价表》，详细列举了广告报价。

其后，日报逐渐增多。《邮便报知新闻》（1872 年）、《东京日日新闻》（1872 年）、《读卖新闻》（1874 年）、《日本经济新闻》（1876 年）、《朝日新闻》（1879 年）、《时事新报》（1882 年）等报纷纷创办，形成大报和小报并存、共同发展的局面。

其中，福泽谕吉[①]（见图 11－4）所创办的《时事新闻》与其他报纸明显不同。他以

---

① 福泽谕吉，是日本近代著名的启蒙思想家、明治时期杰出的教育家。他是首位指出媒体对民众有强大的影响力和统治力的学者，毕生从事著述和教育活动，对传播西方资本主义文明、促进日本资本主义的发展起了巨大的推动作用，有“日本的伏尔泰”之誉。

图 11-4　福泽谕吉

“独立不羁”为办报理念，并且高度重视广告的经营。福泽谕吉把广告尊为报社生命，为获得广告收入，还在报社内设立了广告业务员的职位，向各商店、公司好言推销广告业务。福泽谕吉的广告观影响了东京各报社的广告理念，各报纷纷改变经营方式，着力通过报纸广告促进报社的收入增长。福泽谕吉利用报纸本身的价值，展开广告推介。例如，在报纸创办后的第二年，福泽谕吉发表了《告商人书》，强调做广告的必要性。他指出，在当时，影响广、费用低的广告，非报纸广告莫属。上至天子宫殿，下至陋巷茅屋，报纸无处不在。报纸广告的巨大优势就在于：“报纸一般都是掏钱购买，无论社论、短讯还是广告，大家觉得花钱购得，不读太亏，所以再忙也会过目；而不掏钱就送上门的传单则相反，人们会产生逆反，即便有时间也基本不会看。如果通过同等发行量的报纸和传单做广告，其效果必有天壤之别。”① 他号召工商业界人士多做报纸广告，并初步探讨了利用报纸媒体做广告的策略，以及广告制作的注意事项。

广告的迅速增加为报社带来了一定的经济效益。1877—1887 年间，“广告”的称法已被日本社会普遍接受。至 1890 年，广告费占报纸总收入的 30%。报纸也强势登上了广告媒体的主流地位。

此外，大量杂志的诞生给广告发布提供了新的阵地，代表性的杂志有《近事评论》(1876 年)、《团团珍闻》(1877 年)、《嘤鸣杂志》(1879 年)、《东京经济杂志》(1879 年)、《六合杂志》(1880 年) 等。

（二）广告净化运动

1855 年，日本发生了著名的伊香堡温泉旅馆业广告大战。伊香堡温泉位于日本群马县伊香堡町，自然环境优美。伊香堡温泉自古闻名，曾出现在日本古诗集《万叶集》中，著名文学家德富芦花曾在此创作了悲情小说《不如归》。各温泉生意竞争激烈，存在着大量的黑幕交易。一些车夫为拿回扣而将旅客拉到自己收受贿赂的温泉旅馆。一个名叫木暮武太夫的人在报纸上刊文宣称自己的旅店没有这样的欺骗行为，其他旅店则有。结果被其余旅店群起而攻之，声称没有欺骗行为这回事，更没有发布广告的“木暮武太夫”其人。双方进行了一场广告口水大战，引起人们对旅游业市场欺诈现象的担忧。

报纸的蔚然兴起也为药品广告主带来了红利。1875 年前后，报纸上的药品广告数量显著增长。例如，1877 年的《东京日日新闻》所刊药品广告的行数逐步接近书籍广告(14 283 行)，并在明治后期超过书籍广告。到了 1888 年，“药店几乎买断了报纸的广告

① 庆应义塾．福泽谕吉全集：第 9 卷．东京：岩波书店，1960：217-218.

版面”①。

据史料记载，1875—1876年前后，京都的卖报人都十分常见。他们常常胸前挂着钱包和铃铛，背上的报匣中放着报纸，沿街叫卖。随着报纸影响力的不断扩大，报纸广告受到越来越多的药品广告主关注。他们渐渐取代了早期的书籍广告主，成为报纸广告的主要客户。

在众多的药品广告主中，最引人关注的是有促消化、解毒功效的肠胃药“宝丹”的广告主守田治兵卫，以及眼药水“精锜水”的广告主岸田吟香，两者在广告发布上力度超群。守田治兵卫一方面通过传单、牌匾、海报等媒体发布广告，甚至通过澡堂女工和医生等进行口头传播，另一方面在报纸上大量刊登广告。但是，广告语言过分夸张，宣称该药品具有妙手回春的功能，并用“起死回生”作为宝丹的广告口号。岸田吟香也在各报发布广告和一些虚假报道，对其产品极力吹捧。这些违背事实的广告行为，终于引起读者的不满，一些知识分子首先站出来，对药品广告主的这种虚假广告宣传进行了批判。

针对虚假药品广告的泛滥，福泽谕吉发表了大量批判性的文章。其中，1876年在《家庭丛谈》上连载的《论售药》一文，是他后来很多主张和观点的原型，对形成日本广告批评的舆论模式有着重要的意义。

福泽谕吉指出，日本报纸的出现仅有三至五年时间，作为新生事物，人们对它还感到十分新奇。通常认为报纸与学者的著作一样，所刊内容都是有理有据的观点，是人们普遍认可的心得体会，值得信任。尤其是下层社会的民众，分不清哪些是报纸的社论，哪些是投稿或读者来信，无法区分短讯、公告、广告和通知的差异，认为只要是报纸上印刷的黑字，就是正确的。这种状况的产生不难理解，但是容易产生误导作用。

福泽谕吉继续指出：

> 纵观当今日本报纸公告部分，可见药品销售的广告最多。且这些广告不仅通过文字，还通过插图或绘图来吸引人们的眼球。若从报社内部考虑，应是药商提出申请，报社收取一定费用刊登广告，似也无妨。不过如上所述，日本的报纸对下层民众影响太过巨大，下层民众不管药品实际效果如何，唯听信报纸所言，认为既然是报纸上刊登的药品，定不会错，遂满心欢喜买来服用。这时，报社无疑成为药商的吹捧师。
>
> 报社推出广告，不能仅仅是基于经济利益的考虑。倘若品川的妓院希望在报纸做广告，介绍其娼妓人数、价格和妓女容貌，告之普罗大众，报社会刊登如此广告否？定当不会。从法律角度来讲，娼妓是官方许可的娼妓，药品亦是官方许可的药品。同为官方许可之物，却为何厚此薄彼？报社考虑的，自然不只是经济收益，而是另有自己的忌讳所在。有的报纸在短讯或读者投稿中说，使用了某某丹药很有效，抑或用了某某药水很管用，动辄吹嘘药效，暗中推动销售。这是何等不堪之事。这些记者是亲自使用这些药后感到有效的么？不会有如此愚蠢者。总归这方面需要注

① 山本武利．广告的社会史．赵新利，陆丽君，译．北京：北京大学出版社，2013：16.

意，昨日不注意者，今日开始注意便可。余辈为记者感到羞耻。仅因售药之蠢事、药之无效在此继续论述的话，此文太长。他日继续赘述便是。①

此文对当时日本报纸普遍存在的药品虚假广告现象的揭露和批评一针见血，对报纸广告应遵循的社会道德立场鲜明。

福泽谕吉的文章发表后不久，小报《假名读新闻》终于忍不住，于1878年4月2日发表了《关于〈民间杂志〉"论售药"的辩护》一文，开始对福泽谕吉展开反驳，从而引发了报刊之间的一场论战。

论战中，除了福泽谕吉的《民间杂志》积极应战之外，其他大报和杂志对药品广告的广泛批评给了福泽谕吉以积极支持。一时间，对售药广告的批判之声四起，引得药品广告主方面草木皆兵，《假名读新闻》不得不宣布妥协。广告主们为了摆脱危机，除通过募捐等慈善活动改善企业形象之外，守田治兵卫还出版了专门的公关杂志——《芳谭杂志》。岸田吟香则公布"精锜水"的成本构成，企图挽回社会的信任。

1882年10月30日福泽谕吉在《时事新报》上撰写社论，再次对药品销售业进行猛烈批判。在这篇以《太政官第五十一号布告》为题的社论中，福泽谕吉赞成政府提出的对药品征收药价10%印花税的决定，并指出，有的药不但对病无效，误用后甚至会造成伤害。一些无害但也无效的药，在获得政府许可后，美其名曰药品，实则是与病症无关的商品而已。对此种商品课税，可左右其行情变化，以保护人身免受伤害。

福泽谕吉的广告观对日本现代报纸事业和报纸广告的进步起到了巨大的推进作用。1885年前后，《朝日新闻》制定了《广告人员业务概览》，其中规定了刊登广告的一些基本要求："广告文虽需得到广告主的认可，但不能违反新闻条例，谢绝事关他人名誉和含有猥亵内容的广告。广告负责人不能定夺时，应与编辑人员协商，决定可否刊登。新闻报道的编排不应受任何人的影响。"这是日本广告史上首次出现的成文的广告刊登准则，为广告市场的净化工作树立了积极的榜样。

（三）户外广告的多样化

明治初期，招幌、传单、暖帘（招幌）广告依然是最常见的广告样式（见图11-5）。各厂商比较普遍的营销手段是在各地开设大量分店，同时悬挂招牌，配发传单，这种手法十分奏效。仅以当时的岸田吟香和守田治兵卫的招牌为例，1877年4月7日的《新潟新闻》刊登了一篇从东京到新潟的游记。据该游记记载，让人吃惊的是路边经常见到小学的校舍、岸田吟香的"精锜水"和守田治兵卫的"宝丹"的广告招牌。不管在哪儿，只要是有人聚居的村落，就一定会见到它们。

但是，改变还是在悄然发生。一方面，1872年之后都市市区立式招牌被逐渐拆除；另一方面，明治二十八年（1895年），京都最早有了路面电车，发展迅速。其后，名古屋、川崎、小田原、大分等都有了电车，曾经是都市主要交通工具之一的马车开始被电车取代，广告形式也从马车车厢过渡到电车车厢，成为新型的车厢广告。随着城市人口继续增加，电车路线不断扩充，车辆越来越大型化，大幅车厢广告就越来越多。时任清

---

① 山本武利．广告的社会史．赵新利，陆丽君，译．北京：北京大学出版社，2013：22.

图 11-5　日本的户外广告（1888年，横滨，Kusakabe摄）

朝陆军部郎中杨芾在其所著的《扶桑十旬记》中说："东京电车络绎，自晨至夜半，来往不绝，行人称便，车有黄色绿色紫色区别，各行地段……登车买票，无论远近，每人五钱（合中国五十文）。"①

此外，电灯的普及使得城市电线杆广告越来越多。1872年，第一家专门代理电线杆广告的广告公司成立。据统计，当时的东京，"仁丹"的电线杆广告大约有4 000个，"花王"石碱广告1 000个，其他如博文馆、"丸善"墨水等各300～400个。

印刷技术的进步也为传统的广告带来新的面貌。1874年，石版印刷术被引进日本，使得日本的印刷质量有了巨大提高，报纸广告受到彩色海报所带来的印刷效果的挑战。

（四）广告代理制的初步形成

19世纪末，在广告形式上，日本有报纸、杂志、交通（车贴、吊牌等）、户外（如海报）、电灯、POP等几乎当时西方所有现代广告形式。广告内容也趋向于多样化：以商业广告为主，同时甚至出现了禁酒、寻求电话号码等社会公益性的广告内容。广告主的范围也在不断扩大，从传统的温泉业、制药业，延伸到香烟、化妆品、啤酒、石油等现代产业。

日本报刊广告业务一度由报刊业务员承揽。但随着广告市场的蓬勃发展和规范化，广告主、广告经营机构以及广告媒体之间的关系逐渐明晰，专门从事广告业务的广告经营机构和以广告为职业的专业广告人开始出现，现代广告代理制初步形成。明治六年（1873年），日本出现了最初的广告代理业务，一家名为"内外用达会社"的商社，设有通信部、运输部、货币部等，其中广告代理只是它的业务之一，而不是纯粹的广告代理。

---

① "文明国"游记：1903—1907年中国官绅眼中的日本//杨芾，等．扶桑十旬记（外三种）．南京：凤凰出版社，2014.

1880 年，日本第一家专业广告代理公司——“空气堂组”在东京开业，揭开了日本现代广告代理业的新篇章，也正式宣告了广告作为一种独立的社会行业在日本诞生。

此后，广告公司纷纷成立。其中，东京最早出现的广告公司有弘报堂（1886 年）、三成社（1888 年）、广告社（1888 年）、博报堂（1895 年）；大阪最早创办的广告公司有万年社、正路喜社、金兰社、广报社和广目屋等。到 1897 年前后，日本共有广告公司 150 多家。这些广告公司创办的途径主要有两种：一是由出身于媒体广告部的人创办，一是由原来的媒体广告部门分离出来独立经营。对于日本广告业发展来说，广告公司与媒体的这种亲缘关系有利于推动广告公司壮大其资金实力和规模。

为了扩大影响，吸引读者的注意，广告代理商开业时所刊登的广告都力求出语新奇。其中，刊登在《读卖新闻》中的“广目屋”广告尤为风趣新颖，又亲切可信：

> 一、是，我是 126 号，是大家所熟悉的广目屋。二、是，报纸广告以特别折扣提供服务。三、市内广告是敝公司独有的妙计。如果想要是、是的广告方法的话，不论任何问题，均请面洽……屡蒙惠顾，十分感谢。如有所委，专人驱车往访，均请面洽。是，再见。

与此同时，各大报业在设立自己的广告机构的同时，聘用广告专业人才，提升自身的竞争力。

当然，这一时期的广告代理商经营规模差距显著，经营模式尚不规范，处于探索阶段。

二、甲午战争到第二次世界大战之前的广告

近代日本的广告业随着明治维新的成功而逐步繁荣，商品市场的极大丰富，报刊媒体的大量涌现，促使了广告代理业的形成，到 20 世纪初，日本广告业已成为一个独立的行业。

（一）广告运用的普遍化

1894 年之后，日本许多企业已经从传统的手工作坊式生产转变为机械化的批量生产，以至于产品大量涌向市场，企业之间的竞争加剧。为了拓展消费市场，各大企业千方百计地寻求提高销售量的手段，从而出现了两种特征：一是加强品牌广告的传播，一是扩大户外广告的传播。

1919 年 7 月，三岛海云发明的一种叫“可尔必思”（Calpis）的酸乳饮料上市。产品包装纸采用的是富有特色的褶皱和纸，图案模仿了天之河——银河群星的形状，以天空的颜色为底色，上有白色小圆点图案。广告语为“这一杯有初恋的味道”，极具吸引力，产品受到年轻人的喜爱，很快走上畅销之路。1923 年，东京刚刚发生过大地震，到处都是一片凄凉。为了开拓市场，三岛海云采用了由德国设计师设计的黑人形象海报。画面中，侧着头的黑人在用一根长长的吸管吸着可尔必思，形象幽默，别具一格，有着很强的亲和力，从而缓解了人们心头的焦虑情绪。后来，可尔必思公司将这个黑人形象的海

报与公司募集到的其他海报一起在东京三越总店展出，其后又转到大阪的40家商店同时展出，引起轰动。这一活动的意义在于，“以可尔必思的广告宣传为首，把全国市场当作宣传对象的广告活动模式得以建立”①。

图11-6 日本的节目单广告（1912年，东京）

在日本三越公司（MITSUKOSHI）发展历史上，最大的变革就是从吴服店转向百货业的发展。1904年，其店名改为三越吴服店，发表百货公司宣言，试图从和服布匹店向零售百货商店转变，成为日本第一家百货公司。1911年3月，具有文艺复兴时期建筑风格的东京帝国剧场（简称“帝剧”）落成，拟邀请欧美艺术家前来上演西洋歌剧。趁帝剧开门纳客之前，三越吴服店于2月26日在各大报纸推出广告：“不看帝剧勿谈戏剧，不去三越勿谈流行。帝国剧场代表日本最新式戏剧，三越乃东洋唯一百货商店。”

1912年，适逢东京劝业博览会召开，为扩大影响，三越公司在广告中将自己与博览会进行关联，以“到东京没有不看博览会的，看博览会的没有不看三越的”为标题，推出了元禄夫人击鼓图等极其精美的美人海报系列进行宣传，参观者蜂拥而至，引起轰动。三越公司还在帝国剧场的节目单上投放广告。广告以歌舞伎图案为背景，醒目地印上由滨田四郎创作的广告口号“今日帝剧，明日三越”（见图11-6）。结果，这一口号风靡一时，以至于三越公司的美人海报常常成为市井话题，人们争相猜测海报背后的逸闻趣事。

除此之外，三越公司还于1903年创办了自己的公共关系杂志《时好》。1908年又创办了《三越时代》，成为宣传三越公司形象和商品的又一份公共关系刊物。

三越公司的成功激发了其他商家的积极性，一些大广告主纷纷创办自己的公共关系杂志，进行产品立体化推广，广告战略越发成熟。

药品广告依然很多。森下博的梅毒特效药“毒灭”以及“仁丹”的广告，首开日本形象广告的先河。为强调去毒效果，“毒灭”的广告以德国的“铁血宰相”俾斯麦的形象为代言，而“仁丹”广告则以当时外交官的形象为原型，经过数百次的修改，最后设计出头戴双角帽、身着大礼服、蓄着德皇威廉二世式的翘胡子的外交官造型，具有非常强的视觉冲击力（见图11-7）。受到福泽谕吉的启发，森下博深刻懂得广告营销的重要性，所以从其发迹产品“毒灭”开始，他便投入巨资做广告，常高达销售额的1/3。1923年，“仁丹”的广告费已经突破百万日元。

除了报刊广告与常见的珐琅牌广告之外，在大阪车站和东京的上野、浅草还设置了被称为“仁丹塔”的大型广告塔，塔内装有灯泡，即使在夜里仍可看到“仁丹”两个闪亮的大字。此外，森下博还雇用当时少见的飞机来散发传单，一时成为话题。

“仁丹”广告对日常生活的渗透也非常惊人。其广告不仅遍布城中的店面，墙壁、电线杆上，以及铁路沿线的城镇，就连当时许多药房都有“仁丹”商标的招牌和自动贩卖

① 竹村民郎．大正文化：帝国日本的乌托邦时代．欧阳晓，译．上海：上海三联书店，2015：76.

图 11-7　日本报纸广告（1905 年，《朝日新闻》）

机，一时间“仁丹”商标几乎成为药房的标志。

除了商业传播，森下博创业之初的理念之一“透过广告来达成熏化益世的使命”在大正时代（1914 年）终于落地。森下博为“仁丹”广告附加上了古今中外的名言警句、圣贤哲语，被称为“金言广告”，意在一边传播产品信息，一边进行社会教化。后来，“仁丹”公司又结合生活常识，推出“昭和的常识”广告牌广告。因为这些持之以恒的公益性努力，森下博于 1938 年成为第二届“日本广告大赏”的获奖者。

1894 年之后，日本的化妆品广告急剧增长，与药品、图书出版形成三足鼎立之势。据日本电通社统计，1912 年初，药品、化妆品、图书出版三大行业的广告发布量已经占到了日本全部广告发布量的半壁江山，并且化妆品广告已经逐渐取代药品广告，跃升为三大广告行业中的第一大行业。

1872 年，福原有信在东京银座开设自己的药房，名为资生堂（SHISEIDO）[①]，这是全日本第一间西式药房。除了卖药，福原有信也自己制药。1888 年，他成功研制出全日本第一管牙膏，很快打开市场，取代了当时流行的洁牙粉。1897 年，资生堂生产出第一瓶适于肌肤用的保养品红色蜜露（Eudermine[②]），它的推出是资生堂由制药企业向化妆品企业转型的标志。

资生堂重视广告的营销作用。大正早期（约 1914 年间）的“山茶花”牌香氛发油广告，描绘一名来自日本帝国时代（大约是平安时期）的当地美女。这一形象让消费者马上联想到日本经典文学《源氏物语》和《伊势物语》里的时代与人物。这些宫廷时代的

---

① 资生堂名称源自中国古籍《周易》中的一句“至哉坤元，万物资生”。

② Eudermine 取自希腊语中的“美好”，同时也是“皮肤”的意思。这款优质的护肤水在 100 多年后的今天仍然受到消费者的喜爱。

美女化着夸张的瓷白妆容，穿戴着多层次的垂地服饰，骄傲地展示她们宛若流瀑的黑色长发，这些夸张的视觉元素让产品更醒目，使受众对产品留有更深的印象。

但是，真正促使资生堂成为一个化妆品品牌王国的是其第二代传人福原信三。福原信三曾游历欧美多国，对西方美学和文化极有心得。他充分意识到形象包装的重要性，认为高品质的商品同样需要美丽的外包装。1916 年，他率先在公司成立设计部，专门负责产品包装和传播。首先以富有独特装饰艺术风格的字母来设计资生堂的名称，并以山茶花为公司标志，以富有阿拉伯色彩的花叶图案来装饰产品瓶身，初步奠定了资生堂的品牌形象。①

到 20 世纪 20 年代中期，资生堂的广告已不仅仅是模仿西方的模式，而且开始发展自己的风格。广告结合了西方与日本元素后呈现出全新的女性形象，强调美丽来自女性对自己身份的感悟。她们不仅走在潮流的尖端，而且十分了解自己和自己的潜在能力。资生堂的广告风格由此奠定（见图 11－8）。

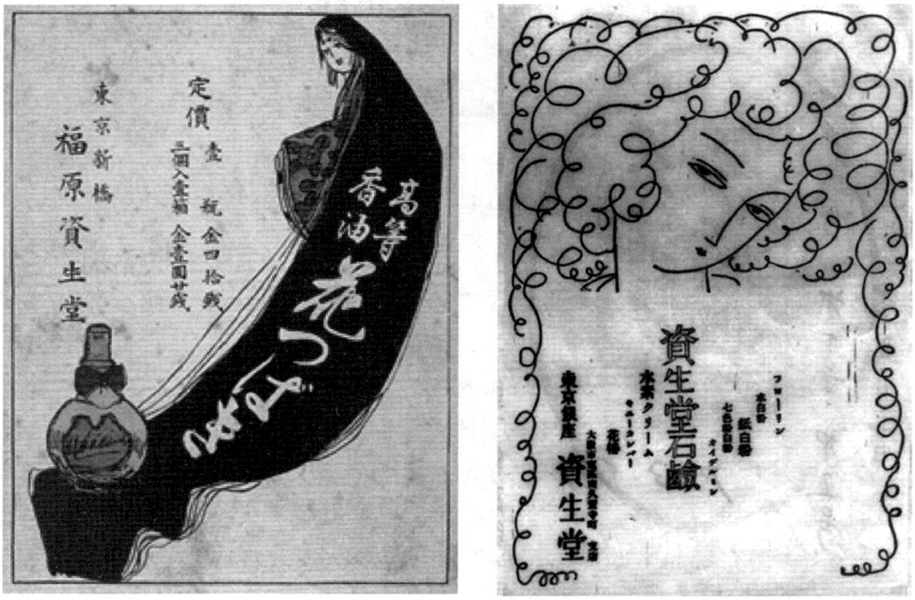

图 11－8　资生堂广告风格的变化

（左图为 1914 年作品，右图为 1923 年作品）

在食品方面，以啤酒等为代表的大众食品的销售在 1928 年之后出现了大幅增长。其中，“麒麟”牌啤酒占市场 55%的份额，是日本最具影响力的啤酒品牌。它的广告大多采用感性诉求策略，主要诉求对象是已婚人士，“就因为是夫妇”的广告语流传甚广。而三得利（Suntory）啤酒则以年轻消费者为诉求对象，采用年轻人喜欢的广告歌曲，反复传播非常时尚的“Clean & Mild”的产品特色和迷人口感，以唤起年轻消费者的热情，一上市就创造了销售奇迹。其后，三得利还利用电视、报纸、杂志、电台、交通、户外等媒体大力塑造自身的品牌形象，获得了极大成功。

① 虽然时至今日，山茶花和阿拉伯花叶图案已不复存在，“资生堂”的字形亦曾两度修改，但现时所见字样，亦与当年的非常相似。

与日本经济繁荣相一致，这一时期的日本户外广告也达到了一个新的高度。各大城市的中心地带，商店、剧院、饭店林立，游人嬉集，户外广告竞相夺目，繁盛浩闹（见图 11－9）。

图 11－9　日本户外广告（1930 年，东京浅草）

（二）报刊媒体广告的繁荣

在民粹主义思想蔓延、国民教育水平不断提高、滚筒印刷机不断普及的情况下，日本的新闻业以前所未有的速度发展着。

为了满足客户的需要，报纸广告的类型发生了相应的改变。1898 年，《报知新闻》在日本首次推出职业介绍分类广告；1904 年起，《大阪朝日》每星期天刊登创意广告，每三个月评选一次。据 1904 年 12 月 20 日《广告大福帐》记载，当时每天发行量超过 5 000 份的日报有 63 家，全国报纸总发行量达到 163 万份。1907 年，《时事新报》的纪念创刊号中，广告多达 580 条。

1911 年，《报知新闻》的发行量达到 15 万份，是甲午战争时期的 10 倍；《东京朝日新闻》的发行量达到 10 万份，是甲午战争时期的 4 倍。1924 年，全国报纸总发行量数字刷新到 625 万份，1934 年更是率先突破 1 000 万份。其中，《报知新闻》和《东京日日新闻》的发行量都超过了 30 万份。受美国黄色新闻的影响，以《万朝报》为代表的报纸也纷纷创刊，炒作新闻，对官员和暴发户揭丑的文章受到读者的欢迎，报纸发行量大增，报纸之间的竞争更加激烈。到 1930 年，在日本东京形成了《读卖新闻》《朝日新闻》《每日新闻》三足鼎立的局面。

进入大正时期，报纸发行量继续提高。大正十一年（1922 年），朝日新闻社在日本新闻同业者中率先引进了美国可自动折页的高速滚筒印刷机取代了原先的印刷机，使得印刷效率大大提高。“在普及新商品形象方面，报纸广告起到了很大作用。”① 关东大地震

① 竹村民郎．大正文化：帝国日本的乌托邦时代．欧阳晓，译．上海：上海三联书店，2015：76.

后，东京的许多报社劫后余生，逐渐恢复元气，报纸发行量剧增，1924年报纸发行量刷新到625万份，其中《大阪每日》《大阪朝日》等大报的发行量已突破百万份。东京的《朝日新闻》《东京日日新闻》《报知新闻》等也宣称其发行量有70万～80万份。1934年全日报纸发行量更是率先突破1 000万份。

与此同时，杂志作为新的大众媒体的地位得到确立。1914年至1937年间，杂志种类和发行量显著增长，大众娱乐杂志和妇女杂志增长了约两倍。比较有代表性的有博文馆的《太阳》杂志、《少年世界》杂志、《文艺俱乐部》杂志，春阳堂的《新小说》杂志等。据统计，1894年日本杂志数量为814种，到1918年已经达到3 123种。

20世纪30年代后，日本国家发展的重心转移到侵略战争上，使得商业广告受到极大的压制。同时，与商业广告关联较大的纸浆等物资因为战争管制而短缺，也限制了广告的发展。

（三）广告代理制的继续发展

明治中后期，阅读报纸的商人和市民人数不断增加，报纸发行量提高，有广告需求的商家日渐增多。同时，报纸对商业活动的报道和消息日益增多，政党的色彩逐渐褪去，报纸的经营收入转而主要依赖销售广告版面。

从甲午战争到1900年期间，日本广告代理公司的数量激增，仅东京就有150多家。在大阪，《大阪朝日新闻》[①] 和《大阪每日新闻》是当地最有影响力的两家报纸，它们的广告代理商万年社是关西地区最有实力的广告代理公司。

万年社是一家拥有很高地位的广告代理公司。该公司的广告代理收入多年来都在行业中占据首位。不仅如此，高木贞卫作为万年社的掌门人和行业的领袖还进行了很多具有开创性的尝试，如成立行业联合组织，改善行业形象，进行广告启蒙等，在广告史上留下了浓墨重彩的一笔。

高木贞卫将广告业的服务定位为“为广告主企业的发展而代办其广告业务”，而不是只作为中介向报社传递广告文稿。高木贞卫在西洋考察时发现欧美企业的AE制[②]后，决定将其引入日本，扩大日本广告业的服务范围，并开始了最初的尝试。为此，1927年万年社率先宣布实行AE制，并与通用汽车公司旗下的雪佛兰汽车展开合作，成为日本首家真正意义上的广告代理公司，开辟了日本广告代理公司从掮客型的媒体服务到综合型的全面服务的新阶段。

在东京，大约150家广告公司从事广告媒体代理业务。其中，弘报堂（江藤直纯）、帝国通讯社（竹村良贞）、正路喜社（池上市藏）、博报堂（濑木博尚）、三成社（三宅贞一）、广告社（汤泽精司）和广目屋（秋田柳吉）等广告公司规模较大，知名度较高。

1901年7月，电通广告公司（Dentsu）的前身——“日本广告”株式会社成立，这是日本广告代理行业中的第一家股份有限公司。光永星郎为常务董事长，也是实际上的

---

① 《东京朝日新闻》后更名为《大阪朝日新闻》。

② AE原文为account executive，常译为“客户经理”或“业务经理”。AE制，即在广告公司内专门设定负责其特定客户的业务小组，在小组内部以AE为中心为客户展开专业化服务工作。

社长。公司附设有经营通讯业务的电报通讯社。由于当时的报社没有实力向各地派驻通讯员，新闻来源主要依靠电波通讯部门。因此，为了发展国际电讯事业，向报社出售新闻，光永星郎于1906年将电报通讯社重新注册为日本电报通讯社，次年9月，与日本广告株式会社合并，名称仍为日本电报通讯社（简称“电通社”），经营通信业务和广告代理业务。此后，电通社在日本广告代理行业的优势地位逐渐得到确立。

（四）广告监管制度的建立

随着日本市场上广告数量的猛增，一些恶俗、虚假广告沉渣泛起，引起了许多消费者的不满。为了加强对广告的管理，进一步规范广告市场行为，日本政府先后制定了多项法律、法规。

1882年，《街路取缔规则》颁布，禁止招牌妨碍道路交通。1895年《贷座敷引手茶屋娼妓取缔规则》颁布，禁止特殊行业进行各种形式的广告。1908年《警察犯处罚令》颁布，其中有对涉及虚假广告、夸张广告以及强买强卖行为进行制裁的内容。

1911年4月，日本颁布了《广告物取缔法》，规定政府有权对广告发布行为进行管理，这是日本历史上第一部广告管理法律。

此后，相关的广告法律、法规进一步完善。1919年《道路法》颁布，规定对广告建筑和招牌等户外广告进行管理。1921年政府颁布了《实用新案法》《特许法》《商标法》等一系列法律、法规，广告管理制度逐渐健全。与此同时，广告行业也逐步开展自律活动。1905年《朝日新闻》刊发社告《急告广告主》，说明将对广告内容进行甄别检查。1908年《报知新闻》也发表社论，声明该报拒绝刊登有害社会风俗和被认为有欺诈嫌疑的广告。

此后（从大正时代到昭和初年），各种广告行业组织陆续成立。与此同时，广告行业的自律也得到了加强。1913年，以日本电通社为核心，由报纸、通讯社、广告公司组成的广告组织——新闻协会成立。该组织为日本报纸和通讯社的全国性自律组织。

1914年，东京最有实力的五家广告代理商［电通社、帝国通讯社（简称“帝通社”）、正路喜社、弘报堂、博报堂］成立了协同会。1916年，广告社也加入其中，协同会成为当时最有实力的广告组织，在广告行业一直发挥着重要作用。1923年3月，鉴于形势的变化，协同会的发起者又决定解散组织，重新成立一水会，决定每月第一个星期三相聚，共同讨论与广告主、报社、广告代理行业相关的问题。

1916年，大阪地区最有实力的万年社等9家广告代理公司一起成立了水耀会，其成员定期讨论广告界共同面临的问题，决定广告的折扣率。

1924年，东京地区的骨干广告代理商们又共同发起成立了东京新闻广告协会。

1935年，以山元新光社（后来的读卖广告社）为核心的代理分类广告的代理公司成立了十日会。这些全国和地域性的广告组织的建立，极大地推动了广告业的健康发展。

（五）广告研究的起步

随着广告业的发展，进入大正时代，广告研究开始在高等教育机构中受到关注。

1913年，早稻田大学的学生们为庆祝30周年校庆举办了一个广告展览。第二年的1

月 17 日，成立了以策划广告展览会的学生为核心的“早稻田大学广告研究会”，这是日本的第一个广告研究团体。与此同时，庆应大学、日本大学等高等院校也纷纷成立广告研究会。相关广告课程开始进入日本的高等院校。1921 年，神户高等商业学校（现神户大学）开始设立广告课程，这是日本首次在大学中开设广告课程。

广告业界的研究活动也十分活跃。电通社、博报堂等资深广告公司大力推动着广告研究和广告教育的发展。万年社 1923 年出版了《广告论丛》，1927 年开设了广告研究讲座。1930 年，日本第一届广告节由正路喜社主办。1934 年，电通社和正路喜社开设了夏季广告讲习会。

与此同时，大量广告专业图书和广告专业杂志纷纷出版和创刊，广告专业图书中绝大多数是广告理论的翻译版，其中重要的有《广告学概论》（1924 年）、《广告与宣传》（1924 年）、《报纸广告十七讲》（1928 年）等，广告杂志有《广告界》《广告论丛》等。这些广告研究活动为日本广告的科学化发展打下了坚实的基础。

（六）广播媒体的垄断

1924 年 11 月，日本中央放送局成立。不久，日本第一家广播电台——东京广播电台开播。后来，大阪广播电台、名古屋广播电台相继诞生。1926 年 8 月，随着日本收音机增多（达到 26 万台左右），三家电台在中央放送局统率下改为日本广播协会（NHK），与 BBC 一样，属于国家授权独家经营的非营利性组织，不允许做广告，主要靠收取视听费和国家拨款维持日常运营。一直到第二次世界大战之前，日本都不允许民间开办广播电台。

三、第二次世界大战期间的广告

1929 年至 1931 年的经济危机及当时的大地震沉重打击了日本经济，高失业率使日本民众的生活水平直线下降。为了化解危机，日本把侵略的矛头指向了中国东北，掠夺中国的资源，向东北大量移民，把中国的东北变为日本重要的工业基地。

从九一八事变到七七事变，为动员国民支持战争，使国民在思想上与日本当局保持一致，日本当局开展了大规模的“国防教育”活动，鼓吹“战争是创造之父、文明之母”，强调战争的正义性，宣传国家主义、极端民族主义、军国主义以及战时“铳后奉公”思想。

1932 年，日本政府为控制舆论，成立了尚没有列入编制的情报委员会，由外务、陆军、文部、内务、邮政等省派出委员和干事，统一协调对舆论的控制。1937 年该机构正式列入编制，名为内阁情报部，直属首相，负责战时宣传，指导舆论，编辑与出版《写真周报》（しゃしんしゅうほう）等系列画报，向日本国内宣扬武士道精神和所谓的“大东亚圣战”。

1934 年，日本政府对广播协会进行了改组，由现役军人主持的煽动战争和进行法西斯教育的节目越来越多，对日本民众的精神灌输几乎无处不在。1940 年，内阁各省和军队各兵种的情报部门合并为统一的新设“情报局”，对所有涉及传播的载体，包括报刊、广播、通信、电话、电影、戏剧、曲艺、绘画、唱片等等实行直接控制。为了强化对新闻传播源头的控制，日本政府 1935 年着手合并通讯社，最终于 1936 年在联合新闻社（1926 年建立）和电通两大通讯社的基础上建立了社团法人同盟通讯社。同盟通讯社实际上完全由军部控制，其他通讯社以加盟形式归到该社名下（当时共 189 家）。

九一八事变后，遭到查禁的社会主义杂志每年都有几十种，再经过 1941 年和 1942 年的两次整顿与合并，原来数千种杂志剩下 996 种，综合性杂志只保留了 3 种，实时性杂志只保留了 7 种。《东京新闻》和《东京日报》等全国性报纸竭力倡导民众捐献军用飞机，还连篇累牍地报道为了前线士兵节约一枚铜板的小学生、将买便当和零食的钱捐献出来的女学生以及以血书勉励军人的年轻女性，以煽动民众支持战争的狂热情绪。

1938 年 4 月，日本政府颁布《国家总动员令》，宣布“无须议会统一就可以统制人力和物资”，接着出台和修订了各种管制条例。同时，日本政府还规定：国民每月进行一次“振作国民精神周”和“增强建国精神周”活动，人人定期参拜神社、皇陵，举行集体奉读天皇敕语仪式，举行大祭、公祭仪式悼念阵亡将士英灵，带头购买国家公债，一户献一物，义务劳动，等等。

1940 年，成立内阁情报局，负责对传媒和大众舆论进行监督。在报刊方面，当局宣布除了几家全国性大报之外，其他报纸一律按照一县一报的原则实行合并。在几个月内，除了《朝日新闻》《每日新闻》《读卖新闻》变动较小外，将 11 家产业报纸合并为在东京出版的《日本产业经济新闻》(即现在《日本经济新闻》)，将爱知县以西的产业报纸合并为在大阪出版的《产业经济新闻》（即现在的《产经新闻》)。另外还合并了若干其他报纸，形成中部地区的《中日本新闻》（即现在的《中日新闻》)、西部地区的《西日本新闻》和东北部地区的《北海道新闻》等等。杂志也没逃过大合并的命运。

在对外宣传上，日本工房（后更名为国际报道工艺）创办和发行了《日本》（*Nippon*)、《上海》（*Shanghai*）和《广东》（*Kanton*）等刊物，为日军侵略行径进行粉饰和辩护。此外，日本为侵略战争进行宣传的机构还有东方社和田中商会。东方社成立于 1939 年，主要制作传单和图画杂志 *Front*；田中商会则汇集了以漫画家太田天桥为首的大批画家，针对亚洲地区制作漫画、传单进行战争宣传。

到了 1941 年，由于战争持续时间过长，日本在中国的既得利益已经越来越无法满足其日益激增的经济需求，在北进苏联受挫后，日本把军事重点转向太平洋。太平洋战争爆发后，日本通过先发制人，侵占东南亚大部，初步实现了组建“大东亚共荣圈”的野心，国内经济得到了短暂的发展。日本军方以此为契机，将日本工业经济从半战争状态彻底转型为战争状态。1942 年 5—6 月，在大政翼赞会旗下，成立“日本文学报国会”“大日本产业报国会”“农业报国会”“商业报国会”“日本海运报国会”“大日本妇人会”“大日本青少年团”等外围组织。开展大米节约运动，号召国民以番薯和土豆为主食。12 月 23 日，又成立“大日本言论报国会”，表示在政府领导下，“举国一致”地完成建设“大东亚共荣圈”的使命。通过这一运动，日本强化了法西斯集权体制，导致连名义上的政党也名存实亡。到了冬季，战况不利于日本，各种物资越来越短缺。为此，日本政府修正了主要经济目标，决定在 1943 年春季和夏季实施“新计划”，将民用品产业全面转向飞机、舰船等大规模的军需生产。同时还强化对原材料的控制，不仅所有的奢侈品被排除在外，连民用设备的保护和维修也被禁止，国民的生活被削减压缩到只能维持最基本的生存条件。

在广告方面，早在日本发动侵华战争不久，日本政府就实行了战时物资管制，报纸广告、霓虹灯广告、气球广告、化妆品广告等都遭到不同程度的削减和限制。1940年，日本政府颁布《日本广告律令》，强行规定：资本超过100亿日元的企业，其广告费预算必须得到相关部门许可。战争时期广告中的理想女性形象也因战争趋紧而转变，原先的面霜广告以原节子（Setsuko Hara）代表节约、效率和健康美，提倡女性“健康化妆”，实现美好形象。20世纪40年代以后，广告中的妇女就不再化妆，而以农妇等形象出现，参与社会劳动。

1943年2月，《写真周报》刊文《抹去广告牌上的英美色彩》，号召抵制英美风格的户外广告，大力传播日本人的爱国形象。1944年，在开始大规模合并各种报纸和杂志的背景下，日本广告公司在日本商工省物价局的指导下由原有的186家合并成12家，电通公司则被解散合并到“同盟通讯社”，收归国有。其中，东京地区有6家：日本电报通讯社、博报堂、正路喜社、日本广告社、大东广告社、共荣社。大阪地区有4家：大阪电报通讯社、万年社、旭广告株式会社、近畿广告社。名古屋和九州地区有名古屋电报通讯社、九州电报通讯社。这次合并在日本广告发展史上具有划时代的意义，对日本广告代理业的现代化有很大影响。接着，实施统一的价格管制令，对报纸广告费标准和广告公司的代理费作出了规定：普通广告栏的广告收取15%的佣金，新闻报纸报道栏的广告收取25%的佣金。为了满足军费需要，日本政府于1942年设立了广告税，对报纸和杂志广告征收10%的广告税，使得报刊经营举步维艰，广告业务逐渐萎缩。

随着侵华战争进一步扩大，日本当局为巩固战时体制，出台了一系列与国民社会生活和广告息息相关的政策和措施。非常时期生活方式委员会提出一系列适应战争体制的生活方式，诸如抽烟、喝酒要节制，外出尽量携带盒饭，商业街要避免使用霓虹灯。

战争期间的日本海报中，主要有三大类形象主题：第一类是象征日本的事物，如象征天皇的金鸡，象征日本国的红太阳、樱花、富士山、飞机等。第二类是女性，酒类广告中女模特墙壁上的投影则是军人的影像。第三类是儿童，如儿童玩砂象征储蓄，全民储蓄购买战机等。一则日本战时仁丹药品广告中，在十字架的四个角落分别绘有开垦战士、产业战士、骑马的战场战士，以及仁丹的翘胡子人像。广告号召所有人都要为战争而钉上十字架，人人购买仁丹，支持战争。

第四节　现代日本广告的发展

20世纪60—70年代日本经济的快速发展极大地推动了广告业的成长。通过有条件地与西方跨国公司的合资、合作，日本广告公司逐渐将自己转化为成熟的具有国际化运作水准的广告代理商。广告在日本经济发展中发挥着越来越重要的作用。在世界石油危机缓解和本国国内泡沫经济“退潮”之后，已经在内涵建设上实现了现代化转型的日本广告企业，成为日本产品向全球营销的有力工具。

一、战后经济的恢复与快速发展

1945 年以日本、德国等为代表的轴心国宣布无条件投降，二战结束。受到重创的日本满目疮痍，经济极度萧条，生活必需品严重缺乏，工厂、建筑、运输、贸易等几近荒芜，三分之一的日本人住不上房子。当时有人估计日本经济恢复到战前水平要 100 年甚至更长的时间。

以美国为代表的西方国家对日本进行民主化改造，实施以发展经济为立国之本的新国策，一方面放宽新闻政策，解禁长达 8 年之久的报纸管制，另一方面开始向日本提供财政支持，协助日本重建战后的经济。

首先，美国一再削减日本对美国的战争赔偿，后来干脆一笔勾销，已收缴的工业设备也全部发还。其次，向日本提供恢复生产所急需的资金和物资。从 1949 年到 1951 年，美国以“占领地区救济基金”和“占领地区经济复兴基金”的名义，向日本提供的贷款和援助物资达 23 亿美元。在此情况下，日本政府的财政收入在 1949 年度首次由赤字转为盈余，货币发行量趋于减少，物价水平开始下降，猖獗一时的通货膨胀得到了缓和，经济逐步恢复活力。

1950 年 6 月爆发的朝鲜战争成为日本战后经济复兴的转机。美国在日本大量采购军火和给养等，直接订单达到了 9.8 亿美元。同时，日本在战争期间通过提供商品和劳务得到的“特需”收入为 24.7 亿美元，占同期日本出口总额的一半。从 1954 年开始，日本工业生产开始恢复到战前水平。

1956 年以后的日本经济发展大体分为两个阶段。

第一阶段是 1956—1964 年。日本围绕钢铁、化工工业化，进行了大规模的设备投资和设备更新，为国民经济全面现代化奠定了物质技术基础。1960 年成立的池田勇人内阁以“所得倍增计划”为旗帜，积极推进“高度经济增长政策”。在此政策之下，产业界积极进行设备投资，引进新技术，推进产业自动化，取得了良好的效果。1964 年日本国民生产总值比 1956 年翻了一番。同时，战后日本的都市化发展迅速。以东京为例，从 1950 年到 1970 年，短短 20 年间，东京都人口的增加就超过了 500 万。这些人不仅为新兴的工业提供了廉价劳动力，也形成了具有巨大潜力的新市场。离开农村的年轻人，在城里成家立业，并成为新一代的消费者。20 世纪 60 年代出现的“3C 神器”，即空调、汽车、彩电，也进入普通民众家庭，成为销售量最大的商品。同时，商品分期付款方式开始流行，极大地刺激了人们的购买热情。超市、零售店和百货商店急速发展，使得人们购买商品更加方便快捷。

第二阶段是 1965—1973 年。日本在经济上、技术上全面赶上世界先进水平的决定性阶段正是这一时期。1964 年底到 1965 年初，日本遭遇了短暂的经济衰退，但是，随着政府发行公债、加大投资、鼓励出口的措施施行，经济从年底开始复苏。其间，日本的实际国民生产总值年平均增长率为 10.5%。1967 年，日本的国民生产总值迎头赶上甚至超越了英国和法国，之后又超越了联邦德国、苏联，成为仅次于美国的世界经济强国。

随着经济的发展，个人消费支出大幅度增加，个人消费增长率从 1965 年的 12.4%上升到

1969年的15%，标志着日本进入消费主义时代。这一切都给广告业的发展以强大的推动力。

进入20世纪70年代后，日本经济的高速增长逐渐减缓。1973年，全球因为石油危机而陷入不景气，日本自然也不例外。

20世纪80年代中期，电子技术的发展和技术市场的成熟引导了整个产业的信息化，这在日本被称为“第二次大众市场经济”。在此阶段，住宅需求的启动极大地推动了经济的增长，日本几乎成为全世界最富有的国家。1987—1990年的经济平均增长率为5.5%，其中1988年竟达到了7.1%，超过了人们的预期。当时大多数日本人兴奋不已，认为这是日本经济强劲的表现，而且以为日本经济很快就会超过美国。“日本第一”成了当时风靡日本社会的流行语。但这一次的经济增长，根本的动力是投机活动，特别是房地产和公司股票的炒作。几年之后，这些投机活动创造出来的虚幻增长快速地泡沫化。从此，日本深陷在长期的不景气中，一直到整个90年代，日本经济深受泡沫经济后遗症的困扰，被称为“失去的十年”。尽管如此，日本作为世界经济强国的地位仍没有改变。

二、战后媒体广告的恢复与发展

经济的繁荣、美国先进的市场观念的导入为日本广告业带来了前所未有的机遇，与广告业密切相关的大众媒体迅速成长起来：报刊纷纷复刊，户外广告重生，电台的民营化、电视的普及，更是为媒体的发展起到了极大的促进作用。

（一）户外媒体广告

20世纪50年代初，电力管制结束后，包括霓虹灯在内的户外广告全面恢复。1951年4月，森永制果在东京上野制作了一个高达34.8米的霓虹灯广告塔，色彩斑斓，醒目异常。6年后的1957年，日立公司在大阪通天阁设置的霓虹灯广告柱矗立了15年之久，几乎成为一个标志性的建筑。该广告由四面构成，其中一面为长40米的大型温度计，三面为日立的产品广告，包括一面直径6米的大型时钟，引人注目，传为美谈。

图11-10　日本的户外广告

（1955年，东京市中心街道，
来源于Allan Cash Picture Library）

进入60年代中期，传统的素描或绘画的海报渐渐退出，取而代之的是摄影和各种新式印刷技术成为主导，户外广告的发展进入一个新时期。到了70年代，东京的户越银座商业街全长约1.3千米，有400多家商店，是日本关东地区最长的商店街，也是世界三大繁华中心之一，与巴黎的香榭丽舍大街、纽约的第五大道齐名。其户外广告数量之多、密度之大、更新之快，都堪称世界之最（见图11-10）。

在全面现代化的同时，日本广告代理公司既追求创意新颖，也注重广告的民族特色，讲究内敛婉转。

（二）报刊媒体广告

日本是报业极度发达的国家，无论报纸普及率还是大报的发行量都非常高。

1. 复兴阶段（1952—1960年）

1952年4月，美国占领军当局结束占领状态，归政于日本政府。朝鲜停战以后，国际局势有所缓和，日本国内政治控制有所松动，加之工农业生产逐步恢复，报纸的纸张供应和财政情况随之好转。于是日本报业开始复兴，并有一定发展。

这一时期的报纸数量已经超过战争前期。日报有100多家，每期发行量2 000多万份。《每日新闻》《朝日新闻》《读卖新闻》这三大报发行量在竞争中交替上升，它们都在东京和大阪建立基地，并向北海道、名古屋等地挺进。东京的《日本经济新闻》（前身为《日本产业经济》）进入大阪，大阪的《产经新闻》也跨进东京，从而形成了五家大的全国性报纸主导报业的格局。

报纸广告在1950—1953年间每年增长分别为35％、50.6％、60％和74.1％，1954年增长率有所下降。其中，1952年10月的报纸广告刊载量创下了战后月报纸广告量的最高纪录。报纸广告收入在总收入中的比重由1951年的27.2％上升到40％左右。

日本的杂志业一直很发达。1955—1965年间新创刊了50多种周刊杂志。杂志广告几乎从零开始，但发展同样迅速。杂志广告收入1947年达1.6亿日元，10年后达到40亿日元。如果考虑到通货膨胀的因素，实际增长率可能达51倍，但与报纸相比，比重还是偏低。

2. 高速发展阶段（1960—1973年）

20世纪60年代，日本经济进入高速发展状态，与经济发展相伴而来的科技进步，使报业设备有了全面更新。自动排铸机、超高速轮转机以及新的照片制作和彩印工艺，提高了排版印刷的速度和质量；后来采用的汉字电传和全自动排铸系统以及整版传真技术，又大大便利了报纸向外地传输和扩展。

在这种情况下，日本报业有了全面快速的增长。一方面是发行量迅速增加，另一方面是报纸继续扩版，广告所占版面大幅度增加，《朝日新闻》《每日新闻》《读卖新闻》三家报纸在1964年下半年的广告版面已经占到45.1％，并且整版广告明显增多，仅1965年就达5 464条，且多数为彩色印刷。报纸广告收入在总收入中的比重从1960年的42.5％上升到1973年的59.8％，超过报纸发行收入，成为报纸的主要财源。

3. 稳定发展阶段（1973—1989年）

1973年，阿拉伯产油国提高石油价格，给西方也给日本经济带来很大冲击，此后日本经济发展明显放缓，日本报业增长趋于缓慢，规模趋于稳定。日报、期刊发行量1975年为4 051万份，1985年为4 823万，10年的增长率约为19％。由于经济环境不佳，加上电视的竞争，报业广告收入增长率降低，而各项开支却大为增加，许多报社入不敷出，发生危机，一方面大做百货商店的广告，另一方面靠各种副业收入来加以弥补。《朝日新闻》从创刊不久到20世纪70年代，在发行量上一直保持全国第一的地位。70年代中期以后，由于发行竞争中的决策性失误，导致失利，被《读卖新闻》超越。虽然发行量上

《朝日新闻》退居全国第二位，但在广告营收上仍雄居第一位，纳税额一直领先。根据日本新闻协会有关专家对《朝日新闻》《读卖新闻》《日本经济新闻》等三家日本大报社的民众舆论调查结果，在新闻的真实准确性、公众依赖性、对社会的影响力等方面，《朝日新闻》在社会各界获得的支持率均排在第一位。

4. 不断变革阶段（1989年至21世纪初）

到1997年，日本报纸有100多家，每天发行总量为5 376万份，平均每户1.18份。“1999年，日本报纸发行量约为7 200万份，遥遥领先于第二位美国的约5 600万份，当之无愧地位居世界之首。”[①] 发行方式繁多：有早报、晚报，周报、月报，大的报业还发行杂志及书籍。大多数报纸在20个版以上，广告版面篇幅占43%左右，广告收入占总收入的55%～60%。

随着新一代消费群体的成长，人们接收信息方式的变化，加之电视、网络等其他媒体的冲击，报纸广告收入比例呈现下降趋势。至1998年，报纸广告收入仅占到20.4%，而同期电视则占33.9%。

就杂志广告而言，日本现有4 299家出版社，约有杂志18 000种，细分化突出，分为各种不同系列。同样是以家庭主妇为对象，妇女杂志细分为烹饪、育儿、时装、美容等。在所有杂志中，刊登广告的杂志有7 800种。1999年，日本杂志广告总额为4 183亿日元，占日本媒体广告总额的7.3%。按行业广告份额由高到低排列，依次为化妆卫生用品（15.1%）、服装服饰（12.6%）、饮料零食（7.4%）、信息通信（7.3%）、汽车及相关产品（6.7%）等。按数额大小，排在杂志广告前的媒体广告是户外广告、电视广告、报纸广告，排在杂志广告之后的是广播广告。

（三）广播电视媒体广告

战后的日本广播电视管理体制发生了重大变化，这就是民营广播电台的出现。

1946年，同盟国（后为联合国）占领军最高统帅部发布一系列文件，果断废除战时日本政府所有关于大众传播的法律、法规，并指令组成新的日本广播协会（NHK）。1950年，日本新修订的《电波法》《广播法》《电波管理委员会法》等“电波三法”允许开办民营商业广播电台，实行公营和私营并行的体制，并规定商业电台不能收取视听费，但可依靠收取广告费的方式经营。

1951年4月，第一批民营电台获准营业，Radio东京（后来的东京电台）、文化电台、新日本电台、中部日本电台等16家日本电台开始筹建，并组成了“日本民间放送同盟”。9月1日，民营电台“中部日本放送”（名古屋）和“新日本放送”（大阪）开播。后者播出了一则名为“我是业余摄影师”的照相机广告，这是日本广播史上第一则商业广告。

早期的电通公司是广播广告的最大买主，它在“中部日本放送”和“新日本放送”两家电台的广告投放量占到全部电台的60%～80%。此时，正是日本经济复苏之时，广告需求量大，所以广播虽然是兴起较晚的广告媒体，但是其传播速度之快、覆盖面积之

---

① 土屋礼子．大众报纸的起源：明治时期的小报研究．杨珍珍，译．北京：北京大学出版社，2015：序章．

广是以往任何媒体都无法比拟的，一开始就显示出勃勃生机。1952 年，日本广播广告费的总金额就超过了杂志广告，成为紧跟报纸广告之后的第二大广告媒体。

随着人们对广播传播机制认识的深入，广播广告的诉求逐渐从“商品信息”转向了“生活信息”。50 年代的广告内容重在表现商品的性能、特点，而 60 年代的广告从直播逐渐转为录播，常常把产品与消费者的生活联系起来，在生活场景中展示商品的优点及使用方法，以“新生活”“新生活方式”为诉求，传递一种价值观念或生活方式的信息，以引发消费者的共鸣。

日本的电视开播相对稍晚。1953 年 2 月 1 日，日本广播协会下属的“日本电视”正式开播，创日本电视事业之先河。同年 8 月，日本电视网广播公司（NTV）以“民营第一号”的名义正式开播，成为亚洲第一家商业电视台。8 月 28 日，播放了一支精工表的电视广告，拉开了日本电视广告的序幕。此后，日本的电视台划分为收取视听费的公共电视台和以广告收入为主的民营商业电视台两类。

起初，电视普及程度很低，服务范围较窄，观众不太了解电视广告的价值，认为电视是“电气连环画”，广告时段被看作“厕所时间”。早期电视广告的影像及内容的处理手法，一般是采取现场直播的方式单纯地介绍商品，或是结合动画方式介绍商品。但节目的播放优先于广告，因而广告被掐掉是常有的事。

到了 20 世纪 60 年代，日本的电视机由 1958 年的 10 万台增加到 1960 年的 500 万台，更在 1962 年一举突破 1 000 万台，迅速普及千家万户，电视作为最主要的广告媒体的地位得到了确认。1955 年，电视广告在日本总广告费中所占的份额还不到 1.5%，但到 1959 年，电视广告所占的份额已经超过广播广告。日本进入了报纸广告和电视广告双雄称霸的时代。1960 年电视广告费在日本总广告费中所占的份额上升为 22.3%。

与此同时，日本的影视广告制作也进入了黄金时代。资生堂在 1961 年春天首次推出了系列彩色广告影片 *Candy Tone*，同其他媒体相比，视觉效果、传播范围及娱乐性都更胜一筹。其后，电视广告的动画表现越来越多，明星代言广告显著增加。

70 年代，电视机已经普及日本每一个家庭，成为最富魅力的广告媒体，自然也就成为当时第一大广告媒体报纸的劲敌。电视与报纸双方的广告收入呈明显的此长彼消的态势。1975 年，电视广告收入达 4 208 亿日元，占总份额的 34%，而报纸广告则相应地下降到 33.1%。由此，电视广告收入第一次超过报纸广告而成为日本第一大广告媒体。

民营广播的开办和电视的普及对当时广告的繁荣起到了极大的推动作用。此后，广播卫星、通信卫星和有线电视的出现，从根本上改变了传统的以地面无线传输节目的方式，标志着日本电波媒体进入多频道时代。1987 年 10 月，东京广播公司和富士电视台开始 24 小时播出节目，改变了观众的传统收视习惯。

1988 年，日本共有 140 家民营广播电视机构。其中兼营广播、电视的有 36 家，单独经营广播的有 37 家，单独经营电视的有 69 家，共有 6 515 个电视频道和 327 个广播频道，其中有 85%的节目有广告。至 1998 年，电视广告超过报纸广告收入的 13.5%，居于绝对领先地位。

目前，日本商业电视台主要有四家：富士电视台（CX）、东京广播公司（TBS）、日本电视新闻网（NNN）、东京电视台（TX）。从 2012 年度的广告业绩来看，富士电视台的广告年收入最高，达2 429.88亿日元，其后依次为日本电视台（NTV）2 214.13亿日元，朝日电视台（ANB）1 839.58亿日元，东京广播公司1 722.5亿日元，以及东京电视台743.93亿日元。[①] 由于受到互联网发展的冲击，广播广告和电视广告的收入呈现疲软甚至下降趋势。

三、广告业的全面繁荣

（一）20世纪50—70年代的广告业

战前，日本的一切经济活动都建立在军国主义的基础之上。战后，通过资本重组、反垄断，刺激了民族工业的复苏，又通过农业改革和劳动雇佣制度改革，积累了工业起飞的资源。朝鲜战争之后，日本大型企业集团设置了为集团服务的市场研究和广告部门，基础产业、大企业都成了广告主，广告比以前具有更大的社会影响力。1950年，日本广告业协会成立，当时名为“日本报纸广告业者协会”，1970年改为现名。

1951年7月，恰逢电通公司成立50周年，也是日本民营电台即将开播之际，为进一步开拓广告新领域，社长吉田秀雄向员工宣布：大家都来做“广告之鬼”。一个月之后，他发表了著名的“鬼十则”，要求员工积极工作，努力进取，不怕苦难，敢于争先。这些要求与当时一般公司强调平稳发展的理念不同。为了顺利实现目标，吉田秀雄制定了周密的奖励机制，全体公司员工只要勤奋努力，确有才能的，在一定的年限就有由职员升主管、副部长或部长的机会，2 300名员工机会均等。在其带领下，电通人大胆进军广播广告业务。两年之后，又进军电视广告业务。到1960年11月，电通公司月营业额终于突破了40亿日元。电通公司建立了庞大的服务网络，通过其在国内的28家分支机构，为2 000家以上的广告客户服务，营业额占日本总广告费的三成。尤为令人瞩目的是，当时东京11家大百货公司的广告代理商皆为电通公司，由此奠定了电通公司的行业霸主地位。

为了学习世界上先进国家的广告经验，从20世纪50年代开始，日本广告界经常派广告代表团前往美国考察。美国广告界十分重视日本的广告市场，热衷于到日本进行广告交流活动，传授经验和运营方式。1958年，日本生产性本部组织赴美广告考察团。这个考察团由大广告主、广告组织、大型广告公司如电通公司等高层11人组成。通过实地观摩、座谈，学到了全新的营销观念，促使日本企业的广告理念、方法以及组织机构发生变化。同时，全面引进AE制，加速了日本广告业向科学合理的方向前进的步伐。

同时，随着日本政府实行贸易自由化的方针，放松对国际广告业务涉及的外汇业务的管制，美国广告公司开始大举进军日本。1960年，麦肯广告公司与博报堂合作成立了“麦肯-博报堂”。此后，葛瑞、BBDO、智威汤逊等外资公司也纷纷进入日本市场。国际广告公司的进入，加剧了日本广告市场的竞争，也给日本带来了国际化的广告运作理念与运作流程，促使本国广告公司的作业更加科学化和专业化。

---

① 日本五大民营电视台广告收入排名，参见 http：//www.recordjapan.net/news/35431。

面对挑战，日本广告公司纷纷采取了新的营销服务战略——产品差异化和市场细分为主的创新战略，由此引发了一场从大中型广告公司开始的由上而下的日本广告科学化和专业化的进程。到 1960 年，日本已经有 8 家企业设立了专门的调查机构，进行有关消费者、广告效果、广告动机等的调查与研究。1968 年，电通公司设立了市场营销部门，并开发出 DMAP（Dentsu Marketing & Advertising Planning）和 DMP（Dentsu Media Planning）模型。前者用于评估广告营销策划方案的科学性和有效性，后者用于分析媒体策划方案的到达状况和传播效果。1976 年，博报堂开发出 HMES（Hakuhodo Media Evaluation System）模型，对媒体的广告价值进行评估，围绕广告目标进行最佳的媒体组合。

随着计算机运用的普及，广告的设计表现效果更令人称奇。使人印象深刻的是资生堂和 KENZO 品牌的一系列山口小夜子的海报。在一则资生堂的海报中，山口小夜子的神情冷艳高贵，就像《罗生门》中偶然闯进郊野破庙中看到的佛像一般，带着阴冷和不可侵犯的神态。可她的眼神却又那么迷离感性，具有东方美人的无限魅力。这一广告有效地呈现了资生堂香水品牌的内涵（见图 11－11）。

图 11－11　日本的户外广告（资生堂香水“舞”，1978 年，中村诚设计）

此外，地铁吊环广告、车站广告、出租车广告、直邮广告、影院广告等广告形式也越来越受到人们的重视。1955—1965 年期间，日本户外广告等非大众媒体的经营额从 130 亿日元上升到 655 亿日元，增长了 4 倍。

总的来说，20 世纪 60—70 年代日本广告公司通过有条件地与外国跨国公司合资、合作逐渐转化为成熟的、具有国际化水准的公司，日本广告代理业进入了一个“黄金时代”，广告营业额始终维持在国民生产总值的 1%左右，长期居于世界广告额的前列。1965 年，日本的广告营业额达 3 440 亿日元，1970 年达到 7 560 亿日元，5 年间增长了 1.2 倍。

当然，在激烈的市场竞争中，日本大型广告公司和中小型广告公司之间的差距在进一步扩大。全国的广告市场份额基本上由前五位的广告公司把持。据统计，排名业界第一的电通公司，其营业额基本上占了日本广告总额的 25%左右。

（二）20世纪80—90年代的日本广告

在 1970—1990 年的 20 年时间里，日本广告业的规模、专业化程度、管理水平、设计水平及理念始终居于世界前列。一大批举世闻名的广告公司引领着世界广告发展潮流，为日本广告业赢得了崇高声誉。

进入 20 世纪 80 年代以后，日本经济由于受到石油危机、农业歉收、物价上涨等因素影响，增长缓慢。随着汽车工业（如丰田、日产和本田等）、电子工业（如松下、东芝、索尼和日立等），以及科技的发展，企业之间在产品质量、性能、价格方面的竞争更加激烈，同质化现象日趋严重。为扭转这一局面，许多企业改变了经营战略，即在不断提高产品科技含量的同时，大量传播企业形象广告，有的借助本国广告代理公司，向周边的亚太地区推销其产品，继而走向全球化的经营之道，从而产生一批强势的跨国广告公司。

日本企业还通过强大的广告攻势，努力开拓海外市场，提高产品在国际市场上的占有率。松下、索尼、夏普、日立、东芝、三洋、卡西欧等电器公司都积极开拓中国和东南亚市场。比如松下早在70年代末就试探性地进入了中国市场。三菱重工在进入中国市场时，以中日文化交流为主题，以反映中国高僧鉴真和尚东渡日本传播佛教文化为广告切入点，增强了品牌的亲和力。到了90年代，日本广告策略发生转变，采取全面攻势。如东芝以“带来最富真实感的画面素质”为主题，以“新时代的东芝”“略胜一筹”为广告口号，着重宣传其高性能的画面清晰度；索尼以“真实自然的高品质画面”为主题，大力宣传其特丽珑彩电，广告口号为“自然神彩，自然而来”；松下则以“为了更美好的新生活”为主题，以“创造AV新潮流”“松下电器为您提供更美满、更愉快的最新AV生活”为口号，并启用中川安奈、酒井法子等影视明星做形象代言人，先后推出“新魅力的彩电新一代”“新潮一族”“松下新画王”等，满足人们对新生活的追求，获得相当大的成功。

因为日本报纸的发行量很大，每户家庭平均有两份以上的报纸，报纸刊登广告的版面篇幅平均都在43%以上。有财力的广告主几乎都把报纸作为最有效的传播媒体。所以，尽管当时日本经济不景气，但广告费仍有增长。在1990年IAA发布的年度世界广告费总额报告中，全世界共计2 465亿美元，日本占了15%。在美国前100位广告主中，日本企业就占了7家，分布在汽车、家电、照相机等行业。日本广告业的收入已仅次于美国，位居世界第二位。

20世纪90年代初，日本受到经济危机的冲击，繁华时代的昌盛景象一去不复返。然而，日本新闻界在此之前便为了适应信息化时代的需求，强化和扩大发行体制，进行了大规模的印刷设备更新。平成元年（1989年）就新添置了凸版轮转机97台，后又增设了70台，从而大大提高了广告印刷的速度和质量，标志日本胶版印刷机进入了一个新时代。再加上漫画、卡通等形式在广告中的大量运用，使得日本广告的创造力和表现形式进一步丰富。

1993年，日本广告业的总收入额达320亿美元，居世界第二位。其中，电通公司的广告收入高达100多亿美元，居世界各国广告公司之首。

进入90年代以后，全球化进程日益加快，日本广告业向着国际化道路迈进的步伐更加坚实。1992年，博报堂出1 500万美元收购李艾岱的部分股份参与国际广告市场的角逐。

四、新世纪以来的日本广告发展

进入21世纪以来，日本的经济长期不振，缺乏活力。其主要表现就是经济萎靡，通缩严峻、股价暴跌，政府虽出台反通缩对策，但效果有限。自2002年起，在外需的拉动下，日本经济出现好转，出现了景气扩张期的最长纪录，但长时间以来国内生产总值增长率仍不见起色。

2016 年 1 月，日本综合研究所发表该所调查部对日本经济的观测与分析报告，认为日本经济呈现消费微弱增长、整体缓慢恢复的基本态势。企业用工需求、机械订单有小幅上升，工业产品发货与库存数量比例均衡性改善，完全失业率有效控制在低位水平。但是，设备投资扩大业绩有限；大企业、制造业前景很不明朗；受美元加息影响，日企对亚洲新兴国家资本输出态势低迷。

（一）广告市场的剧变

2002 年以后，随着日本经济逐步复苏，日本的一些企业调整了营销战略，加大了广告投入，进一步刺激市场需求。例如，2003 年松下就制定了全球统一的宣传口号“Ideas for life”，进行产品的开发和事业的运营。

在日本的广告市场收入上，数年来连续下滑的势头得到遏制，在 2004 年实现了 3%的增长，随后的 2005 年增幅为 1.8 个百分点。广告业连续增长的根本原因在于国内生产总值的连续增长，市场进一步开放，消费更加旺盛，广告投入大幅增加（见图 11 - 12）。

图 11 - 12 日本的电视广告截图

（本田轿车《齿轮》篇，2003 年，Wieden+Kennedy Advertising 制作）

艾瑞市场咨询（iResearch）根据来自日本电通公司的数据整理发现，2005 年日本全国媒体的所有广告收入达 59 625 亿日元。电视、报纸、杂志及广播四大传统媒体的广告收入共计 36 511 亿日元，比上一年减少了 0.7%。其中电视广告收入为 20 411 亿日元，位居第一。其次是报纸广告，收入为 10 377 亿日元。杂志广告收入为 3 945 亿日元。广播广告收入为 1 778 亿日元。网络广告（包括互联网广告和无线广告）收入为 2 808 亿日元，比 2004 年增加了 54.8%（而早在 2004 年日本网络广告收入就首次超过了广播广告收入，达到 1 814 亿日元）。

事实表明，传统媒体的广告市场总额不可遏止地急转直下，在绝对值与相对值上都出现了连续下滑的情况。

报纸首当其冲，2002年，报纸每日销量为7 080万份，平均每千人拥有报纸664份。在2004—2005年短短的两年里，报纸广告下降了2.1个百分点，至2006年从占整个广告行业的18%下降到16.7%。但日本仍然是报纸大国，据《2005年世界报业趋势报告》统计，全球发行量最大的10份报纸中，有7份在日本。占据杂志广告市场较大份额的时尚类处于增长状态，但是在其他产业领域广告收入普遍下降的影响下，杂志广告收入的总额也出现下滑。广播广告增加部分集中于房地产、金融、运输，而其他领域几乎都在下滑。电视曾经是传统媒体广告市场中的佼佼者，占据整个广告市场的1/3份额，然而增值与流失都较为明显。纵观整个传统媒体广告市场，呈现连续下降态势，广告总额两年间下降了2%。这种变局给传统媒体经营者带来很大的阵痛。据统计，《朝日新闻》2005年的平均发行量为早报825万份、晚报386万份，每天合计发行量高达1 211万份，是全世界发行量第二大的报刊。但是也挡不住发行量下降的总趋势。

随着计算机和互联网技术的发展，日本在线网民总数不断上升。为适应互联网的发展，各大广告公司纷纷成立专门的网络媒体部门。电通公司最早设立了“网上沟通”(CCI)。其后，博报堂与旭通（ASATSU-DK，ADK）等联合成立了“数字广告财团”，以网络广告为代表的新媒体广告收入在新经济下快速上扬。

从2008年开始，日本网络广告开始迅猛增长，增长率保持在50%～150%之间，增长速度明显高于日本整体广告收入。雅虎日本（Yahoo! JAPAN）是日本目前最大的互联网媒体。

日本电通公司发表的统计数据显示，2010年日本的广告费总额为58 427亿日元，比上年减少1.3%，连续三年下降。其中，2010年日本电视广告费总额为17 321亿日元，比2009年增长1.1%；网络广告费总额则在手机广告的带动下增长了9.6%，达到7 747亿日元；而报纸广告费总额比上一年又减少5.1%，仅为6 396亿日元；杂志广告费总额的降幅更大，达到9.9%。

统计数据还显示，2011年日本广告费一共为57 096亿日元，也是连续第四年减少。[①]从2011年至2013年，电视媒体的广告收入占全部媒体广告收入的比例“逆市趋稳”，达30%。网络广告收入的增长率下降，维持在14%～15%。但总的来看，平面媒体广告的收入均不理想，电视广告的收入增加不稳定，网络广告尤其是移动网络广告的收入在快速增长。

从2012年至2015年，由于视频广告等市场的消费拉动，日本的总广告收入连续四年增长，达到六万多亿日元。但地面信号电视和卫星电视、报纸和杂志的广告市场均下滑明显，报纸广告费下降达到了6.2%，降幅为最高。

2003年以来，日本广告业出现了增长停滞。但进入2005年以后，日本广告花费恢复增长，总额达到522亿美元，比上年增长1.8%。其原因主要是日本经济持续复苏，企业收益增加，投入到新产品及企业形象宣传的费用增加，还得益于世界博览会在日本举行，相关广告量的增加促进了广告费的增长。

---

① 刘怡祥．晒晒互联网时代日本的广告费．(2012-05-31)［2024-03-25］．http：//www.huxiu.com/article/811/1.html.

据 2016 年 2 月 23 日本电通集团发布的数据，2015 年日本国内广告费总额同比增长 0.3%，达 61 710 亿日元（约合 3 598 亿元人民币），已经连续 4 年增长。由于视频广告等市场的扩大，网络广告增长了 10.2%，为 11 594 亿日元，推升了总体广告费。地面信号电视和卫星电视合计的电视广告市场下滑 1.2%，为 19 323 亿日元；报纸广告费下降 6.2%，为 5 679 亿日元；杂志广告费减少 2.3%，为 2 443 亿日元。①

日本对户外广告的设置有着严格的要求，特别是色彩控制采用色相与饱和度的严格指标：对不同色相饱和度的最大限度作了规定，这样可以保证城市中的广告色彩都控制在一定的饱和度之内，不至于显得过于花哨或张扬。例如，推荐使用茶色，禁止使用原色；推荐使用自然色，或选择与建筑物相协调的色彩等。这种注重环境与艺术的结合使得日本的户外广告成为最好的广告类型之一，具有令人印象深刻、冲击力强和参与度高的特点，而且正变得更为丰富和多元。日本广告设置另一个很有特色的做法是，在建筑外立面或者一层入口处纵向设置广告牌。每个广告单位只占其中的一格大小，以保证人们在远眺城市时，眼前呈现的只是单纯的建筑物的主要立面，统一感较强（见图 11-13）。日本的广告调查数据显示，大众对户外广告的关注度达到 30%，比广播更高。

图 11-13　日本的户外广告（2018 年，大阪心斋桥）

（二）广告公司的发展

日本的广告行业生态良好，大中小代理公司均有自己的生存与成长空间。其中，大公司在发展过程中不断采用新技术，追求高质量，以实现对客户的全面服务，在行业中地位显赫，作用巨大。

自 2000 年以来，电通公司开始对外扩张，通过与阳狮集团合作，拓展欧美广告市

① 聂艳梅．跨文化影视广告创意．上海：上海财经大学出版社，2016：177-178.

场。2002年Bcom3与阳狮集团合并为新的阳狮集团，电通公司向阳狮集团投入15%的资本，当年就以21亿美元的收入成为全球第五大传播集团。其下属公司主要有电通传媒、电通公关、Beacon Communications等。

经过不断整合，电通公司成了名副其实的全球最大的广告代理公司，也是唯一入选世界500强的广告公司。2006年，电通公司在世界500强企业中排名350位，营业额207.07亿美元，利润38.32亿美元。[①]

博报堂是日本最具创意的广告集团，日本排名第二的广告与传播集团，也是日本历史最久的广告公司。2002年12月，博报堂与广告代理公司Daiko和Yomiko合并，以缩小与排名第一的电通公司在业务上的差距。同时，该公司还通过与总部位于荷兰的李岱艾结成战略联盟来拓展全球业务。2002年，博报堂以8.61亿美元的收入排名全球第八大广告与传播集团。1996年9月与上海广告有限公司合资成立上海博报堂广告公司，并于1998年和2000年先后在北京和广州设分公司。主要客户有花王、日清、松下、本田、味之素、上海烟草、NEC等。

旭通是日本三大广告与传播集团之一、国际第三大传播集团WPP成员，在全球14个国家及地区拥有31家分公司。1999年收购Dai-Ichi Kikaku广告公司后，缩小了与电通公司及博报堂的业务差距。2002年，旭通收入3.39亿美元，成为全球排名第十大广告与传播集团，下属主要公司有旭通广告、ADK欧洲。其业务遍及中国、美国、欧洲等十多个国家和地区。

随着经济的复兴，日本广告公司更多地表现出对社会责任和公共利益的重视，广告中的社会文化因素也更为浓厚。比如环保公益主题广告所占比重越来越大，家庭亲情受到更多关注，对价值观、个性化的倾向性表达频繁出现等。

五、广告管理与研究的不断深入

（一）广告管理及其机构

公元701年颁布的《大宝律令》是日本第一部成文法典，包括律6卷，令11卷。律令明确规定：刀剑生产者要在其锻造的刀尖上刻上自己的名字；店铺都应悬挂自己的招牌，以便购买者识别。该律令一直实行了50多年才被废止。

1940年，日本政府制定《日本广告律令》，开始实行对广告的管制，防止虚假广告对消费者的伤害。其后，日本政府又陆续制定了一些新的广告法律。如1948年实施了《轻犯罪法》，规定取缔欺诈广告和误导广告。1968年日本政府制定的《消费者保护基本法》，1975年的《不正当竞争防止法》，以及《独禁法》（1947年）、《食品卫生法》（1947年）、《屋外广告物法》（1949年，专门针对户外广告的法律）、《放送法》（1950年，专门的广播电视法规）、《药事法》（1960年）、《家庭用品质量表示法》（1962年）、《不当赠品及不

① 日本电通的发展对中国本土广告公司的启示．[2024-03-25]．http：//www.gg968.com/new_view.asp?id=1997&title=%C8%D5%B1%BE%B5%E7%CD%A8%B5%C4%B7%A2%D5%B9%B6%D4%D6%D0%B9%FA%B1%BE%CD%C1%B9%E3%B8%E6%B9%AB%CB%BE%B5%C4%C6%F4%CA%BE.

当表示防止法》(1962 年)等,分别对相关商品的广告宣传做了明确规定。

除了政府通过法律、法规进行管理之外,日本广告行业内部也有非常严格的自律要求。1946 年 7 月,日本新闻协会成立,提出了报纸广告净化问题,并于 1947 年通过了《报纸广告净化要则》,这是日本战后第一次以明文方式公布的广告自律宣言。1950 年,日本广告界成立了广告净化委员会。1953 年,全日本广告联盟在东京成立,由 35 个地方广告协会联合建立,负责管理、协调成员之间的关系,这是日本最大的全国性质的广告行业自律组织。该联盟于 1954 年 6 月制定了《广告伦理纲领》,它是全国广告界制作广告必须遵守的最高标准。该纲领规定:“广告应遵守既有的社会道德,并牢记大众福祉。”纲领反对广告中虚伪和夸大的宣传,强调应将商品和服务的信息如实地告知消费者。

此外,还有其他广告自律性组织。1957 年,由二战前东京有实力的大广告主组成的弥生会发起成立了日本广告主协会。协会意在维护广告主的利益,其会员主要是大型企业,它们支出的广告费占全国的 65%以上。此外,全日本新闻社广告会、全日本放送广告会等一系列组织也于 1957 年相继成立。各组织都制定了相关的广告行业自律性规章制度,进行自我管理。1970 年,日本广告主协会成为独立的社团法人。

第二个全国性的广告组织是全日本广告协会,1962 年成立。其下有日本新闻协会、日本民间放送联盟、全日本放送协会等 9 个组织。1970 年 3 月,日本新闻放送广告业者协会改编成日本广告业协会(Japan Advertising Agencies Association,JAAA),作为独立的社团法人从事广告活动。

此外,还有日本国际广告协会(JIAA)、日本新闻广告审查协会等。

1974 年,由日本广告主、广告媒体公司、广告代理公司及制作公司共同参与并成立的自我约束机构日本广告审查机构(Japan Advertising Review Organization,JARO)成立。这是日本广告监管发展史上的标志性事件,也是日本广告监管体系趋于完善的最重要成果之一。该机构的主要任务是处理广告纷争,制定广告表现标准,调解消费者群体,等等。作为一家自主机构,它不具备事前审查广告、处理问题广告、终止广告播送的权力。它基本上是一家处理消费者反馈的意见,向广告主传达意见,等待广告主作出相应处理的机构。日本至今没有颁布一部专门的广告法,因此高度重视广告行业的自律,以及第三方审查机构的作用,是日本广告业管理的一大特色。①

(二)广告研究的深化

二战结束后,日本经济迅猛增长,广告行业空前繁荣,美国的市场营销学和广告理论相继被引入日本,促进了日本广告研究的发展。一些专业性的刊物,如《调查与技术》(电通公司,1955 年)、《市场营销与广告》(电通公司,1956 年)、《协和广告评论》(协和广告,1960 年),《产经广告月刊》(产经新闻,1964 年)等也纷纷出刊。1968 年早稻田大学教授林太三郎的《广告管理的理论和实践》出版,这是日本第一部正式研究广告的著作。

为提升广播广告和电视广告的质量,日本广告主协会、日本新闻放送广告业者协会

① 長尾治助．広告表示の法的トラブル:自主規制と民事責任．日经广告研究所,1991.

及日本民间放送联盟在1960年1月28日成立了CM合同研究会，并于第二年10月在东京举办了第一届“CM Festival”（电视广告节）。1963年4月，该研究会改组为全日本CM协议会（ACC），并从1964年开始编辑出版《CM年鉴》。

日本广告学会、日经广告研究所和吉田秀雄纪念事业财团是日本众多广告研究关联团体中的佼佼者。

1969年12月，日本第一个全国性的广告研究组织——日本广告学会（Japan Academy Advertising）在东京神田的学士会馆宣告成立。1970年11月8—9日在庆应义塾大学召开了日本广告学会第一次全国大会，首任会长是向井鹿松。1978年5月，日本广告学会向日本学术会议当局提交成为正式学术团体的登记申请并获批准，成为国家认可的学术团体。日本广告学会的宗旨为：第一，从事有关广告的理论和实证研究；第二，联络国内外与广告有关的团体协会。学会的出版物有《日本广告学会会报》《广告科学》等。其中《广告科学》创刊于1975年，是日本广告学会的机关刊物，上、下半年各出一期，以严谨认真、学术水平高而成为日本广告研究界公认的美誉度最高的广告学术刊物之一。

日经广告研究所（Nikkei Advertising Research Institute）成立于1967年5月。成立之初，它只是日本经济新闻社所设立的一个从事广告研究的附属机构，但是经过30余年的发展，它已经成为日本国内唯一中立的广告研究机构。它的宗旨为“通过各种与广告相关的调查研究，从理论和实践两方面研究确立应对新时代的广告方法，为广告的现代化做贡献”。

与日本广告学会不同，日经广告研究所主要是以法人团体会员组织的方式进行运作。这些法人团体会员大都是广告主、广告公司、媒体机构、调查公司等广告关联团体，从其机构设置上看，八位理事中，除东京经济大学名誉教授八卷俊雄来自学界之外，其余的理事分别是来自精工、三得利、花王、电通、博报堂等企业或机构的高层管理人士。目前，日经广告研究所拥有法人团体会员300家。此外，日经广告研究所还邀请日本大学中的广告学者以“客员”（荣誉会员）的身份从事专项研究。日经广告研究所希望构筑一个产业界和学术界对话、交流的平台，推进产业界和学界的广告研究事业。

再就是吉田秀雄纪念事业财团（Yoshida Hideo Memorial Foundation），它成立于1965年9月24日，是为纪念日本电通第四任社长吉田秀雄对日本广告所做出的杰出贡献而创立的财团法人团体。它的宗旨是：资助和振兴市场营销，尤其是对作为市场营销一个环节的广告的研究和开发；致力于市场营销，特别是以广告为中心的有关理论和技术的普及和发展，推动学术、经济和文化发展。

吉田秀雄纪念事业财团下设东京广告博物馆（AD Museum Tokyo，ADMT）。东京广告博物馆由两部分组成：广告图书馆和广告作品展示部。广告图书馆最早是作为纪念吉田秀雄活动的一部分而设立的，据悉是世界上唯一的广告专业图书馆。它收藏有日本和世界其他国家出版的广告图书、期刊、作品集（包括音像作品）、广告业考察报告、与广告有关的法规文献以及吉田秀雄纪念事业财团资助的各类研究报告等。广告作品展示部又分为常设展和定期展两部分。常设展展出的是从日本明治时代到现在的各个不同时期的广告作品实物。定期展则轮流展出日本各种主题的广告作品以及来自中国等地的大赛获奖作品。

本章小结

日本古代，经济发展缓慢，广告发展相对滞后。简单商业交易下的广告形式简单，主要是一些行商与坐贾的广告活动。江户时期的传单广告十分普遍。明治维新之后，报刊纷纷创办，广告公司大量出现。第二次世界大战后，随着经济的复苏，日本广告业重整旗鼓，走上科学化和现代化运作的道路，无论是规模还是创意水平，都迅速地走在亚洲的前列，成为仅次于美国的广告强国。20 世纪 50 年代，商业广告以介绍产品机能、特性为主。在经济高度发展的 60 年代，广告主要用来推广产品。到了 70—80 年代，广告创意水准控制机制、专户服务体制等方面都有长足的发展，广告作品大多带有浓郁的民族风格。90 年代以后，日本广告业在立足国内市场的基础上积极拓展全球业务，形成了强势的跨国公司。同时，日本的网络广告也得到迅速的发展，成为广告业发展的新的增长点。

思考与练习

1. 日本江户时代“引札”广告繁荣的历史背景是什么？有哪些代表人物？
2. 日本报纸广告与电视广告产生的历史原因有哪些不同？说明了什么？
3. 日本的广告净化运动发生的历史原因、过程及影响是什么？
4. 日本的广告代理制是如何形成与发展的？
5. 日本第二次世界大战后是如何加强广告管理与研究的？
6. 第二次世界大战后，日本获得了怎样的世界广告大国地位？为什么能获得这样的地位？
7. 中日文化的差异在广告上有哪些表现？

参考文献

刘祚昌，光仁洪，韩承文．世界通史：近代史．北京：人民出版社，1997.

潘泽宏．广告的革命：社会文化广告论．长沙：湖南大学出版社，2001.

张金海．20 世纪广告传播理论研究．武汉：武汉大学出版社，2002.

陈培爱．中外广告史新编．北京：高等教育出版社，2009.

刘家林．新编中外广告通史．2 版，广州：暨南大学出版社，2004.

陈刚．当代中国广告史．北京：北京大学出版社，2010.

孙顺华．中国广告史．济南：山东大学出版社，2007.

春山行夫．西洋广告文化史．讲谈社，1981.

傅惠芬．西方广告世界．北京：人民出版社，1993.

黄升民，丁俊杰，刘英华．中国广告图史．广州：南方日报出版社，2006.

余虹，邓正强．中国当代广告史．长沙：湖南科学技术出版社，2000.

文春英．外国广告发展史．北京：中国传媒大学出版社，2006.

赵琛．中国广告史．北京：高等教育出版社，2005.

许正林．上海广告史．上海：上海古籍出版社，2018.

杨海军．上海近代广告史研究．西安：世界图书出版西安有限公司，2019.

王淑兰．中外广告发展史新编．南京：南京师范大学出版社，2010.

陈泠，等．近十年中国之广告事业．上海：华商广告公司，1936.

如来生．中国广告事业史．上海：上海新文化社，1948.

陈超南，冯懿有．老广告．上海：上海人民美术出版社，1998.

由国庆．再见老广告．天津：百花文艺出版社，2004.

西沃卡．肥皂剧、性和香烟：美国广告 200 年经典范例．周向民，田力男，译．北京：光明日报出版社，1999.

李尔斯．丰裕的寓言：美国广告文化史．任海龙，译．上海：上海人民出版社，2005.

周伟．工商侧影：一个世纪的广告经典．北京：光明日报出版社，2003.

陈树林．中国广告历史文化：古代卷．天津：天津社会科学院出版社，2007.

赵琛．中国近代广告文化．长春：吉林科学技术出版社，2001.

黄志伟，黄莹．为世纪代言：中国近代广告．上海：学林出版社，2004.

秦其文．中国近代企业广告研究．北京：知识产权出版社，2010.

寇非．广告·中国：1979—2003. 北京：中国工商出版社，2003.

国际广告杂志社，北京广播学院广告学院，IAI 国际广告研究所．中国广告猛进史：1979—2003. 北京：华夏出版社，2004.

范鲁斌．中国广告 25 年．北京：中国大百科全书出版社，2004.

唐忠朴．中国电视广告十年．乌鲁木齐：新疆美术摄影出版社，1995.

北京广告协会，中国传媒大学，北京市广告管理服务中心．见证：中国广告三十年．北京：中国传媒大学出版社，2009.

阿狄生，等．伦敦的叫卖声．刘炳善，译．北京：生活・读书・新知三联书店，2013.

湖南省工商行政管理局，等．湖南广告十年：1979—1989. 长沙：湖南省新闻出版局，1992.

彭曙曦，吴予敏．深圳广告 26 年：1979—2005. 北京：社会科学文献出版社，2006.

北京广告协会．当代北京广告史．北京：中国市场出版社，2007.

周果．当代北京广告史话．北京：当代中国出版社，2011.

张正霞．老重庆影像志：老广告．重庆：重庆出版社，2007.

于学斌．东北老招幌．上海：上海书店出版社，2002.

邓明，高艳．老月份牌年画：最后一瞥．上海：上海画报出版社，2003.

郭良文．台湾的广告发展．台北：学富文化事业有限公司，2001.

曲彦斌．中国招幌与招徕市声：传统广告艺术史略．沈阳：辽宁人民出版社，2000.

素素．浮世绘影：老月份牌中的上海生活．北京：生活・读书・新知三联书店，2000.

张承良，匡贤玲．欲望的盛宴．福州：海峡文艺出版社，2002.

林升栋．中国近现代经典广告创意评析：《申报》七十七年．南京：东南大学出版社，2005.

庞菊爱．跨文化广告与市民文化的变迁：1910—1930 年《申报》跨文化广告研究．上海：上海交通大学出版社，2011.

韩红星．一报一天堂：《北洋画报》广告研究．厦门：厦门大学出版社，2012.

王壮辉，吴晓东，樊丽．记述中国当代电视广告的传播历史．长春：吉林大学出版社，2011.

孙会．《大公报》广告与近代社会：1902—1936. 北京：中国传媒大学出版社，2011.

王儒年．欲望的想像：1920—1930 年代《申报》广告的文化史研究．上海：上海人民出版社，2007.

蒋建国．消费意象与都市空间：广州报刊广告研究：1827—1919. 广州：暨南大学出版社，2008.

张竞琼，孙扬骅．浮世衣潮：广告卷．北京：中国纺织出版社，2007.

黄玉涛．民国时期商业广告研究．厦门：厦门大学出版社，2009.

吉田伸之．成熟的江户．熊远报，等译．北京：北京大学出版社，2011.

杜比．法国史．吕一民，等译．北京：商务印书馆，2010.

魏炬．世界广告巨擘．北京：中国人民大学出版社，2006.

陈力丹．世界新闻传播史．3 版．上海：上海交通大学出版社，2016.

杨朕宇．《新闻报》广告与近代上海休闲生活：1927—1937. 上海：复旦大学出版社，2011.

傅国涌．民国商人：1912—1949. 北京：中国友谊出版公司，2016.

科大卫．近代中国商业的发展．周琳，李旭佳，译．杭州：浙江大学出版社，2010.

詹森．剑桥日本史：第5卷：19世纪．王翔，译．杭州：浙江大学出版社，2014.

特威切尔．美国的广告．屈晓丽，译．南京：江苏人民出版社，2006.

罗伯茨．欧洲史．李鹏，史悦，刘旭，等译．上海：东方出版中心，2015.

朱特．战后欧洲史．林骧华，等译．北京：中信出版社，2014.

山本武利．新聞に見る政治広告の歴史．东京：朝日新聞社，1972.

浜野洁，井奥成彦，中村宗悦，等．日本经济史：1600—2000. 彭曦，刘姝含，韩秋燕，等译．南京：南京大学出版社，2010.

土屋礼子．大众报纸的起源：明治时期的小报研究．杨珍珍，译．北京：北京大学出版社，2015.

内藤湖南．日本历史与日本文化．刘克申，译．北京：商务印书馆，2012.

铃木理生．江户时代的风俗与生活．何慈毅，张俊跃，王燕，译．南京：南京大学出版社，2014.

伯曼．城市景观：纽约时代广场百年．杨哲，译．北京：首都师范大学出版社，2018.

哥伯播义．市井图景里的中国人．刘犇，邢锋萍，译．上海：学林出版社，2017.

笹间良彦．日本历史风俗图录．庄千里，译．成都：四川人民出版社，2019.

克里瓦切克．巴比伦：美索不达米亚和文明的诞生．陈沅，译．北京：社会科学文献出版社，2020.

葛凯．制造中国：消费文化与民族国家的创建．黄振萍，译．北京：北京大学出版社，2007.

孟元老．东京梦华录．侯印国，译注．西安：三秦出版社，2021.

林家治．邵民．近现代商业美术史：从古里到土山湾．上海：上海人民美术出版社，2021.

梁思成．中国建筑艺术．北京：北京出版社，2016.

附录一

中国广告经营情况统计表（1981—2019年）

项目 年份	全国广告营业额（亿元）	广告费占国内生产总值比重（%）	人均广告费（元）	全国广告经营单位数（户）	全国广告从业人数（人）	广告从业人员人均营业额（元）
1981	1. 180 00	0. 024	0. 117	1 160	16 160	7 302
1982	1. 500 00	0. 028	0. 147	1 623	18 000	8 333
1983	2. 340 74	0. 039	0. 227	2 340	34 853	8 716
1984	3. 652 25	0. 051	0. 350	4 077	47 529	7 729
1985	6. 052 25	0. 067	0. 571	6 052	63 819	9 783
1986	8. 447 77	0. 082	0. 786	6 944	81 130	10 412
1987	11. 120 03	0. 092	1. 017	8 225	92 279	12 050
1988	14. 929 39	0. 099	1. 345	10 677	112 339	13 313
1989	19. 989 98	0. 118	1. 774	11 142	128 203	15 529
1990	25. 017 26	0. 134	2. 188	11 123	131 970	18 957
1991	35. 089 26	0. 161	3. 030	11 769	134 506	26 088
1992	67. 867 54	0. 252	5. 792	16 683	184 279	34 307
1993	126. 437 40	0. 379	11. 314	31 744	310 638	40 702
1994	200. 262 30	0. 414	16. 709	43 046	410 094	48 833
1995	273. 269 00	0. 450	22. 562	48 082	477 371	57 245
1996	366. 637 20	0. 515	29. 957	52 871	512 087	71 596
1997	461. 963 80	0. 585	37. 368	57 024	545 788	84 642
1998	537. 832 70	0. 637	43. 528	61 730	578 867	92 910
1999	622. 050 60	0. 694	49. 760	64 882	587474	105 886
2000	712. 663 17	0. 718	55. 895	70 747	641 116	111 160
2001	794. 887 63	0. 725	62. 101	78 339	709 076	112 102
2002	903. 146 47	0. 751	71. 679	89 552	756 414	119 398
2003	1 078. 684 60	0. 794	82. 980	101 786	871 336	123 796
2004	1 264. 560 10	0. 791	97. 283	113 508	913 832	138 380
2005	1 416. 348 70	0. 773	108. 328	125 394	940 415	150 609

续表

项目 年份	全国广告营业额（亿元）	广告费占国内生产总值比重（%）	人均广告费（元）	全国广告经营单位数（户）	全国广告从业人数（人）	广告从业人员人均营业额（元）
2006	1 573.001 80	0.742	119.67	143 129	1 040 099	151 236
2007	1 740.962 60	0.698	132.89	172 615	1 112 528	156 480
2008	1 899.561 40	0.632	145.01	185 765	1 266 393	150 000
2009	1 984.475 80	0.609	152.91	204 937	1 334 898	148 661
2010	2 340.507 60	0.588	175.35	243 445	1 480 525	158 086
2011	3 125.552 90	0.663	234.12	296 507	1 673 444	186 773
2012	4 698.270 10	0.900	351.97	377 778	2 177 840	215 730
2013	5 019.745 60	0.880	376.07	445 365	2 622 053	191 443
2014	5 605.603 30	0.900	419.56	543 690	2 717 939	207 407
2015	5 973.410 00	0.867	421.46	671 893	3 072 542	188 554
2016	6 489.130 00	0.869	469.30	875 146	3 900 384	166 372
2017	6 896.41000	0.828	496.12	1 123 059	4 381 795	157 388
2018	7 991.480 00	0.869	572.70	1 375 892	5 582 253	143 159
2019	8 674.280 00	0.880	619.57	1 633 092	5 935 100	146 152

资料来源：根据《中国广告年鉴》等历年资料整理。

附录二

2019年全球数字广告主要企业排名

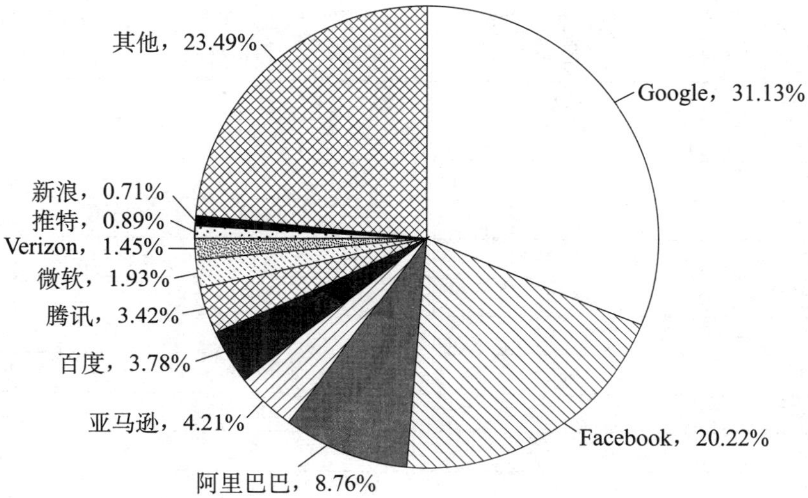

资料来源：eMarketer。

附录三

中国网络广告经营情况统计表（1997—2020年）

项目 年份	网络广告经营额（亿元）	网络广告经营额较去年增长率（%）	网络广告经营额占广告总额份额（%）
1997	0.01	—	—
1998	0.3	—	—
1999	0.9	200	0.14
2000	3.5	288	0.49
2001	3.9	11.4	0.49
2002	4.9	25.6	0.54
2003	10.8	120.4	1.00
2004	19.0	75.9	1.50
2005	31.3	64.7	2.20
2006	49.8	59.1	3.17
2007	76.0	52.6	4.36
2008	99.6	49.0	5.24
2009	109.2	9.6	5.35
2010	182.8	67.5	7.81
2011	296.79	62.3	9.49
2012	437.9	47.6	9.32
2013	638.8	45.85	12.72
2014	969.1	51.7	17.30
2015	1 589.03	64.50	30.63
2016	2 305.21	45.07	35.52
2017	2 975.15	29.06	43.14
2018	3 694.23	24.17	46.22
2019	4 366.87	18.21	50.34
2020	4 957.61	13.53	52.60

资料来源：根据《中国广告年鉴》等有关资料整理。

附录四

美国广告经营情况统计表（1957—2007年）

年度	广告营业额（百万美元）	报纸、杂志、广播、电视广告支出（百万美元）	国内生产总值（亿美元）	广告营业额占国内生产总值的比重（%）
1957	10 270	6 588	461.1	2.2
1958	10 310	6 509	467.2	2.2
1959	11 270	7 183	506.6	2.2
1960	11 960	7 585	526.4	2.3
1961	11 860	7 510	544.7	2.2
1962	12 430	7 896	585.6	2.1
1963	13 100	8 284	617.7	2.1
1964	14 150	9 018	663.6	2.1
1965	15 250	9 761	719.1	2.1
1966	16 630	10 734	787.8	2.1
1967	16 870	10 887	832.6	2.0
1968	18 090	11 718	910.0	2.0
1969	19 420	12 723	984.6	2.0
1970	19 550	12 702	1 038.5	1.9
1971	20 700	13 293	1 127.1	1.8
1972	23 210	14 921	1 238.3	1.9
1973	24 980	16 042	1 382.7	1.8
1974	26 620	17 009	1 500.0	1.8
1975	27 900	17 935	1 638.3	1.7
1976	33 300	21 579	1 825.3	1.8
1977	37 440	24 470	2 030.9	1.8
1978	43 330	28 322	2 294.7	1.9
1979	48 780	31 954	2 563.3	1.9
1980	53 570	34 937	2 789.5	1.9
1981	60 460	39 167	3 128.4	1.9
1982	66 670	42 811	3 255.0	2.0

续表

年度	广告营业额（百万美元）	报纸、杂志、广播、电视广告支出（百万美元）	国内生产总值（亿美元）	广告营业额占国内生产总值的比重（%）
1983	76 000	49 057	3 536.7	2.1
1984	88 010	56 765	3 933.2	2.2
1985	94 900	60 663	4 220.3	2.2
1986	102 370	65 029	4 462.8	2.3
1987	110 270	69 141	4 739.5	2.3
1988	118 750	74 004	5 103.8	2.3
1989	124 770	77 841	5 484.4	2.3
1990	129 968	79 932	5 803.1	2.2
1991	128 352	76 997	5 995.9	2.1
1992	133 750	80 560	6 337.7	2.1
1993	140 956	84 570	6 657.4	2.1
1994	153 024	92 501	7 072.2	2.2
1995	162 930	97 622	7 397.7	2.2
1996	175 230	105 973	7 816.9	2.2
1997	187 529	113 221	8 304.3	2.3
1998	206 697	123 628	8 747.0	2.4
1999	222 308	132 151	9 268.4	2.4
2000	247 472	145 887	9 817.0	2.5
2001	231 287	132 296	10 128.0	2.3
2002	236 875	136 244	10 470.0	2.3
2003	245 477	140 128	10 961.0	2.2
2004	263 766	150 305	11 713.0	2.3
2005	271 074	151 939	12 456.0	2.2
2006	281 653	155 466	13 178.0	2.1
2007	279 612	150 023	13 807.0	2.0

资料来源：玉柱、玉飞、玉鸣根据 Annual U. S. Advertising Expenditure Since 1919 及《美国广告与经济 100 年小史》整理。

日本广告经营情况统计表（1985—2019年）

	年份	日本的广告费		国内生产总值（GDP）		相对于GDP的总广告费比率（%）
		总的广告费（亿日元）	与去年比（%）	国内生产总值（亿日元）	与上年比（%）	
修改前	1985	35 049	—	3 254 019	107.4	1.08
	1986	36 478	104.1	3 405 595	104.7	1.07
	1987	39 448	108.1	3 541 702	104.0	1.11
	1988	44 175	112.0	3 807 429	107.5	1.16
	1989	50 715	114.8	4 101 222	107.7	1.24
	1990	55 648	109.7	4 427 810	108.0	1.26
	1991	57 261	102.9	4 694 218	106.0	1.22
	1992	54 611	95.4	4 807 828	102.4	1.14
	1993	51 273	93.9	4 837 118	100.6	1.06
	1994	51 682	100.8	4 884 503	101.0	1.06
	1995	54 263	105.0	4 951 655	101.4	1.10
	1996	57 715	106.4	5 050 118	102.0	1.14
	1997	59 961	103.9	5 156 441	102.1	1.16
	1998	57 711	96.2	5 049 054	97.9	1.14
	1999	56 966	98.7	4 976 286	98.6	1.14
	2000	61 102	107.3	5 029 899	101.1	1.21
	2001	60 580	99.1	4 977 197	99.0	1.22
	2002	57 032	94.1	4 913 122	98.7	1.16
	2003	56 841	99.7	4 902 940	99.8	1.16
	2004	58 571	103.0	4 983 284	101.6	1.18
	2005	59 625	101.8	5 017 344	100.7	1.19
	2006	59 954	100.6	5 073 648	101.1	1.18
修改后	2005	68 235	113.8	5 017 344	100.7	1.36
	2006	69 399	101.7	5 073 648	101.1	1.37
	2007	70 191	101.1	5 155 204	101.6	1.36
	2008	66 926	95.3	5 043 776	97.8	1.33

续表

	年份	日本的广告费		国内生产总值（GDP）		相对于GDP的总广告费比率（%）
		总的广告费（亿日元）	与去年比（%）	国内生产总值（亿日元）	与上年比（%）	
修改后	2009	59 222	88.5	4 709 367	93.4	1.26
	2010	58 427	98.7	4 792 231	101.8	1.22
	2011	57 096	99.7	4 713 108	98.3	1.21
	2012	58 913	103.2	4 737 771	100.5	1.24
	2013	59 762	101.4	4 784 477	101.0	1.25
	2014	61 522	102.9	5 138 760	107.4	1.20
	2015	61 210	99.4	5 313 198	103.4	1.15
	2016	62 880	102.7	5 355 372	100.8	1.17
	2017	63 907	101.6	5 458 974	101.9	1.17
	2018	65 330	102.2	5 471 255	100.2	1.19
	2019	59 381	90.9	5 544 629	101.3	1.07

注：①国内生产总值的数据来自《国民经济计算年报》和《国民所得统计速报》。
②以上数据都是历年的资料。
③2007年对日本的广告费的推定范围从2005年起作了修改。

第一版后记

经过两年的努力，这本全新的《中外广告史》终于脱稿。尘埃落定，我不禁长舒了一口气。

广告的历史源远流长，广告的发展波澜壮阔。总以为，一个广告人如果不懂广告发展的历史，就是一个无“根”的广告人，半悬着，找不到自己专业的精神家园，也就难以厚重，难以叶茂，也容易短视。

我国广告史研究的历史不长，但近年来的发展速度却令人刮目相看，几乎每隔两三年，就有一批有关广告史的教材、论著问世。正是它们的存在，不断丰富着我们的知识，开阔着我们的视野，激荡着我们的情感，更新着我们的观念。由此，我们对广告发展史料的掌握更加丰富，对广告发展规律的认识更加深刻。因此，我萌生了要将自己多年来广告史教学与研究的心得进行总结，独自撰写一部中外广告史教材的想法，力争使它的结构更加完整，内容更加丰富，知识更加系统。

“我们需要的书，应该是一把能够击破我们心中冰海的利斧。”（卡夫卡语）怀着如此憧憬，我一路写来，两度寒暑，三更灯火，四易其稿，费尽心力。不经意之中，废寝忘食成了生活的新常态。如果说拙著还能称得上为广告史教材建设或广告史研究尽了一点绵薄之力的话，那是因为我站在巨人的肩膀上，正是他们的渊博学识和深刻思想引领我走得更快、更高、更远。谨此说明，并深致谢忱！

尽管自己兢兢业业，一丝不苟，然而囿于水平和学识，书中的缺点错误难免，欢迎读者批评指正，以匡不逮。

感谢中国广告界的风云人物、中国人民大学新闻传播学院的倪宁老师在十分繁忙的情况下为本书写序；感谢编辑翟江虹、胡颖、汤慧芸，没有她们的辛勤付出，本书将难以如期出版。

感谢好友和家人的鼓励与无私支持！

何玉杰

2017 年 6 月于东院寸步斋

第二版后记

拙著《中外广告史》自2017年9月出版以来，受到广泛的好评，在短短的两年内重印了两次。为了回馈广大读者的厚爱，笔者决定再接再厉，对原著加以修订，以进一步充实其内容，提升其品质。

本次修订主要着力于以下四个方面：

一是调整了原书部分章节的内容。例如，将第二章中的第二节和第三节进行了合并，集中反映中华民国建立至20世纪30年代中期的广告发展，使内容更集中，条理更清晰；调整了第五章第一节的内容顺序、第八章第二节的内容构成；将第十一章原来的三节内容增加为四节，内容表述上更加完整；删去了汉代和唐代的首都城市示意图，而增补了北宋时期东京汴梁的商业分布示意图。

二是扩充了原书中部分薄弱的环节。有的内容是改写，有的内容是新补。如第二章第一节、第五章第一节、第六章第一节和第二节、第八章第四节、第十章第一节和第六节的内容等，总数有上百处之多，恕不一一列举。

三是改正了原书中个别的文字讹错。比如，订正了个别文献引用中的错字、少数外国广告作品内容说明的瑕疵等。当然，对书后附录中的《中国广告经营情况统计表(1981—2018年)》等图表数据也一并予以了更新。

四是更换了原书中的部分图片。初版书中的图片以反映不同时期代表性的广告作品为主，以说明某一时期、某些国家或地区的广告文化状况，但有关广告情境的历史图片很少。本次修订在适当保留一些具有代表性的广告作品图片外，增加了一些具有广告情境的历史图片资料。这很有挑战性。因为历史老照片本身就少，而要搜集那些古今中外各个历史时期经典性的广告情境的图像资料更是难上加难，如同大海捞针一般。但是为了尽量减少读者的遗憾，笔者还是这样做了。其中的甘苦、所耗费的时间和精力，自不待言。真乃“文章千古事，得失寸心知”。

行文至此，偶然瞥见窗外一轮明月正高悬在幽深的夜空，清辉四射。古人云：“初三初四鹅毛月，初五初六放光明。”今天是庚子年农历三月十二了，时序清明，月色皎洁，无私无畏，抚慰苍生。我想，一本好书也应该有它自己的光亮，既有助于扩大读者的视野，也能丰富他们的心灵，哪怕是淡如银钩，疾如彗星，也是值得的。

何玉杰

2020年4月4日于淝水之滨

第三版后记

这是一次全方位的修订，其范围从结构到内容、从文字到图片，当然，也包括附录中的图表，目的包括以下方面：

首先，特色上发扬光大。在保有原书特色的基础上，再接再厉，进一步优化全书，以更好地满足广大师生教学与科研的需要。所以，本次修改不是一般意义上的小打小闹，而是一次全面的精加工，修改后的书稿内容更精当，结构更完整，配图更合理，特色更显著。

其次，品质上继长增高。在保持原有市场良好反响的基础上，以经典版水准为参照，严肃认真地修改，以使全书品质得到更大、更本质的提升。本书虽是教材，但作者一直以学术著作的严谨态度来写作，不仅注重内容的丰富性，更注重史料的可靠性。

具体地说，本次较大修改的地方如下：

(1) 重写了部分内容。对原书的部分内容进行了重写，如宋代社会经济的发展、元明清时期社会经济的发展、中华民国成立后至20世纪30年代中期的广告、第二次世界大战期间的日本广告等，使得叙述层次更清晰，内容更恰当。

(2) 调整了部分广告图片。作者在坚持用真实照片表达广告事实的前提下，重新布局了全书的图片资料，如删去第一章第一节所有的附图，从第二节秦汉时期部分开始附图，并补充了汉代的铜镜、德国早期的户外广告、抗战时期的重庆户外广告、桂格燕麦片广告等图片。其中的一些图片资料依然十分珍贵，难得一见。

(3) 精选了古代文献。作者逐一核查了原书所引用的古代文献篇目及引文出处，经过斟酌，尽量删除了间接引注的文献以及权威性不高的文献，采用相对权威的历史文献，并在同等条件下，优先选用影印本文献，以保证史料的真实性。

(4) 更新了附录中的图表数据。本书第二版后，在继续旁搜博采各种广告文献资料的基础上，笔者尽最大努力完善了附录中的图表。当然，有改有补有删除，以期实用性更佳。

常言道："没有最好，只有更好。"为了更好，笔者洗髓伐毛，去芜存菁，班班可考。待君青眼，是为至祷。

在此，我还要对中国人民大学出版社翟江虹、周莹、汤慧芸、谢旋诸编辑的辛苦付出表示真诚的感谢！

何玉杰

2024年4月8日于寸步斋

图书在版编目（CIP）数据

中外广告史/何玉杰著. -- 3 版. -- 北京：中国人民大学出版社，2024.8
新编 21 世纪新闻传播学系列教材
ISBN 978-7-300-32870-6

Ⅰ.①中… Ⅱ.①何… Ⅲ.①广告-历史-世界-高等学校-教材 Ⅳ.①F713.8-091

中国国家版本馆 CIP 数据核字（2024）第 107088 号

新编 21 世纪新闻传播学系列教材
中外广告史（第 3 版）
何玉杰　著
Zhongwai Guanggaoshi

出版发行	中国人民大学出版社		
社　　址	北京中关村大街 31 号	**邮政编码**	100080
电　　话	010－62511242（总编室）		010－62511770（质管部）
	010－82501766（邮购部）		010－62514148（门市部）
	010－62515195（发行公司）		010－62515275（盗版举报）
网　　址	http://www.crup.com.cn		
经　　销	新华书店		
印　　刷	北京密兴印刷有限公司	**版　　次**	2017 年 9 月第 1 版
开　　本	787 mm×1092 mm　1/16		2024 年 8 月第 3 版
印　　张	28.5 插页 1	**印　　次**	2025 年 6 月第 2 次印刷
字　　数	646 000	**定　　价**	69.80 元

版权所有　侵权必究　　印装差错　负责调换

关联课程教材推荐

书号	书名	第一作者	定价	出版时间
978-7-300-30839-5	广告学专业导论	何玉杰	39.9	2022.08
978-7-300-30671-1	新媒体广告（第 2 版）	黄河	68	2022.07
978-7-300-31971-1	广告策划实训教程（数字教材版）	宋瑾	69.8	2023.07
978-7-300-29946-4	计算广告学	林升梁	59.8	2021.09
978-7-300-28093-6	广告效果测评	杨雪睿	39.9	2020.05
978-7-300-27053-1	广告文案写作教程（第四版）	郭有献	65	2019.07
978-7-300-26146-1	广告创意概论（第二版）	刘建萍	78	2018.08
978-7-300-20943-2	广告调查：理论与实务（第 2 版）	［美］乔尔·戴维斯	89.9	2016.01
978-7-300-21414-6	广告伦理与法规	陈绚	45	2015.08
978-7-300-19360-1	广告学教程（第四版）	倪宁	39.8	2014.05
978-7-300-05068-3	广告美学：原理与案例	祁聿民	49.8	2013.12
978-7-300-13768-1	广告策划与创意（第二版）	蒋旭峰	48	2011.06

配套教学资源支持

尊敬的老师：

衷心感谢您选择使用人大版教材！

相关的配套教学资源，请到人大社网站（www.crup.com.cn）下载，或是随时与我们联系，我们将向您免费提供。

欢迎您随时反馈教材使用过程中的疑问、修订建议并提供您个人制作的课件。您的课件一经采用，我们将署名并付费。让我们与教材共成长！

联系人信息：

地址：北京海淀区中关村大街 31 号　　龚洪训 收　　邮编：100080

电子邮件：gonghx@crup.com.cn　　电话：010－62515637　　QQ：6130616

如有相关教材的选题计划，也欢迎您与我们联系，我们将竭诚为您服务！

选题联系人：翟江虹　　电子邮件：zhaijh@crup.com.cn　　电话：010－62515636

周　莹　　zhouying@crup.com.cn　　010－62511612

俯仰天地　心系人文

人大社网站　www.crup.com.cn

专业教师 QQ 群：

723715191（全国新闻教师群 2 群）

欢迎您登录人大社网站浏览，了解图书信息，共享教学资源

期待您加入专业教师 QQ 群，开展学术讨论，交流教学心得